四川大学文化遗产与文化互动研究基地
现代中国文化与文学研究中心 主办

现代中国文化与文学

第11辑

XIANDAI ZHONGGUO
WENHUA YU WENXUE

四川出版集团 巴蜀书社

目　录

Contents

从"经济转型"到"心态转型"看现代文学的早期作者群

——以早期《小说月报》的作者群为中心

□ 李直飞

每一种社会现象的形成都不是孤立的，文学亦然，特别是中国文学从古典向现代的大转变，更是与其他社会关系发生着千丝万缕的联系。研究文学，离不开当时的各种环境，但当我们在进行文学研究时，政治、经济等与文学相关的外部因素往往被置于文学现象的背景之下，一旦进入到文学的内部研究时，政治、经济（特别是经济）就往往有被忽视的危险。这样的研究方式，导致了文学研究的某种"生硬"与割裂。体现在对现代文学初期的研究，研究者往往看到的是当时现代文学兴起时的那种夺目的光环和对从西方引进的各种思想的那种新奇，分析偏重于社会思想，而对当时人们置于各种社会关系中的感受往往忽略过去，特别是对那些后来逐渐被边缘化的人物更是如此。本文认为，政治、经济等各种社会因素不仅仅是文学现象发生的背景，同时，这些因素也直接参与了文学现象的构成，正是这些因素的参与，才使当时的人对当时的社会发生出了最真切的感受。

相对于社会的其他方面来说，文学的转型在表面上看起来不是那么的激烈（比如相对于政治、法律甚至是经济），但是文学的转型更能直指人的内心，对个体带来的影响比社会的其他方面更为深广，同时文学的转型受制于政治、经济、文化等诸多方面，与其他方面错综复杂的关系让文学转型的每一方面都充满了艰巨性。当我们从一个更为广泛的角度回望中国文学从古典向现代转型的那一段历史，思考古代与现代的区别、文学与其他社会关系的关系，我们不难发现中国文学从古典向现代的嬗变是一条充满了荆棘的道路。在这条道路上，充满了传统与现代的交融、东方与西方的碰撞，同时政治的、经济的大变动又随时影响着文学的走向，使现代文学每走一步都步履维艰。这种艰难性，深刻地体现在当时的写作者身上，不仅体现在他们的创作当中，更体现在他们与社会的诸多关系之中。基于以上理由，本文从考察《小说月报》早期的作者群出发，认真地梳理他们与当时的政治经济的关系，希冀从中理出一条当时文学艰难转换的粗略线索。

《小说月报》1910年7月的创刊号卷首有一则通告：

征文通告

现一一身，说一一法，幻云烟于笔端，涌华严于弹指，小说之功伟矣，同人闻见无多，搜辑有限，尚祈海内大雅，匡其不逮，时惠鸿篇，体则著译兼收，庄谐并录。庶入邓林之选，片羽皆珍，一经沧海之搜，遗珠无憾。率布简章，伏希亮詧。

——本报各门，皆可投稿，短篇小说尤所欢迎；

——来稿务祈缮写清楚，并乞将姓名住址详细开示，以便通讯；

——如系译稿，请将原书一同掷下以便核对；

——中选者当分四等酬谢：甲等每千字酬银五元，乙等每千字酬银四元，丙等每千字酬银三元，丁等每千字酬银二元；

——来稿不合者立即退还；

——入荷惠寄诗词、杂着，以及游记、随笔、异闻、轶事之作，本报一经登载，当酌赠本报若干册以答雅意，惟原稿概不退还[①]。

这则通告被认为"建立中国期刊史上第一份稿酬条例"[②]，并且"可看作近代小说稿费制度确立的标志"[③]。这则通告将稿酬的分类、怎样计算稿酬、哪些项目必须写清楚等都表达得清清楚楚，与当下的稿酬制度相差无几。而从这则通告的措辞来看，编辑对作者不乏卑谦尊敬之意。这样的通告，《小说月报》每期都有，只是中间偶有调整，比如第一年第五期换为：

——本报各门，皆可投稿，短篇小说尤所欢迎；

——来稿务祈缮写清楚，并乞将姓名住址详细开示，以便通讯；

——如系译稿，请将原书一同掷下以便核对；

——中选者当分五等酬谢：甲等每千字五元，乙等每千字四元，丙等每千字三元，丁等每千字二元，戊等每千字一元；

——来稿不合者立即退还，惟卷帙过少者恕不奉璧；

——如有将诗词杂著游记随笔以及美人摄影风景写真惠寄者，本社无任感级，一经采用当酌赠本报若干册以答雅意，惟原稿概不退还[④]。

对比创刊号的那则通告，这则通告将酬谢由四等增加成了五等，这样一来，拉拢了作者，扩大了作者阵容。到了第二年第一期，则变成了：

---

① 见《小说月报》第一年第一期，宣统二年七月出版，上海商务印书馆印行，标点为笔者所加。

② 李曙豪《现代稿酬制度的建立与对发表权的保护》，《出版发行研究》2003年第5期。

③ 叶中强《稿费、版税制度的建立与近现代文人的生成》，《上海大学学报》2006年9月第13卷第5期。

④ 《小说月报》第一年第五期，宣统二年十一月出版，上海商务印书馆印行。

本社通告

——本报各门，皆可投稿，短篇小说尤所欢迎；

——来稿务祈缮写清楚，并乞将姓名住址及欲得何种酬报详细开示，以便通讯；

——如系译稿，请将原书一同掷下以便核对；

——中选者当分五等酬谢：甲等每千字五元，乙等每千字四元，丙等每千字三元，丁等每千字二元，戊等每千字一元；

——来稿不合者除长篇立即退还外，其余短篇小说及各种杂稿概不奉璧；

——如有将诗词杂著游记随笔以及美人摄影风景写真惠寄者，本社无任感级，一经采用当酌赠本报若干册以答雅意，惟原稿概不退还[①]。

与前两则通告相比，这则通告无疑更详细，增加了作者须将欲得何种报酬详细开示，同时将长篇之外的其他稿件均不退还。《小说月报》第二年全年刊登的通告都与这则通告只字无差，作为一个惯例保留了下来。

纵观这几则通告，从创刊号的第一则对作者充满卑谦的口气，第一年第五期想要扩大作者阵容，到第二年第一期要作者将报酬开示，要作者带价而沽，后面这两则通告与第一期的征文通告相比，最大的不同在于增加了“欲得何种酬报”及将第一则的当分四等酬谢变成了分五等酬谢。可以说这两个增加的内容都是对作者相当有利的，一是作家可以估计自己作品的价值；二是《小说月报》分明是想扩大自己的作者阵容，这从一个侧面表明了当时《小说月报》小说的库存量是不够的，特别是每则通告的开头都点明“短篇小说尤所欢迎”，表明了《小说月报》对短篇小说的渴求。以后连续的小说征文也表明了《小说月报》库存不足的事实。

《小说月报》1912年第三卷第十二号：

本社特别广告

本社所出小说月报，已越三载，发行以来，颇蒙各界欢迎，迩来销数日增，每期达一万以上，同人欣幸之余，益加奋勉，兹从四卷一号起，凡长篇小说，每四期作一结束，短篇每期四篇以上，情节则择其最离奇而最有趣味者，材料则特别丰富，文字力求妩媚，文言白话兼擅其长，读者鉴之。

本社谨启

征求短篇小说

本社现在需用短篇，倘蒙海内文坛惠教，曷胜欣幸，谨拟章程如下：（一）每篇字数，一千至八千为率（二）誊写稿纸，每半页十六行，每行四十二字（三）稿尾请注明姓名住址（四）酬赠照普通投稿章程，格外从优

① 《小说月报》第二年第一期，宣统三年一月出版，上海商务印书馆印行。

（五）投稿如不合用，即行寄还，合用之稿，由本社酌定酬赠，通告投稿人，如不见允原稿奉璧。

本社谨启[①]

《小说月报》1918年第九卷第二号：

本社通告

——本社欢迎短篇投稿，不论文言白话译文新著，一经登录，从丰酬报；

——自本期起，每期刊印关于美术之稿一二，重以唤起美感教育；

——本卷第一号所刊登之《玉鱼缘传奇》、《俟针师记传奇》登完后再行续登；

——自本期起，扩充材料，每期短篇小说必在十篇以上[②]。

这些通告都表明《小说月报》稿量不足，特别是短篇小说需求量大。那么，《小说月报》作为当时的一个大型的文学刊物，为什么会出现稿量不足呢？是酬谢不够，作者不愿意写稿吗？从上面《小说月报》第一期所拟的稿酬条款我们就可以看出，从创刊开始，《小说月报》便进行商业化运作，将作者与市场挂钩。我们可以先看一下，《小说月报》第一年小说作者创作的一个基本状况：

期数	题目	作者	字数	体裁
第一期	钻石案	王蕴章	约4400	短篇小说
	碧玉环	王蕴章	约2900	短篇小说
	双雄较剑录（1—6）	林纾、陈家麟译	近2万	长篇小说
	合欢草（1—7）	听涛、朱炳勋译	近2万	长篇小说
第二期	化外土	朱炳勋	约650	短篇小说
	凌波影	湘屏	约2400	短篇小说
	双雄较剑录（7—12）	林纾、陈家麟译	约2万	长篇小说
	合欢草（8—13）	听涛、朱炳勋译	约12000	长篇小说
第三期	周郎怨	松风	约1100	短篇小说
	支那旅行记		约2500	短篇小说
	双雄较剑录（13—16）	林纾、陈家麟译	约18000	长篇小说
	合欢草（14—17）	听涛、朱炳勋译	约10500	长篇小说
	剑绮缘（1—5）	宣樊	近12000	长篇小说

① 《小说月报》第三卷第十二号，上海商务印书馆印行。

② 《小说月报》第九卷第二号，上海商务印书馆印行。

续 表

第四期	明珠宝剑		约 4000	短篇小说
	双雄较剑录（17—21）	林纾、陈家麟译	约 19000	长篇小说
	合欢草（18—21）	听涛、朱炳勋译	约 12000	长篇小说
	剑绮缘（6—8）（完）	宣樊	约 4000	长篇小说
第五期	桃李鸳鸯记	觉民译	约 4000	短篇小说
	堕溷花	指严	约 3700	短篇小说
	双雄较剑录（22—26）（完）	林纾、陈家麟译	约 15000	长篇小说
	合欢草（22—23）（完）	听涛、朱炳勋译	约 4000	长篇小说
第六期	不如醉	潘树声、叶諴译	约 3700	短篇小说
	卖花声	啸天生意译	约 4000	短篇小说
	三家村	指严	约 3700	短篇小说
	美人局	朱炳勋	约 3700	短篇小说
	自治地方（1—7）	刍狗	——	短篇小说

现在难以确定《小说月报》当时衡量四等酬谢的标准，何种小说为甲等，何种小说为丁等，但可以从《小说月报》创刊时自己给自己的广告来看一看。

编辑大意

一、本馆旧有《绣像小说》之刊，欢迎一时，嗣响遽寂。用广前例，辑成是报。匪曰丹稗黄说，滥觞《虞初》，庶几撮壤涓流，贡诸社会。一、本报以迻译名作，缀述旧闻，灌输新理，增进常识为宗旨。一、本报各种小说，皆敦请名士，分门担任。材料丰富，趣味醲深。其体裁则长篇短篇，文言白话，著作翻译，无美不收。其内容则侦探言情，政治历史，科学社会，各种皆备。末更附以译丛、杂纂、笔记、文苑、新智识、传奇、改良新剧诸门类，广说部之范围，助报余之采撷。每期限于篇幅，虽不能一一登载，至少必在八种以上。一、本报卷首插图数页，选择綦严，不尚俗艳。专取名人书画，以及风景古迹足以唤起特别之观念者。一、本报月出一册，每册以八十页至一百页为率。装订华美，刷印精良，字数约在六万左右。一、本报月出一册，每册售银一角五分，外埠加邮费二分。预定全年银一元五角，邮费二角四分，遇闰照加①。

上面《小说月报》所说的各种小说皆“敦请名士”，这大致是可以成立的。王蕴章是《小说月报》的主编；林纾自 1899 年翻译《茶花女遗事》后就在文坛

① 见《小说月报》第一期，宣统二年七月出版，上海商务印书馆印行。

走俏一时，成为商务印书馆各杂志的特邀作家；宣樊即林白水，1901 年即出任《杭州白话报》的主笔，先后与宋教仁、孙中山结识，1910 年正在宣扬孙中山及其领导的革命；指严即许指严，南社社员，清末执教于上海南洋公学，文坛名家李定夷、赵苕狂等皆为其高足，1910 年时正受商务印书馆之聘，编写中学国文、历史等教科书，兼教该馆练习生；潘树声当时为如皋师范学校校长。以上这几位，均为当时有一定声望和社会地位的人，其他无从考证的人，依照商务印书馆的名望，早期的《小说月报》又正处于树立品牌时期，另外的那几位也几乎可以断定是当时的名流。他们的文章自然不会列为最末的丁等，以乙等酬谢来算：王蕴章两篇短篇约 7000 字，可得稿酬 28 元（以下均指银元）；听涛、朱炳勋合译《合欢草》，连载五期，约 6 万字，可得稿酬 240 元；宣樊的《剑绮缘》约 16000 字，可得稿酬 64 元；林纾的稿费是每千字以 6 元计算的，除了第六期没有，每一期几乎都有 1.5 到 2 万字，光从《小说月报》得到的稿费每个月就将近 120 元，按照陈明远的算法，折合 1995 年的人民币 6000 元，合 2010 年人民币 12000 元；其余短篇小说，均在 5000 字以下，稿酬在 4 元到 20 元之间不等。

再来看 1911 年《小说月报》第二年小说作者创作的基本情况：

期数	题目	作者	字数	体裁
第一期	香囊记	指严	约 5700	短篇小说
	狱卒泪	怅盦	约 4000	短篇小说
	汽车盗	陆仁灼	约 4400	短篇小说
	卖药童	卓呆	约 3700	短篇小说
	薄幸郎（1—4）	林纾、陈家麟	约 12500	长篇小说
	自治地方（完）	刍狗	约 15500	长篇小说
第二期	毒龙小史	怅盦	约 4700	短篇小说
	一日三迁	长佛	约 1000	短篇小说
	佛无灵	抱真	约 2400	短篇小说
	薄幸郎（5—8）	林纾、陈家麟译	约 10000	长篇小说
	劫花小影（1—4）	心石、况槑	约 11000	长篇小说
	小学生旅行（1—2）	亚东一郎	约 12100	长篇小说
第三期	探囊新术	怅盦	约 2350	短篇小说
	百合魔	泣红	约 4400	短篇小说
	薄幸郎（9—11）	林纾、陈家麟	约 10500	长篇小说
	劫花小影（5—8）	心石、况槑	约 13400	长篇小说
	小学生旅行（3—4）	亚东一郎	约 14400	长篇小说
第四期	采苹别传	指严	约 4400	短篇小说
	霜钟怨	南溟	约 2000	短篇小说

续 表

	程大可		约 3000	短篇小说
	薄幸郎（12—15）	林纾、陈家麟	约 8700	长篇小说
	劫花小影（9—12）	心石、况髁	约 12000	长篇小说
	小学生旅行（5—6）	亚东一郎	约 13000	长篇小说
第五期	三风记小说之一巫风记	不才	约 5000	短篇小说
	碧血花	非吾	约 2000	短篇小说
	二十世纪之新审判	水心	约 2700	短篇小说
	薄幸郎（12—15）	林纾、陈家麟	约 8700	长篇小说
	劫花小影（13—16）	心石、况髁	约 13700	长篇小说
	小学生旅行（7—8）（完）	亚东一郎	约 13000	长篇小说
第六期	三风记小说之一巫风记二	不才	约 5300	短篇小说
	三人冢	负剑生	约 4700	短篇小说
	胭脂雪	玉田赵紱章	约 5370	短篇小说
	薄幸郎（22—27）	林纾、陈家麟	约 9700	长篇小说
	劫花小影（17—20）	心石、况髁	约 14400	长篇小说
	醒游地狱记（1—3）	不才	约 9400	长篇小说
临时增刊	秦吉了	怅盦	约 5400	短篇小说
	侦探女	惨绿	约 2700	短篇小说
	赛鹦儿	鹃红	约 2300	短篇小说
	孤星怨	泣红	约 2600	短篇小说
	一百五十三岁之长病大仙	朱树人	约 4000	短篇小说（白话）
	绿窗残泪	指严	约 12000	长篇小说
	葫芦旅行记	卓呆	约 6000	长篇小说（白话）
第七期	三风记小说之一巫风记三	不才	约 6000	短篇小说
	莲孃小史	前度	约 2350	短篇小说
	不疯人院	东侠、啸侯同译	约 4000	短篇小说
	薄幸郎（28—32）	林纾、陈家麟	约 8700	长篇小说

续　表

	劫花小影（21—24）	心石、况琛	约 13400	长篇小说
	醒游地狱记（4—5）	不才	约 6000	长篇小说
第八期	榜人女	指严	约 5700	短篇小说
	情天红线记	凤雏	约 5900	短篇小说
	风流犬子	朱树人	约 6000	短篇小说
	薄幸郎（33—35）	林纾、陈家麟	约 7700	长篇小说
	劫花小影（25—28）	心石、况琛	约 9700	长篇小说
	醒游地狱记（6—7）	不才	约 9700	长篇小说
第九期	棋缘小记	指严	约 2300	短篇小说
	退卒語	蛮儿	约 2000	短篇小说
	土窟余生	朱树人	约 5700	短篇小说
	薄幸郎（36—39）	林纾、陈家麟	约 8400	长篇小说
	劫花小影（29—32）（完）	心石、况琛	约 9700	长篇小说
	醒游地狱记（8—9）	不才	约 12000	长篇小说
第十期	火花斧	共谊	约 1500	短篇小说
	掠卖惨史	指严	约 5700	短篇小说
	病后之观念	朱树人	约 5700	短篇小说
	薄幸郎（40—42）	林纾、陈家麟	约 7700	长篇小说
	十字碑（侯官汪剑虹）	况梅	约 5000	长篇小说
	醒游地狱记（完）	不才	约 15000	长篇小说
第十一期	冤禽语	恨人	约 4700	短篇小说
	掠卖惨史二	指严	约 3700	短篇小说
	呜呼	双影	约 4000	短篇小说
	薄幸郎（43—45）	林纾、陈家麟	约 7700	长篇小说
	死后	卓呆	约 6400	长篇小说
	十字碑（侯官汪剑虹）	心月	约 6400	长篇小说
第十二期	地理教习	（傲）（铁）	约 1000	短篇小说
	欧蓼乳瓶	铁樵	约 2300	短篇小说
	陈生别传	静铨	约 3700	短篇小说
	薄幸郎（46—48）	林纾、陈家麟	约 9000	长篇小说
	死后	卓呆	约 6400	长篇小说
	福尔摩斯侦探案	甘作霖	约 13700	长篇小说

与第一年相比，林译小说在本年每期的刊载量有所减少，每期在1万字左右，甚至有几期不足1万字，但这并不意味着林纾在该年的收入减少。事实上，此时的林纾是商务印书馆的持股人之一，又在京师大学堂上课，收入只高不低。其余经常写稿的人：指严（不才亦为指严）本年在《小说月报》共计发表约10万字，每千字按4元计，可得酬银400元左右；帐盦约2万字，按每千字4元，可得80元左右；卓呆（即徐卓呆）计约2.5万字左右，可得酬银100元左右；徐卓呆在该年《小说月报》的“新剧介绍”栏目发表了大量的剧作，相对于剧作而言，他在该年发表的小说只能算是很少的一部分，小说酬谢自然也只是占《小说月报》的一小部分而已；心石、况槑两人该年在《小说月报》发表约10万字，可得酬银400元左右（按，怀疑况槑、况梅、槑、心月均为王蕴章。在《小说月报》第二年第8期指严的《榜人女》后，插入《然脂余艳》一则：熊芝露女史工诗，其已见国朝闺秀集中者不具录，近见其在母家时与某女史作合჻之戏，赋催妆三绝句云：铃阁生春喜欲狂，几回握管赋催妆。风流绝胜黄崇嘏，竟敢吹箫引凤凰。不羡箫郎紫玉箫，妆成弄玉似花娇。丁宁嘱咐卿卿道，留取双蛾待我描。高烧银烛待昏黄，手折梅花照晚妆。此夕银河无鹊渡，天孙切莫怨牛郎。放诞风流令人想见三五少年时闺中韵事。闺秀共词者当推长洲级兰李氏生香馆集，为最近从他书中得其小令数阕，为郭频伽灵芬馆诗话中所未载者。笙清篁脆如鸟中子规，自是天地间愁种真可娣视，易安断肠一集不足道也。暮春感赋卖花声云：眉影控帘钉，花补苔痕。满身香雾嫩寒侵，怨人杜鹃声裹血，独自愁吟。玉笛孱离情，草长红心，月钩空吊美人魂，怜尔为花犹命薄，何况侬今。蝶恋花云：记得黄昏耽静坐。宠柳娇花，春恨吟难妥。珠箔飘灯风婀娜。四围碧浪春痕簸。谱就红盐兰烛堕。击碎珊瑚，唱彻谁人和。提起闲愁无一可。泪丝弹瘦缃桃朵。秋夜书怀菩萨蛮云：冰轮碾破遥空碧。砧声敲冷相思夕。望断雁来天。潇湘烟水寒。玲珑花里月。知否人间别。一样去年秋。如何几样愁。其后署名：况梅。《然脂余韵》为王蕴章所作，而这篇从口气、情调均与《然脂余韵》相合，在报刊未连载之初，《然脂余韵》很可能为《然脂余艳》，况梅也即王蕴章。这还需要详细考证。如若属实，则该年所刊《十字碑》也为王蕴章所作，其所刊作品为更多。但现在的研究资料均未提此点。）；朱树人本年在《小说月报》上共计发表1.5万字左右，可得酬银60元；亚东一郎约为4.2万字左右，可得酬银170元左右；其余作家如铁樵（恽铁樵）、（傲）（铁）（胡适）、泣红（周瘦鹃）、甘作霖等人，多为短篇，多在3千到1万字，酬银当在12元到40元之间。

这些当然不是一个作家的全部收入。按照现在可以考证的来看，王蕴章时任《小说月报》主编，当时大学生毕业在商务印书馆当职员的起点月薪是30银元，此后惯例每年增加10元；而据包天笑回忆，1912年他在商务编译所工作半天（每日下午1—5点，星期日休息），担任小学图文教科书的编辑，月薪是40银元。王蕴章与包天笑同为南社社员，“民国前后，南社社员纷纷云集上海，把持了上海的各大报刊阵地，如《时报》为包天笑；《申报》为王钝根、陈蝶仙、周瘦鹃；《民权报》为徐枕亚、徐天啸等等；社员之间声气相应，互相推荐提携，几乎扫荡了上海所有报刊。柳亚子曾经很得意地开玩笑说：‘请看今日之域中，竟是南社的天下。’我很怀疑王蕴章之所以能进商务印书馆编《小说月报》，也是这些南社社员把持上海报刊界的结果”[①]。按照这种估计，同为南社社员，王蕴章又是主编，又是全天工作，月薪应该比包天笑的40银元高，或者是两倍还不止；同时，戈公振在《中国报学史1912—1927年》中有记述：“总编辑亦称为主笔，为编辑部之领袖……总编辑常兼司社论，其月薪约在150圆至300圆之间。”按照这个算法，王蕴章在作为《小说月报》主编期间，月薪不会下于150元。而林纾除了据郑逸梅等回忆说，“林译小说稿费特别优厚。当时一般的稿费每千字二至三圆，林译小说的稿酬，则以千字六圆计算，而且是译出一部便收购一部的。这也难怪老友陈衍曾与林纾开玩笑，说他的书房是造币厂，一动就来钱”[②]之外，“林译的许多小说，既发表又出版，在书籍的稿酬方面，商务印书馆有着比较灵活的规定，其标准视著者的知名度、学识水平、书稿质量和发行量等各个方面情况而定。比如梁启超的《中国历史研究法》等书得版税为40%，这当然是最高的”[③]。对照梁、林两人在商务印书馆的发表待遇，林纾的版税也大致在40%上下。这样一来，林纾十几年间的稿酬收入高达20万银元以上（合2009年人民币2000万以上）[④]就不足为奇了。朱炳勋是商务印编译所的成员，宣樊、许指严、周瘦鹃等还是其他报刊的编辑，朱树人曾编《蒙学读本》，收入自然也不菲。而其他的几位，由于写小说只是作为兼职，稿酬只是业余收入的一部分，经济来源自然不全靠此。

而上海1910年左右一般人的生活水平如何呢？民国名记包天笑在其自传《钏影楼回忆录》中说，1906年他到上海租房子，开始在派克路、白克路（现南京西路、凤阳路）找，连找几天都无结果，后来他发现一张招租，说在北面一点的爱文义路（现北京西路）胜业里一幢石库门有空房。贴招租的房东当时讲清住一间厢房，每月房租7元。当时上海一家大面粉厂的工人，一个月的收入也不过7到10元，而包天笑当时在《时报》任编辑，每月薪水80元。按照这个标准，上述的许多作家都远远高于7—10元这个标准，也就是说，小说家创作小说的收入在当时并不低。

按照陈明远的算法，上海市民在1927年的一般生活水平为每月66元，扣除物价上涨的因素，1910年的1元约合1927年的6角8分9，66元约合1910年的46元，这样的家庭收入在上海市约占4%，这样的日常生活费大约是贫民家庭的两倍，也是当时上海一般知识阶层的经济状况。按照这样的标准，对比《小说月报》给出的稿酬标准，一个专门靠在《小说月报》上发表小说的作家，每月写

---

① 柳珊《1910—1920年的〈小说月报〉是“鸳鸯蝴蝶派”的刊物吗?》，《中国现代文学研究丛刊》2000年第3期。

② 郑逸梅《林译小说的损失》，收《中国近代文学史论文集》，中国社会科学出版社1983年版，第688页。

③ 陈明远《文化人的经济生活》，陕西人民出版社2010年版，第78页。

④ 同上。

1.2万字左右即可保持在上海的“小康”水平，进入4%的少数人行列，并且这样不算太难，从1902年到1916年间，创办的文艺期刊计有57种[①]，对比当时知识分子的人数，作家当时的投稿应该还不算太难。

一方面是小说家能靠稿费维持一种比较舒适的生活，一方面是杂志社缺乏小说稿件，于是一个有趣的问题就产生了：当时的小说家为什么不愿意给杂志社写小说？也许这个问题的解决还得回到作家本身。这里有必要考察一下上述各位作家的背景。除去不可考人员，可知道的计有：

王蕴章：光绪二十八年（1902）中副榜举人；

林纾：光绪八年（1882）举人；

宣樊：曾任养正书塾讲席；

指严：南社社员，出身仕宦之家；

朱炳勋：商务印书馆编译所成员；

徐卓呆：7岁丧父，曾赴日留学；

朱树人：曾在无锡三等公学堂就学，编有《蒙学读本》，为中国人第一本自编教材；

胡适：曾多年在家塾读书，1910年在春在华童公学教国文；

恽铁樵：出身于小官吏家庭，1911年应商务印书馆张菊生先生聘请，任商务印书馆编译；

周瘦鹃：1895年6月30日出生于上海一个小职员家庭，6岁时父亲病故。

从上述这些作家来看，他们中后来有的成为新文学的领袖，有的抱着文言不放，有的彻底将文学市场化，走入鸳鸯蝴蝶一派，也有的中途改行。仅从这些作家来看，他们大都与传统的封建社会有着深厚的联系，在如何对待小说方面，无疑受到传统的深刻影响。这一点，从上述《小说月报》第一期的编辑大意就可以看出来：

> 现一一身，说一一法，幻云烟于笔端，涌华严于弹指，小说之功伟矣，同人闻见无多，搜辑有限尚祈，海内大雅，匡其不逮，时惠鸿篇，体则著译兼收，庄谐并录。庶入邓林之选，片羽皆珍，一经沧海之搜，遗珠无憾。率布简章，伏希亮詧[②]。

按照编辑的大意，小说之功仅在于现身说法，“幻云烟于笔端，涌华严于弹指”，再对照另外一则广告，则《小说月报》当时对小说的心态就可一览无遗。

宣统三年（1909）闰月《小说月报》临时增刊的封底广告：

> 惟一无二之消夏品：夏日如年，闲无事求，所以愉悦性情，增长闻见，

---

① 《中国现代出版史料》丁编（下），中华书局1957年版。

② 《小说月报》第一期，宣统二年七月出版，上海商务印书馆印行。

莫如小说，本馆年来新出小说最多，皆情事离奇，趣味浓郁，大足驱遣睡魔，消磨炎暑，兹特大减价，为诸君消夏之助，列目如下……[1]

在这里，小说成为了驱遣睡魔的消夏品，与中国传统的“饰小说以干县令，其于大达亦远矣”的观点相差无几。这些观点也许代表着当时一般文人的观点，从那么多小说作家除了有名的几位，要么是不署名，要么是署别号就可以看出来。此时距梁启超 1902 年发起“小说界革命”已有八年，而相当多的文人对小说仍不在意，从一个侧面也可见证“小说界革命”的某种不成功。

出于对小说这一体裁的这种认识，当时文人一方面按照传统鄙视小说，一方面却又不得不借助写小说来达到赚钱过生活的目的。1905 年的科举考试废止，当时的《谕立停科举以广学校》如此写道：

> 兹据该督等奏称科举不停，民间相率观望，推广学堂必先停科举等语，所陈不无为见。著即自丙午科为始，所有乡会试一律停止，各省岁科考试亦即停止。其以前之举贡生员，分别量予出路，及其余各条，均著照所请办理。
>
> 旧学应举之寒儒，宜筹出路也：文士失职，生计顿蹙，除年壮才敏者入师范学堂外。其不能为师范生者，贤而安分，则困穷可悯。其不肖而无赖者，或至为非生事，亦甚可忧[2]。

正因“生计顿蹙”，在学校当教员或者从事文化方面的创作就成为当时文人的去处。而稿酬制度的兴起，源于 1910 年《大清著作权律》的颁布：

> 第五条　著作权归著作者终身有之；又著作者身故，得由其承继人继续至三十年。
>
> 第六条　数人共同之著作，其著作权归数人共同终身有之，又死后得由各承继人继续至三十年。
>
> 第七条　著作者身故后，承继人将其遗著发行者，著作权得专有至三十年。
>
> 第三十三条　凡既经呈报注册给照之著作，他人不得翻印仿制，及用各种假冒方法，以侵损其著作权。
>
> 第四十条　凡假冒他人之著作，科以四十元以上四百元以下之罚金；知情代为出售者，罚与假冒同。
>
> 第四十一条　因假冒而侵损他人之著作权时，除照前条科罚外，应将被损者所失之利益，责令假冒者赔偿，将印本刻版及专供假冒使用之器具，没

① 《小说月报》第二年闰月增刊，宣统三年出版，上海商务印书馆印行。

② 《光绪政要》第二十七册，转引自舒新城编《中国近代教育史资料》，人民教育出版社 1979 年版。

收入官[①]。

这部法律的颁布，为作家卖文谋生提供了合法的依据。于是为各种杂志写作，为作家失去入仕之道后谋生提供了去处。也就是说，文人由科举考试时代的入仕由国家提供俸禄转变成了靠出卖写作为生，近代中国文人出现了“经济”转型，如果我们对比一下清朝前中期文人的出身，我们会更清晰地看到这一点。从大清成立到鸦片战争爆发这段约两百年的文学历史中，所出现的124位有影响力的作家里面，进士出身的有52人，举人出身的有18人，仅这两项就占整个作家比例的近60%。如下表[②]：

进士出身的作家52人：

姓名	生卒年	进士年份
钱谦益	1582——1664	万历三十八年（1610）一甲三名进士
吴伟业	1609——1671	崇祯四年（1632）进士
方以智	1611——1671	崇祯十三年（1640）进士
彭孙遹	1631——1700	顺治十六年（1659）进士
周亮工	1612——1672	崇祯十三年（1640）进士
宋琬	1614——1674	顺治四年（1647）进士
龚鼎孳	1615——1673	崇祯七年（1634）进士
施闰章	1618——1683	顺治六年（1649）进士
汪琬	1624——1690	顺治十二年（1655）进士
叶燮	1627——1703	康熙九年（1670）进士
姜宸英	1628——1699	康熙三十六年（1697）70岁始成进士
王士祯	1634——1711	顺治十五年（1658）戊戌科进士
曹贞吉	1634——?	康熙三年（1663）进士
查慎行	1650——1727	康熙四十二年（1703）进士
戴名世	1653——1713	康熙二十六年（1687）进士
纳兰性德	1654——1685	康熙十五年（1676）进士
赵执信	1662——1744	康熙十九年（1680）进士

① 《大清著作权律》，收周林、李明山主编《中国版权史研究文献》，方正出版社1999年版，第89页。

② 下面两表的编制参照栾梅健《二十世纪中国文学发生论》的数据，广西师范大学出版社2006年版。

续　表

方苞	1668——1749	康熙四十五年（1706）考取进士第四名
沈德潜	1673——1769	乾隆四年（1739）成进士
郑燮	1693——1765	乾隆元年（1736）进士
袁枚	1716——1797	乾隆四年（1739）进士
卢文弨	1717——1795	乾隆十七年（1752）一甲三名进士
高鹗	不详	乾隆六十年（1795）进士
纪昀	1724——1805	乾隆十九年（1754）进士
王昶	1724——1806	乾隆十九年（1754）进士
蒋士铨	1725——1785	乾隆二十二年（1757）进士
赵翼	1727——1814	乾隆二十六年（1761）进士
毕沅	1730——1797	乾隆二十五年（1760）进士，廷试第一
姚鼐	1731——1815	乾隆二十八年（1763）中进士
翁方纲	1733——1818	乾隆十七年（1752）进士
李调元	1734——？	乾隆二十八年（1763）进士
章学诚	1738——1801	乾隆四十三年（1778）进士
洪亮吉	1746——1809	乾隆五十五年（1790）进士
张惠言	1761——1802	嘉庆四年（1799）进士
张问陶	1764——1849	乾隆五十五年（1790）进士
阮元	1764——1849	乾隆五十四年（1789）进士
梁章钜	1775——1849	嘉庆年间（1802年）成进士
张维屏	1780——1859	道光二年（1822年）进士
周济	1781——1839	清嘉庆十年（1805）进士
林则徐	1785——1850	嘉庆十六年（1811年）进士
梅曾亮	1786——1856	道光二年（1822）进士
龚自珍	1792——1841	道光九年（1829）进士
赵庆禧	1792——1847	道光进士
魏源	1794——1857	道光二十四年（1844）进士
何绍基	1799——1873	道光十六年（1836）进士
冯桂芬	1809——1874	道光二十年（1840）进士

续　表

刘熙载	1813——1881	道光二十四年（1844）进士
郭嵩焘	1818——1891	道光二十七年（1847）进士
俞樾	1821——1906	清道光三十年（1850 年）进士
张景祈	1827——？	道光进士
李慈铭	1830——1895	光绪六年（1880）进士
吴汝纶	1840——1903	同治四年（1865）进士

举人出身的作家 18 人：

姓名	生卒年	中举年份
阎尔梅	1603——1679	崇祯三年（1631）举人
吴兆骞	1631——1684	顺治十四年（1657）举人
顾贞观	1637——1714	康熙五年（1666）举人
厉鹗	1692——1752	康熙五十九年（1720）举人
恽敬	1757——1817	乾隆四十八年（1782）举人
舒位	1765——1815	乾隆五十三年（1787）举人
沈钦韩	1775——1831	嘉庆十二年（1807）举人
俞正燮	1775——1840	道光元年（1821）举人
管同	1780——1831	道光五年（1825）举人
项鸿祚	1798——1835	道光十二年（1832）举人
姚燮	1805——1864	道光十四年（1834 年）举人
吴敏树	1805——1873	道光十二年（1832）举人
郑珍	1806——1864	道光十七年（1836）举人
陈沣	1810——1882	道光十二年（1832）举人
莫友芝	1811——1871	道光十一年（1831）举人
张裕钊	1823——1894	道光二十六年（1846）举人
谭献	1832——1901	同治六年（1867）举人
王闿运	1832——1916	咸丰七年（1857）举人

在科举时代，举人已经具备做官的资格。从上述两表可以看出，在前清的社会体系中，文学家多由为官者担当，文人的经济来源由国家给予保证，但是，废除科举以后，国家不再保障全部文人的经济来源，于是，文人只好自谋出路，教书、办报纸杂志、为报纸杂志写作刚好填补了国家不给予文人生活保障的空缺。中国文人不得不实行由国家保障到个人自谋出路的“经济转型”。对于广大文人来说，这“是被迫的，也是无奈的，但又是必须的。科举制度的废除，伴随而来的就是知识阶层地位的急剧下降，特别是政治地位的下降，文人的被边缘化。在

科举取士的时代，一旦考上了科举，文人就为国家统治阶级的一员，成为人上人，而科举废除之后，文人一下子成为与农工商同等地位的社会边缘人，甚至还没有农工商的地位高。山西举人刘大鹏发现许多读书人因此失馆，又“无他业可为，竟有仰屋而叹无米为炊者”，他不禁慨叹道：“嗟乎！士为四民之首，坐失其业，谋生无术，生当此时，将如之何？”文人当时的失望、落魄及担忧，在他的日记里都有记载：

下诏停止科考，士心散涣，有子弟者皆不作读书想，别图他业，以使子弟为之，世变至此，殊可畏惧。（1905 年 10 月 15 日）

甫晓起来心若死灰，看得眼前一切，均属空虚，无一可以垂之永久，惟所积之德庶可与天地相终始。但德不易积，非有实在功夫则不能也。日来凡出门，见人皆言科考停止，大不便于天下，而学堂成效未有验，则世道人心不知迁流何所，再阅数年又将变得何如，有可忧可惧之端。（1905 年 10 月 17 日）

昨日在县，同人皆言科考一废，吾辈生路已绝，欲图他业以谋生，则又无业可托，将如之何？吾邑学堂业立三年，而诸生月课尚未曾废，乃于本月停止，而寒酸无生路矣。事已至此，无可挽回。（1905 年 10 月 23 日）

凡守孔孟之道不为新学蛊惑而迁移者，时人皆目之为顽固党也。顽谓梗顽不化，固谓固而不通，党谓若辈众多不能舍旧从新，世道变迁至于如此，良可浩叹。科考一停，士皆殴入学堂从事西学，而词章之学无人讲求，再十年后恐无操笔为文之人矣，安望文风之蒸蒸日上哉！天意茫茫，令人难测。（1905 年 11 月 2 日）

科考一停，同人之失馆者纷如，谋生无路，奈之何哉！（1905 年 11 月 3 日）

近来读书一事人皆视之甚轻，凡有子弟者亦不慎择贤师而从之，所从之师不贤而亦不改从，即欲子弟之克底于成，夫岂能之乎？今之学堂，所教者西学为要，能外国语言文字者，即为上等人才，至五经四书并置不讲，则人心何以正，天下何以安，而大局将有不堪设想者矣。（1906 年 3 月 15 日）

去日，在东阳镇遇诸旧友藉舌耕为生者，因新政之行，多致失馆无他业可为，竟有仰屋而叹无米为炊者。嗟乎！士为四民之首，坐失其业，谋生无术，生当此时，将如之何？出门遇友，无一不有世道之忧，而号为维新者，举欣欣然有喜色而相告曰：“旧制变更如此，其要天下之治，不日可望，诸君何必忧心殷殷乎？”（1906 年 3 月 19 日）①

这种状况使这批从传统科举中走出来的文人处于一种尴尬的状态之中，一方面耻于卖文为生，一方面却又不得不靠卖文为生，特别是小说创作者，一方面从

① 刘大鹏《退想斋日记》，乔志强标注，山西人民出版社 1990 年版。

心里轻视小说，一方面却又不得不靠小说来维持生计。这种与科举时代的强烈对比，在文人心里的震动之大可想而知，而当时文人的“心态转型”之艰难也由此可见一般。面对这种状态，文人应该如何反应呢？

通过分析上述《小说月报》的作家群我们不难发现，在那一群作家中，后来大致分化为三类：一类是坚守着传统，期望延续传统的；一类是通过海外留学，对传统文学进行反思的；一类是放弃古代文人的清高，彻底将文学市场化，以卖文换取金钱的。

第一类作家以林纾、王蕴章、许指严等人为代表。这一类作家受中国传统的影响比较深，对中国传统文化雅致的一面较为欣赏，于是重视文言，轻视白话。在王蕴章1910至1911年这两年主编的《小说月报》里，虽然编辑申明文白兼收，但整整18期杂志，标明白话小说的仅有一篇。这一群体坚守着传统学而优则仕的观念，一旦有机会，就会想办法重走仕途的道路。王蕴章在1913年辞去《小说月报》主编一职而去国民临时政府任职，许指严后去任民国政府财政部机要秘书，大概也有这种心态在里面。这个群体在当时应该占了一个很大的比重，《小说月报》在创立当初便成为当时全国文艺期刊的权威和林译小说在当时风行于文人之间证实了这一群体的人数可观。凭着传统文言的良好功底，这一群体在晚清民初的文化市场里找到一份可供养家糊口的职位不会很难，解决了一定的经济后顾之忧，使得他们在报纸杂志上继续他们的文化理想，坚守自己的人生立场。并且，在这一群体里，年龄越大，对传统的坚守越牢固，从林纾、严复等后来签名支持将孔教立为国教，与《新青年》诸作家论战就可见传统对他们影响之深。随着历史的变迁，这一群体所坚守的理想越来越不合时宜，这一个群体逐渐淡出人们的视野，他们所坚持的文化理想也就仅仅存在于个人的心中。

第二类以胡适等人为代表。这一群体接受西方思想比较早，在经历了欧风美雨之后又反观传统，进而提出文学改良的主张，但这一部分人身上也带着传统的印记。对比一下同在《新青年》上发表的胡适《文学改良刍议》和陈独秀的《文学革命论》，我们就不难发现胡适身上所带有的传统文人的烙印。这一类作家后来成为了新文学的代表。

第三类是以周瘦鹃、徐卓呆等人为代表的群体。从上述对这类作家的背景分析我们可以发现，这一类作家大多出自底层，徐卓呆7岁丧父，周瘦鹃6岁丧父，生活自幼就比较贫困，因此在某种程度上比上述两类作家更具有现实性，也更具有经济的紧迫感，同时也能及时放下传统所带给他们的影响。因此，在面临坚守文学传统还是放弃文学传统的选择时，他们很快就适应了现代的文学市场，贴近市民世俗，知道如何利用文学去谋取生活。后来形成的鸳鸯蝴蝶派、礼拜六以至于海派，都大抵与这一心态有关。这一群体缺乏对传统文学的反思，在将文学市场化的过程中一味迎合大众市民的通俗口味，而缺乏积极的改进，对文学缺乏一种现代性的反思。这也许就是为什么通俗文学期刊很早就适应市场化，很早就运用白话，而人们却没有把它们视为现代文学的一个原因吧。正如陈思和所言：“新文学的效果和特点，其实并不在于是否使用一般意义上的白话，因为晚清民初的一般传媒和创作已经通用了白话语体，这在古代白话创作方面就有传统；而新文学之所以'新'，在于现代人的意识开始冲击传统文人的替天行道或者是才子佳人的意识形态，而语体的欧化正是这种新意识形态的载体，使人们在陌生的语体里感受到陌生的感情世界和陌生的心理世界。"① 这也许可以从一个侧面回答人们提出的为什么新文学要从 1917 年开始的疑问吧。

以上三类作家长时期活跃在中国 20 世纪上半叶的文学世界里。他们之间的此消彼长，相互之间的合力，丰富着我们现代文学的图景。通过以上分析，我们不难发现，无论是哪一类作家的形成，其背后都有着这样那样的政治、经济因素，正是这些政治、经济因素推动着作者不断形成自己的文学观念，进而决定着现代文学的格局。从某种程度上来说，现代文学是在政治的影响下、经济的催化中转型过来的，尽管在这个转型过程中带着几分艰涩。

（作者单位：四川大学文学与新闻学院）

① 陈思和《一份填补空白的研究报告》，柳姗的《在历史缝隙间挣扎——1910—1920 年间的〈小说月报〉研究》序，百花洲文艺出版社 2004 年版。

和而不同：20世纪20年代东南大学的学者群体与知识生活

□ 孙化显

引 言

20世纪20年代的南高师—东南大学①在民国教育史上具有重要地位，它是今天南京大学的前身，其历史可以追溯到1902年张之洞创办的三江师范学堂②。虽然南高师—东南大学时期仅为12年，但是，它对于中国现代教育和学术的影响却是长期而深刻的，一直以来学界对于南高师—东南大学的研究较为薄弱，难以反映该校学者群体在文化学术活动中的实际影响。在20世纪80年代，虽然随着"学衡派"重新进入视野，对南高师—东南大学学者群体的研究也有所展开，但仅仅局限于"学衡派"来研究南高师—东南大学学者群体是远远不够的。与"学衡派"同时，甚至早于"学衡派"，就有一批颇有造诣的学者在这里集结，或是专业兴趣所致，或是对待新旧文化的态度相近，他们与"学衡派"有较多关联和往来；但另一方面，他们又有着异于"学衡"的学术主张，其中有些学者还组织或参加了其他学术团体，例如"史地研究会"、"中华新教育共进社"和"中国科学社"，都是南高师—东南大学学术团体中的佼佼者，其影响不在"学衡"之下。可以说，南高师—东南大学时期的学者群体和知识生活具有和而不同的风格，并对学校此后的发展产生了良性影响。总体而言，南高师—东南大学学者群体在教育治学中树立精英意识，追求兼容并蓄、中西融通和学术自律的文化理想，这反映了那个时代的趋势和要求，展现了当时大学场域中知识分子群体的文化取向与学术理想。在他们的教育学术活动和相关文献中，无处不见对这种文化理想的践行。梅光迪在南高师暑期学校开设的文学课程及其对教材的使用和翻译，就是一个典型的个案，体现了重视人文熏陶、推行兼容并

① 南京高等师范学校与国立东南大学既有前后承接关系，但在一段时间内也曾同时存在，这里将它们统称为南高师—东南大学，时间范围是1915—1927年。

② 南高师—东南大学时期在该校历史沿革中的纵坐标：1902年张之洞主创三江师范学堂，1905年更名为两江优级师范学堂，1915年为南京高等师范学校，1920年北洋政府批准成立国立东南大学，1921年10月正式成立国立东南大学，南京高等师范学校仍保留，1923年南京高等师范学校正式并入国立东南大学，1927年6月更名国立第四中山大学，1928年为江苏大学，1928年5月为国立中央大学，1949年8月为国立南京大学，1950年10月为南京大学。参见季为群《百年沧桑，百年发展——南京大学百年史略》，载于《江苏地方志》2002年第4期。

蓄的教育理念。

一、教育理念和学术理想

大学场域首先作为一个教育场所而存在，其教育理念直接影响的是场域风气与教育实绩。1912 年夏天召开的全国临时教育会议，一方面拟在北京、南京、武昌、广州、成都、沈阳各设高等师范学校一所，另一方面决定在十年之内分别在北京、南京、武昌、广州设立大学①。南京高等师范学校自 1914 年 8 月 30 日获准成立至该年 9 月 2 日江谦被任命为校长，可谓雏形已具；等到 1915 年江谦以校长身份聘请哥伦比亚大学教育学博士郭秉文为教务主任作为标志，其人员启用也告一段落；1915 年 8 月 11 日南京高等师范学校开始正式招生，9 月 10 日正式开学。1920 年北洋政府批准成立国立东南大学，1921 年 10 月正式成立国立东南大学，南京高等师范学校仍保留，1923 年南京高等师范学校正式并入国立东南大学，1927 年 6 月更名国立第四中山大学，南高师—东南大学基本结束。江谦与郭秉文作为南高师—东南大学先后两任校长，对于这个历时约 12 年的南高师—东南大学时期的教育理念的建立与实施起到了核心作用。

南高师—东南大学的核心教育理念是一种以培养社会精英为目的的通才教育，重视人格养成，在知识理念上以求“真”、求“诚”为最高目的，而不只是求一时一地之“用”，在这种教育模式中，人文知识具有重要地位。江谦作为南京高等师范学校校长时期就提倡“三育并举”，即训育（训练与管理兼重）、智育（以“诚”为本）、体育，而且每一种育类都有着严格的标准、方法与实施。由此可见，首任校长江谦践行的正是一种全面提升学生素养的教育方针，特别是在智育中强调以“诚”为本，体现了对知识、思想、人格之三位一体性的理解，正如其“标准”中所言“使学生能思想，以探明知识之本源……”② 其中洋溢着追求真理的道德自期与人文情怀。其时南京高等师范学校的校训正是这个“诚”字，其校歌也开宗明义阐发了“诚”的核心地位：

> 大哉一诚天下动，如鼎三足兮，曰知、曰仁、曰勇。
> 千圣会归兮，集成于孔。下开万代旁万方兮，一趋兮同。
> 踵海西上兮，江东；巍峨北极兮，金城之中。
> 天开教泽兮，吾道无穷；吾愿无穷兮，如日方暾。

这里的“诚”，意味着道德上的自我完善与知识上的明达物理两方面是相辅相成的，既对接了西方现代教育理念，也与中国古典传统一脉相承。江谦“三育并举”的理念和方法，为南京高等师范学校的教育模式奠定了基础，而其中以诚为本的核

① 详见舒新城《中国近代教育史资料（上册）》，人民教育出版社 1981 年版，第 305 页。
② 王德滋主编《南京大学百年史》，南京大学出版社 2002 年版，第 52 页。

心观念则强化了人文教育在整个教育体系中的重要性。

1919年9月，郭秉文正式接替病退的江谦出任南京高等师范学校校长。郭秉文对于南高师贡献甚大，他在担任南高师教务长之初奔走于欧美高校，为南高师物色了一批学有所成、眼界开阔的教师，后来他又将留美学生创建的“中国科学社”迁址于南高师（1918），这一举措有利于学者的集结。由于郭的努力，南高师在发展之初，其师资构成就偏重西学，但并不定于一尊，也不是唯文凭论，在有西方教育背景的教师中，研究领域宽泛，留学学校各异，甚至有些人仅有肄业经历。郭秉文一直重视启用留学生作为教师，“南高的教授有三分之二曾留学欧美”[①]，有时候还邀请著名外籍教师加盟，这些措施取得了良好效果。“东南大学在短期内迅速崛起的重要因素之一就是有一支以留美学生为主的教师队伍。在当时，该校工科15名教授中，10人为留美学生；理科29名教授中，16人为留美学生；农科42名教授中，25人为留美学生；商科33名教授中，18人为留美学生；而教育科教授中的留学生，则全是留美归国的。正是由于东南大学雄厚的以留美学生为主体的教师队伍，使东南大学声名鹊起。难怪20世纪20年代初孟禄到东南大学参观考察时，将之称为‘中国最有希望之大学’。”[②]

除了因广泛吸纳留学师资而为南高师带来的欧美教育学术风习，郭秉文本人也受到欧美教育理念的影响。他与志同道合的陶行知、刘伯明等人试图在东南大学推行西式的现代高等教育模式，在学校的具体经营、学制、课程等方面都有体现，并对当时的中国高等教育起到了积极的示范作用。例如南高师首创体育专修科（1915）、实行学分制（1919）、招收女学生（1920）、首开暑期学校（1920）等等都是具有开创意义的。在具体的操作过程中，南高师—东南大学不自觉地给予文史学科更多的发展资源，这也就使得整个学校几乎都充盈着人文气息，从它的系科划分与课程设置即可见出它对于文史哲课程的重视。到了“1923年，在南京高等师范学校的基础上成立的东南大学，它的教学、科研水平在文、史、哲方面与北大不相上下”[③]，成为当时中国高等教育中的佼佼者。1924年，由于经费等种种原因，郭秉文决定停办工科，这体现了重视基础学科的教育理念，在客观上为文理学科的进一步发展提供了机遇。“江谦主张三育并重，以诚为训，以诚植身，以诚修业，形成了‘诚实、朴茂’的学风。郭秉文、刘伯明以及南高诸教授，主张弘扬民族优良传统，吸收西方优秀科学文化，民主治校，学术自由，三育并举，形成了民族的、民主的、科学的精神。正是南高的这些精神，潜移默化，日积月累，才形成南高‘诚朴、勤奋、求实’的良好学风。”[④] 在这种学风与文化理想的熏陶下，人文教育必然具有核心地位，其最终目的在于“树人”，这与欧美大学理念一致，在本土也拥有深厚传统，体现了中国现代教育的“西化”选择其实也受到自身固有传统的推动。

南高师—东南大学的人才培养注重通才与专才并重（本科重通，专科重专），学

---

① 王德滋主编《南京大学百年史》，南京大学出版社2002年版，第60页。

② 王小丁《中美教育关系研究：1840—1927》，四川大学出版社2009年版，第235页。

③ 同上。

④ 王德滋主编《南京大学百年史》，南京大学出版社2002年版，第64页。

科设置上人文学科与自然科学并重，文理渗透，重视吸收科学新知，使学校既是科学研究基地，积极养成科学精神，又具有融汇传统积淀与现代意识的人文风尚，两者相辅相成，“使通才不致于空疏，专才不致于狭隘”，致力于培养大学生成为平正通达，拥有健全知识结构和健全人格的现代人才。以这种理念为指导，郭秉文在担任南高师校长时就不断突破师范教育的藩篱，向建设综合性大学的方向努力。他的独到之见是“寓师范于大学”，认为师范学院应办在大学内，教师来源不必局限于师范学校；学科齐全有利于研究，也有利于师资素质的提高。所以，“他率先在高师设立体育科、工艺专修科、商业专修科、英文科、教育科，大大突破了原先只有国文、理化两部和国文专修科的规模，至1920年全校已有文理本科，包括国文、英文、哲学、历史、数学、物理、化学和地学8系，另有7个专修科，分别是工艺、农业、商业、教育、体育、国文、英文。这种‘国内高校所仅见’，寓师范教育、基础教育、实科教育于一体的学科组合，表明南高师已突破师范的限制，具备学科综合优势，是真正意义上的综合大学的雏形，所以1920年能顺理成章改名为东南大学。东大成立后，学科进一步完备，达到5科28系，设立了一批满足社会需求的新学科，如机械工程、土木工程、电机工程、乡村教育、畜牧、蚕桑、病虫害、银行理财、国际运输等系。其学科之全，居全国之首”①。到了1925年，国立东南大学的发展蒸蒸日上，正值快速上升阶段，可是北洋政府却决定任命胡敦复为东大校长，免去郭秉文的校长职务。为此，东大64位教授中有47位宣布停教支持郭秉文，东大的学生也发起一些支持郭秉文的活动，反对更换校长，这使得胡敦复长达四个月未能履职，并一再申请卫队保护。从东南大学师生对于郭秉文的支持态度可以看出，不仅郭秉文的教育理念、办学措施和个人能力在东大内部已得到广泛认同，而且，教育独立、学术独立的信念也深入人心，渐成学术共同体的共识，虽然在北洋政府时期和后来的国民党时期都不断受到政府权力的掣肘，但这种信念对于维系学术共同体的身份认同以及坚持相应的职业操守一直起到重要作用。

教育理念与学术理想相辅相成，南高师—东南大学在这种重视思想自由和人格修养、注重人文教育和基础学科的教育理念之下不仅培养出了诸多现代精英，而且也形成了极具特点的学术信念。其核心和根基是经过西方文化洗礼的，现代意义上的人文主义和精英主义与中国传统资源中的人文观和精英文化理念已有所不同。主要体现在以下两方面：

一是建立了现代的学术观念，追求学术的独立自律，要求抛开现实利益、现实政治对学术活动的干扰。从南高师到东南大学，学者们一直致力于践行一种“为学术而学术”的观念，认为学术的最高价值在于独立性和自由性，为学须寻求内在的高度，要超越现实的利益，要敢于拒绝各种权力的干扰。当时“南高的教授大都有两个显著特点：一个是重士人气节，一个是重学育人。在南高教授中，曾流传过这般话语：‘想为官者上北京，想发财者去上海，唯我心甘情愿在南高。’”②

---

① 张雪蓉《国立东南大学办学思想和办学实践的启示》，载《高等工程教育研究》2003年第2期，第50页。

② 王德滋主编《南京大学百年史》，南京大学出版社2002年版，第60—61页。

二是追求学术的普适性，认为真理是超越时间和空间的，中西融通不仅是发展中国文化和学术的出路，也符合追求真理的信念。因此，南高师—东南大学学者群体在对待外来文化上具有开放的视野，同时也不赞同激进地反叛传统。这种态度不仅体现在学者们的研究和写作中，也体现在他们的教学活动中。梅光迪的文学课程就是一个典型例子，“在1920年，对新文学持批评态度的梅光迪在南京高等师范学校也开设了文学概论的课程，使用的教材是带有新人文主义倾向的《文学评论之原理》”[①]，之所以选择这本著作作为教材，根本原因是该书的文化理念和文学思想符合梅光迪推崇经典与兼容各家并重的学术理想，符合梅光迪在文学教育中追求精英趣味和道德熏陶的价值观，也与南高师整体的文化学术氛围相得益彰。该书采用以文言文翻译西方著作的做法，与梅光迪等人对待传统文化的态度密切相关。尤其是译者在翻译中频繁换用中国文学事实来佐证原书理论的做法，体现了中西融通的努力，体现了对文化普适性的信念。

二、作为新知识界共识的兼容并蓄

东南大学虽是现代中国文化保守主义的重要阵地，但这里并非只有文化保守主义一脉，其教学实践和学术研究中对不同文化学术思潮都持兼容并蓄的态度。可见，蔡元培提倡的“兼容并蓄”的教育理念和学术理想已经在知识群体中获得了一定共识，并不仅仅属于北大。比如，郭秉文本人是哥伦比亚大学教育学博士，是杜威的“三大中国弟子”之一，但在他的执掌下，东南大学也可以为服膺新人文主义的学者提供文化学术空间。从学科设置来看，东南大学设立多种学科，文理工俱全。从学科的交融性来看，南高师—东南大学的科学教育和文科教育很多时候都是作为基础学科而开始的，不仅要求文科学生选修自然科学的课程，也要求理科学生修习文科课程，更重要的是，东南大学还重视理论学习与实验、实践的结合，如地理系的野外考察、教育系的心理测试、工艺科的校办工场等，这对于知识的整合与融通都是有力举措。不仅如此，南高师—东南大学校内的学术团体也颇能体现这所学校思想自由、兼容并蓄的学术氛围。

南高师—东南大学集聚了一批带有文化保守倾向的学者，是文化保守主义的重要阵地。“学衡派”与“史地研究会”是其代表，但是二者的研究领域与对待文化的具体态度又有所不同。1922年1月，《学衡》杂志在东南大学创刊，由上海中华书局出版发行。在一定程度上，《学衡》杂志在现代中国起到了聚合文化保守主义群体、扩大文化保守主义影响的纽带作用，一般认为“学衡派”由此诞生，并在《学衡》杂志存续的1922年1月至1933年7月期间形成了一个辉煌的“学衡时期”[②]。“学衡派”创刊初期，其成员构成的同人性比较强，“其时（1922年1月，《学衡》创刊之年）自哈佛大学归来的梅光迪、吴宓、汤用彤、楼光来都在东南大学执教。学衡杂

---

① 程正民、程凯《中国现代文学理论知识体系的建构：文学理论教材与教学的历史沿革》，北京大学出版社2005年版，第6-7页。

② 沈卫威：《“学衡派”谱系——历史与叙事》，江西教育出版社2007年版，第30页。

志社社员基本上是这批留学哈佛的学生，加上南京高师—东南大学的刘伯明、柳诒徵和他们的学生，以及南京支那内学院师生。极少数为其他学术机构的成员”①。然而，作为一个以共同的文化理念为聚合原则，并无严密组织的学术文化团体，“学衡派”成员的确定很难有统一的标准。虽然在创刊之初吴宓提出过凡是给《学衡》写文章的自然是学衡社员，但这个标准显然太过宽泛，也很难得到当事人认同，例如陈中凡就是北京大学出身的《学衡》杂志参与人，出于对母校的感情，其本人并不愿承认自己是“学衡派”成员。吴宓的标准与其说是对学衡派成员的定论，不如说只是体现了当时“学衡派”核心人物的期待同人之心，“但有一点是可以肯定的：就是为这些刊物写文章的人大都认同其文化保守的倾向”②。需要指出的是，“学衡派”的文化保守主义不同于中国近代以来的其他保守主义流派，其文化资源的多样性和对外来文化的开放态度十分突出，其“保守”并不体现为固守传统、画地为牢，而是体现为对古今中外一切优秀文化遗产的尊重、保护和发展。因此，吴宓的宽泛标准，也潜在地体现了“学衡派”对文化包容性与多样性的自我期许。

诚然，《学衡》杂志的创办是有意针对新文化运动的文化观念。在《学衡杂志简章》中我们可以看到“学衡派”大体的文化观念：“研究学术，阐明真理，昌明国粹，融化新知，以中正之眼光，行批评之职事，无偏无党，不激不随”③，“这个宗旨是部分地针对胡适、陈独秀为代表的《新青年》来的，他们对新文化运动的倡导者们失去学术的耐心和风格表示不满，也对‘五四’新文化运动以来的文化活动失去应有的学术规范和文化秩序表示不满”④。新文化阵营的文化发展理念更倾向于除旧布新，意在对文化惰性和社会积习发起冲击，思想犀利而学养积累不足，在激烈的批判中对文化的传承性与学术的规范性有所忽略，而这两个方面对于文化保守主义者而言却是重中之重。

“学衡派”文化保守主义的形成与他们的求学经历有直接关系，吴宓与梅光迪都深受哈佛大学白璧德的新人文主义思想影响。林语堂曾说，凡是留学哈佛的人多少都会带有“哈佛味”。今天的研究者试图从白璧德的影响来理解这种“哈佛味”，比如有学者指出白璧德的中国学生往往带有其师“不苟言笑、稚拙专致和严肃认真”⑤的特点，沈卫威则提出，如果说“哈佛味”是带有白璧德新人文主义思想倾向的话，那么吴宓与梅光迪可谓患了“哈佛病”⑥，他们二人对于白璧德的理论“痴迷”颇深。梅光迪自己也曾说过，初识白璧德著作的时候，“我几乎是带着一种顶礼膜拜的热忱一遍又一遍地读着当时已面市的白璧德的三本著作。对我来说，那是一个全新的世

---

① 沈卫威《“学衡派”谱系——历史与叙事》，江西教育出版社 2007 年版，第 30 页。

② 同上，第 35 页。

③ 《学衡杂志简章》，载《学衡》1922 年第 1 期，上海中华书局出版。

④ 周海波《中国现代文学批评史论》，上海人民出版社 2002 年版，第 59 页。

⑤ 王晴佳《白碧德与“学衡派”》，见陆小光主编《人文东方——旅外中国学者研究论集》，上海文艺出版社 2005 年版，第 509 页。

⑥ 沈卫威《“学衡派”谱系——历史与叙事》，江西教育出版社 2007 年版，第 435 页。

界；或者说，是个被赋予了全新意义的旧世界”①。这说明了“学衡派”文化保守主义与欧美新人文主义具有密切关联，也可以解释其文化观念何以不同于传统的文化保守主义。

与“学衡”团体大约同期成立的还有“史地研究会”②，这个学术团体大概存续了7年，会员以东南大学的文史地部学生为主，也有部分其他专业的学生加盟。最初的成员有70人左右，到1926年会员发展到百余人。“史地研究会”的柳诒徵、缪凤林、郑鹤声、王玉璋、陈训慈、向达等人在中国文化史、中国史学史、中国通史、中西交通史等学科领域的成就具有开创性的贡献，如柳诒徵的《中国文化史》、向达的《中西交通史》等等。史地研究会的文化观基本上也是倾向于新人文主义，但不像学衡派那般执迷。“史地研究会”成员对于新文化运动中“打倒孔家店”、全盘否定孔子及中国传统文化的激进主张也持反对态度，并针锋相对地发表了诸多文章表示对孔子和传统的推崇，“孔子者，中国文化之中心一也，无孔子则无中国文化。自孔子以前数千年之文化，赖孔子而传；自孔子以后数千年之文化，赖孔子而开”③。他们认为中国两千多年来的社会生活与文化伦理都有赖于孔子精神的感化与发扬，形成了以“中庸”为特色，以人伦礼教为核心的中华文化，其精神内核具有普世价值，不但仍为今日中国所需，且可贡献于现代世界。这些主张与学衡派对传统与经典的推崇形成共鸣。

可以说，学衡派与史地研究会有着思想观念上的交叉性，很多史地研究会的会员也为《学衡》撰稿，但是这并不意味着两派的文化观念、学术理念毫无区别。两派关注的领域也有很大不同。南高师史地学派关注的是史学与地理学，其会刊所设栏目皆与此有关，并以柳诒徵和竺可桢倡导的经世致用为指导思想，而《学衡》同人则更多地关注文学、哲学领域，所设栏目以文学和文化哲学类为多，并对经世致用持保留态度。因此，严格说来，南高师史地学派和学衡派虽有不少思想的共同点，人员的往来也较为密切，却拥有不同的学术专长和研究领域，前者是一个专注于发展史地研究的专业性学术团体，后者则是一个思想文化流派。

东南大学与“中华教育共进社”也有密切的关系，后者是“五四”时期重要的仿习欧美教育、学术理念而建立的学术组织，南高师—东南大学的学者是该组织的重要成员，并形成独特的学者团体。1919年1月，由南京高等师范学校、江苏省教育会、北京大学等单位组织建立的“中华新教育共进社”正式成立。这个团体以《新教育》杂志（1919年2月创刊）为发表阵地，比较系统全面地介绍了欧美在一战后的教育状况与实例，着重介绍欧美正流行的教育学说，因为其“三大中国弟子”郭秉文（国立东南大学）、陶行知（国立东南大学）、蒋梦麟（北京大学）的关系，

① 梅铁山、梅杰《梅光迪文存》，华中师范大学出版社2011年版，第237页。

② 1919年，在地理教师童季通帮助下，国文史地部学生于10月1日成立了地学研究会，会员67人，选举龚励之任总干事。次年1月19日，地学会举行换届选举，改由诸葛麒继任总干事，并于该年5月13日召开全体会员大会，根据地学与史学历来关系密切的特点，决定改称史地研究会。团体刊物《史地学报》于次年11月正式出版。

③ 柳诒徵《中国文化史》，东方出版中心1996年版，第231页。

杜威的实用主义教育理念得到最为系统、详细的介绍。尤其是该刊从第4卷第1期起由陶行知接替蒋梦麟担任主编后，南高师—东南大学的众多教授对于该杂志的参与便更为热情了。郭秉文、陶行知、刘伯明、陈鹤琴、郑晓沧、孟宪承、王伯秋等人不仅在文章数量上占有优势，而且和很多南高师—东南大学的学者、教授一样，成为该杂志的专栏撰写人。在南高师—东南大学，这些学者、教授自发形成一股与“学衡派”、“史地研究会”不同的学术力量，把不同于新人文主义的另一种西方教育理念植入东南大学，充分体现了这一学术场域和而不同、兼容并蓄的风气与风范。

在南高师—东南大学还有一个学术团体是不能忽视的，那就是“中国科学社”。它是由曾经留学美国康乃尔大学的赵元任、任鸿隽、杨铨等在1915年发起成立的民间学术团体，是中国第一个科学学术团体，以“联络同志、研究学术，以共图中国科学之发达”为宗旨，1918年迁至南高师。这个团体的学术研究与科学实验都深受美国实证主义思潮的影响，是南高师与学衡派文化理念相左的学术团体的典型代表。中国科学社通过创办《科学》杂志、译著书籍、举办通俗科学演讲、创立科学图书馆等措施普及科学，宣传科学救国，在后期则致力于发展学术研究的科学精神，注重理据、逻辑、实证，对中国现代学术的科学化起到了重要作用，在中国现代科学史、学术史上有重要地位。“中国科学社在国内科学界长期独占鳌头，在近代中国各专业科学团体的孕育、成长过程中一直都充当着‘母体’作用。此后陆续成立的各种专门学会，如中国动物学会、中国植物学会等无论在思想流向、组织形态，还是学会人员的交叉组成方面都与中国科学社有着密不可分的‘亲缘关系’。”① 例如，清华大学的化学、物理、数学等专业的创建均与中国科学社有着深刻渊源。此外，中国科学社拥有当时中国顶尖的科学家，他们多曾任教于东南大学，比如长期担任中国科学院副院长、中国气象学会名誉理事长、中国地理学会理事长，我国气象学界、地理学界的“一代宗师”竺可桢，“中国近代数学的开拓者和奠基人”熊庆来，创建我国第一个生物学系的秉志，近代中国建筑领域的泰斗茅以升，我国近代物理学奠基人之一的胡刚复等。这个群体在南高师—东南大学是和“学衡派”等文化保守主义共存的，彼此有交集，更有论争，如果说“学衡派”是把人文精神作为实用主义和科学主义的制衡力量，“中国科学社”则认为科学精神也是人文主义的题中应有之义，现代学术无论是自然科学还是人文社会科学都应秉持科学精神，遵循科学方法，因而“中国科学社”的成员中也有文史学者，赵元任甚至还是发起人之一。

南高师—东南大学重视不同性质学科的沟通与交流，给予各种学术团体自由的活动场域，不偏不倚，对不同文化学术思潮亦能兼容并蓄，这也许正是它在当时成为唯一能和北京大学齐肩的大学的原因。

三、作为个案的文学教育

从教育理念到学术理想，从人文教育到科学研究，从课程设置到学术团体，南

① 王德滋主编《南京大学百年史》，南京大学出版社2002年版，第104页。

高师—东南大学在各方面都表现出蕴含着现代文化精神的兼容并蓄风范，也表现出经过了现代文化洗礼的人文精神，这与学校的领导者、组织者的教育理念相关，也与西学东渐影响下的中国现代化的历史趋势有关。以下以南高师暑期学校中的文学教育作为例子进行具体分析。

南高师的暑期学校是效仿美国的暑期学校而组织运营的，学员、教师、课程设置都体现了兼容并蓄的理念。学员来自全国各地，以自由报名的方式参加，学员构成多样化，包括小学教员，中学、大学教职员，地方办学行政人员，另有中学毕业生，大学肄业生，大学毕业生等，教师除了本校的老师以外，还聘请了许多著名的外校学者，第一期是在 1920 年。著名教育家、时任南高师教育科主任的陶行知先生，是暑期学校的主要倡导者和直接组织者。关于暑期学校开展的目的，陶行知认为“……为教师思者，乘此机遇，增加新识，交换见闻；为学生者思，亦藉此长期补习旧课，或图上进”[①]。由此可见，南高师的暑期学校不仅是专为各地学生而开设，也是为教师提供一个成长与成熟的平台，不仅为有学历的正式学校人员授课，也为很多肄业学生提供一个继续深造的机会，而没有因为学员的出身与地位进行排斥，正是这样，暑期学校还吸引了外国学生。自南高师开设暑期学校，全国各地竞相效仿，在全国所有的暑期学校中，南高师的暑校办得最出色。不仅开办最早，持续最久，而且在办学规模、师资配备、课程开设及组织领导等方面，都堪称全国之冠。“南高师暑校的课程不但丰富，而且注意学科发展趋势，体现革新精神。如首届暑校正值新文化运动迅猛发展之时，暑校开设了许多新课，其中，‘白话文法’一课，选修者竟达 517 人，堂堂爆满。”[②] 由此可见，南高师的暑期学校课程内容是丰富的，也没有因为文化保守主义的势力而拒绝新文化运动提倡的相关内容。南高师的暑期学校课程丰富，不拘一格，古今中外兼有，“时受聘教授开设的课程主要有：美国杜威博士的《实验教育哲学》、美国孟禄博士的《教育学》、法国杜里舒博士的《生机哲学》、美国吴卫博士的《昆虫学》、美国巴斯德斐尔德博士的《农业推广》、梁启超教授的《先秦政治思想史》、胡适博士的《实用主义》（胡另兼杜威的翻译）、张君劢博士的《政治学》（他另兼杜里舒翻译）、江亢虎博士的《劳动问题》、张东荪教授的《新闻学大意》。此外，曾琦博士、李璜博士和美国的推士博士也作为客座教授各有课程开设”[③]。不仅如此，南高师还邀请了很多文化观念相悖甚至还有激烈论争的学者同时参与到暑期学校里，比如第一期暑期学校就出现了胡适（北京大学）、王伯秋、任鸿隽、陈衡哲（北京大学，在暑期学校开设的课程是“西洋史”）、凌冰（南开大学，研究方向为教育心理学）、梅光迪（1920 年任教南开大学，1921 年任教东南大学）等学者齐聚南高师的情形。这个事实很好地说明了南高师奉行的是兼容并蓄、思想自由的教育理念与学术原则。所以南高师不仅成为当时中国高校开办暑期学校的典范，也是现代高等教育的一个成功范例。

在南高师暑期学校的教学中，人文教育具有重要位置，内容也十分丰富，既有

---

① 龚放《南高师的暑期学校》，载《南京大学报》2007 年 1 月 10 日，总第 940 期。

② 同上。

③ 朱华荣《一所可入史册的暑期学校》，载《文汇报》2011 年 6 月 21 日。

关涉传统文化的课程，也有大量新学新知，梅光迪在第一期暑期学校讲授的课程是天演学说、文学概论和欧美文学趋势。其中，文学概论课程的开设在当时的中国尚属尝试。大约同时开设此课程的是北京大学，讲授者是周氏兄弟，所使用的教材主要来源于日本，鲁迅选用了厨川白村的《苦闷的象征》，该著凸显一家一派之言，作为教材，在系统性和全面性方面不如梅光迪所依据的温彻斯特的著作。梅光迪对于中国近代的文化、文论有着多重贡献。从文学概论课程的讲授到文学概论教材的引进，梅光迪基本上实现了引进西学直接取法欧美，而不再从日本间接获得。一般认为，梅光迪及其弟子所译的《文学评论之原理》是中国现代第一本直接译自欧美的文学概论教材，而这本译著的雏形应该追溯到南高师第一期暑期学校梅光迪所使用的《文学概论讲义》。这本讲义应是梅光迪讲授，由学生临时速记整理然后付印分发的产物。这本讲义以杨寿增所记为主体，曾一度湮没于世。2008 年，学者傅宏星于江苏南通市图书馆偶遇此讲义，后经梅氏族人整理收录于 2011 年出版的《梅光迪文存》，梅杰更是称此讲义乃“是中国现代第一本文学概论讲义”①。

《文学概论讲义》约有 1.9 万字，集中体现了梅光迪的学术、文化观念。在讲义中我们可以看到古今中外历史、文学、文化等多方面内容，很多地方都是采取中外对比的方式进行解释，虽然此讲义使用文言文写成，但是我们已经能够清楚感受到文言下面逻辑清晰、推理严密的西方学术风格。笔记共 15 个章节，从文学的基本原理谈到文学与思想、文学与人生的关系。从其章节设置看，明显袭用了西方教材的体例，根据与梅光迪主持翻译的温彻斯特《文学评论之原理》的比较，我们发现这部讲义正是参照温彻斯特的著作而编写的。尤其值得指出的是，在讲义中，虽然出现了很多中国古代文学中的例子，但是明显已不再完全遵循传统的阐释模式，而是在西方理论的参照下对中国文学经典进行再阐释，实现了中西文学经验的沟通。显然，这些例子的使用是梅光迪教学实践的需要，为了让学生更易于理解西方文学理论，用他们熟悉的中国文学作品为例，当然比使用陌生的外国作品更有效。后来，这些例子也大多出现在 1923 年出版的译著中，并替换了温彻斯特原著所举的一些例子。这种替换策略固然是为了降低理解外来新知的难度，但这也意味着梅光迪及其学生都认同中西文学的共通性。从这个意义上说，他们的教学和翻译活动，实际上是在实践学衡派以及整个南高师—东南大学学者群体一直以来所主张的融通中西文化、中西学术的理念。而且，在对中国古典文学例子的具体解读中，也潜在地表达了梅光迪对传统与经典的态度，既然中国传统能够与西方新知对接，中国经典能够与西方经典互通，那么，传统与现代的关系就并非新旧对立的关系，中西文化之间也并不存在落后与先进的鸿沟，如此，走向现代并不意味着要割断传统，而更应该在中西融通的前提下发展自身传统，使中国文化有益于世界。这是学衡派的文化态度，是其文化保守主义中具有开放性的一面，这也是南高师—东南大学的教育理念和学术理想，同时，这也体现出在当时已成为新知识界共识的兼容并蓄理念和国际化的文化视野。

---

① 梅杰《〈文学概论讲义〉整理附记》，载《现代中文学刊》2010 年第 4 期。

可见，南高师—东南大学暑期学校的办学理念和教学实践，尤其是梅光迪所讲授的文学概论课程及其讲义，作为南高师一东南大学教育学术活动的一个个案，典型地体现出这一学者群体重视人文精神，推崇精英文化，信奉普世价值，追求兼容并蓄的教育思想、学术理念和文化态度。

结　语

南高师—东南大学在中国现代的文化教育、学术建设中发挥了积极而独特的作用，其学者群体既是该校的实体又是该校的灵魂。在有效引进欧美的教育理论与教育资源方面，为现代综合性大学的发展模式作出了有益的探索，他们所主张的对学生的全面培养、对传统的传承发展、对人文教育和精英教育的重视对于现代教育有重要启示。在知识理念和学术规范方面，他们已具有鲜明的现代意识——超越功利主义、重视文理基础学科、奉行学术的自律与自由、追求学术的国际化与普世性、信仰真理高于权威，南高师—东南大学学者群体体现了以现代价值观为依托的学术操守。

南高师—东南大学在新知识、新文化的整合与建构中体现了文化保守主义倾向，但他们的文化保守主义是以对普世真理的信仰为基础的，意图在平等对待传统与现代、中国与西方的前提下探索中国现代文化建设的道路，因而其保守主义中同时也具有开放性的一面。而且，在新文化运动掀起激进主义大潮的时代氛围中，文化保守主义所起的制衡作用显然有积极的意义，并有益于中国知识界了解西方资源的多样性。同时，南高师—东南大学作为一个兼容并蓄的学术场域，并非仅有文化保守主义在这里得到发展，那些保守主义外的文化学术思潮在南高师—东南大学也有着自己的广阔舞台。作为南方的高等教育重镇和学术文化中心，它起到了集结学者群体、平衡现代中国教育学术布局的重要作用，与以北京大学为首的北方高校一起为中国的教育发展、学术发展做出了卓越贡献，也培养了一批杰出的学者，在现代中国学术史中具有举足轻重的地位。从民国建立到整个 20 年代，是中国现代高等教育和学术发展的一个关键时期，南高师—东南大学正是在这个阶段完成了现代综合性大学的基本建制和学者资源的储备，在该校校史上书写了浓墨重彩的一笔，也是中国现代教育史、学术史上的重要篇章。

（作者单位：四川大学文学与新闻学院）

文学史研究

文献的发掘整理与研究的开拓深化

——关于“中国现代文学中的韩国人和韩国”研究

□ 李存光

“中国现代文学中的韩国（朝鲜）人和韩国（朝鲜）”或曰“中国现代有关韩国（朝鲜）人和韩国（朝鲜）的文学作品”，虽然称不上是现代文学研究中的重大问题，然而却是中国现代文学史、中韩（朝）文学关系史、中国现代文学翻译史研究中一个不可或缺的部分。有意思的是，由于非文学因素的推动，这方面的研究竟然同“中国现代文学史”学科的建立几乎同时起步。追溯这一研究的开启者，当是中国现代文学学科创始人之一的王瑶先生。61年前，王瑶先生发表于1951年1月28日《光明日报》的《真实的镜子——从几篇新文学作品看中朝人民的友谊》，应视为这一研究领域筚路蓝缕的首篇论文①。此后三十多年，由于众所周知的原因，这一研究在中国不仅没有沿着学术路径前行，反而因远离和背离学术而中断。

这一研究在中韩两国的延续和新的开创，则分别始于20世纪80年代中期和90年代中期。中国学者的继续研究得益于改革开放和思想解放，韩国学者启动研究则是中韩建交的文化产物之一。二十多年来，在韩、中、日学者的努力下，研究工作取得了可观的实绩。首先是文献整理和积累已具规模，奠定了较为完善和系统的文献史料基础。据金宰旭在最近完成的专书《值得珍视和铭记的一页：中国现代文学中的韩国人和韩国》② 中的汇总，目前已经掌握小说70篇（部），诗歌40首，剧本17部，散文类作品百篇以上；翻译则有文集9本、单篇译作100多篇。其次是关于这一论题，中韩两国已发表学术论文150篇以上，还出现了3篇博士学位论文、6篇硕士学位论文，其中包括中国社科院研究生院韩国留学生金宰旭的博士学位论文。

我因指导金宰旭的博士论文而开始关注相关作品及其研究，在仔细翻查文献并认真思考的过程中，深感中国现代有关韩国（朝鲜）人和韩国（朝鲜）这个课题确实值得深究。我在庆幸研究所取得的巨大进展和丰硕成果的同时，面对研究的现状，想着重从文献史料与研究的关系这个角度，谈几点思考和看法。

---

① 20世纪三四十年代发表过近30篇介绍、评论、描写韩国（朝鲜）人的小说和翻译韩国（朝鲜）小说、民间故事的文章，但大多止于某一篇或几篇作品的评介，并不是作为“课题”的研究。

② 《值得珍视和铭记的一页：中国现代文学中的韩国人和韩国》是金宰旭对其2006年所作博士学位论文大幅增补和修改后完成的。该书即将由中国知识产权出版社出版。

从文献认识表现韩国人和韩国作品的整体独特性

有关韩国（朝鲜）人和韩国（朝鲜）的作品是中国现代很具独特性的文学和思想文化现象。其整体的独特性可以从两方面认识，一是在现代中国“异域题材”作品中的独特性，二是在“百年中国文学”格局中的特殊性。

先说这类作品在现代中国“异域题材”作品中的独特性。

“中国现代有关韩国（朝鲜）人和韩国（朝鲜）的文学作品”研究，是中国现代异域（或称“域外”，指中国以外的国家、地区）和异域人（或称“域外人”，指外国人）文学作品研究的一个部分。在这里，之所以把“异域人”和“异域”并列表述，因为这是两个既紧密关联而又有所区别的概念。从中国作者写的小说、剧本以及叙事散文、报告文学、叙事诗等叙事型作品看，这类作品大体有两种情况：

一是描写异域的生活，场景在外国。有的作品所有人物都是外国人或者以外国人为主人公；有的作品以中国人为主人公，外国人作为不可或缺的次要人物出现。这类作品既包含了“异域”也包含了“异域人”，可统称为“异域题材”。

二是描写在中国的异域人，场景在中国。有的作品所有人物都是外国人或者以外国人为主人公，中国人作为次要人物出现；有的作品主人公是中国人，外国人是不可或缺的次要人物。这类作品只能称为“异域人题材”，不能称为“异域题材”。

就目前中国的研究成果看，研究对象偏重于前者，即描写异域的生活，场景在外国的作品。相对说来，对描写在中国的异域人，场景在中国的作品，有所轻慢或忽略。之所以如此，源于研究者对研究对象（范围）的界定。

下文以这方面有代表性的两部最新著作为例，即沈庆利《现代中国异域小说研究》和王昊《从想象到趋实——中国域外题材小说研究》。沈庆利这样界定“域外小说”这一概念：“中国作家创作的、以异域为背景、以中国人在异域的生活或以外国人自己的生活为素材的小说作品。”[①] 因此，该书的论述内容都限于描写异域的生活，场景在外国的小说，基本没有涉及描写在中国（背景）的异域人的小说。王昊这样厘定“域外题材小说”：“指在中外交流过程中由中国作家创作的以域外的人、事、物及社会思想为主要写作内容的小说，无论其发生在中国还是域外，创作手法出于虚幻还是相对真实。”[②] 金宰旭在他的书中对“中国现代文学中的韩国人和韩国”这样界定：“指中国的作家和其他人士用汉语写作发表的有关韩国人和韩国的小说、散文、纪实文学、诗歌（歌词）、剧本等各类文

① 沈庆利《现代中国异域小说研究》，北京大学出版社 2009 年版，第一章第 1 页。本书是根据作者的博士学位论文改写而成的，原题目是《中国现代作家的域外题材小说初探》，为了不与称“中国以外的外国小说”为“域外小说”这一约定俗成的概念混淆，书稿出版时特改题为《现代中国异域小说研究》。

② 王昊《从想象到趋实——中国域外题材小说研究》，人民出版社 2010 年版，“引言”第 1 页。

学作品（包括个别合作完成的作品），不论其背景在韩国、中国或其他国家。"比较三种界定，透过不同的文字表述，就表述内容的实质看，三者有同有异。一是沈、王两书专论小说，因此强调写作主体是"作家"，金宰旭涉及各种文学体裁，因而强调"作家和其他人士"，这里的"其他人士"指不以写作为主的各界人士，所含写作主体更为宽泛；二是作品的题材是在异域的外国人和在异域的中国人，三者是一致的，不同在于，沈著强调"以异域为背景"，而王著和金著则强调"无论其发生在中国还是域外"，"不论其背景在韩国、中国或其他国家"，二者的界定一致。王著以研究中国古代域外题材小说为重点，金著专门研究描写一国（韩国和韩国人）的各类作品，其他现代文学研究者大多与沈著取向相同，"以异域为背景"作为"异域作品"的疆界，因此忽略描写在中国的异域人，场景在中国的"异域人"作品就是自然的了。

说到中国现代以异域为背景的文学作品，最多也最为人知的是以日本和英国、法国、苏俄、美国为背景的。比如，郭沫若、郁达夫、陶晶孙、张资平、凌淑华、徐志摩等以日本为背景的作品，巴金以欧洲、日本为背景的作品，老舍以英国和新加坡为背景的作品，徐订以欧洲为背景的作品，冰心、闻一多、林语堂等以美国为背景的作品。此外，当然还有许地山以南亚、东南亚为背景的作品，艾芜以滇缅边境为背景的作品等。

就目前披露的基本文献看，与上述描写异域人和异域的文学作品相比，中国现代表现韩国（朝鲜）人和韩国（朝鲜）的作品在创作主体、描写对象、认识论和价值论的意义等方面，均显示出其独具的特点。

创作主体。其他异域作品的作者无一例外是有该国生活经验的作者，留学生为其主体，他们大都熟练掌握英文或留学留居所在国的语言。而写作韩国（朝鲜）人和韩国（朝鲜）作品的作者，情况却完全不同，除散文作者魏建功在首尔教学一年，默僧（张默生）流亡韩国半年和华侨青年邓翡燕久居韩国东海岸的元山府外，其他小说、诗歌、散文、戏剧作者和所有的中国翻译者，包括描写过韩国国内生活的无名氏、阳翰笙等人，都没有在韩国的生活经验和精神体验。一些到过韩国的少数作者，或是赴日本路经韩国（如郭沫若），或是短期旅行逗留（如邹鲁和王桐龄、马毅、刘如川、林讱盦等游记作者）。除鲜有韩国生活经验者外，作者和译者中几乎无人懂韩国语，即使与韩国人有较多交流者如无名氏、巴金、阳翰笙、穆木天、胡明树等，也是借助对方能熟练运用汉语。翻译则多通过日文或其他外文转译，极少直接由韩语译出。

描写对象。在其他国别的异域作品中，除巴金、徐订等的部分作品和郑振铎、茅盾等的域外题材历史小说外，几乎都是以在外国的中国人为主人公。而描写韩国人的作品只有不足十分之一作品背景在域外的韩国国内，其中小说如无名氏的《幻》、《龙窟》、《红魔》，管理的《安金姑娘》，愚川的《罗平》；剧本如侯曜的《山河泪》，阳翰笙《槿花之歌》，谷深的《野嚎》、《逼税》、《杀婴》；诗歌如朱自清的《朝鲜的夜哭》；散文如魏建功的《侨韩琐记》，默僧的《朝鲜亡命记》，邓翡燕的《怀挣扎中的朝鲜》以及几篇游记。绝大多数作品的背景都在

"域内"的中国南北各地（有少数在第三国），表现的是在中国的韩国人。对没有韩国生活经验的作者们来说，域外的"韩国"是一个想象的空间，已经弱化或虚化，现实的、具体的是在中国的"韩国人"，尽管这"韩国人"或多或少掺杂有中国人的思想、情怀。

作品的意义和价值。我十分赞同王富仁论及中国现代异域小说的意义和价值时提出的如下观点："中国读者是通过异域作家作品的译本，认识异域世界的，而不是通过现代异域小说，认识异域世界的。现代异域小说的真正意义和价值，不是认识论意义上的，而是价值论意义上的。"[①]如果说少量描写韩国国内生活的小说主要体现出作者的价值观，符合这一论断，那么，众多表现在中国的韩国人的小说则是一个例外。这些小说是中国作家对在中国的韩国人的直接观察、认识和体验的产物。作者不仅和这些韩国人生活在同一个现实的世界（中国），同样经受着遭受日本侵略的苦痛并进行着抗击日寇的斗争，更以与韩国人相同的价值观念关注韩国人，力求真实客观地展现在中国的各类韩国人的外貌、言语、活动和内心世界。读者通过这些作品能够直接获得对韩国人的认识和了解，比如，在以韩国人作为主人公的小说中，台静农的《我的邻居》、苏灵的《朝鲜男女》、张湛如的《狼的死》、舒群的《没有祖国的孩子》、《海的彼岸》和《邻家》、奚如的《高丽医生》、穆时英的《某夫人》、巴金的《发的故事》、黄玄的《朝鲜志士》以及无名氏以李范奭经历为素材的小说等，就是其中具有一定思想艺术深广度的佳作。

这里顺便谈谈如何看待无名氏和李辉英的小说。无名氏表现韩国灭亡的《龙窟》、《红魔》等小说，就其实质说，属于张扬民族情绪的"域外想象"，但以李范奭的经历为素材的作品并非如此，比如新近发掘的未完成长篇小说《荒漠里的人》[②]，对流亡在东北边境的韩国军人金耀东想逃避现实终离不开现实，欲回返原始其实仍在人间的铺张叙写，对"一个人是如何懂得生命，爱生命，与生命斗争，而终于克服生命"的艰难过程和心灵历程的细腻描绘，部分实现了对现实生存状态和精神状态的超越，人性的挖掘达到了较高的境界，不仅是韩国人题材中少有的佳构，也是描写在中国的外国人作品中的上乘之作。与无名氏着重刻画革命志士形象相反，李辉英在作品中着重描写负面韩国人形象，这类形象的真实性受到某些质疑。如果认为从鲁迅开始中国作家那些反映中国人"国民性"阴暗面的作品是真实的，那么，李辉英所表现的负面韩国人难道不也是真实生活的某一侧面？在中国作者写到韩国人的作品中，既充分表现了众多在华韩国人反抗强暴、不屈斗争、英勇献身等壮举美德，也适当反映出部分在华韩国人屈从邪恶、仗势欺人、贩毒行骗等丑陋行径。如果不带偏见的话，不能不承认，《人间世》、《古城里的平常事件》和《另一种交易》、《夏夜》等小说中所写的负面韩国人，

---

① 王富仁《序　现实空间·想象空间·梦幻空间》，载沈庆利《现代中国异域小说研究》，北京大学出版社2009年版，第5页。

② 载《中央日报》（贵阳版）副刊《前路》，1942年8月29日至1943年7月24日。收入小说集单独发表的《伽倻》、《狩》、《奔流》、《抒情》是从这部长篇中截取出来的片段。

基本上是客观真实的（表现是否深刻可以讨论），这些作品对负面韩国人形象的摹描，就其艺术表现力看，显然高于一些赞颂韩国志士但说教味较重的小说，如李翼之《异国的青年》、杨昌溪《鸭绿江畔》等。

基于对上述独特性的认识，就不难理解在中国现代诸多异域作品中，为什么独有韩国学者特别关注描写本国人题材的作品。韩国学者对中国现代描写本国人和本国作品所进行的广泛收集和多方面研究，在外国学者的同类研究中，是罕见的甚至仅有的。这一文学文化现象难道不值得中国学者关注并深长思之？

再看这类作品在“百年中国文学”格局中的特殊性。

对于中国现代有关韩国（朝鲜）人和韩国（朝鲜）的文学作品，不管用什么新的思维去考察，用什么新的观念去解读，用什么新的方法去研究，有一点是可以肯定的，无法摆脱这些作品与时代政治风云和社会生活紧密而牢固的联系，无法离开“现代”复杂而又独特的语境，因为这类作品只是那个时代的产物，的的确确是那个特殊时代的“恩惠和赐予”。

自从“20世纪中国文学”的概念提出后，“百年叙事”在学术研究中已成常态。从百年的宏观视角审视中国文学演变发展的自身规律，为认识20世纪中国文学开辟了一条新的途径。如果不执著于“近代”、“现代”、“当代”的精确划分，从20世纪中国有关韩国（朝鲜）人和韩国（朝鲜）作品的实际出发，我以为这一百年可分为四个时期，即韩国“三一运动”和中国“五四”运动发生的1919年前；1919至1949年中华人民共和国成立；1950至1992年中韩建交；1992年以后[①]。其中1919至1949年与传统观点划分的“现代”时段（1917至1949年）基本吻合。

研究有关韩国（朝鲜）人和韩国（朝鲜）作品的“百年叙事”，既需把握各时段的共同性、承续性、同构性，更要重视不同时段的差异性、断裂性、异质性。时间的差异带来本质的差异，从时差与异质的角度，在这四大时期中，需要更加强调“百年”中的1919至1949年时期（“现代”）不同于此前此后的独特点，即这一历史时期所具的独立性和独特性。以上四个时期存在着精神联系，但这并不能消解各时期之间的本质差异，特别是1919至1949年和1950至1992年两个时期，它们属于完全不同的时代，属于“异质同构”的不同文化形态。“同构”中“异质”的根本性变化，在国际国内环境和社会生态、思想基础、价值观念和价值标准等方面都有显著的表现。可以说，百年中1919至1949年的相关作品产生于特殊的时代，是特殊的文学，特殊的文本。

---

① 关于百年中有关韩国（朝鲜）人和韩国（朝鲜）作品的分期，韩国学者朴宰雨分为四阶段（时期）：1910－1919年“三一运动”，1919－1949年，1949－1986年亚运会，以1986年亚运会为起点经1988年奥运会及1992年中韩建交至今（朴宰雨《三四十年代中国韩人题材小说里的对韩认识与叙事特点——20世纪中国作家的对韩认识与叙事变迁研究（三）》，载《韩中言语文化研究》第19辑，韩国现代中国研究会，2009年2月）。中国学者常彬、杨义分为五个阶段（时期）：1894－1931年九一八事变，1931－1945年抗战胜利，1945－1992年中韩建交，1992年至今（常彬、杨义《百年中国文学的朝鲜叙事》载《中国社会科学》2010年第2期）。本文不讨论他们的分期观点。

作家靠作品存在，文学历史的主体永远是作品，文学景观则是文学史特点的根本标志。就1919至1949年有关韩国（朝鲜）人和韩国（朝鲜）作品看，作者写作的开放自由，作品内容的充实多样，两国文化人之间氛围的和谐融洽，都是其他时期所无法也不可能比拟的。至于写作队伍之庞大广泛，作者们感情之炙热真挚，文学体裁之多种多样，塑造的韩国人形象之丰富多彩，此前此后，何时有过？何曾见过？

追溯20世纪初期的作品，主要是大量讲史类文言或白话小说以及一些旧体诗词，内容集中在两个方面，一是叙写韩国的灭亡惨剧，二是颂扬韩国反日仁人志士的壮举。作者为邻人遭难而痛心，或设身处地为其呼号，或热眼旁观指责卖国奸佞，或激情充溢赞叹反日英雄，或急于唤醒国人获得殷鉴。作品主旨可用"满纸韩国事，皆为中国言"一言蔽之。回顾20世纪50至80年代的"抗美援朝文学"，作为新中国的战争文学，其着眼点在于宣传"抗美援朝"的正义性，表现中、朝的团结、无畏、强大、胜利和美、韩的反动、残暴、虚弱、失败。近观1992年以来频繁密切的韩中文化交流，涌现了不少表现韩国历史和现实的作品，但表现现实题材的作品几乎不见北部的踪影。可以说20世纪50至80年代和90年代以来，中国文学界是从一个单一立场转到另一个单一立场，前是盯住北部，后是瞄着南部，都不是着眼于整个半岛。出现这样的差异当然不是缘于文学。与1919至1949年期间所呈现的文学景观相比，这样的差异难道还不是本质差异的表现吗？这样残缺的图景难道能称之为均衡吗？

我们读1919至1949年期间的作品，不论题目还是内容，称"韩国"也罢，"朝鲜"也罢，"高丽"也罢，所指都是与中国唇齿相关、辅车相依的整个半岛所在国家。作者按当地或自己的习惯称谓即可，自由自在，毋须解说，绝无顾虑①；然而，1950至1992年期间所称"北朝鲜"、"南朝鲜"，内涵清晰，不容混淆，否则便涉"政治立场"；1992年至今所称"朝鲜"（"朝鲜民主主义人民共和国"）、"韩国"（"大韩民国"），北南指向也是泾渭分明的。因而中国学者在论及20世纪上半期的文学现象时，行文中一直为"朝鲜"与"韩国"的称谓困扰。我的看法是，今天处理这个问题既要尊重历史，又要兼顾现实，要考虑中国学界的习惯，又要看到半岛的现状和南北的感情。韩国学者基本使用"韩国"的称谓，应当予以尊重。中国学者多用"朝鲜"，也应得到理解。提出这个人所共知的差别和困惑并非没有意义，因为通过称谓这一隅也能窥见1919至1949年时期（"现代"）不同于此后的特殊性所在。

---

① 关于对中国人使用不同的称谓，韩国人也出面作善意的申说和引导，比如，韩国国民党宣传部编辑发行的中文刊物《韩民》月刊1941年第1卷第1期，就刊载过一篇题为《韩国与朝鲜辨》的文章，专门解析称谓问题。文章在详述了"韩国"、"朝鲜"的来历后说："韩国与朝鲜，皆为韩族国家之名。至于朝鲜，尤为最近李朝五百年间使用者。亦为倭敌强占韩国以后三十年来，强迫使用者。故非但今日之一般民众，谈话上多用朝鲜，而且革命同志，亦因习惯上常用朝鲜，然今日之朝鲜，已不能代表一个国家。故多数有意识之革命群众，不甚喜欢朝鲜二字，而以富于国家思想之光复运动者绝大多数为尤然。"

综上所述，我认为，表现韩国（朝鲜）人和韩国（朝鲜）的文学创作在现代中国“异域题材”作品中，属于“非常规”的异域人作品；在“百年中国文学”的格局中，属于“超常规”的异域人作品。这一“非常规”、“超常规”的文学景观，不但不可逾越，不可复制，也难以重现。这就是这类作品不仅“空前”而且“绝后”（至少在我能看到和想到的长时间内会“史无后例”）的根本所在。历史需要不断记忆和重温，但不是任何历史现象都值得珍视，值得铭记，而现代时期表现韩国（朝鲜）人和韩国（韩国）的作品亟须“珍视”，亟须“铭记”，值得细细体味，深深感悟，承继其精神。同样重要的是，面对这一时期的作者们以兄弟之情和开放胸怀写成的各类作品，如果不摒弃狭隘民族主义的思维方式，就很难作出公正的历史评价和精当的美学评价。

“论”从“史”出：文献与观点的关系举隅

论从史出，新文献的披露可能更正甚至颠覆某些已有的论断，这在学术研究史上屡见不鲜。在相关文献还没有得到完整系统的发掘和整理之前，就认为“基本掌握”了所有史料，显然是不严谨的。以下略举几个涉及文献与论断、叙述关系的实例。

据不完全的文献作出不准确的判断，这种情况在学养深厚的学者所写论文中也会出现。比如，2009 年有论文说：“研究者金昌镐指出，满洲事变后中国现代文学中的韩人形象作品多由东北作家群和东北沦陷区作家写出。”[①]与此相类似的是，2010 年有论文指出：1931 年“九一八”事变以后，文学对朝鲜的认知与晚清和民国初年的隔海借取龟鉴相比，有明显的变化，“采取近距离的片段叙事和深化精神体验的心理叙事，描写自己身边的日常生活和战争行为中有血有肉的朝鲜平民与贵族、义士与奴才、军人与农夫”，“这种文学认知方式，以崛起于 1930 年代的东北作家群而得风气之先”[②]。

可见，从 2003 年到 2010 年，上述研究者都认为“九一八”事变后中国现代文学中的韩国人形象“多由东北作家群和东北沦陷区作家写出”，片段叙事和心理叙事的“文学认知方式”是东北作家群“得风气之先”。

让我们看看文献吧。2004 年前论者只掌握 20 篇小说，绝大部分的确是东北作家所作。2009 年掌握的小说达 41 篇，其中，1931 年前只有郭沫若、蒋光慈、台静农、戴平万所作 4 篇作品，“九一八”后，以李辉英 1933 年 3 月出版的《万宝山》为端倪，东北作家笔下开始出现韩国人形象，此后李辉英、萧军、舒群、骆宾基以及王秋萤等东北作家先后发表以韩国人为主人公或次要人物的小说，东北作家群和东北沦陷区作家的小说占这类小说总数近一半。根据文献，上述论断

---

① 柳书琴《“满洲他者”寓言网络中的新朝鲜人形象——以舒群〈没有祖国的孩子〉为中心》，载《韩中语言文化研究》第 21 辑，2009 年 10 月，第 211 页。这里引述的是金昌镐发表于 2004 年第 1 期《社会科学战线》的《试谈中国现代文学作品的朝鲜人形象》中的观点。

② 常彬、杨义《百年中国文学的朝鲜叙事》，载《中国社会科学》2010 年第 2 期，第 190 页。

是能够成立的。

但是，检视一下目前已掌握的70篇小说，情况就完全两样了。且不说1919至1931年9月初已发表小说13篇，作者中无一东北作家，倒有7篇发表在“民族主义文艺”刊物上，而这些作品已经描写了“朝鲜平民与贵族、义士与奴才、军人”，并有了“片段叙事和心理叙事”的文学认知方式；也不说1937年8月至1945年12月发表小说28篇，东北作家群和东北沦陷区作家只占12篇（其中10篇主人公不是韩国人）。即便从1931年“九一八”事变后算起，从数量上看，1931年10月至1937年7月发表小说27篇，东北作家群和东北沦陷区作家只占10篇；从内容上看，27篇中主人公不是韩国人的7篇，都是东北作家写的。在东北作家中，除属于东北作家群的舒群的3篇、沦陷区作家梅娘的1篇和可能是沦陷区作家王秋萤的黄玄的1篇外，李辉英、萧军、罗烽、端木蕻良、骆宾基、小松、王秋萤等的小说中主人公都不是韩国人。舒群《没有祖国的孩子》等小说有较大影响，但创作和发表时间都晚于民族主义文学作家。小说文献的统计表明，“九一八”事变后此类作品写得最早、最多的并非东北作家，“得风气之先”的也不是东北作家，反倒是远在内地倡导“民族主义文艺”的作家们。如果综观诗歌、散文和纪实文学、戏剧，东北作家写得最多和得风气之先的论断更难以维持。诗歌作者中只有穆木天是东北人但不属“东北作家群”。除小说外，其他体裁中有分量的作品，诗歌如郭沫若、朱自清、殷夫、康白情、力扬等的佳构，散文如魏建功的《侨韩琐记》、郭沫若的《鸡之归去来》、刘亚盛的《金九》、覃子豪的《朝鲜青年的琴声》、刘犖旻（刘北汜）的《一位反日而自杀的朝鲜友人》等，剧作如侯曜的《山河泪》、阳翰笙的《槿花之歌》等，作者无一位属于“东北作家群作家”。

又如，有研究者根据所掌握的40篇小说，曾对中国现代作家描写韩国人小说的视角提出这样的看法：“叙述视点上的最重要的特点是，完全以韩人第一人称的视角进行叙事的作品连一篇也没有这一事实。这好像是理所当然的。中国作家虽然或者有韩人朋友而把从他听来的故事当作题材写作，或者把亲自所见、所闻，所经验的和韩人有关的事情当作题材发挥想象力写作，但是还是不能深刻地体会到韩人的处境和切实的感受，韩人内面深层的立场与复杂心理。”① 实际上，“一篇也没有这一事实”并不存在，从新近披露的小说中可以看到，有多篇小说完全以韩国人第一人称的视角进行叙述，比如，日记体有汤增敭的《韩国少女的日记》、朴家里的两篇《一格高丽人格日记》，书信体有张湛如女士的《狼的死》

① 朴宰雨《三四十年代中国韩人题材小说里的对韩认识与叙事特点——20世纪中国作家的对韩认识与叙事变迁研究（三）》，载《韩中言语文化研究》第19辑，韩国现代中国研究会，2009年2月，第345页。

和部分采用书信体的苏灵《朝鲜男女》[①]。尽管很难说这些小说忠实准确地表达了所写韩国人的心理状态，但中国作者力求深入韩国人内心世界的探索却是实实在在的。

以上所举论断是立足于不全面的小说文献作出的，论出有因。当近30篇新发掘的小说浮出水面后，上述论断就自行消解了。当然，对这些论文来说，微瑕不掩全璧，个别论断的不确并不影响论文整体的价值和贡献，可毕竟也是憾事。可见，尽可能全面地掌握文献对于研究中客观准确的论断是多么重要。

由于文献的匮乏，还使有关专书的历史叙述深受影响。比如，中国学者撰写的众多中国翻译文学史著作，就没有对韩国作品的现代翻译作出如实的介绍和叙述。就我看到的有关文学翻译史，仅有三部涉及韩国文学翻译。一是马祖毅等著《中国翻译通史》“现当代部分·第二卷”第12章　北朝鲜和韩国文学，重点叙述的是50年代以后（当代）的翻译情况，现代部分仅有这几句话：“30－40年代我国翻译的朝鲜文学多属民间故事、童话之类。”后面举出四部作品，内容未作任何介绍[②]。二是谢天振、查明建主编《中国现代翻译文学史：1898－1949》，该书“下编”“第十一章　亚洲诸国的文学的翻译　第一节　概述”仅用300字介绍8部翻译作品（童话、故事5部，小说1部，散文1部，诗文集1部）[③]。三是查明建、谢天振著《中国20世纪外国文学翻译史》，在“第三章　1917—1937年”和“第四章　1938—1949年”的“第七节　日本和亚洲其他国家文学的翻译”中分别介绍了前书的8部作品[④]。由于史料的匮乏和研究的薄弱，这些著作不仅遗漏了胡风编译的朝鲜台湾短篇小说集《山灵》（文化生活出版社，1936年4月）、王赫编的《朝鲜短篇小说选》（长春新时代社，1941年7月），更遗漏了单独发表的9篇小说、近百篇诗歌和童话、神话、民间故事等。除译文外，当时中国文学界对韩国文坛的关注还表现为译者在译作的序跋中对有关作家作品的评介，以及若干评介韩国现代作家作品、文坛状况和文艺运动、日本对韩国的文化

① 《韩国少女的日记》，载《草野》周刊第4卷第10－11号合刊号，1931年3月1日；《一格高丽人格日记》，载《小文章》创刊号，1935年4月10日和《每月小品》第1卷第1期，1935年7月；《狼的死》，载《民族文艺》第1卷第2期，1934年5月15日；《朝鲜男女》，载《前锋月刊》，第1卷第3期，1930年12月10日。

② 马祖毅著《中国翻译通史》，湖北教育出版社2006年版，第581页。

③ 谢天振、查明建主编《中国现代翻译文学史：1898－1949》，上海外语教育出版社2004年版，第590－591页。

④ 查明建、谢天振《中国20世纪外国文学翻译史》湖北教育出版社2007年版，第312、417－418页。

统治现状的专文[①]。这些都是研究翻译史和中韩文学交流史时所不容忽视的。

以上几例表明，构建相对完整、系统的文献资料基础，不仅是必要之举，也是一项亟待完成的迫切工作。至于研究视野的开拓，着眼大处，我以为有两个方面有待强化。

一是扩展现有研究尚未涉及或深入探讨的一些领域。总的看来，小说方面虽还有整合深入的余地，但相对说来研究比较全面充分，诗歌和戏剧研究也有一定进展，但散文和文学翻译研究尚需纳入研究视野。魏建功的《侨韩琐谈》、郭沫若的《鸡之归去来》、刘盛亚的《金九》、覃子豪的《朝鲜青年的琴声》等散文和一些叙写生动的纪实作品，内容丰富，手法多样，其思想价值和文学意义绝不低于小说。但是，在整个作品格局中，散文、特写的地位尚待确立，其意义和价值尚待得到应有的开掘。鉴于文学翻译在中国现代文学翻译史的国别翻译状况叙述中处于薄弱状态，理应加强这方面的研究，为翻译史研究者提供更多可供梳理的素材和资料，以充实对韩国作品翻译的描述和归纳。

二是强化从抒情的传统和视角解析有关作品。抒情和叙事是中国文学的两大传统。抒情并不是诗歌、抒情散文的专属。在现有的研究中，从叙事角度的研究取得了长足进展，但抒情角度的研究尚嫌薄弱，应当强化，需要以“抒情视角”补充“叙事视角”，从而使人们对这类作品的认识趋于全面完整。我以为，“百年抒情”更切合这类作品的实际，比如，以尹奉吉在上海刺杀日本高官为题材的小说、诗歌、散文、剧本，即是重在抒情而非叙事的最好例证之一。从“叙事”看，写作者叙述的是受辱、苦难、不屈、抗争、献身之状貌，借题发挥；写作者与描写对象的关系是为之代言，为之立言。从“抒情”看，写作者抒发的是悲哀、痛切、愤怒、呐喊、悲壮之声，感同身受；写作者与描写对象的关系是兄弟之情、战友之情、唇齿之情。“情”是表现韩国人作品区别于其他异域人作品的总体特点之一。因此，怎样使叙事研究和抒情研究并存并同、互动互补、相扶相益，应该是今后开拓和深化研究的重要课题之一。

关于文献搜集整理的几个问题

清代桐城派代表学者姚鼐把“学问之事”归结为“三端”：义理、考证、词章。其中的“考据”，就是指材料和对材料的辨析。每一项学术研究课题，都必

① 作家作品评介方面：何厌《略评几篇朝鲜的新兴文学》（1931），金光洲《朝鲜文坛的最近状况》（1935），李斗山《朝鲜文艺家的苦闷》（1940），范泉《论朝鲜作家》（1946）等；文坛状况和文艺运动评介方面：亨斌《朝鲜现代文坛的简略介绍》（1931），郑学哲《朝鲜文艺运动小史》（1933），赵廷芳《奋斗中的朝鲜民族·（二）文艺方面的民族革命运动》（1934），复《新文学发生以后的韩国文学》（1936），梅磊《朝鲜之文学运动及其沉寂原因》（1936），范泉《朝鲜的戏剧运动》（1945），夏里《韩国新文艺运动的回顾与前瞻》（1946）等；中韩文化交流和在日本统治下的韩国文化现状评介方面：齐生《世界语通信　朝鲜的文化生活现况》（1935），佘玲茜《日本在朝鲜的文化统治》（1936）等。此外，还译介过韩国作家张赫宙介绍朝鲜文学界现状和作家作品的七八篇文章。

须先有文献史料这个基础工作。对于文献史料工作的艰难辛苦，撰写《中国现代文学史料的搜集与应用》一书的谢泳教授深有体会。他说："完整和系统的史料工作，一是需要长期积累，二是这个工作相当枯燥，三是不大可能获得名声。"①在这个浮躁的时代，怀着急功近利的心态，有多少人甘愿去从事既耗费时间和精力，又枯燥麻烦，而且难获名声利益这样的"傻"事情呢？而这个工作必须有"傻人"去做。

我经常跑京沪及各地的图书馆，深知搜寻现代文献的困难艰辛。一是找到何处有藏难。目前中国绝大多数公共图书馆和大学图书馆不对外公开民国时期的书籍、报纸、杂志目录，因此必须亲自到馆查询。二是见到原件难。即便到馆查到有藏并可借阅，看到原件也要长时间的等候，待蒙允复制，亦有种种限制，且收费不菲。三是准确辨认原件文字难。即便可能得到原件或缩微胶片并能复制，一些原报刊或缩微胶片，字迹有的大片模糊，有的若干处字词不清，因此，尽管通过扫描、拍照或抄录取得了原文，但大都需要仔细辨识，反复琢磨，需要极大的细心和耐心②。

文献搜集过程中常常可能发生不应有的疏失。举几个明显的例子。比如，罗烽的小说《呼兰河边》同戴平万的小说《满洲琐记》（后改名《佩佩》）刊于同一期《光明》，但2006年披露的文献只发现了后者而没有看到前者；康白情《鸭绿江以东》发表于《新潮》1920年第2卷第5号，收入既重要又常见的1935年上海良友复兴图书公司版《中国新文学大系·第八集·诗集》（朱自清编选）；郭沫若《鸡之归去来》的专题评论2005年已在韩国发表；20世纪90年代后在中国"热"起来的梅娘，她的小说《侨民》早在2005年就已在中国披露。以上各篇在2006年汇集的文献中都遗漏了。最近，我又看到中国社科院文学系赵伟在他的博士论文中披露的《山鹰的咆哮》、《皓月当空》、《一羽》、《关东人家》和《战壕中》、《突变》等表现韩国人的小说和剧本（均刊登在民族主义文艺刊物《文艺月刊》、《矛盾月刊》上）。这再一次证明了文献发掘至今仍存在疏漏。

文献史料工作既要重视发掘钩沉，也要重视考证与甄别，强化筛选、鉴别和整理。举例来说，梅娘在20世纪90年代复出后，对包括《侨民》在内的一些旧作的思想内容做了重大修改，由此引起中国学者的诸多批评，认为她的修改"在一定程度上遮蔽了历史真相"。梅娘后来也对自己"愚蠢"的修改"汗颜不已"。

---

① 谢泳《中国当代文学史叙述中的史料拓展问题——以1951年刘亚盛〈再生记〉为例》，载《文艺研究》2010年第12期。

② 根据2011年5月在西安召开的"民国时期文献保护工作座谈会"报道，民国时期（1911—1949）书籍报刊的保存难度要远远高于古籍善本。这是因为这一时期使用纸张的一般寿命是50至100年，大大低于"纸寿千年"的宣纸。民国时期正是手工造纸向近代机械造纸和印刷阶段过渡的时期，造纸材料混杂，制浆工艺落后，用纸多为酸性化学浆纸，质量差，极易老化。而古籍所用的宣纸大部分采用植物纤维制作，纸张呈中性或碱性，并且在制作时就考虑到了防虫、防蛀等问题，加入了中草药成分，成书一般还有函套在外保护，因此保存相对要好得多。（参见《国图报告献策民国时期文献保护　保护难度超古籍》，载《中国文化报》2011年5月19日；《图书馆界吁实施"民国时期文献保护计划"》，载《文汇读书周报》2011年5月20日。）

又如，巴金《火》第一部对韩国革命者刺杀活动的章节安排和具体内容，比之初刊本，后来都做过调整和修改。子成锄奸牺牲初刊是在第六章，中国军队正在拼死守卫上海之时；初版改为最后一章（第十八章），即中国军队撤出上海之后。再如无名氏20世纪80年代后对《北极风情画》作了多次修改，研究者指出“其所进行的修改以及由此产生的定本与初版本之间的叙事罅隙就颇耐人玩味”，初版本与定本相比，修改主要表现为林上校形象由风流到忠贞，政治倾向由虚无到强烈，超叙述者由冷静到投入①。以上所举，研究者不能不予以重视。

再如郭沫若《鸡之归去来》的体裁归属。有学者把这篇作品作为自叙性小说解读，但郭沫若本人编集子时一直把它收入散文集。我认真考辨作品的实际后认定这是一篇散文，因其叙写生动、联想精妙、内蕴深广、特色鲜明而获得诸多中国散文选家青睐，先后多次被选入有关散文选集。我认为，取消“自叙性散文”同“身边小说”的界限，其结果只会削弱这些纪实作品的历史真实性和细节真实性，削弱自传材料的可靠性和可信性，从而淡化甚至消解郭沫若自叙性散文的存在和自叙性散文中呈现出的鲜明、多样、真实的自我形象②。

还有纪实文学《韩国的愤怒——青山里喋血实记》，出版时作者署“李范奭”，实际上此书由李范奭口述提供材料，无名氏记录执笔并加工润色，因此视为二人合作既符合实际也更有意义。1942年7月30日《中央日报·前路》（贵阳版）第599期发表李范奭为《韩国的愤怒》重版所写的《小记》，题目是《我的话——〈韩国的愤怒〉重版小记》③。文中写道：

> 有谁曾做过亡国奴么？……
>
> 十九世纪，波兰亡了。深夜。波兰的母亲听见哥萨克巡逻骑兵的马蹄声去远了，用抖颤的手轻轻推醒了正在酣睡的孩子，在昏黄的灯光下，偷偷教他以祖国的文字，告诉他：“波兰文字是世界上最美丽的文字！……”
>
> 这是一颗奴隶母亲的心。我懂得这颗血淋淋的心。

对比无名氏1943年11月写成的《北极风情画》第11节，流亡托木斯克的林上校对波兰姑娘奥蕾莉亚的这段诉说：

> 夜深了，一切死静了，波兰母亲听见旧俄巡警的皮靴声越响越远，渐渐消失了，她轻轻走到床面前，轻轻唤醒波兰的孩子——她的孩子。在暗淡的灯光下，寒冷的冬夜里，波兰母亲把波兰字母一个一个拼起来，教她的孩子

---

① 参见乔世华《经典爱情是怎样炼成的——谈无名氏对〈北极风情画〉的修改》，载《世界华文文学论坛》2010年第4期。

② 关于这篇作品体裁的详细辨析，可参阅拙作《是自叙性“小说”，还是自叙性“散文”？——关于郭沫若〈鸡之归去来〉体裁的辨析》，载《郭沫若学刊》2011年第4期。

③ 这篇文章又载颜悉达、汪应文、陈叔渠编辑的《今文月刊》创刊号，1942年10月15日，题目误为《我的毒——〈韩国的愤怒〉重版小记》。

……这是波兰母亲的心！血淋淋的心[1]！

从文章的内容和文字风格看，有理由认为这篇短文是无名氏代笔的，这篇文章能再一次说明无名氏与李范奭的密切关系和无名氏在以李范奭署名发表的文字中的作用。

以我的看法，这一课题的相关史料的进一步发掘，离不开横向的空间开拓，因此还需要扩大文献发掘的空间。比如，东北流亡作家写了不少有关韩国人的小说，但沦陷区作家除梅娘的《侨民》和秋萤、小松的三篇次要人物写到韩国人外，未见到伪满洲国文学报刊上发表的以韩国人为主人公的其他小说，令我质疑。“民族主义文艺”和“三民主义文艺”报刊，“满洲国”报刊，沦陷区报刊，香港、台湾地区报刊，海外华人报刊等都可能会有未发现的作品。最近找到林娜（冰莹）发表在《中国文艺》上的小说《邻家》。《中国文艺》由中国文艺协会上海本会主办，出版于1937年5—7月，尽管只出了三期，但这是一份很有分量却被很多现代文学研究者忽略的重要文学刊物[2]。

在这一论题研究之初，提出小说多是东北作家群作家的作品，是由于当时对东北作家群的研究比较充分，文献资料的发掘比较到位，因此从中得到的有关韩国人的作品也比较多。而由于长期排斥“民族主义文学”等派别，他们的作品因此被遮蔽，直到近年才有所突破。这给我一个启发，在这一课题文献史料的搜集整理方面，与其让从事专门研究的学者殚精竭虑，四面出击，去发掘搜求相关作品，不如联络邀集那些谙熟和掌握某方面大量第一手文献的学者（如新诗、“满洲国”文学、关内沦陷区文学、三民主义文艺和民族主义文艺、台湾和香港文学等），向他们请教，请他们关注并提供线索。这将是最有效也最快捷的办法。

所有的研究都必须立足于文献，所有的研究者都必须尽可能多的掌握文献，但不是所有的研究者都需要去经历搜求文献资料之苦之累。有鉴于此，我认为编辑出版一套“文献汇编”，是研究工作题中应有之义。考虑作品的实际情况，小说和诗歌可全部纳入，散文和剧本则可加以筛选。这不仅有助于夯实研究基础，更能大大惠及研究者，免于所有的研究者都为找寻和查阅原文而耗时费力。

我在关注相关作品时，还看到一些有连带关系的史料，如何处理这些史料也值得另作研究。比如，我见到1915至1948年百余首有关韩国（朝鲜）人和韩国（朝鲜）的旧体诗，作者不乏知名人士，如汪笑侬、康白情、吴梅村、黄炎培、胡怀琛、姚伯麟、钱钟书、于右任、邹鲁、王敖溪、老梅（景梅九）姚伯麟、吴景洲（吴瀛）等。旧体诗是否应该进入现代文学史，中国学界呼吁已久，争论已久。姑且不论这些旧体诗是否可以进入表现韩国人和韩国的作品之列，即便作为

---

① 《北极风情画》，上海人民出版社2001年版，第78页。

② 所出三期的主要作者如下：傅东华、周木斋、汪馥泉、曹聚仁、胡持仲、顾仲彝、魏金枝、王统照、倪贻德、邵洵美、赵景深、林庚、徐迟、向培良、朱雯、叶灵凤、郭沫若、洪深、沈起予、施蛰存、孙用、施蛰存、穆时英、欧阳予倩、高明、李长之、冰莹、阿英、周楞伽、罗洪、黎锦明等。

当时一种不可忽视的实际文学现象，也是值得搜集和研究的。

又如，重温中国历史上和世界其他国家的亡国史，是20世纪20至30年代中国作家针砭现实的一个途径。写中国历史上亡国之痛的如汤匡瀛的《亡国恨》写南唐李后主亡国之悲的“同族之争”；叶奕颐的《亡国恨》写明末异族入侵，“史可法忠烈为民族奋斗”。在世界其他国家的亡国史中有写东欧如波兰、法国为德国法西斯灭亡的作品，而写韩国灭亡是重点。文言小说如胡寄尘（怀琛）的《朝鲜英雄传》，资粥的《安重根外传》，闽侯赖绶臣的《韩国李范晋殉国传奇》，沈桑红著、蓝剑青评《朝鲜遗恨》，以及王亚樵改编的历史长篇小说《征东英雄》（共二十节，其中“十九　征服高丽”）等[①]。这些小说是否应纳入这一论题，我看可以讨论。这里我要提到贡少芹的《亡国恨传奇》。之所以特别提出这部作品，一是这是我所见的唯一一部以戏曲形式表现韩国的原创作品，二是作者贡少芹是著名的戏曲大作家[②]，三是这部传奇作于1910年12月即日本吞并韩国后三个多月并载于报纸[③]，30年后又重新刊载于江西泰和《大路》半月刊1940年出版的第1卷第11、12期合刊，第2卷第1、2、3期，这样就同“现代”有了某种联系[④]。《亡国恨传奇》共十二出：一、协约，二、谋刺，三、结党，四、生祭，五、旅满，六、歼仇，七、鞫供，八、蹈海，九、迎榇，十、缳杰，十一、党祭，十二、并韩。全剧完整地再现了韩国灭亡的过程。《大路》编者评价这部作品说：“本书著者在三十年前即具有世界眼光推测目前日寇侵华之野心，尤属难能可贵。……此一部划时代的巨著，可作戏剧读，文艺刊物读，亦可作历史读”，“摹绘伊藤博文之野心，图并吞朝鲜以实现日本大陆政策之初部计划，觊觎东三省，以与帝俄及欧美列强角力，安重根之刺伊藤，不辞劳苦，历尽艰辛，卒能达到目的，‘鞫供’一幕，痛述朝鲜因循自误而启日人并吞野心，‘缳杰’一幕慷慨就义，可歌可泣”[⑤]。

再如，20世纪前半期韩国人在中国创办过许多中文刊物，这是中国历史上一个特异的文化现象。这些刊物虽不是文学刊物，但都辟出篇幅发表韩中作者写

---

① 《亡国恨》，载《国讯》1937年第161、163、164、165、166、167、170期；《朝鲜英雄传》，载《侦探世界》1923年第14期；《安重根外传》，载《小说新报》1919年第1期；《韩国李范晋殉国传奇》，载上海《五九》月刊1926年第12期；《朝鲜遗恨》，青浦郁道庵发行，上海沪报馆总发行，1932年6月；《征东英雄》，载上海《小主人》1939年第20期。

② 贡少芹（1879—?），名璧，字少芹，以字行，号天忏生，江都（今扬州）人。南社成员，与李涵秋、张丹斧齐名，并称“扬州三杰”。一生勤于笔耕，著有戏曲和小说多种。《大路》编者这样介绍他：“樊山、章太炎、潘兰史等誉为近三百年来唯一之词曲家，其笔调有《西厢记》之功力而脱尽《西厢记》柔糜之气，妙在吐字通俗，正如白香山诗，老妪都解，悲歌慷慨，振聩启聋。”

③ 据《大路》编者说，该剧“曾在《汉口中西报》连续刊载，一时传诵南北。遭日本驻汉领事馆及瑞徵之警告”。见《亡国恨传奇·编者按语》，载江西泰和《大路》半月刊第1卷第11、12期合刊，1940年6月。《汉口中西报》创办于1906年5月，为湖北著名报人王华轩独立经营的商业报纸，开办时以“注重世界知识”，“开通风气，提倡商务学务”为宗旨。该报连载日期尚未查明。

④ 《大路》重载时署“贡少芹先生遗著、男鼎奉遗命叩校《亡国恨传奇》（长篇）”。

⑤ 《亡国恨传奇·编者按语》，载江西泰和《大路》半月刊第1卷第11、12期合刊，1940年6月。

的各类文学作品，其中许多作品内容并未涉及韩国人。韩国学者已经注意到并开始研究的刊物有《独立新闻》、《震坛》周报、《天鼓》、《朝鲜之血》、《革命公论》、《震光》、《独立公论》、《朝鲜民族战线》、《朝鲜义勇队通讯》、《韩民》、《韩国青年》、《光复》中的小说①。从文学和文化的角度说，发表中韩作者作品较多的刊物还可以补充几种：光明月报社编辑发行的《光明》（广州，1921），朴殷植、李光洙主笔、新韩青年党编辑发行的《新韩青年》（上海，1921），李斗山社长、陈情编辑、东方战友社出版发行的《东方战友》（广西梧州，1939—1942），柳树人编辑、杨宽发行、中韩文化学会出版的《中韩文化》（上海，1945－1946）。这几种刊物和前面提到的《朝鲜民族战线》、《朝鲜义勇队通讯》、《韩民》、《革命公论》，即使是作个刊研究，也是必要的，有价值的。除此类刊物外，中国报刊上发表的韩国人用中文所写诗歌、散文、剧本和汉文旧体诗，也很值得注意。比如，广东省文化委员会《民族文化》1942年第2卷第8—9期所载文靖珍的歌剧剧本《阿里郎》。这些作品在的作者是韩国人，不能列入中国有关韩国人和韩国的创作；作品是直接用中文写作的，也不能列入译作。这些作品在中国报刊发表，产生了影响，值得韩国现代文学研究者注意。

近两三年，强化“民国文学史”研究或以“民国文学史”代替“现代文学史”的学术思路得到许多学者的支持。我考虑，上述那些问题，如果放到“民国时期文学中的韩国（朝鲜）人和韩国（朝鲜）”这一框架中叙说论述，恐怕就不勉强、不为难了吧？就时段起点看，1910年韩国彻底落入日本虎口，次年中国发生辛亥革命，正是两国情势发生天翻地覆大转折之时；就内容看，无论文学形式的“新”与“旧”，文学语言的“古奥”与“欧化”，作者思想的“激进”或“保守”，作品姓“马”、“无”或姓“三”、“民”，多元杂色的相关作品都可顺理成章地囊括其中，这将使这类作品的外延大大扩展，内涵更加丰富，从而使文学中的时代的本相更清晰逼真地呈现出来。不知韩、中两国学人之中能否有勇于涉足的探索者？

最后，节外生枝，我还想谈谈研究生学位论文的撰写。发现和提出问题，通过搜集第一手资料阐释问题，应是硕士研究生学习阶段必不可少的基本学术训练。可惜，现在的硕士研究生很少有人愿意主动或被动地去经受这样的训练。最近，为考察无名氏的《荒漠里的人》，我查阅了1999至2011年研究无名氏著作的近30篇学位论文，论题涉及生命关怀、文化理想、心灵探索、诗化品格、语言艺术等，还有一篇论无名氏的小说创作特色及其笔下的韩国人形象。这些论旨在已有的其他论著、论文中均已论及，所以这类学位论文虽有一定的理论性却鲜有原创性或独创性。撰写有关无名氏的论文，1998年10月上海文艺出版社出版的汪应果、赵江滨著《无名氏传奇》当是必读的参考书，这本书中明确提到无名

① 参见陈庆浩《韩国人在中国出版的汉文报刊及其中的汉文小说资料》，载高丽大学民族文化研究院编《东亚细亚文学中的韩国汉文小说研究》，首尔，月印出版社，2002年；白浣、金贵锡、宋镇韩《在中国出版的韩国杂志中的小说试探——以〈独立公论〉〈革命公论〉〈韩民〉为中心对韩中意识形成的基础研究》，载《中国人文科学》第28辑，韩国中国人文学会，2004年。

氏长篇巨构《亚细亚狂人》的设想和其中已发表的一部《荒漠里的人》，但语焉不详，留下一个值得追踪的课题。遗憾的是，十余年来无人去追本溯源，发掘《荒漠里的人》，弄清楚这部重要长篇的基本情况，比如内容、特色以及与其他单独发表作品之间的关系，与作者早于《无名书》构思的系列长篇《亚细亚狂人》的关系，以及它在无名氏整个创作中的位置等。如果有研究生着眼于此，虽然比抓一个现成观点组织论述要吃力费劲得多，但完成后，其论文的原创性和学术价值绝非那些貌似高深的重复之论和泛泛之论可比，一定会在无名氏研究中留下自己清晰的印痕。

2012年2月20日草就，5月改作

作者附记：本文据为［韩国］金宰旭《值得珍视和铭记的一页：中国现代文学中的韩国人和韩国》一书所作序言改写。

（作者单位：中国社会科学院研究生院）

文学史研究

寻找父亲："五四"文学弑父主题遮蔽的另一文学现象

□常　彬

"五四"是一个反抗父权的精神弑父时代，否定父权权威、突破礼教压迫、崇尚个性解放，叛逆的新青年们将父权威仪从神圣不可侵犯的神坛抛下，"打倒孔家店"、"重估一切价值"、"我是我自己的，他们谁也没有干涉我的权利"等反抗性话语，否定并审判封建父权历史"从来如此"的规则和禁令。可以说，弑父书写是"五四"反传统的主题之一。父亲形象在"五四"文学中也更多地烙上声色俱厉、扼杀新生、专制暴戾、严肃正统、不近情理等威权特色的负面承载，使子女在父亲面前诚惶诚恐、噤若寒蝉，很难感受到父爱的存在。贾政之于贾宝玉、周伯宜之于周树人（鲁迅），便是这样一种父子关系。鲁迅在散文《五猖会》里回忆他七岁时的一段经历：母亲要带他到六十里水路以外的一个叫东关的地方去看五猖会，对于"一年中只能在正月间出去玩一趟"[①] 的周家孩子来说，确实是"儿时所罕逢的一件盛事"。马上就要上船了，他却被父亲严厉地叫住，要他背书，通过了才能走。此时，欢跃喜庆的气氛顿时凝固了，冻结成窒息难耐的静默与寒冷：

> 母亲，工人，长妈妈即阿长，都无法营救，只默默地静候我读熟，而且背出来。在百静中，我似乎头里要伸出许多铁钳，将什么"生于太荒"之流夹住；也听到自己急急诵读的声音发着抖，仿佛深秋的蟋蟀，在夜中鸣叫似的。
>
> 他们都等候着；太阳也升得更高了。
>
> 我忽然似乎已经很有把握，便即站了起来，拿书走进父亲的书房，一气背将下去，梦似的就背完了。
>
> "不错，去吧。"父亲点着头，说。
>
> 大家同时活动起来，脸上都露出笑容，向河埠走去。工人将我高高地抱起，仿佛祝贺我的成功一般，快步走在最前头。
>
> 我却并没有那么高兴，开船以后，水路中的风景，盒子里的点心，以及到了东关的五猖会的热闹，对于我似乎都没有什么大意思。……
>
> 我至今一想起，还诧异我的父亲何以要在那时候叫我来背书[②]。

① 鲁迅《阿长与〈山海经〉》，《朝花夕拾》，人民文学出版社 1979 年版，第 16 页。

② 鲁迅《五猖会》，《朝花夕拾》，人民文学出版社 1979 年版，第 33 页。

这件事给鲁迅心里留下的阴影，直到成年都难以消除。传统父亲为了树立自己的威权形象而不惜折杀童心，甚至以不近情理、冷酷无情的方式来确立父为子纲的伦理威严。于是“严父慈母”成为传统中国“父亲”、“母亲”各司父职母职的形象定位。

有意思的是，“五四”时代的弑父书写却有着性别的差异，女作家笔下的父亲形象与同期男作家塑造的父亲形象大有不同；就是同为女作家，“五四”时期与“五四”落潮以后的父亲形象，也发生着很大的变化，出现了一个很有意味的文学现象。我们略为注意便会发现，“五四”男作家笔下的封建威权代表，大多是父亲、伯父、叔父、兄长、丈夫等男性家长。如胡适的《终身大事》田亚梅的父亲，鲁迅《狂人日记》狂人的兄长、《伤逝》子君的叔父、《长明灯》疯子的伯父，田汉《获虎之夜》魏福生等以男性家长为标志的父权统治者形象，他们代表并象征着家国同构的封建政体与封建伦理制度，子辈们对家庭暴君的反抗也就跨越了“家”的涵义而外延成对整个社会的抗争行为，成为新旧思想交战中面对面的短兵相接。即便是“借来的火煮自家的肉”（鲁迅语）的易卜生名剧《玩偶之家》中摔门而出的娜拉，所反抗的也是那个以男性为中心的“既嫁从夫”的“妻道”规则，反抗的是夫权象征的男性家长——丈夫的权威。

但“五四”女性写作却有所不同。在表现叛逆儿女争取婚恋自由，或表现父子父女新旧观念的矛盾冲突上，女作家笔下的父亲形象多半是缺席的，代行父职行使父亲权威、并活动在舞台中心的几乎都是母亲们。苏雪林的《棘心》、《小小银翅蝴蝶故事》，冯沅君的《慈母》、《旅行》、《隔绝》、《隔绝之后》、《误点》、《写于母亲走后》，庐隐的《海滨故人》，袁昌英的《孔雀东南飞》，凌叔华的《女儿身世太凄凉》、《有福气的人》等“五四”时期的女性作品便是如此，几乎都是父亲形象缺席，母亲是整个家族的掌门人，她既以礼教的面目执行着父权的意志，又以母爱的天性联系着儿女的亲情，是一个让儿女们爱恨不得的、集家长和母亲角色为一体的双重身份扮演者。当然，父亲缺席在女作家笔下也非绝对，青年子辈直接与封建父权发生冲突的，有冰心的《斯人独憔悴》表现官僚父亲囚禁有爱国行为的儿子，《是谁断送了你》中暴戾父亲为一封来自男校的交友信而无端葬送女儿的学业和性命；庐隐《秦教授的失败》表现多妻妾父亲对儿子婚事的粗暴干预，《父亲》则毫不留情地揭露一个既荒淫无度又苛酷专制的丑恶父亲形象。

反抗父权的“弑父”书写，是“五四”时代一个重要的文学现象。随着“五四”的落潮，在这“弑父”的情景后面，一个被遮蔽和忽视的温情父亲在男女作家、尤其是女作家的笔下，却获得了一个前所未有的潜在张扬，形成了与“弑父”书写相背离的另一路径——寻找父亲，讴歌父爱。父亲形象已经不是传统父子、父女关系中那个威严有余、人间气息不足的家族统治者象征，而是充满了慈祥和蔼关切呵护之情的好父亲形象，与“五四”“弑父”书写大相径庭，其父爱的表达甚至有如慈母。

朱自清的《背影》让人们感怀唏嘘、赞叹不已。那位为了给儿子买橘子、拖着胖重身体翻爬于火车月台的父亲背影，把父爱无声却感人至深的爱意表达深深地烙进了读者的记忆，以致我们也不由自主地去记忆中搜寻、去现实中感受父爱的点点滴滴，那不同于母爱表达的另一种深沉含蓄的人间至情。

一般而言，传统的父爱表达内敛含蓄，稳重深沉，不轻易流露舐犊之情、怜子之爱。尤其是君臣父子夫纲等礼教伦理秩序对人性的扭曲压抑，窒息泯灭了许多本该属于自然流露的血缘亲情的爱意表达。

慈父形象的出现固然与女作家个人生活经历有关，但也隐含着一种与青春心态有关的建构理想父爱、寻找理想父亲的女性情怀和成长需求，正如同"五四"女性写作歌颂母爱、寻找理想母亲一样[①]，是一个问题的两个方面：讴歌理想母亲、寻找理想父亲，确立现代女性性别自我与人格建构。以歌颂母爱童心著称的冰心，其《海上》[②] 着力于写父爱。她写两对父女间的父女情深，那位穿着深黑的军服、袖子上缀着几圈金线的海军军官，无疑就是冰心父亲的化身，而那个独自跑到海边玩耍、让父亲着急地四处寻找的小姑娘"我"，正是童年冰心的自我写照。在作品中，父亲对调皮女儿的嗔爱之情溢于言表："'你这孩子，阴天还出来做什么！海面上不是玩的去处！'我仍旧笑着跳着，攀着父亲的手。他的斥责中含有慈爱的言词，也和母亲催眠的歌，一样的温煦。"作者对这位父亲父爱表达的描写，是将"'母爱'的形象甚至贯注到了父亲身上"[③]。在《寄小读者》中，冰心满含深情地回忆起儿时母亲为她梳小辫的情景，头发又粗又短的她，没有片刻安静，于是父亲拿着相机假做姿势，"站好了，站好了，要照相了！"天天"照相"的她，小辫也就天天勉强梳成，"我奇怪我竟不懂得向父亲索要我每天照的相片！"[④]在冰心笔下，有许多对父爱的温馨回忆：父亲带着她上军舰，幼小的她在鞋子里塞满了小玩具，一步路也不肯走，父亲疼爱地把女儿一直抱在怀里；晚上，父亲给孩子们指星星："这边是天狗，那边是北斗，那边是箕星。那时我觉得父亲的智慧是无限的，知道天空缥缈之中，一切微妙的事。"[⑤]慈祥温馨的父爱，温暖着童心，也温暖着"五四"女儿对人性父亲的渴望之心。

于是我们发现，在"五四"落潮以后的20世纪20年代中后期的女性作品中，在石评梅、丁玲等女作家笔下，出现了一个与"五四"精神弑父时代截然不同的"寻父"、"恋父"的文学现象。父亲形象从"五四"时期的缺席、潜隐和背景里纷纷走入文本之中，走入女儿心中，与"五四"时代的寻找母亲、歌颂母爱的"母之恋"形成一个双星互映——寻找父亲的"父之恋"，成为"五四"反封建的子辈同盟精神解体后女儿们脆弱敏感的心灵寻找成长力度的精神之源。

在石评梅笔下，有一批回到故乡、回到父亲身边的女儿，她们曾经在外漂泊，或经历战乱（《红鬃马》，1927年），或颠沛流离（《董二嫂》，1925年），或失意消沉

---

① 常彬《母爱颂歌的反弹旋律——"五四"及20年代女性母爱写作的理性反思》，《中山大学学报》2004年第3期。

② 冰心《海上》，1921年6月《燕京大学季刊》第2卷第1、2期。

③ 林丹娅、晓艳《冰心"母爱形象"之探》，《中国文化研究》2000年秋之卷。

④ 冰心《寄小读者·通讯十》，人民文学出版社2002年版，第38页。

⑤ 冰心《寄小读者·通讯九》，人民文学出版社2002年版，第27页。

(《白云庵》，1927年)，或疾病缠身（《流浪的歌者》，1927年）。总之，她们像一只只在人世的风雨中遭遇风吹雨打、心灵受伤翅膀受损的小鸟，扑剌剌寻找回家的路途，飞回父母的窝巢，将养安息以获重新奋飞的力量。在这些小说中，母亲形象潜隐，给女儿无微不至的体贴呵护、鼓励支持的是父亲——这个"五四"以来很少正面出场的"父亲"形象。他们迥异于传统伦理纲常中严酷冷漠的父亲形象，集慈祥体恤、睿智英武于一身，是身心疲惫的"五四"女儿渴望的理想之父。虽这位"父亲"在石评梅笔下轮廓还比较模糊，面目也不那么清晰，但确实给"受伤"的女儿带来了精神的依靠和心灵的慰藉，获得了从柔弱母亲那里无法得到的来自于父亲的力量。在《流浪的歌者》[①] 中我们看到，回到故乡的女画家，由"惟一爱怜她的老父，伴她到这背山临海的海丰镇养病"，传统母职照顾儿女的角色分工已由一位慈祥的父亲来担任。在《董二嫂》[②] 中，流浪归来的女儿"和父亲坐在葡萄架下看报，母亲在房里做花糕，四周的空气非常静寂，晚风吹着鬓角，许多散发飘扬到我的脸上，令我沉醉在这穆静慈爱的环境中，像饮着醇醴一样"，与其说晚风中弥漫着花糕的香味，不如说弥漫着父爱的芬芳；疲惫困乏的"我"在父爱母爱的滋养下，又变成了儿时那个活蹦乱跳顽皮的小女孩，闹着要"和父亲坐了轿子去逛山"。《红鬃马》[③] 描写一对战乱中离散又重逢的父女，喜不自禁的父亲一把将女儿抱上马鞍，带着她策马奔驰，越山岗过树林，以一种独特的方式表达重见女儿的喜悦。在《白云庵》[④] 里"久已消沉的我"，随父亲到山里寻访早年参加辛亥革命的刘伯伯，听他们谈论北伐革命的"近来南北战事，革命党的内讧，和那些流血沙场的健儿，断头台畔的英雄"；父辈们峥嵘岁月稠的革命经历，激发了"我"要为未来中国浇灌"美丽的自由之花"的勇气。石评梅小说对父亲形象的正面描写，不同于"五四"时代反抗父亲权威的子辈同盟的"丑父"、"弑父"书写。可以发现，石评梅的"父亲"们都生活在与畸形都市文明相对立的乡土社会，他们那蕴含着民间智慧和乡土力量的原始"蛮力"，成为"五四"女性书写继寻找理想母亲之后，寻找给予她们成长力度和健康人性的理想父亲的又一心灵之路。寻找父性乡土的力量之源，丁玲与石评梅不谋而合。

丁玲，这位20世纪20年代登上中国文坛就掷响重磅炸弹的新文学的第二代女儿，在她的第一篇小说《梦珂》及其相继发表的《莎菲女士的日记》、《阿毛姑娘》、《自杀日记》[⑤] 等早期小说中，就有一位身影孑然又远在故乡、让女儿牵挂眷念的父亲形象游走于文本之间，他满怀父爱地给女儿以物质和精神上的支持，尽管他不一定理解她，却默默地支持她，构成了早期丁玲创作隐藏在莎菲们桀骜不驯的性别战

---

① 石评梅《流浪的歌者》，1927年8月9日、16日《世界日报·蔷薇周刊》第37期、第38期。

② 石评梅《董二嫂》，1925年11月25日《京报副刊·妇女周刊》第50号。

③ 石评梅《红鬃马》，1927年5月9日、11日、12日《晨报副刊》。

④ 石评梅《白云庵》，1927年8月9日、16日《世界日报·蔷薇周刊》第37期、第38期。

⑤ 丁玲《梦珂》、《莎菲女士的日记》、《阿毛姑娘》、《自杀日记》分别发表于1927年12月《小说月报》第18卷第12号、1928年2月《小说月报》第19卷第2号、1928年7月《小说月报》第19卷第7号、小说集《自杀日记》(上海光华书局1929年版)。

争后面与父亲悄悄结成的父女同盟。这个同盟，虽不是“五四”精神弑父时代如冯沅君笔下与爱人结成一体共同抗击封建阵营的爱情同盟，但这两个同盟却有着某种相似之处——不以体现性别差异为其目的、而以获取更大力量源泉的精神结盟为其指向的“同性”/中性同盟。所不同的是，莎菲们的父女同盟，带有共同对抗男性世界的女性同盟性质，冯沅君的爱情同盟具有更明显的男女联手对抗旧世界的中性同盟性质。前者是通过血缘关系隐蔽了男（父亲）女（女儿）之间的两性差异，使作为女儿的女性在面对父亲“这个”男性时，不需要因对方是“异性”而存在着性别威胁，反而因为身后多了一位充溢着民间生存智慧的刚毅坚韧（阿毛的父亲）、宽厚仁慈（梦珂、莎菲、伊萨的父亲）为力量源泉的父亲的存在，而增添了她们与这个黑暗社会相抗争的勇气。如《自杀日记》中，是父爱的强大力量，“超过一切父亲的爱”，将精神濒于崩溃、处于自杀边缘的伊萨从死亡线上拉了回来。而后者与其说是冯沅君给我们讲述的男人和女人的恋爱故事，不如说是男女二人以恋爱方式共同构起一座反封建营垒的叛逆故事。而且，不止是冯沅君，整个“五四”时代的女作家们都是这样讲述她们笔下的爱情故事。她们的爱情故事，不像张爱玲、苏青那样注重于两性间微妙的心理回合与互相算计，也不像丁玲、白薇那样写女性自身的内在需求与性别经验。对冯沅君们而言，爱情是那个时代蔑视世俗庸众、反抗封建礼规的一面猎猎招展的精神旗帜，不容许有半点不纯洁性，“她”与“他”不是互相分离的性别两极，而是与所爱之人化为一体的“中性”或者“无性别”的反叛者结合。

意味深长的是，“五四”弑父时代刚刚过去，子君那女儿对抗父亲的激情宣言——“我是我自己的，他们谁也没有干涉我的权利”仍然回荡耳际，丁玲就悄悄地重塑父亲形象，达成了父女的和解，并使父亲成为女儿生存与抗争的同盟力量所在。那么，是什么原因让叛逆出走于父亲之门的女儿开始了对回家之路、对故乡和父爱的寻找和眷念？用弗洛伊德关于女性的“恋父情结”、男性的“仇父情结”和“恋母情结”来解释恋父、弑父、恋母这一文学现象固然有一定道理，但生活是创作的源泉，笔者认为这更源于女性作家对现实生活独特的性别体验和精神需求，它关乎女性的成长和怎样成长的问题。

20世纪20年代的上海、北平、杭州等现代大都市，对乡土中国来说，代表着文明、进步、自由、民主等具有现代性意义的实现理想的光明去处。于是孟珂、莎菲、阿毛、伊萨们从偏远的乡村和闭塞的城镇纷纷漂流到这里（农家阿毛是其中唯一的非知识女性，虽是懵懂出嫁到杭州近郊，相对富裕开化的那里第一次近距离地激起她对城里人和自己未来生活的异想，是莎菲的精神姐妹）。然而她们对这片“光明之地”却充满了失望和隔膜之感，无边的黑暗弥漫着她们，随时会吞没她们那点微弱的希望。丁玲的第一个短篇小说集题名《在黑暗中》[①]——黑暗，正是她们对都市文明的痛切之感。为了追求艺术，也为了“借此重振家声”的孟珂到上海求学，在艺术的殿堂却亲眼目睹了被亵渎的艺术。愤而离去的她，又几乎陷入都市男性的色欲

① 《在黑暗中》，收入《梦珂》、《莎菲女士的日记》、《暑假中》、《阿毛姑娘》，上海开明书店1928年版。

陷阱，从艺术学校到上流人家、摄影棚，她看到了一个把她当做情场猎物和商品尤物的“纯肉感的社会”，一个到处弥漫着“浅薄的快意”[①] 的人欲市场。北京的莎菲不停地搬迁居所，她感受了那无从逃遁，充满爱之虚伪和“生之无趣”的沉闷、无聊气氛；凌吉士的徒有其表、苇弟的孱弱无能、云霖的萎缩胆怯，没有一样不是虚妄，没有一样不是可鄙，没有一样不令人窒息。她见识了庸俗市侩的男性、堕入俗流的女伴、痛感追求自由的女子的绝无出路，似乎不是随波逐流就是沉沦堕落。这个城市对莎菲来说处处散发着毒素，无以栖息，无以生存，恰如她感染的肺病，即使一再搬迁，最终也只能彻底离开城市，到那“无人认识的地方”，“悄悄地活下来，悄悄地死去”[②]。身处这浓重的黑暗，莎菲不得不在抗拒沉沦中发出了“叛逆的绝叫”[③]。从山里嫁到杭州近郊的阿毛，惊羡着“那裹着皮大氅、露着肉红的小腿在街上游行的女太太们”，更对那倚靠在美男子臂中浅吟低笑顾盼生辉的绝色美女艳羡不已，“总希望有那末一个可爱的男人，忽然在山上相遇着，而那男人就爱了她，把她从她丈夫哪里，公婆那里抢走，于是她就从新做起人”。可生命的虚妄（美女的死亡）、幻想的成空（梦想男人的不曾出现），以及“若果阿毛有机会来了解那些她所羡慕的女人的内部的生活，从那之中看出人类的浅薄，人类的可怜”[④] 来，也许她就不会被她看不懂的这个世界折磨得魂不守舍，病入膏肓。正是“我一切都灰心，都感不到有生的必要”[⑤] 的浓重黑暗，把伊萨逼向自杀的边缘。

终于，一缕希望的阳光，从这都市天空的黑暗中透露出来，那是来自遥远故乡的“父亲”光芒。虽然，“他”从未在作品中正面亮相，却以不同形式闪现于莎菲们的现实世界之中，内在连贯地形成了一个可感可触的清晰身影。作为“力”者，“他”是这样地充满了民间的生存智慧和生命元气。梦珂的父亲是个老来才回头的“浪子”，在命运的大起大落中镇静而豁达地领受着人生。阿毛老爹则有着少见的通达、乐观和牺牲精神。在送独生女儿远嫁他乡时，面对即将来临的老年孤独，他对着“不忍离开”自己而哭泣的阿毛说：“嘿，傻子！有什么哭的？终久都得嫁人的，难道就真的挨着我一辈子吗？”[⑥]把生离之痛隐藏在洒脱大方的人生态度中。而作为“爱”者，莎菲的父亲是那么“盲目地爱惜”着他倔犟的女儿，“我真不知他们爱惜我的什么；爱我的娇纵，爱我的脾气，爱我的肺病吗？”[⑦]正是父亲“盲目地爱惜”，才形成了莎菲桀骜不驯的原初个性。对孟珂而言，这位乡土父亲又是那么平易、宽厚和仁慈。梦珂小时，父亲会和她一起喝酒；在雨天，当梦珂“不必上学去”时，他会“像小孩般的高兴，带着女儿跑到花厅上”听雨、下棋，并“常常为一颗子两人争得都红起脸来，结果，让步的还是父亲”；会温和而感伤地摸着女儿“那条黑油

---

① 丁玲《孟珂》，柯灵主编《丁玲小说》，上海古籍出版社 1997 年版，第 5、47 页。

② 丁玲《莎菲女士的日记》，王增如编《丁玲文萃》，文化艺术出版社 2002 年版，第 38 页。

③ 茅盾《女作家丁玲》，1933 年 7 月 15 日《文艺日报》。

④ 丁玲《阿毛姑娘》，柯灵主编《丁玲小说》，上海古籍出版社 1997 年版，第 105、121、120 页。

⑤ 丁玲《伊萨日记》，柯灵主编《丁玲小说》，上海古籍出版社 1997 年版，第 144 页。

⑥ 丁玲《阿毛姑娘》，柯灵主编《丁玲小说》，上海古籍出版社 1997 年版，第 95 页。

⑦ 丁玲《莎菲女士的日记》，王增如编《丁玲文萃》，文化艺术出版社 2002 年版，第 3 页。

油的长辫子，唉声的说：‘梦，你长得越像你的母亲了。你看你，是不是近来又瘦了……’梦珂于是便把手遮住眼睛，靠在父亲的膝盖上动也不动”。当梦珂长大离家，年老的父亲思念女儿，希望她回家探父，“梦儿，你要知道，父亲已不年轻，你莫遗留给将来一些后悔呵！”将一分浓浓的父爱至情支撑在她的异乡漂泊之中，不仅为她提供经济支持，还有一分精神理解。即使是女儿的婚事，也不愿因自己的中意而委屈了女儿，反而宽慰着“这都是要尽你自己的意”[①]。在阿毛垂死之际，跋山涉水赶来的阿毛老爹悲恸至极，相别不到一年的女儿竟然病成这个样子，禁不住老泪纵横：“我害了你！现在让我来接你，你跟我回去吧！阿，阿毛，同爸爸回去呵。”[②]他多想让心爱的女儿回到自己身边重新活过来！伊萨徘徊在死亡的边缘，所有的人和事都不值得她思虑和留记，唯有放不下的心的是“老年丧女的父亲”，是“超过一切的父亲的爱”将她从自杀的冥想中拉回，“她愿拼死拼命的为一个要她活着的人活着”[③]，为了远在家乡的父亲和来自父亲的爱，从父亲那里她汲取了活下去的精神力量。

这些充满着人性光辉的父亲形象，迥异于“五四”文学中精神逼仄、阴冷专制的封建之“父”。尽管这个“父亲”是出现在大革命后稍纵即逝的身影，从未占据过历史的主要画面，但这来自乡土的“父亲”，为莎菲们提供了一分反抗都市黑暗的野性力量。梦珂承继了父亲那来自民间活泼、强健的生命力。“也许是由于那放浪子的血液还留有在这女子的血管里的原故”，她少时便会“像父亲当年一样地狂放地笑”，懂得“怎样地去煽动那美丽的眼”。正是这一分来自乡野的“力”，使得后来深陷“纯肉感的社会里”的梦珂，在屈辱地经受了导演对她的“商品化”审视之后，仍能以傲然的神采“走进办公室”，并“安闲的，高贵的，走过去握那少年导演的手，又用那神采飞扬的眼光去照顾一下全室的人”[④]。这种姿态傲慢、自尊、挑衅，正是莎菲“我不过是个女人味十足的女人”[⑤] 那愤世嫉俗心态的力量外现。阿毛那“山里人”的倔强更是令人惊心动魄。与阿婆、丈夫及周围一切人越来越深的隔膜，以及对命运的不可挣脱之感，犹如浓重的黑暗弥散在她的四周。为了追寻“那欢喜自己的男人”，她在“天还没亮”的昏暗中，固执地一级一级跑上山去，在空无一人高处的山风中放声痛哭。这样的倔强一直把她平静地送到生命的尽头。她那无以言说的巨大孤独和面对孤独的倔强、超拔，显示的正是那种来自遥远的“父性乡土”的生命野性。也正是源于这分从容超拔的力量，贫困交加的伊萨将手稿交给催租的房东太太，平静地去面对不知能否换成铜板的艰难境况[⑥]。

可以说，“选择”父亲绝不仅是石评梅、丁玲们的个人行为，而是隐含着深层的社会政治因素、历史文化积淀、社会性别心理等多重原因。从心理学层面上说，从

---

① 丁玲《孟珂》，柯灵主编《丁玲小说》，上海古籍出版社 1997 年版，第 8、32 页。

② 丁玲《阿毛姑娘》，柯灵主编《丁玲小说》，上海古籍出版社 1997 年版，第 134 页。

③ 丁玲《自杀日记》，柯灵主编《丁玲小说》，上海古籍出版社 1997 年版，第 148 页。

④ 丁玲《孟珂》，柯灵主编《丁玲小说》，上海古籍出版社 1997 年版，第 43、47 页。

⑤ 丁玲《莎菲女士的日记》，王增如编《丁玲文萃》，文化艺术出版社 2002 年版，第 11 页。

⑥ 关于丁玲对“父性乡土”对莎菲们的精神滋养，参见王进《莎菲的背后：父之恋——关于中国“现代女性”精神建构的一种解析》，《上海师范大学学报》2001 年第 2 期。

"女儿"到"女人"的女性成长，通过以"父亲"为性别参照的俄狄浦斯情结，确立其性别意识和性别自我；从社会政治学与性别学层面上说，"五四"时代反抗的女儿们与叛逆的儿子们结成的子辈"弑父"同盟，这个同盟以标举与自己的文化之父与血缘之父的誓不两立来区别出自己——新文化的主体，但这个新文化的主体者并不属于女性，无论是传统意义上还是现代意义上的"父"之形象，都仅仅是逆子们的同性别"高堂"，反叛的目的也绝不是"取消"而是"取代"父权体制——而是以西方文化某些精神理念为参照系来确立的理想之父，以取代封建父权思想。而女性没有这样可以仿效的成为性别主体的同性高堂，无论是过去还是现在，女性的历史仿佛来自虚无、来自男性历史遮蔽、虚化、压抑下的"空白之页"中，仅一个"三从四德"的"从属"规则（未嫁从父，既嫁从夫，夫死从子）来看，女人从来就没有属于过自己，一生都是男人名分下的他者。"五四"新文化运动虽然使女性第一次有了浮出历史地表的机会，昔日的"槛外人"开始进入历史，但她们首先不是以性别主体身份，而是以某种意义上的无性别身份参与男性子辈的"弑父"同盟的历史重建。但"弑父"不能使女儿成长为女人，成为性别主体，而母亲是她们最可直接仿效的女人，可历史并没有给她们提供这样的母亲参照，因为历史向来只是父亲的历史而不是母亲的历史，母亲只是在父权历史中被深刻打上父权烙印、执行父权意志的那位被男性历史异化了的母亲，那位并不存在的母亲。所以，"五四"女儿要发现母亲、寻找母亲、歌颂母爱，通过母亲的重塑完成女性确立性别自我，成为性别主体的性别建构。但"五四"时代的弑父恋母并不能使女儿成为真正意义上精神健全的性别女人，没有父性的参照，就没有女性成长的参照。没有充满人性光辉和生命力度的父亲的存在，就没有石评梅、丁玲笔下那些饱经战乱之苦仍不改侠骨柔肠的流浪女儿们[①]，那些身上流着"放浪子的血液"的梦珂们，那些傲视嘲笑卑劣萎缩男人的莎菲们，那些倔犟执著于生命生发奇迹的阿毛们，那些"死过"多少次又最终活下来的伊萨们。很难说这样的女儿是在仅有母亲教养的氛围中成长使然，况且这样的母亲在中国传统文化中要么不存在，要存在也只能被污名化——"巫婆"、"女妖"、"狼外婆"便是用于仇视女人的恶毒咒语，但绝对不是母亲。从这个意义上说，是石评梅、丁玲们发现了父亲，发现了那流淌在女儿精神血液和人格构造中母亲与母爱无法替代滋养的来自父亲的生命力量，发现了从女儿向女人成长中不可或缺的性别参照。从丁玲本人的成长经历看，为什么相依为命 20 年的"革命"母亲没有进入她的"自我表白型心理小说"[②] 文本，反而时常在其作品中看到她幼年时就已逝去的"浪子"父亲的影子[③]，一定是丁玲潜意识中感受到了父亲能够提供母亲所不能提供的东西，一种来自父亲的精神力度。可以说，20 世纪 20 年代女性写作从"弑父"到极其短暂的"恋父"、"寻父"过程，所"弑"的与所"寻"的对象当然不是同一

① 此处指石评梅《红鬃马》、《流浪的歌者》、《白云庵》、《董二嫂》等作品中的女儿形象，具有某些概念化的共同特征，很难看出她们之间不同的个性特点。

② ［日］中岛碧《丁玲论》，载孙瑞珍、王中忱编《丁玲研究在国外》，湖南人民出版社 1985 年版，第 172 页。

③ 沈从文《记丁玲》，《沈从文别集》，岳麓书社 1992 年版，第 45—49 页。

个父亲，如同寻找母亲一样，但都是现代女性精神建构中确立性别自我不可缺少的重要环节。很可惜，这个环节没能深入地进行下去，只成为一个稍纵即逝的文学现象，且很快被随之而来的阶级、民族、国家的宏大叙事所遮蔽，但毕竟是女性性别意识走向自觉的一次理性探索，我们不能忽视、更不能无视这样的文学探寻。有趣的是，当“五四”的叛逆女儿们与“父亲”在背后悄悄握手时，当年的逆子们却一路乘胜追击，对“父亲”进行着有史以来第一次正面的、彻底的历史清算，高老太爷与高觉慧的绝无调和的父子矛盾（《家》），使得“家”中的“父亲”形象一直在周朴园（《雷雨》）、蒋捷三（《财主的儿女们》）等人物身上延续下去。同时也看到，20世纪20年代女性写作性别自觉的理性思考，也因随之而来的宏大意识形态整合而渐渐收回了探索的脚步。

（作者单位：河北大学文学院）

对“现实”的规避与放逐[①]

——再论“新写实主义”

□ 李跃力

一、经验“现实”与观念“现实”

1927 年席卷全国的大革命为中国现代文坛提供了一份现实的“革命”经验，在此之前，绝大多数作家从未亲眼目睹过“革命”的“庐山真面目”。大革命落潮后，革命理想与革命现实相冲撞的结果之一，便是“革命”在文学中的大量涌现。“白色恐怖打破了所有人，包括革命的‘我们’的幻想；知识分子被迫以新的眼光观察革命。革命不再是全民族的事业了，它只是阶级战争的一个幽灵。”[②]书写“革命”成为个体确证革命信仰、重谋解放出路、审视民族命运的一种途径。其观照“革命”的方式往往有两种，一是“往后看”，一是“往前看”。前者以经验为基础对“革命”做历史呈现，后者则从观念出发再现“革命”；前者侧重于暴露、审视大革命中的黑暗现实，后者则力图勾画革命柳暗花明的美好前景；前者流露出悲观、幻灭、颓废的消极情绪，后者则洋溢着乐观、激昂、奋进的调子。无论以何种方式展现出的“革命”，都十分混乱驳杂，并不存在统一的面孔，革命文学的无政府状态带来了美学风格上的多元化。

揭露大革命的黑暗面，书写革命落潮后的苦闷、彷徨与失望，是 1928 年前后革命文学的一个重要方面，它形成了一股创作潮流，其影响不容小视。其中，茅盾的《蚀》三部曲最具代表性。无论是在《幻灭》、《动摇》还是在《追求》中，悲观颓废的情绪都不可抑制地流泻开来。主人公们常常处于时间飞逝所产生的生命无意义之感当中，处于只有将自身交付于大变动时代而无法主宰自我命运的宿命般的无奈中。在《幻灭》中，静女士的幻灭情绪如影随形，欲罢不能。她试图借助“革命”来摆脱，却“只增加了些幻灭的悲哀”[③]。耐人寻味的是，“革命”不能令静女士有丝毫的改变，恣情的“性爱”却能助她燃起生命的激情，走出“消极多愁”的低谷。当静女士在“性爱”的洗礼中决意要改变她的性格，迎

① 国家社科基金西部项目“延安文艺史料学研究”阶段性成果，项目编号：11XZW015；国家社科基金重大项目“延安文艺与二十世纪中国文学研究”阶段性成果，项目编号：11&ZD113。

② ［美］舒衡哲《中国启蒙运动——知识分子与“五四”遗产》，刘京建译，北京新星出版社 2007 年版，第 217 页。

③ 茅盾《幻灭》，《小说月报》第 18 卷第 10 号，1927 年 10 月 10 日。

来的却是爱人强惟力要去前线领军的消息。尽管“环境的逆转”令她更加悲戚，但她又不得不顾及作为未来主义信奉者的爱人的追求。当她鼓动爱人重返前线，心中留下的除了依依的离情，更多的还是沉重的无奈。这似乎应和了她之前的人生感悟：“人们都是命运的玩具，谁能逃避命运的拨弄？谁敢说今天依你自己愿望安排定的计划，不会在明天被命运的毒手轻轻地一下就全部推翻了呢？”[①]《动摇》中对革命与爱情皆“左摆右荡”的方罗兰不仅无法控制革命局势的突变；也无法挽回妻子日渐冰冷的心，即便他百般努力，但越是辩解就越是加重她的猜疑。最终，他不仅被逐出了革命权力的中心，也无法获得妻子的信任，更不可能赢得孙舞阳的爱。这一切似乎都是他咎由自取；但又似乎与他无关，一切的变化都超出了他的能力之外，不是他所能主宰或改变的[②]。《追求》中的人物所做的“追求”均告失败。章秋柳试图用爱情去拯救自杀过的史循，一方面改变他的怀疑主义，另一方面也想通过这一“革命”行为寻求生命的意义。然而，借助药物放纵的性爱不仅使史循因耗尽了生命的能量而死去，也使章秋柳染上了可怕的梅毒。这对章秋柳原初的拯救意图构成了一个绝妙的讽刺。与《幻灭》相似，茅盾在《追求》中表现出的对性爱力量的信任比对革命力量的信任要多得多，这无疑是对“革命”的颠覆。只不过，他似乎要借《追求》表明，如章、史的性爱一样，革命若过度地放纵欲望，或许可以很快走向高潮，但也会很快迎来败亡的结局，走向原初意图的反面。“运命的威权——这就是运命的威权呢？现代的悲哀，竟这么无法避免的么？”[③] 因此，在三部曲中，人物大都无法把握当下大变动的时代，只能听凭命运的摆布，弥漫着怅惘、悲怆与无奈的调子。

应该说，这种幻灭情绪及其在文学中的反映有其历史必然性和普遍性。在想象中，革命可以被当作一种“根本解决”问题的方式，可以被设想为一个完美的现代性工程，建构为理想的乌托邦；而一旦它从想象变为现实，从神坛走向人间，就要经受现实生活的考验，这一“历史活剧”内部的复杂性和阴暗面也都会渐渐展露无遗，其耀眼的光环终将褪去。将过多希望与理想加诸“革命”的人们，也必将在革命的壮潮中经历一个从激动、亢奋、狂热到失望、悲观、低迷的心理过程。徐蔚南在评价茅盾的《幻灭》时，就以法国大革命为参照，认为“中西大变动的时代，竟有这么多不谋而合的地方”：“法国大革命的开始时，市民们真是如饮狂药，以为革命一旦成功，什么都得到了。自由！平等！博爱！在革命的火焰的烽巅，闪出最庄严最美丽的图画，诱惑着最大多数的人民的眼睛。兴奋再兴奋，努力更努力，急转直下，接着是疲倦了，接着是革命成功了。但是那自由呢？那平等呢？那博爱呢？有的，也不是当日所想得的；当日想象所有的，却一点也没有。最庄严最美丽的图画原来是一张白纸上的无数血花！一切幻灭了！于是伤心，叹息，消极，悲观。”[④]

---

① 茅盾《幻灭》，《小说月报》第18卷第9号，1927年9月10日。
② 茅盾《动摇》，《小说月报》第19卷第1—3号连载，1928年1月10日—3月10日。
③ 茅盾《追求》，《小说月报》第19卷第6—9号连载，1928年6月10日—9月10日。
④ 徐蔚南《〈幻灭〉》，伏志英编《茅盾评传》，上海现代书局1931年版，第62、61页。

“往后看”革命，暴露大革命的黑暗面，且不提供“出路”，茅盾的同道者不仅包括叶圣陶、白薇、金满成，还包括张资平，甚至钱杏邨也曾为其中之一。叶圣陶展示了作为理想主义者的倪焕之及其革命理想的覆亡。白薇的《炸弹与征鸟》以女性特有的尖锐与敏感直刺大革命中的性别秩序。金满成的《爱欲》在展现革命领导者争权夺利、中饱私囊的同时，也让怀抱革命理想与壮志的旬九居觉悟到革命的结局是“整个的黑暗”，“一切理想都是空虚的”[①]；他最后的死亡同时也意味着革命理想与期待的烟消云散。钱杏邨在《革命的故事》中也穷形尽相、淋漓尽致地揭示了“投机主义”者的丑恶面目和大革命“换汤不换药”的本质[②]。

与茅盾不同的是，蒋光慈、华汉等“革命文学”作家虽然也都写到了小资产阶级知识分子在革命落潮后的苦闷、堕落与颓丧，也都采用了“以个体暗示时代”的写作手法。但无论是蒋光慈笔下的王曼英，还是华汉《地泉》中的林怀秋，都能够从幻灭的灵魂深渊中振拔而出，投身于光明的世界；而《蚀》三部曲尤其是《追求》中的人物却自“幻灭”始，以“幻灭”终。若说王、林二人走的是直线的话，史循、章秋柳、王仲昭、张曼清等人走的恰恰是一个圆圈。前者是一种单线突进的进化论史观的形象体现，而后者则无疑体现出一种悲观的历史循环论；前者将历史的必然性内化入个体的人生选择，后者不仅拒斥这一观念的渗入且与之相对立。如王德威所指出的，“推动历史前进的真正动力在他的叙述中被遗漏了。假如抛开小说中肤浅而短暂的标记，就会发现茅盾将青年革命者的希望与幻灭用同一个故事讲了三遍”[③]。

因此，茅盾笔下的“现实”与蒋光慈、华汉等人的“现实”有着本质的不同。前者是个体对经验到的“现实”的客观呈现，包含着丰富的历史内容；后者则试图抛弃经验“现实”带来的不良情绪，毅然投身“历史的必然性”观念所营造的光明前景中。前者遵循历史的法则，后者则服膺于逻辑的法则。在美学风格上，与三部曲通篇弥漫的悲凉不同，蒋光慈、华汉等人的小说往往由低迷婉转走向昂扬激进，带上了一个“光明的尾巴”。

二、“现实主义”的意识形态

在1928年10月10日发表的《从牯岭到东京》中，茅盾对其《蚀》三部曲的美学追求做了集中阐释。他不断强调的字眼是“客观”、“老实”、“忠实”、“真实”，意即他笔下的“现实”是完全排除了主观因素的“现实”。在文章开头，茅盾就表明了他后来在回忆录中不断重申的意思，他是“经验了人生才来做小说

① 金满成《爱欲》，上海光华书局1931年版，第288页。

② 钱杏邨《革命的故事》，上海春野书店1928年版。

③ David Der- wei Wang. *Fictional Realism in Twentieth - Century China*: *Mao Dun*, *Lao She*, *Shen Congwen*, New York: Columbia University Press, 1992, p. 61.

的，而不是为了说明什么才来做小说的”[①]。也就是说，他是从“经验”而不是“观念”出发描写“现实”，试图追求一种本体意义上的“真实”。在谈到《幻灭》与《动摇》的创作时，茅盾称他只“注意一点”：“不把个人的主观混进去，并且要使《幻灭》和《动摇》中的人物对于革命的感应是合于当时的客观情形。”[②]茅盾强调自己是“粘住了题目做文章”，《幻灭》就是写“幻灭”，并不旁涉其他；尤为重要的是，这种“幻灭”的情绪是一种普遍的“现实”：“凡是真心热望着革命的人们都曾在那时候有过这样一度的幻灭；不但是小资产阶级，并且也有贫苦的工农。”同样，《动摇》就是写“动摇”，“这动摇，也不是主观的，而有客观的背景”。可以说，茅盾利用《从牯岭到东京》为三部曲精心营造了一个坚固的“客观”外壳。

茅盾之所以要亲自对《蚀》三部曲的“客观”性做权威性的论证，其用意在于通过强化三部曲纯粹的“客观的真实”来淡化它在美学上的意识形态性，即所谓的“倾向”、“立场”。或者说，茅盾认为对三部曲的美学追求及其所呈现出来的“现实”做政治性的理解与批评只能是一厢情愿的自作多情。他不断重复他只是在老老实实地描写曾经发生过的“现实”；即使不能抑制悲观情绪的表露，但这种主观情感不仅有着强大的“现实”基础，且与主观认识绝不相同，更不是什么“阶级意识”。因此，他的三部曲中并不存在什么立场问题，他只是忠于历史，忠于现实，忠于自我的内心，如实描写罢了。

在谈到创作动机时，茅盾说：“我是真实地去生活，经验了动乱中国的最复杂的人生的一幕，终于感得了幻灭的悲哀，人生的矛盾，在消沉的心情下，孤寂的生活中，而尚受生活的支配，想要以我的生命力的余烬从别方面在这迷乱灰色的人生内发一星微光，于是我就开始创作了。”写小说对茅盾而言虽然与生存问题相纠缠，也可能是他在大革命失败后“探索、求证革命信仰的方式”[③]。但茅盾自己更愿意突出三部曲的“私人化”特质，把写小说看作当时疗救心灵的唯一方式。在小说中，茅盾既忠实于历史“现实”的客观展现，同时也不去抑制自我情绪的真实流露。似乎只有将从革命人生中所经验来“悲哀”、“矛盾”、“消沉”、“孤寂”倾诉净尽，他方能求得精神上的解脱，找到人生的出路。正是在这个意义上，茅盾并不考虑《追求》中漫溢的颓唐情绪的不良后果，说他“很爱”这一篇，其原因“乃是爱它表现了我的生活中的一个苦闷的时期”。

茅盾极欲消除三部曲的政治色彩，可能与他那一段人所共知的暧昧“革命”经历有关，这段经历至今仍蒙着神秘的面纱。茅盾由此对“政治”立场异乎寻常地敏感。正如赵璕细心的研究所指出的，在《从牯岭到东京》发表之前，并不存

---

① 茅盾《我走过的道路》（中），人民文学出版社 1984 年版，第 3 页。

② 茅盾《从牯岭到东京》，《小说月报》第 19 卷第 10 号，1928 年 10 月 10 日。以下引文出自此篇者不再另行标注。

③ 陈建华《革命与形式——茅盾早期小说的现代性展开（1927-1930）》，复旦大学出版社 2007 年版，第 103 页。

在什么对茅盾小说的真正意义上的反面评价[1]。但是，在对《幻灭》、《动摇》的评价中，钱杏邨却对其做了政治意图的挖掘。他认为《幻灭》是“专写小资产阶级的游移与幻灭的心理的”[2]；而《动摇》则“以解剖机会主义者的心理和动态见长”[3]。《从牯岭到东京》恰恰与之针锋相对，在谈到《幻灭》时，茅盾称他“并不想嘲笑小资产阶级，也并不想以静女士作为小资产阶级的代表”；他只是写“一九二七年夏秋之交一般人对于革命的幻灭”。同样的，在《动摇》中也不存在钱杏邨所称的对机会主义的攻击之类的主观目的。在《读〈倪焕之〉》中，他旗帜鲜明地反对钱杏邨对《追求》所做的“立场错误”的结论，他再次申明他遵循的是“历史”的原则；若违背这一原则，在《追求》中间“插进一位认识正路的人”，“在病态中泄露一线生机”，或许可以让钱杏邨满意；但他并不这样做，因为“《追求》中人物如果是真正的革命者，不会在一九二八年春初还要追求什么，他们该早已决定了道路了”[4]。可以说，通过强化小说的现实主义美学追求来对抗意识形态性的理解方式，避免“政治”风险，正是茅盾写作《从牯岭到东京》的意图所在。

然而，无论茅盾如何维护《蚀》三部曲纯粹“客观”的形象，也不可能取信于人。甚至换一个角度看，他如此劳心费神地营构、陈述他的“客观”美学，本身就带有几分“做贼心虚”的味道。如果他仅仅把“主观”视作创作主体的情感而不是主观意图或某种先在的观念，那他就大可不必为这种悲观、颓唐、幻灭极力辩护。既如此，他想必已经意识到了这种情绪所可能产生的政治效果。他流露出的主观情感当然有坚实的“现实”基础，也可以做一种个人化的理解；但一旦它以审美化的方式表现出来，就不可避免地拥有了影响人心的力量。再者，他对革命“现实”的历史呈现在客观上也难以排除主观意图的驱动，“现实主义的方法并不只是从事一种审美的规划，事实上，它明显地服务于意识形态目的”，而所谓的“客观”性，也只不过是一个编织出的神话而已[5]。正如李长之所揭示的，“作者自己说，《幻灭》中并没有自己的思想，只是客观的描写（《从牯岭到东京》），我以为不是的，第一既所谓客观，作者并没在这客观之外，第二所以选择这种客观而不是别种客观的，依然有自己的主观在”[6]。钱杏邨也指出，既然茅盾承认有两种“现实”，那他为什么只去描绘“幻灭动摇的没落人物”这一

① 在《从牯岭到东京》发表以前，仅有白晖（朱自清）对《幻灭》的评论以及钱杏邨为《幻灭》和《动摇》所做的“书评”，二人的意见均以正面为主。见赵璕《〈从牯岭到东京〉的发表及钱杏邨态度的变化》，《中国现代文学研究丛刊》2005年第6期。

② 钱杏邨《〈幻灭〉》，《太阳月刊》三月号，1928年3月1日。

③ 钱杏邨《〈动摇〉》，《太阳月刊》七月号，1928年7月1日。

④ 茅盾《读〈倪焕之〉》，《文学周报》第8卷第20号，1929年5月12日。

⑤ [英] 丹尼·卡瓦拉罗《文化理论关键词》，张卫东等译，江苏人民出版社2006年版，第41、47页。

⑥ 李长之《论茅盾的三部曲》，《清华周刊》第41卷第3、4期合刊，1934年4月16日。

"现实"，而不去表现"大勇者，真正的革命者"这样的"现实"呢[①]？

确实，在革命文学家那里，根本不存在具有独立存在价值的美学追求，他们所看重的，是审美与意识形态之间的紧密联系。也正基于此，茅盾对三部曲的客观"现实主义"的强调就不可能征得他们的认同。《从牯岭到东京》引发了创造社、太阳社等人对茅盾及其三部曲进行集中批判的热潮。他们往往对茅盾着力张扬的"客观"小说美学嗤之以鼻，对其笔下所谓"客观"的现实大做政治式的图解，渲染其不良后果，甚至将《从牯岭到东京》视作"一个政见的发表"[②]。总之，几乎无人相信三部曲对"现实"的历史呈现只具有美学意义，这无疑与茅盾发表此文的主观意图背道而驰。

那些来自方方面面的批判，无不为茅盾小说即将产生的政治影响担忧、愤怒，克生甚至用"鸦片"来形容茅盾的创作，称其"可能灰化青年的心。教他们，混乱了意识。迷失了历史社会进化路径"[③]。潘梓年指出，《从牯岭到东京》"引起了的关于文学上的问题的实在太多了"，而"小说中的出路这问题"是"目前最严重而且是最根本的问题"，就这一问题而言，茅盾"写那文字简直是在诱惑青年，居心叵测"[④]。李初梨的看法与之相似，但更为严厉，他称茅盾"一方面利用他得意的性欲描写，可以迎合一部分颓废青年的嗜好，一方面假弄着他的似是而非的革命言辞，又可以迷惑一部分认识不清的分子。在现在中国普罗列搭利亚特的阶级意识正在结晶亢扬的时代，他与政治上的中间党派演着同一的任务，替我们的敌人来抹杀蒙蔽混淆普罗列搭利亚特底阶级意识"[⑤]。钱杏邨则走得更远，他干脆将《从牯岭到东京》与中共党员施存统在大革命后发表的退党宣言相提并论，称之为"茅盾先生'悲痛中的自白'"[⑥]。

钱杏邨一针见血地指出："在一年来茅盾陆续发表的《从牯岭到东京》，《读倪焕之》，《写在〈野蔷薇〉的前面》三篇文里，我们看到他有一种一贯的意见，那就是所谓'现实'的问题。"茅盾自认为是在"客观"地描写"现实"，并不掺杂任何主观政治意图；而在钱杏邨们看来，茅盾的"现实"并不是全面的现实，而是主观选择的结果，这种选择的背后恰恰是茅盾的别有用心。钱杏邨就指明了被茅盾刻意漏掉的"现实"："在中国，自一九二七年七月以后，各地的反抗也是

① 钱杏邨《茅盾与现实——读了他的〈野蔷薇〉以后》，《新流月报》第4期，1929年12月15日。

② 李初梨《对于所谓"小资产阶级革命文学"底抬头，普罗列搭利亚文学应该怎样防卫自己？——文学运动底新阶段》，《创造月刊》第2卷第6期，1929年1月10日。

③ 克生《茅盾与动摇》，黄人影编《茅盾论》，上海光华书局1933年版，第194页。

④ 潘梓年《到了东京的茅盾》，伏志英编《茅盾评传》，上海现代书局1931年版，第243－244页。

⑤ 李初梨《对于所谓"小资产阶级革命文学"底抬头，普罗列搭利亚文学应该怎样防卫自己？——文学运动底新阶段》，《创造月刊》第2卷第6期，1929年1月10日。

⑥ 钱杏邨《从东京回到武汉——读了茅盾〈从牯岭到东京〉以后》，见伏志英编《茅盾评传》，上海现代书局1931年版，第262页。施存统的退党宣言《悲痛中的自白》刊于汉口《中央日报》副刊第157号，1927年8月30日。

和当时的俄罗斯一样爆发，接着又有了十二月等等的英勇的不断的战斗，在在的都表示了中国革命的前途，然而，茅盾是始终的不肯正面这些现实，反而把这些现实当作非现实。”① 傅克兴也根本不相信茅盾所展示的中国革命走向了“绝路”这一“现实”，他对茅盾《从牯岭到东京》的回应虽然语无伦次，但对“出路”却显得信心十足：“说中国革命走到绝路吗？断没有这个事，中国的革命还在发展到一个新的高潮，决没有走到绝路去。”②

在为茅盾开出的药方中，阶级意识或阶级立场的作用值得大书特书。茅盾对“客观”的追求之所以最终酿成恶果，就是因为他缺乏无产阶级意识。李初梨就认为茅盾对革命文学的认识有一个致命的缺点，那就是他忽视了阶级的立场或意德沃罗基这一“普罗列搭利亚特顶重要的基本的条件”③。正因如此，茅盾才会“只把握得‘幻灭下沉’的这个世界”，而“不曾想到在事实上还有一个生长着的世界，在那世界上有着他所梦想不到的‘乐观的现实’”④。克兴则直接给茅盾的现实主义美学追求扣上了阶级的帽子，他认为“单描写客观的事实是空虚的艺术至上论”，“是资产阶级的麻醉剂”。因为《幻灭》“只是机械的客观描写，除描写幻灭以外更无其他目的”，所以它“很明显地反映了资产阶级的艺术至上主义”⑤。因为并未看过茅盾的小说，他的观点显然是一种理论的生吞活剥。

不仅如此，因为缺乏无产阶级意识的光照，茅盾对“客观的真实”的追求也根本不可能如愿以偿。与钱、傅二人相比，李初梨对“客观的真实”这一问题的阐释则吸收了俄国“十月”派领导人列列维奇（拉波利·卡尔曼孙的笔名）的主张。他首先将一种本体意义上的“客观的真实”悬置起来，然后论述采用何种方式才能无限逼近而不是完全实现这种“客观的真实”，或者说，“从那一个阶级的观点，才能真正接近于客观的真实？”他引用列列维奇的说法，认为“以在那时代为历史地进步的阶级的眼光来观察世界底艺术家，才能最大限度地接近于客观的真实”。这样，只有用“普罗列搭利亚前卫的‘眼光’去观察这个世界而把它描写出来”，“才能成为真正的写实主义者”⑥。

李初梨等人所提倡的“真正的写实主义”，是从观念出发重构现实，其政治

① 以上所引见钱杏邨《茅盾与现实——读了他的〈野蔷薇〉以后》，《新流月报》第4期，1929年12月15日。

② 克兴《小资产阶级文艺理论之谬误——评茅盾君底〈从牯岭到东京〉》，《创造月刊》第2卷第5期，1928年12月10日。对于克兴的这一判断，茅盾在50年后仍耿耿于怀，在回忆录中大骂克兴是“一只中盲动主义之毒甚深的‘苍蝇’”。见茅盾《我走过的道路》（中），人民文学出版社1984年版，第15页。

③ 李初梨《对于所谓“小资产阶级革命文学”底抬头，普罗列搭利亚文学应该怎样防卫自己？——文学运动底新阶段》，《创造月刊》第2卷第6期，1929年1月10日。

④ 钱杏邨《中国新兴文学中的几个具体问题》，《拓荒者》第1卷第1期，1930年1月10日。

⑤ 克兴《小资产阶级文艺理论之谬误——评茅盾君底〈从牯岭到东京〉》，《创造月刊》第2卷第5期，1928年12月10日。

⑥ 李初梨《对于所谓“小资产阶级革命文学”底抬头，普罗列搭利亚文学应该怎样防卫自己？——文学运动底新阶段》，《创造月刊》第2卷第6期，1929年1月10日。

意图明显大于美学意图。他们所提倡的以历史的必然性为逻辑支撑，对“现实”做观念式呈现的美学，突出强调的是审美情感对个体的鼓动力量，它应该引发一种激奋、昂扬、乐观的审美情感。在观念所建构的“现实”中，人们为一种光明的前景所召引，生命的激情被引爆，信心十足地踏上创造历史的革命征程。这与茅盾小说所产生的客观的审美效果截然相反：“使我们看出所谓‘革命’所谓‘主义’都是‘它’们诱人骗人的假面具。使我们满腔的失望愤恨悲痛怜惜等感情都化作一口冷气呼出。”[①]

茅盾的现实主义所遭遇的困境实际上揭示了现实主义美学本身所存在的内在张力，即客观描写与指明出路、真实性与倾向性之间的悖论。正如韦勒克所指出的：“从理论上讲，现实地完全再现会排斥任何种类的社会目的或宣传。……但是转而描写当代社会现实这种变化本身就蕴涵着一种教训，寓于人类同情、社会改良和批评之中，并且常常表现为对于社会的反抗和憎恶。在描写与开出药方、真实与训诫之间存在着一种张力，这种张力不能在逻辑上加以解决，而是我们正谈论的那种文学的特征。”[②] 茅盾极力为他的《蚀》三部曲所做的申辩不能取信于人，就源于现实主义的这一内在张力。

三、反现实的革命“现实”

在批判茅盾的“现实主义”的基础上，创造社、太阳社等人竭力提倡“新写实主义”。但这并不是他们的理论独创，而是师法于日本藏原惟人的理论主张。可以说，他们对茅盾的“现实主义”进行批判的理论来源就是藏原惟人的新写实主义。而藏原惟人的“新写实主义”则主要来自苏俄的“拉普”派。“新写实主义”由日本传入中国，经太阳社等人的借用和再造，其现实针对性已经丧失[③]。李初梨、钱杏邨都在文章中大段大段地引用林伯修所译的藏原惟人的《到新写实主义之路》。在这篇对中国“革命文学”发展起过重要作用的文章中，藏原指出“普罗列搭利亚作家对于现实的态度，应该是彻头彻尾地客观的现实的。他不可不离去一切的主观的构成来观察现实，描写现实”[④]。表面看起来，这似乎与茅盾的写实主义无甚区别，实则不然。这里的“客观”与茅盾的“客观”迥然相异，前者高扬阶级意识的注入，后者则力图清除意识形态的影响；前者指向一种代表了历史发展趋势的本质的必然的“现实”，后者指向一种排除了主观意图的经验的、偶然的“现实”。“在阶级意识成为基本出发点后，已没有经验意义上的

① 张眠月《〈幻灭〉的时代描写》，《文学周报》8卷第10号，1929年3月3日。

② ［美］雷内·韦勒克《批评的概念》，张金言译，中国美术学院出版社1999年版，第232—233页。

③ 艾晓明《中国左翼文学思潮探源》，北京大学出版社2007年版，第119—130页。

④ 藏原惟人《到新写实主义之路》，林伯修译，《太阳月刊》七月号，1928年7月1日。

‘客观的真实’，一切‘真实’都是特定意识形态观照下的产物。”①

新写实主义提倡用唯物辩证法或辨证的唯物论去把握现实，重构现实。因为它是“普罗列搭利亚的意德沃罗基”，所以对“现实”的呈现是最“客观”的。“世界这东西，只有靠着社会科学的光线的朗照，才可以最正确的，最客观的，被人类看见。……如果对于这个世界没有正确的认识，当然也就不能正确的，用客观的方法，把它描写出来。”② 因之，“革命文艺家应该用辩证法的唯物论的眼光，来分析客观的现实，把这客观的现实再现于他的作品”，革命文艺也要“真真站在客观的具体的美学上，才能真正同旧文学根本对立，才能真正化为无产阶级文学”③。用唯物辩证法去观察、分析“现实”，就会从纷繁复杂的现象中寻出根本规律，发现历史发展的趋势或曰历史的必然性；就不会对革命感到幻灭、绝望，就会去展示“动的，力学的，向前的‘现实’”④，描写“历史的进展指示给我们的出路”⑤。这样，“唯物辩证法”就成了走向新写实主义的唯一路径。在讨论“创作不振之原因及其出路”时，“唯物辩证法”更是被奉为创作之圭臬，成为包治百病的良药⑥。正如周扬后来所总结的：“只有站在革命阶级的立场，把握住唯物辩证法的方法，从万花缭乱的现象中，找出必然的，本质的东西，即运动的根本法则，才是到现实的最正确的认识之路，到文学的真实性的最高峰之路。”⑦

“新写实”既标举与“旧写实”的差异，同时又强调它对后者的继承。李初梨就呼吁“从过去的写实主义继承着它的对于现实底客观的态度”，但这一“客观”绝不是“对于现实——生活的无差别的冷淡的态度。也不是超越阶级的态度。这是以现实为现实，不用主观的构成，不加主观的粉饰，去描写对于普罗列搭利亚特底解放有关系的一切”⑧。钱杏邨也认为新写实主义“第一的特质”便是“离开一切主观的构造来观察现实”。但他同时又要求作家的立场必须是无产阶级立场⑨。因为将无产阶级意识观照下的“现实”当成唯一“客观”的现实，新写实主义遮蔽了其对“现实”呈现的主观性本质。“将某种主观话语构造的现

---

① 程凯《国民革命与“左翼文学”思潮发生的历史考察（1925－1928）》，北京大学博士论文，2004年4月，第232页。

② 钱杏邨《中国新兴文学中的几个具体问题》，《拓荒者》第1卷第1期，1930年1月10日。

③ 克兴《小资产阶级文艺理论之谬误——评茅盾君底〈从牯岭到东京〉》，《创造月刊》第2卷第5期，1928年12月10日。

④ 钱杏邨《中国新兴文学中的几个具体问题》，《拓荒者》第1卷第1期，1930年1月10日。

⑤ 潘梓年《到了东京的茅盾》，伏志英编《茅盾评传》，上海现代书局1931年版，第245－246页。

⑥ 见1932年1月20日《北斗》第2卷第1期刊发的“创作不振之原因及其出路”中穆木天、郑伯奇的意见。

⑦ 周起应《文学的真实性》，《现代》第3卷第1期，1933年5月1日。着重号为原文所有。

⑧ 李初梨《对于所谓“小资产阶级革命文学”底抬头，普罗列搭利亚文学应该怎样防卫自己？——文学运动底新阶段》，《创造月刊》第2卷第6期，1929年1月10日。

⑨ 钱杏邨《从东京回到武汉——读了茅盾〈从牯岭到东京〉以后》，见伏志英编《茅盾评传》，上海现代书局1931年版，第310页。

实说成‘见到’的现实，从而将主观的东西说成了客观的东西。”[①] 如雷蒙·阿隆所指出的，“所谓的社会历史的辩证法，是‘现实’变形为‘观念’的结果”[②]。因此，“新写实”以历史的必然性为出发点，是对“现实”的“观念”呈现，是对革命“现实”的逻辑性建构。它所宣称的所谓“客观”现实，本质上是一种主观的美学映像。于是，“作为生活过程的现实消失得无影无踪，经过抽象化的、观念化的现实，与唯物辩证法对社会发展的必然性和本质规律的理论概括相一致的现实代替了现实本身。文学不过是这种现实观念和逻辑推论的载体而已”[③]。然而，“新写实”的主要意图并不在于要实现对“现实”的“客观”呈现这一美学目标，而是要以此为途径显示或“暗示”历史发展的必然趋势。它以美学与政治之间天然的亲缘关系为前提，且不断强化这一关系。这自然与茅盾对革命“现实”做“历史”呈现的美学追求格格不入。新写实主义虽然只是中国革命文学大潮中的匆匆过客，但它对“现实”做逻辑性把握的方式却遗留下来，成为以后革命现实主义美学中占支配地位的原则。

在新写实主义中，“历史的必然性”是一以贯之的红线。在这里，文学、美学为一种“进步”的历史观所主宰。“作为革命思想的一个范畴，历史必然性观念本身要比纯粹的法国大革命场景更为可取；哪怕以沉思默想的方式来追忆法国大革命的事件过程，然后将事件简单化为概念，较之历史必然性观念也不免相形见绌。隐藏在现象背后的是一种现实，这种现象是生物的而非历史的，虽然现在，也许是第一次，它完全是一副历史的样子。”[④] 自近代以来，以进化的时间意识为核心而形成的进步史观逐渐统治了中国思想界。而当它和革命话语相融合就形成了能够裹挟一切的强大力量。后来马克思主义的唯物史观成为支配性的核心历史观念，革命话语中的“历史必然性”就愈加具有了不可抗拒的魅力。

不能否认，“历史的必然性”中含有对未来的无限期许与信心，这无疑于革命大有助益；或者可以说，革命历史进程的推动与展开所倚赖的正是这一观念所具有的驱动力。然而另一方面，对“历史的必然性”的唯一强调，实际上取消了“历史”与“现在”单独存在的合法性。进一步说，光明“未来”的实现是以“历史”与“现在”的牺牲为前提的，而且这种牺牲具有毋庸置疑的“应当”性。正如徐复观所看到的，“一切过去和现代的人们，都不过是作为进步向未来中的一环，成为进步中的手段和工具”[⑤]。这样，通过把未来目的化，过去与现在都得以消解，逻辑的法则替代了历史的法则，真实的历史进程就这样被褫夺了[⑥]。

---

① 余虹《革命·审美·解构——20世纪中国文学理论的现代性与后现代性》，广西师范大学出版社2001年版，第178页。

② ［法］雷蒙·阿隆《知识分子的鸦片》，吕一民等译，译林出版社2005年版，第197页。

③ 艾晓明《中国左翼文学思潮探源》，北京大学出版社2007年版，第125页。

④ ［美］汉娜·阿伦特《论革命》，陈周旺译，译林出版社2007年版，第47页。

⑤ 徐复观《文化的“进步”观念问题》，李维武编《徐复观文集》（第一卷），湖北人民出版社2002年版，第28页。

⑥ 陈赟：《困境中的中国现代性意识》，华东师范大学出版社2005年版，第105页。

以揭示“历史的必然性”为最终旨归，用某种世界观去把握世界、表现世界，这一美学原则抽空了“世界”所具有的丰富内涵，实际上拒斥了“世界”。它所营造出的光明前景，是一种从观念出发的逻辑性建构，其本质是一种审美的幻象。对“现实”做逻辑建构的“观念”美学借助“历史的必然性”之威力，在对其他异类美学原则的排斥中，逐渐确立了唯我独尊的地位。由《蚀》三部曲而初步引发的“写黑暗还是写光明”的争论，在延安时期的“野百合花”事件中掀起了高潮。表面上看，这似乎是选择写作对象的问题，实际上却是以何种历史观为依托、选择何种美学原则去表现的问题。“革命的艺术作品，不论它的题材内容是甚么，它的基本精神却应当是永远向人们启示光明的。”①

在经典现实主义美学中，艺术与现实处于一种依从关系之中，即现实第一性，艺术第二性。如车尔尼雪夫斯基所认为的那样，“艺术不可能高于现实，它也不抱有这样的目的。它的任务是揭示现实世界现存的丰富性，而不是去虚构不存在的东西。只有完成这一任务，它才能帮助人更踏实地立足于世界，掌握现实的一切方面，成为现实的主人。否则，艺术就会使人迷失方向，不是增强，而是削弱他的力量；不是促进他制服偶然性，而是促使他自身受偶然性的摆布”②。也就是说，真正的现实主义带来的是人的解放。而在新写实主义中，“现实”作为某种观念的化身是被预设、被规定的，“现实”在艺术中被规避、被放逐，其丰富性、多面性同时也被遮蔽。艺术对现实的依从关系被倒置，人被某种观念的强大力量所控制。

现实主义提倡揭示历史发展的动力，将“现实”视为一个动态发展的过程，以从中发掘出本质的、规律性的东西。“要真正认识社会发展的各种推动力，要对这些推动力在人的生活中的作用进行公正的、正确的、深刻而全面的文艺反映，必须以运动的形式来表现，这种运动才揭示出正常事件和例外事件的合乎规律的统一。”③ 然而，对历史发展推动力的揭示，不是通过回避现实、简化现实来完成的，恰恰需要正视现实，通过对历史过程的展开、细节的真实描绘来达成对历史发展规律的深刻把握。也正是在这一意义上，恩格斯盛赞巴尔扎克的《人间喜剧》，称它是“现实主义的最伟大胜利之一”④。以此衡量，茅盾的美学追求深得现实主义的精神。他说：“真的勇者是敢于凝视现实的，是从现实的丑恶中体认出将来的必然，是并没有把它当作预约券而后始信赖。真的有效的工作是要使人们透视过现实的丑恶而自己去认识人类伟大的将来，从而发生信赖。”他提倡“凝视现实，分析现实，揭破现实”，其用意就在于强调“历史过程”的不可

① 周立波《王实味的文艺观与我们的文艺观》，《解放日报》1942年7月29日。

② ［苏］布尔索夫《俄国革命民主主义者美学中的现实主义问题》，刘保瑞译，中国社会科学出版社1980年版，第150页。

③ ［匈］乔治·卢卡契《叙述与描写——为讨论自然主义和形式主义而作》，中国社会科学院外国文学研究所编《卢卡契文学论文集》（一），中国社会科学出版社1980年版，第51—52页。

④ ［德］弗·恩格斯《致玛格丽特·哈克奈斯》，《马克思恩格斯全集》（第37卷），人民出版社1971年版，第42页。

脱略。失去了“过程”的光明“现实”，只能是“历史的必然”的虚幻映像，成为海市蜃楼般的“沙上的楼阁”①。而写实主义虽然也在强调“现实”，但这种“现实”却缺少丰富的历史内容，表现出对历史过程的强烈拒斥，成了“历史必然性”的代言人。在“十七年”文学中，革命现实主义更成为政策的形象化演绎，毫无美学意蕴可言。

现实主义并不排斥对“现实”进行否定。恰恰相反，现实主义往往在与“现实”的否定性关系中展示其复杂性与多面性，提供对“现实”的深度理解与把握。也就是说，“现实主义意味着我们不要神话、不要童话、不要梦幻的世界。……‘现实’一词也是一个包含性的字眼：丑恶的、令人厌恶的、粗俗的东西都是艺术的合法题材”②。新写实主义乃至以后的革命现实主义从二元对立逻辑出发，将“现实”区隔为“黑暗”与“光明”，这不仅大大简化了“现实”；尤为重要的是，它取消了“黑暗”现实在文学中的合法性，将之视为革命话语中的“异类”而驱逐出去，这显然有悖于现实主义的美学精神。革命需要营造自身的神话，它虽然不反对暴露“黑暗”，甚至对“黑暗”的暴露也是革命文学的一个重要内容，但这种“黑暗”只能指向革命的异己力量，而不能指向神圣不可侵犯的“革命”本身。这就要求革命“现实”必须是“光明”的，而不能是“黑暗”的。因此，在“历史必然性”逻辑的支配下，新写实主义的美学原则实际上否定了“现实”在革命文学中的合法性地位，造成人们对“现实”的虚假理解与肤浅认知，带来了现实主义美学精神的沦丧。

（作者单位：陕西师范大学文学院）

---

① 茅盾《写在〈野蔷薇〉的前面》，见《野蔷薇》，上海大江书铺1929年版，第111页。

② ［美］雷内·韦勒克《批评的概念》，张金言译，中国美术学院出版社1999年版，第231页。

文学史研究

革命与情欲，疯狂与痴狂

——浅谈创造社后期小说中的断裂、承继与矛盾

□ 崔舜华

一、时代话语的断裂与疯狂

论及创造社的“转向”，多半以1924至1925年左右为开端，并于1927、1928年之间确立了倡导无产阶级文学的走向。造成创造社转向的原因众说纷纭，由外部环境而言，1925年“五卅”惨案的发生，以及1927年蒋介石“肃清共党”（中共历史称为“大革命失败”）两起社会事件，在当时造成了巨大的影响，而中国国民党日趋严厉的思想禁锢政策与军阀的专权腐败，使得当时知识分子对当权政府深感失望，政治上的不利条件却为中国共产党在文化方面制造了良好的机会，马克思社会主义理论就此在中国的知识界以一种社会良心的崭新姿态登场，并在20世纪30年代全面占据了中国文学界与思想界的主流话语位置。

从文学社团内部发展看来，一方面，因为泰东书局的图利心态以及对创造社经济的拖欠剥削，使创造社成员早已萌生去意；另一方面，前期创造社作家们本就缺乏如鲜明的组织章程与分工规定，在经济与政治的双重压迫下，加上前期创造社作家本身的流浪性格①，郁达夫、张资平与郭沫若等成员一时离散四方，创造社也因此停摆。

当前期创造社作家暂停对创造社业务的管理权时，创造社内部加入了一股新的生力军，亦即所谓的“创造社小伙计”，包括周全平、倪贻德、叶灵凤、潘汉年、成绍宗等人，在创造社元老缺席的这段期间，他们接掌了创造社的业务营运，编辑了《洪水》半月刊②，并于1925年在上海成立了创造社出版部。咸立强在《寻找归宿的流浪者——创造社研究》中论道：

---

① 咸立强在《寻找归宿的流浪者——创造社研究》中，将前期创造社作家的生命特质归为“流浪型知识分子”，相较于后期创造社成员如周全平、蒋光慈等人的商人性格与战士气息，前期成员如郁达夫、张资平、郑伯奇、郭沫若等人更具有一种接近名士的狂放颓废气质，这种性格特征使他们不安于严格的组织与固定的章程，而倾向依靠直觉、凭性所至的生活模式。参自咸立强《寻找归宿的流浪者——创造社研究》，上海东方出版社2006年版，第149—159页。

② 《洪水》半月刊于1924年8月创刊，最初为周刊形式，由泰东书局发行一期即停刊，1925年在周全平等人集股募款下，于1925年9月以半月刊形式重新发刊，由上海光华书局出版，至1927年12月停刊。

小伙计的称谓首先来源于周全平等新生力量对自身在创造社内地位与身份的体认。正如周灵均和张曼华所说："是从学校里跑出来在此打踮的伙计，而不是创造社正式的人员。""小伙计"这个称谓本来就是相对于广州的创造社中心人物而出现的。与创造社中心人物相比，出版部新生力量作的都是实际业务①。

此时期的创造社首度呈现经济充裕的情况，然而社团内部的矛盾因新旧力量的拉扯而越演越烈，当1926年创造社出版部被上海警察厅查封，郁达夫亲至上海清查账目，重整出版业务，彼此间的意见差异使得郁达夫与"小伙计"们频起纷争，对于账目业务的实际情况各说各话，难以厘清②；而郁达夫于1927年1月发表于《洪水》半月刊上的《广州事情》③中，批评了广州的教育与工人运动，再加上新旧成员之间的矛盾拉扯，终造成郁达夫离开创造社、成员分化、社团发言权转移的局面。

从《洪水》开始，到稍后出版的《创造月刊》与《文化批判》，在1925年到1928年期间，创造社一反先前"为艺术而艺术"的浪漫情怀，代之以无产阶级与马克思唯物史观的理论倡导。其实，马克思主义在中国的传播并非一朝一夕之功，早在"五四"时期，新文学运动倡导者陈独秀、李大钊、瞿秋白等人便已致力于共产党的政治运动，陈独秀身为《新青年》创办人，他的《文学革命论》与胡适的《文学改良刍议》打开新文学运动的序幕，也播下了社会主义的思想种子，1924年4月郭沫若翻译河上肇《社会组织与社会革命》一书，也同声倡导马克思主义。当1925年社会、政治情势丕变，马克思理论透过创造社掀起的革命文学论争找到了立足之地，并占据了日后数十年文化、知识界的主流位置。

从"文学革命"到"革命文学"，后期创造社靠着激烈策略取得了发言权，然而所谓的革命话语与语境运用的自觉意识，在中国社会、文化语境中的生成与发展经过长期酝酿，内涵繁复。陈建华在《"革命"的现代性——中国革命话语考论》之中，对革命话语在中国历史、社会脉络下的发展与转变进行了相当详尽的论述。陈建华认为，中国传统话语中的"革命"，基本上意指改朝换代，以暴

① 咸立强《寻找归宿的流浪者——创造社研究》，第175页。

② 据咸立强的研究，创造社出版部的亏损情况经郁达夫细查后，发现有人从中偷取公款，然无法查明何人，使郁达夫颇感气愤，同时，郁达夫指导者与监督者的姿态激起了创造社小伙计们的反感、不服，指责郁达夫"怠工"，同时攻击郁达夫的资产阶级倾向；而郭沫若、郁达夫与成仿吾之间私人关系的冲突与社团内部的人际纷争，因郁达夫《广州事情》一文浮上台面，此一对立实际上是"革命思维"与"人文思维"的对立，种种原因致使郁达夫于1927年脱离创造社，导致创造社内部的人际分化。前引书，第231—244页。

③ 在这篇文章中，郁达夫据自己的观察批评了广州的工人运动："广东的农工阶级，表面上似乎很热闹，各行有各行的工会，各乡有各乡的农会，此外还有农工商学界的大联合会，然而实际，他们的结束力很弱。几个农工运动的小头目，又都是小政客出身，对于政府的措施，非但没有监督促成的决心，有时候，且竟有受一部分人的运动，甘心作几个人的爪牙，来摧残同类的。"见郁达夫《广州事情》，《郁达夫文集（第八卷）》，花城出版社、香港三联书店1983年版，第17—22页。

力推翻、屠杀上一个统治政权，透过这样的暴行破坏建构起本身政权的正统位置；革命话语内涵所发生的重要转变，主要是“革命”一词从中国进入日本时，在明治维新时期从暴力与统治转变为制度上的改进意涵，而近似“改革”、“维新”之意：

> 在明治时代，由于“革命”一语包含的尊王改革之义已经深入人心，所以“明治维新”和“明智革命”变成了同义语。梁启超在戊戌变法失败后流亡日本，不久便发现日人将英语 revolution 一词译成“革命”，其意义并非仅指政权的激烈交替，也指“群治中一切万事万物莫不有”的“淘汰”或“变革”[1]。

梁启超从政治、社会立场所倡导的“诗界革命”、“文界革命”、“小说界革命”，实是将日本语境中的“革命”运用于创作领域，他认为文学应该发生一种剧烈的质变，而此质变必须建立于一种承担姿态之上方能成功，带有明确的功利性与政治性；这种“历史性的质变”[2]与中国传统里的“革命”意义并无直接关系，而是一种现代性的文化语境塑造，然而当背负着新意义的“革命”进入到中国社会传统语境之中，就与旧的“革命”产生了互相渗透、相互纠结的过程：

> 从整个翻译过程看，“革命”是中国固有的，但当梁启超经由日本将受过西化的“革命”（revolution）传入中土，和本土原有的“革命”话语相接触，它就不可能回到原点，结果是西化的和固有的“革命”相激相成，产生种种变体。尤有甚者，一旦当这个西来的“变革”意义的“革命”被等同于进化的历史观，并与中国原先“革命”一词所包含的王朝循环式的政治暴力相结合，就只会给现代中国政治和社会带来持续的建设和破坏并具的动力[3]。

带有现代新意义的“革命”语汇由于接轨了西方世界的进化观念，诉诸西方国家（包括日本）力量崛起的历史事实，因而为中国现代知识分子普遍接受，并在民族主义的政治情境中成为富含时代性的用语，其中所含有的制度建设与暴力破坏双重面向，也随着使用者的社会、政治情势彼此消长，或走向极端。

就“五四”时期观之，富国强种的救亡意识与改造国民性的启蒙姿态，建立在破坏旧社会、旧政治、旧道德的前提上，旧价值的解体是新价值的生存之地，“五四”所使用的话语向来带有一种暴力性质的破坏力量，非破坏不能带来建设与进步，“五四”文学所使用的革命话语导致了新与旧、善与恶的二元对立哲学模式，这种模式贯串了整个 20 世纪初的中国现代文学，并日渐推向激进极端，

---

① 陈建华《“革命”的现代性——中国革命话语考论》，上海古籍出版社 2000 年版，第 9 页。

② 同上，第 14 页。

③ 同上，第 14－15 页。

二元论的手法也成为日后文学发展中互相攻讦的利器，从陈独秀、胡适、周作人、鲁迅等新文学成员以国故派与鸳鸯蝴蝶派为旧价值之象征，使用二元对立思辨策略造成文化承继的断裂，也完成了发言权的交接，此种思路与手段随即为创造社所承接，以文学研究会所主导的现代文坛为攻击标靶，标示出鲜明的异己身份，这种异军突起的言说策略在后期创造社的使用上更为熟谙老练，与其看做历史的重演，不如说是"五四"革命话语的传统承继，只是后来的革命文学将其更加发扬光大，以致走到了毫无商榷余地的尖锐极限：

救亡和启蒙的集体意识浸透在语言表述中，尤其在"革命"话语中，"革命"是道德力量的显示，政治立场的选择，也是正在展开的包括身心投入和热烈期待的"真理"的历史过程。在这种主体对于观念或语言的彻底控制、支配的欲望与幻觉中，既排除了反思自己被观念或语言所控制、所支配的可能，也排除了别人对"真理"选择甚至怀疑的可能[①]。

后期创造社在倡导革命文学之时，便彻底地重现了"五四"文学革命的话语模式，以及前期创造社异军突起的言说策略，这次他们所选择的目标是"五四"新文学传统，尤其以"五四"代表作家鲁迅、周作人、茅盾等为攻击标靶，由此掀起了轰动一时的革命文学论战。基本上，后期创造社所面对的状况与他们的前辈甚为相似，一方面，中国内忧外患不断，1925年"五卅"惨案与1927年蒋介石"清党"导致社会人心的动荡不安，为革命文学的发展制造了良好的环境条件；另一方面，则是话语发声权的争夺，面对"五四"新文学的庞大成就，若再度重复启蒙与救亡的言论，则绝不可能超出鲁迅、茅盾等人，此时中国共产党在政治上虽屡屡受挫，然而在文化上却与世界共产体系相连接，加上国内对于国民党政权的普遍失望，后期创造社掌握住这一难得的契机，从文化思想入手，高呼无产阶级文学的时代之来临，同时将革命话语的应用推向了尖锐与极致。

1923年，郁达夫发表了《文学上的阶级斗争》一文，然而，这篇文章中虽用了诸如"无产阶级"、"压迫"、"有产阶级"等马克思理论的术语，但仍为浪漫派、颓废派与表现主义文学高呼捍卫之词，所攻击的目标也是文坛上的拟古主义与国内政治、思想上的黑暗混乱；但他于1927年在《洪水》半月刊第三卷第26期上发表的《无产阶级专政和无产阶级的文学》与刊登于《洪水》第29期的《方向转换的途中》两篇文章中，则明显试图深入谈论"无产阶级革命"概念，对于革命话语的运用也渐渐脱离了文学革命时期启蒙救亡的途径。在《无产阶级专政和无产阶级的文学》中，郁达夫阐述了无产阶级意识与文学产生的时代条件：

在无产阶级专政的时期未到达以先，无产阶级的文学是不会发生的。

---

① 陈建华《"革命"的现代性——中国革命话语考论》，上海古籍出版社2000年版，第171页。

这是什么缘故呢？第一，无产阶级的专政还没有完成之先，无产阶级的自觉意识就不会有。（因为若有了这自觉意识的时候，无产阶级的专政就成功了。）没有自觉意识的阶级文学是不会成立的。第二，文学的产生，须待社会的熏育的，在无产阶级专政没有完成的时候，社会的教育，社会的设施和社会的要求，都是和无产阶级文学相反的东西，在这一种状态之下产生的文学，绝不是无产阶级的文学①。

对于无产阶级革命的历史进程，郁达夫的认识是较为通彻理性的，他指出无产阶级专政所必须经历的转折过程；同时，郁达夫并未放弃他自己的创作理念（同时也是"五四"精神的内涵），亦即作家对自身黑暗面的深刻了解与彻底面对的真诚态度。在《方向转换的途中》一文中，他同样将无产阶级革命放置在一个渐进式的光明远景里，并对急切的革命行为表达劝警：

革命当然是一种暴力行动，这一种暴力行动的直接演动者，当然是革命的军队。然而这些军队，苟对于革命没有了解，他们就要以革命的成功，作为他们一个阶级的特异功绩，反过来就可以继承旧日的军阀，再来压迫民众。

这一种现象，在无论哪一国的革命史上都可以看见，也是社会革命过程中必经的一条黑暗之路，然而在中国的封建思想很深而民众的自觉还没有彻底的民族中间，革命运动不入这一条路则已，一入这一条黑暗之路，则中国的民众，中国的无产阶级，至少要吃十年大苦②。

郁达夫所提出的"方向转换"是希望众人能将视野放远，认清无产阶级文学所必经的曲折路程，然而此时的创造社成员已无耐心接受郁达夫的这种渐进论调。1926年郭沫若发表于《创造月刊》第一卷第3期的《革命与文学》，被李初梨誉为"首先倡导革命文学的第一声"③。在文章开头，郭沫若直接断定"我们现在是革命的时代"④，此文用意在于宣传革命文学的时代性与正当性，因此他费了许多心思去解释"革命"与"文学"两种概念彼此承载兼容的必要性，然而，"革命"与"反革命"的简约划分也从此肇始：

那么我们可以知道，每逢革命的时期，在一个社会里面，至少是有两个阶级的对立。有两个阶级对立在这儿。一个要维持它素来的势力，一个要推

① 郁达夫《无产阶级专政和无产阶级的文学》，李何林编《中国文艺论战》，陕西人民出版社1984年版，第69—71页。

② 郁达夫《方向转换的途中》，《郁达夫文集》（第八卷），花城出版社、香港三联书店1983年版，第27页。

③ 李初梨《怎样建设革命文学》，《怎样建设革命文学》，上海江南书店1980年版，第1页。

④ 郭沫若《革命与文学》，《沫若全集》（第四卷），人民文学出版社1985年版，第411页。

翻它。在这样的时候，一个阶级当然有一个阶级的代言人，看你是站在哪一个阶级说话。……你是反对革命的人，那你做出来的文学或者你所欣赏的文学，自然是反对革命的文学，是替压迫阶级说话的文学；这样的文学当然和革命不两立，当然也要被革命家轻视和否认的。你假如是赞成革命的人，那你做出来的文学或者你所欣赏的文学，自然是革命的文学，是替被压迫阶级说话的文学；这样的文学自然会成为革命的前驱，自然会在革命时期产生出黄金时代了①。

这种二元划分的思路已表露了革命文学日后发展的基础模式，并且导致对文学创作更严厉的检视与控制。1928 年，成仿吾在《创造月刊》第一卷第 9 期上发表了《从文学革命到革命文学》；同月，李初梨在《文化批判》第 2 期上发表了《怎样建设革命文学》。这两篇文章昭示着革命话语正式脱离了“五四”时期的启蒙风格，转向更具战斗力与批判性格的左翼时期。

在《从文学革命到革命文学》中，成仿吾将辛亥革命与文学革命归类为“有闲阶级”知识分子的革命，并激烈批判了新文化运动成员胡适等“文化名流”。成仿吾所使用的策略就是将“五四”文学论定为资产阶级的文学革命，同时批判了前期创造社作家的“小资产阶级特有的根性”，并扬声高呼：

资本主义已经到了他的最后的一日，世界形成了两个战垒，一边是资本主义的余毒“法西斯蒂”的孤城，一边是全世界农工大众的联合战线，各个的细胞在为战斗的目的组织起来，文艺的工人应当担任一个分野。前进！你们没有听见这雄壮的呼声么？

谁也不许站在中间。你到这边来，或者到那边去②。

李初梨的《怎样建设革命文学》更将这种二元论述的革命话语发挥到了极致，而这篇文章的影响力，除了直接而严厉地抨击了周作人、鲁迅、刘半农等“五四”新文学作家外，更在文中明确规定了革命文学的具体内涵，以及作家应具备的纯正意识形态，为“文学”灌注非黑即白的定义：“一切的文学，都是宣传。普遍地，而且不可逃避的是宣传；有时无意识地，然而当时故意地是宣传。”③ 关于文学创作者的自觉意识，李初梨则倡导一种近似意识形态改造的主张：“所以，我们的文学家，应该同时是一个革命家。他不是仅在观照地‘表现社会生活’，而且实践地在变革‘社会生活’。他的‘艺术的武器’同时就是无产阶级的‘武器的艺术’。”④ 透过革命话语的明确建构，文学的任务就此底定，文

① 郭沫若《革命与文学》，《沫若全集》（第四卷），人民文学出版社 1985 年版，第 413 页。
② 成仿吾《从文学革命到革命文学》，李何林编《中国文艺论战》，第 243 页。
③ 李初梨《怎样建设革命文学》，《怎样建设革命文学》，上海江南书店 1930 年版，第 5 页。
④ 同上，第 24—25 页。

学成为思想宣传的工具、阶级斗争的利器，否定了“五四”时期重视个性张扬的论述，而转为一种社会集体意志的共同展现。

从边缘位置异军突起，解构主流话语的权威性，后期创造社所采取的言说策略与前期创造社打入文坛的路径相差无几，也与“五四”文学革命对旧文化价值体系的挥斩无甚差异；而独独选择文学作为摇旗呐喊的沙场，一来因为当时共产党人在武装力量上远远不及握有实权的国民党政府，而从文化、思想方面入手最可能直接收效，二来20世纪初期的中国并未发展出成熟的资本主义，而马克思理论中无产阶级专政的条件首先必须是一个成熟的资产阶级社会，这是马克思主义中规定的历史进程，若依这个程序，无产阶级在当时中国的政治、经济情况中是没有立足之地的，然而若从文学入手，革命文学阶段的立身便可建立在对“五四”文学资产阶级倾向的批判上，从中获得发声的正当性。

从后期创造社革命话语里破坏与建构并行的策略之中，我们得以窥见一种文化思想上的暴力切割与重整，对于未来愿景的急峻追求，以及言辞论述中二元对立、不容分说的强硬态度，都象征着中国革命话语现代性内涵中两股势力的拉扯与消长，最终彼此合流，汇集成一种具有疯狂潜质的表述模式，并至此主导20世纪中国现代文学将近半世纪之久。

二、颓美承继的痴狂书写

刚开始站稳脚步的后期创造社，在理论主张上已彻底变身为革命阵营的前锋战士，但在实际创作上，前期创造社的颓美精神并未绝迹，反而在20世纪20年代后期继续成为许多创造社小说家笔下的主调，也使创造社转向后的创作形态更趋复杂，在内部形成相互抗衡却又互相呼应的两种风格，一边是风雨飘摇的革命战场，一边则是更加颓美神秘的情欲书写，如叶灵凤在《灵凤小说集》的《前记》中所自述：

> 就我自己看来，写得最坏的当然是最初写下的那几篇，但是最近写下的也并不是最好，好的倒是在一九二八和一九二九年之间所写的几篇，如《鸠绿媚》，《妻的恩惠》，《爱的讲座》，《摩伽的试探》，《落雁》等；这期中，我尤其喜爱上面所提出的第一篇和最后的两篇。这三篇，都是以异怪反常，不科学的事作题材——颇类于近日流行以历史或旧小说中的人物来重行描写的小说——但是却加以现代背景的交织，使牠发生精神综错的效果，这是我觉得很可以自满的一点。这几篇小说，除了牠的修辞的精炼、场面的美丽之外，仅是这一类的故事和这一种手法的运用，我觉得已经是值得向读者推荐[①]。

在他最满意的几篇小说中，情欲的种子处处生机勃发，而作家自觉地选择以历

---

① 叶灵凤《前记》，《灵凤小说集》，上海现代书局1931年版。

史人物为主角，以现代情境为框架的寄托小说体式，更增强了小说中的寓言色彩，使文本具备了隐喻深度，传承了“五四”精神中直面情爱欲望的人性张扬。

在1928年所创作的小说《摩伽的试探》中，主角摩伽因厌烦世间俗秽不堪的琐事，于是隐居山林，但他的心中却始终留恋着人世的热闹繁荣，数次“渴想着操行那侠盗的勾当，可以既免人世的压束，但是仍能受用人世的享乐”。然而，最常动摇着他的弃世之心的，是人性本能的情欲力量：

> 他有时无意间抚摩着自己焦黑的肉体，在一切都是冷静的山中，这一点人体上神秘的微热，便足以唤醒他最难忘却的一种记忆，燃起他已死的热情，恢复了固有的人性。于是在春晚，在月夜，在黄昏和午夜中，山鸟依时的呼唤，野猫难堪的叫号，他听了总觉得自身有一种澎湃欲裂的热力在体内不得发泄，在这时，他的定力不坚的心便乱了起来；人世的旧梦，妻子团叙的欢乐，都纷然在他的心中起落；映在地上的树影，他也以为是山精幻来诱他的美女，一只枭鸟穿过树丛的声音，他也以为是来扑他的野兽①。

某日，一老翁带着一妙龄少女向他求援，摩伽疑惧是恶人的引诱，坚决不肯收静姑为徒，但最终勉强答应让她留宿一晚；当晚，静姑自伤身世的哭泣与充满诱惑的年轻胴体引起摩伽压抑已久的情欲本能，多年的苦修一夕间全部臣服于肉体的欲望：

> 在摇闪不定的荳油灯光中，摩伽抚弄着静姑晶莹的肉体，他此刻只是在懊悔，不是懊悔他的戒行破坏，他是懊悔自己不该这样太不量力，以一个没有根器的俗人想去求道，反倒耽误了许多现世的享乐②。

小说的结尾，摩伽为静姑砍去背脊末端的一节赘尾，一刀挥去，静姑的裸体顿时消失，只觉得下体一阵剧痛，往下一探，“他立时明白自己所割去的是什么”③。在情欲入世与成佛弃世的矛盾拉扯中，摩伽斩断了自己的性器，他并非因悟道而自毁，而是毁于悖反本能的长久压抑，毁于社会我与自然我的不正常消长。

周全平于1927年所出版的短篇小说集《苦笑》，所收录的小说均着重描述社会生存环境的恶劣、人心的薄凉以及主角内心的矛盾、愧疚与愤恨，展现了知识分子的生存困境，文字间紧密的苦闷情绪，几乎与郁达夫、郭沫若、张资平等前期作家一致；短篇《苦笑》叙述拥有作家梦的C君虽致志写作，尚未成名却惨遭失业，却必须筹措弟弟的学费，而债主此时又来信催讨，C君四处典当借贷仍无法凑足费用，别无他法之下只得向近日刊录了自己小说的编辑商请稿费。意外解决了困难的C君，满怀信心地要提笔再写一篇小说，然而对稿费的向往刺激起他平时压抑已甚的欲望，

---

① 叶灵凤《灵凤小说集》，上海现代书局1931年版，第286页。

② 同上，第296页。

③ 同上，第297页。

在纵欲念头与罪疚自责的天人交战下，最后稿纸上仍只有一行标题：“艳阳天”。

小说中对知识青年失意穷困的生存处境刻画入微，当C君得知自己的小说被刊登录用时，他沉浸在成为专业作家的美梦中，然而这份快乐立即被家中的来信打碎了，当他烦恼着如何筹措款项时，又遭到突如其来的解雇，满腔懊悔怨恨的他，甘受平日不能受的冷眼嘲笑，四处借款，却仍一筹莫展，此时编辑及时寄来了稿费汇票，重振了他对写作生涯的希望。他重新铺开了稿纸，然而种种幻象与欲念却紧紧纠缠心头：

> 龙华道上一群的游春的贵人，公子，少女，美妇的闲暇锦适的态度，又在他的面前摇漾。对面这么一对亲昵的佳偶，两人都还是青年，两人都生得漂亮，……他们的脸上都浮着笑；从他的身旁擦过去了，还留下一片熏人的香气。回过头来看时，她的肥胖的肉体，在动人心魄的摆动中，渐渐消失于尘沙中了。……啊！那面又来了一队鲜艳的少女，她们的乌黑的发，微红的脸，流利的眼珠，红嫩的嘴唇，在他的灰色的梦境中，像一球烈火，把他的寒冷的心温热了。……他呆望着，心里发痒起来：“……唉！要是我一样有福气。一样穿着漂亮的洋服，而携着一个她同游龙华，岂不是尘世上的神仙?”
>
> 他沉吟了一会，他的眼光转在稿纸子上“艳阳天”三个字上。“这一篇小说写好了，不是可以有六十块钱吗？尽够做一身新洋服了。多下来的钱，可以到游戏场影戏场去玩，去物色情人……果能如愿，岂不是终身幸福?”①

追求物质丰饱与异性情爱，都是人性的本能所趋。在情况不允许时，这些欲望被勉强压抑着，而一旦现实有了改善的希望，首先涌上的就是欲望的幻念——奢靡的春游、华服与美女，而前两者都仅属于手段，对异性的欲望才是真正的目的，被长久压抑的欲望展现出人性本能的欲求与匮乏，一时间，原本时刻惦记的贫困的家境与弟弟的学费都可抛诸脑后，然一旦恢复理智，现实的严酷与沉重的罪恶感又紧紧捆绑着他，而纸上的“艳阳天”只是一戳即破的幻象，讽刺地象征着现实与希望之间的巨大落差。

身兼画家、诗人与小说家的倪贻德，其文字风格一如画中的田园风景，美丽清淡中隐伏着缠绵的伤感。于1926年出版的诗歌、剧本与小说合集《东海之滨》里，有着对乡野地方人情风景的大量描写，在颂赞山水景色的同时隐隐透露出主角心底的压抑与不满，显露了追求理想生存环境的渴望。短篇《东海之滨》叙述“我”正愁困于上海，好友C君热情邀请主角到黄浦江旁的家乡一同散心游玩，久处于愁闷情绪下的主角满心期待的应允邀约，但抵达目的地后，在“屋后绕以清流，古柳横卧，杂草丛生”的清丽景色中，C君兄长妻子与C君未婚妻的现身，却犹如一道刺耳杂音：

---

① 周全平《苦笑》，《苦笑》，上海光华书局1927年版，第32—34页。

> 我依着他的指头望去，那女人的模样是特别的显出肥胖与蠢笨，虽尚有几分媚人的姿色，但比较到上海时流的女学生，那正如百灵之于鸡鹜，美丑判然。我于是想起C君的哥哥，他曾去过人间乐土的新大陆，他是当今新文化队伍中的一位健将：——啊，何怪他经年累月的不愿归家，何怪他谈起婚姻问题便拍案大骂中国社会制度之不良。
>
> “你看，这丑东西就是我的未婚妻哟！”接着他又自己对自己恨恨地说：“不要脸的东西，又死到我们家里来了，看你今天知道我的厉害！”说时火花似欲冒眼而出[①]。

投身现代革命的知识青年，仍旧受到旧式婚姻观念的牢牢困缚。小说里并未针对此处多加抱怨，而是作为事件的插曲轻轻带过，然而，这一处滨海胜地已成为变调的现代桃花源。透过最切身的婚姻制度，透露出新旧观念并存的转型中社会带给现代中国知识分子的家国焦虑。

陶晶孙于1927年所创作的小说《特选留学生》，则承应了留学生小说的主题，叙述留日学生无量的日常琐事，因生活清贫，即使几角钱都必须仔细把算：

> 经理员不给他学费以后的无量，每月只有四十圆来做他全部的开销了。除了付掉三十五圆给下宿栈老婆子后，他把余剩的五圆，就作一个月内剃一回头，写几封信，买几本抄讲义的簿子，洗几回澡的零用钱。
>
> 还有因下宿栈的夜饭太坏而吃不饱的夜，被饥饿所迫不得已而出去吃一碗五分钱的日本面。他平均一天只可用一角五分，所以他也不能同几位中国同学交际了，他们有八十圆官费，所以开一回欢迎会要五圆，刊一本同学录要八角[②]。

陷入拮据的无量，正好得到“日本外务省的拳匪赔款中的特选生费”[③]，然而，这笔出自中国战败赔款的巨额，无量只分到仅仅一百圆，而这笔款项的来源乃是出自自身家国的败落，无疑是精神与物质的双重屈辱；无量此时想起父亲为供自己读书而百般奔走的情景，愧疚与饥贫的双重压抑透过午睡的梦境展现：

> 他想到跟父亲上坟时在一家乡下饭店里吃的午饭的味道，父亲到对面剃头店去剃头了，一位乡人来对他说：
>
> “先生呀，我们二房里有一亩田，先生劝老爷买下来罢！前面马路，后门塘河……”
>
> 无量正在想父亲在家中极力省俭而寄给他们兄弟姊妹上学钱的事情，所以也不想听下去了。他等了一会，父亲还不回来，太阳已照着壁上对联了。他走

① 倪贻德《东海之滨》，《东海之滨》，上海光华书局1931年版，第43—44页。
② 陶晶孙《特选留学生》，《特选留学生》，上海创造社出版部1927年版，第115页。
③ 同上，第116页。

出饭店，就到剃头店里去寻父亲，但看见两个剃头师傅在剃两个顽童的头。

"你不晓得我老人家在此剃头么?"

他一看剃头师傅就逃出来——因为此刻的剃头师傅的一个，倒是他的父亲，他逃到饭店来了。

"少先生你不要吃惊！你的老人家是很省俭的；无论哪一家，不省俭是不会生好男女的。"[①]

生存环境的苛刻清苦与时代性的罪疚意识，在无量的梦中一展无遗，而小说中也描写了留学生的投机形象与中国民族性格中的缺劣：

大家说日本学者素来太狭量了，不肯把尊贵的博士学位给支那人，这话虽不是不的当，可是欲设法买博士文凭的中国人时有，欲留日本的大学研究四五年的倒少，此刻日人要想亲善支那而发起特选学生，他们大概要做许多和制博士，叫这几位博士可以向中国学界多说几句话[②]。

这种对自我民族的内省性格，在前期创造社小说中皆时时可见，并呼应了"五四"时期"改造国民性"的时代主题，在叶灵凤、倪贻德、陶晶孙、周全平等人的小说创作中，可看出前期创造社小说主题中的情欲书写、留学生生活与知识分子的生存困境，在后期创造社小说家笔下仍持续延伸，无论是情爱的追求、欲望的匮乏、现实的潦倒与饥寒的紧逼，都与个体的身体经验相互联结；个人的身体经验正能最切身地反映出生存处境的困苦无望，当个人的身体与社会群体的脉络交织一处时，身体即成为生存的文本、时代的寓言，对性爱的追索则象征着对灵肉和谐的生命美感的追寻，而性爱在社会中所受到的种种禁忌，则显现出文明秩序对自然身体的规范控制，并呈现出属于集体构成物的道德秩序本身的不合理处；从自然人性中长久遭受严厉压抑的情欲面切入，面对庞大无情的道德结构，个体往往只能透过自身的毁灭企图表达一种松动、抗拒之姿态，揭示生存环境的种种悖反与悲凉，并企图从中建立一种新时代的性爱道德观。这是"五四"张扬人性解放的时代性主题，也是前期创造社小说家经常书写的题材，在革命意识渐起的20世纪20年代后期，仍在后期创造社小说家的笔下延续，汇集为继承前期创造社风情与"五四"人文精神的一股潜流。

三、革命与恋爱的矛盾辩证

蒋光慈是少数曾亲身接触社会主义革命实景的小说家。1921年，他以共产党青年团员的身份被派往莫斯科的大学攻读，1924年回到上海大学任教于社会系，1927

---

① 陶晶孙《特选留学生》，《特选留学生》，上海创造社出版部1927年版，第118—119页。

② 同上，第117—118页。

年国民党政府肃清共产党时，蒋光慈曾经离开上海，后又回到拥有庇护权的上海租界内，这段期间他参与了转型后的创造社活动，于1928年离开创造社，另组太阳社。

蒋光慈的小说向来被称为“革命+恋爱”的革命文学，小说中的主角通常摆荡于革命与恋爱之间，然而往往在残酷现实的重击下，启发了阶级意识的觉醒，而选择革命作为升华儿女情长的救赎之道。“五四”时期，现代性的情爱追求是启蒙书写的切入点，性爱象征着现代性道德的价值建立基石，然而，到了革命文学时期，革命与恋爱开始了对文本话语权的争夺，而革命总是成为胜利的一方，但在另一方面，文本中的情欲书写又是不可少的，情欲书写不仅衬托出投身革命的时代必要性，文本中的阶次安排，更将小说的思想层次从“五四”的理性启蒙推向革命的社会启蒙，在实际效果上，也增添了小说的文学性与可读性，取一般读者喜爱情恋书写的阅读趣味，同时置入革命话语的发声位阶。

徐仲佳在《性爱问题：1920年代中国小说的现代性阐释》中论道：“1927年随着大革命的失败，性爱问题在小说中的表现发生了重大的转型。一直被视为启蒙理性表现之一的现代性爱在阶级革命面前受到了怀疑。现代性爱第一次要在现代性话语内部为自己的合法性进行辩护。于是革命与恋爱的关系成为转型期小说所要解决的一个不可回避的问题。经过上海商业文化的炒作，‘革命+恋爱’的小说成为1928年最吸引读者眼球的小说。……在后来成为左翼作家的作品中，恋爱从革命的目的逐渐走向革命的附庸，再走向革命的对立面，最终走向了革命的禁欲主义。”① 革命话语与情欲自主之间的拉锯，象征着集体与个体、新式启蒙与（相对而言的）旧式启蒙的时代影响力之消长，身为第一批基于政治目的而被送至社会主义国家第一线学习的知识分子，蒋光慈亲眼见证了俄国1917年“十月革命”后的国家状况，其创作因而格外具有指标性，而小说中对于爱恋情欲的描写，则为革命披上了一层锦缎华织的外裳。

蒋光慈于1926年创作的短篇《鸭绿江上》，叙述了一位年轻的韩国革命者的恋爱悲剧。几个来自不同国家的在莫斯科念书的留学生们，在严冬的夜晚百无聊赖地聚在炉火前分述自己的恋爱故事。小说主角是一位沉默内敛，带有几分“零余者”影子的韩国学生孟汉，以及美丽善良的女主角云姑，两人原本怀抱着幸福光明的未来憧憬，但因日本殖民政府的暴力迫害，使这段爱情最终落得悲剧收场。小说中以大量的篇幅铺陈了孟汉与云姑两小无猜的纯真情感，表达两人之间深厚的情谊：

> 只要是天不下雨，有一对小孩——一个男的和一个女的——差不多整日地在这树林中玩耍。两个孩子年纪相仿佛，都是六七岁的样子；照着他俩的神情，简直是一对人间的小天使！那个男孩子我们暂且不讲，且讲一讲那个天使似的女孩子：她那如玫瑰一般的小脸，秋水一般的有神的眼睛，朱砂一般的嫩唇，

① 徐仲佳《性爱问题：1920年代中国小说的现代性阐释》，社会科学文献出版社2005年版，第80页。

玉笋一般的小手，黑云一般的蓬松的发辫，更加上她那令人感觉着温柔美善的两个小笑涡，唉！我简直形容不出来，简直是一个从天上坠落下来的小天使啊！

我与云姑真是生来的天然伴侣，从小时就相亲相爱，影不离形地在一块儿生活。我俩家是不分彼此的，有时她在我家吃饭，有时我在她家吃饭，吃饭总要在一张桌子上，否则，我两个都吃不下饭去。她的母亲和我的母亲，也就如她的父亲和我的父亲一样，也是和睦得非常，对于我俩的态度，也从未分过畛域的。我与云姑处在这种家庭环境之下，真是幸福极了①！

这一类充溢着美善快乐的描写几乎占去小说篇幅的四分之三，在甜美的回忆之后，孟汉激愤地控诉害他家破人亡的日本殖民势力：

光阴快得很，不已地把人们的年纪催促大了——我与云姑不知不觉已到了十四岁。唉！在十四岁这一年中，朋友，我的不幸的生活算开始了。俗语说："天有不测的风云，人有暂时的祸福。"在我们高丽，朋友，暂时的福是没有的，可是暂时的祸，说不定你即刻就可以领受着。你或者坐在家里没有做一点儿事情，但是你的性命并不因此就可以保险的。日本的警察，帝国主义的鹰犬，可以随时将某一个高丽人逮捕，或随便加上一个谋叛的罪名，即刻就杀头或枪毙。唉！日本人在高丽的行凶作恶，你们能够梦见么？任你们的想象力是如何富足，怕也不会想象高丽人受日本帝国主义者的虐待到什么程度啊②！

小说中，恋爱事件的安排虽是为了强调当家国处境危急时，在民族的集体痛苦下，个人的幸福绝无实现的可能，然而描写情爱的部分细腻丰富，情感极为激昂，失去恋人的痛苦呼喊甚至压过了对帝国压迫的控诉。此外，孟汉的民族自觉仍旧是承自晚清以来的"亡国灭种"危机，而非革命文学所抗争的内部阶级压迫。郁达夫在《〈鸭绿江上〉读后感》一文中评论蒋光慈此时期的小说特征："《鸭绿江上》共含有小说八篇，从内容讲起来，篇篇都是同情无产阶级和反抗军阀资本家的作品，光就同情的一方面说起来，已经可以完全说是无产阶级的文学了。可是作者究竟还是一个中产阶级的人，所以每篇中所有的感情、意识，还不能说是完全把无产阶级的阶级感情和阶级意识，表现得十分真挚。""然而文学也是与国民性有关的，或许我们现代的中国人，还没有这样强的性格，或者我们中国现代无产阶级，还没有锻炼这一种阶级意气，那么我就不得不为中国的革命前途悲哀了。"③ 郁达夫除了点明作家本身的创作意识外，也将个人的阶级自觉联结到整个社会意识的发展情形。在一个同时处于资本主义现代化转型期，以及阶级观念方始萌芽的社会形态内，要产生纯粹的无产阶级革命文学几乎是不可能的，因为从社会条件来看就缺乏这样的基础。郁达夫的批评并非针对蒋光慈个人的阶级意识，而是客观地叙述了当时资本主义尚

① 蒋光慈《鸭绿江上》，《蒋光慈文集》（第一卷），上海文艺出版社 1982 年版，第 95—97 页。
② 同上，第 103—106 页。
③ 郁达夫《〈鸭绿江上〉读后感》，《郁达夫文论集》，第 296—297 页。

未发展成熟的中国社会中，确实缺乏（也不可能产生）纯粹的无产阶级意识这一事实，而此时期的蒋光慈即使亲历革命圣地俄国学习，却“究竟还是一个中产阶级的人”。在革命与恋爱的权衡上，《鸭绿江上》为情爱的追求与幻灭下了重笔，仍旧属于“为了恋爱而革命”[①] 的“五四”“资产阶级”气质。

蒋光慈于1929年创作的中篇小说《丽莎的哀怨》叙述了一位俄罗斯贵妇丽莎堕落风尘的过程：丽莎原本是贵族阶级的天之骄女，拥有富裕光明的生活，革命爆发后，沙皇政权被一夕推翻，革命政权统治了俄国，丽莎与丈夫白根，因革命势力的逼迫被迫离开俄国，辗转流亡上海，丽莎不得已沦为舞女与妓女，最终身染梅毒，投水身亡。小说以倒叙手法，从丽莎得知自己身染梅毒开始，叙述俄国革命后贵族阶级的悲惨命运：

> 但是，现在我病了，医生说我有了很深的梅毒……上帝啊，这就是丽莎的结局吗？丽莎不是一个曾被人尊敬过的贵重的女子吗？丽莎不是一个团长的夫人吗？丽莎不是曾做过俄罗斯的贵族妇女中一朵娇艳的白花吗？……世界上的事情，真是如白云苍狗一般，谁个也不能预料。当我还没失去贵族的尊严的时候，当我奢华地、矜持地、过着团长夫人的生活的时候，我决没料到会有今日这种不幸的羞辱的结局。……我只把我当作天生的骄子，只以为美妙的、富丽的、平静的生活是有永远性的，是不会变更的。但是俄罗斯起了革命，野蛮的波尔雪委克得了政权，打破了我的美梦，把一切养尊处优的贵族们都驱逐到国外了，过着流浪的生活……
>
> 俄罗斯并没有灭亡，灭亡的是我们这些自称为俄罗斯的爱护者。如果说俄罗斯是灭亡了，那只是帝制的俄罗斯灭亡了。新的，苏维埃的，波尔雪委克的俄罗斯在生长着，违反我们的意志在生长着。……不，我们爱护的并不是什么祖国，而是在旧俄罗斯的制度下，那一些我们的福利，那一些白的花，温柔的暖室，丰盛的宴席，贵重的财物……我们同旧的俄罗斯一块儿死去，新的俄罗斯是不需要我们的了，我们没有被她需要的资格……[②]

缠绵病榻的丽莎将自己悲惨的命运归咎给俄国革命的爆发。起初，丽莎与白根仍怀着帝制恢复的希望，白根投入哥恰克麾下，仇恨激发了他性情中残酷的一面，当丽莎谴责他滥杀无辜，他只笑道：“现在是这样的时候，怜悯是不应当存在的了。我们不应当怜悯他们，他们要推翻我们，他们要夺我们的幸福，要夺我们所有的一切，我们还能怜悯他们吗？”[③]

丽莎与白根辗转逃亡到海参崴，居住在日人庇护的租界中，日本宣称一旦革命政权被消灭，立即撤回军队，白根相信了日本的政治宣传，丽莎却感到国族灭亡的深深耻辱：“我们不能拯救祖国，但却希望外国人，但却希望日本人，这不怀好意的

---

① 徐仲佳《性爱问题：1920年代中国小说的现代性阐释》，第25页。

② 蒋光慈《丽莎的哀怨》，《蒋光慈文集》（第三卷），上海文艺出版社1985年版，第4—7页。

③ 同上，第16页。

日本人……这岂不是巨大的羞辱吗？”[①] 当日本势力“也终抵挡不住泛滥的波尔雪委克的洪水”[②]，两人不得不再次逃亡到上海，居住在租界中，本以为有“东方巴黎”之称的上海是最后的避难地，但城市的黑暗与无情，却成为丽莎堕落的源头。在一同流亡的伯爵夫人的劝说下，丽莎不得已放弃了自尊，走入上海新兴的游戏舞场：

在我还未上台之先，我看见伯爵夫人毫不羞赧地将全身衣服脱下，只遮掩了两乳和那一小部分……接着她便仿佛很得意似地跑上台去……她开始摆动自己的肥臀，伸展两只玉白的臂膀……

她不由分说，便代我解起衣来。我没有抵抗她。我眼睁睁地看着我的肉体，无论哪一部分，毫无遮掩地露出来了。我彷佛想哭的样子，但我的神经失了作用，终于没哭出声来[③]。

当裸露跳舞被禁止，丽莎与伯爵夫人便沦落至更出卖灵肉的行业，在黄浦滩畔招揽嫖客，每当丽莎带着男人回家，白根便沉默而屈卑地暂时离开，漠视着丽莎的痛苦与堕落；舞场越来越繁荣的上海城市，对丽莎而言是一座群魔乱舞的牢狱，各种奇异诡谲的社会现象皆在此滋长：

近两年来，上午的跳舞场如雨后春笋一般地发生了。这些俗恶而迂腐的中国人，他们也渐渐讲究起欧化来了。这些年来，我可以说，我逐日地看着上海走入欧化的路：什么跳舞场哪，什么咖啡馆哪，什么女子剪发哪，男子着西装哪……这些新的现象都是经过我的眼帘而发生的啊[④]。

在身兼舞女与妓女的黑暗生涯中，只有甜美的往事能稍稍抚慰丽莎的心灵，当她回想起自己与白根初次邂逅的情景，回想起年轻的木匠对她的爱意，回想起爱人的英姿焕发与自己的貌美多情，似乎才能给予她确认自我的一丝信心，另一方面，回忆的美好却更对照出生存意义的彻底丧失，自我形象被过往与现实撕裂为双重对立的矛盾，造成主体的困惑与痛苦。当丽莎得知攻打俄国领事馆的示威失败，一个俄罗斯青年死于非命，她更深深地意识到过往的自我已经随着旧日的俄罗斯帝国死去：“在她的绝望的眼光中，我感觉到被波尔雪委克所枪杀了的，不是那个少年，而是我们，而是伯爵夫人，而是整个的俄罗斯……”[⑤]

在《蒋光慈与革命文学》中，阿英称蒋光慈是“中国最先提倡革命文学的”[⑥] 作家，并在文章中严正地反击了对蒋光慈的批评。阿英反驳的根据，是当时批评家

---

① 蒋光慈《丽莎的哀怨》，《蒋光慈文集》（第三卷），上海文艺出版社 1985 年版，第 21 页。

② 同上，第 22 页。

③ 同上，第 46 页。

④ 同上，第 59 页。

⑤ 同上，第 81 页。

⑥ 阿英《蒋光慈与革命文学》，《阿英全集》（第二卷），安徽教育出版社 2003 年版，第 87 页。

“不是认为他的创作的技巧太鲁莽，就是说他的诗歌太重理论”[①]，然而，在肯定蒋光慈是“最初最努力提倡革命文学而不断继续的在努力的一个作家；我们从民众方面来看，他究竟是比较能代表他们所诉说欢娱苦闷与渴求的一个诗人”[②]，“他是一个时代表现者，革命文学最初的提倡者，是民众所要求的一个说诉者，他的创作表现了时代又表现了时代的思想，他的技巧没有成功，但在创作的意义方面，他终竟是革命文艺的前驱”[③] 之时，却也必须温和地承认“我们觉得光慈今后努力的地方，就是应该抛弃残余的小资产阶级的心理，深刻的表现革命党人及第四阶级人物的实生活，在技巧方面多多的修养。”[④]

这种“残余的小资产阶级的心理”，实际上来自于作家的性情质素与创作意识，阿英称蒋光慈为诗人而非小说家，最根本的原因就是蒋光慈无论在性情质素或创作意识上，都具有英雄式的浪漫诗意，如介绍俄国革命的《十月革命与俄罗斯文学》中所言：“革命就是艺术，真正的诗人不能不感觉得自己与革命具有共同点。诗人——罗曼谛克更要比其他诗人能领略革命些!”“罗曼谛克的心灵常常要求超出地上生活的范围以外，要求与全宇宙合而为一。革命越激烈些，它的怀抱越无边际些，则它越能捉住诗人的心灵，因为诗人的心灵所要求的，是伟大的，有趣的，具有罗曼性的东西。”[⑤] 在蒋光慈眼中，英雄式的浪漫风格才是革命行动的精神本质，在他的小说中，阶级意识有如一种激情的喟叹，但英雄注定是悲剧的个体，而非无名的集体。丽莎的流亡虽出自于伟大的革命，但总挥之不去一种悲壮的英雄气息，使她所属的贵族阶级的崩散脱离了历史发展的必然轨道，独立为一种天赐的原罪意识。丽莎个人命运的堕落与败亡具有极大的象征性，象征着旧俄罗斯时代的消逝与灭亡，这也使小说文本产生了相当强烈的暧昧性与寓言性，甚至触动了一种令人同情的反革命情绪。

丽莎对祖国始终怀抱着一种深厚的民族情感，作者不时点出这种情感并不含有阶级觉醒与革命自觉，而是一种过时了的眷恋情怀，丽莎的阶级意识轮廓十分模糊，并由于她生长的阶级而成为原罪，必然遭到社会主义革命的驱逐，但丽莎的痛苦与渴求却深植于人性的自然要求——对于爱、安全、温暖与光荣的需求，因此，即使她的民族主义是非阶级性的，却能成功唤起人性中同感互通的情感共鸣。

李欧梵认为，蒋光慈“的小资产阶级的个人主义的根，是他和郭沫若，以及1920年代初许多其他萌芽诗人所共同拥有的——一种英雄式的和情感上的渴望”[⑥]。以拜伦式的“英雄诗人”[⑦] 作为自我形象的蒋光慈，注定了他性格中不可更改的浪漫

① 阿英《蒋光慈与革命文学》，《阿英全集》（第二卷），安徽教育出版社2003年版，第82页。

② 同上，第86页。

③ 同上，第102页。

④ 同上，第103页。

⑤ 蒋光慈《十月革命与俄罗斯文学》，《蒋光慈文集》（第四卷），上海文艺出版社1988年版，第68页。

⑥ 李欧梵《中国现代作家的浪漫一代》，台北麦田出版社1996年版，第210页。

⑦ 同上，第212页。

质素——对美好爱情的渴求，对悲剧英雄的隐性颂扬："我怀疑他（指蒋光慈）不愿意让爱情在革命中扮演正面角色，与其说是反映了他对革命的全面拥戴，不如说反映了他只专注于爱情。在革命的幌子背后，他的小说暗藏了双重的忧虑；他确实不愿意做党指派给他的革命工作，确有想证明自己作为革命者的价值；他渴望爱情、人间温暖和一个不错的家庭，却为了这些小资产阶级欲望而惭愧。"①

蒋光慈的小说显现出革命文学内部的悖反与挣扎：人性与阶级的隔裂、个人英雄与集体意志的对立、普世价值的追求与消灭欲望的革命行动间的矛盾；这些悖反制造出革命文学内部的模棱地带，在作家一方面投身于历史洪流，反复确认革命潮流的正当性的同时，一方面却在潜意识中承接了"五四"时代对欲望需求与生存处境的关注精神，两者的纠缠冲突形成文本里的不和谐音，在个体意志与集体话语的急切拉锯之间，呈现出革命话语本身的建构历程与暧昧性。到了20世纪30年代，"革命的禁欲主义"② 成为现代文坛的强势话语，"革命者担心性欲望所蕴含的快感满足可能损害革命的进行"③。当"五四"时期各色各样的叙述言说被强制化约为单一的、集体的阶级取向，革命文学至此完成了内部的建设工作，并主导了中国现代文学的命运走向。

（作者单位：台湾"国立"政治大学中国文学研究所）

---

① 李欧梵《中国现代作家的浪漫一代》，台北麦田出版社1996年版，第217页。

② 徐仲佳《性爱问题：1920年代中国小说的现代性阐释》，第269页。

③ 同上，第271页。

情色上海与现代摩登[①]

□ 刘永丽

潘柳黛在《退职夫人自传》中写道，上海是“一个桃色的情欲之园”。评论家也说，肉欲是上海这个东方魔都的标记。在这里我们要考察的是，为什么在作为现代性之样板的上海，情色能得以发展并蔚然而成一种城市特色和标识？换言之，上海这座现代城市为情色提供了怎样的生存空间？这是本文所要考察的问题。

一

情色在作为现代性之样板的上海得以发展，首先是由其所处的商埠要地决定的。上海自 1843 年开埠后，开始进入由古典城市形态向现代城市形态的转型。现代城市和古典城市的根本区别，即前者以自由经济为本位，而后者以极权政治为本位。在现代的城市中，金钱的地位取代了政治权力的地位，无形中成为社会生活中最有力的价值尺度与调节手段。这一切都影响到市民的价值观和道德观。在上海，“你有钱，你可买小姐的青睐，若是没有钱，烧饼店的芝麻也莫想吃一粒，一切是钱说话”[②]，反映了金钱在上海社会中所占据的支配性地位。

正是在金钱的利益驱动下，促进了消费娱乐业的畸形繁荣。吴趼人在《二十年目睹之怪现状》里写道：

> 上海地方，为商贾麇集之区，中外杂处，人烟稠密，轮舶往来，百货输转。加以苏扬各地之烟花，亦都图上海富商大贾之多，一时买棹而来，环聚于四马路一带，高张艳帜，炫异争奇。……于是乎把六十年前的一片芦苇滩头，变做了中国第一个热闹的所在。(第一回)

由此，上海“烟花荟萃”，妓业甲盛于天下。出入妓院成为公开的娱乐方式。妓女在街头、戏院、茶楼、烟馆公然调笑、拉客，使得色情之气息毫无遮拦地在公众场所蔓延，风气所及，影响到良家妇女。

---

① 本文为2008年度国家社会科学基金项目《20世纪中国文学中的上海》前期成果，项目编号为08CZW029。

② 邗上蒙人《风月梦》，北京大学出版社 1990 年版，第 178 页。

妓女以自己的身体换取钱财，遵循的是商品经济交换的法则，而这也是作为商埠要地的上海社会所遵循的法则。开埠后的上海形成了一种资本的经营模式，它打破了传统商业以诚信、道义为首位的庄重古朴的商业活动规范，以赤裸裸的谋利为目的，货币成为至高无上的权威，社会阶层及人与人之间关系的划分也不再依赖传统城市权力等级的硬性规定，而是由商品交换法则所规定。在现代历史时期，上海的资本势力极度发展之时，商品拜物教更是无形中以它的力量侵蚀着传统的价值评判和情感模式。在商品的交换法则下，物化力量渗透到日常生活世界中的方方面面，是支配人物行动的唯一的权威。“物化力量解释了城市中的一切——政治、性、冒险、剥夺、幻想、堕落和贫穷。”①

对上海的女性来说，在物化力量的支配下，受现实情境的耳濡目染，视青春、美貌为资本的意识比其他地方的女性更为自觉。20世纪30年代，一文人在评价上海时指出，上海一个主要的特点是商品化，而且是“物质的精神的各方面都商品化了”②。在现代历史时期以上海为背景的小说中所书写的情爱大多是建立在商品交换基础上，很难找到真正的不计物质利益的爱情。蒋光慈的小说《寻爱》写出了上海这个地方金钱在“爱情”方面所具有的腐蚀力量：“名满海内外的天才诗人”但一贫如洗的刘逸生在上海寻找爱情，在小姐出身的女学生里找，在风尘女子中找，在咖啡馆中的“下女”里找，皆以失败而告终。无论哪种身份的女子喜欢的都是穿西装的富家少爷。甚至“温雅不俗”的女茶房，她的微笑也是受着金钱的驱动的。刘逸生最终明白：“现在的世界是钱的世界，什么天才的诗人，什么恋爱，什么纯洁，简直就是狗屁！”所以他将自己所有的诗稿焚烧，发誓再不做诗。

当爱情也沦为商品，受物物交换之规则操纵的时候，色情便有了它存在的土壤。鲁迅在《上海文艺之一瞥》中谈到其时盛行的才子佳人的爱情小说时尖锐地指出，在上海，现实中所谓的才子佳人根本没有爱情，“佳人并非因为爱才若渴而作婊子的，佳人只为的是钱”。在商品经济的熏染下，在上海这片土地上生活的少女，很自然地把自己的娇嗔也当成了用来交换的物品。在《上海的少女》中，鲁迅意味深长地写到普通日常生活中女子的购物，写出其中所暗含的某种色情的气息：

> 挑选不完，决断不下，店员也还是很能忍耐的。不过时间太长，就须有一种必要的条件，是带着一点风骚，能受几句调笑。否则，也会终于引出普通的白眼来。
>
> ——惯在上海生活了的女性，早已分明地自觉着这种自己所具有的光荣，同时也明白着这种光荣中所含的危险。所以凡有时髦女子所表现的神气，是在招摇，也在固守，在罗致，也在抵御，像一切异性的亲人，也像一

① 李洁非《城市镜框》，山西教育出版社1999年版，第33页。
② 高植《在上海》，《上海：记忆与想象》，文汇出版社1996年版，第81页。

切异性的敌人，她在喜欢，也正在恼怒。这神气也传染了未成年的少女，我们有时会看见她们在店铺里购买东西，侧着头，佯嗔薄怒，如临大敌。自然，店员们是能像对待成年女性一样，加以调笑的，而她也早已明白这调笑的意义。总之：她们大抵早熟了[①]。

1935年刊载在《漫画漫话》第3期中的一幅漫画，更是形象地表现出女性在购物（买布料）过程中利用自身独特的女性魅力来获取实际的好处。在第一幅画中，女性顾客摆出娇媚的姿态，向男性伙计抛着媚眼说“多放一点吧”，被诱惑的伙计不由自主地从命。第二幅画中，女性顾客以更为娇媚的姿态往男性伙计的身体上倾斜，说“再放一点吧”，男性伙计说：“好！好！”第三幅画中，女性顾客几乎靠在了男性伙计的身上，说“再放一点吧”，画中所展示出的伙计不能自抑，乐得合不拢嘴，说：“好！好！”

在这里，女性的魅惑力成为换取多一些布料的资本。在这个购物过程中，也严格地遵循商品交换法则，换取的布料越多，女性所要展示的女性魅力及风情就越迷人。在物化的上海，女性已经很明白自己的躯体所包含的商品价值信息，并懂得如何利用它去获取物质上的便利。让·波德里亚指出，在消费社会里，美丽之于女性，是“资本的一种形式”，是“交换着的符号的一种材料。它作为价值/符号运作着”[②]。而用以衡量美丽之价值的最好的杠杆是货币。王安忆的《长恨歌》中，作为“上海小姐”的王琦瑶正是以她的美丽成为供军界要人李主任消费的色情物，并以“爱丽丝”公寓的奢华生活及一盒“金条”为她的美丽限定了价值。而这种美丽的赋值，归根到底，是以在多大程度上挑起男性的欲望为标准。所以，美丽便与能唤起男性欲望的色情息息相关。由此，以美丽为基点的身体只是作为男性欲望交换符号载体而存在。在这样的商品交换法则支配下，色情自然便有了它生存及发展的土壤。

二

情色得以在上海都市上空弥漫，也和欧美现代殖民文化的入侵有极大的关联，尤其是电影业的发展及美国好莱坞影片在上海的渗透。叶维廉在分析英国殖民主义在香港的推行策略时曾说：“殖民地教育的目的，是要制造替殖民地政府服务的工具；这些人最好只是工具，因为如果他们有了强烈的中国民族意识，这将对殖民统治不利；这些人的人生取向，最好是指向英国式的上流社会，但是缺乏文化内涵的社会。英国上流社会当然有其本身的文化内涵，但并非这些中国人可以认同的；它们的取向是在缺乏自身文化自觉与反省的情况下构成，往往取其

---

① 鲁迅《上海的少女》，《申报月刊》第2期。

② 让·波德里亚《消费社会》，南京大学出版社2001年版，第144页。

表面的承袭，如讲究住半山区的洋房、开鸡尾酒会、穿着外国名牌……”[①] 在现代历史时期，外国殖民势力在中国实施的也是这样的文化殖民策略。其时输入上海的大部分好莱坞影片的内容“千篇一律的逃不出恋爱与情感作为故事的主题”，“极尽罗曼司、妖媚与美丽之能事”[②]。当时的有识之士指出，这是一种殖民文化侵略：“在半殖民地的中国，欧美帝国主义的影片以文化侵略者的姿态在市场上出现，起的是麻醉、欺骗、说教、诱惑的作用”，除“色情的浪费的表演之外，什么都没有”[③]。

现代历史时期，西方对中国进行殖民文化宣传最有效的工具即是电影。在20世纪30年代的上海，电影“无敌地在上海市民的娱乐生活中占了最高的位置”[④]。其时有一本电影画报，“名叫电通画报的，尝将这许多电影院的摄影标于一张上海地图上，加一行大标题道：‘每日百万人消纳之所！’”[⑤] 由此可见电影给予中国人的巨大诱惑。而其时的电影院放映的影片中，美国片几乎独占了当时和以后中国的全部银幕。美国片对中国人的巨大影响，乃至于有人认为“不是五四运动，而是好莱坞的影片，使十多年来一大部分中国青年在想象上和过去中国传统隔断”[⑥]。

好莱坞电影就是以这种强大的力量向中国人传输着美式的生活方式与价值观念：优雅艺术的生活，豪华奢侈的生活设施与场景，俊男美女的罗曼史，妖媚、美丽、性感的女人。总之，它们把“一切麻醉的、享乐的表现广法，尽量地搬弄出来，铺张华丽，推陈出新，极声色之娱”[⑦]。由此，声色及欲望被合法化并无形中成为年轻人效仿和追逐的目标。老舍在其短篇小说《牺牲》中就塑造了一位受殖民教育而一味追逐西方生活方式的留学生——毛博士的形象。毛博士从美国哈佛大学获取博士学位后，回到中国的地面上，他一直哀叹自己是在“牺牲”。而其中最大的牺牲是在中国“没有女朋友，没有电影看”，没有沙发、钢丝床、澡盆、电炉、钢琴——这是美国好莱坞大片中优雅的生活所必备的东西。所以他觉得“为中国当个国民是非常冤屈的事”。这正与叶维廉的理论不谋而合：殖民者进行宣扬的是与色情、享乐有关的东西，其目的是瓦解殖民地人的思想价值观念，成为他们进行殖民文化侵略的工具。在这样的殖民文化宣传中，色情与享乐被张扬、被突显是必然的结果。

好莱坞影片对中国观众最为巨大的影响还表现在对中国女性体态风韵的重新塑造。对此，鸥外鸥曾有过虽不无低俗但还算切中肯綮的话，说：“过去的若干

① 叶维廉《殖民主义：文化工业与消费欲望》，《叶维廉文集》第伍卷，安徽教育出版社2004年版，第184页。

② 壮游《女性控制好莱坞——她们主宰着电影题材的选择》，1935年3月4日上海《晨报》。

③ 《电影的两面：麻醉的与暴露的》，1934年3月15日《良友》画报，第86期。

④ 上海通社编《上海研究资料续集》，上海书店1984年版，第538页。

⑤ 同上，第532页。

⑥ 严束《电影与文化传统》，1945年3月《文潮》第7期。

⑦ 1934年3月15日《良友》画报，第86期。

年前，我邦女儿的体态的美是不可寻问之在何处匿伏着的。腰与臀与胸次你不能得到向导员——向导出其所在来，不知何处腰何处臀的呢。这样没有部落的美的。甚且我们会骇讶是没有乳房的女人之国家呢。”但“近顷我们的乳房生长起来倍发起来，大赦释放出狱了”。“包裹今日的贴身的旗袍内的含弹性的肢干的吹气的橡胶兽形玩具样的，我邦的女儿的体态的美，一跃而前的跃出来世间上。”[①]穆时英也说：“好莱坞王国里那些银色的维纳斯们有一种共同的、愉快的东西，这就是在她们的身上被强调了的，特征化了的女性魅力。就是这魅力使她们成为全世界男子的憧憬，成为都市危险的存在。”而“女星们的魅力都是属于性的”，“就是一种个性美和性感的化合物”[②]。

好莱坞女性以绝代芳华的迷人魅力给上海女性衣食住行、恋爱婚姻等各方面以模仿的样板，从而改变了上海女人的精神面貌和体态风情。其中突出女性“性征”的装扮，即女子在着装方面体形曲线美的凸现，成为激发男子“战栗和肉的沉醉”的最重要的动力源，为上海成为桃色的情欲之园涂抹上最为令人战栗的色彩。

对于男性而言，对女人的观看也便以流行的摩登女郎为审美标准，自然也影响到男性的恋爱、择偶。而这种对女人的要求，同时也助长了上海的情色之风。施济美《十二金钗》中写到居住在芜湖的李楠孙，其未婚夫吴光宇到了上海之后，给她的信日益减少，日益冷淡，个中原因是“上海是一个花花世界，花花世界里漂亮的女人太多了，看惯了上海的女人，吴光宇嫌自己的未婚妻土气十足，上不得台盘”。为此，李楠孙为了拢住丈夫，到了上海，竭力去作摩登女人，烫了头发，买了眉笔、胭脂和唇膏，拼命模仿将《现代小姐须知》研究得十分透彻的时髦女子安妮。楠孙原本是个木讷的乡下女孩，“无表情的脸，平板的声音，说话做事都有点木木然，甚至连笑都不大会笑的样子，像泥制的面具”，“跟一杯开水似的，淡而无味”。但经过拼命学习，李楠孙变成了一个“上海的女人”：名字改为洋味十足的“兰姗李”，“知道用怎样一个方法去处世，去对待她的未婚夫，以及每一个人，每一件事；她的无表情的脸上，差不多进步得连眉毛眼睛都会说话”，“她又熟悉了许多化妆品的牌子和用途，香水是应该洒在什么地方的？肥皂要伤害皮肤，脸上只要天天涂些油和冷霜，再擦掉，然后再涂，再擦掉……就算洗脸。发亮的衣服要留到晚上穿，耳环别针项链一类的饰物要戴得不多不少，恰到好处，口红与胭脂的色泽要押韵……”

李楠孙经过一番包装后，未婚夫对她的态度来了个一百八十度的大转弯。作为乡下女子的李楠孙，原本女性的“性征”并不突出，到上海以后，她按照男子的意愿、喜好来改变自己，学习的是女人风情万种的女性“性征”的一面，以至于帮佣王妈都感慨“古时候的人讲究个‘娶妻娶德，娶妾娶色’，如今世道变了，什么都反了”。由此也可看出，好莱坞中肉感的女性也给男子的情欲对象提供了

---

① 鸥外鸥《中华儿女美之隔别审判》，1936年4月《妇人画报》，第17期。

② 穆时英《电影的散步·魅力解剖学》，1935年7月19日上海《晨报》。

范本，而女子为了取悦男子拼命把自己装扮成激发男性色情欲望的对象。《十二金钗》中的时髦女子安妮，整天别无他事，捧着一本《现代小姐须知》研究女子的化妆、衣饰以及接人待物，其目的就是为钓一个金龟婿。女子为攀附新贵，竭尽所能模仿好莱坞中影星之装扮，突出其女性特征，由此也助长了上海色情之氛围。

三

情色还和上海作为现代化大都市所构筑的“陌生的人群”式的都市有关联。费孝通说，传统的中国社会是一个礼俗社会，熟悉是这个礼俗社会最大的特点。“生活上被土地所囿住的乡民，他们平素所接触的是生而与俱的人物，正像我们的父母兄弟一般”①，“乡土社会在地方性的限制下成了生于斯死于斯的社会。……这是一个‘熟悉’的社会，没有陌生人的社会”②。而上海自1843年开埠后，外来人口涌入，经过短短的五六十年的时间，到了20世纪30年代已发展成一个现代化大都市，在世界上排名第五。这个大都市和传统宗法制社会最大的不同是流动人口多，聚集的是一群“陌生的人群”，这影响到人们的生活方式及行为选择。本雅明在分析波德莱尔笔下的游手好闲者时指出，大城市的功能之一是“在这里，大众仿佛是避难所，使得这类脱离社会的人免遭惩罚”③。在都市陌生的人群中，身边潮流一样涌过的人都是与己无关的“一种数字的存在”④，所以身居其中的人不必刻意保持一种完美的行为——在熟悉的人群中为树立自己的良好形象才保持的那种完美的行为。这一点在儒家思想观念深厚的传统中国社会有其重大意义。支撑中国几千年家族制社会结构的儒家文化，强调的是血亲伦理，传统中国社会中一个个的家族就是以血缘亲情为中轴而串联起来的。处在家族中的个人，从来就不是独立的存在，而是整个家族血缘网络中的一个节点。个人的成败荣辱也不再是个人的私事，而是事关整个家族的声誉。所以，在家族中生活的子女，只能恪守家族规范，不能有一点有损家族声誉的行为。而进入上海的家族中的子女，便可脱离家族的管制，按照自己的意愿去生活，尤其是能放得开手脚去做坏事。正如安德鲁·辛克莱所说，“19世纪道德观之所以成为令人压抑的威胁，在很大程度上是因为人们不能逃离那个地方，因而也无法避免过失的结果”⑤。《海上繁华梦》中写到在乡村中安分守己、视钱如命的钱守愚，到了上海，像“着了风魔”，为色所惑，“忽然手松起来”，后中了“仙人跳”骗局、赌场骗局，闹到险些丢了性命。高长虹借小说中的人物说，上海是“迷人的世界”，“一个人到了上海便觉得无论做什么，都是应当的。住在上海的人不能够有是非

---

① 费孝通《乡土中国·生育制度》，北京大学出版社2004年版，第10页。
② 同上，第9页。
③ 本雅明《发达资本主义时代的抒情诗人》，三联书店1989年版，第58页。
④ 同上，第80页。
⑤ 丹尼尔·贝尔《资本主义文化矛盾》，三联书店2003年版，第114页。

的观念。动而已"[①]。这从某种程度上展现了上海现代化的商业环境给人带来的欲望驱动力。

另外很重要的一点是，上海租界中的外国人也是脱离了其家庭束缚的在外寄居者，他们的介入，使上海变成了放纵情欲的乐土。"就像一个在庄严的大家庭里循规蹈矩的男人难免在外面格外胡作非为一样，一切在法律或者教规禁止以内的情欲因素都可能在殖民地领土变本加厉地膨胀。"所以，上海无形中担当了西方文明的"情欲排泄口的功能"[②]。

上海的一位资深新闻记者、冒险家朱子家也说，上海从一个小渔村变成现代都市，女人是其情欲动力。没有了女人，上海会怎样？朱氏说，男人会对金钱丧失兴趣，甚至对生活丧失兴趣[③]。由此我们可以得出结论：在现代历史时期，上海的"情色"特色与其现代性所构筑的都市环境有密切的关联，而与此同时，女人的存在——亦即情色的存在也促进了上海现代化都市的进一步发展。

（作者单位：四川师范大学文学院）

---

① 高长虹《从上海到柏林》，1926年10月15日《幻洲》第1卷2期。

② 陈思和《论海派文学的传统》，《杭州师范学院学报》2002年第1期。

③ 参见张英进《中国现代文学与电影中的城市》，江苏人民出版社2007年版，第267页。

新文学作家的序跋观

□ 彭林祥

序跋作为中国古典文章中一个特殊的“文类”（genre），从西汉至清末，众多文人、学者对其起源、性质以及功能等均有深入的探讨。“五四”新文学以来，随着中国文学现代转型的初步完成，新文学序跋也随之诞生。新文学作家在毕生的写作过程中，不但写作了大量的序跋，而且还对序跋类文体发表了各自不同的看法。总结探究新文学作家各自不同的序跋观及其功能，对于深入认识新文学及其创作无疑具有重要的学术意义。

一、序跋必要性的总体看法

新文学作家在序跋写作实践中，对书前后附序跋发表了各自的看法。需要注意的是，因序有自序和他序之分，新文学作家对自序和他序的态度又有差别。

大多数新文学作家对书前后附自写的序跋几乎都认为有其必要。鲁迅是主张作品应该有序跋的，且为自己的编、著、译写了大量序跋。自1903年在日本弘文学院学习时为他的翻译作品写的第一篇序《〈月界旅行〉辨言》起，直至逝世止，他的每一部著作都有自写的序跋，而且大部分是序、跋都有，有的还不止一篇序跋。有人曾据1981年版鲁迅全集作过统计，鲁迅为自己的作品写作的序跋至少有150篇，占总篇数的15%左右。在《〈准风月谈〉后记》中，他说：“我的杂文，所写的常是一鼻，一嘴，一毛，但合起来，已几乎是或一形象的全体，不加什么原话也过得去。但画上一条尾巴，却见得更加完善，所以我要写后记，除了我是弄笔的人，总要动笔以外，只在要这一本书里所画的形象，更成为完全的一个具象，却不是‘完全为了一条尾巴’。”① 在鲁迅看来，序跋不是作品可有可无的点缀，更不是庸俗无聊的捧场，而是作品不可缺少的一个有机的组成部分，所以有“没有木刻的插图还不要紧，而缺乏一篇好的序文却实在觉得有些遗憾”② 的感叹。朱自清也主张书前有自序。“他一生写过许多本书，除早期的一两本外，都写了序。”③ 萧乾也赞成写自序，他从读者接受的角度，认为“写序

---

① 鲁迅《鲁迅全集》第5卷，人民文学出版社2005年版，第402—403页。

② 鲁迅《鲁迅全集》第7卷，人民文学出版社2005年版，第389页。

③ 朱乔森《〈朱自清序跋书评集〉跋》，《朱自清序跋书评集》，生活·读书·新知三联书店1983年版。

跋既是一本书作者对读者应尽的义务，也是他（她）自己应享的权利。这个权利不可放弃。这个义务也不能逃避”[1]。此外，对于翻译作品，序跋更是必不可少。余光中结合自己的阅读经验认为：“一本译书只要够分量，前面竟然没有译者的序言交代，总令人觉得唐突无凭”。[2] 翻译家智量不但主张译作要有译序，而且认为最好是译者写的译序：“我认为，每一本外国文学翻译作品，都应该有一篇认真写来的译序，这是对读者的必要的引导。如果允许我对翻译界的朋友们提一个不算苛刻的要求的话，我认为译序应该由译者自己来写，而不要另请名家，因为你作为译者，有必要也向读者汇报你是怎样理解和评价这部作品的。”[3]

但是，新文学作家对于作品前附他序却有分歧。“他序”就是指除了该书的编著者之外的人所写的序跋。鲁迅的作品不但有自序，也有他序，如他与顾琅合著的《中国矿产志》就有马良（相伯）的序。同时，鲁迅也为别人的著作写了大量的他序，如为了支持和扶植的青年作家，使他们的作品能早日发表出版，鲁迅到处奔走，亲自写序。据统计，鲁迅曾为49位青年作家的54部作品写过序跋。与鲁迅乐意为别人作序相反，许多作家就很不愿意写他序。如郭沫若曾说：“我向来是不大肯替人作序的，不是由于拿身份，而是由于不敢拿身份。因为大凡替人写序的人，自他双方都觉得比作者还要高明，不是言不由衷地恭维一大篇，便是老气横秋地指责一两点。”[4] 他甚至认为“替人作序之类就是等于做媒婆。天地间做侮辱人的事情的人，我想怕要以媒婆为天字号第一号的角色”[5]。巴金在《谢绝写序书》也说：“我素来不赞成替别人写序的办法。我自己的译著也不曾要别人写过序。”[6] 有人向萧乾求序，他也委婉地拒绝说：“……最能指引读者的，还是作者本人。旁人总难免隔靴搔痒，甚至会客气恭维。”“由我这老头子在你书前乱弹几句，岂不可惜？那样，你既委屈了自己，也有负于读者。”[7] 文献学家张舜徽也曾说：“顾氏又云：‘人之患在好为人序。’此可深长思也！舜徽终身谨守是言，不甘为人序书。”[8] 当代作家秦兆阳也“向来不爱为别人的著作写序”[9]。作家们愿意为自己的著作写自序，但不愿为他人作序，更见出他们对序跋写作态度的慎重和严肃。

但历史的吊诡之处在于，尽管一些作家、学者声称不写他序，但他们仍然写了大量的他序。有些作家如郭沫若、巴金等，即使声明不愿写作他序，但他毕生

---

① 萧乾《与应红论序跋》，《文艺争鸣》1993年第3期。
② 余光中《余光中谈翻译》，《联副》1985年2月3日。
③ 杨绛等《一本书和一个世界》，昆仑出版社2005年版，第280页。
④ 郭沫若《〈情虚集〉序》，田仲济《情虚集》，重庆东方书社1942年版。
⑤ 郭沫若《序〈威廉迈斯达〉》，《说文月刊》第二卷第6、7合刊，1940年10月。
⑥ 巴金《巴金全集》18卷，人民文学出版社，第439页。
⑦ 萧乾《与应红论序跋》，《文艺争鸣》1993年第3期。
⑧ 张舜徽《答友人论为人著述撰序书》，《中国文化》第7期，生活·读书·新知三联书店1993年版。
⑨ 秦兆阳《〈龙世辉的编辑生涯〉序》，李频《龙世辉的编辑生涯》，河南大学出版社1992年版。

所写的序跋中，他序的数量也相当大。余英时在考察古代的“他序”时，对这一传统形成的心理背景进行了探讨。他认为“求序者是‘同气相求’，写序者则是‘同声相应’”，“‘同声相应，同气相求’的结果是作者与序者之间达成了一种互为‘知音’的精神交流，而且是既自由又平等的交流。作者固然必须有自己的真知灼见，序者也必须言出肺腑”①。在新文学序跋中，大多数“他序”同样具有这样的心理特征，它们自有其存在的价值和意义。

对自序、他序都持反对态度的也大有人在。如开元（即沈启无）在他的诗集《〈思念〉题记》中说：“其实自己为自己作序，也是不必要的，别人写也不必要，总之是多余的东西。”② 李唯建也不赞成为书作序，“因为一本书的如何，读者自然能品评的；在书前冠或在书后附一后序，我都以为不必”③。老舍也不愿意给自己的作品写序跋，“我向来不给自己的作品写序。怕麻烦；很立得住的一个理由。还有呢，要说的话已在书中说了，何必再絮絮叨叨？再说，夸奖自己吧，不好；咒骂自己吧，更合不着。莫若不言不语，随它去”④。老舍最早的四部长篇小说就都没有序，但是，后来老舍仍然为自己的作品写了不少的序。钱钟书在《围城》日译本序中也表达出不愿作序的看法：“作品好歹自会说它的话，作者不用再抢在头里、出面开口；多嘴是多余的。”⑤ 例外的情况也有，俞平伯对序跋的态度经历了一个由否定到赞成的过程。早年，他认为出版诗集不必有序，他尤其反对“恃序以诠诗”的做法。因此，他对自己的第一部诗集《冬夜》初版时曾冠以两序——朱自清序和自序而感到后悔，以为它们是“如象之巨座，蛇之赘足”，故而到了诗集《西还》出版时，便不再作序跋（散文集《燕郊集》出版时也是如此）。但是后来，他终于发现“不带一点披挂以求知遇”的《西还》，“果然不为世所知”，于是，抗战胜利后出版的《遥夜闺思引》长诗，他竟然为之作了序跋共计十八篇⑥。

周作人无疑是持序跋可有可无的观点的代表。他在《〈看云集〉自序》中说：“书上面一定有序的么？这似乎可以不必，但又觉得似乎也是要的，假如是可以有，虽然不一定是非有不可。”⑦ 他无疑点出了序跋与书之间的相对关系。在一些作家看来，出版作品并不一定非要在前后附上序跋，序跋与作品并不构成必然联系。许多作家如叶圣陶、许地山、丁玲等，并没有在他们所出的每本书前后附序跋。

---

① 余英时《原“序”：中国书写史上的一个特色》，《清华大学学报》2009 年第 1 期。

② 开元《〈思念〉题记》，《思念》，汉口大楚报社 1945 年版。

③ 李唯建《〈英国近代诗歌选译〉自序》，李唯建选译《英国近代诗歌选译》，中华书局 1934 年版。

④ 老舍《〈猫城记〉自序》，《猫城记》，上海现代书局 1933 年版。

⑤ 钱钟书《〈围城〉日译本序》，转引自吴道弘《写序说序》，《书屋》2000 年第 7 期。

⑥ 孙玉蓉《编后记》，孙玉蓉编《俞平伯序跋集》，生活·读书·新知三联书店 1986 年版。

⑦ 周作人《知堂序跋》，中国人民大学出版社 2004 年版，第 71 页。

二、序跋功能的看法

关于序跋的功能，作家们从不同角度发表了各自的看法。从便利读者阅读的角度看，郁达夫的读书经验是："看书的时候，也爱看看那些写在书前面的绪言导词之类，有时患着无事忙病，就有凭了一篇序文而来决定要不要把那册书读完的行动。"[①] 这是从一个读者的角度来说的。从作序者的角度看，序跋给了著者一个说明作品的用意或者为他自己剖白并且答复他的批评家的机会，如巴金的《〈寒夜〉后记》、曹禺的《〈雷雨〉序》、《〈日出〉跋》等。从图书的出版发行看，序跋不但是图书构成的重要组成部分，而且还会为图书的宣传和促销带来便利。所以，王礼锡认为"'序'对于一本书的作品，或者是增光、或者是提要，与索隐"[②]。

从读者来看，就是希望通过序跋能帮助自己更好地理解作品。如叶圣陶认为"序文的责务，最重要的当然在替作者加一种说明，使作品的潜在的容易被忽视的精神很显著地展开于读者的心中"[③]。老舍也认为："序的正当作用是扼要的精到的介绍一本书、一作家的思想与特点，使读者在读前有个清楚的认识，或在读后有个意见的参证。"[④] 吴泰昌则打了一个形象的比喻："一篇写得好的序文，对急于进山采撷'珍宝'的读者，真犹如一位引路的向导。"[⑤] 作为与作品距离最近的序跋者，他在序跋中对作品的内容、主旨等的交代和说明，可帮助读者更好地阅读和理解作品。同时，序跋中关于作者个人情况的介绍，也使读者有了理解作品的背景。余嘉锡曾说："吾人读书，未有不欲知其为何人所著，其平生之行事若何，所处之时代若何，所学之善否若何者。此即孟子所谓知人论世也。"[⑥] 序跋正是我们阅读时"知人论世"的好材料，"把作者的生平，如性情，境遇，乃至面貌、身材等，等等，同写生一般叙述下来作为序文，也就大有刊载于卷首的价值。因为这样可使读者与作者心心相通，到阅读作者的作品时，便绝无翳蔽和误会了"[⑦]。与叶圣陶持同样看法的还有陆志韦和艾芜。陆志韦在《〈渡河〉自序》中说："我常说作序的本意，为了使读者认识作者的生平。因为作者的主张，寻常人看了他的著作，大概不致有所误会。"[⑧] 艾芜则对"他序"发表了同样的看法："别人代作的序跋，也是很宝贵的，他了解作者的生平，又读过作者所著

---

① 郁达夫《郁达夫全集》第 6 卷，浙江文艺出版社 1992 年版，第 257 页。

② 王礼锡《〈云鸥情书集〉序》，黄庐隐、李唯建《云鸥情书集》，神州国光社 1931 年版。

③ 叶圣陶《〈雉的心〉序》，徐雉《雉的心》，天津新中国印书馆 1924 年版。

④ 老舍《〈芭蕉集〉序》，《益世报》1935 年 12 月 22 日。

⑤ 吴泰昌《艺文轶话》，安徽人民出版社 1981 年版，第 229 页。

⑥ 余嘉锡《目录学发微》，中国人民大学出版社 2004 年版，第 42 页。

⑦ 叶圣陶《〈雉的心〉序》，徐雉《雉的心》，天津新中国印书馆 1924 年版。

⑧ 陆志韦在《〈渡河〉自序》，《渡河》，上海亚东图书馆 1923 年版。

的书，会提供很好的材料，是读者能够充分了解其人其书，而不致感到困惑。”[①]除了对普通读者外，研究者也能从序跋中得到研究的参证。如臧克家在《〈中国新诗集序跋选〉小序》里说：“序跋，虽然不一定是长篇宏论，可是，它的意义却是不小的。诗人对诗歌问题的看法，对作品的要求与评价，凭个人的亲身经验而道其甘苦，对于一般读者、诗论家以及从事诗史写作与研究的同志，都是有启发和参考价值的。”[②]

从序者来看，作者的文艺观、思想倾向等各种主张难以通过作品来直接表达，而序跋却能为作家提供一个表达自己的窗口或平台。从这个意义上讲，序跋是作家表达自己的一种手段、一个载体。巴金曾谈过他自己写序跋的目的：“写前言、后记有两种想法：一是向读者宣传甚至灌输我的思想，怕读者看不出我的用意，不惜一再提醒，反复说明；二是把读者当作朋友和熟人，在书上加一篇序和跋就像打开门招呼客人，让他们看见我家里究竟准备了些什么，他们可以考虑要不要进来坐坐。”[③] 陈平原甚至认为“最需要序跋的，其实是作者本人。表面上是面对读者，介绍自家新书；实则面对自己，检讨走过来的足迹。也正因此，有真意，去粉饰，随意点染，长短不拘，是序跋的基本特征。而其中最为关键的，是有自家面目及心迹在。”[④] 情况正是如此，作家为自己或别人写下了大量的序跋，这些序跋自然是作家创作、思想历程的见证，是作家另一种形式的“随想录”。20世纪70年代末，沈从文写给孙玉石的回信中指出：“有几个书的题记，能暇中看看，或许就可以把握到了我作品的整体。一即良友《习作选》代序，二即《边城》题记，三即《湘西》题记，四即《长河》题记，五即后来五七年《小说选》题记。”[⑤] 可见，“序和跋可以成为作家、作品的一种真实纪录。……不论是出自作者手笔，或是他人代作，它们都有着向读者开启窗扉，沟通作者读者心灵的作用，并具有一定历史价值。……不仅有助于我们对作品的评价和赏析，而且还有助于我们从一个侧面去了解中国现代文艺思潮和各种风格流派的嬗变以及中国现代小说（文学）所走过的足迹”[⑥]。此外，序跋的写作还体现作家间的关系，如他序是序者和著者文事交往的见证，序跋中也记录了作家间的交谊等佚事。所以，“序跋……也可以看出朋友之间的关系，彼此不同的风格，相互砥砺，取长补短。这类文章，不论长短，大半写来认真又比较自然。当然，对知心的朋友，写的时候，笔端充满情感；对不熟悉的同志，他的作品引起了我的

① 艾芜《〈中国现代文学序跋丛书·小说卷〉序》，杨正中等编《中国现代文学序跋丛书·小说卷》（上），海南人民出版社1988年版。

② 臧克家《〈中国新诗集序跋选〉小序》，陈绍伟编《中国新诗集序跋选》，湖南文艺出版社1986年版，第113页。

③ 巴金《〈序跋集〉再序》，《序跋集》，花城出版社1982年版。

④ 陈平原《〈陈平原序跋〉小引》，《陈平原序跋》，东南大学出版社2003年版。

⑤ 沈从文《沈从文全集》第25卷，北岳文艺出版社2002年版，第404页。

⑥ 杨正中《〈中国现代文学序跋丛书·小说卷〉后记》，《中国现代文学序跋丛书·小说卷》（下），海南人民出版社1988年版。

‘乐莫乐兮新相知’之感”[①]。

不得不承认，新文学图书出版已完全纳入了一种商业化运作机制。为了促销，名人序跋已是图书促销的一种重要策略，如20世纪20年代“亚东版”出版的大受读者欢迎的标点本古典小说，书前就有胡适、陈独秀等名人序跋。鲁迅为了帮助青年作家出书，亲自为他们写序，自然也有广告的目的。他在给萧红的信里说，“因为做序文，也要顾及销路，所以只得说的弯曲一点。”[②]柔石在致兄长的信中就谈到，“鲁迅先生乃当今有名之文人，如能称善，代为序刊印行，则福前途之命运，不愁蹇促矣！”[③]贾植芳也说他为中青年朋友写的序跋，“目的是起个广告作用，用商业语言说，是为了‘以广招徕’”。[④]有些出版社点甚至点名要求著者请某位名人作序，以此作为出版该书的条件。可见，新文学作家深知序跋的广告功效，并在实践中着力加以运用。

三、序跋内容的主张

柯灵在《〈中国现代文学序跋丛书〉前言》中对辑入该丛书的序跋内容这样说道：“有论述评介作品内容的，有介绍作者的创作道路和创作经验的，有评述作者的写作风格和成败得失的，也有追溯作品的出版过程或交代编书的目的和意图的，或者直接抒发自己的思想观点、发表议论，向读者表示自己赞成什么、反对什么。也有借题发挥，作社会批评，由此反映出一个时代的风尚的。”[⑤]可见，从内容上看，新文学序跋涉及范围极其广泛，而要对十分广泛的内容进行探究，必须进行分类。周作人在谈及作序的方法时，曾把序跋的内容分为“书里边”和“书外边”。序跋的内容一方面指向“书里边”，涉及作品本身；另一方面指涉“书外边”，诸如作家身世、思想、文艺思潮与论争、作品产生的时代、文化背景等等。而林培庐在《〈波罗蜜〉序》中，则把序的内容分为三项，其一是“序己”文字，即著书人叙述自己著书的旨趣和经过；其二是“序人”文字，即著书人请名人或知友作序，将其一切与作序之人之关系写在序里；其三是“序书”文字，即是著书的人或被邀作序的人介绍书纲要或精彩地方给读者[⑥]。实际上，前两项可归为“书外边”，第三项等同于周作人的“书里边”[⑦]。下面具体从这两个方面

---

① 臧克家《〈序〉中序》，刘增人编《臧克家序跋选》，青岛出版社1989年版。

② 鲁迅《鲁迅全集》13卷，人民文学出版社2005年版，第584页。

③ 转引自陈明远《何以为生：文化名人的经济背静》，新华出版社2007年版，第180页。

④ 贾植芳《〈劫后文存：贾植芳序跋集〉前记》，《劫后文存：贾植芳序跋集》，学林出版社1991年版。

⑤ 柯灵《〈中国现代文学序跋丛书〉前言》，杨正中等编《中国现代文学序跋丛书·小说卷》(上)，海南人民出版社1988年版。

⑥ 林培庐《〈波罗蜜〉序》，翁漫栖《波罗蜜》，上海群英书社1935年版。

⑦ 实际上，周作人的“书里边”主要指书的内容、主旨等，而笔者借鉴林培庐的“序书”的范围，把“书里边”的范围扩大，与书有直接关系的，如写作缘由、过程等都包含在内。而“书外边”指除与书有直接关系外的一切内容。

来分别论述。

作品的存在是序跋写作的前提，作家写作序跋，其内容必然要指涉作品，这应是序跋存在的应有之义。如序跋中交代作品的创作动机、写作过程、书的内容和主旨等与作品有直接关系的内容，使读者在读作品之前，对作品有一个较全面的认识。陈光垚以自己的序跋写作实践来现身说法："我以为所谓书的自序者，不过是著书人将自己著述本书的宗旨经过和书的内容大略加以说明便了，并没有甚么了不得的深文奥义存乎其间。（旧时一般文人都认为序文是一种极严重的事件，而必上下古今数千年东西南北数万里地瞎扯一大套，真正可笑）。所以我为自己的任何书稿写自序时，总是只将本书的宗旨和内容大略加以说明，不说别的废话。"[1] 老舍序跋的内容主要涉及三个方面，即解释书名、指明编选原则和说明版本情况，坚持了序跋写作的内容应指向"书里边"。

与序跋内容指涉"书里边"相比，"书外边"式序跋更为作家喜欢。周作人就说："书里边的意思已经在书里边了，我觉得不必再来重复地说，书外边的或者还有些意思罢。"[2]"书外边"的内容广泛，包括作家生平的介绍、思想文艺观点流露、出版环境的揭露、作家友谊或恩怨的揭示以及作家借题发挥等等。周作人的序跋，所谈的绝大多数是"书外边"的意思。"他的序跋，实践了他自立的法度，从来不'赋得'，不'重复'。他不是'就题'，而是'借题'，是'借题发挥'，发挥自己对中国文化思想问题的见解。"[3]"写序跋和写散文小品一样，东扯西谈涉笔成趣，至于写什么内容则变得无关紧要，所以知堂的序跋，往往乱发议论，离书的旨要不知几千里。"[4] 不仅周作人，许多新文学作家在序跋写作实践中，也喜欢把书外边的内容写进去。如鲁迅在他所写的"辑录式"序跋中，剪裁很多报纸、文章、资料，附上论敌的文章，加以简单的评论，这些文字与作品基本没有直接关系，但为了立此存照，保存现代文网史上极有价值的故实，所以就让序跋承担了这个责务。郭沫若、茅盾、郁达夫、许钦文等人也习惯在序跋中记录大量书外边内容。实际上，这样的序跋文也是对新文学序跋"借题发挥"风格的继承，借作序的机会，发表自己的看法，所以常常给人一种跑题的印象。

事实上，"书外边"和"书里边"并不是截然内对立的，绝大多数新文学作家是兼顾二者，一篇序跋中包含这两方面内容，而且这两个方面仍以"书"联系起来，很难严格分开。如鲁迅的《〈呐喊〉自序》就是一篇包含两方面内容的例子，既有对自己家庭、求学经历的介绍，也有对自己开始创作的记叙；既总结了自己过去一段时间的思想经历，也阐述了本书的来由和目的；既是一篇自传，也是一篇创作谈。周作人的序跋尽管多指"书外边"，但也还是坚持"以一书为标的，说的较有范围"[5]。

---

① 陈光垚《〈光垚散文集〉总序》，《放言集》，上海启明学社 1933 年版。
② 周作人《〈看云集〉自序》，《看云集》，上海开明书店 1932 年版。
③ 钟叔河《〈知堂序跋〉编者序》，周作人《知堂序跋》，中国人民大学出版社 2004 年版。
④ 陈思和《我与序跋》，《书城》1996 年第 4 期。
⑤ 周作人《〈苦雨斋序跋文〉自序》，《知堂序跋》，中国人民大学出版社 2004 年版，第 91 页。

四、序跋写作的见解

新文学作家都有写作序跋的经历，自然对序跋的写作也有切身的体会，在各自的文章中也发表了各自的观点。下面具体论述。

作为一种特殊的文体，序跋的写作与诗歌、小说等相比自有其独特之处。自序主要是作家本人申说作品创作的缘起、经历以及所要表达的目的等。看似容易，但大多数作家仍发出难写的感叹。如林纾在《春觉斋论文》中说："书序最难工，人不能掩有众长，以书求序者，各有专家之学。譬如长于经者，请序史学；长于史者，请序经学。惟既名为文家，又不能拒人之请。故宜平时博览，运以精思。求序之书，尤必加以详阅，果能得其精处，出数语中其要害，则求者亦必餍心而去。"[①] 林纾所说并不是谦虚之词，实是古今亦然。鲁迅曾说自己不善于作序，周作人也发出了"序实在不好做"[②]、"我知道序是怎样地不好做，而且也总不能说的对或不错，即使用尽了九牛二虎之力去写一篇小小的小序"[③]、"序固不易而跋亦复难，假如想要写得像个样子"[④] 的感叹。唐弢的切身体会是"序，确实是一种受人欢迎而又不容易写好的文章"，"写序难，为学术性的著作写序——对某种研究成果发表意见——就更难"[⑤]。而对于他序的写作，写作者不但要有专业的知识，了解该书的内容，更要对作品有准确的理解和评介，同时，还要了解著者的生平、经历以及该书的写作过程等，更重要的事，还要让求序者满意。写序者对著者为文角度与分寸最不易把握，所以几乎视为畏途。可见，无论是写自序还是他序，都不是一件容易的事。但也有人持相反观点，如季羡林就曾说："序跋这一种体裁没有什么严格的模子，写起来，你可以直抒胸臆，愿意写什么就写什么，愿意怎样写就怎样写。如果把其他文章比做峨冠博带，那么序跋（当然也有日记）则如软巾野服。写起来如行云流水，不受遏止，欲行便止，圆融自如，一片天机。写这样的文章，简直就是一种享受。"[⑥] 显然，在他看来，序跋是一种很容易写的文章。

不管序跋难写与否，许多作家还是结合自己的序跋写作经验，提出了如何写作序跋的方法。周作人就认为"作序是批评的工作，他须得切要地抓住了这书和人的特点，在不过分的夸扬里明显地表现出来，这才算是成功，跋则只是整个读过之后随感地写出一点印象，所以较为容易了。"[⑦] 洪仁平也把序跋视为一种批

① 转引自王凯符、张会恩主编《古国古代写作学》，中国人民大学出版社 1992 年版，第 405 页。

② 周作人《〈燕知草〉跋》，俞平伯《燕知草》，上海开明书店 1930 年版。

③ 周作人《〈看云集〉自序》，《看云集》，上海开明书店 1932 年版。

④ 周作人《〈杂拌儿之二〉序》，俞平伯《杂拌儿之二》，上海开明书店 1933 年版。

⑤ 唐弢《〈书叶集〉序》，姜德明《书叶集》，花城出版社 1981 年版。

⑥ 季羡林《〈季羡林序跋选〉序》，《季羡林序跋选》，四川人民出版社 1991 年版。

⑦ 孙犁《〈紫苇集〉小引》，韩映山《紫苇集》，百花文艺出版社 1979 年版。

评，“赠人的叫赠子，评书叫序跋，所以序跋的体例中，包含批评的成分很多”[①]。既然是批评，自然要对作品的内容、风格等加以评定，鉴定优劣。

历来的序跋容易出现“人（别人）为之每誉之过其实，己为之又歉而不当”[②]的弊端。所以，写序跋（无论是他序，还是自序）都必须坚持实事求是、客观公正的写作原则。孙犁写作序跋的标准是：“正序之体，应提举纲要，论列篇章。鼓吹之于序文，自不可少，然当实事求是，求序者不应把作序者视为乐佣。”又说：“好的序跋的标准：极有情致，极有分寸。”[③] 季羡林的序跋写作也坚持这一写作原则：“序中可能有一点废话；但是决没有假话、大话、空话。对于每一本要我写序的书，我也尽量避免使用溢美之词。总起来看，我对书的评价总算是实事求是的。”[④] 鲁迅、叶圣陶、茅盾、巴金等大多数新文学作家的序跋，都坚持了实事求是、客观公正的原则，如茅盾在为孔另境的作品《斧声集》作序时，并未因为著者是自己的亲戚而大肆吹捧一番，反而在序言的开始就指出其作品的不足。

但也有一些作家碍于人情，写一些充斥隔靴搔痒、空洞乏味、不负责任的过誉之辞的序跋。鲁迅在《序的解放》中对当时文坛的一些文人利用序跋来相互吹捧的风气给予了猛烈的批判：“因为自序难于吹牛，而别人来做，也不见得定规拍马，那自然只好解放解放，即自己替别人来给自己的东西作序，术语曰‘摘录来信’，真说得锦上添花。‘好评一束’还须附在后头，代序却一开卷就看见一大番颂扬，仿佛名角一登场，满场就大喝一声采，何等有趣。”[⑤] 所以，他在为刘半农校点的《何典》写的题记中说：“我是最不擅长于此道的，虽然老朋友的事，也还是不会捧场，写出洋洋大文，俾于书，于店，于人，有什么涓埃之助。”[⑥] 许广平就曾说：“鲁迅先生凡有写序，都不是空泛敷衍，必定从头到尾，细读一过，然后执笔，所以读了他的序，对于原书已经十得八九，真够得上忠实二字。”[⑦] 余光中为别人作序时，主张自己成为求序者的诤友，“要说些实话，提些忠告，必须如此，这篇序言才真正对得起受序人，对得起读者，也才对得起写序人自己”[⑧]。

同时，序跋作为书的重要组成部分，与作品本身不但在内容上有联系，就是写作风格上也应相契合，针对不同风格的作品，应该有不同文笔的序跋。鲁迅的序跋，在体裁、风格、语言上总是努力和正文相一致。如《野草》的《题辞》是一篇散文诗，它和集子里的各篇在艺术风格和语言特色上是完全一致的。《伪自

---

① 洪仁平《〈旅中随笔〉序》，陈德风《旅中随笔》，上海现代书局 1934 年版。
② 胡寄尘《〈黛痕剑影录〉序》，《黛痕剑影录》，上海广益书局 1914 年版。
③ 周作人《〈燕知草〉跋》，俞平伯《燕知草》，上海开明书店 1930 年版。
④ 季羡林《〈季羡林序跋选〉序》，《季羡林序跋选》，四川人民出版社 1991 年版。
⑤ 鲁迅《鲁迅全集》第 5 卷，人民文学出版社 2005 年版，第 231 页。
⑥ 鲁迅《鲁迅全集》第 7 卷，人民文学出版社 2005 年版，第 308 页。
⑦ 许广平《〈鲁迅先生序跋集〉序言》，《鲁迅研究月刊》1998 年第 8 期。
⑧ 余光中《为人作序——写在〈井然有序〉之前》，《书屋》1997 年第 4 期。

由书》等杂文集的后记，写得幽默泼辣，也是和正文采取同一格调。此外，郭沫若、朱自清、叶圣陶等人所写的序跋也竭力与正文在风格上保持一致。所以，秦牧认为“为了适应各种书籍的内容，（序跋）文笔也应该多用几套。有的严肃，有的轻松，有的华丽，有的朴素”①。

任叔永说：“我晓得替一本书做序，好象主席人致介绍词一样，说多了是要使人生厌的。”② 作为附属性序跋，最好短小精悍，不要长篇大论，切忌“喧宾夺主”。新文学作家的序跋中，长篇大论较少，大多篇幅短小。当然，篇幅短小仅仅是一个方面，内容更要精炼。“序言长短，正如一切文章的篇幅，不能定其高下，关键仍在是否言之有无，持之有理，否则再短也是费词。”③ 所以，序跋文内容要“画龙点睛，或击中要害”④。新文学作家如鲁迅、茅盾、老舍、周作人等的序跋无一不是如此。

综上，在序跋有无方面，大多数作家赞成书前有序或书后有跋；在序跋的功能方面，序跋不但有导读和宣传之用，更是作者自我表达的一个重要平台；而在序跋的内容上，他们大都认同内容要围绕所序之书，主要包括“书外边”和“书里面”两个方面；此外，对于序跋的写作，许多作家也都结合自己的写作经验发表自己的看法。这些吉光片羽虽多散见于他们所写的序跋中，但对于中国现代文学的发展而言仍具有重要的意义。

（作者单位：广西大学文学院）

---

① 秦牧《〈秦牧序跋集〉序》，《秦牧序跋集》，花城出版社 1982 年版。

② 任叔永《〈小雨点〉序》，陈衡哲《小雨点》，上海新月书店 1928 年版。

③ 余光中《为人作序——写在〈井然有序〉之前》，《书屋》1997 年第 4 期。

④ 陈原《书林漫步续编》，生活·读书·新知三联书店 1984 年版，第 356 页。

革命与启蒙的辩证

——重思1932至1935年的“文艺大众化”讨论

□宋　玉　耿传明

“文艺大众化”一词兼具广狭两义。狭义地说，这一文学史名词专指中国20世纪30年代中前期的一系列文艺创作、理论建设及社会实践，《文艺大众化问题讨论资料》将其概括为“三个阶段，三次讨论”，其中“第一、二次讨论都由中国左翼作家联盟直接领导和发动，第三次讨论也是在‘左联’的影响和支持下展开的”[①]；泛论之，涵括了“文艺大众化”在内的“大众化”（及与之相反相成的“化大众”）则是20世纪中国最为强劲的社会与思想潮流之一[②]，时至今日，我们仍能听见它的回响。有关“大众化”的历史叙事通常以清末民初为起始，而20世纪30年代则是一个过渡性的时间段落，它所传达的历史与社会矛盾都萌蘖于前一个十年的文化焦虑，直至后一个十年才获得来自政治权威的裁决[③]。尽管这种富于目的论色彩的历史解释化约了不同论争场域的差异性，但它十分扼要地拈出一组基本线索：“大众”同时是革命动员与启蒙教化的对象，革命与启蒙既是“大众化”的手段，亦是其目的。

由此，有论者20世纪将30年代“文艺大众化”讨论视为“大众化”的拐点，“五四”文学革命的启蒙主义光晕被服从于左翼激进政治的“大众化”口号所荡涤，自兹开启了此后近半个世纪的民粹化的语言与文学运动[④]。这种“革命压倒启蒙”的论调实为“救亡压倒启蒙”的翻版，暗指政治性的“大众化”反对启蒙，是知识分子主体性迷失的根源。然而此种论述却罔顾另一基本事实：在左翼作家两次大规模讨论大众化问题后，接过“大众”旗帜、力倡大众语的恰是一部分非左翼文化人，其目的则在于反对其时的尊孔读经逆流，希图接续“五四”文脉。革命与启蒙的复杂辩证演化，似乎不是一句“革命压倒启蒙”就可囊括的。

---

① 文振庭编《文艺大众化问题讨论资料》，上海文艺出版社1987年版，第482页。下文凡引用此书之处皆简称为“资料”。

② 贾植芳、王同坤《化大众与大众化：逆向的孪生主题》，《文艺理论研究》1997年第5期，第2—10页。

③ 唐小兵《我们怎样想象历史（代导言）》，见唐小兵编《再解读——大众文艺与意识形态》，北京大学出版社2007版，第2页。

④ 赵黎明《“大众语”：五四白话文精英色彩的祛除——对1934年大众语问题讨论的一个观察侧面》，《北方论丛》2007年第5期，第38—42页。

另有学者试图打破启蒙与救亡的两极化叙述，以现代性批判的眼光重审整个20世纪“文艺大众化”思潮。“现代性”的宏大叙事在具体历史脉络中呈现出相当复杂多重的演替形态，因而“20世纪中国‘文艺大众化’思潮不同阶段的现代性嬗变，也具有差异乃至冲突的性质……这种嬗变既使不同阶段的断代研究成为必要，同时使贯通各个阶段的思潮统一关联性研究更形困难”①。也就是说，现代性在不同历史语境中常常呈现彼此断裂、抵牾的具体的问题意识，但它本身又是使“文艺大众化”得以统合为一个潮流的深层线索②。将“文艺大众化”纳入现代性批判的视野，虽然有拿思想史研究取代文学史的偏颇，但无疑也对进一步讨论革命与启蒙的相互化生具有启示作用。

综上，本文的核心关切在于：在“后五四”的语境中，如何重估革命与启蒙的关系？20世纪30年代以上海为中心的“文艺大众化”浪潮开辟了哪些区别于以往的新思路？这些思路在实践过程中、在不同外力作用下产生了怎样的变异？从中我们能否重新勘定某些独特的、兼具革命与启蒙色调的思想？带着上述问题，本文首先以1932年“左联”关于“文艺大众化”讨论为切入点，通过对几篇论战文章的细读，对“左联”领导人瞿秋白倡导的“革命的大众文艺”、“无产阶级的五四”等概念所蕴含的思想价值重作探研。其后，本文将参照1935年前后“大众语论争”中《太白》杂志同人的大众化主张，探讨瞿秋白的革命性思想在这些秉承“五四”启蒙主义精神的言论中是否得到了转换式的延续。

一、瞿秋白的“革命的大众文艺”构想

“从一九三一年十一月起是‘左联’的成熟期，它已基本上摆脱了‘左’的桎梏，开始了蓬勃发展、四面出击的阶段。促成这个转变的，应该给瞿秋白记头功。”③在茅盾的这段表述中，“转变”是最重要的关键词。该月，由冯雪峰起草、瞿秋白付出大量心血的决议《中国无产阶级革命文学的新任务》（以下简称“决议”）经“左联”执委会讨论通过，首度将“文艺大众化”明确为“第一个重大的问题”、“目前最紧要的任务”④，从而开启了“左联”的“大众化”转向。而瞿秋白的两篇论文《普洛大众文艺的现实问题》（以下简称“普洛”）和《大众文艺的问题》（以下简称“大众”）则真正将“决议”所包含的方针铺陈为切实的课题。从写作时间看，“普洛”（作于1931年10月25日）的定稿恰在“决议”颁行之前，但它迟至翌年4月才在《文学》半月刊创刊号上发表。因此，虽然“普洛”属于1932年论争的一部分，但它与论争中其他各篇的联系并不大。挑起

---

① 尤西林《20世纪中国“文艺大众化”思潮的现代性嬗变》，《文学评论》2005年第4期，第63页。

② 同上，第64页。

③ 茅盾《我走过的道路（上）》，人民文学出版社1997年版，第476页。

④《中国无产阶级革命文学的新任务（1931年11月中国左翼作家联盟执行委员会的决议）》，资料，第3—4页。

一时争论、在以后的岁月中亦一再被提及的，是署名“宋阳”的“大众”一文。

然而，在“普洛”与“大众”两个文本之间，存在着不可轻忽的关联。比较两篇论文，“大众”的篇幅只有“普洛”一半左右，芟夷了关于“大众文艺”创作态度的探讨（即“怎么样写”一节），同时延续并更加突出针对“用什么话写”、“写什么东西”的问题的研究。具体而言，“用什么话写”的疑惑来自当时混乱的语言文字状况，不仅古文的文言及梁启超式的文言尚有市场，杂凑了“中国文言文法欧洲文法日本文法和现代文法以及古代白话”[①] 的“五四”式白话亦已蜕变为一种“新文言”，“根本是口头上读不出来的文字”[②]；相形之下，章回体旧小说式的白话发源于民众的口头文学，但不是现代人所说的口语，至多“也只是明朝话或者清朝话”[③]；所以，普洛的、革命的大众文艺“要用现代话来写，要用读出来可以听得懂的话来写”[④]，“尤其应当从运用最浅近的无产阶级的普通话开始”[⑤]。“写什么东西”则是因体裁与形式而起的质询，在这个问题上瞿秋白反对欧化程度较高的新式白话体裁，也不甚赞成泛泛地鼓吹“新的”形式，他更加倾向于说书、滩簧、小调以及连环图画等“旧的”、和口头文学离得很近的形式，但也警醒于一种投降主义式的盲目模仿，要求必须加以改革[⑥]。

从“普洛”到“大众”，一以贯之的是瞿秋白对于大众文艺的语言、形式等方面建设的孜孜钻研态度。然则瞿秋白绝不仅仅是就“言文一致”的目标开展纯粹技术性的思索，而是赋予了大众文艺以特殊的“革命”意涵。在“普洛”一文中，已经出现了“由无产阶级反对着资产阶级而完成资产阶级民权革命的任务”[⑦] 这一表述；而“大众”则进一步将“普洛大众文艺”演述为“革命的大众文艺”，继而用纲领式的语言阐明了新文艺的历史使命：

> 现在决不是简单的笼统的文艺大众化问题，而是创造革命的大众文艺的问题。这是要来一个无产阶级领导之下的文艺复兴运动，无产阶级领导之下的文化革命和文学革命，“无产阶级的五四”——这固然有时是反对资产阶级的斗争，可是在现在的阶段上，这显然还是资产阶级民权主义的任务。问

① 宋阳《大众文艺的问题》，资料，第 57 页。
② 同上，第 58 页。
③ 史铁儿《普洛大众文艺的现实问题》，资料，第 40 页。
④ 同上，第 41 页。
⑤ 宋阳《大众文艺的问题》，资料，第 58—59 页。
⑥ 史铁儿《普洛大众文艺的现实问题》，资料，第 43 页。
⑦ 同上，第 36 页。

题是在这里[①]!

瞿秋白相当引人注目地使用了“无产阶级的文艺复兴”、“无产阶级的五四”等语汇。胡适曾形容新文化运动为“中国的文艺复兴”，但在晚年他亦指责“五四”干扰了中国文艺复兴的进程，将文化运动扭到了政治的轨道上[②]。胡适向来以白话文学革命的功臣自居，瞿秋白却指斥其理论是“文言本位的改良主义”[③]，窄化了白话的定义，导致1925年以后无人再提文学革命问题，白话文阵营曾经的战士宁可去“整理国故”，任由“新文言”卷土重来[④]。由此看来，革命的大众文艺之创制接过了资产阶级民权革命阶段所未能完成的任务，然而由资产阶级知识分子领衔的“文艺复兴”业已主权易手，与“无产阶级的五四”打通了精神血脉，从而以政治运动拓展、激活文化运动的生命力，建立起无产阶级的文化领导权。

时至今日，即便在官方话语里，对于瞿秋白有着浓重泛政治色彩的大众文艺革命主张的评价也是贬多于褒[⑤]。在笔者看来，这些负面评价固然很有道理，却在一定程度上遮蔽了瞿秋白的一些有积极意义的或是值得好好总结的文化政治观点。事实上，在1932年的讨论环境中，瞿秋白的主张亦未曾得到较热烈的响应或是较透彻的理解，表面上左翼作家都在讨论“革命的大众文艺”如何建设，却再也找不出一篇遵循或发展瞿秋白思路的理论文字。

二、“大众文艺革命”讨论的展开与终结

被瞿秋白称为“讨论革命的大众文艺的第一篇文章”[⑥]的，是郑伯奇化名“何大白”撰写的《大众化的核心》，然而我们现在只能见到署名为“何大白”的另一篇《文学的大众化与大众文学》。根据郑伯奇的回忆，他确实作过题为“大

---

① 宋阳《大众文艺的问题》，资料，第55页。瞿秋白在“这显然还是资产阶级民权主义的任务”最后加了一条注释：“这是要无产阶级来领导肃清封建意识的文化斗争，彻底执行这个民权主义的任务；中国的资产阶级已经是反对这种文化革命的力量，他们反而在竭力维持封建意识，维持中世纪式的文化生活，借此更加加重他们的剥削，散布反动的资产阶级的意识；因此，这个文化革命的斗争，同时要是反对资产阶级的，而且准备着革命转变之中的伟大的文化变革——向着社会主义的前途而进行。”

② 胡适口述，唐德刚译注《胡适口述自传》，广西师范大学出版社2005年版，第177页。

③ 史铁儿《普洛大众文艺的现实问题》，资料，第51页。

④ 宋阳《大众文艺的问题》，资料，第56页。

⑤ “……例如作者对于‘五四’文学革命的成绩和意义的评价，显然是有些过低的。和这相关联，对于‘五四’以后的新文学在语言上的成就（白话）的评价，也是有些过低的。又如在论‘大众文学’的语言问题上，有个别句子会使人误解为好象语言是有阶级性的。”引自《“文学编”说明》，见《瞿秋白文集·文学编（第一卷）》，人民文学出版社1985年版，第V页。

⑥ 瞿秋白《“我们”是谁?》，资料，第100页。

众化的核心”的短记，但发表情况不详，亦没有报刊史料能证实他的这个说法[①]。然而瞿的这篇《“我们”是谁》未曾发表过，郑伯奇读到的应该是瞿的手稿。以此推断，《大众化的核心》一文也应该是以手稿的形态被瞿秋白过目的。因此，郑伯奇和瞿秋白之间的讨论基本属于“内部交流”性质。另外，郑伯奇的《文学的大众化与大众文学》刊发于1932年7月的《北斗》第2卷第3、4期合刊上，而瞿的《“我们”是谁》早在5月4日就写毕了，所以《文学的大众化与大众文学》应该是郑在与瞿讨论过后对《大众化的核心》重新修改、补充的产物。

《文学的大众化与大众文学》的论述结构与“普洛”、“大众”两篇有明显的对应关系，分为“问题的混淆”、“普洛文学大众化的意义”等五部分，论战的姿态相当清晰。然而郑伯奇并没有提出全新的大众化方案，他同意将改良汉字、创造新的简字视作知识分子应担负的帮助工农作家成长的责任，也（有保留地）承认普洛化了的旧式大众文艺会是很有力的武器（但他仍强调这些“只是教育上一时的必要”，工农通信、墙头小说、报告文学等新的普洛文艺形式才是更值得考虑的）[②]。总的来说，在如何推进大众化方面，郑伯奇似乎与瞿秋白达成了不少共识。

但郑伯奇保留了一些最初的疑虑。作为1930年《大众文艺》杂志组织的“文艺大众化的诸问题”讨论的亲历者，郑伯奇发现大众化论题的走向在两年间发生了深刻变化，最初的从反动大众文艺手中夺回群众、树立真正启蒙性的大众文艺的号召[③]，一步步地下降成“作家怎样利用这些旧形式，旧技巧而使大众欢迎的问题了”[④]。郑伯奇质疑的是，当左翼作家把焦点移转至题材、形式、言语上时，其背后隐含的知识阶级的立场是否没有丝毫变更？如果是这样，那又何来的“大众化”呢？吊诡的是，郑伯奇从怀疑瞿秋白究竟为什么将注意力聚焦到语文与形式问题上开始，最终却与瞿殊途同归，“认为大众化的任务，是在工农大众中间，造出真正的普洛作家”[⑤]。

在《文学的大众化与大众文学》发表的当月，茅盾以“止敬”的笔名撰写的《问题中的大众文艺》登载在《文学月报》上，瞿秋白阅后立即作了《再论大众文艺答止敬》以示回应。茅盾此文历来受到研究者的高度重视，此处不再复述文中对于技术与文字孰轻孰重的探讨、对“现代中国文”能否成立的实证性分析。值得注意的是，茅盾以一个作家、文学评论者的身份，独立地提出了与郑伯奇旨趣相近的问题，即：为什么要单拿文字问题来开刀？“新文言”真的是阻碍“文

① 郑伯奇《回忆瞿秋白烈士》，转引自姚守中、马光仁、耿易编著《瞿秋白年谱长编》，江苏人民出版社1993年版，第338—339页。

② 何大白《文学的大众化与大众文学》，资料，第77—79页。

③ 郑伯奇《关于文学大众化的问题》，资料，第16—17页。

④ 何大白《文学的大众化与大众文学》，资料，第75页。

⑤ 同上，第76—77页。

艺大众化”的罪魁祸首么？他提出“技术是主，‘文字本身’是末”[①]的观点，认为旧小说之所以比新文艺更吸引大众，在于“合于大众口味的动的描写”“只用很少很扼要的几句写一个动作，又连接许多动作来衬托出人物的悲欢愤怒的境遇，刻画出人物的性格”等技术手段；而“五四”新文学中“知识分子感得颇大兴味的暗示的描写，大众听去就味同嚼蜡”[②]。在后来的回忆录中，茅盾承认自己与瞿秋白在根本前提上就没有取得一致，茅盾理想中的“文艺大众化”是以作家为本位、调动大众喜闻乐见的技术手段进行的创作，而瞿秋白（包括郑伯奇）主张大众自己来搞文艺，因而必得先掌握语言文字[③]。

茅盾与瞿秋白在“技巧还是文字”的论题上各执一端，然而与左翼阵营整体的文化政治抉择相较，他们争执的却都属于“枝节”问题。在1932年最后一期《文学月报》合刊上，李长夏直指瞿、茅视为中心问题的文字和技巧皆属细枝末节，他认为“技巧和形式是一样的要由作品的内容来决定，单独地提出技术和形式问题来，是不适当的”，“言语问题……同样不是普洛文艺的先决条件”[④]。和郑伯奇相似，李长夏在“立”的层面没有任何创见，周扬也在李长夏文后加了一段按语指出他“有着多少左倾空谈的危险的倾向”[⑤]。抛却周扬所指的“倾向”问题，李长夏乃至郑伯奇在大众文艺的语言、形式问题上的态度，其实是左联的主流态度；而瞿秋白的“革命的大众文艺”构想，日渐被推陈出新的政治话语改造、掩盖，成了一种“被放弃的选择”。

与前述左翼作家相较，冯雪峰与周扬的表态更加耐人寻味。冯雪峰认为“我们可以而且应该利用这种大众文艺的旧形式，创造革命的大众文艺”，但他强调“我们的用意是为要和大众一起地从旧的大众文艺里脱离出来，和大众一起地向着新的大众文艺去的”[⑥]。不过，与这种从旧形式中逐渐创建新形式的“革命”相比，冯雪峰更认同于直接采用“国际普洛革命文学的新的大众形式……即如报告文学，墙头小说，大众朗诵诗等等”[⑦]。与冯雪峰相比，周扬的表达更西化、更直接：

> 大众文学应该采取怎样的形式呢？在这里，小的形式（Small forms），如Sketches，简单的报告，政治诗，群众朗读剧等，是非常有用的，它们是单纯的，明快的，朴素的，Dynamic的Heroic的[⑧]。

---

① 止敬《问题中的大众文艺》，资料，第111页。
② 同上，第111—113页。
③ 茅盾《回顾文艺大众化的讨论》，资料，第421页。
④ 李长夏《关于大众文艺问题》，资料，第167—168页。
⑤ 同上，第169页。
⑥ 洛扬《论文学的大众化》，资料，第68页。
⑦ 同上，第69页。
⑧ 起应《关于文学大众化》，资料，第139页。

虽然此时有关“革命的大众文艺”的讨论尚未结束，但周、冯二人的发言已经为其定了调子。在1934年由“大众语”而起的论战中，我们很难见到将语言与形式因素结合起来考虑的文艺论文，交锋的中心全然移向了语文问题一侧。

三、“后五四”与《太白》的大众语实践

1935年10月21日，郑振铎完成了他为《中国新文学大系·文学论争集》撰写的导言。在导言的最后一部分，他写道：

> 现在离开“五四运动”时代，已经将近二十年了，离开那“伟大的十年间”的结束也将近十年了，然而白话文等等的问题也仍还成为问题而讨论着。……
>
> 三番两次的对于白话文学的“反攻”，乃正是白话文运动里所必然要经历过的途程。……所以像章士钊乃至最近汪懋祖辈的反攻，白话文运动者们是大可不必过分的忧虑的——但却不能轻轻的放过了这争斗的机会！有时候不愿意重说一遍的话，却也竟不能不说[①]。

我们不难听出郑振铎的“弦外之音”，它遥遥指向此前一年因汪懋祖《禁习文言与强令读经》而引燃的大论战，论战高潮虽已经过去，个别的议论仍在延续。这场争论牵涉进多股社会力量（国府官员、国语派学者、北方的自由主义文人、独立撰稿人以及不同学科背景的教育界人士等），形成了相当开阔的公共讨论场域，而众声喧哗的状况也使讨论的议程充满了颇富戏剧性的转折[②]。汪懋祖被锁定为文言复古派本属偶然；陈子展、陈望道标举“大众语”，却（经由曹聚仁“煽风点火”）引来“北方学者”的联袂表态；地方土语实践与统一国语的冲突、汉字拉丁化与国语罗马字的对垒，最终汇流为关于简化字的共识。很显然，在整理1919至1927年这“伟大的十年间”的文学论争的过程中，郑振铎也融进了他对眼下问题的鲜明立场。

就在这篇导言定稿之前的一个月，由陈望道主编、上海生活书店发行的《太白》半月刊出到第2卷第12期后终刊，郑振铎正是《太白》的十一位编委之一[③]。《太白》定位于“简明文字的语言艺术杂志”[④]，正如其刊名所暗示，选登

---

① 郑振铎《导言》，见郑振铎编选《中国新文学大系·文学论争集》，良友图书公司1935年版，第20—22页。

② 关于这场论争的具体阶段、论争参与者观点的互动与对话，参见李永东《语体文的欧化与大众化之辩——评1934年的大众语论争》，《湘潭大学学报（哲学社会科学版）》2007年第5期，第107—112页。

③ 《太白》编委会名单：艾寒松、傅东华、郑振铎、朱自清、黎烈文、陈望道、徐调孚、徐懋庸、曹聚仁、叶绍钧、郁达夫。见《太白》1934年第1卷1期。

④ “广告”，见《太白》1934年第1卷2期，第114页。

的文章全部用最白的白话文写成。也可以说，创刊于1934年9月20日的《太白》是“大众语论争”进展至一定阶段后集结起的“大众语阵营”的主要阵地，与国语学者、《论语》派的“白话夹文言”小品文作者形成对峙。用大众语的鼓吹者之一、语言学家乐嗣炳的话讲，“敌人叫嚣要我们拿出大众语的货色来，《太白》就是货色”[①]。

事实上，虽然《太白》经常刊载徐懋庸、周木斋、聂绀弩等人的具有战斗锋芒的杂文，但其着力点是在“大众语”、拉丁化或者民间文艺的建设与发掘上；换言之，无论杂文还是状物抒情的散文，它们本身也是新的简明语言规范的示范性作品。“科学小品”这一体裁是由《太白》首倡，供稿者包括周建人、顾均正、贾祖璋等人，它不只是在“闲适”“性灵”的狭小天地外扩展小品文生命力的可贵尝试，亦可理解为对科学知识的一次“大众化”。叶圣陶、陈子展撰文介绍昆曲、滩簧、花鼓戏等民间文艺形式；陈望道等人一方面探讨采用表音文字记述方言土语的实施方案，另一方面则从理论（译介苏联语言学家马尔的学说）与实证（黄芝岗的《湖南歌谣和广西歌谣的流通》以及廖沫沙等人的对话记录）两重维度去寻求地方土语交融、建构为新的普遍国语的可能性。

不难发现，《太白》的探索方向与瞿秋白的主张时有不谋而合之处，当年即有国民党御用文人指控大众语的“提倡不是始自现在，那时文艺的政治宣传员如宋阳之流，数年前已经很热闹的讨论过——这是继普罗文艺而来的”[②]。不过，在《太白》同人与瞿秋白这些相近的表象背后，毕竟由相异的逻辑在推动：前者以启蒙的接续者自任，不惜以反白话的方式（提倡大众语）保卫白话果实；后者则以革命家的姿态宣示了一种与“五四”断裂的意志，虽然宣称是要完成资产阶级知识分子未能完成的民权革命，但革命后的文化图景是迥异于“五四”的。如果我们将《太白》同人所组成的大众语营垒视为“五四”从启蒙主义者中分化出来的“革命派”，那么“革命家之中的启蒙者”这一头衔，则是对瞿秋白再好不过的描述了。

进入20世纪30年代后期，“大众化”与民族解放战争的巨流缠裹在一起，瞿秋白及进步文化人有关“大众化”的语言、形式的思考被定性为粗浅的认识，取而代之的是“本质的大众性”、“强健深广的革命内容”、“思想感情的人民性，生活的强健与广阔”[③]等等。当“大众”上升为一种泛泛的、全局性的宏大叙事，其内部蕴含的“辩证”张力也随之退隐，“革命”与“启蒙”的丰富意涵皆不复存在。

（作者单位：宋　玉　清华大学中文系
耿传明　南开大学文学院）

---

① 《乐嗣炳谈大众语运动和鲁迅先生》，资料，第411页。

② 焰生《由大众语文文学到国民语文文学》，《社会月报》第1卷3期。

③ 冯雪峰《论民主革命的文艺运动》，见《雪峰文集》第2卷，人民文学出版社1983年版，第174、370页。

一桩搁置了三十年的诗坛公案

——围绕孙犁《玛金诗选序》的评述

□ 阎庆生

20 世纪 80 年代初期，在孙犁与玛金这两位老延安、晋察冀战友之间，发生了一桩诗坛公案。这桩历时已整整 30 年的诗坛公案，至今尚无论者置评。

一

1982 年 4 月 14 日，孙犁应老战友、诗人玛金（1913—2000）之邀为其即将付梓的诗选写了一篇序言，全文约 1500 字。不料，诚心写出的这篇序言，很快即引发了一场波折与是非：先是征序者玛金两发“加急电报”，力陈“万勿发表”，“一定把序言文撤下，以免影响诗集出版”云云；其间，又有一长信略谓：如将此序用在书上，或在任何期刊发表，将使他处于“难堪的境地”。写序者孙犁本人，当初寄发序文时，“稿末照例附言：如不能用，切勿勉强”。当他接到玛金的长信后，“即刻致信刊物，追回稿件外，仍以老友资格，去信向他作了一些解释和安慰”，而对方仍未能消气，遂有拍第二封加急电报之举。玛金的上述言动，使孙犁产生了“这真是当头棒喝，冷水浇头”的感受，随之“若有所悟，亦有所感”。他的“所悟”与“所感”见之于这年 6 月 16 日写的《序的教训》一文[①]。从该文可以看出：此次写序事件对孙犁产生了不轻的刺激，造成了在他一段时间内的不愉快乃至痛苦——而声明“从今而后，不再为别人作序”就是他不快的表征。重要的是，在《序的教训》一文中，孙犁作为一位老作家和编辑家，针对当下文坛风气彰明较著地阐发了“实事求是”的作序原则，连类而及提出了“出版社收稿”的标准和“读者买书”的权衡，并对自己以往写序尤其此次为玛金诗选写序作出了反思。应该说，《序的教训》一文，是孙犁晚年的一篇力作，对当代写序之事是一个有力的警示——不限于文艺界。

征序者既然拒用此序，那么这篇出自孙犁手笔的序言被湮没是自不待言的。吊诡的是，在孙犁发表了《序的教训》（1983 年 1 月 26 日）一文，表达对征序者的微词整整 14 年之后，安徽教育出版社于 1997 年 5 月出版的玛金另一诗集《风暴，我灵魂的音乐！》中，却赫然将孙犁这篇《玛金诗选序》收入“附录”之

① 孙犁《序的教训》，《孙犁全集》（第 7 卷），人民文学出版社 2004 年版，第 45 页。

中。查1983年4月由安徽人民出版社出版的《玛金诗选》——亦即1982年春诗人玛金向孙犁征序出现波折、因而延迟了一年才出版的那本诗集，书前既无序言，书后又无后记与附录。而事过14年后出版的《风暴，我灵魂的音乐!》一书的11篇附录之中，孙犁的《玛金诗选序》排在第4篇，此前是玛金的诗论、书评2篇，少作（诗）1篇；此后是关于玛金诗歌的评论6篇，另有《玛金小传》1篇。上述种种迹象表明：诗序风波一年过后、《玛金诗选》付梓之际，诗人玛金对孙序的气还未消除；直到风波过去十多年之后，玛金虽将孙序收入另一部诗集，但却置于"附录"之中且与6篇评价较高的评论并列而诗人本人对此举并未置一辞——这就昭示玛金对孙序的基本看法并未改变；在本文作者看来，玛金在《风暴，我灵魂的音乐!》的附录中收入孙犁十多年前为另一诗集所作的序言、使之在久被湮没之后浮出水面，不排除有"立此存照"，让读者和评论界去评论之意。而《风暴，我灵魂的音乐!》一书"附录"中所收6篇关于玛金诗歌的评论多为大力褒扬之作，却未道及此前孙犁为《玛金诗选》写序这桩诗坛公案。《风暴，我灵魂中的音乐!》出版迄今15年，而孙犁为《玛金诗选》写序至今已历30个春秋——看来，这桩被搁置了近三分之一世纪、受到"冷处理"的诗坛公案，似乎因为人们碍于某种东西而被回避了。但是，作为科学的学术研究，绝不能回避矛盾，而应当正视矛盾，秉公立论，给这桩诗坛公案的双方予以恰当的评说。如何公允地评价孙犁应邀为《玛金诗选》所撰写的序言及后续的《序的教训》，客观地看待诗人玛金对待孙犁序言的反应与处置方式，以及上述6篇评论与孙犁的评价之间的不小差距——这些正是本文试图论析的问题。

应当强调：在《风暴，我灵魂的音乐!》(1997)出版之前，外界是无由一睹孙犁为《玛金诗选》所写那篇序言文本的，故而那里面说了什么话、对《玛金诗选》到底是如何评论的，也就无由得知了（《序的教训》引用《玛金诗选序》原文的85字非其主要内容）；而《风暴，我灵魂的音乐!》出版后，由于出版单位系作为地方小社的安徽教育出版社，印数仅2000册，发行范围不是很广，以致在很长时间里很多研究人员还不知道孙犁那篇序言已经问世。也就是说，孙犁《玛金诗选序》文本的问世，孙犁研究工作者在很长时间里并不知情；从而孙序在问世之后一直以《孙犁文集》、《耕堂劫后十种》、《孙犁全集》(2004)集外佚文的形态被继续湮没，未能进入研究者的视野。这种由于传播渠道不畅、检索手段不完善所造成的状况，一直延续到2011年。2011年冬，笔者的一位忘年交网友、孙犁专家莫舍拉东先生见告，他在收集有关研究孙犁的书籍时偶然发现了玛金诗集《风暴，我灵魂的音乐!》的"附录"中收入了孙犁的《玛金诗选序》；随后，几位同道比对了有关篇什，作家段华先生发现孙犁在征序方拒用序言数月之后所写的评论《商展思的诗》一文中[①]，将《玛金诗选序》一文前5个自然段完全移植了（约700字），其后面新写了一段，计200余字。笔者复核，这段移用的文字，仅将原文的"写在道路村旁的大石头上"改为"写在道路转弯的大石头

① 孙犁《商展思的诗》，《孙犁全集》(第7卷)，人民文学出版社2004年版，第86页。

上”——显然，孙犁在撰写《商展思的诗》一文移用前序的前半部分文字时，是经过慎重考虑的。那一批晋察冀边区老诗人当年战斗、创作的战争环境、文化条件完全相同——这正是孙犁移用前序部分文字的依据，何况那篇序言已被征序者决绝地拒用了。所以，可以说上述诗序风波造成的后果虽然说不是很严重，但从孙、玛两位老作家的心理感受来说，都因此事造成了相当的不愉快乃至受到某种创伤。两人直到辞世前，并没有就此事进行过沟通，捐弃前嫌，言归于好。但是，细细玩味一下，1982年6月16日孙犁所写《序的教训》一文中，除申述了作序的原则，指出“老朋友如于我衰迈之年，寄希望于我的谀媚虚假之词，那就很谈不上是相互了解了”之后，又站在征序者的立场上设想：“……再一转念，老朋友晚年出一本诗集问世，我确也应该多说一些捧场的话。如觉得无话可说，也可以婉言谢绝。我答应了，而没有从多方面考虑，把序写好，致失求者之望，又伤自己的心，可算是一次经验教训吧。”① 这种说法似可视为一定程度上的检讨与致歉。玛金这方面，在1997年将孙序收入另一部诗集，虽说列于“附录”，但总归不像十几年前那样决绝了——这也可看作一种态度上的“松动”。昔日烽火中的两位老战友，因诗序问题闹了别扭、产生了较大的隔阂乃至中断了往来。这是令人痛心的。现在，当我们评述这桩诗坛公案时，基本的立足点是科学的学理性，但也须兼顾作家的情感与心理体验，将他们作为活生生的、具有血肉之躯的完整的人来看待。这桩诗坛公案的浅层缘由在于：孙犁所写的序言对《玛金诗选》所作的评价与诗人玛金的“受评期待”差距较大；作为征序的诗人玛金和应邀写序的作家孙犁，其主观体验都是诚恳的，但由于认知上的差距不小，自觉不自觉地维护各自的人格尊严，加上在事件进行过程中某种偶然因素起了作用，遂造成了双方在言辞或处置方式上都有欠妥或过激之处。

二

孙犁应邀为《玛金诗选》所写的序言，是否持论公允，符合原作实际呢？

这篇序言共有10个自然段，前5段主要论述抗战时期晋察冀边区诗歌创作的生态环境、几乎每一个文学工作者都经常写诗歌的原因，以及诗人们高涨的革命精神。这些文字充满了深情的回忆与热切的怀恋。不用说，上述文字对理解玛金的诗歌是有帮助的。但是，作为一部诗集的序言，读者和征者所要看的，却是序言里关于对该作品的评价——这正是任何著作序言的主体部分和实质性内容。孙犁的序言接着说：“玛金同志，就是当时诗人中的一个，如果我的记忆不错，他还是很活跃的一个呢！全国革命胜利以后，我们很少见面，但很怀念他。”② 下面提到近日玛金从安徽（玛金进城后先后在天津、北京从事文学编辑等工作，1957年起为安徽文联专业作家）写信来，为他的诗集征序。问题就出在这里：

① 孙犁《序的教训》，《孙犁全集》（第7卷），人民文学出版社2004年版，第146页。

② 孙犁《玛金诗选序》，见玛金《风景，我灵魂的音乐》，安徽教育出版社1997年版，第165页。

玛金寄来的是诗集的“复制件”，而复制件“又很模糊，我只是着重地读了他在抗日战争年代的诗”。孙犁说：“而这一时期的诗，被选录的很少。解放战争时期的诗，又几乎没有。不知道是什么原因，是遗失了吗？我对抗日的诗，最感兴致，这实在是一种不能改变的偏爱了。”[①] 总括地说，客观方面“复制件”“很模糊”，抗日战争年代写的诗被选录的很少，解放战争时期的诗“又几乎没有”；主观方面“近来身体很不好，眼睛也不行”[②]，而在阅读、欣赏兴趣上，“对抗日的诗，最感兴致”乃至已经成为“一种不能改变的偏爱了”。我们知道，诗歌作为“本职专在抒情”（郭沫若语）、放逐或降低了人物和故事情节向度、强化了意象营造和意境创造功夫以及听觉感受的特殊文体，比之其他文体（例如小说）在对文学语言运用上的要求和倚重的程度更高、更严，以至于它把作为文学“第一要素”的语言之运用视为铁律和精髓，历代诗坛名家惨淡经营诗歌语言的诸多典故就是明证。炼字、炼句和炼意成为诗家的基本功，“语不惊人死不休”成为诗界美谈。明乎此，即可推知：由于复制本“很模糊”这一层致命的原因，可能导致《玛金诗选》文本基本的艺术风貌和一些细微之处难以很清晰地呈现在写序者眼前。“模糊”以至于“很”，就是说一些字迹难于辨识，似是而非，最严重的情况恐怕是只能由阅读者以上下文关系（语境）加以猜想了——如果说《玛金诗选》原本有不少或一些力作，那么在字迹“很模糊”的情况下，也就可能被遮蔽。而此一关节点，恰恰又是为征序者的玛金和写序者的孙犁所掉以轻心之处，无论复制诗稿的事是诗人自己经手，或请别人代劳的，玛金总得在复制完毕后再细细检查一下，看看复制得到底怎样，是否有缺漏和其他问题。《玛金诗选序》一文写完后寄发玛金处，诗人对复制本“很模糊”的说法未提出异议，这说明孙犁所言不虚。在这里，给写序者提供的复制本“很模糊”这一点，说明诗人玛金在办理此事有些粗疏或马虎。而在写序者孙犁一方，既然征序者寄来的诗稿复制本“很模糊”，本可写信请对方另行复制清楚一些的，但他却将错就错，也就凑合着读了。“智者千虑，必有一失。”在文本阅读上，一向于文事一丝不苟的孙犁，不自觉地走入了便道，显得有点欠严谨。

接下来，就是对诗稿的阅读面问题。《玛金诗选序》说：“我只是着重读了他在抗日战争年代写的诗。”《序的教训》一文也坦承“诗稿未能通读”。孙犁是开诚布公、和盘托出的，他主观上是善意的。但问题却出在：孙犁对老战友诗集阅读的“兴奋”点在于抗日的诗，而寄来的诗集，“这一时期的诗，被选录的很少”。我们不妨打破沙锅问到底，这“很少”究竟少到了什么程度了呢？据1983年4月出版的《玛金诗选》，主体部分的上辑（下辑为旧体诗）收新诗43首，而写于抗日时期的诗仅仅只有3首，占所收新诗总量的7%。其余40首，其中写于1949年10月3日歌颂新中国成立的1首；写于1957年的5首，除1首是赞扬列宁的，其他4首皆是歌颂新生活包括农业合作化的；写于1958至1964年间

---

① 孙犁《玛金诗选序》，见玛金《风景，我灵魂的音乐》，安徽教育出版社1997年版，第165页。

② 同上。

的 19 首，内容为歌颂大跃进及其以后几年农村生活与建设成就，占所收新诗总量的 44%；写于 1977 至 1982 年的 15 首，占所收新诗总量的 34.9%，其中《祖国啊，我的纤绳——我的歌》（1982 年 9 月）写于拒用孙序之后。显然，写序者孙犁对昔日老战友的诗集在题材向度上的“阅读期待”与诗集的实际之间的差距，是甚为巨大的，是错位的。孙犁曾说：“我最喜爱我写的抗日小说，因为它们是时代、个人的完美真实的结合……”[①] 此种体验历久弥深，在孙犁内心深处形成了一种内驱力十分强大、欲罢不能的“抗日情结”；此种情结，一旦遇到适当的条件就要不自觉地投射出来，反复多次、多历年所之后便形成了一种心理学上所说的“心理定型”。现在，抗日战争时期同在晋察冀边区战斗中的老战友、老诗人送来诗集征序，于是孙犁满怀兴致地要着重欣赏其抗日的诗歌，但是他所读到此题材的诗歌却是少而又少；退而求其次吧，“解放战争时期的诗，又几乎没有”——就题材方面的“阅读期待”而言，孙犁可以说是很失望的。心理学家荣格指出：“不是人支配情结，而是情结支配人。”[②] 一个人如果完全被某一强大的情结（如权力情结、金钱情结、情爱情结、艺术情结等）所支配，那么他的人格必然会呈现出较大的倾斜，于理性精神上有所缺失，这是因为情结属于无意识范畴，带有浓厚的原始性、自发性和情绪性。孙序坦承：“我对抗日的诗，最感兴致，这实在是一种不能改变的偏爱了。”——这就透露了他作为一个从根据地走出来的老作家的“抗日情结”的内驱力之异常强大。自心理活动的规律方面说，因殷切期待阅读抗日的诗的愿望落空而“未能通读”诗稿，尚情有可原；但自写序的基本要求而言，不通读原作而在序文中带有些许贬义的做法，似欠严谨。这一失误具有非理性和理性两方面的原因。我们固然不能苛求于孙犁，但也不必为孙犁回护。换言之，玛金这部诗集中的抗日诗很少，那么除此之外其他题材诗作的艺术水平到底怎么样呢？虽然孙犁“未能通读”诗集，但对于诗集中占到总量 80%左右的反映大跃进及其后续数年间的生产建设面貌与描写新时期社会生活的 30 余篇诗歌，孙犁肯定不会一点儿都未曾寓目，纵令看的很少，总该有几首吧。这就产生了一个问题：孙犁对于抗日诗之外的这两组诗，到底持有怎样的看法或直感，而又为何在序言中对这些诗不置一辞呢？

问题的答案就在《玛金诗选》的文本之中。上述两组诗，在数量上以写大跃进及其后续数年间生产建设面貌的一组为多。它们主要写于 1958、1963、1964 三个年头，是玛金对当年热火朝天、豪情万丈的大跃进场景的诗意感受。《老石工》一诗通过忆苦思甜，写一位老石工为水库开采基石，“和社会主义结成了一体”；《彩壁》一诗，写一位复员军人带领乡亲们艰苦创业，要“把荒僻的山野建成天堂”，高唱“我们都在沿着金光闪闪的道路，/让理想的彩翅不歇地飞扬……”；《从钢铁厂发出的一封信》一诗，把钢铁厂“火红的巨流”比喻为“耀眼的人造霞”，大幅度地夸张说“你（按，指想象中的诗人）会嫌长江是一把窄小

---

① 孙犁《文集自序》，《孙犁选集：理论卷》，陕西师范大学出版社 2003 年版，第 517 页。

② 霍尔等著，冯川译《荣格心理学入门》，生活·读书·新知三联书店 1987 年版，第 73 页。

的弯刀，/耀眼的人造霞，/它只能裁下一片”；《山乡晚会》一诗，描绘了一个山村庆丰收的晚会盛况，赞颂村里“人人夺高产，/年年有余粮”，说晚会的各种器乐的合奏里“只有欢快，/再没有悲伤”，“社员们忽然都涌出了激动的眼泪；/每人的好前程都在彼此的心里闪光”。可以说，玛金笔下的大跃进及其后续数年间的生产建设情景，也许不乏微观上的真实与表面上的形似，但诗人确实未能洞悉这场声势浩大、铺天盖地的运动给城乡生产力带来的巨大破坏以及给人们精神上留下的巨创深痛。或曰：当时不少作家、诗人也是热情歌颂大跃进的，留下了名重一时的小说、散文和诗歌；玛金写于那个时代的诗歌，也具有一定的价值。诚然，在大跃进至“文革”前那个“左”风日炽、浮夸盛行的年代里，思想上真正清醒、创作上独树一帜的作家、诗人是不太多的，但是，须知文学史对作家作品的衡量，真实性是一个最基本、最主要的标准和前提，于此，历史和读者都不会含糊。正因此，当年纵情歌颂大跃进而红极一时的一些文学作品，待到文艺界拨乱反正之后，也就黯然失色了。大跃进时期其他省份的民生情况姑且不论，即以诗人玛金所在的安徽省而言，就发生过好多起严重的饿死人事件。大饥荒的现实很是严峻，淮北、皖东地区死人不少，全省饿死了400多万人；宣城、亳县、凤阳、定远、全椒等县，当时都处在被逼粮而饥饿难熬的水深火热之中，甚至发生了不少吃人事件。据安徽省公安厅原常务副厅长尹曙生《安徽特殊案件的原始记录》一文引述，1961年4月23日，安徽省公安厅向省委写了一个报告、题目是《关于发生案件情况的报告》，报告称：“1959年以来，共发生（特殊案件——作者）1289起。……从作案性质和情节上看，据对1144起案件调查，其中卖给别人吃的36起，其余1108起都是留作自食的。”① 作者以凤阳县的人口统计作为典型例子来印证省公安厅上述报告的真实性：从1958到1961年，凤阳县人口减少39%，全县死绝的有2404户，消失村庄27个，孤寡老人1580人，孤儿3304人②。其饥荒的惨状是十分严重的，令人闻之心寒。我们知道，诗人玛金从1957年起，就在安徽工作，为省文联专业作家，一直到他辞世前都生活在安徽。我们不能责怪他不知道上述宏观统计数据和饥荒之严重程度；但作为一位植根于土地和人民的革命诗人，作为在省城这一各种信息比较灵通的城市生活的一位文化人，不可能对当年大跃进的虚假乃至狂热氛围没有些许感觉，他那诗人的良知没有丝毫的驱动——难道他自己在三年大饥荒时期过得容易吗？他也曾多次深入农村体验生活，难道所见的场面与情景都是莺歌燕舞和火热的战斗吗？——论者可以用配合形势、正面宣传乃至当时诗人对现实的认识具有难以避免的局限性，来为诗人上述的那些歌颂大跃进的诗篇辩护——确实，这样的创作在当时的形势下产生，是可以理解的。但是，事过二十多年，又将其部分地收入诗集之中（收入《玛金诗存》第三辑《果园颂》；又收入《风暴，我灵魂的音乐！》第三辑《果园颂》）而未加任何文字说明，或做出应有的交代与反思，这就表明诗人未能与时

---

① 尹曙生《安徽特殊事件的原始记录》，《炎黄春秋》2009年第10期。

② 同上。

俱进，对于自己昔日写于大跃进期间及其后续数年间的颂诗，不免有所偏爱而缺乏客观的评判了。

写于1958年夏的《彩壁》，如此描绘当时的农村新生活：

每家檐前都有工笔的彩画，
有的是牡丹、有的是凤凰……
每当早晨的炊烟在门前缭绕，
凤凰们好象在云际飞翔。

飞吧，凤凰啊，勇猛地飞吧，
飞向朝阳奔赴的上方！
看，我们都在沿着金光闪闪的道路，
让理想的彩翅不歇地飞扬……

现在，党支书已在别处疗养；
祠堂已改建成社办厂的炉房——
仿佛那颗燃烧的心依旧住在那里，
照耀着每家彩壁上的舞凤飞凰。

显然，这里的描绘与抒情是虚假苍白、缺乏现实根据的，是为那时盛行的时代狂热所鼓荡的。固然，诗人将诗中的主人公设计为昔日战争时期的军人、今日的村支书，赞扬他“让翻了身的农民用自己的双手，/把这荒僻的山野建成天堂”的理想，借以蕴涵对革命传统的发扬——这是偏于情感向度的；但是，诗人在对当时社会现实生活进行理智审视的向度上，明显地陷入了背离真实的绝大夸张，乃至有意无意的粉饰。对革命充满激情，自然无可厚非（这确为玛金诗歌一大特色，为一些论者所一致称道），但历史并不能代替现实，革命、建设事业的得失乃至治国方略的错对，还须以十分清醒的头脑来进行理性的审视。玛金在其于1991年出版的诗集《玛金诗存》所写的序中表白：“我的诗歌美学，从一开始就具有了革命理想主义的灵魂。”同时，他又强调“我的大多数作品都是自50年代后期，从事专业诗创作以后才写出的。本书虽包括前三个集子里的不少作品和1983年以后发表的新作，但是经过这次的反复筛选，留下的数量之少，是我深感惭愧的！”① 值得指出的是，《玛金诗选》上辑第二部分收诗24首，除《列宁》、《护城堤》、《花岗石》、《向日葵和夜风》、《学步》等5首写于1957年，其余19首皆写于1958年至1964年（其中两首篇末未注时间，从其内容看，应属于这一时期），占诗集中新诗43首之44%，为新诗几个块板中比例最高的。这一板块中的9首又收入1991年出版的《玛金诗存》，其中写于1958年、歌唱大

① 玛金《玛金诗存》，安徽教育出版社1991年版，第1—2页。

跃进的4首。玛金在《诗存》的序中，提到该诗集第三辑《果园颂》（共收13首）时，将这组诗作的时间与内容笼统地说成“多半是对于建国后新农村的新生事物，和劳动人民为争取祖国富强、万人幸福而作出积极贡献的美好心灵的赞歌”①。显然，对当年热火朝天的“大跃进”时期的歌颂，在诗人笔锋调转、模糊化处理之下，被拂去了那段狂热而又苦难年月的特殊色彩，变成了一般意义上对新中国成立后农村新生活和劳动人民的歌颂。再看从《玛金诗选》选入《玛金诗存》和《风暴，我灵魂的音乐！》两部诗集中的《从钢铁厂发出的一封信》，这首分明是纵情歌颂大跃进时期大炼钢运动、应当被删汰的诗歌，在诗集《玛金诗选》中，文末照例注明“（作于）1958年9月”（阎按：时当大炼钢铁运动的高潮期），而在《风暴，我灵魂的音乐！》中，却悄然去掉了对作诗时间的上述标注文字。诗人在《玛金诗存》序言中说过这本诗集中所收作品经过“反复筛选”，又说“我在感情上，难免‘敝帚自珍’。此次重新选编出版，无非是‘姑且存之’而已”②。由此可见，他对这首描写大炼钢铁的诗歌的偏爱之深，而又欲淡化其大跃进背景之良苦用心。另外，《玛金诗选》中写于大跃进及其后数年间的诗中，有10首未收入《玛金诗存》、《风暴，我灵魂的音乐！》，其中，有的诗篇如《心里充满了春天》等可能因艺术水平关系而被“筛选”掉了。而另一些诗则恐怕由于其大跃进色彩过浓，而未能入选。譬如《优美和壮丽的歌》描绘清江两岸“美好的风光”。磨坊的水轮向孩子们“诉说自己的喜悦和愿望”：“我要让你们有充足的面粉，/我要让你们有精神的米粮……/为人民献出我全部的精力，/是服务者心里优美的诗章……”；江中木船如此诉说“自己的欢乐和理想”：“我突破风险给你们送来书和画，/送来芬芳的石油，彩色的衣裳……/在危难里为后代夺取幸福，/是战斗者生命中壮丽的诗章……”如此这般地纵情高歌空洞的理想，且涵括了“优美”与“壮丽”这两种主要的传统审美形态，不能不说缺乏现实的根据，游离于当时的生活土壤，割裂了“美”与“真”的血肉依存关系。《梯田的童话》一诗，描写面对昔日被地主霸占、现在“重归主人”的一片片梯田，老妈妈希望孩子们“沿着这梯子步步登天”，“踏着梯子去到霞彩通明的世界”，“在那里开辟无数个果圃和花园”，“一面劳动、一面往上走，/就会永住在金光耀眼的太阳旁边……”而在《徽州，我的“故乡”!》一诗中，诗人革命豪情激荡，回顾方志敏等先烈的英雄事迹，高唱：“来！用先烈的火把焚毁荆棘，/好把‘故乡’建设成天堂!”如果玛金在编选新诗集《风暴，我灵魂的音乐!》时，虑及上述数篇写于60年代初期、依然回荡大跃进宏大音响的诗作，在理论界对大跃进早已作出明确否定、与大跃进相伴而生的虚假的“革命浪漫王义”创作方法也受到广泛而持久的质疑之20世纪90年代末期，要重新推出、摆在读者面前，有伤大雅，于情难堪的话；那么，他的心头肯定把自己写于1958年及其后几年的这批诗作与它们的特殊背景——“大跃进”联系在一起掂量过、踌躇过。他从《玛

① 玛金《玛金诗存》，安徽教育出版社1991年版，第2页。
② 同上，第1—2页。

金诗选》中删汰10首写于1958年及其后几年的诗作，除了有艺术质量方面的考虑，也似乎有删除一些大跃进色彩较为浓郁之诗作、以免过于刺眼的想法。但是，诗人在他自谓的“反复筛选”和“（情感上）敝帚自珍”两维之间，是有矛盾冲突的，不忍对自己那一时期的诗作忍痛割爱，动大手术。于是我们看到，诗集《风暴，我灵魂的音乐！》第三辑仍然收录了选自《玛金诗选》中，写于1958年及其后几年，洋溢着大跃进精神的9首诗歌。

如上所述，孙犁为之写了序言而被征序者拒用的诗集《玛金诗选》，其上辑（新诗）共入选43首，写于大跃进及其后几年、回荡着大跃进豪迈激越旋律的就有19首，约占新诗总篇数44%。而写于抗日战争时期的诗3首；写于1949年10月3日、欢呼新中国成立的诗1首；写于1957歌颂新生活和列宁的诗5首；写于新时期（1977—1982）的诗15首。很明显，《玛金诗选》的新诗整体中，以描写大跃进及其后几年生活这一板块占的比例为最高，这一板块的思想内容与经过拨乱反正之后得到普遍赞同的“恢复现实主义传统”，蔑弃“假、大、空”等文学观念很不协调，甚至异常刺眼。明乎此，就不难了解孙犁在为友人这部诗集写序时，采取了避实就虚，并未做出实质性的褒扬的缘由了。

作家、诗人是敏感的。诗人玛金对孙犁序言的反应虽然偏激，但他从序文看出孙犁对他的诗集并不“看好”这一点却并未走眼。原本期望老友、名家孙犁对其诗集有所赞扬，长期效应且不说，至少当下有利于诗集的出版发行。此种想法也是人之常情。然而，所得并非所求；而玛金拒用孙序的做法，虽然有悖于友道，但就其自身的行为逻辑而言，并不违背他的那份初衷。

世间事往往多“难题”。孙犁在1977年曾说：“对于朋友的作品，是不好写也不好谈的。过誉则有违公论，责备又恐伤私情。”[①] 评论不好写可以不写，话不好谈可以不谈，但昔日烽火中的战友征序征到门上，善良的孙犁怎能拒绝？固然，诗集复制本“很模糊”妨碍了阅读从而影响到评价，但这不过是表面现象，而深层的根由则是诗集中描写大跃进及其后几年的一组诗与孙犁在文学观念包括创作用心、创作方法、真实性的追求等方面实在是难以契合的。于是，他就在序中将晋察冀边区诗歌创作的背景和特点谈得多了一些，而对《玛金诗选》中的作品，仅仅约略言之，并未提出值得赞许的具体艺术特征。孙犁说：“在我的记忆中，玛金同志在为人和创作上，是个非常认真细致的人。对于每篇作品，他是不断思考和修改的。”[②] 他举了《风暴，我发灵魂的音乐！》一诗中的几句“往日，我也曾/在炮声暂时隐没的时候/忆起过明丽的南方”，指出这次校对，诗人把“过”字又划掉了。继而，又说：

> 这也许出于文法，文义方面修辞的需要，但一般读者，是并不注意这个细节的，多一个“过”字，也不影响诗的音响节奏，是完全可以不改的。

---

① 孙犁《伙伴的回忆》，见《孙犁全集》（第5卷），人民文学出版社2004年版，第90页。

② 孙犁《玛金诗选序》，见玛金《风景，我灵魂的音乐》，安徽教育出版社1997年版，第165页。

我总以为，玛金同志在创作上，过于严肃。吟咏得太多，推敲得太多。这有时反倒会影响了创作的生机和生气，也影响作品的产量。

尤其是诗，它是诉诸直觉的，贵冲动，贵喷薄而出，贵浑朴自然。就像石雕和木雕一样，过于雕琢，不断砍削，那作为艺术基础和艺术生命的一部分的原材料，就所剩无几了。

但过于细微，好像又是玛金同志的秉性习惯，恐怕也不容易改变了[①]。

应该说，孙犁的上述看法是独具只眼的。笔者从《玛金诗选》和《风暴，我发灵魂的音乐！》这两部诗集见出，玛金的诗作确实是严紧凝练有余，但浑朴自然不足，在美的形态上略嫌局促。我所见到的上述两部诗集中，还是有一些力作的，如前者的《风暴，我灵魂的音乐！》中的《花岗石》、《唱给护路的小花草》、《祖国啊，我的纤绳—我的歌！》（这首为征序之后所作）；而后者因系十余年后的新选本，整体上的艺术水准要高于《玛金诗选》，推出了一批新的优秀诗篇，如《大海啊，你多么富有！》、《老槐树的对话》、《威力最大的不是雷声》等。问题在于，孙犁为《玛金诗选》所作之序，固然如他说的“对诗作虽无过多表扬，然亦无过多贬抑”，但“不合”征序者之“意”即期待是显而易见的。至于他的序文末所悬想的“我……自不量力，率意直陈。好在我说错了，老朋友是可以谅解的”云云[②]，正如他两个月之后在《序的教训》一文中所说，“是主观的一厢情愿的想法”[③]。

说到底，孙犁之所以不肯对《玛金诗选》作出较高的评价，乃至主要是从叹息其有所缺憾的意义上立论的，是他在不违“公论”又不“伤私情”两极徘徊、平衡的结果。一方面，从原则上把话挑明，完全实话实说，那肯定会大大地伤害友情，这是不能做的；另一方面，违心地说出“谀媚虚假之词”，取悦于友人，又是他不愿为、不屑于为的，因为那是有悖于孙犁视之为生命的职业道德的。写出上述诗序数月之后，孙犁在一封信中说：“作家要有主见和主张，不能轻易受外界的影响，动摇自己的信念，这是作家的道德规范。”[④] 他要作家和评论家“正直”，“凭良心说话”。细读孙犁 80 年代对 1949 年以来当代文学深刻反思的言论，我们不难找到关涉上述诗坛公案的根本原因。1980 年 1 月，孙犁在《耕堂读书记（一）·庄子》一文中说过：“现实主义是古今中外文学创作的主流，它可以说是浪漫主义的基础。失去了现实主义还谈什么浪漫主义？前些年，对现实主义有误解，对浪漫主义的误解尤甚，已经近于歪曲。浪漫主义被当成是说大话，说绝话，说谎话……”“浪漫主义是从现实主义的基础上升华出来，没有凭

① 孙犁《玛金诗选序》，见玛金《风景，我灵魂的音乐》，安徽教育出版社 1997 年版，第 165—166 页。

② 同上，第 166 页。

③ 孙犁《序的教训》，《孙犁全集》（第 7 卷），人民文学出版社 2004 年版，第 147 页。

④ 孙犁《谈作家的立命修身之道——给蒙古族作家佳峻的信》，《孙犁选集：理论卷》，陕西师范大学出版社 2003 年版，第 83 页。

空没想的浪漫主义。海市蜃楼的景象，也得有特定的物质基础，才能出现。”[①]——这是他在新时期之初，文艺界在创作方法上拨乱反正时的明确认识。那么，大跃进及其后几年，孙犁的创作实践和文学主张又如何呢？众所周知，1956年大病后，孙犁于1957—1959年在外地养病；1960年回家，开始大量购买文史古籍，想当藏书家。至“文革”前，他没有写过一篇歌颂大跃进生活的作品，近十年间，仅写了几首诗、几篇回忆性散文、几篇新版作品集的序跋，可以说基本处于搁笔状况。应予特别注意的是：写于1962年年初的打油诗《自嘲》，对大跃进以来张扬的文风与美学弊病，提出了委婉的批评。笔者曾指出：“《自嘲》诗云：‘小技雕虫似笛鸣，惭愧大锣大鼓声。影响沉没噪音里，滴澈人生缝隙中。’细品其味，诗委婉曲折地表达出对大跃进以来文坛五音繁会的鼓噪的不以为然；与别人的大锣大鼓相比，自己的‘笛鸣’（指刚定稿的《风云初记》等），虽小虽低，沉没于噪音里，但却能‘滴澈人生缝隙中’，产生深微的影响。”[②]——由此反观孙犁为《玛金诗选》所写的序言，见出他批评的出发点首先是一位作家、诗人的“为文之道”，是创作主体能否在一定的时代（时期），尤其是在一个狂热的时代真正具有自己的主见和主张；如果创作主体在相当程度缺失了独立的文学观念即使其作品的艺术性仍不失其优长之处，那也是不足道的。孙犁认为，作品的艺术性与思想性是密不可分的：“什么叫艺术性？既然不是技巧，那就有个思想问题。你作品中的思想，究竟达到什么高度，究竟达到什么境界，是不是高的境界，这都可以去比较……文学艺术，需要比较崇高的思想，比较崇高的境界，没有这个，谈艺术很困难。”[③]“思想融化在艺术的感染力量之中。”[④]这些话，见于1980年3月间孙犁与《文艺报》记者的谈话《文学和生活的路》，是他几十年来深思熟虑，上下求索所得的关于文学的艺术性与思想性关系问题的卓识。在这篇刚发表后就得到戏剧大师曹禺激赏的长篇谈话中，孙犁还明确指出：“那种所谓紧跟政治，赶浪头的写法，是写不出好作品的。”“写大跃进的时候，你写那么大的红薯，稻谷那么大的产量，钢铁那么大的数目，登在报上。很快就饿死了人，你就不写了，你的作品就是谎言。”[⑤]回看《玛金诗选》中写大跃进及其后几年的诗，虽算不上闭上眼睛胡吹瞎编之类，但也热情地歌颂大炼钢铁、粮食大丰收、建设“天堂”、丰衣足食的图景，粉饰了我国那一时期真实的社会生活。因之，孙犁在序言中没有赞赏诗集的艺术成就，主要从缺憾方面着笔，而其行文多少有些吞吐难言，不是那么明快自然，也就可以理解了。

说到底，孙犁在《玛金诗选》中，坚守了鲁迅所开创的“好处就好，坏处就

---

① 孙犁《耕堂读书记（一）·庄子》，见《孙犁全集》（第5卷），人民文学出版社2004年版，第294页。

② 阎庆生《晚年孙犁研究》，中国社会科学出版社2004年版，第235页。

③ 孙犁《文学和生活的路》，见《孙犁选集：理论卷》，陕西师范大学出版社2003年版，第469页。

④ 同上，第472页。

⑤ 同上，第472—473页。

坏”的文学批评原则，不发违心之言，不做无原则的吹捧，守住了文学批评的道德底线和批评主体的独立人格。因为，作为文学作品的序言，属于文学批评的范畴。

弄清了如此情由，容或可以对上述被搁置了整整30年的那桩诗坛公案，得到比较深入的理解。诗人玛金，在其有生之年，始终未能对自己的大跃进诗作作出检讨和反思，不能不说是令人遗憾的。从文学批评的根本原则而言，孙犁的序言并无不妥之处。对《玛金诗选》这部诗集收入那组反映大跃进及其后几年的诗作而未加检讨，见出诗人在文学原则上不够明朗坚定，而拒用孙序更显得诗人听不得批评意见，缺乏容人之雅量。两位老延安，在求序/写序的问题上，一位偏向于人情和实用（诗集的出版发行），一位坚执于文学批评的原则，遂产生了一定的冲突，酿成上述小小的诗坛公案。搁置了30年的这桩诗坛公案，随着《玛金诗选》文本被更多的人看到，也应该有望了结了。

三

全面评价诗人玛金的文学成就，不是本文的任务。有关材料显示：玛金陆续出版过《出发集》、《彩壁集》、《玛金诗选》、《玛金诗存》、《风暴，我是灵魂的风暴！》等诗集；因各集所收篇目多有重复，可说玛金诗作的量是不多的。他的几部诗集，写作、编选于不同的年代，内容各异自不待言，艺术水平容或有高有低、参差不齐。在对这位老诗人的诗作进行整体性研究时，上述诗坛公案是绕不过去的。固然，我们不能以这桩诗坛公案贬低玛金诗歌自身的成就，但这桩诗坛公案确实透露了玛金中期诗歌创作的若干环节的缺点乃至一度“跟风”之弊病，从而为评论界全面研究玛金诗作提供了一个不可或缺的视点。《风暴，我灵魂中的音乐！》附录中所收入的著名诗评家陶保玺所写的《高擎着灵魂的诗人——玛金诗艺术成就漫墨》一文指出：“如果说玛金的诗，在50年代后期和60年代初期，给人总的印象是热情歌吟的话，那他就不可避免地曾希冀用他的诗，去营造一座既像中国古典文学中的‘桃花源’，又似西方‘伊甸园’式的现代乌托邦境界。然而，那种彩色玻璃似的幻想楼阁，不久便在社会变革中的暴风雨中动摇了，坍塌了。经过一场大的人生劫难之后，诗人终于发现，他过去所追寻的‘果园’，居然变成了中心解体、信仰破碎、价值悬浮、道德失范、经验世界和文化世界同样混乱的废墟时，他不得不重新回到现实的冷峻人生中来；同样，他不得不重新开始思索人生、思索未来、思索生命的价值。”[①] 正是由于“回到现实中来，去体味人生的凄楚，去正视社会生活中隐忍的创痛”，玛金才在新时期稍后一段时间，在诗艺、诗思上实现了转换和实进，以有力的反思和艺术上的艰巨探索铸成了其晚年诗作“沉郁而又雄健”的风格——陶保玺于1995年在更为宽阔的时段、即晚于孙犁当年写《玛舍诗选序》13年之后得出上述结论，是符合诗

① 见玛金《风景，我灵魂的音乐》，安徽教育出版社1997年版，第195页。

人玛金创作历程和心路历程的实际的，也证实了孙犁于1982年所写的那篇序言，是秉公而言，凭艺术良心说话的。陶保玺的结论是："作为真正的诗人，必须随时保持清醒的头脑和独立不阿的人格。须知，捍卫真理，往往需要付出血的代价！而真诚灵魂的披露，在充满炫目的外装盛行的人生社会里，要保持它的本色，又是何等的艰难！诗人玛金很快地完成了由热情歌吟（颇带几分盲目性和"从属性"）回归灵魂震颤，进而发出心灵呼喊的转换。"[①] 这里的评述是公允的，有深度的；只是用语中"很快地完成了……"的说法与事实稍有出入。根据玛金在1982年——粉碎"四人帮"已经6年了，还在诗集中不肯割舍自己当年所写的歌颂大跃进的一组诗作，毫无反思之意的事实，毋宁说，诗人玛金在新时期的反思与转换并不那么"快"，多少显得有点迟缓。但从其新作中可以看出：他的转换是扎实的，稳健的，有时也是震撼灵魂的。诗人已逝，诗案犹在。我们不难设想：在诗人生命的最后几年，他对孙犁那篇序言的幽怨之气已经消解了一些吧？

众所周知，在文学创作与文学主张上，孙犁都是一位"高人"。很多事情，证实了孙犁对于文学思潮、文化观象和社会历史现象的观察，具有穿透性和超前性。晚年，他"每发偏激之言"，得罪了一些友朋。他被他人认为的"偏激之言"，实为自身作为一位正直的作家根于"良知良能"、"真诚善意"的批评之声。创作和评论上的四平八稳、见风使舵，不消说是圆滑；但要流放真情，"不畏一人之言"，乃至"群言"，却是一件颇为不易之事。晚年孙犁的不少文章，堪称血泪之作。在这方面，孙犁晚年内心有一些难以为广大读者和某些友人理解的无奈和痛苦。他的秉性习惯是，一执起笔来，对于自身和家人、朋友的利害就不考虑了。《玛金诗选序》被玛金拒用、明令"万勿发表"之后，这一事件令老人十分不快，积久成为一个难以平息的心理创伤。如上所述，序文写成两个月，被加急电报拒用之后，孙犁即写成杂文《序的教训》一文。除对征序、写序之本事如实说明外，他还生发开去，破除长期以来的"一个传统的观念"："一部作品，或提名于奖榜之上，或列目于报告之中，或由专家题字，或得权威写评，都可以身价顿增，龙门得跃。但我是一个平凡的人，没有那样大的法力……况文章诗词，究非商品，即是商品，亦如欧阳修所说，市有定价，不以人言口舌定贵贱。"他转而指出了问题的实质所在："鼓吹之于序文，自不可少，然当实事求是，求序者不应把作序者视为乐俑。"[②] 说到这个份上，确实是不讲情面的，但其所指非专为某人，而系指称或一类人。自己好心写出的序文不能被友人体谅、采用，于是孙犁在文末说："因此，现在声明一下：从今以后，不再为别人写序。别人也不要再以此事相求。愿远近支好，诗人作家，一体垂鉴。"[③]

他的态度是决绝的，毫不含糊的。以"直感实言"写序，必吃"苦头"——

① 见玛金《风景，我灵魂的音乐》，安徽教育出版社1997年版，第195-196页。

② 孙犁《玛金诗选序》，见玛金《风景，我灵魂的音乐》，安徽教育出版社1997年版，第147页

③ 同上。

孙犁的教训太深刻了。教训的深刻强化了他的认识，认识的透彻反过来使其心理创伤难以平复，此种创伤化作一种写序/辞序情结，进入了他的无意识。此情结潜伏于孙犁的心理深层，在暗中活动；但对于一位从事文学创作的主体而言，要他与有关作品的写序之事完全无涉，那是不可能的。这件事情发生之后，还有作家请孙犁写序，他说明缘由、推辞了；而给自己的多部作品集，也得写序言。"序"这个词仿佛梦魇一样纠缠着孙犁的灵魂。据莫舍拉东先生考证，请他写序的是曾当过《天津日报》主编、晋察冀的老战友李麦。时间在玛金拒序之后、孙犁的《序的教训》发表（1983年1月26日）之前。老友携《余晖集》书稿和信亲自登门求序，但孙犁拒绝了。他解释说："我正为写序的事苦恼"，"前不久，给一位诗人，也是老朋友，写了一篇序。结果，我那篇序，从已经铸版的刊物上，硬挖下来……因为那位诗人，无论如何不要这篇序，其实，我只是说了说，他写的诗过于雕琢 。因此，我已经写了文章声明，不再给人写序了。"[①] 这位朋友不理解孙犁，拿起书稿就告辞了，此后也不来往了。1987年10月18日，李麦在马路上跌了一跤，死在路上。孙犁闻讯，于第二天写了怀念李麦的散文《黄叶》（未标出李麦之名）。他说："给人写序，不好。不给人写序，也不好。我心里有别扭。"他"终觉是对不起老朋友的"[②]。由此可见，序案和写序问题一直在孙犁心中发酵，对此他怀有痛苦难言的心态。或由于外界文学现象的刺激，或由于自身对一些文学问题思考引发了联想，孙犁的无意识深处潜伏的写序/辞序情结，难免会冒出水面，进入意识的界域。孙犁除于1982年6月26日写了《序的教训》一文，对那件令人不快的事情作了说明和评述外，1982年4月25日作《谈名》、《谈谀》两文，前者有云：在名利问题上"每个人都有不少经验教训，事情昭然，这里也就不详谈了"[③]；后者有云："对老年人，常常是对那些好写诗的老年人，我总说他的诗写得好，至于为了什么，我这里就不详细交待了"，"当今之世，吹捧为上，'教训'二字，可是要常常得罪人，并有时招来祸害的"[④]。1982年12月23日作《谈师》一文，有云：依自己每到年关闭门思过的习惯，今年"检讨"的"是对别人的称师道友，还没有做到深拒固闭，严格谢绝"[⑤]。1983年1月29日作《评论家的妙语》一文，有云："对作品乱加封号，只能助长作家的轻浮，于创作是不利的。"[⑥] 凡此种种，表明孙犁的写序/辞序情结在不时驱动，有时在暗中牵制着他的思绪，而他的理性却一直是十分清醒而又稳定的。一方面，写序事件造成的心理创伤难以平复，需要一定程度的宣泄；另一方面，对实事求是文学批评原则之持守，则是坚如磐石、毫不动摇的——这是一种难得的良知拷问，是人格光辉的自然显露，具有现实的和永久性的伦理价值与审

---

① 孙犁《黄叶》，《孙犁全集》（第8卷），人民文学出版社2004年版，第316页。

② 同上，第317页。

③ 孙犁《谈名》，《孙犁全集》（第6卷），人民文学出版社2004年版，第299页。

④ 孙犁《谈谀》，《孙犁全集》（第6卷），人民文学出版社2004年版，第302页。

⑤ 孙犁《谈师》，《孙犁全集》（第7卷），人民文学出版社2004年版，第139页。

⑥ 孙犁《评论家的妙语》，《孙犁全集》（第7卷），人民文学出版社2004年版，第116页。

美价值。在文学批评领域吹捧之风并未消歇乃至有增无已的今天，孙犁在上述诗坛公案中彰显的人格魅力与殉道精神，应该说不无垂范意义。

综上所述，1982年发生于孙犁、玛金这两位老延安、晋察冀友人之间的这桩诗坛公案，蕴含了文学批评原则与私情世俗的冲突；牵动了当事人双方的情绪冲动，其中又以玛金断然拒用孙序为偏激之举；而孙犁的序言文本，犹豫于公正与私情之间，不得不采取避实就虚、吞吞吐吐言之的言说策略，多有陈述其诗作不足之处之语，未作无原则的称颂。究其深层原因，在于《玛金诗选》中作为最大板块的写于1958年及其后几年的那一组诗，追随那时文坛诗苑盛行的浮夸之风，违背了文学的真实性原则，在文学思想上是孙犁所无法苟同的。诗人玛金，虽然在新时期对几十年前的社会文化作了反思，也写出了一批思想艺术上有突进的优秀诗作，但一真未能公开与上述那一组诗歌割裂，而是将其一收再收，不能说不是个缺憾。这桩公案因故被搁置了30年，今天，应该加以评述，以期通过讨论，得出大体一致的结论。

（作者单位：陕西师范大学文学院）

怨恨及其表达：鲁迅的“国民性”批判

□张克

引言

“国民性”无疑是后发的民族国家在现代性意义建构中争夺最为激烈的命题之一。作为鲁迅文学活动的最早动因，鲁迅的批判“国民性”思想一直在民族主义的思想阐释框架内得到肯定、重复和加强。而实际上，诸如“改造国民性”与“民族主义”的问题并不像人们以为的那么透明和简单。譬如，这可以以鲁迅20世纪30年代对国民党政权授意发起的“民族主义文学”的批评为证。刘禾的研究指出：“鲁迅对民族主义文学的批评，惟妙惟肖地捕捉到一块不确定的领域，民国时期的民族主义者、军阀、帝国主义者以及激进知识分子在这个领域就中国民族主义的意义问题而展开争夺。”[①]“国民性”这一命题，与“中国民族主义”一样，同样是“一块不确定的领域”，充满了“争夺”，甚至可以说鲁迅本人的“国民性”批判中相当大的部分其实是对这种“争夺”方式本身的揭露，用鲁迅的话讲，即“论辩的魂灵”[②]。可悲的是，以鲁迅一人之力揭露的“论辩的魂灵”既不可能周全，更没有些许销声匿迹的迹象。1980年初围绕“国民性”的讨论给笔者的印象是，当时“国民性”在遭遇“阶级性”时为自己的合法性进行辩护时的挣扎与卑怯[③]，除了使人再次回忆起鲁迅的名文《言论自由的界限》之外，恐怕还会得到一个提醒：当下的任何有关“国民性”的再讨论，仍然是一次进行意义“争夺”的在场行为，而非仅仅是知识链条上的追加和重写。因为，对鲁迅批判“国民性”的重述，不仅仅是一个与意识形态相博弈的问题，而是关涉到对中国的现代性建构的历史前提、策略等的设计、表达和争辩。由此，在本章着手进入讨论鲁迅的“国民性”批判之时，先行交代出自己的价值立场或许是必要的。

鲁迅在《当陶元庆君的绘画展览时》一文中曾指出：“我想，必须用存在于现今想要参与世界上的事业的中国人的心里的尺来量，这才懂得他的艺术。”[④]

---

① 刘禾《跨语际实践》，宋伟杰等译，三联书店2002年版，第273页。

② 鲁迅《华盖集·论辩的魂灵》，《鲁迅全集》第3卷，人民文学出版社1981年版，第29页。

③ 参见《鲁迅“国民性思想”讨论集》，鲍晶主编，天津人民出版社1982年版。

④ 鲁迅《而已集·当陶元庆君的绘画展览时》，《鲁迅全集》第3卷，人民文学出版社1981年版，第550页。

笔者试图从鲁迅诸如此类的表述中得到启发，但何谓“存在于现今想要参与世界上的事业的中国人的心里的尺”呢？这恐怕又是一个进行争辩的绝好命题。不过，至少可以得知“存在于现今想要参与世界上的事业的中国人的心里的尺”是在一个特殊的境遇中：世界与中国。这应是我们讨论的第一个基点。

然而即使这一点也面临着反驳。刘小枫就对鲁迅那种以“贾宝玉的口吻”进行的国民性批判不以为然：“对儒教和国民性的批判都还算不上鲁迅自己的思想……鲁迅究竟站在什么立场指控中国传统精神？鲁迅如果仅仅站在贾宝玉思想的立场，被誉为深刻、尖锐的儒家王道和礼教批判，不过用现代话重复了庄子的见解，为人津津乐道的国民性针砭，再现的不过魏晋狂士风范和宝玉的‘残忍乖僻之邪气’，算不上什么‘觉醒’。”[①] 如此说来，鲁迅的“国民性针砭”不过是中

① 刘小枫《拯救与逍遥》(修订本)，上海三联出版社 2001 年版，第 324、325 页。

国传统精神内讧的“现代话”（化）而已[①]？

事实上，关于鲁迅的批判“国民性”，给出的各种本质性的内核界定并不少见，无论是刘小枫给出的“魏晋狂士风范和宝玉的‘残忍乖僻之邪气’”，还是刘禾给出的“将传教士的中国国民性理论‘翻译’”[②]，抑或人们认为的是对阿Q的“精神胜利法”所代表的国民劣根的批判等等，这些问题都牵涉到对“国民性”这一概念和命题的理解。当然，概念、语言只是一个中介，如何接近、凝聚、表

---

① 确乎，愈细看《儒林外史》、《红楼梦》，愈感受到中国文化精神失落的悲怆乃至幻灭情绪。鲁迅在《中国小说史略》中对《儒林外史》“以公心讽世”的感慨，对《红楼梦》中“悲凉之雾，遍被华林，然呼吸而领会者，独宝玉而已”的见识，都表明了他与这一悲怆的文化脉络的至深关联。但学者如刘小枫由此就得出鲁迅“国民性针钵”不过是中国传统精神内讧的“现代话”而已的结论则过于武断了。《儒林外史》、《红楼梦》的基本冲突可谓“文化记忆”与“文化现状”的矛盾，鲁迅的《故事新编》中的大多篇目、乃至《呐喊》、《彷徨》中的诸多作品确实也是这样的思致。但很明显，仅有如此思致是写不出诸如《狂人日记》、《野草》、《阿Q正传》、《祝福》、《孤独者》、《伤逝》那样的作品的。不过，刘小枫的论断渊源有自，那就是其皈依的基督信仰，这确实构成了真正有力的挑战。十余年来，就笔者阅读所见，认真回应这一挑战的惟有徐麟，他在其力作《鲁迅中期思想研究》的结语一章——“走出轴心时代”做出了真诚的对话和犀利的批评。事实上，讨论鲁迅的信仰问题如果刻意回避基督——上帝信仰形态，毋宁是我辈精神上装聋作哑的怯懦。譬如，细读将生命的意义定位于“成为一个基督徒”的克尔凯郭尔对绝望、怀疑、认信、恐惧等等议题的训导书，不难发现在基督——上帝信仰形态的参照下，鲁迅精神世界的焦虑、创伤、粗糙将得到更为切身的理解。鲁迅自己虽也发些“我又不学耶稣，何苦替别人来背十字架呢”的牢骚（鲁迅《而已集·“意表之外”》，《鲁迅全集》第3卷，人民文学出版社1981年版，第496页），但更有如下的专注：“犹太人钉杀耶稣的事，更应该细看。倘若不懂，可以想想福音是什么体。”（鲁迅：《集外集拾遗补编·寸铁》，《鲁迅全集》第8卷，同上，第89页）。中国文化“没有上帝来主持”的问题在鲁迅那里有着重要的意义，正如他所说，“不知道我的性质特别坏，还是脱不出往昔的环境的影响之故，我总觉得复仇是不足为奇的，虽然也并不想诬无抵抗主义者为无人格。但有时也想：报复，谁来裁判，怎能公平呢？便又立刻自答：自己裁判，自己执行；既没有上帝来主持，人便不妨以目偿头，也不妨以头偿目”（鲁迅《坟·杂忆》，《鲁迅全集》第1卷，同上，第223页）。可以想见，未来将有更多的人选择与鲁迅不同的信仰形态，原因复杂，难以一言以蔽之，但与“往昔的环境的影响”的纠缠不如鲁迅那样深切也许是原因之一吧。鲁迅的意义恐怕正在于，在现代中国历史形塑的重要节点上，他直面“没有上帝来主持”的问题，又“脱不出往昔的环境的影响”，所以透过他的个人精神遭遇我们看到的是现代中国人更为复杂的精神心电图。但他拒绝走向皈依上帝的坚持是不少人对他不以为然乃至揶揄愤怒的原因。但鲁迅也曾指出，“现在只要有人做一点事，总就另有人拿了大道理来非难的，例如问‘木刻的最后的目的与价值’就是。这问题之不能答复，和不能答复‘人的最后目的和价值’一样。……但我们不能因为‘也许灭亡’就不做，正如我们知道人的本身一定要死，却还要吃饭也”（鲁迅1935年6月29日致唐英伟的信，《鲁迅全集》第13卷，同上，第163页）。其实，克尔凯郭尔自己倒认为，“当所有的人都在说平安稳妥的时候，如果有一个人发现了危机，如果他觉察到了那恐怖，并且在运用其灵魂中最健康的力量使自己充分地意识到那危机之后，越发感到了眼前的恐怖，这时他使灵魂生长出和保持着与那在生死关头奋力作战的人一样的力量，与那同死亡相抗争的人一样的内在本质——是的，这时我们将会赞颂他”（克尔凯郭尔《十八训导书》，吴琼译，中国工人出版社1997年版，第123页）。

② 刘禾指出：“他根据斯密思著作的日译本，将传教士的中国国民性理论‘翻译’成自己的文学创作，成为现代中国文学最重要的设计师。”（刘禾《跨语际实践》，宋伟杰等译，三联书店2002年版，第88页）

达问题本身才是最重要的。在这一过程中，表达的境遇、方式以及这一切将推出一个什么样的问题，才是我们应该关注的。不过，还是有些词语让我们更为直接地进入鲁迅的话语世界。笔者说的是“奴隶”这个词。

第一节　“奴隶道德”与“怨恨之花”

先请细看增田涉的如下回忆：

> 读鲁迅的著作，和在他的日常谈话里，常常出现“奴隶”这个词。对于我——当时的日本还是独立自主的社会，尽管在经济乃至政治上有统治阶层和被统治阶层，而我虽然也有属于被统治阶层的意识，但是，把这个词放在我和我周围的任何人身上，都不会有切实的感觉。“奴隶”这个词，对于我终究是没有直接触到内心的，只是一般语词的感觉。不过是作为单纯的语言概念接受的。……鲁迅对于本国人民再三地说“奴隶”写“奴隶”，我体会到那是多么切实的带有实体的语言。最初，不留意地听或读时，我好像感到自己具有的“奴隶”这个词的概念，和他那充满切实感觉的词之间，有着特别的距离，而多少有点迷惑了。但是，我逐渐注意到，由于彼此生长环境的不同而产生领会语言的差异。我懂得了生活、经验——环境在决定语言真实意义上的重大程度。
>
> 我知道了鲁迅所说的“奴隶”、“奴隶”，是包藏着中国本身从异民族的专制封建社会求解放在内的诅咒，同时又包藏着从半殖民地的强大外国势力压迫下求解放在内的、二重三重的诅咒。所谓主人与“奴隶”，不是对立的两个概念，这一现实是经常在他的生存中，经常在鼓动他的热情，缠住他的一切思考。这一点，我们必须切实知道。因而我们知道他对自己和自己民族的奴隶地位的自觉，就是跟他的“人”的自觉相联结的，同时也应知道正在这儿就有着决定他的生涯的根据[①]。

“奴隶”一词，一方面联系着鲁迅赋予它的“实体”感，一方面是产生这一切的“环境”，几乎提示出了鲁迅之为鲁迅的秘密之所在，当然也是鲁迅批判“国民性”的原因之所在。鲁迅的“奴隶”词语怕不仅仅是刘小枫所谓“传统精

① 增田涉《鲁迅的印象》，《鲁迅回忆录》（专著下），北京出版社 1999 年版，第 1381—1382 页。

神内讧的现代话（化）”而已吧？[1] 日本学者木山英雄指出：“我以为鲁迅对奴隶性的这么严厉的解剖，多来自于尼采的有关弱者的怨恨和复仇感（Ressentiment）的心理学。”[2] 这是很值得我们注意的线索。哲人尼采把“怨恨”作为道德判断之起源的探究，和他关于基督教的爱是最精巧的“怨恨之花”的断定，是他极度抨击“奴隶道德”的思想源泉：

> 奴隶在道德上进行反抗伊始，怨恨本身变得富有创造性并且娩出价值，这种怨恨发自一些人，他们不能通过采取行动做出直接的反应，而只能以一种想象中的报复得到补偿。所有高贵的道德都产生于一种凯旋式的自我肯定，而奴隶道德则起始于对“外界”，对“他人”，对“非我”的否定：这种否定就是奴隶道德的创造性行动。这种从反方向寻求确定价值的行动——值得注意的是，这是向外界而不是向自身方向寻求价值——这就是一种怨恨：奴隶道德的形成总是先需要一个对立的外部环境，从物理学的角度讲，它需要外界刺激才能出场，这种行动从本质上说是对外界的反应[3]。

尼采的这些论述在他关于怨恨研究意向上的继承者、“怨恨现象学”的重镇——德国现象学大师舍勒看来，“这大约是尼采提出独具特色的命题最重要的段落”[4]。但舍勒在继承了尼采分析意向的同时却得出了和尼采针锋相对的结论，

---

① 鲁迅强烈的“奴隶”感不能仅仅从中国历史、文化本身去寻找原因，即便是从他个人经历上看，他在日本求学期间所体验到的种种屈辱与创伤的心理中均有着强烈的现代的民族国家意识。检视鲁迅的“奴隶”感，需要更宽广的视野。关于奴隶感，关于主奴关系的颠倒与“现代性”创制的关联，人们经常会追溯到黑格尔《精神现象学》里对主奴关系的论述。黑格尔以自我意识的独立或依赖为标准，划定前者是主人，后者是奴隶，但自我意识本身的辩证否定性的确有着促成“主奴颠倒”的倾向，这一思想在尼采、马克思、科耶夫等思想者那里有着不同侧面的借径，形成了“现代性”叙事的激进思想谱系（左派）。（参见高全喜《论相互承认的法权——〈精神现象学〉研究两篇》，北京大学出版社 2004 年版，第 119—173 页。亦可参见高全喜《何种政治？谁之现代性——现代性政治叙事的左右版本及中国语境》，新星出版社 2007 年版。）如果把鲁迅置于这一思想谱系中，不难发现其相通之处甚多，如果借用保守主义的右派思想家施米特的眼光看，鲁迅的文学肯定属于“作为政治过程的伴生性情绪反应”的“政治浪漫派”，其命运同样有着“主奴颠倒”的反讽性：“一切浪漫现象都是受非浪漫力量的控制。昂首超然于各种限制与决断之上的人，变成了异己势力和异己决断的臣仆。”（施米特《政治的浪漫派》，冯克利译，上海人民出版社 2004 年版，第 152—155 页）笔者此处不拟细论施米特“政治的浪漫派”思想有可能带给鲁迅研究的挑战，鲁迅身后在现代中国的形象变迁是否有着“主奴颠倒”的反讽性，相信读者自有判断。

② 木山英雄《文学复古与文学革命——木山英雄中国现代文学思想史论集》，赵京华编译，北京大学出版社 2004 年版，第 251 页。木山英雄的用词正是舍勒关于怨恨的用词 Ressentiment，此词源于法文，赋予它特定意义的是尼采。（参见舍勒《道德建构中的怨恨》，罗悌伦译，《舍勒选集》（上），刘小枫选编，上海三联书店 1999 年版，第 398 页。）

③ 尼采《论道德的谱系》，转引自舍勒《道德建构中的怨恨》，《舍勒选集》（上），刘小枫选编，上海三联书店 1999 年版，第 399—400 页。

④ 舍勒《道德建构中的怨恨》，罗悌伦译，《舍勒选集》（上），刘小枫选编，上海三联书店 1999 年版，第 400 页。

他反驳了尼采把“基督教的爱理念”称为最精巧的“怨恨之花”的断语，转而指出尼采的思想本身、“现代的仁爱”等“现代的世界观”才是“怨恨”的现代产物[①]。有趣的是，关于“怨恨”，舍勒对尼采的反驳出现了它的中国版本，这便是师法舍勒的刘小枫对鲁迅的如下论述：

> 如此“早熟”不过是心灵的一种自我毒害，它源于一种怨恨情态，这种情态使人成为某种特定类型的价值盲并形成相应的价值判断。鲁迅的灵魂在怨恨中早熟，怨恨的毒素已经把人灵中一切美好的东西噬蚀净尽，空虚的灵魂除了鬼魂的自我刻画、冷嘲和热讽，还能向往别的什么高贵的精神？深切了解自己的鲁迅能不对自己绝望？在怨恨中“早熟”的灵魂不可能倾近高贵的精神，基于怨恨的人道精神的爱，也不过是朝所恨的对象打出去的一张牌[②]。

在上述论述中，刘小枫启用的是典型的舍勒的“怨恨形式”理论，认定鲁迅的思想批判是一种怨恨心理，并追溯至其童年的创伤记忆。所谓“心灵的一种自我毒害”正是舍勒给“怨恨”下定义时的用语，而“高贵的精神”则与舍勒所说的那种“价值的一种永恒的层级秩序”有关，“基于怨恨的人道精神的爱”就是被舍勒称为“怨恨”的“现代仁爱”，最后一句中的“打出去的一张牌”也是舍勒在论述怨恨表达的形式结构时的原话。正如舍勒不同意尼采的结论，但肯定了尼采提出的“怨恨”与基督教精神世界的共生关系这样一个深刻的思想那样，对刘小枫的上述论述，笔者认为同样应该如此，我们要做的是把“怨恨”这样一个深湛的思想资源引入到对鲁迅的思想批判及其特有的表达方式的深入探讨中。

舍勒的“怨恨现象学”，“从现象学哲学角度分析怨恨的品质结构和从历史社会学角度分析现代怨恨心态形成的社会条件”[③]。前者关注非历史层面的个体的心性品质，后者则关心历史境域变迁中（传统到现代，基督教社会到现代资本主义社会）承袭的价值秩序与历史中特定的价值偏爱结构之间的关系。在舍勒的探究旨趣上，“怨恨式伦理的产生，与现代化过程同构，在舍勒的分析看来，现代性问题就可以归结为价值体验（价值偏爱）结构的转型（价值位移）”[④]。如果说从介入现代性问题的方式上看，鲁迅同样是穿透种种历史的帷幔，直接触及“价值体验（价值偏爱）结构的转型（价值位移）”。鲁迅在《坟·灯下漫笔》中写道：

> 任凭你爱排场的学者们怎样铺张，修史时候设些什么“汉族发祥时代”“汉族发达时代”“汉族中兴时代”的好题目，好意诚然是可感的，但措辞太绕弯子

① 舍勒《道德建构中的怨恨》，罗悌伦译，《舍勒选集》（上），刘小枫选编，上海三联书店 1999 年版，第 440—530 页。

② 刘小枫《拯救与逍遥》（修订本），上海三联书店 2001 年版，第 339 页。

③ 刘小枫《现代性社会理论绪论》，上海三联书店 1998 年版，第 361 页。

④ 同上，第 377 页。

了。有更其直捷了当的说法在这里——

一，想做奴隶而不得的时代；

二，暂时做稳了奴隶的时代[①]。

这种以“奴隶感”为支点为历史划界的做法，正和《狂人日记》中“狂人”以“吃人”二字打捞起几千年的中国历史的做法一样，当然不是对历史的某种客观性的评论，而是在对历史感知中试图突破“‘先儒’之所谓‘一治一乱’”的循环式的价值体验结构，谋求一种新的体验结构（价值位移）的努力[②]。鲁迅的国民性批判，正是为了催生这种新的体验结构（价值位移）的操作方法，而这个工作才是衡量中国文学的现代性的最终的标准。在这一过程中，是鲁迅批判了尼采所说的奴隶道德的“怨恨”机制，还是鲁迅的批判本身就是“怨恨性批判”？或者“改造国民性”思想本身就是一个“怨恨”性的命题？抑或我们对鲁迅言之凿凿的批判倒是“没有希望的奴隶之邦”深怀怨恨的敌忾[③]？

---

① 鲁迅《坟·灯下漫笔》，《鲁迅全集》第1卷，人民文学出版社1981年版，第213页。

② 笔者提醒注意：学界对先秦儒道法墨诸家的重要典籍中“怨”的分布还缺乏必要的梳理和分析，遑论汉魏乃至唐宋以降。就笔者的阅读所见，《论语》中“怨”一词在所有表示情感的词语中是出现频率最高的，这还不包括和“怨”词义相近的词，如“愠”。此种现象绝非偶然。儒家高度警惕“怨”对个人心性和政治社会伦理秩序两方面从隐蔽走向颠覆的强力冲击，所谓“在邦无怨，在家无怨”（《论语·颜渊》），“不怨天，不尤人”（《论语·宪问》），“唯女子与小人为难养也，近之则不逊，远之则怨”（《论语·阳货》），“放于利而行，多怨”（《论语·里仁》）的告诫比比皆是。道家的《道德经》七十九章则提出了“和大怨，必有余怨，焉可以为善”的深湛命题，和儒家“以直报怨”（《论语·宪问》）、以“匿怨而友其人”为耻（《论语·公冶长》）的主张形成某种呼应。从某种意义上说，中国从古典走向现代的过程有着从“敬天畏人”到“怨天尤人”的精神变迁，笔者深觉有必要以“怨”为线索寻绎中国思想史的内在理路。《论语·颜渊》篇樊迟曾提出过被孔子称赞为“善哉问”的“崇德、修慝、辨惑”的问题。在笔者看来，“崇德”多为世人看重，沦为主流意识，“辩惑”也多以“判教”的形式维护正统，攻伐异端。惟独“修慝”一事，大有讳莫如深之势。“修慝”，意为治理隐匿的恶，杨伯峻先生直接将“慝”等同于“无形的怨恨”，可见“慝”里“怨”的分量有多重。（杨伯峻《论语译注》，中华书局1980年版，第130页）钱锺书先生虽有才气横溢的《诗可以怨》的名文，惜乎只是在中西文化材料的并置中流连往返，未将其引入中国思想的“儒道互补”的幽深之处，这也难怪，文学领域内对“怨诗”的研究大略如是。笔者注意到，张志扬提出，在奢谈重建民族精神之时，“不管如何至大至善至美的融圆，别忘了留一个‘肛门’”。否则，“有善不要真”，“于是‘伪善’与‘媚俗’结伴而行，相得益彰，成了中国的民族精神装着没有肛门、没有屎的一对‘门神’”（张志扬《创伤记忆——中国现代哲学的门槛》，上海三联书店1999年版，第256—257页）。在此意义上，“怨”、“余怨”问题可视为“中国文化”的“修慝”问题——事关如何烛照、纾解中华文化的幽暗之处。可喜的是，近来有年轻学人已开始借舍勒的眼光、文化治疗学的资源来梳理先秦儒学的“怨”问题，惜乎未能紧盯深掘“怨”对中国人心性品质的毒性影响，反而迅速滑落到论证儒家在“怨”治疗上的高明（刘美红《先秦儒家对“怨”的诊断与诊疗》，中山大学出版社2010年版）。

③ 郁达夫于鲁迅逝世的第五日（1936年10月24日）所作的悼文《怀鲁迅》（刊于1936年11月《文学》杂志第七卷第五号）中有：“没有伟大的人物出现的民族，是世界上最可怜的生物之群；有了伟大的人物，而不知拥护，爱戴，崇仰的国家，是没有希望的奴隶之邦。因鲁迅的一死，使人们自觉出了民族的尚可以有为，也因为鲁迅之一死，使人们看出了中国还是奴隶性很浓厚的半绝望的国家。”（郁达夫《怀鲁迅》，收录于《鲁迅研究学术论著资料汇编》（1936—1939），中国社会科学院文学研究所鲁迅研究室编，中国文联出版公司1986年版，第134页）

第二节　怨恨释义

什么是“怨恨”？如果介入到舍勒对尼采关于“怨恨”的批评将导致我们进入西方基督教文明内部的核心地带而无法脱身。就笔者的问题意识而言，尼采与舍勒在非历史的个体心性品质和具体历史境域变迁中特定的价值偏爱结构两方面对“怨恨”的许多经典分析存在着相当的连续性，可资借鉴。所以笔者在下文引述的虽然更多的是舍勒的文字，但这些分析的意旨在尼采那里几乎都可以找到它的源头，只是二人在根本的价值观选择上是双峰对峙的，于是舍勒的表述中再一次上演了信仰与本能、灵与肉、神义与人义的激烈争辩。

舍勒娴熟地运用现象学还原的方法对“怨恨”产生的个体心性品质、结构、机制进行了剖析。他的分析细腻异常，用一种“实事的特征表述或描述来代替给怨恨下定义”，这个定义可谓“舍勒怨恨现象学”的内核：“怨恨是一种有明确的前因后果的心灵自我毒害。这种自我毒害有一种持久的心态，它是因强抑某种情感波动和情绪激动，使其不得发泄而产生的情态；这种‘强抑’的隐忍力通过系统训练而养成。……这种自我毒害产生出某些持久的情态，形成确定样式的价值错觉和与此错觉相应的价值判断。”①

在怨恨的情态中，舍勒首先对那些作为怨恨形成的诸起点阶段之中的情感波动和激动情绪——报复感和报复冲动、仇恨、恶意、羡慕、忌妒、阴毒做了简要但很清晰的分析。例如忌妒并无特定的诱因，而是随着强有力的正价值的出现而震荡，设法使“负价值”升值并逗留其中，期间会伴随强烈的快意。又比如阴毒出现时，“诋毁冲动已经变得更深入而且更内在了，似乎随时准备涌出来，以一种无束的姿态，以一种可笑的方式出现”。至于恶意，则“总在力求创造新的幸灾乐祸的机会，并表明自己如幸灾乐祸一样已经脱离了特定的对象”②。这些精彩的分析就像情感的光谱一般，对于我们不再大而化之而是精准地讨论情感和精神世界多有助益。

在舍勒看来，“怨恨形成的最主要的出发点是报复冲动”。而报复作为一种“回答反应”性的情感波动，其前提是“都必然有过一次攻击或一次伤害”，此可谓是滋养报复冲动的创伤记忆。这种“报复冲动”向“怨恨”的转化还需要具备如下的过程，也由此形成了“怨恨”心理中“报复冲动”的本质特征：“报复事态的两个本质特征主要是：将直接萌发的抗冲动抑制住，或忍住一段时间或至少一会儿，于是，这一抗反应被推到下次或适宜的场合。之所以隐忍，乃因为有远虑，考虑到如果直接作出抗反应会失败；这种考虑与‘不能’、‘软弱’有关。因而，报复本身已经是一种体验，基于一种无能体验的体验，这总是‘弱者’所处的一种情状。”③“怨恨”心理中“报复冲动”的本质特征其实就是“无能体验”、“隐忍”与“报复冲动”的

---

① 舍勒《道德建构中的怨恨》，罗悌伦译，《舍勒选集》（上），刘小枫选编，上海三联书店 1999 年版，第 401 页。

② 同上，第 403 页。

③ 同上，第 401 页。

奇特汇合。由此，“怨恨产生的条件只在于：这些情绪既在内心猛烈翻腾，又感到无法发泄出来，只好‘咬牙强行隐忍’——这或是由于体力虚弱和精神懦弱，或是出于自己害怕和畏惧自己的情绪所针对的对象。因而，就其生长的土壤而言，怨恨首先限于仆人、被统治者、尊严被冒犯而无力自卫的人”[①]。

这样，舍勒对“怨恨”所做的现象学还原，抵达的是人的生存性的比较，这种比较既有自然力量上的（体力虚弱），也有心理情绪上的（害怕和畏惧自己的情绪），更有价值评判上的（精神懦弱）。在这个意义上，“怨恨的根源都与一种特殊的、把自身与别人进行价值攀比的方式有关”[②]。“这样一来，舍勒把分析转移到生存性伦理的水平上。伦理的含义在此不是指道德规范，而是人的共在关系的价值评价系统：伤害者与被伤害者的身位被触及了，无能感也与怨恨者自身的此在相关。因而，怨恨作为一种生存性的情感或心态，反映的是一种特殊样式的人之共在关系。”[③] 究其根本，怨恨作为人的生存性现象，它反映的是人的个体性与类属性的共生关系。

舍勒的“怨恨”分析除了着眼于个体的心态结构，他还提出了某些“境遇”的先验的“怨恨危险”：“除了怨恨形成的这些最一般的条件之外，还有某些类型的怨恨，其出现并不依赖个人的个体品格之类型，因为这些类型的怨恨基于人的某些典型地重返的‘境遇’。我不是说，每一个处于这些‘境遇’中的个人都必定会陷入怨恨，那是很荒谬的。但我要说，这些‘境遇’仅仅因为其形式特点，便已然带有了一份‘怨恨危险’——这与进入境遇之人所具有的特别的人性特征了不相涉。”[④] 在舍勒涉及的“境遇”里，主要有“脆弱的女人”所处的“境遇”、“老一代对下一代的境地”、“婚姻与家庭成员之间的某些典型关系”等，这些其实我们都不陌生，这些地方正是强者与弱者共存且关系密切的地方。

舍勒还特别提及了几种容易滋生“怨恨”的精神类型，如“祭司”、“变节者”和“浪漫心灵类型”。关于“祭司”，舍勒其实承袭了尼采的分析，虽然他并不同意尼采激烈反击基督教道德（“反基督”）的结论[⑤]。舍勒注意到了“祭司类型的人并不依仗世俗的权力手段就代表着世俗权力手段的根本弱点，但是作为一种实在建制的仆人，他们与虔敬者的区别又极其分明，因为他们被卷进了世俗的党派斗争，注定要比其他任何人更坚决地至少在外表上控制自己的激情（比如报复激情、愤怒激情、仇恨激情），随时随地体现并代表‘和平’原则。”在这种情况下，舍勒认为，“只有

---

① 舍勒《道德建构中的怨恨》，罗悌伦译，《舍勒选集》（上），刘小枫选编，上海三联书店 1999 年版，第 404 页。

② 同上，第 409 页。

③ 刘小枫《现代性社会理论绪论》，上海三联书店 1998 年版，第 362—363 页。

④ 舍勒《道德建构中的怨恨》，罗悌伦译，录自《舍勒选集》（上），刘小枫选编，上海三联书店 1999 年版，第 418 页。

⑤ 尼采说：“僧侣们是最恶毒的敌人。何以这样说？因为他们最无能。由于无能，他们滋生的仇恨不仅阴森可怕，而且最为阴险歹毒。世界史上的所有伟大的仇恨者都是僧侣，而且（是）最阴险狡诈的仇恨者。”（尼采《论道德的谱系》，谢地坤译，漓江出版社 2000 年版，第 17 页。）

当祭司与虔敬者合而为一时，这一危险才被彻底杜绝”[1]。舍勒关于“祭司”的论述一定会让我们联想起现代社会的“祭司”——持启蒙立场的知识分子的内心世界，鲁迅笔下的“孔乙己”正是为没有“世俗权力手段的根本弱点”所累，虽然其本身为人善良，善待儿童，看上去“随时随地体现并代表‘和平’原则”，但在内心深处其实是难以隐忍的报复激情的，否则我们就难以理解他的偷书到底为哪般了（详见下文）。

舍勒关于“变节者”的论述则触及了在寻找价值归宿时“批判”性的思维方式的特质：“其新的信仰从精神上讲并非是该信仰的积极意涵，他在生活中不去实现与此意涵相应的目的，只生活在反旧信仰的斗争之中，只为了否定旧信仰而生活。他之所以赞同新意涵，仅只因为这是从他的过去精神中延续下来的报复行动链条中的一环；精神的过去确实像网一样把他缠住了，与之相对的新事物只起着关系网上的一个网眼的作用；他就从这一网眼去否定就事物，批判旧事物。”[2] 在舍勒看来，这种“批判”思维并不仅仅发生在“变节者”这一类精神类型中。因为，“一般而言，任何思想方式都在较轻的程度上暗暗沾染了这种毒素，都认为纯粹的否定和批判具有一种创造力”[3]。可见，“批判”思维本身就是人含有毒性的生存现象。而如下的“批判”无疑应是典型的“怨恨批判”：“人们抵达自己坚定信念的道路，不再是与世界和实事本身直接沟通；只有批判他人意见并通过这一批判，才会形成自己的意见，这样一来，对这些意见之正确性的所谓‘准绳’的追求，就变成思考者至关重要的事情——无论情况如何，怨恨活动都笼罩着思维，伴随其始终；怨恨的虚幻的正价值和判断总隐藏着否定和贬值。由此相反，一切真正的、卓有成效的批判，其基点都在于：不断地在实事本身上检验他人的意见，就是说，其基点并不是怨恨批判支配的原则：怨恨批判把‘实事本身’只视为反对尝试批判自称有效的原则。”[4] 舍勒承认“怨恨活动都笼罩着思维”，这是对的。但他提出的“实事本身”是否先验地存在倒是一个大疑问，这里牵涉到对古典精神秩序或持守或摒弃的古今之争，兹不多做引申。

关于“浪漫心灵类型”，舍勒认为“这类心灵所特有的、对过去历史上某一国度的渴念，并非基于让该时代自身特有的价值和财富的特殊引力，而是基于一种内在的、逃离自身时代的运动；与‘过去’的一切称誉和赞赏总具有一种共鸣的意向——贬低自身时代和现实的意向”[5]。由对“浪漫心灵类型”的分析，舍勒得出了怨恨的形式结构：“对甲表示肯定、赞赏、颂扬，并非因甲之内在品质，而是意在否

① 舍勒《道德建构中的怨恨》，罗悌伦译，《舍勒选集》（上），刘小枫选编，上海三联书店 1999 年版，第 423 页。

② 同上，第 424 页。

③ 同上，第 425 页。

④ 同上，第 425—426 页。

⑤ 同上，第 426 页。

定、贬低、谴责乙这一他者——只是没有直说而已。甲成了朝乙‘打出去的一张牌’。”[①]

对怨恨机制的核心——激情“受一种更为强烈的无能意识的抑制”[②] 的过程，舍勒在尼采虽曾指出过却并未详细描述的情况下，以“抑制过程”为名目进行了详细的剖析。舍勒指出，这种“无能”意识与“一种强烈的忧闷压抑密切相关”。这种无能体验中的心理力量承受着持续的压力，逐渐隐忍成为了强大的抑制力从而起着作用，并且具有加速度性和扩展性。处于“抑制”状态中的激情，一方面具有吸附性，造成抑制的加速；另一方面，“抑制”对象也在不断地变换、推移、扩展。更重要的是，被抑制的激情本身也开始脱离原初的抑制对象，再加上它无法向外发泄，转而向内心深处紧缩、挤压[③]。这种被抑制的激情的向内聚拢势必形成一个“毒源”并控制着身体内部的感觉，最终造成心灵的自我毒害。

以上是对舍勒的怨恨现象学在个体心性层面上相关论述的主要内容的扼要转述。仅就上述引述就不难看出，就是在个体心性层面上，它也提供了对鲁迅的“国民性”批判问题进行探究时相当有益的阐释的触发点。不过，在进行这种阐释之前，还需要一项必要的铺垫工作，这便是对鲁迅身在其中的现代中国语境的注意。

第三节　现代中国的怨恨境遇

舍勒的怨恨现象学大致在两个方向上，即个体的心性品质和具体历史境域变迁中特定的价值偏爱结构上，此所谓舍勒的怨恨现象学和社会学。舍勒在论述“怨恨的根源都与一种特殊的、把自身与别人进行价值攀比的方式有关”时首先是从个体心性品质上着眼的，而实际上如果我们把这一比较的单位从个体扩展到民族国家(或其想象体，例如“现代中国”与“西方”)，那么，舍勒的“怨恨现象学”便不仅仅只是在西方思想的脉络中才能得到领会，它将可能会展现出一个切近中国语境的问题结构。

现代中国，恰恰就是舍勒所提及的那种“仅因为其形式特点，便已然带有了一份‘怨恨危险’的‘境遇’”。老迈颓败的中华帝国艰难迈向现代中国的历程，是以西方列强的文攻武伐为契机的，对于中国的士人来讲，他们无可选择地被抛入了一个严酷的“生存性比较”的境遇中。用鲁迅的话说，已经到了如下的程度：“衣食家室邦国之争，形现既昭，已不可以讳掩；而二士室处，亦有呼吸，于是生颢气之争，强肺者致胜。”[④] 在这种境遇中，国家一次次的失败、苟且，在他们的内心累积的自然是一次胜过一次的屈辱、愤怒和无能的体验。这种无能的体验反过来又会激发起更为焦躁和急迫的“生存性的比较”。于是，这种“生存性的比较”也呈现出逐渐加

---

① 舍勒《道德建构中的怨恨》，罗悌伦译，《舍勒选集》(上)，刘小枫选编，上海三联书店 1999 年版，第 426 页。

② 同上，第 403 页。

③ 同上，第 429 页。

④ 鲁迅《坟·摩罗诗力说》，《鲁迅全集》第 1 卷，人民文学出版社 1981 年版，第 66 页。

速之势，其比较的对象也在不断地变异和深入。按梁启超的说法，便是由器物、制度到了文化根底上：

近50年来，中国人渐渐知道自己的不足了。这点子觉悟，一面算是学问进步的原因，一面也算是学问进步的结果。第一期，先从器物上感觉不足。这种感觉，从鸦片战争后渐渐发动……于是福建船政学堂、上海制造局等渐次设立起来。……第二期，是从制度上感觉不足。……所以拿“变法维新”做一面大旗，在社会上开始运动。……第三期，便是从文化根本上感觉不足……①

所谓“文化根本上感觉不足”，就是批判“国民性”、改造“国民性”在文化形态上的自觉。这当然是在与西方列强进行“生存性比较”时才会得出的屈辱结论。“怨恨的根源都与一种特殊的、把自身与别人进行价值攀比的方式有关。”对于颓败的中国来说，已经从虚荣的价值攀比沦落到亡国灭种的生存恐惧，所以无能的体验情绪更显激烈。从这个意义上，可以说推动中国人回应西方的现代性扩张的内在动力里蕴藏着“怨恨”的力量，既恨他人的跋扈，更恨自己的无能。需要注意的是这一“怨恨”的内驱力有着不同的流动方向和显现形态。自清末以降，关于中西文化的比附、区分、提取，有着繁多的表现形态：体用之争，极端文化保守主义，儒教立国，全盘西化论，全盘反传统，基督教文明的归化……这些形形色色的论辩中不乏报复的冲动，仇恨、恶意、羡慕、忌妒、自卑、怯懦，其中多见阴毒的腔调以及相应的“怨恨批判”的色彩，而这一切同样都渗透进了现代中国的民族国家意识中。

中国士人的现代民族国家意识的构成因素纷繁复杂，但思想主脉却可以以章太炎的如下一段话作为典型概括：“兄弟少小的时候，因读蒋氏《东华录》，其中有戴名世、曾静、查嗣庭诸人的案件，便就胸中发愤，觉得异种乱华，是我们心里第一恨事。后来读郑所南、王船山两先生的书，全是那些保卫汉种的话，民族思想逐渐发达。但两先生的话，却没有甚么学理。自从甲午以后，略看东西各国的书籍，才有学理收拾近来……”② 章太炎的思想成长经历表明，“民族思想逐渐发达”，在根子上是受传统的华夷之辨的“帝统”意识的驱动，而“东西各国的书籍”，更准确地说应是东西方的思想资源，还只能是作为一种“学理”的知识形态而存在。正如徐麟指出的那样，“这种民族意识的自身基础，是文化心理中‘帝统’意识形态的历史沉积物。它实质上就是国家意识，只是它把本质上属于君权—国家的政治危机，转换并泛化成整个民族的生存死亡问题，但其政治中枢仍是国家意识”。相应的，即使到了“五四”时期，“五四启蒙运动在其主流上，仍是一种广义的国家—民族主义政治运动。它的真正机制程序与目的，就在于激发和聚集民族和社会的政治能量，并将

① 梁启超《五十年中国进化概论》，《梁启超选集》，李华兴等编，上海人民出版社1984年版，第833－834页。

② 章太炎《东京留学生欢迎会演说辞》，《章太炎政论选集》（上），汤志钧编，中华书局1977年版，第269页。

它导向社会变革"[1]。在此意义上，此时中国士人的现代民族国家意识的萌生虽有西方民族主义思潮的刺激，但在骨子里更多的还是老调重弹，不能说这其中没有阿Q精神胜利法的影子，其激昂的愤慨姿态下却是无能的体验，这正是怨恨易于滋生的地方。

至于现代民族国家意识的构成因素中的西方学理，莫过于严复阐释的"进化论"了。严复所阐释的"物竞天择，适者生存"的生物进化论观点和"优胜劣汰"、"世道必进"的社会进化理论，与其原属的思想资源相比是否忠实并不重要，重要的是他以"生存性比较"的方式对现代中国的特殊境遇做出了合乎其本质的回答，更是满足了身陷"生存性比较"的"怨恨境遇"中的中国进化论者的心理需求。因为这些进化论者对其的最大领悟是"他们在强者与弱者的位置交换上发现民族救亡的契机"[2]。

此时生活在这样一个境遇里的鲁迅身上有着"怨恨"的毒素毫不奇怪。严复的"进化论"在青年鲁迅心灵上敲起的警钟激起了他与现代中国的核心命题——"比较性生存"的同步振荡。这在鲁迅早期显示其思想骨架的《文化偏至论》、《摩罗诗力说》、《破恶声论》等论文中都有着明显的体现。一个弱国的子民试图谋求国家精神力量的强大，他的着眼点的选择势必首先在这种振荡的幅度内。日本学者北冈正子在考察鲁迅在《摩罗诗力说》中对材料的取舍时得出的结论可作佐证："通过以上对《摩罗诗力说》第八节材料来源的研究就会明白，在代表波兰浪漫主义的三个诗人中，鲁迅着力介绍的是被称为复仇诗人的密茨凯维支和斯沃瓦茨基。其中，鲁迅的视线又贯注在所谓为了达到目的任何伪善、欺骗都应允许的复仇方法上。引起鲁迅重视这点的，是他们这个亡国民族所怀抱的憎恨的牢固念头。"[3] 从鲁迅对波兰浪漫主义文学中反映出的"这个亡国民族所怀抱的憎恨的牢固念头"的择取，不难看出他与现代中国的"怨恨境遇"的同步振荡。但据此认定鲁迅的个体心性品质完全是一种"怨恨机制"，则过于简单化了。就是北冈正子本人也还发现了青年鲁迅思想中"进化论"之外令她感兴趣的其他东西：

> 即使说是同样的冲击，鲁迅却和严复等人不同，他们在强者与弱者的位置交换上发现民族救亡的契机。鲁迅怀疑强者弱者构成的价值体系结构本身，并在这种情况下承受了冲击。而向既存价值体系挑战的鲁迅的"精神进化论"提供奋斗目标和具体形象的，当然惟有"摩罗派"诗人[4]。

一方面鲁迅可以说是无从选择的"从弱者即经常面临灭亡危险的方面接受了进化论"。由于严复的"进化论"契合现代中国这一"怨恨境遇"的"生存性比较"的时代需求，所以它也成为了鲁迅必须承受的"巨大的冲击"。但是，严复的"进化

---

① 徐麟《鲁迅：在言说与生存的边缘》，山东文艺出版社 1997 年版，第 4、7 页。

② 北冈正子《摩罗诗力说材源考》，何乃英译，北京师范大学出版社 1983 年版，第 185 页。

③ 同上，第 179 页。

④ 北冈正子《摩罗诗力说材源考》，何乃英译，北京师范大学出版社 1983 年版，第 184—185 页。

论”恰恰又因它极度契合时代需求而难以超越这种“怨恨境遇”本身。它仅仅“在奴隶及其主人关系的主从位置转化中寻求救国之道”的方法，势必会滑向一种“执进化留良之言语，功小弱而逞欲”的“兽性爱国”。这是青年鲁迅已经不满并极力抨击的[①]。不仅如此，在鲁迅的意识里，这一颠倒弱者与强者位置的救亡方法本身更无法提供启动这一转化的内在精神动力。在这个意义上，以严复的“进化论”为内核的种种关于现代中国的论述，并没有真正面对中国的现代性建制所需要的根柢——人的精神体验结构的更新转型（弱者的自我否定）这一“实事本身”，在这个意义上严复的“进化论”同样是浸染着“怨恨批判”色彩的思想。

鲁迅选择了既与现代中国的“怨恨境遇”同步振荡又对其反抗的道路。“鲁迅这时不在奴隶及其主人关系的主从位置转换中寻求救国之道，而在以人类精神进化为基调的新价值体系的创造中寻找出路，这种特异思想所光照的世界，与西欧以及追随西欧的后进国家的图式完全不同。我们必须研究这个问题的意义。”[②] 北冈正子提出的这个问题需要我们永铭在心，深究为愈。

第四节　怨恨与国民性批判

作为鲁迅思想核心的批判“国民性”思想，人们的关注不可谓不多。鲁迅本人提供的文化上的（礼教吃人）、历史上的（两次异族入侵）线索也可谓深远。但笔者觉得这些线索过于宏阔，我们对“国民性”的分析还需落实到对中国人具体的文化心理的分析上。因为，“在鲁迅那里，‘国民性’当然是一个抽象的整体概念，但作为启蒙主义的对象时，它的实际含义是‘国民人格’，则是一个个体概念。……在鲁迅看来，所谓改造‘国民性’，就是把一个由‘国民性’控制的盲目的民族群体，改变成由独立的个体人格组成的现代社会集体”[③]。鲁迅的“国民性”批判，也着力于对阻碍这种个体独立人格生成的文化心理机制的分析与批判。值得注意的是，鲁迅的刀锋所到之处，第一个加以剖析的心理体验就是无能的“怯懦”（相关的表述有卑怯、怯弱、卑懦……），这是值得深思的。

（一）“怯懦”的怨恨

在鲁迅的早期思想视野里，“怯懦”这种心理体验甚至曾是人类丧失其最原始的力量从而人类文明开始成型时的一个标志：

> 特生民之始，既以武健勇烈，抗拒战斗，渐近于文明矣，化定俗移，转为新懦……

---

① 鲁迅《集外集拾遗补编·破恶声论》，《鲁迅全集》第8卷，人民文学出版社1981年版，第32页。

② 北冈正子《摩罗诗力说材源考》，何乃英译，北京师范大学出版社1983年版，第213页。

③ 徐麟《鲁迅：在言说与生存的边缘》，山东文艺出版社1997年版，第17页。中国文化传统为何缺乏自由意志的讨论、个体人格意识的论述等话题，除徐麟的论述外，可参见邓晓芒《灵之舞——中西人格的表演性》，东方出版社1995年版；亦可参见张东荪《理性与民主》一书中题为“人性与人格”的第三章，岳麓书社2010年版。

吾中国爱智之世……惟自知良懦无可为，乃图脱屣尘埃，惝恍古国，任人群堕于虫兽，而己身以隐逸终。

则驯至卑懦俭啬，退让畏葸，无古民之朴野，有末世之浇漓……[1]

对“卑怯”心理的透视成为了鲁迅“五四”时期透视国民性的重要视角，对“卑怯”心理的分析已经上升到了对国民性心理中的怨恨机制的批判上。譬如1918年鲁迅对“合群的自大”、“爱国的自大”那种“看似猛烈，其实却很卑怯”的批判。鲁迅首先点出了“这便是文化竞争失败之后，不能再见振拔改进的原因”。“所谓文化竞争的失败”触及的正是现代中国作为怨恨境遇本身的特点。

“合群的自大”，“爱国的自大”，是党同伐异，是对少数的天才宣战；……胜了，我是一群中的人，自然也胜了；若败了时，一群中有许多人，未必是我受亏：大凡聚众滋事时，多具这种心理，也就是他们的心理。他们举动，看似猛烈，其实却很卑怯[2]。

1925年，当有人把中国人的“听天由命”和“中庸”归因于“惰性”时，鲁迅毫不客气地指出了这两种说法都只不过是始于“卑怯”的怨恨的托词：“我以为这两种态度的根柢，怕不可仅以惰性了之，其实乃是卑怯。遇见强者，不敢反抗，便以‘中庸’这些话来粉饰，聊以自慰。”[3] 不难看出，鲁迅笔下的“卑怯”，是他对前引舍勒的“怨恨现象学”中所说的那种“基于一种无能体验的体验”的一种有着强烈的价值否定感的表述。但需要注意的是，舍勒也指出，这种体验本身，“总是与‘弱者’所处的一种情状”有关。正像鲁迅本人也无可选择地要生活在“现代中国”这样一个“弱者”境遇一样，“无能体验”本身只是人本能性地对这一境遇的反映而已，并无关涉价值上的高下。鲁迅的价值否定标准来自哪里呢？

来自对“无能体验”本身的如何“体验”上，或者说，鲁迅更为关心的是对这一体验本身的态度及其后续性的情绪流向。鲁迅要求对自己所处的“弱者”甚至是绝望的境遇“睁开了看”，直面血淋淋的现实，而且从这种注视中反而激发起“争天抗俗”的悲剧性的抗争性力量。所以，当尼采所指出的“不能通过采取行动做出直接的反应，而只能以一种想象中的报复得到补偿”的“怨恨机制”成为“无能体验”的重要流向，并且成为了“国民性”心理中的核心部分时，鲁迅的激烈批判也就在所难免了。在《文坛三户》一文中，鲁迅讥讽揶揄的“破落户”的心理正是几尽怨恨式想象的一种主要类型：

一叹天时不良，二叹地理可恶，三叹自己无能。但这无能又并非真无能，乃是自己不屑有能，所以这无能的高尚，倒远在有能之上。你们剑拔弩张，汗

① 鲁迅《坟·摩罗诗力说》，《鲁迅全集》第1卷，人民文学出版社1981年版，第66、67、69页。
② 鲁迅《热风·随感录三十八》，《鲁迅全集》第1卷，人民文学出版社1981年版，第311页。
③ 鲁迅《华盖集·通讯》，《鲁迅全集》第3卷，人民文学出版社1981年版，第26页。

流浃背，到底做成了些什么呢？惟我的颓唐相，是“十年一觉扬州梦”，惟我的破衣上，是“襟上杭州旧酒痕”，连懒态和污渍，也都有历史的甚深意义的。可惜俗人不懂得，于是他们的杰作上，就大抵放射着一种特别的神采，是“顾影自怜”①。

“破落户”的这种“怨恨”想象还仅仅只有粉饰性的“顾影自怜”的“补偿”作用，有时这种怨恨的机制更有着外向的恶毒的攻击性，这也正是鲁迅笔下一针见血地指出的“国骂”的奥妙：“要攻击高门大族的坚固的旧堡垒，却去瞄准他的血统，在战略上，真可谓奇谲的了。最先发明这一句‘他妈的’的人物，确要算一个天才，——然而是一个卑劣的天才。”②对鲁迅做诸如此类的国民性心理的揭露不以为然、甚至讥为“刻薄”、“恶毒”的不乏其人。也许是人们以为这种价值错觉和价值颠倒还只是停留在想象或话语的层面上，并不具有现实的危害性，所以也不必当真。但他们或许没有深思到，这种价值错觉和价值颠倒的“怨恨机制”与如下起于“卑怯”却终于残忍的行动中的心理机制，在骨子里却是毫无二致的：

我觉得中国人所蕴蓄的怨愤已经够多了，自然是受强者的蹂躏所致的。但他们却不很向强者反抗，而反在弱者身上发泄，兵和匪不相争，无枪的百姓却并受兵匪之苦，就是最近便的证据。再露骨地说，怕还可以证明这些人的卑怯。卑怯的人，即使有万丈的愤火，除弱草以外，又能烧掉甚么呢③？

勇者愤怒，抽刃向更强者；怯者愤怒，却抽刃向更弱者。不可救药的民族中，一定有许多英雄，专向孩子们瞪眼。这些孱头们④。

这两种怨恨的形态（诉诸于自我的想象和欺压现实生活中的更弱者），都在试图逃避自己的弱者的情状以及由此产生的“无能的体验”。他们试图复制起一个新的强弱关系，虽或实或虚，但其怨恨的形式结构都是一样的。这种新的强弱关系大体上有两种类型。第一种，在这种关系中并没有变动自己的位置，它想象或寻求一个比“强者”（特别是对自己已经形成压迫感的）更为强势的对象。在这个新的关系中，原先的“强者”颠倒成为了“弱者”。这样通过对原先压迫自己的“强者”的想象性打击，获取了一种虚假的平衡。第二种，在这种新的关系中有自己的位置，它是以想象或寻求比自己更为弱势的对象的形式来完成的。在这种新的关系中，原先的处于弱势的自己颠倒成为了“强者”，奴才变成了主人。实际上，这两种怨恨的形态和形成新的强弱关系的方式，因其在复制新的强者与弱者之间的支配关系这一核心机制的同一性，从来都是二而一的关系。譬如善于在想象中完成这种“怨恨机制”的

① 鲁迅《且介亭杂文二集·文坛三户》，《鲁迅全集》第6卷，人民文学出版社1981年版，第341页。

② 鲁迅《坟·论“他妈的”》，《鲁迅全集》第1卷，人民文学出版社1981年版，第233页。

③ 鲁迅《坟·杂忆》，《鲁迅全集》第1卷，人民文学出版社1981年版，第225页。

④ 鲁迅《华盖集·杂感》，《鲁迅全集》第3卷，人民文学出版社1981年版，第49页。

阿Q是从来不会放弃现实生活中在比自己更为弱势的小尼姑身上找到发泄的机会的。所以，想象世界中的怨恨与现实世界的怨恨，从来就不可能界限分明，不分畛域、互为转换倒是它的真相。

（二）“强者”的怨恨

从“怨恨机制”启动于“无能体验的体验”这一情态来看，似乎正如尼采所说的，怨恨是一种“奴隶”的道德，或者是舍勒所说，“就其生长的土壤而言，怨恨首先限于仆人、被统治者、尊严被冒犯而无力自卫的人”[①]。实际上，“怨恨机制”的核心在于强者与弱者之间的支配关系的复制和颠倒，在这种颠倒中，一方面永远有一个强者和弱者的身位，一方面又没有固定的强者，也没有固定的弱者。这里甚至不存在尼采所说的那种仅仅是“奴隶”在感染“主人”的问题，因为奴隶和主子的身份像跷跷板一样的振荡与变换，使得这种感染是相互的。那些“对于羊显凶兽相”、把自己想象或置身于主子位置的，遵循着的是“怨恨机制”，而那些“对于凶兽则显羊相”的也同样如此。《阿Q正传》里赵老太爷对阿Q的前倨后恭即是如此。鲁迅并非没有看到和不愿承认人在现实中总有相对的强者与弱者之分，因而人总有无能的体验的时候，他批判的是那种集卑怯与凶恶于一身的“怨恨”心理：“在黄金世界还未到来之前，人们恐怕总不免同时含有这两种性质，只看发现时候的情形怎样，就显出勇敢和卑怯的大区别来。可惜中国人对于羊显凶兽相，而对于凶兽则显羊相，所以即使显示着凶兽相，也还是卑怯的国民。这样下去，一定要完结的。”[②]

鲁迅的这一发现使他对国民性心理的“怨恨机制”的批判不仅仅局限在处于社会生活最底层的像阿Q、孔乙己那样的“仆人、被统治者、尊严被冒犯而无力自卫的人”。他还对那些“体面人物”的隐秘的“怨恨心理”做出了一针见血的揭露。以小说《风波》中的“赵七爷”的怨恨心理为例。《风波》中“风波”的真正的根子并不在于“赵七爷”渲染的张勋复辟，而是两年前小人物“七斤”喝醉酒的时候骂过“赵七爷”是贱胎这一令“赵七爷”大失脸面的事件。从社会地位、声望上说，赵七爷无疑是“强者”——“赵七爷是邻村茂源酒店的主人，又是这三十里方圆以内的唯一的出色人物兼学问家；因为有学问，所以又有些遗老的臭味。”从小说中描写的“赵七爷一路走来”时，坐着吃饭的人都纷纷站起来邀请他吃饭的招呼的殷勤上，还有“赵七爷”本人回应时的“也微笑着说‘请请’”来看，“赵七爷”对自己的体面、身份是相当看重的。这也正是他只能以不露痕迹的体面的方式对七斤报复的原因。“他是要等一个机会，使他能够既不失礼法人情，既不被周围人认为自己有失宽宏大度之心，又要达到个人报复的目的。这样，他默默地忍耐了两年，让怨恨之情在内心发着酵，让报复之心在压抑中储着力，因而使之变得阴狠异常，一旦得逞，便会无所不用其极。”[③] 张勋复辟的消息恰恰为“赵七爷”提供了这么一个机会，因为七

---

① 舍勒《道德建构中的怨恨》，罗悌伦译，《舍勒选集》（上），刘小枫选编，上海三联书店 1999 年版，第 404 页。

② 鲁迅《华盖集·忽然想到》，《鲁迅全集》第 3 卷，人民文学出版社 1981 年版，第 61 页。

③ 王富仁《中国反封建思想革命的一面镜子——〈呐喊〉〈彷徨〉综论》，北京师范大学出版社 2000 年版，第 42 页。

斤现在没了辫子，“皇帝坐了龙庭了”之后势必有杀身之祸。从“赵七爷”对张勋复辟的消息的解释来看，与其说他在传递这个消息本身，还不如说他以此消息为由头，以自己的心理需要点染出了一番想象性的图景。在他的点染和想象中，七斤被置身在了一个“留头不留发，留发不留头”的绝境。所以当多嘴的农妇“八一嫂”说了句“衙门里的大老爷没有告示”的话，有可能引发对他的想象性图景质疑时，他“本来是笑着旁观的……却有些生气了”。以至于随着事态的发展，他一方面继续着他的想象和点染来暗示七斤会被杀头的绝境，另一方面几乎是难以遏制地将“八一嫂”也视为了眼中钉，几乎失去了理性控制地“满脸油汗，瞪着眼，准对伊冲过来”。这里需要提醒的是，“赵七爷”行为的几乎失控恰恰表明他在报复的过程中仍然极力“抑制”着仇恨的冲动，让它只能以隐忍的潜流奔突，这是怨恨心理机制的典型反映。而“在这些冲动被‘抑制’的程度上，冲动越来越脱离这一特定的‘基础’和这一特定的人。冲动首先指向这个人可能具有的一切特性、行为、生命标识，然后又指向人身上与冲动相关的一切：其他人，相互关系，乃至事物和环境。冲动犹如种种可能的光电脉冲，‘触发’人”[①]。这正是“赵七爷”从对七斤的报复（抓住七斤的辫子问题不放）转而迁怒于“八一嫂”的内在心理过程。小说对“赵七爷”最后走开时的描写可以说是余味十足：“赵七爷也不细心察访，通过人丛，忽然转入乌桕树后，说道‘你能抵挡他么！’跨上独木桥，扬长去了。”“赵七爷”最后的这一可笑的举动表明他怨恨的冲动之火已经指向周围的“事物和环境”，完成了怨恨心理中的报复冲动在抑制过程中在对象上的变换、推移的几乎全部过程。

需要注意的是“赵七爷”的怨恨心理在酝酿时的一些特点。在舍勒的“怨恨现象学”里，虽然怨恨形成的最主要的出发点是报复冲动和仇恨、恶意、羡慕、嫉妒、阴毒等情感波动和激动情绪，但舍勒明确指出：“然而这一切都不是怨恨。他们只是些怨恨形成的诸起点中的阶段。”在舍勒的精微的分辨下，这些起点转化为怨恨的条件只能是“由于体力虚弱和精神懦弱，或是由于自己害怕和畏惧自己的情绪所针对的对象”导致的“咬牙强行隐忍”，概括地讲，就是“无能体验的体验”[②]。舍勒在此的分析着眼于影响怨恨形成的人的资质因素、心性品质方面。但这种考察对于分析“赵七爷”这样的怨恨心理来讲却是不够的。因为真正促使“赵七爷”的报复欲望隐忍的并不是他的“无能”，而是社会“礼法”。而“礼法”，无疑是一个牵涉到“社会结构”和社会的“价值体验结构”的社会学命题。正像舍勒自己提到的那样，“在所有团体和个人之中，怨恨形成的方式和程度，诚如上述，首先与所涉及的人的资质因素有关，其次与人生活于其中的社会结构有关；但另一方面，社会结构本身又由其时占统治地位的人及其价值体验结构所传承的天赋因素规定”[③]。舍勒就此将对怨恨的分析引入了社会学领域，不过舍勒的分析有着特殊的西方历史形态的背景：

---

① 舍勒《道德建构中的怨恨》，罗悌伦译，《舍勒选集》（上），刘小枫选编，上海三联书店 1999 年版，第 428 页。

② 同上，第 403—404 页。

③ 同上，第 417 页。

久蓄于心的强烈要求、极度的高傲与外在社会地位不相称，特别容易激起报复感。由此引出了一个社会学上的重要命题：群体的与宪政或“习俗”相应的法律地位及其公共效力同群体的实际权力之间的差异越大，怨恨的心理动力就会越聚越多。关键不在于这些因素中的单独某一种，而在于两者间的差异……[①]

所以“旨在均贫富的民主制中”和“有内在等级的社会制度下”，“或在一种等级森严的制度下，社会怨恨恐怕也会很小——事实上也很小”[②]。按照舍勒的这种理论，似乎传统中国不应该有滋生太多社会怨恨的土壤。因为正如鲁迅在《坟·灯下漫笔》的如下表述一样，传统中国的社会结构同样有着典型的等级森严的制度：

但我们自己是早已布置妥帖了，有贵贱，有大小，有上下。自己被人凌虐，但也可以凌虐别人；自己被人吃，但也可以吃别人。一级一级的制驭着，不能动弹，也不想动弹了。因为倘一动弹，虽或有利，然而也有弊[③]。

对舍勒的上述论述应该做具体的分析。在舍勒的考察中，这种两者之间具有规定性关系的“价值体验结构”与“社会结构”很自然地应该有着一致性。这是舍勒将怨恨引入社会学领域分析欧洲从中世纪到现代资本主义社会变迁时的一个潜台词。所以，在他看来，由于中世纪的人的“体验结构”是由上帝或天命提供的，每个人都有他固定的上帝或天命提供的位置，整个社会结构的等级性保证了每个人的位置和义务，他们即使有生存性的攀比，也只是在他们自己的等级范围内。而在现代资本社会，社会结构和人的价值体验都发生了变化，“竞争制度”成为了这一社会的核心，“于是，每一个‘位置’都变成这场普遍追逐中的一个暂时的起点。在这种情况下，奋求之内在的无界限便是奋求之本原实质价值关联和质性价值关联全部失效的后果”[④]。

但这种“社会结构”和社会的“价值体验结构”的一致性只能是西方历史的特殊性而已。我们还需仔细审视传统中国社会，这是一个“社会结构”和社会的“价值体验结构”极为奇特的混合体。

(三) 怨恨的“法、术、势”

中国传统社会的“社会结构”有着类似于西方中世纪社会的等级制度，只不过，不同于西方以宗教背景提供具有统一性的人的“体验结构”，传统中国人的“体验结构”显得颇为驳杂。由于没有宗教背景，表面上，中国传统的“社会结构”的等级制度是由儒家的“正名”和“差序格局”的思想提供论证的，自然，这其中还会借

① 舍勒《道德建构中的怨恨》，罗悌伦译，《舍勒选集》(上)，刘小枫选编，上海三联书店 1999 年，第 405 页。

② 同上，第 406 页。

③ 鲁迅《坟·灯下漫笔》，《鲁迅全集》第 1 卷，人民文学出版社 1981 年版，第 215 页。

④ 舍勒《道德建构中的怨恨》，罗悌伦译，《舍勒选集》(上)，刘小枫选编，上海三联书店 1999 年版，第 413 页。

用以“天命”、“天人相符”等面目出现的鬼神信仰以增加其神秘性和威慑力。儒家等级秩序的思想起点来自于它对以血缘关系为中心的宗法关系的扩展，它实质上是要在整个社会结构中复制起一个大而化之的“父子关系”，《论语·学而》篇里的“本立而道生”的思想讲得再直白不过：“有子曰：‘其为人也孝弟，而好犯上者，鲜矣；不好犯上，而好作乱者，未之有也。君子务本，本立而道生。孝弟也者，其为仁之本与。’”（《论语·学而》）或者只要略翻一下以“孝”劝“忠”的《孝经》，也不难理解这一点。儒家思想的虚弱性则在于它对于这一等级制度的稳定性所开出的处方。这一处方可分为两个层次，一个为更具理想性的“成圣”一途，人人皆为尧舜之时自然就没有任何社会纠纷了；一个为更具有现实感的“必先正名”的“循名责实”的思想。学界对儒家的“圣人”理想人格特征，特别是“仁”的讨论已汗牛充栋，笔者只想指出，如果从处理“怨恨”的角度出发，儒家的“圣人”可以一言以蔽之——“无怨之人”。《论语·述而》篇记载，孔子的著名弟子子贡问孔子“伯夷、叔齐何人也”时，孔子回答道：“古之贤人也。”值得注意的是，子贡得到老师的答案后，紧跟着问道：“怨乎”？孔子的回答则是：“求仁而得仁，又何怨。”当然，“圣人”作为“无怨之人”，只能说明“无怨”是圣人的必要条件（而非充分条件）。《论语·宪问》篇记载，原宪问“克、伐、怨、欲不行焉，可以为仁矣”时，孔子回答：“可以为难矣，仁则吾不知也。”孔子的“吾不知”的态度无论诠释为存而不论或者不同意，都表明孔子关于“仁”保留了它更具理想性的意向。但这一高蹈的理想还需要回到严峻的现实生活中来。儒家维护社会秩序的稳定，在高度强调寄希望于个人德性的完善——即《论语·颜渊》中所说的“崇德、修慝、辨惑”，以求“躬自厚而薄责于人，则远怨矣”（《论语·卫灵公》）外，还需要更具有现实感的社会秩序的安排，这就是儒家以“礼”为理据的“必先正名”的“循名责实”的思想。它试图要求在各个等级位置上的人均能做到“名符其实”，以一种与自己社会身份相匹配的责任感和人情味行为处事，如此则可维持这种等级制的稳定，所谓“君使臣以礼，臣事君以忠”（《论语·八佾》）的要求即是。

但问题是，维持这种等级制秩序的力量根本不可能仅仅是软绵绵的一厢情愿的“名符其实”的“正名”思想，它只能是来自“一级一级的制驭着”的残酷的支配关系。对“社会结构”中的这种支配关系的深湛论述，来自于主张严刑峻法的法家的思想。在笔者看来，中国的法家思想是现实社会残酷斗争经验的理论总结，骨子里是一种以君王的生死存亡为最高利益的弱肉强食的法则[①]。它为这种支配关系的稳定开出的统治处方则是“法、术、势”——即采用或明或暗的权力控制手段来保持社会等级结构的稳定性[②]。不难看出，中国传统社会这种“外儒内法”的“社会结构”催生出了传统中国的“价值体验结构”的特殊性。一方面，儒家的“正名”和“名符其实”要求相应的“礼法”，这些“礼法”从形式上保证了等级制度的合法性，但也同时束缚了各个等级的人的手脚，对人的情绪冲动具有先在的抑制性。《风波》中“赵七爷”怨恨心理的形成正是这样。他对体面的看重实际上就是对自己所在的较高等级身份的看重。正是因为要保持一个文雅的体面形象，所以他对于小人物七斤对自己的诋毁只能先隐忍下来，然后再俟机报复。另一方面，这种形式上的“礼法”在实际的社会结构中需要借助皇权的政治强力才得以贯彻。而在政治的运作中渗透的只能是法家的“法、术、势”。“法、术、势”一方面是服务于原本的社会等级结构的，但它本身遵循的弱肉强食的原则不仅会对儒家先验的等级划定造成威胁，甚至会激发起“竞争”的欲望，挑逗起下层人对权力不可遏制的偷窥乃至攫取的欲望，“彼可取而代之”、“大丈夫当如是”之类的冲动豪情在中国历史上绵延不绝。所以，在传统中国的等级社会结构中，一方面是森严的等级和道貌岸然的“礼法”，一方面却是潜行的、压抑着的“竞争”的欲望。难怪尼采在谈到“犹太人却是那种地地道道地充满怨恨，却又道貌岸然的民族，他们具有一种不可比拟的民众道德的天赋”时，拿来做类比的“有相似天赋的民族”中就有中国[③]。在这种社会结构稳定的时候，除去科举制度能为权力欲求的释放提供极为有限的一丝缝隙外，这种压抑着的“竞争”欲望便以“怨恨”的形式，或在阿Q式的想象中闪现，或在对低一等级的折

---

① 不能说儒家就没有社会秩序控制的意识，恰恰相反，历史证明儒家“德主刑辅”的方式更有利于统治的稳定性。《论语·为政》中有“子曰：道之以政，齐之以刑，民免而无耻；道之以德，齐之以礼，有耻且格”。这里的“刑、“德”关系正是“德主刑辅”。其中，“刑”只有现实的工具性的意义，而“德”以及“德”的理据“礼”则有着来自历史方面的合法性渊源——“子曰：周鉴于二代，郁郁乎文哉！吾从周。”（《论语·八佾》）法家剥落了儒家在“德”、“礼”上持守的神圣性，以功利主义的眼光同样视之为君主的统治手段而已。《韩非子》有“明主之所导制其臣者，二柄而已矣。二柄者，刑、德也。何谓刑德？曰：杀戮之谓刑，庆赏之谓德。为人臣者畏诛罚而利庆赏，故人主自用其刑德，则群臣畏其威而归其利矣”（《韩非子·二柄》）。很明显，这里的儒家的“德”已沦为“归于利”的“庆赏”了。不过，法家极端功利主义的取向倒是提醒我们，儒家“德主刑辅”的“德”与“刑”之间因其渊源不同存在着内在的抵牾，尤其是德的理据——“礼”虽占有道义的制高点，但也因此被粗糙的生存现实所包围，为功利主义所浸染，难免不从历史的高蹈理想沦落为现实处境中的假模假式。鲁迅的小说《肥皂》、《高老夫子》、《理水》、《起死》等都涉及这一问题。上文分析过的鲁迅小说《风波》中“赵七爷”的怨恨心理机制的形成正是因为他碍于礼法才强行隐忍愤怒，内心却又任由怨恨发酵进而俟机报复的结果。

② 有必要对法家的“法、术、势”如何应对“怨”这一问题的处理略做申论。同儒家一样，法家高度警惕“怨”的危害——无论内政：“怒积于上而怨积于下，以积怒而御积怨，则两危矣。”（《韩非子·用人》）还是外交：“有道之君，外无怨仇于邻敌。”（《韩非子·解老》）但法家不诉诸于个人德行、心性品质的变化——盖源于法家对人性恶的认定，而是通过一方面“明赏罚”使“人臣皆宜其能，胜其官”，从而使其“内无伏怨”（《韩非子·用人》）；另一方面则启用严刑峻法加以威慑乃至杀戮。究其根本，法家对“怨”这一人的生存性现象并无儒家那样的“修慝”疏解之意，只不过是功利性的警惕控制而已，显示出其社会控制手段上的残酷性。

③ 尼采《论道德的谱系》，谢地坤译，漓江出版社 2000 年版，第 33 页。

磨中得到发泄。而一旦这种等级森严的社会结构出现了动荡或遭到大面积的摧毁（改朝换代），长期压抑的以怨恨形式出现的对权力的偷窥攫取欲望便会不可遏制地汹涌澎湃起来，这也正是阿Q向往“革命”的真正原因。

（四）孔乙己的怨恨

科举制度的确为中国传统社会的稳定提供了强大的保证，为下层知识精英提供了向上攀爬的通道。但也应该看到，科举制度在提供一丝释放“竞争”欲望的缝隙的同时，也会制造出更大的怨恨。这在鲁迅的小说《孔乙己》中有着深刻的表现。孔乙己是科举竞争中的失败者，不过单纯的失败本身并不足以说明什么。问题是他所置身的社会结构及其在这个社会结构中人们的价值体验结构。小说中对“鲁镇的酒店的格局”的描写耐人寻味，小说开篇即说“鲁镇的酒店的格局，是和别处不同的……”，这似乎是一种着意的提醒，这种格局几乎是孔乙己所置身其中的社会结构的缩影。“当街的曲尺形的大柜台”外是“短衣帮”顾客喝酒的地方，“店面隔壁的房子”里是“穿长衫”顾客喝酒的地方。中间则是酒店掌柜及其伙计活动的地方。位置的里外和着装的长短以及相应的喝酒的方式（站着与坐着，“喝了休息”与“慢慢地坐喝”，仅买一碗酒与“要酒要菜”……）标示的是身份等级的不同①。在这个身份等级严格的情景中，“掌柜是一幅凶脸孔，主顾也没有什么好脸色，教人活泼不得；只有孔乙己到店，才可以笑几声”。孔乙己的独特之处是“孔乙己是站着喝酒而穿长衫的唯一的人”。因为是科举竞争中的失败者，孔乙己早已沦落到社会的底层，势必不断地遭遇到创伤、打击和嘲弄，“皱纹间时常夹着伤痕”。而孔乙己的回应清楚地显现出了一个怨恨者的心理轨迹。对那些遭遇到打击时的心理创伤和意图报复的冲动，穷困潦倒的孔乙己也只能隐忍下来。正像舍勒指出的那样，“这种‘强抑’的隐忍力通过系统训练而养成”②。对于孔乙己来说，他的隐忍是通过自我确认自己的读书人身份（身上的长衫和满口的之乎者也）来完成的。可悲的是这种身份并没有多少现实性，它只能是孔乙己在‘强抑’的隐忍过程中“心灵自我毒害”的表征。“这种自我毒害产生出某些持久的情态，形成确定样式的价值错觉和与此错觉相应的价值判断。”③

孔乙己的“怨恨心理”，不仅有在想象性“价值错觉”中得到补偿这样一种形式，还有另一种更为隐秘的形态。显现出这种形态的是孔乙己的偷书。孔乙己的偷不仅仅是因为生活的穷困，他在对偷何家的书一事的辩解中已经透露出些许奥秘：“窃书不能算偷书……读书人的事，能算偷么？”从孔乙己的这种并不那么自信的价值错觉里，我们可以窥破他更为隐秘的怨恨的内心，这在他又去偷丁举人的举动中

---

① 鲁迅《呐喊·孔乙己》，《鲁迅全集》第1卷，人民文学出版社1981年版，第434—435页。就笔者的阅读所见，注意到这一“鲁镇酒店格局”并加以深入分析的是王富仁的《鲁迅小说的叙事艺术》一文（王富仁《鲁迅小说的叙事艺术》，载王富仁《中国文化的守夜人——鲁迅》，人民文学出版社2002年版，第209—224页）。

② 舍勒《道德建构中的怨恨》，罗悌伦译，录自《舍勒选集》（上），刘小枫选编，上海三联书店1999年版，第401页。

③ 同上。

再次得到了验证。就其个人的品质来讲，孔乙己“品行却比别人好”，对小孩相当的和善，并不具有那种易于产生怨恨心理的个人的“资质因素”。孔乙己对何家、丁举人家的偷书行为是他在科举考试的“竞争”中失败后深度压抑的报复欲望的偶露峥嵘。何家、丁举人家通过科举考试的竞争获得了更多的权力和利益，而这些无疑是一再刺激孔乙己的。孔乙己对何家、丁举人家的窥望乃至偷窃表明他内心的“竞争”欲望并没有熄灭，只是这些欲望因其生活的穷困和无能只能隐忍下来。

孔乙己对科举制度的胜出者的嫉妒与怨恨，必然会遭到这些胜出者的鄙视乃至残害。其实，他们本来是具有相同知识背景的下层精英，只是在狭窄的晋身通道中进行着残酷的生存竞争，努力争取着为数不多的安稳做奴隶的资格①。胜者为王败者为寇，柔弱如孔乙己者，只能在生活的泥泞里心怀隐秘的怨恨苦苦挣扎，社会的凉薄由此可见一斑。

在《孔乙己》中有着隐忍的“竞争”欲望的还不止孔乙己，笔者指的是“短衣帮”们。“短衣帮”觉得孔乙己的可笑之处在于孔乙己的“竞争”欲望与他实际的“无能”之间的反差。但是他们在对孔乙己的嘲弄和取笑时所得到的快活里，有着隐秘而复杂的心理转化机制。在“短衣帮”们的意识里，仿佛是“竞争”欲望出现在孔乙己身上进行了一番失败性的表演一般，而他们对孔乙己这一表演载体的嘲笑和发泄，无疑是为了打击这种“竞争”的欲望本身。问题是，他们为什么会热衷于打击和自己本不相关的孔乙己身上的“竞争”欲望呢？果真是毫不相关吗？难道不是因为他们的“无能”而不敢面对自己内心同样的“竞争”欲望才转而在孔乙己身上寻找释放的通道吗？在他们进行嘲弄和取笑时，孔乙己身上的“竞争”欲望里已经有着“短衣帮”们自己的心理投射，通过对孔乙己的嘲笑，他们实质上是以嘲笑的方式来打击和抑制自身的“竞争”欲望。舍勒的如下描述足以解释孔乙己与“短衣帮”们这种共通的“怨恨心理”：

> 无论他暗里怎么对它们愤懑，想把它们“逐出世界”，以摆脱陷于欲望与无能之间的冲突之苦，它们却偏偏在此争相涌现！视而不见并不总是做得到的，而且常常不起作用。这类现象一旦不可抗御地涌上心头，则只消对之一顾便足以使仇恨冲动朝该现象的某载体发泄……②

---

① 从维护政权的稳定上（尊君）着眼，法家对拥有某种知识或技能的五类分子（法家著作《商君书·算地》篇提及的诗书谈说之士、勇士、处士、商贾之士、技艺之士）都不放心，尤其是对好发议论的诗书谈说之士更是如此。在法家的政治路线下，只有安分守己、埋头生产的农民和能无条件为君王卖命的战士才是有用的。孔乙己作为底层的诗书谈说之士，自然是最为无用之人，但他对权力的觊觎又对底层的社会秩序存在着潜在的威胁，势必为丁举人之流所不容。关于法家对五类分子的统治术，可参见余英时的《反智论与中国政治传统——论儒、道、法三家政治思想的分野与汇流》一文中“法家的反智论”一节。（余英时《反智论与中国政治传统》，收录于《中国思想的现代诠释》，江苏人民出版社 1998 年版，第 77—86 页。）

② 舍勒《道德建构中的怨恨》，罗悌伦译，《舍勒选集》（上），刘小枫选编，上海三联书店 1999 年版，第 434 页。

可怜的孔乙己，只是“短衣帮”们怨恨发泄的“载体”而已。这人世的凉薄里掩饰不住的尽是懦弱与残忍。

(五)“狮子似的凶心，兔子的怯弱，狐狸的狡猾”

鲁迅对“国民性”心理的“怨恨机制”的批判可以说渗透到了其作品的每一个角落。譬如在《魏晋风度及文章与药及酒之关系》中对曹植说“文章小道”的“违心之论”的分析[①]，对嵇康阮籍内心隐秘的戳穿[②]；对《红楼梦》里的“憎人却不过是爱人者的败亡的逃路”的感慨[③]；对以“外国也有”的借口为中国的某些东西辩护的讥讽[④]，对“民气说”的批判[⑤]；对京派和海派在论争的表象下“实践了‘因为爱他，所以恨他’的妙语”的揭露[⑥]，对那种看起来“纵使他如何义形于色”，却“对于黑暗的主力，不置一辞，不发一矢，而但向‘弱者’唠叨不已”的“杀人者的帮凶”的愤怒……[⑦]在鲁迅这里，他高度警惕并撕破形形色色的始于“卑怯”的怨恨心理的各种外显形式，因为卑怯经过怨恨的发酵后不仅仅具有内向的自我毒害性质，更有着外向的恶毒的攻击力。如果用最简单的方式对此加以表述，莫过于鲁迅《狂人日记》中的一句：

> 狮子似的凶心，兔子的怯弱，狐狸的狡猾……[⑧]

怨恨的实质可以说正是“狮子似的凶心”、“兔子的怯弱”、“狐狸的狡猾”三者

---

① 鲁迅的《而已集·魏晋风度及文章与药及酒之关系》中有“子建活动的目标在于政治，政治方面不甚得志，遂说文章是无用了”。(《鲁迅全集》第3卷，人民文学出版社1981年版，第504页。)

② 鲁迅指出：“表面上毁坏礼教者，实则倒是承认礼教，太相信礼教。”(鲁迅《而已集·魏晋风度及文章与药及酒之关系》，《鲁迅全集》第3卷，人民文学出版社1981年版，第513页。)

③ 鲁迅写道：“在我的眼下的宝玉，却看见他看见许多死亡；证成多所爱者，当大苦恼，因为世上，不幸人多。惟憎人者，幸灾乐祸，于一生中，得小欢喜，少有罣碍。然而憎人却不过是爱人者的败亡的逃路，与宝玉之终于出家，同一小器。但在作《红楼梦》时的思想，大约也止能如此。”(鲁迅：《集外集拾遗补编·〈绛洞花主〉小引》，《鲁迅全集》第8卷，人民文学出版社1981年版，第145页。)“同一小器”、“大约也止能如此”的感慨说明，鲁迅既有体贴理解《红楼梦》伟大之处的一面，又有着试图挣脱其局限性的一面，而这要挣脱的正是怨恨易汇聚之地——“憎人却不过是爱人者的败亡的逃路”这一点。

④ 鲁迅《准风月谈·外国也有》，《鲁迅全集》第5卷，人民文学出版社1981年版，第345页。

⑤ 相关文章有《坟·杂忆》、《热风·恨恨而死》、《华盖集·忽然想到（十至十一）》、《华盖集·补白》、《华盖集续编·“死地”》、《华盖集续编·无花的蔷薇之二》、《华盖集续编·空谈》等。

⑥ 鲁迅《且介亭杂文二集·“京派”和“海派”》，《鲁迅全集》第6卷，人民文学出版社1981年版，第302页。

⑦ 鲁迅《花边文学·论秦理斋夫人事》，《鲁迅全集》第5卷，人民文学出版社1981年版，第482页。

⑧ 鲁迅的这一表述让人联想起尼采在论述牧师的怨恨时有关“熊的凶猛、冷酷，猎豹和狐狸的狡诈”的表述：“牧师是最病弱的动物的第一种形式，它最容易蔑视而不是恨。显而易见，他会努力进行一场利用食肉兽的战争，一场狡诈（“精神”的）战争，而不是暴力战争——他一定会发现，这场战争必定会失控，归根结底会创造一种新的食肉兽——一种怪物，在这个怪物身上以一种三合一的可怕的迷人形式结合了熊的凶猛、冷酷，猎豹和狐狸的狡诈。”(尼采：《论道德的谱系》，谢地坤译，漓江出版社2000年版，第100页。)

在那个可以读解为怨恨心理发酵过程的“……”中的奇特化合。如果说怨恨心理机制始于“兔子的怯弱”，其林林总总的外显形式则可谓是“狐狸的狡猾”，而经过怨恨心理的发酵，其结果就会化合出一种只有“狮子似的凶心”才具有的恶毒的攻击力量，尽管这种恶毒的攻击力量在外发的同时也伴随着自我的心灵毒害。鲁迅的小说世界中对这种恶毒的怨恨的揭露同样可谓触目惊心。具体地讲，这种怨恨的显现也有多种形态，譬如《孤独者》中魏连殳的族人“排成阵势，互相策应”，试图强迫他们认为是“新党”的他在其祖母的大殓上“全部照旧”的做法；譬如《祝福》里在“几乎无事的悲剧”中众人从对祥林嫂的痛苦的咀嚼中得到心理补偿的情状；再譬如《示众》和《阿Q正传》中观看行刑的场面时那种充斥着直接的赤裸裸的嗜血性的情状……

鲁迅还几乎涉猎到了舍勒提到的那些从形式上便已然带有了一份怨恨危险的全部“境遇”。这是1925年女师大事件中鲁迅对“寡妇主义”心理所做的分析中的一段，其分析的精微足以和舍勒对“脆弱的女人”、“老处女”的性怨恨心理的分析相媲美：

> 至于因为不得已而过着独身生活者，则无论男女，精神上常不免发生变化，有着执拗猜疑阴险的性质者居多。欧洲中世的教士，日本维新前的御殿女中（女内侍），中国历代的宦官，那冷酷险狠，都超出常人许多倍。别的独身者也一样，生活既不合自然，心状也就大变，觉得世事都无味，人物都可憎，看见有些天真欢乐的人，便生恨恶。尤其是因为压抑性欲之故，所以于别人的性底事件就敏感，多疑；欣慕，因而嫉妒。其实这也是势所比必至的事：为社会所逼迫，表面上固不能不装作纯洁，但内心却终于逃不掉本能之力的牵掣，不自主地蠢动着缺憾之感的[①]。

鲁迅对这一性怨恨性心理过程分析的用词——“执拗、猜疑、阴险、憎恶、敏感，多疑；欣慕、嫉妒”几乎和前述舍勒的有关怨恨心理的表述如出一辙。

舍勒提出的那种仅仅因为其形式特点便已然带有了一份“怨恨危险”的境地——“老一代对下一代的境地”，“婚姻与家庭成员之间的某些典型关系”，在鲁迅的小说世界中均有涉及。譬如在《风波》中，九斤太太“一代不如一代”的感慨，七斤嫂子对婆婆的指桑骂槐、对女儿六斤的打骂、对七斤本人的责怪，《弟兄》中张沛君在兄弟生病后的“怨愤自己”和梦境中对兄弟孩子的虐待，《幸福的家庭》中作家和妻子对孩子的迁怒，《肥皂》中四铭对儿子的责怪……

（六）阿Q的怨恨

鲁迅对“国民性”心理的“怨恨机制”的集大成的展示和批判无疑是《阿Q正传》。为什么能这样讲呢？实际上，类似阿Q身上种种“精神胜利法”的表现在鲁迅其他小说中并不鲜见，而对此所作的具体的理性批判在鲁迅的杂文中更是不胜枚举，以至于有学者认为《阿Q正传》其实就是一个以杂文笔调写成的小说。《阿Q正传》

---

① 鲁迅《坟·寡妇主义》，《鲁迅全集》第1卷，人民文学出版社1981年版，第264页。

究竟提供了哪些比这些具体的分析更为深刻的对“国民性”的理解？在笔者看来，《阿Q正传》的意义并不仅仅在于它提供了丰富的怨恨心理的表现形态，而在于它深刻触及了“国民性”心理的“怨恨机制”的本质。对于前者，鲁迅研究领域已经有了相当细致和深入的研究；对于后者，参照尼采[①]、舍勒对怨恨的相关论述，我们将可以更为深入地透视它的本质：这是一种生存性的“价值体验结构”。

尼采对怨恨作为基督教道德价值判断的根源的批判，舍勒关于怨恨心理机制的精微分析，虽然也存在着根本性的分歧，但其最终的落脚点都是探究和设定人的生存性的价值体验结构。而事实上，怨恨心理的每个阶段、每一种表现形式都和人的价值体验结构有关。即使还处于怨恨形成的起点阶段中的心理体验都不例外，譬如前面提到的嫉妒，“那些能使嫉妒得到满足的对象以及事物和人身上的价值因素是随强有力的正价值因素在同一事物中一起出现的；正因为如此，为了引人注目，负价值便设法升值。嫉妒心就逗留在这些负价值因素之中，而且还伴随着一种强烈的快意，即对这些负价值因素的存在所感到的快意”[②]。这种“负价值便设法升值”在怨恨心理过程中有着多种表现形式，或刻意贬低他人的价值，或视而不见他人的优秀，或营造自己的价值假象……通过这些行为，缓解自己的内在紧张感。如果从价值现象学上描述，怨恨的根源是与一种特殊的价值攀比的方式有关的，它的基本手段就是对正负价值升降的调控，而它最为极端的方式就是对正负价值的颠倒。《阿Q正传》中阿Q的精神胜利法——“克服怨敌”的“妙法”，无疑就是这种“正负价值升降的控制”的精彩表演。

不同于鲁迅笔下麻木的人物形象，阿Q在精神上极端敏感、自尊，这是因为他始终处于欲望与无能之间的紧张状态。而怨恨正是滋生在这种“关于价值意识与追求和欲望之间的基本关系”之上的[③]。怨恨较为轻度的表现就是在语言措辞上贬斥无法获得的东西的酸葡萄心理。阿Q对吴妈“脚太大”以及未庄女性众多不满意之处的挑剔正是这种酸葡萄心理的发泄。它的可笑之处在于既然遭到贬斥的对象并没有

---

① 尼采的如下论述几乎可以视为对阿Q“精神胜利法”的精彩解读：“道德上的奴隶起义开始于怨恨本身变得具有创造性，并且产生价值的时候；这种怨恨来自这样的存在物，他们不能用行动做出真正反应，而只会通过幻想中的复仇获得补偿。一切高尚的道德都来自一种凯旋般的自我肯定，而奴隶道德从一开始就对‘外在’、‘他人’、‘非我’加以否定：这种否定就是奴隶道德的创造性行为。这种颠倒的价值目标的设定——其方向必然是向外，而不是反过来指向了自己——正好属于这种怨恨。”（尼采：《论道德的谱系》，谢地坤译，漓江出版社2000年版，第20页。）

② 舍勒《道德建构中的怨恨》，罗悌伦译，《舍勒选集》（上），刘小枫选编，上海三联书店1999年版，第403页。

③ 同上，第415页。舍勒认为这是怨恨现象在哲学上的一个普遍问题。舍勒反驳了那种认为价值意识就是欲求或能欲求的意识本身的理论，提出了“每一欲求中都直观地含有一种奠基性的价值意识”，舍勒的这一点认识其实是他与尼采在怨恨问题上的分歧的秘密，或者说是一种生命哲学和神学现象学之间的分歧，尼采认为所谓道德、价值、人伦，只不过是人的生命欲求的“怨恨”形式，而舍勒认为“真正的人伦基于价值的一种永恒的层级次序，以及与相应的明证的偏爱法则……怨恨是在人的意识中变革那种永恒的层级秩序的源泉之一”。舍勒关于价值的“永恒的层级秩序”来自于基督教的“爱”的理念，舍勒称之为“爱之回返运动”，而尼采思想的根基则在于古希腊。所以，舍勒和尼采在怨恨问题的分歧背后折射的却是具有根源性的西方思想内部的结构性冲突。

那么有价值的话，阿Q对吴妈的“求爱”和对众多未庄女性的占有欲望便显得无缘无故了。实际上，阿Q通过吹毛求疵的挑剔和诋毁，是为了使欲望与无能之间的紧张状态得到缓解，但是，这一紧张状态本质上并没有能完全解除，它非但没有停歇反而有加速度的趋势，它趋向于接近更为典型的“怨恨性”的法则：“为受制于怨恨的心灵状态赋予某物以虚幻的价值。”① 这种法则渗透到并规定了怨恨之人的感知、回忆和期望、自我的评价等等。在阿Q的种种表现中——所宣称的“先前阔多了”（回忆），“我的儿子会阔得多啦”（期望），别人嘲弄他的癞疮疤时的报复的话——“你还不配……”和“这时候，又仿佛在他头上的是一种高尚的光荣的癞头疮，并非平常的癞头疮了”（感知），“他觉得他是第一个能够自轻自贱的人，除了‘自轻自贱’不算外，余下的就是‘第一个’。状元不也是‘第一个’么?”（自我的评价）……“阿Q以如是等等妙法克服怨敌”，依据的正是这种法则。而这一法则势必导致“心怀怨恨之人无论接受什么特别对象，他的世界都获得一种确定的活的价值的立体机构”②。阿Q正是具有这样一种“活的价值的立体机构”的“民魂”。

舍勒曾借用德国哲人西美尔的“雅人”和“俗人”的概念讨论了基于人的价值体验结构的不同而划分出的人的两种大的精神类型。在前者那里，“一种价值攀比的‘衡量’，亦即‘衡量’我的价值和属于他人的价值，从未成为了解自身价值和别人价值的根本条件，在于这一衡量从不根据价值内容去限制、赞颂价值”③。阿Q自然不属于“雅人”。有学者指出阿Q没有真正的自我意识，或许是以“雅人”的那种自我意识为标准的。但阿Q却不乏甚至是有着过于敏感而丰富的自我评价，而且这种自我评价总是在“估量了对手”之后才形成的。他应是舍勒所说的典型的“俗人”：“相反，‘俗’从根本上讲在于：自我价值把握与他人价值把握只在对自身价值与他人价值之间相互关系的领悟这个基础上进行，而且，一般来说，只有自身价值与他人价值之间的那些‘可能’差异才作为价值质被清楚地把握到。雅人在比较之前体验价值；俗人则只在比较中或通过比较体验价值。结构是这样的：‘自身价值与他人价值的关系’，在‘俗人’身上一般地变成其价值把握的选择条件。倘若不同时把价值看作他的自身价值的一种‘更高’和‘更低’、‘更多’或‘更少’的表现，就是说，倘若不将他人与自己、自己与他人进行衡量，他在别人身上就把握不住任何价值”④。阿Q正是这样，他的自我评价有着明显的依附性，“倘若不将他人与自己、自己与他人进行衡量，他在别人身上就把握不住任何价值。”

舍勒“依力量的强弱、有无”，将“俗人”更为细致地分为两种次类型，即强力的“奋求者”和软弱的“怨恨型”。这种分类自有舍勒自己的道理，不过，应该看到，“力量的强弱、有无”本身就是相对的问题。阿Q面对“小D”、“小尼姑”时自然是追求胜利感的“奋求者”，开始面对“王胡”也是以“奋求者”的姿态出现的，

---

① 舍勒《道德建构中的怨恨》，罗悌伦译，《舍勒选集》（上），刘小枫选编，上海三联书店1999年版，第433页。

② 同上，第434页。

③ 同上，第410页。

④ 同上，第411页。

不过只一个回合就成了“歪着头”说“君子动口不动手”的“怨恨型”。所以强力的“奋求者”和软弱的“怨恨型”从来都是一个硬币的两面而已，因为他们不仅有着相同的价值体验结构，还同样依赖怨恨的如下功效：

……因“流俗”型的价值理解而必然一再反复出现的自惭形秽、令人压抑的价值低下意识，就产生不出任何积极的行动。然而，痛苦万分的紧张状态要求获得解决。这一紧张状态在怨恨之特殊的价值想象中找到了解决。“流俗者”寻找的增值意识或等值意识可消除紧张状态；在这里，增值意识或等值意识是通过在幻想中贬低具有价值充实的比较对象的特性，或者通过有意对其特性“视而不见”的方法而获得的，但另一方面——怨恨的主要功能正在于此——增值意识或等值意识又是通过伪造和幻化价值本身而获得的：一旦伪造的价值已然存在并生效，可能的比较对象便具备富有正性价值和高层价值的特性[①]。

阿Q那种挨打后的“总算被儿子打了……”的自慰就是“怨恨之特殊的价值假象”，他藐视和挑衅王胡的行动则是因为自己正沉浸在“醉醺醺”中对王胡身体实力的“视而不见”，而他的“第一个能够自轻自贱的人”的自我评价无疑就是“通过伪造和幻化价值本身而获得”的“增值意识或等值意识”，这是要增加到作为“第一个”的“状元”一样的价值等级上。但是，阿Q在价值幻化和伪造的过程中并没有触动礼法代表的价值等级本身：“价值依然还是价值、高贵的价值，但蒙上了假象价值的阴影，同时价值本身仍‘透明地’投射——透过阴影发出些许微光。怨恨错觉与真实、客观的价值截然对立，但真实的价值穿透虚假价值，‘投射’在一个非真实的幻影世界中，生活的冥暗意识使人们看到它究竟是什么，真实价值的这种‘透明’依然是整个体验关系的一个无法取消的组成部分。”[②] 在阿Q这里，他艳羡的依然是“状元”、“第一”而非王胡之类的生活。

如果说这些价值的幻化和伪造都还发生在阿Q与外在的比较对象之间，并不显得多么奇特的话，那么阿Q的如下行为和心理活动就显得异常难解了：

他擎起右手，用力的在自己脸上连打了两个嘴巴，热刺刺的有些痛；打完之后，便心平气和起来，似乎打的是自己，被打的是别一个自己，不久也就仿佛是自己打了别个一般……[③]

尼采和舍勒均指出过那种最富有生命力价值的人才会具有一种无惧的心态，对“命运”能持一种几乎游戏的态度，只不过二者所指认的能带给人生命的价值感的理据不同，尼采主张的是“权力意志”，而舍勒心仪的是“上帝国”。而现在，无论如

① 舍勒《道德建构中的怨恨》，罗悌伦译，《舍勒选集》（上），刘小枫选编，上海三联书店1999年版，第414—415页。

② 同上，第417页。

③ 鲁迅《呐喊·阿Q正传》，《鲁迅全集》第1卷，人民文学出版社1981年版，第494页。

何也不能说是最富有生命活力的阿Q在自己身体内部就可以自由地进行几近游戏的价值等级的幻化，其根源究竟在哪里呢？他的匪夷所思的身体感觉又是怎样形成的呢？自然，我们还可以从价值追求与自身欲望之间的差距带来的价值假象来解释。譬如舍勒的如下分析："将价值或已被认可的价值降至自身实际欲求或自身的欲求可能性的水平……按照自身欲念和意愿目的结构虚幻地将价值王国分为'高'和'低'两个部分……是价值意识的假象、错觉和盲目的主要根源。"[①] 但这只能解释阿Q价值幻化中的两个自我存在着价值等级的"高"与"低"，却不能解释两个自我是如何产生于同一个阿Q身上，并且另一个自我还能像"别个"（别人）一样进行价值评估这一复杂的心理机制本身。

让我们还是回到舍勒关于怨恨的描述性定义上："怨恨是一种有明确的前因后果的心灵自我毒害。"如果说我们在上述对阿Q怨恨心理的探讨中更多的集中在"价值假象"上的话，现在让我们集中在心灵的自我毒害上。正如前文已经提到的，怨恨同时有着向外和向内的作用。在怨恨心理形成的"抑制过程"中："不仅对象的最初扩展是在抑制的诸阶段中进行、变换和推移的，而且激情本身此刻也在产生向内的作用，因为它已无法向外发泄。脱离开自己本原客体的激情紧缩拢来，宛如缩成一团有毒物质，形成一个毒源；只要清醒的意识偶有渗透，这一毒源便似乎自动地开始流动。内在的五内之感交织在每一激情之中；由于向外的表露受阻，五内之感与外在表露活动之感都是闷闷不乐或干脆就是痛苦的，所以，整个'身体感觉'便具有明显的负性特征。于是，人再也不'愿'活在自身躯体的'皮囊'中，同时便对自己的'皮囊'感到不满，与它保持一定的距离，人也就变得客观。"[②] 阿Q的匪夷所思的身体感觉正是来自于这种毒源侵蚀的结果，两个自我正是"五内之感觉"和"外在表露活动"的分裂性的转化形式，或者说，是以自身躯体的"皮囊"形成了一个挨打的自我，而以对自己的"皮囊"不满的感觉形成了打人的自我。两个自我之间的打击的关系正是这种不满感觉的体现。至于挨打的自我又像"别个"一样，恰恰是因为，由于对以自身躯体的"皮囊"形成的这个挨打的自我不满导致的"与它保持一定的距离，人也就变得客观"，这里的"客观"其实就是将这个"自我"做了对象化的处理，从而和"别个"一样了。

需要指出的是，阿Q还停留在对正负价值升降的调控上，还没有能力完成极端的正负价值的完全颠倒那样更为典型和深刻的怨恨。而后者，在尼采和舍勒看来，它的实质是在"价值感的迷惘"的基础上导致的"价值图表的伪造"。和阿Q对权力、等级等先在价值的羡慕、接受和渴望不同，这种怨恨之人对这些具有高级、正面价值的合理性不能理解和驾驭，也不愿接纳，因此他判定这些正面价值毫无意义可言，再也不值得羡慕、仇恨了。相反，承担这种价值的人或物（载体）倒是不幸的，值得怜悯和同情。这样，"心怀怨恨之人本身此刻以'善良的'、'纯洁的'、'具有人性的'人的形象出现——其中心点是意识到自己已从必须恨、报复，然而却又

---

① 舍勒《道德建构中的怨恨》，罗悌伦译，《舍勒选集》（上），刘小枫选编，上海三联书店1999年版，第415—416页。

② 同上，第429—430页。

无力恨、报复的折磨之中解脱出来——即便他在内心深处还能犹如通过背光透射画一般通过他的虚幻价值感知他那个已被毒害了的生活感觉和真正价值。因而，这里并非在‘诋毁’单个的正价值之载体，犹如通常的、并非基于怨恨的纯粹诽谤和诋毁。确切地说，是‘诋毁’价值本身在被人感受时就已经变了样，所以也在判断中被偷换了本义；这样一来，凡是人的纯粹诋毁，凡是世界观的伪造所能达到的一切，都通过意识的目的论以更深刻、更系统的方式达到了”①。

如此深刻和系统的“价值图表的伪造”绝非阿Q们所能完成，在尼采那里，它是由中世纪的基督教的僧侣、牧师们完成的，在舍勒那里，也指出了“祭司”这类人的危险最大，不过他主要指认的却是包括尼采本人在内的现代思想者。不难看出，他们同样认为最具怨恨性的人恰恰就是他们置身其中的所谓“知识分子”群体。就中国的语境而言，无疑就是传统的“士人”和现代的所谓知识分子了。此处笔者之所以说“所谓”，是因为某些人也只是沾染或盗用一种思想风尚的浮土而已，譬如《阿Q正传》里那些鄙夷、斥责阿Q的“奴隶性”的“长衫人物”，譬如《祝福》里面对祥林嫂提出的“一个人死了之后，究竟有没有魂灵的”问题的那个所谓知识分子“我”……②鲁迅对现代的所谓知识分子的批判较之对阿Q们的批判更为严厉和苛刻，原因也正在这里。由于鲁迅对知识分子的批判同时又是朝向自身的剖析和反省，所以我们还需要回答这样的质问：

> 鲁迅因批判国民性而成为国魂，这国魂是否就是他批判的国民性自身呢？如果不挪开鲁迅精神这道“黑暗的闸门”，中国精神有指望见到光明的未来③？

（作者单位：深圳职业技术学院人文学院）

---

① 舍勒《道德建构中的怨恨》，罗悌伦译，《舍勒选集》（上），刘小枫选编，上海三联书店1999年版，第436页。

② 小说《祝福》中“我”对祥林嫂三句“紧张的问”——“一个人死了之后，究竟有没有魂灵的”、“也就有地狱了”、“死掉的一家的人，都能见面的”难以招架，“悚然”、“惶急”、“吞吞吐吐”、“踌躇”、“胆怯”之中，只好以“说不清”来搪塞脱身了。脱身后“我”的以下感慨是值得注意的：“‘说不清’是一句极有用的话。不更事的勇敢的少年，往往敢于给人解决疑问，选定医生，万一结果不佳，大抵反成了怨府，然而一用这说不清来做结束，便事事逍遥自在了。我在这时，更感到这一句话的必要，即使和讨饭的女人说话，也是万不可省的。”看起来，不愿意成为别人的“怨府”是“我”的辩护理由。“我”与“讨饭的女人”之间，“怨府”产生的机制如何，“我”在回避“怨”的问题时，为什么“总觉得不安”呢？“我”那样的知识分子真能和“怨”莫不相关吗？

③ 刘小枫《拯救与逍遥》（修订本），上海三联出版社2001年版，第341页。

民间音乐美学精神的个性领悟与坚守

——邵子南放弃歌剧《白毛女》创作心理再探

□ 赵心宪

一、问题的提出

2000年笔者曾撰写《邵子南新诗写作个性阐述》一文，认为邵子南放弃参与歌剧《白毛女》的集体创作，转而做《白毛女》叙事长诗的个性写作，是邵子南坚守新诗写作的个性使然①。现在看来，这个认识比较肤浅，因为仅仅满足于诗人创作经历客观的史实梳理，并未真正深入创作主体美学思想创新动力的考察。周巍峙先生曾经就歌剧《白毛女》的创作经过，用语斟酌地说过这样的话："《白毛仙姑》第一稿是邵子南独自创作的。试排了第一场，进行了讨论，但后来因为创作思想不一致，邵子南退出了创作组，声明这以后《白毛女》的歌剧创作就和他无关了。"② 歌剧《白毛仙姑》与歌剧《白毛女》，因两个文本"创作思想不一致"，而有了不容忽视美学意义"质"的区别，如果有意无意将二者混为一谈，显然违背了作者的创作思想。

关于创作思想的"不一致"，有关回忆说，邵子南"用传统戏曲的方法"，"按照秦腔的程式"写歌剧《白毛仙姑》。周扬看过试排后"很不满意"，批评"这样写，这样排，怎么能把'旧社会把人变成鬼、新社会把鬼变成人'的思想内容表现得好呢？从形式上看，音乐和表演都很陈旧。我们不要洋八股，也不能不加改造地照搬'土八股'、'封建八股'"③。而对于后来重新结构、重新音乐设计的歌剧《白毛女》的最初彩排，邵子南观摩后也同样认为是不成功的，甚至尖锐批评其存在"不健康"的倾向④。这以后，邵子南义无反顾地坚持自己的创作思想，不但态度决绝，行动上也不留退路。怎样理解诗人如此匪夷所思的决断呢？"套用"戏曲秦腔的音乐形式写歌剧，邵子南有新歌剧的创作经验吗？不用旧戏曲的音乐形态可不可以呢？为什么只偏爱秦腔的戏曲音乐表现形式而不借鉴其他民间音乐？所谓歌剧《白毛女》最初彩排"不健康"的倾向，到底确指的是什么？是与歌剧《白毛仙姑》的民间音乐形态进行客观比较、认真思考得出的结

---

① 赵心宪《邵子南新诗写作个性阐述》，《文艺理论与批评》2000年第1期。

② 王昆《谈歌剧〈白毛女〉的创作过程》，《文艺理论与批评》2011年第2期。

③ 李存兆《歌剧〈白毛女〉的署名问题》，2011年4月8日《文艺报》。

④ 同上。

论，还是一时冲动情绪化的全盘否定？……总之，疑点多多。但可以认定的一点是，邵子南认识问题的思维层面和习惯与周扬近似，并没有把它视为个别歌剧作品、个人随意评价的“小”问题，而不当一回事，或者很当一回事。在笔者看来，邵子南选择态度决绝引人注目的个性方式，是想鲜明表明自己在这个问题上根本的美学立场：歌剧《白毛仙姑》对于传统中国民间音乐借鉴的经验教训，关系解放区新文艺发展的大方向，不可小视！解放区歌剧不是不能借鉴戏曲音乐，而是必须借鉴民间音乐，怎样去借鉴民间音乐。

邵子南性格倔强、外向，自负而个性鲜明，勤奋、刻苦、博学，才气横溢，为人正直、善良、热情，胸怀坦荡，人生目标清醒、执著，共产主义信仰特别坚定。他不是那种小家子气，钻营苟且，为一己之利害得失斤斤计较的人。批评、否定歌剧《白毛女》的最初彩排“版本”，同时在鲁艺墙报上发表声明，主动高调退出《白毛女》剧组；又几乎在同一时期（1944 年）以《白毛女》（而非《白毛仙姑》）为题，写成千余行叙事长诗稿（1951 年修改后发表），特别表达出诗人歌剧音乐形态的个性诉求。结合邵子南深厚的民间音乐素养，与其在晋察冀边区长达 6 年的音乐文学创作实践，笔者认为，上述诉求应该与诗人自觉继承中国民间音乐传统美学精神的思考关联。

二、晋察冀前期的音乐文化环境与邵子南的音乐文学创作

作为晋察冀文艺史的研究者，笔者每次翻阅《邵子南选集》，对欧阳山先生在所撰《序》中情不自禁流露出的感伤情绪，总是久久难以释怀：“每一次读了这些作品之后，都不能不因为惋惜而长叹。从思想和艺术两方面来看，他（即邵子南——引者）正在向他自己的高峰攀登前进。他的思想和艺术都在逐渐地接近成熟的境界。”① “成熟的境界”是邵子南一生追求的文艺创作与理论建构的美学境界。欧阳山与牺牲在晋察冀战场的丘东平，都是邵子南 20 世纪 30 年代抗战爆发前数年在上海左翼文坛结识的至交，因为文学旨趣相投、才华伯仲而相知一生。欧阳山与周巍峙二先生，都是能够真正理解邵子南毕生精神追求的难得挚友。如果说前者主要依据的是邵子南小说才气的话，后者则主要是从音乐文学创作出色的艺术感觉中知人而知心的。

邵子南是以写小说成名的诗人，其实他是文艺的“通才”、多面手，而且理论、创作两不误，并能相辅相成。1982 年四川人民出版社出版的《邵子南选集》，收录小说三辑 17 篇（包括未完稿），之外是民间故事 7 则、叙事长诗 1 首、杂文 4 篇，加上《附录》的“速写”1 篇、“报告”1 篇，总共 31 篇。与邵子南作为“晋察冀文豪”佚散未录的“海量”创作比较，《选集》的这点文字实在让人难堪。邵子南数量特大、在晋察冀边区颇有影响的新诗作品（包括抒情诗、小叙事诗、小诗、歌词）、民间文艺集录及其风格独具的歌剧创作、文艺评论等，因为种种原因似乎全被遗漏在《选集》之外。在笔者看来，这些战争时期的歌词、歌剧及其相关的文艺评论作品，

① 邵子南《邵子南选集》，四川人民出版社 1980 年版，第 8 页。

因为同属音乐文学的美学范畴，可以统称为音乐文学，是能够管窥邵子南音乐美学实践且跃升“成熟境界”的重要史料。诗人的音乐文学创作实践，主要在随西战团驻扎晋察冀边区的文化工作时期。

从1938年底前往晋察冀，到1944年4月西战团奉调回延安前，邵子南的音乐文学才华，在边区的音乐文化环境中，6年间几乎得到尽情展示：在边区的《诗建设》、《诗战线》、《边区诗歌》及《歌创造》等主要诗刊上，“几乎每期都有他的作品”[①]，而且不少优秀诗作就是音乐文学的歌词。例如魏巍辑录进《晋察冀诗抄》中的《李勇要变成千百万》、《李勇已变成千百万》、《五十九个》等作品[②]；又创作有影响的歌剧及歌剧主题歌；与作曲家合作专门写作各类歌词数十首，如《晋察冀边区艺术工作者之歌》（周巍峙曲）、《中华民族》（劫夫曲）；并写下难以统计具体篇目的众多音乐文学短论。晋察冀边区浓烈的音乐文化氛围，之所以能触发邵子南的音乐文学天赋，有以下三方面亮点特别值得深入考察：

其一，数量众多的部队所属剧社与地方所属剧社与社团，共同推动边区戏剧运动的繁荣，而其中的歌剧排练与演出，从无到有，从小到大，成为边区群众性音乐文化运动的第一个亮点。据《晋察冀文艺史》介绍的史料，边区部队所属剧社（团）这个期间排练、演出的重要歌剧就有：《崔洛堂》（战线剧社1944年，鲁易编剧、劳火作曲，被军区政治部称之为“方向性”的节目）、《一家人》（七月剧社1943年集体创作，吸收了冀晋地区地方性音乐和京剧的打击乐特点）、《戎冠秀》（火线剧社1944年）、《春耕曲》（六分区前锋、火焰与前线三剧社1940年）、《弄巧成拙》《红枪会》（少年儿童演剧队演出1942年）、《八路军与孩子》（七分区前进剧社1943年）、《拴不住》（先锋剧社，小歌剧1940年）、《兵》（挺进剧社，大型歌剧1943年）、《地狱与人间》《满洲泪》《慰问八路军》（尖兵剧社，1944年）、《团结就是力量》（西战团，1943年）、《钢铁与泥土》（联大文工团1941年，丁里编剧、陈地等作曲）、《王大炮回头》（联大文工团，小歌剧1941年）、《纺棉花》（群众剧社1943年）、《抗日人家》（新世纪剧社，大型歌剧1938年，梁斌编剧、陈春耀作曲）等等。而边区县办、村办或群众团体办的众多剧社，“注意从民歌和地方戏曲中吸取营养，创造了小调剧、秧歌剧等演出形式，并在此基础上，富有民族风味和地方特色的大型歌剧也发展起来，出现了一些优秀剧目”[③]。如1944年秋阜平高街村剧团自编自演的大型戏剧《穷人乐》，其综合话剧、舞蹈、唱歌和快板的表演形式，成为村民创作、村民表演、村民喜爱民间形态的“乡村歌剧”。而对于邵子南来说，1942年创作演出的《不死的老人》（邵子南编剧，周巍峙作曲），是“边区歌剧创作上第一次大胆的尝试”[④]。他学习西洋歌剧的音乐形态，为边区提供了可资借鉴的歌剧主题音乐形象。他创作的该剧主题歌《老人歌》（周巍峙曲），音乐专家认为“曲作用具有性格特征的音调，描绘了老人的意志象‘太行山的岩石这样坚硬’，老人‘新鲜活泼的生命’，象‘滹

---

① 王剑青、冯健男主编《晋察冀文艺史》，中国文联出版公司1989年版，第97页。

② 魏巍编《晋察冀诗抄》，中国青年出版社1984年版。

③ 王剑青、冯健男主编《晋察冀文艺史》，中国文联出版公司1989年版，第348页。

④ 同上，第120页。

沱河的流水这样沸腾’的动人形象。曲调充满了雄浑悲壮的气氛和深厚真挚的感情”，词曲形象的高度统一，“表现出明显的戏剧性音乐的因素”。因此，“这首主题歌成为边区广泛流传的革命群众歌曲”①。而邵子南作词，歌剧《相信谁》的主题歌《我们坚决象钢》（周巍峙曲），也有很好的传唱效果。

其二，叙事长诗的“勃兴与繁荣”，成为晋察冀边区音乐文化运动第二个引人注目的亮点。从音乐文化的发展规律而言，区域叙事诗创作热潮的涌动，即会同步启动叙事歌曲创作的开展，以实践叙事诗“歌唱故事”的自身艺术需要。所以，从一个特别的角度审视，晋察冀前期大规模的文艺活动，实质上就是群众性的音乐文化运动。其特点在于，由西战团等多个专业团体的音乐文学艺术活动引领，不断地向乡村社会普及，最后形成民众广泛、持续参与，以“乡村文艺活动”为主要载体的大众音乐文化运动。音乐是向大众普及艺术文化的最好载体之一。战时文化战线最犀利的武器，就是艺术文化，特别是其中的音乐文化。而邵子南作词的众多歌曲中，有两首列入边区叙事歌曲的最优秀作品。《五十九个》（1940 年），是诗人以悲恸心情为望都柳陀村 59 个乡亲所唱的哀歌，他们在日本鬼子的残酷扫荡中不幸罹难。“歌曲节奏徐缓，旋律凄婉动人，凄凉悲壮的叙说中饱含义愤填膺的怒火和力量。”《自由的农民王老三》（1942 年），则歌唱晋察冀一位人称王老三的翻身农民，在边区人民当家做主的“新天地中生活、工作和斗争”的日常生活故事。C 大调谱曲，“极简洁畅达，明白如话”很通俗。前四个乐句 3/4 节拍，“于叙述中带有抒情意味”；后四个乐句每每出现情感与情节进展的“转折”，改用 4/4 节拍，“于叙述中增强力度”。此歌进行曲节奏的音乐体验中，能感觉到一种脚踏实地的“坚实感和必胜信念”。而值得我们注意的是，上述两首叙事歌曲，都因为注意“吸取地方戏曲和民歌小调等民族民间音乐的艺术营养，具有浓郁的乡土气息，受到边区军民的热烈欢迎”②。

其三，晋察冀曲艺活动为核心内容的“乡村文艺活动”，是边区音乐文化活动第三个引人注目的亮点。这给邵子南认识解放区民间音乐的社会功能以非常直观的演示，对于民间音乐文化在民众中的特殊魅力，有了更深层次的认同。可以说，邵子南对于前三类民间音乐素材都有深厚的积累并从中得到民间音乐文化的功能启迪。晋察冀的“乡艺”，既“接受专业艺术工作者的改造和提高”；同时“也成为专业艺术工作者吸取艺术营养的源泉”。晋察冀文艺史的专家认为“当年乡村文艺活动的普遍性和广泛性是惊人的。特别是在年节里，大概没有听不到歌舞喧闹声的地方”③。由此，笔者大胆地推测，1941 年邵子南在边区民间文艺采风活动中采集到的“白毛仙姑”故事原型，很可能就是经过当地民间音乐包装过的说唱段子。

以上有关晋察冀边区前期民间音乐文化运动的三方面亮点，虽然挂一漏万，但也足以让我们了解到，这种音乐文化语境中，邵子南的音乐文学创作对于吸收民间音乐文化的营养，为什么会越来越主动。

---

① 王剑青、冯健男主编《晋察冀文艺史》，中国文联出版公司 1989 年版，第 514 页。

② 同上，第 497 页。

③ 同上，第 536 页。

三、邵子南的民间音乐文化修养及其戏曲形态的歌剧音乐观

明晓了邵子南主动对民间音乐文化营养的汲取，就有必要探讨他的民间音乐文化修养及其戏曲形态的歌剧音乐观。为了更好地说明问题，我们先看一段回忆录的场面描写，再延伸讨论引起的相关话题。

> 抗战时期与田海燕在晋察冀边区陈庄的一次不期而遇，让我们知道邵子南民间戏曲音乐的深厚素养。《邵子南与民间文学——山城忆语》有这样一段场面描写——
>
> “邻房的那位同志，大约是来晚了，没有搞到柴火，耐不住寒冷的滋味，伸出头来向我们这边长声吆吆地唱道：‘夜凉如水月光明呀，奴在房中好伤情哟！寒窑冷炕冷冰冰呵，冷死了人呵就嫁不成人哟！’
>
> 我们禁不住回头望着邻房笑了，招呼他过来烤火。哪晓得他先在门口一望，毫不客气地转身把被盖抱来，径直放在空炕角上，说：‘嗨，你们这些土豪！还有空地盘嘛，让我们分点田地吧。’
>
> 我们大家全乐了，谁都愿意寒夜得此趣友。我听他说的是四川话，更欢迎这样一位同乡摆摆龙门阵。于是，忘了通名通姓，就一面喝着椒枝茶，一面摆起龙门阵来了。”①

似乎可以肯定地说，邵子南的这段唱词，不是“套用”的民歌曲牌（因为第四句显然不入格），而更近似于戏曲唱腔的生活化发挥、改造与运用。前三句是旧戏曲中思妇怨女传统唱词的拿来：“夜凉如水月光明，奴在房中好伤情！寒窑冷炕冷冰冰。”最后一句则是邵子南见此情此景，向先到有床位歇息、有火烤避寒的同志，传递“请求帮助，解脱尴尬困境”相关愿望与心情即兴创作的。“冷死了人呵就嫁不成人哟”这一句配上拖腔恰到好处，川剧高腔的传统调子，运用于伤感无助不无自怜的心情传达，的确非常能打动人。

风雪漫天的晚上，临机一动，随意即兴运用戏曲唱腔传情达意的“本事”，正是邵子南特别擅长的，这可见诗人的民间戏曲音乐修养。中国传统民间音乐五大类中戏曲唱腔的日常生活化运用，在民间非常普及，对邵子南而言似为顺理成章的事情。我们可以从以下两个侧面揣摩到其中的原因。

其中一个侧面，是邵子南在边区写作的“战争的风俗诗”及其他的新诗创作实践。1946 年邵子南在重庆《新华日报》工作期间，曾回顾抗战相持阶段在晋察冀边区提出“战争的风俗诗”观念及其创作的情况，详细评点过其中第五首《耕种土地》的构思写作过程——

---

① 陈厚诚编《邵子南研究资料》，重庆出版社 1998 年版，第 194 页。

在蓝色的透明的天幕下边，
山光上，白云滑过去。

战争过去了，土地是完好的。
农民又在土地上耕种了。

烟在山背后冒着，
炮声响远了，又近了。

农民耕种着，
挥着鞭子，牛走在前面。

——村里出了探，
土地安静地呼吸。

这是我老老实实一个对生活的记录……

头两句是用不着解释的，那只是自然的描写。因为人民能应付战争，掌握战争，所以并没有天翻地覆。我特别能感到这时的天地间的美。这就有了第三行第四行。敌人搜山，烧房子最厉害的时候，在远远的山头上，一个农民指着燃烧的房子对我说：'他烧得了我的房屋，烧不了我的地！有了地，我就有办法抗日！'的确，农民很快就开始了耕耘，虽然敌人还走得不远。敌人走到的地方就烧房子，烟，我们抬头就看见。敌人的炮声一阵远一阵近地响着。第二节就是写的这个背景。第三节就是在这环境中的农民的耕种。他们为什么会这样？因为那儿的农民是有组织的，是觉悟了的。山头上有他们的哨，四面八方都派出了人，就单称'探'，敌人有了任何动静，村里地里的人们很快就知道。

当时，我很为这幅壮丽的风俗画所吸引，所感动。

农民是有不可被战胜的力量的，这个力量之能够被发挥，是由于农民不再是半奴隶状态的农民。

这个诗写得不好，我之所以不毁了它，就是因为我喜欢这幅画图[①]。

上述引文篇幅较长，几乎“原版”抄录，之所以如此处理，只是不想因为转引、摘录的人为割裂，对原文字里行间所流露的诗意美感造成损害。这段文字的关键词句是：“我特别能感到这时的天地间的美”，“当时，我很为这幅壮丽的风俗画所吸引，所感动”，“这个诗写得不好，我之所以不毁了它，就是因为我喜欢这幅画图”。不用怎么深入解析，我们就能发现，诗人相当自觉的审美意识从头到尾驾驭着这首诗的写作，甚至为了完整保存当时美感生成瞬间的战争生活画面，不惜用散文的细

① 陈厚诚编《邵子南研究资料》，重庆出版社 1998 年版，第 52—53 页。

节铺陈技巧，以文字摹写特征画面，从而违背诗体外形式“建行、节奏、用韵”等诸多潜规则。用诗歌朗诵通用的吟诵方法，就会感到“战争的风俗诗”的诗美，没有经过传统意义形式美感的中介过渡转化。“这时的天地间的美”，是由战争生活画面的感受者，融情于景又借景展开联想、想象才体验到的诗意，是由一种博大而具有“景深”的思想境界才能展示出的美感。战争时期炮声隆隆的战场，与农民正在平静耕作的土地，如此奇特地叠合在一起，战争的残酷却摧毁不了乡村的宁静，中国人不死的意志、精神不是由此精彩、形象地再现出来了吗？“这时的天地间的美”，是创作主体在他的思想境界的美感中诞生的，中国人人格意志的精神大美，成为响彻于中国广袤土地上的洪钟大吕！文字捕捉这种音乐美体验的出现过程，最终物化成为《耕种土地》的诗句及其组合形式，当然显得非常个性化，一点都不通俗。诗人很清醒，这首诗并不怎么符合感性再现美感过程的诗歌形象创造规则，所以说“这个诗写得不好”，但强调“因为我喜欢这幅画图”，而作为“战争的风俗诗”之一保存下来。如果不读1946年6月1日重庆《国民公报晚刊》副刊《山城》关于《耕种土地》创作过程的文字说明，其他读者如何认同这类“战争的风俗诗”不俗的艺术价值？正如诗人的好友诗人曼晴所评价的：“看起来有些粗犷，但立意却非常深刻，合乎陆游所说的‘工夫在诗外’精神的。他的诗，从形式外在看，有些像不修边幅，不讲辞藻，可是炼意，却非常严谨。”① 魏巍也说过：“子南的诗，极力追求自然，他更喜欢深刻挖掘生活中平凡的事物，习用散文的手法，去绘制战争的风俗诗。”②

“炼意严谨”，“能挖掘出平凡中的深刻”，“战争的风俗诗”展示出的这些特点，是主题内涵方面的诗意美、音乐美转化体现出来的。其实，邵子南在晋察冀解放区的新诗创作，都具有音乐文学的形式特点，几乎都是可以运用民间音乐曲调演唱的歌词。不明晓这个特点，只用诵读的方式是难以发现诗人作品的形式美感的。不信的话，尝试用川戏高腔去唱读《耕种土地》，你会感受到诗中渗透着的天地大美的存在！魏巍是邵子南在晋察冀时期的诗友，其言及的邵子南“极力追求自然”的诗歌语言特点，是非常内行的评价。用戏曲行腔的语调唱出想写的诗句，就会与口语表达的音调、节奏接近，经过这样的音乐形式“包装”，自然成为货真价实的音乐文学产品。这种创作习惯，也是当代重庆著名诗人梁上泉经常展示的。想动笔了，先动嘴，口中唱着的“自度曲”，就是不知名的民间音乐曲调。可能是说唱音乐，可能是戏曲音乐，也可能是民歌的歌调等等调门，随着“自度曲”调子的悠然展开、回旋，诗作就很快完成了。其实，民间识字不多的诗歌欣赏者，常常也是无师自通，不知哪里接受“口传心授”学来的“自度曲”，咏唱诗歌以品其味的。

当年边区文坛的后起之秀曾崇德，对邵子南的诗歌创作留下这样深刻的印象：“邵子南同志的诗歌，除大量发表在《诗建设》和边区的报刊上，还印成集子和红红绿绿的传单，在边区的集会和集市、庙会上传播。他的诗写在街头、岩石和枪杆上，

① 陈厚诚编《邵子南研究资料》，重庆出版社1998年版，第181页。

② 魏巍编《晋察冀诗抄》，中国青年出版社1984年版，第11页。

成为鼓舞农民和战士的号角。他的诗词还被音乐家谱成歌曲，在村边山野中传唱。边区广大群众都知道邵子南，他和田间当时曾被人称为‘边区的文豪’。”[①] 街头诗要在“集会和集市、庙会上”广泛传播，相信“唱”的方式比“读”的阅读效果好。

第二个侧面，叙事长诗《白毛女》民间音乐形态选择透露的有关信息。

《白毛女》《序诗》共11诗节，多次提到叙事诗故事是“唱”出来的：例如第五节、第六节八句——“心里高兴就要唱，/三天不唱心发慌；/人民翻身歌儿多，/首首歌儿亮堂堂。//首首歌儿亮堂堂，/天黑唱齐大天亮；/我本要唱个白毛女，/先来唱个金凤凰。”“唱”出现了5次。这个“唱”字，在《序诗》的11个诗节中，竟然重复出现了22次！用什么样的音乐形式来唱呢？这首“叙事歌曲”显然与运用西洋音乐技法没有关联。中国传统的民间音乐类型有五种，可用民歌“串唱”的方法，但整体上不符合长诗《白毛女》的音乐风格。说这是诗人提示长诗《白毛女》的演唱表演，需要运用说唱的民间音乐唱调，不如说是诗人在强调，民间戏曲音乐的唱腔更适合长诗《白毛女》唱词的音乐要求。之所以这样揣摩诗人的音乐设计意图，在于两方面的考虑：

其一，长诗《白毛女》《序诗》之外，各章诗节的容量与篇幅有多有少，套用说唱音乐形态，表演效果当不如套用戏曲唱腔音乐形态。第一章4节、第二章5节、第三章3节、第四章4节、第五章3节、第六章3节、第七章8节、第八章2节、第九章3节、第十章4节、第十一章2节、第十二章3节、第十三章3节、第十四章十七节、第十五章1节、第十六章6节、第十七章7节、第十八章1节、第十九章2节、第二十章2节、第二十一章5节、第二十二章3节、第二十三章5节、第二十六章1节、第二十七章1节、第二十八章3节、第二十九章3节、第三十章5节、第三十一章2节、第三十二章1节、第三十三章1节、第三十四章1节、第三十五章1节、第三十六章1节、第三十七章3节、第三十八章4节、第三十九章1节、第四十章1节、第四十一章3节、第四十二章1节、第四十三章1节、第四十四章6节、第四十五章1节、第四十六章5节。各章诗节的篇幅长短有的比较统一，每节4句或者2句；有的则很长，如第十八章28句1节，朗诵下去，会让人有透不过气来的感觉，而戏曲唱腔的“咏叹”，正需要这种感觉。从第三十二章到第三十六章的5章，每章1节，叙事推进的节奏很快，套戏曲音乐的“过场”应该是比较相合的。

其二，歌剧《白毛仙姑》戏曲唱腔的音乐形式，曾经在1944年底被权威全盘否定过，而邵子南不但没有认同，去世前都在坚持个人的歌剧音乐观点。欧阳山先生为《邵子南选集》所写“序”中，特别有一段文字提出他的类似见解：“这回读到他这首《白毛女》诗，我感觉到他对于白毛女传说的艺术加工有他的独到之处，他跟三十多年来所流行的各种版本的《白毛女》歌剧都不相同。那么，当年在《白毛女》歌剧创作组里，他是否要坚持像现在的《白毛女》诗中表现出来的艺术风格和艺术结构，因此而退出创作组呢？这在我是一个无法回答的疑问。不过，看他在全国解放后不久，也就是在他去世前两三年，还坚持写成这首诗，可见他对于歌剧《白毛

---

① 陈厚诚编《邵子南研究资料》，重庆出版社1998年版，第120—121页。

女》是持有不同见解的。现在把这首诗收在集子里，让大家来欣赏从白毛女原型所生发出来的另一件艺术珍品，也算是百花齐放吧!”[①] 笔者的解读是，《白毛女》诗以这种戏曲唱腔的民间音乐类型化的可能选择，表明了对歌剧《白毛仙姑》戏曲唱腔音乐理念的坚守。

要指出的是，《白毛女》诗不是诗人“去世前两三年，还坚持写成”的。实际情况是，诗人在歌剧《白毛仙姑》被否定的1944年底，就写下了这首诗的初稿，有邵子南夫人宋铮先生给笔者的信件为证。入选《邵子南选集》的《白毛女》长诗可能是修改稿，因为其“序”诗的第4诗节和第11诗节，有提及“人民翻身”及国民党旧政权的句子——第4诗节4句：“心里高兴就要唱，/三天不唱心发慌；/人民翻身歌儿多，/首首歌儿亮堂堂。”第11诗节也是4句：“故事出在河北省，/阜平县有个杨家村；蒋介石那时还在逞威风，/地主欺压受苦人。”这应该是新中国建立后诗人润色留下的时代痕迹。

那么，邵子南对民间音乐传统的美学精神认识的影响源自哪里呢？笔者以为，得益于“资阳河”川剧唱腔。

邵子南的故乡在四川资阳，10岁私塾发蒙（1926年），17岁初中毕业（1933年），诗人18岁成人前都是在故乡度过的。无论是私塾5年在凉风乡鸡鸣山下的山村生活，还是初中3年在县城寿民中学念初中，从乡村文化环境转而为城市文化环境，“资阳河”川剧，都作为地域民俗音乐的精华在影响着他，对其造成终身难以忘怀的童年文化经验。之所以有这样的判断，首先在于“资阳河”唱腔，作为诗人故乡最有历史、最有魅力、最有声势、最普及的乡村民俗音乐文化的历史存在及其价值[②]。

歌剧《白毛仙姑》套用秦腔的唱腔音乐，如果从邵子南童年经验的民间音乐文化记忆入手，不但可以寻觅到主体创作心理戏曲音乐选择的“资阳河”情结，还可能深入解释晋察冀边区的音乐文化环境，何以造成诗人关注民间音乐形态的浓厚兴趣。当然，这个论题的探讨需要发掘更详细的生平史料，另文展开。这里接着深入思考的问题是，歌剧《白毛仙姑》戏曲唱腔音乐的坚持，为什么与否定歌剧《白毛女》初排时表现出的创作音乐形态关联？笔者认为，邵子南的歌剧音乐观念当时可能有更深入的思考，并连带涉及下述诸问题：

第一，民间音乐与艺术音乐存在根本区别，应该重视民间音乐形态创作的歌剧。民间音乐具有鲜明的民族地域特点，风格或形态的差异化很突出。号子、山歌、燕乐、戏曲、仪式音乐等等，有其强烈的功利性。实用性和重复性，是民间音乐区别于艺术音乐的主要特征。民间音乐没有作曲家的概念，却并不缺乏审美。民众对音乐的审美注意力，集中于歌唱或演奏的“操作”过程，音乐音响材料的组织结构这些更专业的问题，往往并不关心。艺术音乐或者创作音乐指的是，“人类以声音为物质材料所进行的充满激情与活力的创造性劳动，是按照美的规律创造表达自身感受

---

① 邵子南《邵子南选集》，四川人民出版社1980年版，第8页。

② 关于川剧资阳河资料参见张仕伦《论川剧资阳河流派》，《四川戏剧》1989年第5期。

的声音世界的实践活动。艺术音乐行为的成果是音乐作品，不同于一般的劳动产品”[1]，具有超越实用的非功利性和供人赏析的目的性，明显不同于民间音乐。因此作曲家的个人创作是艺术音乐概念的核心内涵。民间文艺性质的《白毛仙姑》只能坚持民间音乐形态，而秦腔的地域性首先能得到延安地区民众的认可，先站住脚，然后才可能推向其他解放区。

第二，戏曲音乐可以成为歌剧音乐民族化、大众化的重要选择。戏曲艺术作为区别于歌剧艺术的音乐戏剧，其音乐形态与创作音乐为载体的歌剧比较，一开始就能体现出“戏剧的音乐化”艺术效果。歌剧创作面临的两个最基本的辩证关联问题——音乐的戏剧化与戏剧的音乐化，后者最难解决好。《白毛女》在用音乐语言描写人物性格、塑造音乐形象等方面，相当成功。但相对来说，“它在‘戏剧的音乐化’上却要差得多。‘有些地方是近于歌剧的处理了，而有些地方则相当容忍了散文部分的存在，有不少地方是话剧的。因之，它没有做到整个的统一、谐和，歌词一般地说，未能提高到诗的境地，有许多地方，是说白加韵脚，配上曲调，而一般的说白，则完全是话剧的处理方法。’”[2] 运用戏曲音乐唱腔整体构思创作歌剧，这个难题相对容易解决一些，长诗《白毛女》“戏剧的音乐化”，可以认为正是从剧诗整体的戏曲唱腔音乐入手，歌词能接近“诗的境地”，说白没有散文化而显得艺术个性鲜明。

第三，西方艺术家关于歌剧美学本质的认识观念也并不统一。格鲁克认为歌剧中戏剧的原则应占首要地位，音乐手段应在服从戏剧前提下求得艺术整体的统一；莫扎特强调音乐原则在歌剧中占首要地位，戏剧性应服从于音乐性；瓦格纳则主张戏剧是目的，音乐是手段，歌剧是乐剧；汉斯力克从他的音乐美学观念出发，突出音乐的绝对性、自律性。虽然如此，莫扎特的歌剧观却统治了西洋歌剧 400 年的创作实践。

中国民族新歌剧的历史发展，从“五四”时期开始，面临的选择是，如何在民族现实的土壤上，将西洋歌剧、话剧、中国戏曲艺术融合而走出一条创新之路。事实上，“五四”时期，由于时代的原因，首先解决的是戏剧美学及其价值观念的革命，传统戏曲被认为是新歌剧出场的对立面，而且新歌剧也系载着新文化旗手们寄予的戏剧新使命和新的价值观念。20 世纪 40 年代的延安歌剧创作，给新歌剧注入的民间音乐元素，却是用艺术音乐的形式解决的。歌剧《白毛女》作为民族新歌剧里程碑式的经典作品，正在于解决了下述时代急切需要解决的三个难题：其一，内容紧扣时代的脉搏，发动民众赢得人民战争的彻底胜利；其二，艺术形式不仅仅是传统的借鉴而应同时解决发展创新问题；其三，内容和形式两个方面同时切入民众的审美要求[3]。与歌剧《白毛女》的音乐形式比较，歌剧《白毛仙姑》“音乐的戏剧”观念在秦腔音乐唱腔的支持下，有整体性的设计，应该是比较先进的理念，但上述三方面时代急需解决的民族新歌剧难题，还没有来得及设法去解决，歌剧《白毛仙

① 田耀农《民族音乐与艺术音乐的最后分野》，《中国音乐学》2008 年第 1 期。

② 贺敬之《〈白毛女〉的创作与演出》，王永生主编《现代中国文论选》（第二册），贵州人民出版社 1984 年版，第 492 页。

③ 李绍山《漫谈中国歌剧艺术的建设和发展》，《剧作家》1995 年第 6 期。

姑》就被彻底否定，从而留下遗憾。事实上，当下中国歌剧界“歌剧音乐的作用与地位问题”，仍然是需要认真应对的艺术难题。这样看来，歌剧《白毛仙姑》的命运主要是历史造成的误会和遗憾。邵子南化用戏曲音乐唱腔，首先解决歌剧“音乐的戏剧化”，其音乐形态主导的歌剧观，历史证明了其不朽美学价值的实际存在，这正是邵子南民间音乐美学精神的个性领悟与坚守。

（作者单位：重庆市文史研究馆、重庆教育学院）

八旗制度的深刻反思
——老舍《正红旗下》主题解读

□ 吴道毅

《正红旗下》是老舍20世纪60年代初创作的自传体小说，也是一部未完成的长篇小说。从已写成的十一章看，它以第一人称的口吻，以“我”出生后的“洗三”、“满月”两件事为纽带，集中描写了清代末年北京城里满族人的生活。通过清朝末年北京城里旗人生存状态的考察，老舍透视了满族的历史兴衰，反思了八旗制度的利弊得失；既有对满族民族生存命运的审视，也有对中华民族近代历史命运的思考。

一、八旗制度的时代反思

满族是我国北部的一个少数民族，十分强悍骁勇，善于打仗，明朝末年取明王朝而代之，统治中国达近三百年。它入主中原前特别是入主中原后广泛地接受了汉族文化，同时又有着自身民族独特的文化传统与生存方式。清朝曾开辟中国封建社会历史上的所谓康乾盛世，但到清代末年，满族统治者走向了腐朽、没落，以至于在帝国主义列强的打击下变得奄奄一息，终于被孙中山领导的辛亥革命所推翻。

在清朝统治及其走向衰败的过程中，旗人的生存方式、文化观念与民族个性也发生了巨大的变化，出现了严重的问题，大批满族寄食者的出现表征了民族生存能力下降，《正红旗下》正是对本民族生存命运的深层思考。老舍夫人胡絜青指出：在《正红旗下》中，“老舍通过各色各样的人物形象要告诉读者：清朝是怎样‘由心儿里’烂掉的，满人是怎样向两极分化的……”[①] 对清王朝何以走向衰落进行反思与批判，探讨民族复兴的道路，是老舍创作《正红旗下》的真正动机。对清朝八旗制度的深刻历史反思与批判，是《正红旗下》的重心所在。

八旗制度是清初建立的兵民一体的社会组织结构。根据老舍的解释：“八旗是清代满族的一种军队组织和户口编制，以旗的颜色为号，有镶黄、正黄、镶白、正白、镶红、正红、镶蓝、正蓝八旗（正即整字的简写），凡满族成员都隶

① 胡絜青《写在〈正红旗下〉前面（代序）》，见老舍《正红旗下》，人民文学出版社1980年版，第5页。

属各旗。这是'满族八旗'，以后又增设'蒙古八旗'和'汉军八旗'。八旗成员，统称'旗人'。"[①] 这是八旗制度的组织形式。而"出则为兵，入则为民"（《清太宗实录》卷七），耕战结合，服从民族战争需要则是八旗制度的主要内容。八旗制度比较灵活地处理了战争与生产的关系，同时培养与强化了满族骁勇善战的民族个性，在历史上对于促进满族政权的兴起与维护清王朝政治统治方面，曾经起到了重要的作用。然而，由于将满族划分为不同的等级，并要求旗人全心报效朝廷，不能自谋生计，随着历史的发展，这种具有军事色彩的政治经济制度，越来越暴露出了它的历史弊端，特别是造就了大批无法自食其力的寄生阶层，极大地削弱了满族的民族生存能力。老舍《正红旗下》便以艺术的描写展示了这方面的可怕图景，揭示了八旗制度的种种危害。

八旗制度的流弊之一是养成了中上层旗人中的寄食阶层。由于受这一等级制度的保护，中上层旗人特别是旗人贵族过着养尊处优、花天酒地的生活。定大爷就是一位突出的代表。他出场时穿着华贵，戴着青缎小帽，"帽沿上的一颗大珍珠发着光"，穿着"龙缎面的灰鼠袍子"。因为有钱有势，许多人前来"请安的请安，问候的问候"。他之所以这样有钱有势，是因为他的曾祖父在云南当满族大员时搜刮了大量钱财。这样，定大爷生下来便被绸缎包裹着，从小就拿着金锞子银锞子当玩具。祖先留下来的钱财与地位、权势，使定大爷成为一个无所事事的闲人，一个自称开明旗人却不懂国事的人，一个民族的不肖之子。其他如佐领（四品官）大祖公公正翁、大姐夫多甫、大舅、姑姑等等也都是这样的人。

与此同时，八旗制度助长了旗人不务正业、只知玩乐、爱讲面子的民族恶习。一方面，不务正业，只知玩乐。大姐公公正翁，本为四品顶戴的佐领，"却不太爱谈什么带兵与打仗"，因此不会"骑马射箭"，而最感兴趣的，却是养鸟与唱快书。"无论冬夏，他总提着四个鸟笼子，里面是两只红颏，两只蓝靛颏儿。""他每天一清早就去遛鸟儿，至少要走五六里路。习以为常，不走这么多路，他的身上就发僵。"谈起养鸟经、养蝈蝈经、养蛐蛐经与制造鸟笼的方法来，他可以滔滔不绝。他养鸟的食罐，甚至连清鸟粪的小竹铲，都十分"考究"。养鸟、遛鸟成了他的生活恶习。他爱唱戏，看戏，是铁杆戏迷。其妻因此说他"没皮没脸，没羞没臊"。大姐夫多甫，本是位骁骑校，却连马也不会骑，然而却是个玩鹞子与养鸽子的高手。他的口头禅是："咱们旗人，别的不行，要讲吃喝玩乐，你记住吧，天下第一。"对这对旗人父子来说，"他们老爷儿俩到时候就领银子，终年都有老米吃，干吗注意天有多么高，地有多么厚呢？生活的意义，在他们父子看来，就是每天要玩耍，玩得细致，考究，入迷。"民族恶习在他们父子身上代代相传。

另一方面，旗人臭要面子。老舍在作品中描写到："二百多年积下的历史尘垢，使一般的旗人既忘了自谴，也忘了自励。我们创造了一种独具风格的生活方式：有钱的真讲究，没钱的穷讲究。生命就这么沉浮在有这讲究的一汪死水里。"

① 老舍《正红旗下》，人民文学出版社1980年版，第1页。

大姐公公正翁经济虽然极其拮据，生活中却臭讲礼节，死要面子，显示旗人的气派。他一次对路遇的大舅云翁说："我总得穿的整整齐齐，干干净净吧！我总得炒点腰花，来个木樨肉下饭吧？"虽然没有应有的经济实力，却一心想保持上层旗人的生活做派。"于是就一同到天泰轩去，要了一斤半柳泉居自制的黄酒，几个小烧（烧子盖与炸鹿尾之类），吃喝得相当满意，吃完，谁也没带着钱，于是都争取记在自己的账上，让了有半个多钟头。"这一描写既是他行动的写照，更是将他的心理描写得入木三分。作为子爵之女、佐领之妻的大姐婆婆，也是一个打肿脸充胖子的人。她不仅平时养成了爱吃的毛病，而且在家底亏空严重的情况下，仍然敢赊，敢于吓退讨债者，既讲所谓面子，同时也是一个不知羞耻的女人。

由于积重难返，八旗制度造成了旗人自食其力的生存能力与民族自信心的丧失。大姐公公父子俩"都聪明、能力，细心，但都用在从微不足道的事物中得到享受与刺激。他们在蛐蛐罐子、鸽铃、干炸丸子等等上提高了文化，可是对天下大事一无所知"。无论是他们父子，还是大舅，他们不是连做小生意这样的事都不能做也不愿意做，就是种田"拿不动锄头"，"要不把大拇脚趾头锄掉"，完全失去了依靠自己劳动养活自己的能力。祖先努尔哈赤开创的"骁勇骑射"的传统和勤劳剽悍的品格在他身上已不复存在，有的就是纨绔子弟、不肖子孙的习气。生存能力的下降直接导致民族性格扭曲与民族自信心严重丧失。多老大不仅给洋人当奴仆、靠洋人施舍为生，养成了谦卑软弱的性格，而且帮助洋人欺负自己的同胞，成为民族的败类。老舍针对多老大的畸变总结说："一个比别的民族都高着一等的旗人若是失去自信，像多老大这样，他便对一切都失去信心，他觉得自己是天底下最可怜的人，因而他干什么都应当得到原谅。"而结合清朝末年的民族危机看，多老大这种洋奴心态也折射出了清政府统治者的心态。更可怕的是，而满族统治者这种风气影响到整个社会，渐渐形成了整个中国人的奴性思想。

鉴于八旗制度的严重危害，老舍对其进行了尖锐的批判。他在小说中指出："按照我们的佐领制度，旗人是没有什么自由的，不准随便离开本旗，随便出京；尽管可以去学手艺，可是难免受人家的轻视。他应当去当兵，骑马射箭，保卫大清皇朝。可是，旗族人口越来越多，而旗兵的数目是有定额的。于是，老大老二也许补上缺，吃上钱粮，而老三老四就只好赋闲。这样，一家子若有几个白丁，生活就不能不越来越困难。这种制度曾扫南荡北，打下天下；这种制度可也逐渐使旗人失去自由，失去自信，还有多少人终身失业。"通过对八旗制度危害性的反思，老舍书写了旗人走向衰退的过程，并在很大程度上揭示了清王朝走向历史衰亡的文化、社会根源。其中，浸透着老舍深重的民族忧患意识，同时饱含着他强烈的社会批判意识。这些描写与思考，无疑是《正红旗下》最见功力的地方，也是小说描写最为精彩的地方。

二、旗人命运的文学关怀

八旗制度造成了满族民族生命力的衰退，同时也造成了各种社会矛盾，特别是造成了社会两极分化的拉大，形成了人与人之间的严重不平等，给普通旗人的生活形成了极大的伤害，使他们陷入生活的严重困境之中。在《正红旗下》中，老舍还展示了普通旗人这样的生存困境，描述了八旗制度腐蚀下普通旗人的生存状态，揭示了民族之间、人与人之间的严重冲突与突出矛盾。

在小说中，老舍描述了普通旗人或下层旗人的生活窘境，展示了他们生活的艰难。老舍曾解释说：清朝后期，旗人完全“以当兵吃粮为主要出路，往往一人当兵，全家都吃他的一份钱粮。生活很困难”[①]。《正红旗下》中描写的“我”即老舍自己一家便是如此。“我”的父亲是保卫皇城的旗兵，每月只有三两银饷，而且“里面还每每掺着两小块假的”。这笔少得可怜的收入便是全家人一月所能花费的钱，也就是说，父亲一个下层旗兵的微薄收入要养活一家数口的性命。母亲虽然很会勤俭持家，但却常常入不敷出，结果只能四处举债、赊账，以致连亲家来了也无钱招待。她所能做到的，只能是使全家人“不至沦为乞丐”。为了生计，母亲常常陷入愁苦之中，她每月领到丈夫的饷银后所遇到的第一件事就是想着如何还掉过去的旧债，不再受店铺的“高声申斥”。小说叙述说：“虽然我们的赊帐范围并不很大，可是这已逐渐形成寅吃卯粮的传统。这就是说：领到饷银，便去还债。还了债，所余无几，就再去赊。”也正因为经济上如此窘困，“我”的“洗三”与“满月”仪式才办得那样的寒碜。“我”一家无疑是八旗制度的受害者。更糟糕的是，一些下层旗人更是在除夕夜，面临讨债的敲门声，吓得不敢出声。有的要面子的人，则偷偷跑到城外去自杀，留下家破人亡的惨剧。而这样的结果与开头时节家家放花炮与剁饺子的声音形成了强烈的反差。

老舍还描绘了八旗制度覆盖下的各种社会矛盾，揭示了人与人之间的不平等关系。就社会矛盾而言，清王朝的统治摇摇欲坠，朝不保夕，陷入国内外深重的民族危机之中。国内，维新变法归于失败，慈禧等顽固派把持着国家政权，疯狂镇压革命者与反抗者。而白莲教等反清组织举起义旗，延续着中国农民的反清政治运动。对外，帝国主义肆意侵略中国。他们一方面运用宗教对中国人进行思想奴役，一方面则公开耀武扬威，八国联军侵华迫在眉睫。强敌入侵的这种历史情境，造成了包括满族人在内的中国人的半殖民地生存处境。从人与人之间的不平等关系看，大姐婆婆仗着是子爵之女、佐领之妻，同时也因为经济短缺，不仅抱着“女仆都理当以身殉职，进门就累死”的刻薄念头，而且将自己的儿媳妇（即大姐）“当作十个女仆使用”，任意虐待她。因为经济方面的困顿与矛盾，大姐夫常常与大姐吵架，把气发到大姐头上。这正如小说里描述的那样，“在家庭经济不景气的时候，他们不能不吵嘴。十之八九，吵到下不来台的时候，就归罪于我

---

① 老舍《下乡简记》，《老舍选集》（第五卷），四川文艺出版社 1986 年版，第 155 页。

的大姐”。为避免激发矛盾，大姐回到娘家也不能将自己在婆家的遭遇向母亲、父亲倾诉，一个人默默地承受着心灵与生活的痛苦。大姐这种生存境遇，有大姐婆婆等人为的因素，更重要的无疑是八旗制度等在作怪。

当然，小说在揭示社会矛盾的同时，也书写了各族普通群众之间生活上的互相关心与爱护。山东胶州来的王掌柜，是个开肉铺的汉人，同时也是一个热心肠的好人，与下层旗人建立起了友谊。他平时极其关照像“我”家这样生活困难的旗人，同时也赢得了旗人对他的尊重与喜爱。我“洗三”时，他更送来了“一对猪蹄”以示“庆祝”。对王掌柜来说，“遇到谁家娶亲，或谁家办满月，他只要听到消息，便拿着点东西来致贺”已经成为规矩。虽是个做生意的买卖人，却坚持“公是公，私是私”，注重人与人之间的温情。在“受满族统治者压迫最深的”回民中，金四叔平时与我的父母建立起了非常友好的关系，在我出生后还给我“送了两吊钱，并祝我长命百岁”。王掌柜的儿子王十成来京之后，立即与热情的二哥福海建立起了兄弟般的情感。

三、民族新生的热切希望

八旗制度等带来的满族民族衰败使老舍深感痛心，晚清以来中国饱受西方列强欺凌的深重民族危机，加上父亲在八国联军侵华战争中阵亡在他心中留下的惨痛记忆，时时刻刻激发着老舍强烈的民族情感。为此，老舍进入特定历史情境中，进一步思考着民族与国家的出路，包括满族与整个中华民族的出路。

民族生命力的衰退使老舍感到痛心，但他并不希望民族覆灭，而是希望民族再生。他呼唤着满族中适应时代发展又能保持民族光荣传统的新人出现，从而挽救民族的危机，保持民族生存的活力。二哥福海是老舍热情颂扬的满族新型人物，或者说是“老舍心目中理想的旗人形象”[①]。小说中对他的描写是：“他是熟透了的旗人，既没有忘记二百多年来的骑马射箭的锻炼，又吸收了汉族、蒙族和回族的文化。论学习，他文武双全；论文化，他是‘满汉全席’。他会骑马射箭……他知道怎么养鸽子，养鸟，养骡子与金鱼。可是他既不养鸽子、鸟，也不养骡子与金鱼。”他是满人中的叛逆，不但有见识，而且有务实精神、实际能力；有危机感，也有紧迫感。他没有满族人的民族优越感，对汉族等国内其他民族没有等级观念。特别是，他预感到八旗制度的末日，相信只有靠自己的劳动才能维持生存，相信这样才能找回民族的自信。“二哥有远见，所以才去学手艺。”所以，他可以去做身份低贱的“油漆匠”，可以与义和团骨干汉人王十成结为师兄弟，乃至不由自主地支持王十成的革命行动。由他主持的“我”的“洗三”大礼，更是显示了他精明、诚实、灵活的一面。他是旗人中的“另类”，同时也是旗人的新人。

---

① 赵志忠《〈正红旗下〉民俗文化论》，《民族文学论稿》，辽宁民族出版社2005年版，第154页。

老舍热爱自己的民族，同情普通旗人的生存遭遇，希望本民族在新的时代走向新生，但却对腐朽、专制的清王朝不抱任何希望，对像定大爷那样的“开明旗人”的所作所为（如办教育）也并不看好，由此，他期待着翻天覆地的社会革命推翻清朝统治，迎接新的时代，使整个中华民族走向新生。老舍夫人胡絜青曾强调说，《正红旗下》还想“告诉读者”的是，“人民是怎样向反动派造反的，中国是一个何等可爱的由多民族组成的统一的大有希望的国家……”[①] 这是符合老舍的原意的。小说中的王十成就是寄托这种社会理想与希望的人物。王十成是王掌柜的儿子，才二十岁，虽然年轻，却加入了山东义和团，练就了武功，选择了与父辈完全不同的人生道路。王十成告诉父亲王掌柜说：“爹！你多年不在乡下，你不知道我们受的是什么！大毛子听二毛子的撺掇，官儿又听大毛子的旨意，一个老百姓还不如这条狗。”大毛子指洋人，二毛子指吃洋教者。深受民族压迫与阶级压迫的他，比父亲更深切地体会到反抗政治压迫的道理，同时拥有无畏的反抗精神。对他来说，无论是大毛子还是二毛子，都是可恨的。他得出的结论是：“不打不杀，谁也没有活路儿！”认为造反不但不是掉面子的事，而且是正大光明的事业。为此他主张“洋人，官兵，一齐打”，他的最终梦想甚至是“有朝一日，我们会叫皇上也得低头”。最后，他走出北京城，义无反顾地踏上“造反”与革命的道路。他是农民革命时代的慷慨义士，体现了中华民族不畏强暴的民族精神。他的人生道路是现代中国民族民主革命的缩影。他的身上体现了民族复兴与再生的希望。他的革命行动可能归于失败，但却体现了中华民族走向新生的不懈努力。小说对他的描述里面，寄托了老舍的民族希望，同时包含着老舍的进步历史观，但也多少反映了时代主流文化在老舍作品中打下的印记。

老舍坚持不管在哪种情况下，一个民族的民族精神都不能丢，不能见利忘义，丧失了基本的人格与国格，而应坚持正义走正道。小说中所写的满族人多老二就体现了老舍的这种思想。与哥哥多老大投靠洋人，吃洋教不同，多老二是一个具有强烈民族意识的正直人士。当他的哥哥多老大投靠洋教时，多老二坚决主张不能“忘了”兄弟俩都是“大清国的人”，“饿死”也“不能去巴结洋鬼子”。当多老大巴结洋人、凭借洋人牛牧师来欺压王掌柜时，多老二不但愿意承担多老大欠下王掌柜的钱，而且坚持给哥哥实行跪谏——“老大！给咱们的祖宗留点脸吧，哪怕是一丁点儿呢！别再拿洋人吓唬人，那无耻！无耻！”将哥哥的无耻之举臭骂一顿。尽管他个人的努力没有制止哥哥的举动，但哥哥做出的“没骨头的事”使他义愤填膺。多老二弘扬着民族的正气，反映了满族人强烈的爱国精神。这也是满族与中华民族共同的精神脊梁，老舍对此极为赞赏。

（作者单位：中南民族大学文学与新闻传播学院）

① 胡絜青《写在〈正红旗下〉前面（代序）》，见老舍《正红旗下》，人民文学出版社 1980 年版，第 5 页。

传统文化与审美的意向性表现

——评《苦雨斋》系列散文

□马　力

阅读2009年辽宁人民出版社出版的《苦雨斋》系列现代散文集（包括周作人卷、废名卷、沈启无卷、江绍元卷、俞平伯卷），仿佛在20世纪上半叶的中国散文森林中触摸到一丛质感鲜明的散文树，它的话语与浸润着西方现代文化乳汁的中国主流话语是疏离的，更像是一株汲取中国“陈死人”的营养长出来的树，它的文化与文学指向有一种趋于传统的意向性。

一、依传统进行文化反思　判断未来中国文化的走向

《苦雨斋》各卷几乎囊括了五位作家一生的重要散文，但从时间上看，其中的亮点大都是作于20世纪30至40年代的散文。中国文化与中国文学是这些散文的基本母题，其中一个有分量的话题是对“五四”新文化和新文学运动的反思以及对中国文化与文学未来走向的设想。无论是专论，还是捎带谈，其切入视角或基本的思考方式，几乎都是从系统论的视角，将中国文化与文学当作一个整体，来看“五四”新文化与新文学的得失，将中国的文化与文学传统作为理论的出发点和落脚点，从而形成其文化与文学意识的总体意向性特征。

在关于中国文化的认识上，周作人在《中国的思想问题》中说：“中国的中心思想本来存在，差不多几千年来没有改变。简单的一句话说，这就是儒家思想。”① 儒家思想在周作人看来就是中国传统文学的根基。在国人的人生哲学中就深藏着这种根基，但它是健全的、自然的、趋于人性的：“中国固执着简单的现世主义，讲实际而又持中庸，所以只以共济……为目的……从浅处说这是根据于生物的求生本能，但因此其根本也就够深了。再从高处说，使物我各得其所……别无一点不自然的地方。我说健全的思想便是这个缘故。这又是从人的本性里出来的。”② 在周作人看来，儒家的“仁”的思想出于人求生存的本能，是人类最高道德的表现：“此原始的生存的道德，即为仁的根苗”，“仁的现象是安居乐业，结果是太平，不仁的现象是民不聊生，结果是乱”③。鉴于历史的兴衰

① 《苦雨斋·周作人卷》之《中国的思想问题》，辽宁人民出版社2009年版，第73页。

② 同上，第75页。

③ 同上，第76页。

经验，他肯定儒家思想的永恒价值，并由此推断中国未来社会文化建设的方向："中国人的思想本来是很健全的，有这样的根本基础在那里，只要好好地培养下去，必能发生滋长，从这健全的思想上造成健全的国民出来。"①

礼是中国传统文化的又一个核心概念。江绍原的《礼的问题》以和周作人商榷的口吻，先从廓清"礼"的概念出发，谈自己对礼的认识，表达了不赞成周作人"复礼"的思想："这本来的'礼'——此指社会上真真通行的礼，不是指哪一位或哪几位'先哲的礼论'。"②"野蛮人的礼，的确是文化的复礼：若用我们的眼光去分析，其中至少有我们所谓'法术'的分子，宗教的分子，道德的分子，卫生的分子，还有艺术的（狭义的）分子。我信中国本来的'礼'也是如此。"③既然礼的内涵中有精华也有糟粕，"只怕无论怎样古的礼，若不用我们的科学智识，道德标准和艺术兴趣，好好的提炼一番改造一番，决不能合我们今人的用。"④作家这样谈问题，显然有批判周作人的一味崇古之意，但并非否定礼，在这方面，"不过是表明我多少与先生同调"⑤。

由于《苦雨斋》的作者普遍看重传统文化对于国人灵魂的深刻影响力，因此对"五四"运动常常有非议。废名在《我怎样读〈论语〉》中正色道："正是五四运动之后，狂者之流，视孔子为不足观的，崇拜西洋艺术家的，令我忽然懂得了，懂得了孔子的一句话，仿佛也便懂得了孔子的一切，我知道他是一个圣人了。"⑥同文他又言："民国二十四年，我懂得孟子的性善，乃是背道而驰而懂得的，因为我们都是现代人，现代人都是唯物思想，即是告子的'生之谓性'，换一句话说，以食色为性，本能为性，很以孟子的性善说为可笑的。一日我懂得'性'，懂得一向我们所说的性不是性是习，性是至善，故孟子说性善，这时我大喜，不但救了我自己，我还要觉世。"⑦有了"性"即"习"的新发现，便还原了古代之"性"的本原意义，纠正了一些学人根据现代心理学来解释古代文化思想的偏颇。由此可见，废名等人尊崇古典文化，并非是意气用事，而是基于学问的探求和对传统文化真谛的"懂得"。无论他们得出的结论如何，这种实事求是的精神和敢于反潮流的勇气，都是值得发扬的。在废名看来，有了新解的孟子性善理论，不但照亮了孟之道的过去，也照亮了中国未来文化建设之路——发扬孔孟之道。

沈启无的《中国文学的性质》揭示中国文化的特点是大而化之，若谈到中国文学，一定从源头处——古代文化、文学说起，中间涉及"五四"新文化运动和新文学运动，然后直指中国文化与文学发展的未来。他认为："中国的国民思想，

---

① 《苦雨斋·周作人卷》之《中国的思想问题》，辽宁人民出版社 2009 年版，第 73 页。

② 《苦雨斋·江绍原卷》之《礼的问题》，辽宁人民出版社 2009 年 1 月版，第 141 页。

③ 同上，第 141—142 页。

④ 同上，第 142 页。

⑤ 同上，第 142 页。

⑥ 《苦雨斋·废名卷》之《我怎样读〈论语〉》，辽宁人民出版社 2009 年版，第 41 页。

⑦ 同上。

几乎人人都是儒家的，虽说有浅深厚薄程度上的不同，反正其为儒家思想，大抵是一致的。……汉以后的时代思想，如道教佛教以至于近代科学文明，对于儒家思潮虽然经过种种复杂的变迁，实际仍调和于儒家……我以为儒家经世，佛家慈悲，道家养性全真，根本上并没有多大的差异，只是作用不同，不过中国思想在侧重人生这一意义上，儒家热心时事的精神，要算最合乎人性物理的了。因此，我认为在中国，固有的道家思想，与外来的佛教思想，一样融化于儒家之下。"①儒家思想乃是中国传统文化的核心，它不仅有巨大的同化力量，而且合于人性，字里行间充溢着他的褒赞之情，这种对于中国传统文化的认识与周作人相同。

沈启无的《中国文学的性质》一文不仅足以代表他本人的文化观与文学观，而且对于《苦雨斋》诸作者的思路带有总结的性质，鲜明地表现了这一派散文家在文化上的传统意向性特征。

二、传统：中国文学贯穿始终的主线

《苦雨斋》的散文均属学者散文，清一色出自大学教授之手，他们的又一重要话题是读书，谈艺，做学问，见解无不精辟透彻，闲适是他们散文的普遍风格。周作人在《竹林的故事·序》中言："我不知怎地总有点'隐逸'的。有时候总想找一点温和的读。正如一个人喜欢在树荫下闲坐，虽然晒太阳也是一件快事。我读冯君的小说便是坐在树荫下的时候。"②"温和"的文章正符合"静穆悠远"的传统审美观念，闲坐在树荫下读，视读书为消遣，体现了文士的闲情雅趣。

废名视文艺为梦："创作的时候应该是'反刍'。这样才能成为一个梦。是梦，所以与当时的实生活隔了一个模糊的界。艺术的成功也就在这里。……字与字，句与句，互相生长，犹如梦之不可捉摸。然而一个人只能做他自己的梦，所以虽是无心，而是有因。结果，我们面着他，不免是梦梦。但依然是真实。"③文学是梦的论断源于弗洛伊德的精神分析学理论，这种文学观与以文章为经世救国之道的文学观风马牛不相及。读文学书便是"梦梦"，这是何等的闲情逸致？倘若只把读书看做是书斋里的事，在字与字、章与章之间讨乐趣，与外面的世界不发生关系，岂不有为读书而读书的旧文人的味道？

在审美情趣上，他们几乎都有崇古的癖好。在20世纪30年代，周作人大谈八股文有"音乐性"，从律诗、骈文一路演变过来，可称之为"散文诗"，"八股不但是集合今古骈散的菁华，凡是从汉字的特别性演出的一切微妙的游艺也都包括在内，所以我们说它是中国文学的结晶，实在是没有一丝一毫的虚价"④。他申辩道：按八股的方式作文要不得，譬如土八股、洋八股都要不得，但八股的音

① 《苦雨斋·沈启无卷》之《中国文学的特质》，辽宁人民出版社2009年版，第138—139页。
② 周作人《竹林的故事·序》，辽宁人民出版社2009年版，第170页。
③ 废名《说梦》，辽宁人民出版社2009年版，第152页。
④ 周作人《论八股文》，辽宁人民出版社2009年版，第25页。

乐性却值得肯定。周作人的观点虽有悖“五四”之道，但他所言洋八股和土八股的存在，却是一个不争的事实，颇值得我们反思，尤其是作为一种学术之见不可厚非，对于我们冷静辨析中国传统文学样式的得失，以便取其精华、去其糟粕不无启示意义。

废名是对新诗“最抱希望的一个人，心目又犀利朴实，一方面受了新文化的洗礼，一方面却又能从中国过去的诗文学里认识它的长处，取其精华。他的意见以为……旧诗的内容常是散文的……然而旧诗文字却用的是诗的文字……而新诗呢……必定要这个诗是诗的内容，而写这个诗的文字得用散文的文字。”[①] 那么是古诗好，还是新诗好呢？就形式而论，古诗好用典故，废名毫不掩饰地说出自己的主张：“我今天的本意是作典故赞的……中国的诗人是以典故写风景，以典故当故事了。……中国的诗人是藉典故表现境界了。”[②] 接着，废名通过对中西诗歌用典的比较，论辩中国古诗用典的得失：“在外国文学里头用典故这件事简直不成问题，只看典故用得好不好。……他们的作家，在他们的作品里头，典故不常用……若用之则是有必要，这时文章的意思格外显豁，感人的效果格外大。中国的事情每不可以常理论，他没有文章而有典故！于是典故确乎应该在排斥之列。……我们反对典故，不是反对典故本身，乃是反对没有意思的典故罢了。”这一段关于中西诗歌用典的比较论，厘清了用典和典故本身的区分，既不否定“五四”新文学“不用典”的主张，又委婉地对它的绝对化倾向做了批评，具有反思和校正“五四”新文学主张偏颇的意义。全文的立论重视传统文学元素，立意在对传统文学批判继承，促进中国新文学运动健康发展。废名的文学立场与周作人如出一辙。

沈启无认为中国文学无论古今，应该有自己的一贯性，然而“中国近代文学，因为受到外国文艺的影响，本身上变化很大，特别是五四新文化运动以后，另有一番新气象。但是对于中国固有的思想，传统的精神与美德，不能把握得住，也就免不了彷徨无路，失掉中心，将来如何能够调和得法，成功为自家历史上一贯的东西。这个责任，要看我们现在的读书人怎样担荷起来”[③]。沈启无对“五四”新文学运动抛弃文学传统的倾向显然是全盘否定的，而且丝毫不掩饰自己的观点。在他看来，中国现代文学接受西方影响，是走了一段弯路；而今发展中国现代文学的关键在于传统与现代的“调和”，也就是说，要从学西方回归到学传统上来，从而形成中国文学发展的一贯性。唯有“一贯”，方“是中国文学的特质所在”[④]。沈启无的中国文学一贯论将传统抬到决定中国现代文学生死存亡的高度，其崇古的程度已达极致，而“调和”的论调，从根上说是他灵魂深处儒家“中庸”意识在文学上的投射。

从《苦雨斋》的散文家们对情调“温和”作品的偏爱，到阅读时有“闲”的

---

① 沈启无《中国文学的性质》，辽宁人民出版社 2009 年版，第 144—145 页。
② 废名《谈用典故》，辽宁人民出版社 2009 年版，第 33—34 页。
③ 沈启无《中国文学的性质》辽宁人民出版社 2009 年版，第 139 页。
④ 同上，第 139—140 页。

姿态；从对“五四”新文学运动反对用典的反思，到通过“调和”打通古今文脉，使其连成一贯的文学发展观，都在表明历史文化意识与文学意识对中国现代文人的潜在影响之大。然而把这种尊重历史、重视传统的倾向简单地归之为复古，显然是不恰当的，因为在他们的主张中有对中国文学传统冷静的剖析，充满真知灼见，值得每一个中国现代文化人认真思索。

三、现代文人坚守传统的一种姿态——闲适

翻开《苦雨斋》，一股坐而论道的清闲味和无聊味扑面而来。营造这种散文气氛的人都是固守书斋、以钻研学问为天职的知识分子。他们头脑清醒，善于思考，坐而论道，头头是道，然而没有勇气去推行他们的主张，把自已融入时代的洪流之中，为改造社会服务，于是议论变成空谈。他们对于自己的弱点是自知的，然而囿于环境的压迫，他们软弱的脊梁很难挺直，于是便不得不屈从环境，在角落里低吟浅唱，在古老的过去寻求心灵的安慰，以传统之盾抵御现代之矛。“闲适”正是这些游离于时代主潮之外的边缘人的一种生存状态，它是时代零余者“隐逸”落寞灵魂的外显。比如周作人在《中年》里言：“我们乡间称三十六岁为本寿，这时候死了，虽不能说寿考，也就不是夭折。……孔子曰，‘四十而不惑’，吾友某君则云，人到了四十岁便可以枪毙。”“到了老年差不多可以说是待死堂的生活吧。”[①] 充斥在这些文字中刺眼的字眼是“死”、“枪毙”、“待死”等，这表明周作人对中年以后的生命抱着很悲观的认识，在精神上颇有一种苍老的气象。他之所以如此，大抵和他精神上的暮气不无关系。人生如逆水行舟，不像真的猛士那样向前奋进，躲在岸上看弄潮儿在浪尖忽上忽下的险境，好似闲适，其实是后退，是落伍。周作人从人的年龄和日常生活的小事上又说到中国的国民性上去，他认为中国国民性的最大弱点是“伪善”，他对伪善颇有痛击的义愤：“我们与其伪善还不如真恶，真恶还是要负责任，冒危险。”[②] 周作人以伪善概括国民的劣根性，的确是独具慧眼。鲁迅在《阿Q正传》中揭示的阿Q精神胜利法的诸种表现，如妄自尊大、自欺欺人、讳疾忌医、麻木、健忘、向弱者泄恨等大都可以归于“伪善”之列。伪善是国民愚弱的根源。周作人将矛头对准伪善，深深触动了中国传统文化的病根。然而周作人并没有像鲁迅一样深掘传统文化的根基，而是点到为止，不痛不痒。与鲁迅终生为改变国民性而斗争相比，周作人充其量是躲在书斋里，贡献一种隐士“闲适”的智慧而已，他是行动的矮子。

周作人坐而论道与他的非功利的文学主张一脉相承。他在《苦茶随笔·后记》中说：“我原是不主张文章有用的，不过那是就政治经济上说，若是给予读者以愉快，见识以致智慧，那我觉得却是很必要的，也是有用的所在。”[③] 不求

① 周作人《中年》，辽宁人民出版社 2009 年版，第 31 页。

② 同上。

③ 周作人《苦茶随笔·后记》，辽宁人民出版社 2009 年版，第 190 页。

有用的议论便是闲谈末论，即便中肯独到也不过是给文化痼疾、社会弊病挠痒痒而已，与真的猛士的救治工作相差十万八千里。

无独有偶，俞平伯的散文谈吃（《吃在这个年头》），谈性（《性（女）与不净》）、谈梦（《梦记》），谈人的精神现象（《怕》），谈自然（《陶然亭的雪》）……唯独不触及时事政治，可以说这是对现实不满的又一种表现，然而从另一视角看，是在惨淡人生面前的“躲”与逃。对于中国最为黑暗的20世纪30年代而言，和鲁迅在这一时期化名写出的一系列针砭时弊的杂文相比，这些话题毕竟是软性的、无关痛痒的。只有有闲的人才写得出。

废名是以作“田园小说”著称的，闲适更是他小说的一贯格调。在《废名卷》的《莫须有先生传》（节选）中，作家借小说人物莫须有先生之口说：“我只羡慕你们姑娘们大家坐在炕上做活，谈心事，世事一点也不来纷扰，隔着玻璃望一望，很有个意思。”① 莫须有先生的心声正是废名的心声，不问世事，“隔着玻璃望一望”，是一种人生典型的隐逸姿态的表现。

沈启无的20世纪30至40年代的散文几乎清一色是书斋散文，或谈文学，或论文化，一副埋头做学问的面孔，可谓是躲进书斋成一统的散文家。

江绍元的散文题材颇杂，在文化的天地里，古今中外，东鳞西爪，无不可以被作家捉来做论，因此他的散文大抵可以算作文化散文。看上去非常潇洒，但细看却可以发现作家之所以漫天遍野地寻找散文题材，实际上也在绕来绕去躲避一个东西，那就是现行政治。从表面姿态上看是一种逃避，然而隐藏在其后的是一种软对抗，不向时事低头。

越想远离时事，他们就越钟情于艺术，将艺术当作他们身心的避难所。周作人的《本色》云：“写文章没有别的诀窍，只有一字曰简单。”他引用清人冯钝吟《钝吟杂录》说：“文字好处正不在绮华。”周作人解释道：“若本色反是难，为什么呢？本色可以拿得出去，必须本色的质地形色站得住脚，其次是人情总缺少自信，想依赖修饰，必须除去前此所涂脂粉，才会露出本色来，此所以为难也。”周作人由文见人，做本色的人难，所以做本色的文才更难。本色的人比修饰的人质地形色更好，更自信，所以本色的文章也势必比重于修饰的文章更难能可贵。文人的真正文采应该表现在会做、能做不修饰的文章上。这种见地可谓是对文采的别论。也是上承古人之说的“顺论”，只要抱定古书静心读下去，就能写得出，这种做学问的姿态是将自己从纷扰的现实中架空出去，同样是一种“闲适”。

在对现代文学作品的批评方面，周作人的审美情趣是隐逸。他在《桃园·跋》中说：“文艺之美，据我想形式与内容要各占一半。近来创作不大讲究文章，也是新文学的一个缺陷。……这里边常出现的是老人、少女和小孩——这不是作者所见闻的实人世的，而是所梦想的幻景的写象……在这时候朦胧暮色之中一切生物无生物都消失在里面，都觉得互相亲近，互相和解。在这一点上废名君的隐逸性似乎是很占了优势。”他在《草木虫鱼·小引》中说，文学的要素是诚与

---

① 废名《莫须有先生传》（节选），辽宁人民出版社2009年版，第162页。

达。在《冰雪小品·序》中，他对小品文的议论也很精到：“中国要在晋文里才能看出小品文的色彩出来。……小品文是文学发达的极致，它的兴盛必须在王纲解纽的时代……小品文则在个人的文学之尖端是言志的散文。它集合叙事、说理、抒情的分子，都浸在自己的性情里，用了适宜的手法调理起来，所以是近代文学的一个潮头。”这段精彩议论的关键词是“性情”，在周作人看来，不但小品，就是整个文学都不应是载道的，而应是抒发作者的“性灵”的。以梦的方式表现性灵，就是最好的文学，这种文论的姿态同样是“闲适”。

时也，文也。有什么样的时代，就会有什么样的散文。《苦雨斋》表现了我国一部分知识分子面对中国20世纪20至40年代黑暗现实的一种人生价值取向。中国20世纪30至40年代的黑暗，正是远离时代主潮的《苦雨斋》散文及其中国隐逸文人产生的温床。如果从作家个人的文化结构上看，儒家文化占统治地位，则是他们共同的特征。周作人公开宣称：“我知道自己是很旧的人，有好些中国的艺术及思想上的传统占据着我的心。”[①]“我不是传统主义的信徒，但相信传统之力是不可轻侮的。”[②]由于文化意识相同，所以这些作家常常形成自己的圈子，来往密切。他们的散文便有了你像我，我像你的共同的“丛”生特征。

辽宁人民出版社出版《苦雨斋》系列散文集的意义就在于，它给了我们认识中国现代散文派别特征的视角，让我们有机会比较集中地了解中国现代散文森林的生态状况，比较集中地听到来自主流边缘的声音。倘若我们不因人废言，而是像鲁迅先生在《拿来主义》当中所言，取其精华、去其糟粕，那么我们即能从这些地处边缘的声音中汲取有益于我国文学生长繁荣的智慧，壮大中国的现代文化与文学。

（作者单位：沈阳师范大学文学院）

① 《苦雨斋·周作人卷》之《扬鞭集·序》，辽宁人民出版社2009年1月版，第173页。

② 同上，第174页。

论董桥散文中的名士风与书生气

□ 张堂锜

一、前　言

被誉为“香江一支笔”的作家董桥（1942—）是一位才学识情兼具、极富率真个性的文人，以散文著称于世，先后结集出版了《这一代的事》、《跟中国的梦赛跑》、《辩证法的黄昏》、《静观的固执》、《英华沈浮录》、《回家的感觉真好》、《伦敦的夏天等你来》、《小风景》、《白描》、《故事》、《今朝风日好》、《青玉案》、《记得》、《从前》、《清白家风》等散文集。由于深受中国传统文化的熏陶，又曾旅居英伦多年，对中西文化兼收会通，学识丰赡，加上对世事人情的洞悉静观，表现在散文创作上，既能体现出中国名士的品位与智慧，又深得英国绅士的幽默风趣，出之以令人惊艳的妙笔美文，而在当代散文随笔的创作上独树一格。专栏文章虽短小，董桥却能在方寸天地间见万千气象，抒深闳襟抱，蹈高远意趣，让人不能不看，不能不爱，如此以深厚学养为底，严谨章法为用，将小品写成极品的大家，且不说香港文坛，即使是世界华文文坛也不多见。

董桥散文的魅力，一部分来自于他特殊的身世、经历。他出生于福建省晋江县，一岁时随父母赴南洋，在印度尼西亚度过青少年时期。虽然身处异域，但书香世家中浓厚的中国传统文化熏陶，使他自幼即爱上读书、写作，甚至收藏图书、字画，养成一种少有的文人雅士气质以及浓烈的中国情怀。1960年考入台湾成功大学外文系。1964年毕业后到香港，曾任香港美国新闻处《今日世界》丛书部编辑。1973年远赴英国，在伦敦英国广播电台中文部从事新闻广播及时事评论，1975年起又在英国伦敦大学亚非学院从事理论研究，特别对马克思理论展开了深入的钻研。大陆、南洋、台湾、香港与英伦的多元冲击，让他积累了深厚的文化素养、语文知识与人生经验，成为一个具有宽广视野与敏锐洞见的现代人文知识分子。1979年返港，先后担任香港公开大学中国语文顾问、《明报月刊》总编辑、香港中文大学出版组主任、《读者文摘》中文版总编辑、《明报》总编辑、《苹果日报》社长等职务。长期投入第一线的媒体编务工作，同时又浸淫于文化观察与思索，使他对社会、政治、文化、文学都有自己独特的见解，显现出不离世俗却又不随流俗的高雅品位与犀利眼光。

特殊的人生经历固然让他长了见识，多了体验，但若没有自觉的文化修为与知识追求，董桥的散文将不会在高手如云的文坛脱颖而出，更不会成为当代学者散文、文化散文的最佳代表之一。在《北京飘起她的琴韵》一文中，董桥称许阿根廷著名钢琴家Martha Argerich高超的音乐品味与艺术造诣，他说："整个欧洲的知识界都为她演绎的史诗动情"，"她表现的是清新（freshness）而个人（individuality）的风华"[①]。这个评价，简直就是董桥散文的生动诠释——在华文世界里，他的散文正是以文笔的清新洒脱以及个人独到的文化意境而让无数读者动情回味。在他的个人世界里，理性与感性兼具，批判与闲适并存，叛徒与隐士一体，其格局意境与"五四"文人遥相呼应，毫不逊色。可以说，他是中国"五四"一代与西方"文艺复兴人"（Renaissance Man）的综合体，前者有个性，后者博学多闻。他是有个性的博学，也是有博学的个性。

董桥的文字功夫与写作功力，来自于大量的知识讯息和审美触发，以及他对结构、用词的处处讲究，有关这方面的论述并不少见，此处不论。本文将从"名士风"与"书生气"两个角度切入，探讨董桥散文的艺术成就与特殊风格。在我看来，此二者才是董桥散文的文化底蕴、审美精神能够卓然独立、不拘一格，同时又是其创作感悟与生命境界能够融合感性与知性、平衡出世与入世的真正关键所在。

二、是真名士自风流：董桥散文中的名士风

所谓"名士风"，是一种富才学而不拘礼法的风度和习气。时有高论，洒脱倜傥而不拘小节，趣味宽广，品位不俗，且时时有怀旧的心绪[②]。尽管名士风流以魏晋清谈为典型，但本文无意于这个概念的探讨，而是采取一种宽泛笼统的说法，主要是泛指一种有文化品味、有独特个性的知识分子所表现出的精神风貌与生活态度，他们着迷于传统精致文化，对社会现实有不俗的个人见解，且能保有知识分子的相对独立品格。读董桥的散文，很难不被字里行间浓郁的名士气息给吸引，其中有对前尘旧事的抚掌高谈，也有对昔人流韵的频频回首，表现出一副文化遗民的真实本色。他自己在文章中曾多次以旧派遗民自居，大有名士之风流遗韵：

> 偏偏爱说我是遗民……劫后的意识形态，值得依恋的正是这些残留的旧时月色，跟卧薪的忧郁倒是没有干系了。……文化遗民讲品位，养的是心里一丝傲慢的轻愁[③]。

---

① 董桥《北京飘起她的琴韵》，《没有童谣的年代》，收入《董桥文集1》，牛津出版社2008年版，第51—52页。

② 所谓名士，说法不一。或指已知名而未出仕的人，如《礼记·月令》中有"勉诸侯，聘名士"的记载。汉郑玄注："名士，不仕者。"唐杜甫《陪李北海宴历下亭》一诗有云："海右此亭古，济南名士多。"指的是以诗文著称、恃才放达的人。名士风流以魏晋为最，如阮籍、嵇康者，他们蔑视礼法，狂放不羁，强调精神自由，展现个性的可爱。当然，有时"名士"也泛指有名的士人或文人雅士。本文所用"名士风"一词，并不局限在魏晋名士清谈的概念，而主要是泛指一种有文化品味、有独特个性的知识分子所表现出的精神风貌与生活态度。

③ 董桥《旧日红》，《从前》，牛津出版社2002年版，第1—2页。

我是旧派的人：窗竹摇影、野泉滴砚的少年光景挥之未去，电脑键盘敲打文学的年代来了，心中向往的竟还是青帘沽酒、红日赏花的幽情①。

在文化意识上，我很怀旧，却也不甘心放纵自己化为故纸堆里的书蠹。我只希望在安装了空调设备的现代书房里，依然会有一盏传统的明灯照亮我的原稿纸和打字机②。

既是旧派遗老，他对“民国味”特别有种亲切的迷恋。例如傅抱石的笔墨，他认为40年代最巅峰，原因之一是“那又是民国味还很浓的年代”；即使是看电影，他也偏爱带有“民国味”的戏，例如演《围城》、《上海的早晨》的女演员李媛媛，他欣赏的正是她“那种久违的民国味”，他深情地说“这样妩媚的柳梢月色，也许只有我这辈带点遗老襟怀的人才倾倒”③，甚至还刻了一方闲章“董桥痴恋旧时月光”以自况。这样的遗民情怀、名士风度、怀旧心态，处在香港这个高度现代化的科技城市与激烈竞争、瞬息万变的传媒社会，实在显得格格不入，不合时宜。然而，这正是董桥及其散文的特殊魅力所在。是真名士自风流，他一边编辑报刊，一边体味艺术，一边听着闹市尘嚣，一边安静写稿，宠辱不惊，从容悠然，完全是“大隐隐于市”的精神境界。余秋雨的赞赏说明了董桥身处名利场、心在荒野村的不易：“名士情怀如窗外六朝之山，感性笔墨如檐下秦淮之水，一静一动，亦仁亦智，而这种组合居然完成于南洋和英伦之间，真是奇迹。”④说“奇迹”也许重了点，但“董桥风格”是香江文坛的一则传奇，应该没有争议。

董桥的名士风与魏晋士人的纵酒放达、装疯卖傻完全殊旨异趣，他既不烦躁忧闷，也不逃避现实，反而力求与生活对话，与真我照应，显现出闲静悠然的特殊意趣。勉强说来，这和陶渊明倒有些相近。董桥就说过：“我老早中了田园的毒了。”⑤失意时隐逸山林，得意时心系田园，读书著述，淡然从容，怡情山水，随性所至，这是董桥的人格精神，也是他能写出寂寞高蹈的美文的内在动因。除了靖节先生，董桥的名士风也会让人自然联想及“五四”作家周作人与俞平伯，而这两位又不约而同地都受到晚明名士与小品的启发，于是，远慕六朝，近取晚明，心向往之，笔随意之，董桥的名士风是以地道，正宗。痖弦就佩服地说：“董桥博学广闻，作品具有传统文人的历史情怀，而一种舒放萧散的叙写风格，特别令我心折：这是中国晚明以降，散文文学精神的继承和宏扬了。”⑥

---

① 董桥《养起一缕乾坤清气》，《回家的感觉真好》，牛津出版社2001年版，第102页。

② 董桥《浪子和尚耳》，《语文小品录6·新闻是历史的初稿》，辽宁教育出版社1999年版，第90页。

③ 董桥《为一轮老月亮写序》，《白描》，牛津出版社2004年版，第216页。

④ 见余秋雨为董桥散文集《旧情解构》（三联书店2002年版）所写的内容简介。这段文字在香港天地图书公司《旧情解构》的版本则无。

⑤ 董桥《仲春琐记》，《旧情解构》，天地图书公司2002年版，第113页。

⑥ 见董桥《心中石榴又红了》（未来书城2001年版）书前的“名家推荐”，第12页。

董桥散文中多用掌故，大量引用妙文佳构的知识性写作，和周作人的“文抄公体”颇能辉映；他流连于琴棋书画、读书写作，“满目是写意的幽趣，满心是潇洒的放浪”，逢人说梦，悠然自得，则颇有俞平伯的名士风范。对周作人、俞平伯这对师徒，董桥自小即在文章中拜识：

从小读周作人，读俞平伯，读五四新文化运动中两位长衫人物的袖里清芬，尽管都吹过欧风，淋过美雨，无恙的依旧是那一盏苦茶，那一株古槐，朱丝栏间浮动的墨影永远是三味书屋和春在堂的疏影。说颓废，那是最后一代文化贵族的颓废；说闲散，那倒不是秦淮梦醒灯火阑珊的闲散：是钟鼎胸襟供养温山软水的脱俗[①]。

这两人的文化品位、生活雅趣与文学风格，显然给了董桥极大的启发和示范。闲散、脱俗的文化贵族，传统士大夫的习气，偶有“丧志”的颓废，这是董桥传承自“五四”文人气度中名士风的一路。

“五四”的文风气度自然不是只有这一路。朱自清在写于1928年的《背影·序》中曾回顾“五四”以来现代散文的发展，认为“确是绚烂极了”，“有中国名士风，有外国绅士风，有隐士，有叛徒”[②]。可见得名士风早已存在，和以批判为主的“叛徒”共构出“五四”文学的精神全貌。在朱自清看来，最能代表“中国名士风”的散文作家恰恰是周作人与俞平伯。对于周作人，董桥直言：“我少年时喜欢周作人的小品，一度模仿他的笔调，太难了。几十年后的现在，我还是觉得他的随笔写得有个人风格，却不想去学他了。”[③] 依我看，董桥在散文中流露出的名士风，要更接近于俞平伯。他欣赏俞平伯，多处提到对他的喜爱，如“五十年代大陆上批判他和胡适之的治学思想，我反而越发爱读俞先生的书”；“俞平伯的字我尤其喜欢”[④]。他四处搜求俞平伯的字画，在《春在堂》一文中对俞平伯流露出难掩的心仪与神往：

我集藏俞平伯的字幅藏的无非是俞家“花落春仍在”的那一缕暗香：苏州曲园主厅的春在堂，杭州西泠桥边的俞楼，栖霞岭下的右台仙馆，一脉绵长的薪火就这样静静传进了老君堂胡同的古槐书屋和清华园中的秋荔亭。几代人匆匆走了，灯也灭了，我只捡一捡飘落台阶的几片黄叶，庶几是跟昔日那一弯清流的重圆，不必花烛，不必沉吟[⑤]。

异代同调之感，感慨之际还是有着浓浓的诗意。在现代文学史上，俞平伯的

---

① 董桥《书札影真好看》，《记得》，牛津出版社2010年版，第151—152页。

② 朱自清《序》，《背影》，《朱自清全集》，江苏教育出版社1996年版，第1卷第33页。

③ 董桥《美丽的错误》，《没有童谣的年代》，收入《董桥文集1》，第19页。

④ 董桥《俞平伯给艾德琳的信》，《记忆的脚注》，牛津出版社2005年版，第166页。

⑤ 董桥《春在堂》，《故事》，牛津出版社2006年版，第21页。

名士形象与洒脱作风是很鲜明而突出的，他的好友朱自清对他认识最深，在为他的散文集《燕知草》写序时，就提到有人评论俞平伯的性情行径，说是有些像明朝人。朱自清对此解释说："我知道所谓'明朝人'，是指明末张岱、王思任等一派名士而言。这一派人的特征，我惭愧还不大弄得清楚；借了现在流行的话，大约可以说是'以趣味为主'的吧？他们只要自己好好地受用，什么礼法，什么世故，是满不在乎的。他们的文字也如其人，有着'洒脱'的气息。"[①] 俞平伯还特地标点了张岱的《陶庵梦忆》，写跋谈及对张岱的向往。董桥也同意朱自清的看法，认为"俞平伯习性确是跟那班明朝人相近，倒不是故意去学名士"[②]。正因不是故意去学，其以趣味为主的洒脱气息也就是"真名士"的风流了。

董桥是文士、雅士，同时也是名士。毫不掩饰对中国传统文化的痴恋，这是名士风挥之不去的情结。董桥说得更深刻，他说"我偏爱中国的旧人物旧文化"，这是"合理的乡愁"[③]。于是，我们看到他的散文题材充满传统文化的雅趣：买碑帖、求孤本、写书法、品字画、寻信笺、谈装帧、玩奇石、迷扇子、好石章、赏宣纸、制砚墨、藏古玩、集藏书票、逛骨董街、搜名人书札……这样几近"丧志"的"玩物"，只能说是名士本色了。"玩物"的背后是文化的支撑与传统的坚持，董桥与人结交也有着相同的心态。当一般人尊称"柳存仁教授"时，他却说"我情愿沿用旧派礼貌叫柳存仁为柳先生"[④]；当有人批评林青霞应该"受苦受难才写得出惊世巨作"时，他说"我情愿她不写"，"我们毕竟都是惜福的旧派人"[⑤]；和余英时先生有缘交往，他说"靠的也许竟是彼此都抱着'旧文化人'的襟怀"[⑥]。旧派的人自有旧派的理念作风，他担任刊物主编时，与作者通信或邀稿，仍是以毛笔书写，这在现代讲究速度的科技时代完全是个异数[⑦]。对于电脑、手机等现代科技产品，这位"今之古人"也是刻意地"忽略"，或者说是"排斥"。他曾经语带幽默地自我解嘲道：

> 我这一代人已经给电脑狂潮弄得更像古人了，视一切硬件软件的操作如鬼魂幽灵，从什么自动转帐到网上理财到流动电话理财，一概不敢叨光，生怕按错两下键盘就倾家荡产，血本无归。好不容易等到千年虫危机来临了，电脑都不可靠了，我这才挽回一点尊严，理直气壮走进银行和邮政局排队，享受一下时光倒流的乐趣和古意。还有，满街的手提电话此响彼接，夸夸其

---

① 朱自清《〈燕知草〉序》，《朱自清全集》第1卷，第247页。

② 董桥《文字因"受众"而变》，《语文小品录6·新闻是历史的初稿》，第160页。

③ 董桥《北京房先生对我的批判》，《保住那一发青山》，收入《董桥文集1》，第299页。

④ 董桥《怀念柳先生》，《记得》，第257页。

⑤ 董桥《题林青霞新书》，《记得》，第256页。

⑥ 董桥《余英时新书付梓志喜》，《记得》，第329页。

⑦ 刘绍铭为董桥《品味历程》、《旧情解构》二书写的导读《文字是董桥的颜色》中说："那时他编《明报月刊》，我在威斯康辛大学教书。他来信约稿，每次摊开来看到满纸俊秀的毛笔字，精神为之一爽。"林文月也有同样的感受："董桥的信总是写得非常有礼，用清秀端正的楷体毛笔书写。"见《董桥其人其文》，收入《心中石榴又红了》附录，第261页。

谈，一派要员忙人的造型，我总是替他们当众出卖私隐而难过。现在终于也说手机伤脑了，英国报上也有人挖苦街上这些人是'the armies of self important mobile-phone users'了，我不禁窃喜①。

十足的名士口吻。明知不合时宜也怡然自得，在日新月异的世界里偏要享受"古旧的欢愉"，这刻意的"不正确"正是名士派的作风。

我特别喜欢他为自己的书所写的序跋散记，云淡风轻中，总透显出他内心深处对传统文化的痴迷，对年华似水的喟叹，对写作这一行的缘深意重。例如2006年出版的《故事》，他写了一篇《楔子》，后来又从《楔子》联想开去而写了《楔子的跋语》，其中一段写道：

> 活了这许多春秋的老头了，邂逅的人和事说不上多也说不上不多，闲时回想恍如一出出的戏，有的缤纷，有的苍凉，更多的是幕启幕落之间的那一阵微茫。毕竟跟文字结了四十几年的深缘，书斋里一盒一盒的旧信件旧日记旧笔记藏着太多的人和太多的事，抗拒抚今，情愿追昔，寻寻觅觅总会寻出一番前尘，半帘梦影，有些可以写得细致，有些不便依帖描红，比较稳练的做法往往是背临碑字似的摹绘淼茫的轮廓留住无尽的念想，为流逝的岁月，为往昔的际会②。

每一个字的背后，都隐隐漫漶着岁月已逝人已老的沧桑。2009年出版的《青玉案》，他说在整理文稿时，"想起六十年代卖文至今四十多年，写书出书卖书历尽沧桑"，"仿佛黑白电影画面，衬着放映机沙沙的声响，心中幽幽飘起几丝伤逝之情"。这样的清冷氛围，这样的怀旧情调，于是他说："那几天春雨连绵，春寒不散，我深宵悠悠忽忽读了一些宋词元曲，雨声越听越密，怀旧越怀越深，这本新书的书名索性借用贺铸名作词牌《青玉案》。"③ 还有《从前》的序言，依旧是："雪前雪后绽放了单单薄薄一枝心香，琐屑的这样一本《从前》，兴许不致过份辜负那一抹旧时月色了。"④ 文章之道，还在文人之心，董桥的心在《从前》的《青玉案》里，也在《记得》的《小风景》里，更在《白描》的《记忆的脚注》里。

不得不说，董桥毕竟是念旧。他说"名士难求"，其实他自己就是名士。

三、莫信诗人竟平澹：董桥散文中的书生气

不止一次说过喜欢"一条小桥，一弯流水，一丛翠竹的日子，很甜。一盏明

---

① 董桥《时代太新太冷了》，《没有童谣的年代》，收入《董桥文集1》，第121页。

② 董桥《楔子的跋语》，《今朝风日好》，第258—259页。

③ 董桥《〈青玉案〉散记》，《记得》，第45页。

④ 董桥《自序》，《从前》，第2页。

灯，一函旧书，一碗苦茶的日子，很甜。一封家书，几声儿女嬉笑的日子，也甜”①，或是“近来住在大都会，接触的东西，都很现代，很进步，但是，心里怀念的，竟是农村的生活，田园的情调。闲来翻读范石湖的《田园杂兴》之类的诗，往往可以爽半天”②。这类的话，董桥的隐逸心态与田园雅趣，自然会让人联想及陶渊明，然而即使是陶渊明，也并非时刻都在躬耕闲居，饮酒赏菊。事实上，梁昭明太子萧统在为《陶渊明集》撰序时即已指出：“有疑陶渊明诗篇篇有酒。吾观其意不在酒，亦寄酒为迹焉。”他对陶渊明人品与诗风评价道“语时事则指而可想，论怀抱则旷而且真”③，依我看也很适合任真自得的董桥。尽管笔下浓浓的名士气息，但其背后蕴含的深味真意，其实更接近典型的书生意气，就如清诗人龚自珍对陶渊明透彻的观察：“莫信诗人竟平澹，二分梁甫一分骚。”④陶渊明如此，“逢人说梦”的名士俞平伯也是如此。董桥有一文《听那桨声，看那灯影》提到俞平伯的一段往事：在“文革”期间，红卫兵们将俞平伯推拉到屋外楼顶阳台，按倒在地，不断踢打，非让俞平伯承认是“反动权威”不可。俞平伯承认了“反动”，却不承认“权威”。他说：“我不是权威，我不够。”他是诚恳而虚心的，即使被折磨得匍匐在地，他也始终没承认自己是权威。董桥引了朱寨对俞平伯“书生气”的评论说：“谦虚原来不是随声附和，不是俯仰服从，不是好好先生，而是理性的顽强。”⑤这“理性的顽强”正是不畏生死逆境也要对知识崇敬追求的读书人风骨。董桥欣赏俞平伯，名士作风也气息相通，性灵才思往往含蓄婉转，出之以幽默，动之以抒情，然其“静观的固执”似乎也在追想俞平伯“理性的顽强”，知识分子的责任感与批判性丝毫不减力道。

董桥是先有满腹书卷气，才有满腔书生气。这“书生气”不仅是指他博览群书，而更是指他有自我之见地，能卓然特立于商业大潮下的当今俗世，滔滔浊流中自觉做好一个知识分子的“本分”——用艾德华·萨依德（Edward W. Said）的话来说就是“局外人、业余者、搅扰现状的人”（Outsider，“amateur”，and disturber of the status quo）⑥。有趣的是，萨依德强调“要维持知识分子相对的独立，就态度而言业余者比专业人更好”⑦。然而现实中的董桥，不论是在《明报》、《读者文摘》还是《苹果日报》，都是不折不扣的“专业人”，但他却能在“公共空间”以个人的方式发声，而且给人非主流的边缘印象——这使他的书生之见特别具有另一种说服力。这一点，必须归功于他委怀群书的文化素养，甘于边缘的晏如自得，以及机智幽默的言说方式。有论者就指出他这种“麦田守望

---

① 董桥《不够甜的日子》，《董桥文录》，四川文艺出版社 1996 年版，第 33 页。

② 董桥《春日杂拾》，《静观的固执》，湖北人民出版社 1997 年版，第 238 页。

③ 引自逯钦立校注《陶渊明集》，里仁书局 1982 年版，第 10 页。

④ 龚自珍《舟中读陶诗三首》。此为第 2 首，收在《己亥杂诗》第 130 首。见《龚自珍诗文选注》，唐文英选注，上海古籍出版社 1989 年版，第 89 页。

⑤ 董桥《听那桨声，看那灯影》，《旧情解构》，第 274 页。

⑥ 艾德华·萨依德《知识分子论》，单德兴译，麦田出版社 1997 年版，第 28 页。

⑦ 同上，第 126 页。

者”的特质：

> 从某种意义上说，董桥的散文也有刺，刺向当今社会的文化肌理，只不过它显得不是那么剑拔弩张，往往因为其机智的幽默而会心一笑的时候忽略了它隐性的批判锋芒。董桥属于明哲保身的书斋型知识分子，他们不会让自己卷入政治风浪，而是站在边缘立场上，喜欢独善其身，以旁观者的姿态介入生活、参与政治，不自觉成了“麦田守望者”。守望是一种静观的看守，不张扬不招摇，更显得可贵①。

这种特质也许就是董桥所谓的“静观的固执”吧。心态上不迂腐清高，观念上能与时并进，董桥源于个人自觉与文化坚持的书生气，在香港这个高度消费形态的环境中特别显得难能可贵，他自己曾经冷静地分析过置身其中的内心挣扎：

> 接编《明报月刊》的这六年里，我看到中国大陆痛定思痛，埋头修补人类尊严的一块块青花碎片；我看到台湾经济拖拉机机件失灵，大家忙着清理大观园内物质文明的污水；我看到香港维多利亚陈年披巾给拿掉，政治着凉的一个喷嚏喷醒了多少高帽燕尾的春梦。就在这个时候，我也看到朝秦暮楚的个人信仰随随便便窜改价值观念，各种政治宣传向商业广告看齐，利用现代传媒科技的视听器和印刷品，日夜不停地骚扰中西文化中静观冥思的传统。于是，我和我主编的《明月》也都生活在两个世界里，一个是热性的政治世界，一个是冷性的文化世界；我和我主编的《明月》也有两个声音，一个是对文化之真诚与承诺，一个是站在政治边缘上的关怀与呼吁②。

对中西文化静观冥思，对两岸三地社会现实议论针砭，看来是两个世界，两种声音，但事实上其所表现的真诚与关怀、承诺与呼吁，都来自他作为一个传统书生、现代知识分子的操守、良知与信念。

长年观察香港的政局、社会与文化，董桥自有其秉持知识分子良知的批评与不满，身为传媒的一分子，他对时局的嗅觉是灵敏且尖锐的，许多现象经他解析，总给人豁然开朗的了悟，或者是了然于心的认同感。例如当香港立法会的选举结束，他对当选的“尊贵和并不尊贵的议员们”发表了语重心长的“贺词”：“在你们当选的时刻，我原该奉上我衷心的祝贺：为你们连任而继续尊贵祝贺你们；为你们当选而变成尊贵祝贺你们。可是，我实在培养不出衷诚之情这样做。忍受了你们制造平庸而滥情的拉票噪音，忍受了你们之中那些尊贵面纱后面不干不净的往绩，我不相信我的那一票会是神圣的一票，正如我不相信你们每一位真的都抱着圣洁高贵的大公精神出来参选。”③ 对于香港的教育问题，他的质疑也

① 杨芸芸《论董桥散文创作的二重性》，华侨大学硕士学位论文 2008 年版，第 38 页。

② 董桥《静观的固执》，《静观的固执》，第 43 页。

③ 董桥《给立法会的议员们》，《回家的感觉真好》，第 191 页。

予人当头棒喝之感："我对香港教育问题早就死了半条心：政策布满框框，决策囿于框框；官府改而不革，学校教而不育；老师扣着脚镣起舞，学生听不到音乐还要打拍子；根本的灵活不存在，立本的灵性自然冒不出来。"[①] 甚至于，他还曾经气愤得写道："有一个字可以形容香港近来发生的一些事：Shit!"标题下得直接——《就一个字：Shit!》。这哪是名士风，分明是"横眉冷对千夫指"的"鲁迅风"了。这是少见的董桥，接近"骂街"了，但他毕竟不是"泼妇"，所以边骂还边考证："中文'屎'字'也用以比喻极低劣的事物'，比如'今嘲恶师曰屎诗'；英文 Shit 虽然也'used to express anger，impatience or disgust'，活用起来比中文粗俗得俐落。""我当然也想过用一个具有中国特色的形容词去形容这脏脏的气氛：'不干净'。"[②] 这骂得幽默，骂得有学问，说穿了，还是改不掉的名士气息。

董桥批评最多的还是文化，这毕竟是他的"本行"。对于香港缺乏深厚的文化，他难掩心中的失望："香港这样一个西方文化哺育成长的地方，回归前沉迷樊笼里的自由，回归后感念珍妃井边的花花草草，文化大同的根基和人文跨界的理念早就单薄得像园中的落英了。"[③] 在《中年是下午茶》中他提到属于自己的这顿下午茶，"不是在伦敦夏蕙那么维多利亚的地方，也不是成功大学对面那么苏雪林的地方，更不是在北平琉璃厂那么闻一多的地方：是在没有艾略特、没有胡适之、没有周作人的香港"[④]。带点无奈的嘲讽，却又说到骨子里。因此，当李欧梵说"我感觉香港缺少一个人文思想的空间，像北大一样"，董桥自然所见略同地申论起香港的港大、中大、科大等校园，然后点出香港"从殖民统治者开天辟地以来，始终是个华洋商贾招财进宝的胜地，现在连行政首长都是船王之后，股票地产炒来炒去之外，矽谷硅谷才是新欢，当然不会有剩出的情感和精力去营造什么人文空间了"[⑤]。

身为书生文人，尽管董桥对当前文化现状有着诸多不满和尖锐批判，但他苦口婆心想要传达的依然是对文化的坚持信仰与不变信念："我的希望与其说是寄托在政治制度之上，毋宁说是摆放在文化理念之上。政治是一种'行动的人生'；文化却是'静观的人生'，在朝的政治行动可以颠倒乾坤，在野的文化静观始终是一股制衡势力，逼人思其所行。"[⑥] 更深层的思考应该是《陀山鹦鹉的情怀》一文，其中所引佛经的故事令人动容。他说：

> 说"中国情怀"，八九是文化的概念，几乎完全可以不牵涉政治意识。我常想，政治只是理念的游戏，龙腾虎掷，锋颖太露；真正可以提升民族的

---

① 董桥《校园本是寻梦园》，《回家的感觉真好》，第 231 页。

② 以上所引董桥的不平之鸣都出自《就一个字：Shit!》一文，《回家的感觉真好》，第 203 页。

③ 董桥《我们到上海看戏去!》，《回家的感觉真好》，第 78 页。

④ 董桥《中年是下午茶》，《旧情解构》，第 164 页。

⑤ 董桥《香港的人文空间》，《没有童谣的年代》，收入《董桥文集 1》，第 154 页。

⑥ 董桥《静观的固执》，《静观的固执》，第 44 页。

精神层次、加强个人的归属意愿的，还是文化的认同：画檐蛛网，斜阳烟柳，即使是断肠处，也得风流。这是道德情操的定盘针。“昔有鹦鹉飞集陀山，乃山中大火，鹦鹉遥见，入水濡羽，飞而洒之。天神言：尔虽有志意，何足云哉？对曰：常侨居是山，不忍见耳！天神嘉感，即为灭火。”政治家大半不是鹦鹉，陀山一旦大火，他们想到的当然是能不张扬就不张扬，真的隐瞒不住了，只好发动全民救火运动，自己坐享大功；有点文化情怀的寻常百姓则十九是鹦鹉，不计成败，入水濡羽，飞而洒之，因为“不忍见耳”①！

董桥在结尾如此自许：“文化的庭园万一着火，定然入水濡羽，飞而洒之。这一点点操守是要有的。”② 同样令人动容。这种一以贯之的文化关怀，始终回荡在董桥散文的字里行间。

四、结 语

绅士与流氓，隐士与战士，冲淡平和与浮躁凌厉，董桥既可以是解甲归田的员外，也可以是冲锋陷阵的闯将。他有静穆淡泊、文质彬彬的一面，也有豪放激昂、愤世嫉俗的一面，正如鲁迅对陶渊明的评价：“这‘猛志固常在’和‘悠然见南山’的是一个人，倘有取舍，即非全人。”③ 名士风与书生气，虽然是知识分子的两面，但在董桥身上则是浑然一体。且看他在《故事结局在你心里》中的这段文字：

> 到了我这个年纪的人，早就不再迷信文学了。我有充分的权利写写我喜欢写的文字，不必解释，不必交代，不必借口。我的信念只有一个：我扎扎实实用功了几十年，我正正直直生活了几十年，我计计较较衡量了每一个字，我没有辜负签上我的名字的每一篇文字，我不在乎人家对我的文字的看法，我只在乎我满不满意我笔下的文字。既然是职业，是专业，我没有理由马马虎虎乱写东西砸自己的招牌。人家说好说坏是人家的事：I don't care a damn. ④

这话说得多有书生气，又带点名士风，完全是典型的“董桥风格”。对自己的文字负责，毕竟最终“结局”还是只在自己“心里”，这样的信念与操守，在我看来，先是性格，而后才是风格。他有一段话让人看出他近乎偏执的坚持：

---

① 董桥《陀山鹦鹉的情怀》，《辩证法的黄昏》，当代丛书1988年版，第217页。

② 同上，第219页。

③ 鲁迅《“题未定”草（六）》，《且介亭杂文二集》，收入《鲁迅全集》，人民文学出版社1993年版，第6卷第422页。

④ 董桥《故事结局在你心里》，《伦敦的夏天等你来》，第133页。

我写作向来用心，改了又改，到出书看校对还想改，最后“到底忍不住了：年过半百，花甲在望，图个自在，我爱怎么写，人家怎么看，寻常事耳”。虽然这样，心里并不踏实。科技兴旺，人文贬值，作者不用功，不敬业，产品加载先进的e—Book，一定寒伧，收在皮面烫金的传统装帧书籍里，更不配了[①]。

如果不是这样的性格，多年来任职于商业挂帅的媒体高层，深谙传媒文化哗众取宠之道的董桥，岂会不知如何在名利场中左右逢源，然而，他今天能在香港文坛有着突出的地位与独特的成就，靠的还是他吞吐古今、揽抱中西、情深趣真又文化品位高雅的一支健笔。

目前所见有关香港的文学史书，对董桥散文的风格特色大抵是这样的描述——“浓郁的书卷气，儒雅的文化精神，热烈的中国情怀，精致的文字，英国式的幽默”[②]，这成为董桥散文的鲜明标志。如此具有共识的艺术概括，说明了董桥散文已然是香港文学重要的一页。这是近半世纪来无数个夜晚挑灯辛勤笔耕的结果。东西文化烂熟于心，世间百态冷眼阅尽，一个个苦思冥想的时刻，一篇篇文采焕发的斑斓文章，意境超然，思索深刻，处处闪现着属于董桥式的睿智光芒与幽默锋芒。他的散文重视个人体验，追求唯美境界，从语言文字到题材内容都深深烙上中华文化的传统印记，同时又以特殊的审美经验，体现出西方以自我为中心的人本主义思想。杨照对董桥能以“接近文艺复兴时代的随笔”、“接近周作人的小品文”，而使“长期陌生干涸的随笔文类之流，终于灌注入了新的水源”，认为董桥的“新随笔体”已经昂然卓立，“奠定了董桥在文学史上，边缘却独特的位置”[③]。董桥偶有匠气，但更多的是匠心；他当然懂得学术的路数，但他更追慕于学问的意境。传统名士渐已苍白的馆阁笔墨，在董桥笔下嗅到复苏的气息。不着气魄、尽得风流的文人气，在董桥身上也依稀可见。至于冷眼看世界的入世情怀，那是如何也挥不去的董桥本色。

有名士风的品位，有书生气的品格，这样的董桥令人惊讶，更令人惊艳。20世纪90年代初，因为学者柳苏在《读书》上的一篇精彩评论《你一定要看董桥》，在大陆知识界掀起了一股董桥热。“你不可以不读董桥”似乎成了文化界一句流行的口号。1997年，上海文史学者陈子善教授钦赏之余，既编了作品选集《董桥文录》，又编了评论文集《你一定要看董桥》，于是董桥散文再度引起读者

---

① 董桥《是书，不是e—Book》，《保住那一发青山》，收入《董桥文集1》，第438页。

② 这段话出自刘登翰主编的《香港文学史》，人民文学出版社1999年版，第589页。其他类似的见解如朱栋霖、丁帆、朱晓进主编的《二十世纪中国文学史》，文史哲出版社2000年版，第1036页，所用文字与刘登翰主编的《香港文学史》一模一样；曹惠民主编的《台港澳文学教程》，汉语大词典出版社2000年版，在第332－336页的董桥一节中则写了学养之醇厚渊博、见解之明敏通达、情致之幽雅淡远、幽默谐趣的文笔、熔中西文化于一炉、对中国文化有很深的孺慕与认同等，所论也大致相近。

③ 杨照《华丽而高贵的偏见——读董桥的散文》，《董桥精选集》导论，第17、27、28页。

广泛的关注，甚至有此一说——“交谈不说董桥记，纵读诗书也枉然”[①]。二十余年过去了，在 21 世纪的今天，我认为大家还是应该来看董桥，而且是要看完整的董桥，因为，像他这样有书生气的名士，有名士风的书生，当今热闹的文坛里已经越来越少了。

（作者单位：台湾政治大学中文系）

① 此说引自林曦云《精致文化中的董桥散文》，福建师范大学硕士学位论文 2007 年，第 1 章绪论，第 1 页。学者柳苏于 1989 年 4 月在《读书》上发表《你一定要读董桥》一文，引起许多人对董桥散文的关注和讨论；1990 年，福州《台港文学选刊》发表了一组以《中年是下午茶》为题的五篇董桥散文。香港回归前夕，香港文学在大陆喧腾一时，董桥也就更热了。陈子善教授编辑了厚厚一本的《董桥文录》，于 1996 年由四川文艺出版社出版；1997 年则收录三十多篇评论文章，由上海文汇出版社出版《你一定要看董桥》一书。还有《董桥散文》由浙江文艺出版社于 1996 年出版、《静观的固执》由湖北人民出版社于 1997 年出版、《文化眉批》由辽宁新世纪出版社于 1997 年出版等等。

藏族视界与族别意识下的文学书写

——《尘埃落定》再解读

□ 曾利君

尽管有论者称，阿来的写作是“跨族别写作”，“是一种跨越民族之间界限而寻求某种普遍性的写作方式”①，阿来也一再强调自己的创作追求的是“普遍性”，而非“特殊性”，他竭力超越民族视野，站在全人类的高度来进行文学创作，其《尘埃落定》、《空山》等作确实体现了“跨族别”的思考命题，如国民革命与土司制度的消亡，国共战争，现代性进程中的传统与现代的问题、人性的变异迷失、精神世界的荒漠化问题等等，但实际上是跨而不越，其藏族身份与民族文化基因依然在极大程度上影响着阿来的创作思维，使得其创作体现出鲜明的藏族视界与族别意识，《尘埃落定》就颇有代表性。在《尘埃落定》中，复仇母题的演绎、藏汉结合的婚姻模式建构与民族文化习俗的描摹均有力地凸显了阿来的藏族视界与族别意识，昭示了其创作的民族文化根脉和民族认同感，也彰显了其创作的独特性。

一、“复仇”母题的民族性演绎

文学家歌德认为，母题是一种基本的精神现象，并且这种精神现象在不同时期、不同民族具有共通性即可重复性，因而他将母题定义为“人类过去不断重复，今后还将继续重复的精神现象”②。文学作品常见的母题有爱情、复仇、死亡、漂泊等，它们在不同时期、不同民族的文学作品中都曾反复出现，因而是带有世界性、普遍性的文学母题。就拿复仇母题来说，在中外文学作品中多有表现，如中国的《史记·伍子胥列传》、《世说新语·仇隙》、《醒世恒言·张廷秀逃生救父》，西方的《美狄亚》、《哈姆雷特》、《基督山伯爵》等作品，都有类似母题。在中国当代藏族作家的小说创作中，复仇母题也有较多演绎，从20世纪80年代扎西达娃的短篇小说《没有星光的夜》，到90年代末阿来的长篇小说《尘埃落定》，到新千年初期次仁罗布的短篇小说《杀手》，都涉及“复仇”母题。

① 王一川《跨族别写作与现代性新景观——读阿来长篇小说〈尘埃落定〉》，《四川文学》1998年第9期。

② ［法］乌尔利希·韦斯坦因《比较文学与文学理论》，刘象愚译，辽宁人民出版社1987年版，第138页。

尤其值得注意的是，阿来等藏族作家在演绎复仇母题时，与藏族的传统习俗紧密结合，让人看到了藏族的复仇制度、观念与方式。

在藏族远古时代，复仇作为不成文的习惯/习俗就曾存在过，后来形成独特的复仇制度、观念与方式，如“血亲复仇制”，血亲复仇是因为至亲受到侵害而进行的复仇，旨在保障家族的荣誉和体面，“血亲复仇系指父系亲属被人杀害后，男子要为被害亲属向对方索命报仇。……藏族视血亲复仇为义不容辞的责任，关系到家族生存和名誉的大事。这在民间的影响很深，在牧区至今有时仍可看到这种现象”①。血亲复仇中，较常见的是“同态复仇”的方式，“最初，氏族间的复仇是没有标准的。后来规定了同态复仇的原则，即报复手段同所遭受的损害相称的原则，亦即我们通常所说的‘以牙还牙，以眼还眼’的原则，对加害者给予对等报复，以示惩豁”②。

《没有星光的夜》、《尘埃落定》、《杀手》等小说都讲述了“血亲复仇”的故事，小说中的复仇者在坚定的复仇信念支撑下，不懈地追踪仇人，伺机复仇，但三部作品中，复仇的结局却不尽相同，《没有星光的夜》的主人公阿格布面对怀着杀父之仇前来复仇的流浪人跪下了，他要求对手原谅他父辈的罪过，以此化解了仇怨，但阿格布的妻子却杀死了流浪人，制造了悲剧结局。《杀手》中那个心怀复仇意念的康巴人在面对苍老孱弱的仇人时，大失所望，流泪而去，最后，搭载过康巴人的司机在睡梦中替康巴人“完成了”杀人的复仇使命。《尘埃落定》中，世袭的复仇夺去了大少爷的性命，最终使傻子二少爷死亡。如果说扎西达娃、次仁罗布立足于复仇习俗的反思，表现的是藏族根深蒂固的复仇传统习俗与当代思想观念的背离的话（主人公最终放过了仇人），阿来则撇开反思批判指向，在《尘埃落定》中完整地展示了藏族血亲复仇的制度（规约）、观念与方式，并对复仇者与被复仇者的勇气、行为态度给予了肯定。

《尘埃落定》中的“血亲复仇”故事讲的是：麦其土司霸占了查查头人的妻子央宗，指使头人的管家多吉次仁杀死查查头人后，又把管家杀死，管家的妻子纵火自焚诅咒仇敌，管家的两个儿子——多吉罗布兄弟则发誓复仇，复仇的目标就是杀死麦其土司。

《尘埃落定》呈现了藏族血亲复仇的传统习俗和观念方式。藏族的血亲复仇有相应的规矩（制度），一是复仇是光明正大的，复仇者会明确告知对方自己的复仇意图，因为“复仇不仅是要杀人，而是要叫被杀的人知道是被哪一个复仇者所杀”。所以在父死母亡后，管家的儿子要求让火把照清土司的脸，他好记住仇人的模样；后来管家的儿子长大成人，伺机报仇时，也不是暗地里悄悄下手，而是要通告对方，复仇者多吉罗布跟踪傻子二少爷，就是要他“告诉你的父亲和哥哥，他们的仇人来了”；当来到麦其家的官寨，见到傻子二少爷时，复仇者多吉罗布又再次提醒傻子二少爷说“我要杀了你的父亲和哥哥”。二是复仇不是随便

① 《藏族婚姻和家庭的伦理道德》[DB/OL]，新华网西藏频道，2003年10月17日。http://www.xz.xinhuanet.com/xizangwenhua/2003-10/17/content_1069119.htm

② 陈光国《藏族地区的行为规范》，《西藏民族学院学报》1984年第2期。

滥杀无辜，是有特定对象的，就是找那个害死亲人的人复仇。麦其土司杀了管家，所以他就是管家儿子的复仇对象，而土司家大少爷是麦其土司的继承人，也成为复仇的追加对象，正因为多吉罗布兄弟的复仇对象是傻子的父亲和哥哥，所以他们不会随便杀掉傻子二少爷或土司太太，他们甚至和仇人家的傻子二少爷一起喝酒，一起平静坦然地谈论复仇的事，傻子二少爷也大度地对杀手的哥哥说："只要你们按照规则复仇，我就不干预。"三是复仇必须要亲自手刃仇人，仇人由他人杀死或自然死亡，都不算真正报仇。但是在两兄弟还未动手之前，红色汉人的军队就来攻打麦其土司官寨了，麦其土司被炮弹炸死，大少爷呢，早在此前就被多吉罗布杀死。土司死了，大少爷也死了，是不是两兄弟的复仇就自动终止？没有，因为兄弟俩定好的报仇规矩中有一条："要是麦其土司在他们动手之前死了，下一个麦其土司，也就是我（注：土司的傻子二儿子），将自动成为复仇的目标，必然杀死一个真正的麦其土司，才能算报了家仇。"多吉罗布兄弟没能亲手杀死麦其土司，大少爷虽然是多吉罗布杀死的，但是死的时候他还没当上土司，所以不算完成复仇。他们认为，必须亲手"杀死麦其土司"，才算报仇，因此多吉罗布兄弟决定继续向土司最后的继承人傻子二少爷复仇。最终，多吉罗布的哥哥把冰冷的刀子刺进了傻子二少爷的身体。

《尘埃落定》完整地呈现了藏族血亲复仇的传统习俗和观念方式，也揭示了这一传统对复仇者的巨大约束力：复仇的规则规约着复仇者的行动，不管他们愿不愿意复仇，按照规则他们都必须复仇。多吉罗布兄弟在复仇的过程中，也有不忍之心，尤其是当岁月逐渐淡化了恨意之时，复仇使他们感到矛盾、痛苦，驱使他们继续完成复仇使命的实际上已经不是仇恨，而只不过是规则（传统）而已："他本来就没有足够的仇恨，只是这片土地规定了，像他这样的人必须为自己的亲人复仇。当逃亡在遥远的地方时，他是有足够仇恨的。当他们回来，知道自己的父亲其实是背叛了自己的主子才落得那样的下场时，仇恨就开始慢慢消逝。但他必须对麦其家举起复仇的刀子。"他们也知道报仇可能造成世仇的恶性循环，如果杀死麦其土司为父报仇，麦其土司活着的儿子又会杀了他们报仇，他们自己也难逃一死。但按照习惯规则，他们还是义无反顾地复仇。

《尘埃落定》所写的藏族血亲复仇与古代文学作品中的血亲复仇有一定差异：古人多受"父母之仇不共戴天"的伦理观念支配而进行血亲复仇，如干宝的《搜神记》中赤比的为父报仇，而藏族多为家族的荣誉和体面而复仇；藏族人的复仇是公开而正大光明的，而古代文学作品中的复仇不乏采用隐忍策略，或暗暗不动，或制造假象迷惑对方，然后伺机复仇，如《旧唐书·列女传》写濮州陲城孝女贾氏隐忍抚育幼弟为父报仇，《清史稿·孝义二》写陆氏兄弟为父报仇，先假意收下仇人的杀父赔偿金，让仇人以为他们不再报仇，其后他们乘其不备杀了仇人；藏族人报仇的途径方式是"手刃仇人"，而古代文学作品中除此方式以外，还有神灵实施惩罚或报应加身等报仇方式，以让"正义"得到伸张，"仇怨"得到释放。由这些方面可以看出阿来所写的藏族血亲复仇的民族特色。

有论者指出："任何一个伟大的作家都有着自己的生活界域，以及伴随他的个体化的心理体验，这种个性化的生活界域及心理体验会成为他母题选择的重要源泉。”①《尘埃落定》的“复仇”母题的选择与复仇故事的书写，无疑也有着作者生活界域的影响和民族生活体验的印记，从中可以看出藏族人作为复仇者和被复仇者的独特的内心世界与精神品性：麦其土司并不惧怕复仇，反而让对方看清自己的脸；傻子二少爷本来完全可以避免仇人的追杀甚至先发制人，但他依然固守复仇规则，等待仇人；复仇者一方也从不在暗地里使刀子，要杀就杀得光明正大。由《尘埃落定》中复仇母题的呈现、复仇过程及复仇心态的描写，可以看出作者对藏族复仇传统的熟悉和对藏族复仇文化的宽容认同，也能见出作者对本民族精神品质的赞赏。

二、藏汉婚姻模式建构的民族立场

《尘埃落定》中的藏汉婚姻模式和家庭伦理，也是体现民族文化特征和作者民族意识的重要方面。表面上看，这一模式的建构隐喻着族别文化之间的交叉和融合，实际上彰显了作者的民族立场和藏族本位的族别意识。

从中国历史上看，异族联姻比较常见，汉代昭君出塞，唐代文成公主入藏，清代满洲贵族与蒙古王公联姻等都是著名的例证。文学作品对异族爱情的书写也较多，在中国古代文学作品中，多有美丽的异族女子爱上汉族男子的情节。金庸小说中也有异族男女相恋的大量书写，如《倚天屠龙记》中的蒙古女子赵敏为了张无忌不惜与自己的祖国和家人诀别，《天龙八部》中的阿朱深爱着有着契丹人血统的萧峰。

在《尘埃落定》中，作者设计了一个“汉女嫁土司（藏族）”的两性婚姻模式，与古代文学中的“番女嫁汉将”模式有所不同，在“番女嫁汉将”模式中，漂亮多情、健壮能干的番女总是爱上异族的汉将，这种模式的建构不免有汉族中心主义之嫌，《尘埃落定》则将“番女嫁汉将”模式颠倒过来，设计了“汉女嫁藏人”的两性婚姻模式，颇为耐人寻味。

首先，在这一两性格局中，藏族为“强”，汉族为“弱”。

土司太太原本是出身低贱的汉族妓女，被一个商人卖给麦其土司，是声势显赫的麦其土司让她过上了上等人的生活；这一“汉女嫁藏人”的婚姻实质上是弱势的汉族女人对拥有权力、地位的藏族土司的“雌伏”，另一方面也是强势的麦其土司对汉族女人的拯救，是麦其土司使那个原本是妓女的汉族女人摆脱了不堪的生活处境，能够体面、尊严地生活。

在麦其土司与汉族土司太太的夫妻关系中，这种强、弱之别又衍化为麦其土司的开明重情和土司太太的阴沉乖张。麦其土司懂得欣赏异族女性，敢于打破规矩娶一个地位低微的异族女人，虽然对方是出身低贱的妓女，他也不嫌弃。结婚以后，他没有像众人设想的那样迅即向其他土司的女儿求亲，而是长时间维系着

① 沈爱明《女性：朱自清文学创作的一个母题》，《伊犁师范学院学报》1995年第4期。

与土司太太的感情生活。他虽然笃信权力，崇尚享乐，一度迷恋央宗的美色，但不久又回到土司太太身边。而土司太太呢，喜欢无病呻吟，对下人十分凶狠，土司太太还吃老鼠，她"龇着雪白的牙齿撕扯鼠肉"，吃完像猫一样舔嘴唇，神情极为可怖。小说对麦其土司的上述描写透露出作者的民族自尊心与民族优越感，而对土司太太的描绘尤其是对土司太太吃老鼠细节的描写则在一定程度上表现出对汉族女人的"他者"想象。

藏汉强弱之分甚至延伸到他们的后代身上：土司与藏族太太所生的大少爷，英武彪悍、聪明勇敢，被视为当然的土司继承人，而土司与汉族太太酒后所生的二少爷，天生愚钝、痴傻呆憨，被排除在权力继承之外。当然，这一强弱、优劣设计也牵涉到藏族人的血缘观念，"藏族对血缘有两个基本的概念：'骨'和'血'(或肉)。'骨'被视为坚固的，而'血'则是流动易变的。'骨'是从父亲来的，属父系；'血'是从母亲来的，属母系"①。在藏族的观念中，来自母亲的血本来就"流动易变"，加之二少爷身上流动的并不是纯正的藏族血液，他是汉藏混血儿，所以作者赋予他生下来就不健全的"傻子"特性。

从土司与汉族太太婚姻模式的两性格局来看，汉族身份的土司太太属弱势群体，麦其土司则成为强势力量。这一婚姻模式建构虽然对"番女嫁汉将"模式的汉族中心主义有所反拨，但又难免流露出藏民族本位思想的征兆。

其次，从民族身份归宿感来看，《尘埃落定》中的汉族女子嫁给麦其土司后，淡忘甚至放弃了自己的民族身份认同，以变成"藏人"为自己的身份归宿。这让人想起金庸笔下的回族少女"翠羽黄衫"霍青桐(《书剑恩仇录》)与蒙古郡主赵敏(《倚天屠龙记》)，她们心甘情愿放弃自身的"民族国家"身份与认同，全心全意归属于异族男人，《尘埃落定》中的土司太太最终也被藏文化同化，放弃了自己民族身份的认同，临死前为自己变成了十足的藏人而欣慰。但不同的是，霍青桐与赵敏是为爱情而不顾一切，不惜背叛民族国家，放弃自身的民族身份认同，而土司太太则是因为家庭遭遇的不幸而认同了异族：国民党军队抢光了她家的铺子，害得她父母双亡，让她沦落风尘，这使得她对母族人并无好感，所以当国民党的黄特派员向她提起他们共同的"汉人"身份、希望土司太太站在他一边的时候，土司太太并不买账，在她眼里，汉人并不比"夷人"好。再则，嫁给麦其土司以后，身为土司太太的她拥有了高高在上的地位和优裕的生活，虽然生活在异地异族免不了孤独寂寞，但她已经习惯了那样的生活，所以她逐渐淡漠了自身的汉人身份，更在乎作为土司太太的贵族身份，甚至愿意自己变成藏人。也正因如此，当汉人的军队来袭时，她没有去投奔汉人，而是选择吞鸦片自杀。这里，《尘埃落定》写汉族女子放弃了自己的民族身份认同，凸显的不是"夷族的汉化"，而是"汉族的夷化"。可见，阿来虽然受汉文化熏陶，仍无法抹去血液深处的族别意识和民族立场。

---

① 《藏族婚姻和家庭的伦理道德》[DB/OL]，新华网西藏频道，2003年10月17日。http://www.xz.xinhuanet.com/xizangwenhua/2003-10/17/content_1069119.htm

三、对民族文化习俗的呈现

作为一部少数民族题材的小说，自然少不了对民族文化习俗的呈现。在《尘埃落定》中，我们可以看到藏族的神话传说、巫术占卜，也可以看到藏族的礼仪节庆、野合风情，这些描写体现了藏族人的观念信仰和民族风情习俗，也强化了《尘埃落定》的民族色彩与文化内涵，显示了作者的藏族视界及其文学表达的独特价值。

《尘埃落定》中的神话传说最有代表性的是创世神话。创世神话的核心是人们对世界和万物形成的解释。在世界各国、各民族神话中，关于世界、万物形成的起源，有不同说法。西方基督教背景下的国家和民族相信，是上帝创造了光、天空、陆地、星星、太阳和月亮，还有包括人类在内的所有生物。在中国，流传极广的有盘古开天辟地、化生万物，女娲抟土造人的神话。但也有其他说法，《尘埃落定》中的藏族人是这样解释世界和万物形成的，他们认为神创造了世界万物，“天上地下什么都没有的时候，就只有风呼呼地吹动。什么都没有的时候在风中出现了一个神人，他说：‘哈!’风就吹出了一个世界，在四周的虚空里旋转。神又说：‘哈!’又产生了新的东西。”值得注意的是，藏族人在解释世界万物由来的时候还说到了土司的来源（或民族的起源）：“神人那个时候不知为什么老是‘哈’个不停。最后一下说‘哈’的结果是从大鹏鸟产在天边的巨卵里‘哈’出了九个土司。”这里，“神造世界万物”表明藏族人对宇宙、对世界的认识是建立在神灵观念基础之上的，“巨卵生土司”则是“卵生宇宙万物”的西藏卵生神话[①]的变体，而卵为大鹏鸟所生则反映了藏族人的鸟图腾崇拜。《尘埃落定》中的创世神话反映了藏族人的神灵思想和卵生信仰。

描写藏区与众不同的神灵世界和现实世界相交融的生活现实也是《尘埃落定》的一大特色，在这方面，最引人注目的是有关巫术占卜活动和神巫斗法的描写，比如门巴喇嘛是“法力高强的神巫”，他“对咒术、占卜术都颇有造诣”，他从耳朵里长出罂粟花的牺牲者的头颅可以看出汪波土司对麦其土司的恶毒诅咒及其诅咒的内容，也可以通过自己的法术消解对方的诅咒，他往傻子二少爷身上喷吐“经过经咒的净水”，破除了汪波土司一方的夺命咒术。当麦其土司与汪波土司之间爆发罂粟花战争时，战争变成了神巫们的斗法。双方交战时，两方的神巫设坛作法，念动咒语，驱使风雨雷电打击对方：汪波土司的大批神巫聚集在一起，对麦其土司家实施诅咒，要白色的云彩变成乌云，带上雷声、闪电和冰雹，袭向麦其土司家。而麦其土司家的神巫门巴喇嘛则运用法力，让云里的冰雹化成雨水，同时，让汪波土司领地里落下冰雹，砸向庄稼和果园。从某种意义上讲，巫师是藏民族文化的传承人，在藏族人的心目中，他们更是可以用法术保护他人，以免受到自然灾害、外来者和敌人伤害的人，他们能上达民意、下传神谕，可预知吉凶祸福，除灾祛病。《尘埃落定》中的神巫形象和巫术活动的相关描写营造出一个魔幻神奇的神巫世界，也揭示了藏区神灵世界和现实世界息息相通的现实特点。

---

① 林继富《西藏卵生神话源流》，《西藏研究》2002年第4期。

藏区特殊的地理环境和民族文化积淀决定了大量原始仪式、习俗活动在这一区域的存在，《尘埃落定》所描写的春耕播种时节男女在田间地头带有性意味的嬉戏就是一例，它不仅仅展现了劳动场景与民族风情，也带有某种仪式的意味，在一定程度上体现了藏民族的原始思维。嬉戏的核心内容是："女人们把一个男人摔倒在地上，撩起长袍，剥去宽大的裤头，把牛粪糊在那不想安分的东西上面。男人们的目标则是女人们的衣衫，要让她们在晴朗天空下袒露美丽的乳房。"春耕时的这种游戏，除了使人快乐，"据信还会增加地里的收成。麦其土司对两个儿子说，古代的时候，人们还真要在地头上干那种男女之间的事情呢"。显然，这种嬉戏活动带有原始的巫术信仰色彩。英国人类学家詹姆斯. G. 弗雷泽曾经谈起过以"相似联想"为思维规律、以"同类相生"为基本原理的"模拟巫术"，即通过某种模仿活动使物体相互感应，比如为了使庄稼增产，奥里诺科的印第安人会让怀抱婴儿的女人去播种①。《尘埃落定》中所写的藏族男女春耕时的田间嬉戏，以及为了使庄稼生长茂盛，人们有时会在田地里举行交媾仪式的做法，就带有弗雷泽所说的那种模仿巫术的意味，体现了藏族人的原始思维遗存。

除此之外，《尘埃落定》还描写了藏族的婚嫁礼仪和野合风情，如麦其土司的二儿子与茸贡女土司的女儿塔娜的订婚仪式，麦其土司与三太太央宗在罂粟地的野合，大少爷与姑娘在树林里的幽会野合，傻子二少爷与牧场上的姑娘在野外温泉中的野合等等。野合风俗古已有之，在远离儒家道德伦理影响的藏区，野合并不是大逆不道的淫乱行为。野地里的性爱，显示了性爱关系的自然纯朴，传达出独特的性爱文化底蕴。这些风情习俗的描绘无不带上地域、民族的烙印。

四、结语

固然，《尘埃落定》并不仅仅是一部族别小说，但作者的藏族视界与族别意识是不应否认的。《尘埃落定》基于藏族视界与族别意识的文学书写也并不一定就是一种缺陷，其彰显的"特殊性"也许恰恰是其独特性的体现。其实，民族文学创作的价值并不在于是否实现了"跨族别写作"，民族文学的追求也不应仅仅是"特殊与普遍的统一、民族性与人类性的结合"，而在于是否"传承民族文化，表达民族精神"②，是否体现深厚的民族文化底蕴。只有展现多姿多彩的民族文化，将创作深深扎根于民族生活土壤，让作品延展民族记忆，张扬民族文化精神，民族文学才有生命力。民族文学创作并不是非要贴上一个"跨族别写作"的标签才显得高明，民族文学作家只有超越"普遍"与"特殊"之辨，抛弃"特殊"带来的精神焦虑，其创作才能获得自由。

（作者单位：西南大学文学院）

---

① ［英］J. G. 弗雷泽《金枝》，徐育新、汪培基、张泽石译，新世界出版社 2006 年版，第 31 页。

② 《让民族文学之花鲜艳绽放》，《人民日报》2010 年 1 月 28 日。

试论巴金如何关注萨凡事件

□［日本］近藤光雄

引　言

萨凡事件，象征着20世纪初期美国红色恐慌与排外运动的一起冤案，曾经轰动了全世界。1927年初巴金赴法留学，不久在当地获悉这一事件。之后，巴金以通信、散文、译作等多种方式，开始关注萨凡事件的动向。这在中国现代文学作家之中，也许唯独巴金一人所为。关于巴金如何关注萨凡事件的问题，早已受到学界的重视，不仅在各种《巴金传》中有所提及，另外还有一些专题研究①。然而在我看来，对这一问题的讨论至今依然没有进一步深入，尽管这将有助于我们切入巴金怎样理解无政府主义与人道主义这一问题。

鉴于此，本文以有关萨凡事件、无政府主义思想与运动的资料以及小说《灭亡》文本为分析对象，试图阐释"无政府主义者"巴金在关注萨凡事件的过程中表现的一种态度转变。第一章主要概括萨凡事件的发生与经过；第二章总结中国无政府主义团体与无政府主义者对萨凡事件的反响；第三章描述"无政府主义者"巴金在萨凡二人被处以极刑前后的态度转变；第四章分析这种转变在《灭亡》故事进展中的重现。通过这一论述过程，能够发现巴金在关注萨凡事件的过程中如何主持人道与正义。

一、萨凡事件的发生与经过②

1919年12月24日，在美国马萨诸塞州普利茅斯县（Plymouth County）布里奇沃特（Bridgewater）发生了一起现金抢劫案。一家制鞋工厂的会计与警卫从

① 山口守《巴金与萨珂、樊塞蒂事件》，原载日本大学人文科学研究所《研究纪要》第45期，1993年3月；山口守《关于巴金与樊塞蒂往来书信》，原载日本大学中国文学会《汉学研究》第33期，1995年3月。现收入山口守、坂井洋史合著《巴金的世界》，东方出版社1996年版，第107—125页、第126—145页。

② 本文关于萨凡事件的发生与经过的记述，主要依据以下两本著作：守川正道《サッコ、ヴァンゼッティ事件》（萨凡事件），三一书房，1977年1月；小此木真三郎《フレームアップ》（阴谋陷害）第3章"赤への恐怖"滿ちる時代に（充满"红色恐慌"的时代），岩波书店，1983年6月，第77—115页。中国国内有关萨凡事件的研究成果有刘娴《美国20世纪20年代萨柯—樊塞蒂案件研究》，内蒙古大学硕士学位论文，2008年5月。笔者翻译人名时参考了此文。

银行提取职工工资后遭到袭击。与警卫相互射击后，犯罪团伙开车逃离现场，无人负伤，抢劫未遂。

1920 年 4 月 15 日，马萨诸塞州首府波士顿近郊诺福克县（Norfolk County）南布伦特里（South Braintree）也发生了同样的事件。一家制鞋工厂的会计与警卫向工厂运送职工工资的途中遭到袭击。警卫中弹四发当场死亡，会计中弹两发事后身亡。犯罪团伙劫夺现金，开车逃走。

这两起现金抢劫案发生后，警方于 1920 年 5 月以涉嫌参与抢劫案逮捕了尼古拉·萨珂（Nicola Sacco）与巴托罗密欧·凡宰特（Bartolomeo Vanzetti）。萨珂与凡宰特是意大利移民，信奉无政府主义，曾为逃脱美国第一次世界大战的兵役，于 1917 年 5 月逃往墨西哥。在此之前，凡宰特又支持过工人罢工，向厂方要求加薪，因此被厂方解雇。1920 年 2 月，意大利无政府主义者萨尔塞多（Andrea Salsedo）以涉嫌参与 1919 年 6 月爆破司法长官住宅事件被警方逮捕时，萨凡二人也积极投身于营救运动之中。

1917 年 6 月，美国颁布反间谍法（Espionage Act of 1917），1918 年 5 月又颁布反煽动法（Sedition Act of 1918），红色恐慌（Red Scare）开始席卷全美国。世界产业工人联盟（IWW）与美国社会党（Socialist Party of America）被视为反战势力，办事处遭到警方搜查，众多成员被捕，受到法律惩罚。政府对左派的种种镇压，与 1917 年的俄国革命给世界各国带来的革命运动热潮，当时在美国激起多次工人罢工运动，来历不明的炸弹炸毁行政官员住宅的事件也不断发生。为此，司法长官于 1920 年 1 月在全国大规模展开拘捕行动。多数被捕者被逐出国外，无政府主义者与共产主义者因此深受打击。当时，在萨凡二人的居住地马萨诸塞州也有拘捕的举动。1920 年 5 月，萨尔塞多从司法省大楼第十四层原因不明跌落身亡时，正是红色恐慌的高峰期①。

萨尔塞多死后，萨凡二人想借用朋友鲍达（Mario Buda）的汽车，从家中运出有关无政府主义的文件，于是来到修车厂取车。布里奇沃特警察署长斯图亚特（Michael E. Stewart）早已断定两起现金抢劫案是红色外国移民所为，怀疑起维修中的这辆汽车与车主鲍达，并提前吩咐厂主如有人来取车，务必通报。这样，萨凡二人在从修车厂回家的途中被警方逮捕②。

1920 年 6 月，在普利茅斯开始审理布里奇沃特一案。由于三名目击者出庭作证，指认凡宰特是事发当时的射击凶手，裁判长于同年 8 月将凡宰特判处 12 年到 15 年的不定期徒刑。但是到了 1927 年才发现：三名证人的口供与他们在事发后不久向侦探提供的信息大不一致——他们描述的凶犯相貌根本不符合凡宰特，甚至还有人说没有看清。另外，当时有不少居住在普利茅斯的意大利人作证：事发当天，许多意大利移民从凡宰特那里买到鳗鱼，由于意大利人习惯在圣诞前夜吃鳗鱼，所以不会记错日期。然而，检察官却认为这些证言极不可靠③。

---

① 见《フレームアップ》，第 86—91 页。

② 同上，第 91—92 页。

③ 同上，第 93—96 页。

这便暴露了他对意大利人的偏见。

1921年5月，在马萨诸塞州戴德姆（Dedham）开始审理南布伦特里一案。在审理的过程中，有人证明凡宰特在事发当时为作案团伙开车，还有人指认萨珂就是击中警卫的凶手。当时犯下盗窃罪的惯匪古德里奇（Carlos E. Goodridge）将萨珂认定为凶犯的证言，也得到了法院的信任。然而在事发当天，萨珂来到位于波士顿的意大利领事馆办理护照，这已得到馆员的证明；凡宰特根本不会开车，他在事发当天与往常一样推车买鱼，并与一位渔夫闲谈许久[①]。可见事发当时萨凡二人果然不在现场，然而这一事实却没有法院为了陷害萨凡二人收买的伪证更加"可靠"。

当然，法院陷害萨凡二人的手段不仅如此。比如：在警卫尸首附近发现的帽子很像萨珂在工厂戴的那一顶[②]；警方的科学验证证明，击死警卫的枪支有可能与萨珂被捕时携带的手枪是同一类型的。另外，检察官根据萨凡二人的"犯罪意识"将他们断定为杀人凶手，而"犯罪意识"不过是指萨凡二人被捕时携带枪支、在审讯过程中没有提供真实的情报[③]。如果考虑到当时红色恐慌席卷全美国，萨凡二人为自身与其他同志安全起见，隐瞒了无政府主义者的身份，故意回避陈述与无政府主义相关的情报，该是极为正常的举动。但检察官竟然把这些因素认定为抢劫杀人的动机，这说明了这场审理本来就是红色恐慌的一个环节。检察官通过对萨凡二人的审问，试图浮现出萨凡二人颠覆政府的无政府主义者形象，显然也不无理由。1921年7月，萨凡二人受到一级杀人罪有罪判决，被判处死刑。

至此，萨凡事件引起了世界各地的关注。美国的意大利移民与无政府主义者于1920年5月成立"萨珂、凡宰特援救委员会"，立即展开营救运动。在马萨诸塞州与周围其他州，支援萨凡二人的工人与工会也开始逐渐增多[④]。1921年10月，法国作家法郎士向死刑判决表示抗议，主张思想自由，强调营救萨凡二人。萨凡二人的辩护团根据一些新发现的证据，曾多次向法院请求复审，尽力于营救运动。其内容包括：检察官对萨珂的审问充满偏见；警卫的致命弹只是有可能从萨珂的手枪射出而已；1925年11月，麦蒂罗斯（Celestino F. Medeiros）亲自招认他与南布伦特里一案的干系，供出真正犯罪团伙等等。然而，裁判长竟然驳回一连串的请求，于1927年4月宣布同年7月对萨凡二人执行死刑[⑤]。这再次证明，萨凡二人所信奉的无政府主义思想与法院对外国人的偏见才是他们被判处死刑的决定性因素，他们是否真正参与抢劫杀人案，其实并不重要。

之后，执刑日又被推迟到8月10日。到了8月3日，唯一有权宽恕萨凡二人的州长佛乐（Alvan T. Fuller）发表声明，表示支持审判结果，拒绝营救萨凡

① 见《フレームアップ》，第97—103页。

② 见《サッコ、ヴァンゼッティ事件》，第58页。

③ 见《フレームアップ》，第100—101页。

④ 见《サッコ、ヴァンゼッティ事件》，第103—104页。

⑤ 见《フレームアップ》，第105—111页。

二人。这一声明立即在世界各地引起了种种抗议[1]。在伦敦、纽约等地发生炸弹爆炸骚动[2]，在布宜诺斯艾利斯、纽约、伦敦以及法国各地出现大规模罢工[3]。接踵而起的抗议活动一时得到了州长的特赦，执刑日被推迟到8月22日，但萨凡二人终归没有逃脱红色恐慌的魔爪。

然而，萨凡二人之死并没有使抗议活动马上消失。在德国哈勒（Harle），数千名群众举行示威运动，抗议萨凡二人死刑处分，并与警察发生冲突[4]。在日内瓦，同是因为抗议死刑处分，约有五千人袭击了美国人经营的银行与旅馆，损害了国际联盟总部的建筑物[5]。

当然，萨凡事件也轰动了世界各地的无政府主义者。例如："柏林的无政府工团主义国际也有沉痛的宣言檄告全世界无产阶级"；"法国无政府主义的老将福尔旅行各城市举行游历演讲，每次的结果都是全体听众一致议决反对这法律的谋杀"[6]。在日本，关东黑色青年联盟、关东劳动组合自由联合会等其他加入国际弹压防卫委员会的十个团体，于8月21日19时举办抗议执刑演说会；22时半，与会者携带要求取消执刑的抗议书，涌进美国使馆[7]。

二、中国无政府主义阵营对萨凡事件的反响

当时在中国，萨凡事件并没有引起各界的关注，只在中国无政府主义阵营中受到了重视。其中，最为主动关注萨凡事件的无政府主义团体该是"中国少年安那其主义者联盟"（下略为"联盟"）。在萨凡二人被处以极刑之前，"联盟"就积极展开抗议活动。至于其经过，"联盟"说：

> 在美国麻沙菊涉州的意大利同志沙柯和樊澈蒂事件，在去岁〔1926年——笔者注〕即引起民锋社之注意，一九二七年一月各地民锋社联合成立联盟，即由联盟致抗议书于麻沙菊涉州长Fuller，更致函慰问沙樊二氏，由波士顿防御委员会转去，其致防御委员会函曾在其特刊上披露。……
>
> 七月已届，世界各地的无政府党人及劳工团体之愤慨，愈形紧张，沙樊之命运已陷危殆，本联盟以其时适值内部因进行上之需要改组，而外则以本联盟所发言论受上海陈杨之嫉，故不能有扩大之举动，民锋月刊亦不能出版。继得缓刑确讯，故于八月十二日，即由改组后之中国少年安那其主义者

---

① 见《フレームアップ》，第112—114页。

② 见《东京朝日新闻》，1927年8月8日、10日刊。

③ 见《东京朝日新闻》，1927年8月8日、9日、11日刊。

④ 见《东京朝日新闻》、《东京日日新闻》，1927年8月24日刊。

⑤ 1927年8月24日刊《东京朝日新闻》、《东京日日新闻》、《读卖新闻》分别报道这条新闻。在这一暴动中，一部分暴徒手持石块、手枪，砸毁联盟理事会办公室的窗户。

⑥ 巴金《法律下的大谋杀》，原载《平等》第1卷第1期，1927年7月。见《巴金全集》第18卷，人民文学出版社1993年版，第125页。

⑦ 见《东京朝日新闻》、《读卖新闻》，1927年8月22日刊。

联盟发表第一次“为沙柯樊澈蒂同志事件”告全中国安那其主义者及革命的无产阶级宣言，并致抗议书于北京美使馆及上海美领事署……[①]

“联盟”又通过引文中的这篇宣言明示了他们展开抗议活动的具体目标：

……现今各国无产群众一致的抗议已然生了部分的效果了！但我们所要求的不只是在于缓刑，而在于无条件恢复沙樊二氏之自由，最后的胜利快要争回了，本联盟希望中国的革命同胞一致起来援助[②]！

由此可见，“联盟”不仅关注萨凡事件的时期较早，他们坚持抗议、毫不畏怯言论压制的姿势也极为可贵。其实，“联盟”此时的举动与世界各地的种种抗议活动和营救运动几乎没有任何性质上的差异——通过社会运动，把抗议的锋芒直接指向对无政府主义者与意大利人心怀偏见的裁判长和检察官，以及由他们造成的不合理的审理与审判结果，从而控诉红色恐慌与排外运动，试图营救萨凡二人。这也正是世界各地包括无政府主义者在内的所有善良的群众之所以能够结为一体，支援萨凡二人的主要原因。

在中国无政府主义刊物中，《革命》周报着重介绍了一些中国无政府主义者对萨凡事件的反响。1927年8月，《革命》周报第17期刊载了宗绿《轰动世界的凡萨案》[③]一文，这是《革命》周报首次发表有关萨凡事件的文章。宗绿介绍了世界各地主持人道与正义、抗议死刑判决的呼声，呼吁毫不关心萨凡事件的中国群众起来抗议、宣传人道与正义。同月，《革命》周报第18期刊登了宗绿《裁判官赛叶竟敢杀萨凡耶?》[④]。宗绿在此文中向州长与裁判长发出抗议，同时又译出巴黎萨珂、凡宰特援救委员会于1927年6月29日向州长佛乐提交280万人抗议萨凡事件签名名单时附加的抗议文，向中国传播了充满人道与正义的呼唤。

萨凡二人死后，1927年9月，《革命》周报第19期开设《萨凡纪念号》。编者《卷头语》[⑤]向“慷慨就义，视死如归”的萨凡二人表示“百万分的敬仰”。碧波《哭萨哥凡齐蒂》一文说：“你们（萨凡二人——笔者注）的伟大的精神，决不怕为主义而捐弃头颅的，你们慷慨就义，你们大呼‘无政府万岁!’愧煞了我们这些后死的弱者!”，并称赞萨凡二人是“光明磊落，为众人谋幸福的志士”[⑥]。

---

① 中国少年安那其主义者联盟书记部《沙樊事件与中国人——民锋月刊的记载》，1927年9月。见剑波编《萨樊事件》，上海泰东书局，1928年8月，第143—144页。

② 中国少年安那其主义者联盟《中国少年安那其主义者联盟为沙柯及樊切蒂同志事件宣言》，1927年8月12日。见《萨樊事件》，第146页。

③ 见坂井洋史、嵯峨隆合编《原典 中国アナキズム史料集成》（原典　中国安那其主义史料集成）第2卷，绿荫书房，1994年4月，第204—208页。

④ 见上，第232—235页。

⑤ 同上，第257—258页。

⑥ 同上，第259页。

宗绿《萨凡惨杀的前后》[1]一文虽然大部分采用了巴金《死囚牢中的六年——萨珂（Sacco）与凡宰特（Vanzetti）果然会被杀么?》中的材料[2]，但通过概括从萨凡二人被捕到被处以极刑的整个过程，暴露了法律的不合理性，证明了萨凡二人的无罪。可见，《革命》周报《萨凡纪念号》以辩护萨凡二人的信仰、证明他们无罪的方式，向两位殉道者表示了哀悼与纪念之意。

1927年8月13日，《现代评论》第6卷第140期刊载了朋《萨各樊才第事件》。朋断定萨凡二人是“意大利的共产党员”，并在概括事件的发生与经过后结束此文时说：

> ……要诛除共产党就应有勇气去明杀，何必借不相干的案件做藉口。美国司法界的黑暗也于此可见！同时我们也感觉得西方人的生命毕竟还值钱，连不足重轻的共产党还有人去替他们讲话，使得他们受到法律的保障；反观张屠帅在京津随便杀戮革命党，有谁去抱不平呢[3]?

从这几句表述中可以看出，朋有所赞同法院对萨凡二人的审判结果，似乎没有维护萨凡二人人权与抗议死刑判决的意思。这便引起了宗绿的批驳。

宗绿在《裁判官赛叶竟敢杀萨凡耶?》一文附言中说：

> 此文刚写好，友人谓现代评论上有批评萨凡案的短评，谓萨凡是意国共产党，世界舆论表同情于共产党，未免太无意义云云。……就假定萨凡是共产党，我们也不能因他们是共产党，就可把一切正义与人道的观念。都置之脑后，何况他们不是共产党……[4]

对于与共产主义相敌对的无政府主义者来说，萨凡二人被视为共产党人，显然难以置之不理[5]。然而宗绿并没有追究这一问题，在他看来，无论个人所信奉的主义如何，对于所有受到压迫的弱者，我们都应该坚持人道与正义，主动援助

---

① 见《原典 中国アナキズム史料集成》第2卷，前引书，第260—285页。

② 原载《民钟》第2卷第6、7期合刊，1927年7月25日。见《巴金全集》第21卷，人民文学出版社1993年版，第175—197页。

③ 见《现代评论》，第709页。

④ 见《原典 中国アナキズム史料集成》第2卷，第235页。

⑤ “联盟”曾表示：“联盟更以上海各资产阶级性之报纸，浅见陋识，欲藉今日国人嫉恨共产党之忿恚，而中伤对于沙樊二氏之同情，共指沙樊二氏为共产党，现代评论之记者亦因循为论，故由联盟书记部致函更正，并予警告。”见《萨樊事件》，第144页。

他们[①]。

从以上种种概括可以得出：无论是抗议资产阶级、试图营救萨凡二人的社会运动，还是证明萨凡二人无罪、敬佩他们慷慨就义的形象的种种言论，其中几乎都贯穿了主持人道与正义的基本立场。这也是世界各地绝大多数群众对萨凡事件最为普遍的认识，并非中国无政府主义阵营的独到见解。

然而在萨凡二人被处以极刑后，中国无政府主义阵营对萨凡事件表明了另一种态度。"联盟"在萨凡二人死后展开的抗议活动即是一个具有代表性的例子。《沙樊事件与中国人——民锋月刊的记载》一文介绍了其具体情况：

> 迄后，知美帝国资本主义之万恶政府与法庭，已不接受全世界有组织的劳动群众之抗议，故即准备为可能范围内之举动，使美国帝国主义者知无政府主义者力量之不可侮而为吾死者复仇。因即印发第二次宣言，并联合朝鲜黑帜团，上海A联盟及武汉来此之同志，于八月二十四日夜分往南京路，爱多亚路，虹口，南市，闸北等处发散本联盟第二次宣言及与朝鲜黑帜团，上海A联盟共同签发之英文传单……吾辈自此之后，更进而计画进一步之实际行动，惟皆遇森严防御，未克实现为遗憾耳！二十七八日夜更联同黑帜团于法租界环龙路吕班路一带散发朝鲜文告朝鲜民众宣言及英文传单等，以宣布美资本帝国主义国家之所谓法律，实为强权阶级迫害革命无产者的刀锯；而所谓德谟克拉西政治者，亦不过资本阶级的独裁罢了[②]！

这场抗议活动与以往的活动相比，目的明显不同。显然，萨凡事件构成了"联盟"展开无政府主义运动、扩大无政府主义势力、推动无政府主义活动的一大动力。"联盟"散发英文、朝鲜文传单，与朝鲜无政府主义团体共同形成抗议势力，都可以说明这一点。

不仅如此，"联盟"还通过萨凡事件汲取了以下几种"重大的教训"，此文结尾如下：

> 第一，我们当加紧注意到安那其党人一国的与国际的组织。我们应该接

① 宗绿在《轰动世界的凡萨案》一文中批判路透社将萨凡二人称为共产党人时说，该社"受当事资本家的收买"，"以为反对资本家的只是共产党"，他们将萨凡二人视为"失了世界无产阶级的同情"的共产党，其目的是"使萨凡没有后援兵"。见《原典 中国アナキズム史料集成》第2卷，第206页。可见，宗绿批判路透社的主要原因并不在于萨凡二人是否为共产党人，而是担忧路透社的报道将会导致抗议与营救后台的消失。

② 见《萨樊事件》，第147—148页。1927年8月27日《晨报》载有《美二工人案余波　上海亦有反对传单　各国对英皆表不满》一文，报道24日的抗议情形："【上海二十五日东方社电】昨日午后八时，有人自永安先施公司屋顶，向南京路散布中英合璧传单者。单上印有在美国处死之散叩，范其第二人相片，其下刊有为参加普罗达利革命之两领袖，死后情形及排斥美货等标语。"28日《晨报》又载《美左派工人案真相　引起世界各国风波　证据不实法官偏心》，其中提到"上海虽无积极行动，散布传单，排斥美人之事亦曾发生"。《晨报》报道的也许就是"联盟"的抗议活动。

受旅法俄国安那其党人提出之组织纲领；/第二，加入工农组织中去工作——宣传，教育，组织——；并与柏林的国际工人协会（无政府工团主义国际）携手合作：而努力打倒一切黄色的及赤色的工贼，而完成国际革命工人的唯一的大组合 One Big Union；/第三，澈底的反对任何政党与政府；反对改良的议会主义与经济政策，而宣传直接行动之社会革命；/第四，肃清安那其主义者组织中间的机会主义分子。

时机更迫切了，本联盟希望与同情于我们的纲领与提议的青年同志携手！我们向沙樊二死者矢志在“不妥协，不屈伏”的旗纛之下团结起来，向社会革命的战场前进①！

《革命》周报上的言论也不例外。1927年9月，《革命》周报第20期刊载了熙寿《为萨凡之死敬告中国农工阶级》。熙寿通过萨凡事件看到资产阶级与政府共谋压迫弱者的事实，于是说：

……我们如谋自身的生存和利益计，应当赶快一致的联合起来，向政府和资产阶级进攻！……我们还要根本将他们——政府和资产阶级——所凭借的政治制度和私产制度毁灭，而建立无政府共产社会，这种才能使他们没有死灰复燃的机会②！

由此可见，中国无政府主义阵营曾在关注萨凡事件时所坚持的核心因素——抗议不合理的审判结果及主持人道与正义，在萨凡二人死后的一些言论中却消失得无影无踪；强化无政府主义组织、宣传无政府主义思想、提倡社会革命，成为一些无政府主义者的首要关心事。对无政府主义者而言，通过关注萨凡事件主动形成这种势力，或许是极为普遍的行为③。

三、巴金与萨凡事件（一）
——巴金怎样诀别“无政府主义者”形象？

由上所述，中国无政府主义阵营对萨凡事件有两种关注方式：一是在萨凡二人被处以极刑之前，通过社会运动与言论来抗议法院的审判结果，主动提倡人道与正义，试图营救萨凡二人；二是通过对萨凡事件的关注，一些社会运动与言论便在萨凡二人死后开始进一步推动无政府主义运动，人道与正义反而备受忽略。当时，巴金也是一个“无政府主义者”，但他对萨凡事件的反响却与此相反。

---

① 见《萨樊事件》，第148—149页。

② 见《原典 中国アナキズム史料集成》第2卷，第301页。

③ 日本同志《追悼萨凡二同志》（载《革命》周报第20期）一文中也有相同的言论：“中国的同志！我们不是单靠口头和笔墨的宣传的，以后应该从书文而到工厂田园去从事积极的行动，才有追悼诸先烈的真意。”见《原典 中国アナキズム史料集成》第2卷，第306页。

1927年4月12日，赴法不到两个月的巴金“在《每日新闻》上获悉意大利无政府主义者萨珂和凡宰特将于七月十日被处以极刑的消息。……不久，〔巴金——笔者注〕买到了凡宰特的《一个无产阶级的生涯底故事》”[①]。在小说《我底眼泪》中，巴金这样回忆当时的情况：

……有一天在一个书铺里见到了一个意大利鱼贩子著的一本英文小说，里面有这样的一段话：

我希望每个家庭都有住宅，每张口都有面包，每个心灵都受到教育，每个人的智慧都有机会发展。

好像大雨住后的天空那样，我的心豁然开朗了……[②]

巴金通过《一个无产阶级的生涯底故事》一书，看到了凡宰特的信仰与他对今后生活的向往、理想，同时又了解到他在美国的艰苦生活。之后，巴金开始关注萨凡事件。

巴金做的第一件事是与凡宰特通信。1927年5月17日，巴金寄给凡宰特第一封信，7月上旬巴金收到凡宰特第一复信（作于6月9日）；7月11日，巴金寄给凡宰特第二封信，8月上旬巴金收到凡宰特第二复信（作于7月23日）。8月13日，巴金寄给凡宰特与美国波士顿萨珂、凡宰特援救委员会两封信，这是最后的通信[③]。

巴金寄给凡宰特的前两封信目前下落不明，因此只能通过巴金就萨凡事件发表的种种言论来了解当时巴金处于何种心境。本章后半部将会再次提及这一点，在此首先来注视无政府主义者凡宰特的复信。

凡宰特第一复信《凡宰特致本社黑浪同志信——殉道者遗书之一》中有：

“无政府”的真意义就是在了解而且以解放生活，解放个人，废除人对人的压迫和掠夺等等方法，来消灭这种历史的消极结果。因此“无政府”便是我们所能处理的生活的唯一方法和道路。然而这是要由人们希望的，要由人们的努力来决定而且实现的。他自己不会自然实现。（中略）[④]

凡宰特第二复信《1927年7月23日凡宰特致巴金的信》中亦有：

那么，跟随在这个倒退的专制的时代之后将是什么？又是一个不可避免

① 见唐金海、张晓云主编《巴金年谱》（上卷），四川文艺出版社1989年版，第137页。

② 原载《文艺月刊》第2卷第10期，1931年10月。见《巴金全集》第9卷，人民文学出版社1989年版，第261—262页。

③ 关于巴金与凡宰特的通信纪录，见山口守《巴金和凡宰特往来书信编目》，《中国现代文学研究丛刊》1998年第2期，第8页。

④ 巴金译，见《萨珂与凡宰特专号》，《平等》第1卷第4期，1927年10月，第11页。

的向另一个专制王朝投降的虚假民主吗？正如几千年来的历史至今仍然显示的那样吗？

只有无政府，只有我们无政府主义者才能打破这些恶性的循环……

这是一项巨大无比的任务——但并非人力所不能及，我们是否知道，当被误导而迷失了方向，走向歧途的工人阶级和各个阶层的人民为了这历史最伟大的解放多半出于本能地加入我们的队伍中时，我们将会创造出那个自由而幸福的王国。但是即使到那时，我们仍然一定要为这一事业做出最大的努力，否则，新的专制势必又会取代现在的专制而导致极大的破坏①。

凡宰特竟然能够在死亡即将来临之际，依然如此冷静地面对现实生活中的种种恶循环，宣传无政府主义思想，强调与工人阶级共同创造无政府社会，可见他果然是一个无政府主义殉道者。凡宰特如此对无政府主义理想的坚守，直接表达了他的一种核心思想："我希望每个家庭都有住宅，每张口都有面包，每个心灵都受到教育，每个人的智慧都有机会发展。"

对于当时的巴金而言，凡宰特的这种无政府主义者形象也是他极为赞同的。在《中国无政府主义与组织问题》一文中，巴金说："我们如要谋群众的解放，则必须发展群众的组织力"，"实际的革命工作，有方案有策略的社会革命……非由有组织的群众来完成不可，而为之先驱的，便是有组织的无政府主义者"。接着，巴金列出关于如何组织群众的具体条项：一则目的，即"援助劳动阶级，进行革命的事业"；二则团员，即"信仰无政府共产主义，愿为劳动阶级尽力者"；三则组织，即"各小团体联合成立区同盟进而省同盟更进而为全国联盟"；四则规约，即"团员应执行一切团务"，如有破坏团体名义或无故不到会者，予以警告，如不听从，将由大会通过后开除。巴金在此文结尾这样总结："组织问题已不复成问题，将由讨论时期进到实行时期了。"② 由此可见，巴金对组织群众运动、发动社会革命是如此重视与自信，这即是构成巴金无政府主义思想的核心因素之一。

巴金的这种立场，在《无政府主义与实际问题》一书中就已有表露。巴金认为："许多万的工人罢了工，许多的青年跑到战场去作战，在白色恐怖之下，许多的革命者带有献身的精神去受死刑，去进监狱"；这种"民众的革命运动"与"升官发财"、"新的军阀"、"纯正三民主义"、建设"资产阶级的政府"等政治动向毫无关系，"国民军的北伐是一回事，中国的革命运动，又是一回事"③。在巴金看来，中国无政府主义者应该主动投身于这种"民众的革命运动"，"应该以工人的资格去参加，斟酌他们的要求创出新的口号，如减少工作时间以及工人生

① 见《凡宰特致巴金的信》，李今译，《中国现代文学研究丛刊》1996年第2期，第230—231页。

② 原载《平等》第1卷第2期，1927年8月。见《巴金全集》第18卷，第129—132页。

③ 惠林、芾甘、君毅合著《无政府主义与实际问题》，民钟社，1927年4月。此书第2节由巴金执笔。见《巴金全集》第18卷，第115页。

活的保障、工人教育的开办”，即使“不能立刻使无政府的社会实现，但至少能使中国民众与无政府主义的理想接近一点”①。

巴金在上文探讨“民众的革命运动”时又涉及另一个问题：无政府主义者应该怎样面对“国民革命”。关于这一问题，巴金在《给急弦的信》中说：

国民党打倒北洋军阀，打倒帝国主义，我极同情，但打倒之后要建设一个强固的政府，要把中国弄成富强的民主国家，这我却极端反对。

假若打倒北洋军阀，打倒帝国主义，是为着人民的幸福的，那么我们便不应该拿三民主义做口号，我们便不应该重建政府！南京政府也好，汉口政府也好，都是一套鬼把戏②！

这也许意味着一些投身于“国民革命”的无政府主义者将会成为巴金攻击的对象。

然而，巴金如此重视以群众为主体的革命运动，坚持无政府主义理念的姿态，在当时并没有得到其他无政府主义者的普遍认同。《无政府主义与实际问题》的另一位作者君毅（吴克刚）说：

现在中国同志，对于革命运动决不参加，对于国民党一味反对，一味攻击，这样态度，我是反对的。

……在现在革命时期，无政府党应该用全力反对旧党；对于国民党，暂时认为是友党，予以同情，不加攻击③。

可见，君毅对“国民革命”如此“宽容”的态度，明示了一种期待“国民革命”与无政府主义相结合的无政府主义者形象。这不仅与巴金抗拒三民主义、强调“民众的革命运动”的“无政府主义者”形象构成了明显的反差，同时又证明了巴金“反政府”的基本思想原则。这说明了巴金的确是一个坚持无政府主义思想纯洁性的“无政府主义者”④。

巴金这一“无政府主义者”形象引起了他对《革命》周报的批判。与巴金交往亲密的好友毕修勺回顾当时的情况时说：

……我主编了《革命》周报之后，我写信给他〔巴金——笔者注〕，请他为该报撰稿，不料他的回信使我大吃一惊！他说我与李石曾等合作，已经

① 见《巴金全集》第18卷，第120—121页。

② 原载《平等》第1卷第3期，1927年9月。见《巴金全集》第18卷，第139页。

③ 见葛懋春、蒋俊、李兴芝合编《无政府主义思想资料选》（下册），北京大学出版社1984年版，第847—848页。

④ 关于巴金坚持思想纯洁性的方法，见坂井洋史《二十年代中国安那其主义运动与巴金》，原载日本《猫头鹰》第1期，1983年6月。现收入《巴金的世界》，第199—228页。

"堕落"了，他决不为我所编的刊物写文章，而且不再与我来往。说我"堕落"了，我并不生气；我知道我自己的为人。我惊奇的是他这个人对一个同志兼朋友，会一下转变得这样快，会写绝交的信，确实是我始料所不及的。但我想，他怪我与国民党要人们来往并合作，就无政府主义的立场说，我还钦佩他的正确见解，我的内心反而有些不安①。

巴金之所以如此评价《革命》周报，是因为国民党要人李石曾向《革命》周报提供创办资金一事使巴金发现此杂志与权力、政府互相勾结。于是，巴金于1927年7月中、下旬，"宣布同赞成国民党'清党'政策的无政府主义刊物《革命周报》(按：李石曾出资创办）断绝关系"②。

总之，把群众视为展开革命运动、实现无政府社会的主体，割断无政府主义与权力、政府之间的勾结，即是构成巴金无政府主义思想纯洁性的核心因素。"无政府主义者"巴金坚持的这种主要理念，与凡宰特在他回复巴金的两封书信中谈到的信念与理想产生了思想共鸣。

然而，这种共鸣并没有左右巴金如何关注萨凡事件。

1927年7月，巴金发表《死囚牢中的六年——萨珂（Sacco）与凡宰特（Vanzetti）果然会被杀么？》时谈道：

……假若我们不是自私自利的人，假若我们还有一点人性，假若我们知道正义、人道是什么，那么我们不能——绝对不能——眼看着，亲眼看着这两个无辜的人，甚至就在现社会中也算是人格极高尚的人，毫无证据地被人诬告，被人判罪，甚至就要被人送上电气死刑台……③

《巴金致凡宰特第三函（1927年8月13日)》中有：

现在我知道了你的刑期被推迟到了8月22号。也许那些嗜血成性的畜生不敢在全世界千百万人民的眼前烧死你们。但是谁能说这帮嗜血成性的畜生懂得所谓人道和正义？他们无恶不做！……④

萨凡二人死后，1927年10月《平等》第1卷第4期开设《萨珂与凡宰特专号》。在此，巴金发表了《法律下的大谋杀——萨珂与凡宰特被害以后》、《死者与生者（一)》、《沙哥与凡宰特之死》等散文，并译出《荫［萨］珂与凡宰特致全体同志的信》、《萨珂给他的儿子但丁最后的一封信》、《凡宰特致本社黑浪同

① 《我信仰无政府主义的前前后后》，1982年5月。见《无政府主义思想资料选》(下册)，第1031—1032页。

② 见《巴金年谱》(上卷)，第145页。

③ 原载《民钟》第2卷第6、7期合刊。见《巴金全集》第21卷，第195—196页。

④ 山口守译，见《中国现代文学研究丛刊》1998年第2期，第1页。

志信——殉道者遗书之一》三封信函。巴金在《法律下的大谋杀——萨珂与凡宰特被害以后》一文中说：

> 法律果然胜利了么？无政府果然失败了么？告诉你——吃人的魔王！只要正义不死，真理不灭，法律是决不会胜利的，无政府【的】是决不会失败的！杀几个人，烧几本书，难道就杀得死正义，烧得掉真理么[①]？

1927年9月3日，《现代评论》第6卷第143期刊载了张慰慈《萨各与樊才第的案件》与适之《附记》。其中，适之《附记》引起了巴金的愤怒。

在此文中，胡适首先强调“我们见惯了同情于萨樊二人的言论，往往推想美国的法庭是暗无天日的”，但“这也是一偏之见”。从这一立场出发，胡适提出以下四点：一，“在麻色珠赛邦，则上级法庭覆检的范围狭小多了，他们只检查当日承审推事的行为，只能问律文的问题，而不及事实的问题”；二，“美国是联邦制，中央的法院不能干涉各邦的司法。故联邦的法院与大总统皆无法干预此案”；三，“此案最强的证据是麦的罗〔麦蒂罗斯——笔者注〕的自供。……同情于萨樊的人自然说这是充分的证据。但法庭上却不能这种说。因为麦的罗是因别的案已定了死罪的人，他多认几案，也不过是一死”；四，“美国与世界的无政府党人做出了种种示威暴动……这种暴动不能救他们的命，反激怒了一般公民的心理，因为暴力若能影响司法，司法制度就根本不能成立了”[②]。

胡适虽然深切了解美国州法的特征，但他却主动拒绝了思考这种法律到底是在为谁服务，它又是怎样结束了萨凡二人的性命。无批判地接受把冤案合理化的法律，并无视法律作为强者压迫、剥削弱者的另一层面，胡适这一表态决定了他“美国绅士”的形象[③]。

1927年12月，《革命》周报第34期（12月18日）、第35期（12月25日）连载巴金《寄革命周报编者的信》。巴金在信中指出法院收买证人作伪证、州长憎恨无政府主义者、南布伦特里一案发生时萨珂不在现场等等；并抓住胡适“暴动岂能影响司法”的观点予以激烈的批驳：

> ……法官之受贿，审判之不公平，这却是激起暴动的唯一原因。假若故加人罪，枉法杀人，便能保障司法制度，便能维持司法的尊严，那么，你要杀人就杀好了，何必又借“暴力影响司法”的话来做口实呢。……司法制度要靠那些说谎者，窃贼，娼妓，患神经病者来维持，可见它早已倒塌了。假若对于这种制度还不反抗，那个人就无良心，就是禽兽，因为他连一点人的感觉也没有了。胡先生呢，我不敢说，他是禽兽，但是他见着不义的罪恶行

---

① 见《萨珂与凡宰特专号》，《平等》第1卷第4期，第3页。

② 见《现代评论》，第781—782页。

③ 见潘汉年《萨樊案与胡适的美国绅士态度》，《幻洲》第2卷第1期，下部：十字街头，1927年10月，第34—40页。

为，既不反抗，见着好人无罪而被处刑，又不援救，并且在殉道者被害后还作文来侮辱他们，这样我们能说他有一点人的感觉，有一点正义的感觉么？……①

根据个人情感主持人道与正义，愤恨所有赞同法院将萨凡二人判处死刑这一审判结果的压迫者，怒叱他们极不人道、缺欠正义感，这即是巴金关注萨凡事件的一大特征。也许有人会讲，别人根本无法掌握的巴金这种不定型、难以形容的个人情感，正是巴金能够坚持无政府主义思想纯洁性的依据所在。这种观点笔者并不反对，把无政府主义与人道、正义等所谓道德因素相结合看待，也是对无政府主义的一种评价取向。然而，当时"无政府主义者"巴金注重于宣传无政府主义思想、坚持思想纯洁性，这并没有构成巴金主持人道与正义的方法。正因为如此，在巴金当时发表的多篇关于萨凡事件的文章中，既找不到与无政府主义相关的具体记述——如以群众为主体的革命运动，也无从看到满怀信心坚持无政府主义思想纯洁性的巴金；对法院、法律的批判甚至也没有体现出巴金的"无政府主义者"形象。至于当时一些无政府主义者把萨凡事件视为推动无政府主义运动的契机，这对于巴金而言恐怕更是无法赞同的。换言之，在关注萨凡事件的过程中，巴金似乎没有受到任何思想或主义的局限，反而只依靠他个人情感来主持人道与正义。这种心态更接近于世界各地众多人士展开抗议活动时的出发点。

有趣的是，从坚持无政府主义思想纯洁性到抒发个人情感、主持人道与正义的这一态度转变，也正是巴金诀别"无政府主义者"形象的过程。

1927年9月，分共不久的武汉政府与南京政府复合，政局姑且走向安定。《革命》周报似乎反映了这种局势，与劳大、萨凡事件相关的报道在刊物上逐渐增多。碧波自第16期一连三期刊载论文《我们是谁?》，明示了《革命》周报以宣传无政府主义为其主旨的立场②。《革命》周报开设《萨凡纪念号》，说明了此杂志的立场转变，然而这并没有改变巴金对《革命》周报的评价。在《寄革命周报编者的信》中，巴金依然强调："我曾反对过革命周报的主张，便在现在我也反对它的，——虽然我也是一个无政府主义者。"③

然而，唯独对《萨凡纪念号》的评价却与此相反。巴金在此文中说：

虽然我曾攻击过革命，也许在将来我还要攻击它，然而我却要向你说，你们关于萨珂与凡宰特（你们译作凡齐蒂）的文章我是极表同情的。不但我，我想假若萨凡二人还存在的话，他们也要感激你们的。为什么呢？因为你们正如凡宰特向我所说的那样，默默地和那两个殉道者的感情共鸣，防护

---

① 见《原典 中国アナキズム史料集成》第4卷，绿荫书房，1994年4月，第123—125页。该文引于《革命》周报第34期。

② 见《原典 中国アナキズム史料集成》别册，绿荫书房，1994年4月，第18页。

③ 见《原典 中国アナキズム史料集成》第4卷，第121页。该文引于《革命》周报第34期。

他们的生命，力争他们的自由，证明他们的无罪，辩护他们的信仰[①]。

巴金对《萨凡纪念号》的积极评语，其来源即是《凡宰特致本社黑浪同志信——殉道者遗书之一》。凡宰特在这封信中这样激励巴金：

> ……我知道有许多像你那样年轻的人还有许多年老的男男女女，他们默默和我们的感情共鸣，防护我们的生命，力争我们的自由，证明我们的无罪，辩护我们的信仰，我们一直到死都是不会忘记他们的[②]。

这也就说明：当时的政治因素真正改变《革命》周报的立场与否，其实对巴金并不重要，而只有《革命》周报开设《萨凡纪念号》时在某种程度上体现的主持人道与正义的基本立场，才能够真正推动巴金主动诀别坚持无政府主义思想纯洁性的"无政府主义者"形象，并以凡宰特曾向所有为了争取人道与正义而奋斗的勇士们表示的感激，来积极评价如今依旧意见对立、"堕落"的《革命》周报。

从以上种种论述可以看出：巴金既没有以萨凡事件为契机来宣传无政府主义思想、扩大无政府主义运动的势力，也没有从坚持无政府主义思想纯洁性的角度来关注萨凡事件；反而，巴金充分抒发了个人情感，强调了与世界各地众多人士相同的人道与正义。为了建立这一态度，巴金抛弃了思想纯洁性，诀别了"无政府主义者"形象。

然而与众不同的是，巴金在他的文学创作之中，似乎又重述了他对萨凡事件的这种关注方式。

四、巴金与萨凡事件（二）
——从《灭亡》到《法斯特的悲剧》

在萨凡二人被处以极刑前后，巴金通过发表散文、译作等方式来关注萨凡事件。同时，巴金还写下一些抒发当时感情、心境的笔记，这在巴金创作《灭亡》时构成了小说的各个章节：如张为群的出场、革命党的杀头、杜大心的"刺杀"与自尽[③]。这些细节不仅再现了萨凡二人的思想内容以及与事件相关的人物形象；而以此建构的故事进展、转折也充分映射出巴金对萨凡事件的关注方式。

众所周知，《灭亡》的主人公杜大心是一个充满"憎"的人物。这种"憎"主要指向两种对象。一是为了建立自己的幸福而牺牲别人的压迫者：比如压死一个平民百姓依旧泰然自若的戒严司令部秘书长（第 1 章）；荒年无粮之际，为了

---

① 见《原典 中国アナキズム史料集成》第 4 卷，第 121 页。该文引于《革命》周报第 34 期。

② 见《萨珂与凡宰特专号》，《平等》第 1 卷第 4 期，第 9 页。

③ 巴金创作《灭亡》时这些笔记受到何种程度的删改，笔者不备一手资料，无法对照。另外，据巴金《写作生活的回顾》（1932 年 12 月）、《谈〈灭亡〉》（1958 年 4 月）二文介绍，巴金是断断续续完成各个章节的，其具体创作日期难以判断。因此，本文仅以小说《灭亡》为分析对象。

生存卖掉孩子的人，或忍心吞吃别人家孩子的人，以及借此机会高价出售粮食，谋取发财之者（第 10 章）等。二是为了建立压迫者的幸福甘愿自己牺牲的人，这也可以说是某种程度上的“奴隶”：比如为了不使母亲伤心，放弃自由恋爱，甘愿顺从母亲的包办婚姻嫁给一个陌生人的表妹（第 3 章）。因此，杜大心说：

> ……对于那些吃草根，吃树皮，吃土块，吃小孩，以至于吃自己，而终于免不掉死得象蛆一样的人，我是不能爱的；对于那般亲眼见着这样的惨剧而不动心，照常过着奢侈生活的人，我是不能爱的；对于那般趁这个机会发财的人，我更是不能爱的。
>
> ……
>
> 至少在这人掠夺人、人压迫人、人吃人、人骑人、人打人、人杀人的时候，我是不能爱谁的，我也不能叫人们彼此相爱的。凡是曾经把自己底幸福建筑在别人底痛苦上面的人都应该灭亡。……[①]

可见，杜大心的“憎”集中表现了他对小说中缺少人类爱、人道、正义的“现实社会”愤愤不平，渴求人类爱、人道、正义的心态。

然而，杜大心并没有被憎恨情感所淹没。杜大心搬到张为群家的后楼之后，他向张为群夫妻描绘了未来的世界，“这时候杜大心也完全和平日不同了，平日支配着他底脑筋的‘憎’已经软化在未来的美梦中了”[②]。杜大心还曾向张为群讲述：“在最近的将来，那个伟大的日子就会来的，那时候谁也不再哭了，谁也不再受苦了，每一家都有住宅，每张口都有饱饭，每个人都有衣服，人们安静地过着和平的日子。”[③] 对于切望早日实现革命的张为群，杜大心又给予多次鼓励，体现了他坚信革命的革命家形象。

在此值得注意的是：杜大心似乎没有区别看待他所渴求的人类爱、人道、正义与他所期待的革命，以及他根据自己的理想描绘的未来社会（这也是凡宰特对未来社会的想象）。换言之，对杜大心而言，展开革命的目的也许就在于实现充满人类爱、人道、正义的社会。这一点，在张为群身上显现得更为明显。

张为群是一个正义感极强的人物，他“看见不平、不公道的事，就要出来说几句话，叫几声；看见别人底痛苦，他也就要流眼泪”。张为群信奉杜大心的“社会主义”，“要用革命的方法推翻人世间一切的不平，创造出一个美满的世界来”。他把“人类幸福”奉为上帝，“觉得这四个字里面至少包含着他平日所看见的受苦的人也会过着安乐日子的意思”。虽然他无法指出什么是“人类幸福”，但他深信，在不久的未来革命即将到来，那时“不会再有不平的事，没有人压迫人

---

① 《灭亡》，开明书店，1929 年 10 月。见《巴金全集》第 4 卷，人民文学出版社，1987 年版，第 86 页。下文《灭亡》的页码标注一概按《巴金全集》第 4 卷。

② 同上，第 100 页。

③ 同上，第 130 页。

的事”，“人人都是平等的，都享着和平的幸福”[①]。

因此，“革命何时到来”成为张为群关心的大事。杜大心搬到他家后楼不久，张为群又向他探问这一问题。但这次却与往常不同，因为张为群刚刚目睹了缴不起房钱的母子四人被两位警察赶出租房（三个孩子的母亲最终死去），而房主却把空出来的屋子借给了杜大心。如此“不平、不公道”的事情激起了张为群的愤怒，使他格外焦急地切望革命早日到来。他说“现在呢，我知道这一切都是不正当的，应该消灭的，这一切都是罪恶，所以我不能够忍耐了”，于是便按着胸膛说“不是我，它，它不能够再忍耐下去了”[②]。

如果我们把张为群的人物形象和行动，与萨凡事件的一些细节仔细对照一下，便可以找到一些共同点。

在《灭亡》中，为了严防“赤党”作乱，上海准备戒严。一天晚上，两位警察在盘问抱着一包传单和报纸的张为群时发现：传单上印着“打倒鱼肉人民的军阀孙传芳!”，报纸上有“总同盟罢工”、“上海工人武装起来!”等字样[③]。就这样，警察逮捕了张为群，罪状为参加革命党活动。1920年前后在马萨诸塞州发生两起现金抢劫案时，美国正处于红色恐慌之中，这便使警察署长把作案凶手的目标固定在无政府主义者与外国移民身上。警方逮捕萨凡二人的原因亦在于此。

萨凡二人被捕后，为其他无政府主义同志的安全起见，他们故意回避陈述与无政府主义相关的情报，隐瞒了无政府主义者的身份。这被视为“犯罪意识”，之后成为萨凡二人被判处死刑的直接因素。《灭亡》张为群被捕后，有人探望他时，“张为群已经被拷打得脸肿得不堪，腿也烂了，他还是咬着牙齿说：‘告诉他们，能救我出去自然最好，不能够时，我死，我一个人死也不要紧，我决不招出一句话……’”[④]。可见，张为群慷慨就义，卫护了组织的活动与其他同志的安全。

从以上两种共同点可以看出：萨凡二人向往革命，渴求人类爱、人道、正义的人物形象，充分体现在张为群身上。巴金“我爱张为群”[⑤]这一表述，或许直接表达了巴金对萨凡二人这一形象的认同，以及对他们理想中的革命、无政府社会蓝图的积极赞同。

无论杜大心还是张为群，他们是直接从人类爱、人道、正义出发向往革命的，而张为群要比杜大心更加积极、热情。这种把个人情感与革命结为一体的姿态，与当时巴金通过违背“无政府主义者”的立场、抛弃无政府主义思想纯洁性所建立的基于人道与正义来关注萨凡事件的态度，是大不相同的。杜大心之所以在《灭亡》中没有亲自谈到实现革命的具体方法——例如展开群众运动，或许说明了巴金在创作《灭亡》时有意无意地抛弃了思想纯洁性，突现了与革命相结合

① 见《灭亡》，第98—99页。
② 同上，第104页。
③ 同上，第117页。
④ 同上，第120—121页。
⑤ 同上，第4页。

的杜大心的个人情感。杜大心和张为群与“无政府主义者”巴金，虽然在怎样理解革命的问题上互相有所差异，但就强烈向往革命一点，两者却别无二致。

然而，张为群在戒严司令的屠刀下惨遭杀害之后，杜大心与张为群对革命的向往并没有得到进一步发展，取而代之的即是杜大心出自个人情感的“刺杀”与自尽。刚刚萌芽的革命因此夭亡，《灭亡》的故事迎来了新的局面。

首先，杜大心把戒严司令定为“刺杀”目标。由于张为群的惨死直接构成了杜大心“刺杀”戒严司令的动机，杜大心替张为群复仇这一行为也许仅仅表现了他对张为群个人的爱。然而其含义并非如此狭窄，杜大心“刺杀”这位既掌握权力与财富，又惨杀革命党、压迫平民百姓的政府官员时，同时又突现了他对剥削阶级的反抗，以及对人道与正义的渴求。其实，巴金在当时发表的多篇关于萨凡事件的言论中也往往把这一攻击的矛头直接指向谋杀萨凡二人的法院、为资产阶级说话的“有识之士”以及被收买的证人。巴金出于个人情感批判胡适拥护美国司法制度，也明确说明了这一点。由此可以发现，巴金在张为群死后安排的这一“刺杀”场面，直接反映了渴求人道与正义的巴金对资产阶级陷害萨凡二人表示的强烈抗议。

其次，杜大心把“刺杀”目标转向他本人。这不过是以自尽的方式得以实现的。这种“刺杀”的原因极为明确。其一，如果住在张为群家后楼的母子四人不被赶出租房，杜大心是无法搬到那间屋子的，这使杜大心发现他也是一个压迫弱者的剥削者。其二，张为群之所以信奉“社会主义”，完全是受到杜大心的思想影响；而“社会主义”在社会中的逐步扩展，又导致戒严司令镇压革命党、惨杀张为群；为此，在张为群死后，杜大心发现他才是陷害张为群的元凶，于是杜大心把他自己也列入他心目中应该灭亡的人之中。杜大心之所以能够达到这种境界，正是因为他深受良心上的谴责，认识到了“加害者意识”。他以自尽的方式“刺杀”剥削者“杜大心”的行为，着重体现出杜大心对人道与正义渴求不止的正派形象。当时，巴金在《无政府主义与恐怖主义——覆太一同志的一封信》中虽然从理念上否定了无政府主义与恐怖主义的相关性，但在情感上却积极认同了恐怖主义者及其“刺杀”行为的可贵性：

> ……在这世界上爱已渐渐被铲除了，人造的各种制度使得人们彼此相恨，使得少数人压制多数人，使得多数平民生于忧患死于痛苦。我们既不能活着，使得人们彼此相爱，使受苦的多数人过幸福的生活，那么，我们可以牺牲自己的生命来破坏那制度或维持那制度的人，使得“憎”早点消灭，“爱”早日降临……①

抗议剥削阶级、主持人道与正义，这即是巴金与杜大心积极认同“刺杀”行为的主要原因。

---

① 原载《民钟》第2卷第6、7期合刊。见《巴金全集》第21卷，第253页。

如果说张为群表现了萨凡二人的形象，那么麦蒂罗斯便认识到“加害者意识”的杜大心的原型。当麦蒂罗斯发现两位无辜的被害者因为他曾经参与的杀人案被判处死刑时，他便亲自招认他与南布伦特里一案的干系，供出真正犯罪团伙，披露事件真相，试图证实萨凡二人的无罪[①]。然而，由于麦蒂罗斯当时涉嫌其他杀人罪，裁判长又出自对杀人犯的偏见，认为他的证言难以置信（这也是胡适对麦蒂罗斯的评价）。因此，这一口供没有得到法庭的正面评价，当然也无法颠覆萨凡二人的死刑判决。麦蒂罗斯坦然无惧地出来认罪，宁可罪上加罪、死上加死，也不愿容忍萨凡二人的冤死，这种心态证实了他深受良心上的谴责、对“加害者意识”已有深刻的认识。这一忏悔，不仅构成了麦蒂罗斯抵消他过去犯下的所有恶劣罪行、主动赎罪的一种方法，同时也充分表现出他对资产阶级的抗议。内疚于心、诚恳悔过的麦蒂罗斯主动认罪的行为，也正是他渴求人道与正义、怜悯并同情萨凡二人的具体表现。这与杜大心通过“刺杀”戒严司令、毁灭其身的方式来抗议剥削阶级、渴求人道与正义的形象，完全符合。杜大心与麦蒂罗斯对“加害者意识”的深刻认识展示了他们能够坚持人道与正义的根源所在。这种人道与正义，与巴金依据他那几乎无法进而阐述的个人情感所主持的人道与正义相比，果然更加具体。

通过以上对《灭亡》文本的分析可以发现：从杜大心与张为群向往革命，到杜大心认识“加害者意识”、深受良心上的谴责后放弃革命，并以“刺杀”与自尽的方式渴求人道与正义的这种故事进展，完全再现了巴金在萨凡二人死后，违背“无政府主义者”的立场、抛弃思想纯洁性，以人道与正义的角度来批判胡适、赞同《革命》周报《萨凡纪念号》的这一态度转变。小说《灭亡》的故事进展，即是巴金关注萨凡事件的另一个版本。

有趣的是，巴金在摆脱思想或主义后坚持人道与正义的姿势，直接决定了巴金在新中国成立后拔白旗运动期对美国作家法斯特（Howard Fast）的批判方式。

1958 年 4 月 26 日，《文艺报》第 8 期开设专栏《呸！叛徒法斯特！》，刊载了巴金、曹禺、袁水拍以及苏联、美国作家对法斯特的批判文章[②]。本专栏的批判

① 当时，法院收买了惯匪古德里奇作为证人。由于古德里奇断定萨珂即是南布伦特里一案的凶犯之一，于是当时他犯下的盗窃罪受到减刑，这使他逃脱了徒刑。显然，古德里奇是一个“把自己底幸福建筑在别人底痛苦上面的人”，与麦蒂罗斯恰恰相反。

② 1957 年 2 月，法斯特在《纽约时报》上宣布脱离美国共产党。之后不久，法斯特又在《主流》杂志上发表《我的决定》，说明了他脱党的主要原因之一：1956 年 10 月匈牙利事件爆发之际，苏联在匈牙利的所作所为使他“领略到了一种新的社会主义——屠杀和恐怖的社会主义”。然而在当时的中国，匈牙利事件被视为一场“帝国主义反动势力和匈牙利反革命分子利用了劳动群众和青年对过去领导者的严重错误感到的正当的不满”，进行的“旨在推翻匈牙利人民民主制度和社会主义成就的反革命颠覆活动”；因此在暴动发生之后，苏联“弭平了反革命分子的武装暴乱，粉碎了帝国主义的阴谋”，即是对匈牙利社会主义力量的正义援助（见邹荻帆《法斯特叛党了》，《文艺报》1957 年第 19 期，1957 年 8 月 11 日）。这与 1956 年 12 月 29 日《人民日报》社论《再论无产阶级专政的历史经验》对匈牙利事件的官方评价基本一致。因此，法斯特的叛党、反社会主义行为与中国对匈牙利事件的官方评价的对立，引起了刚刚掀起拔白旗运动的中国文艺界对法斯特的批判。

论调十分鲜明，编者强调，通过批判法斯特叛党行为，教育读者努力摆脱个人主义、唯心主义等资产阶级世界观的束缚，努力进行思想解放[①]。

然而，位于本专栏前列的巴金《法斯特的悲剧》一文，却与《文艺报》的定调完全相反。巴金认为：法斯特曾是一个“诚实的作家”，他写过“激动人心的诚实的作品”，他笔下的小说人物都是些“诚实的人”；然而，如今法斯特却“背弃了人民，背弃了他的主人公，去拥抱他过去所憎恨的美国方式的‘民主’”。这种“民主”曾将萨凡二人送上电椅，最近又陷害了罗森堡夫妇，法斯特在创作《萨柯和樊塞蒂的受难》[②]时一定不会忘记这些事件发生后“美国的‘民主’政府都是很勇敢地拒绝了全世界善良人民的要求和抗议。它宁愿在全世界的良心面前保持孤立的地位，它宁愿让美国的国旗成为‘大不义的象征’，说是要维持传统的法律的尊严”[③]。巴金在此文中根本没有指出法斯特叛党行为与教育读者思想解放的中心问题。这主要是因为巴金通过法斯特《萨柯和樊塞蒂的受难》及其他批判剥削阶级的作品看到了“诚实的作家”的人道与正义[④]。因此，切盼法斯特早日远离美国“民主”、恢复“诚实的作家”形象、重新坚持人道与正义，才是巴金在此文中批判法斯特投靠美国“民主”的真意，文本结尾“回头是岸”一词之含义亦在于此。正因为如此，当一些读者在《文艺报·读者讨论会》上指出法斯特叛党问题的严重性时[⑤]，巴金才发现他“忽略了这是一个共产党员叛党的重大事件”[⑥]。

巴金对法斯特的评价再次证明：无论是巴金对无政府主义的信奉，还是在新中国成立后主流意识形态极为鲜明的政治年代文艺界对巴金的期待，这些因素并没有取代巴金在关注萨凡事件的过程中主持人道与正义的基本态度。杜大心在《灭亡》中放弃革命，以“刺杀”与自尽的方式主持人道与正义，也与此相同。基于个人情感坚持人道与正义，以此取代某种思想或主义，并将这一态度转变过程再现在小说中，这即是巴金关注萨凡事件的独特之处。

---

① 在这些作家中，批判性最为尖锐的是曹禺。他说：法斯特是抱有“消灭无产阶级专政，重新建立所谓资产阶级的民主，取消共产主义，取消给劳动人民谋得幸福和光明的共产党”的“典型的修正主义思想”的人物；他“一手拉着修正主义，一手拉着资产阶级个人主义”，虽然“组织上入党，思想上从未入党”。见曹禺《斥叛徒法斯特》，《文艺报》1958年第8期，1958年4月26日。

② 冯亦代、杜维中合译，作家出版社1956年版。原题为 *The Passion of Sacco and Vanzetti*，The Blue Heron Press，1953。

③ 见《文艺报》1958年第8期，第29页。

④《萨柯和樊塞蒂的受难》共18章，着重描写了几位登场人物在8月22日萨凡二人被处以极刑当天如何面对萨凡二人之死：麦蒂罗斯悔过自新，监狱长对萨凡二人的同情，大学教授在课堂上讲述冤案的经过，一个黑人劳动者在抗议活动中被捕，裁判长对外国人的歧视与偏见，美国总统宣布不干涉独立州的审判结果等等。这些章节体现了法斯特抗议所有压迫平民百姓与工人的剥削阶级，渴求人道与正义的“诚实的作家”形象。这样一部作品必定触动了巴金的心弦。

⑤ 专栏《对〈法斯特的悲剧〉一文的意见》，《文艺报》1958年第11期，1958年6月11日。

⑥ 见《巴金同志来信》，《文艺报》1958年第11期，第32页。

尾声

在巴金心目中，某一思想、理论、主义与人道、正义、个人情感，或许是两种不同层次的因素。前者可能更接近理想，而后者只有在认识现实的过程中才会产生——无论是在巴金小说中还是在作家的现实生活中。至于巴金对萨凡事件的关注方式，完全是从违背前者出发，表现了后者。其实，这也关系到巴金人道主义的问题。换言之，巴金的所谓“人道主义者”形象，到底是指坚定某一思想立场，还是说在现实生活中发挥高尚人格，或者是指只有把两者结为一体才能成立的其他层面？当我们思考这一问题时，继续探讨巴金对其他现实事件的种种反响，或许能有一些新的发现。

（本文原为第10届巴金国际学术研讨会青年论坛征文稿，收入本刊时已适当施加修改。）

（作者单位：日本一桥大学大学院）

安那其信仰复苏与《随想录》

□白　浩

在现代作家中，巴金是唯一明确宣称“我是一个安那其主义者”，同时也唯一长期参与无政府主义实际政治生活的。他的无政府主义生涯大约可分为四期：第一期，1920年到30年代初，作为革命家的李芾甘，是中国第三代无政府主义者的代表[①]，其无政府主义信仰表现为政治信仰与无政府主义战士。第二期，30年代中到40年代，作为文学家的巴金，此期，他离开无政府主义实际政治生活，但仍保留有作为文化信仰的无政府主义元素，可称为无政府主义的同路人及同情者。第三期，1951至1977年，无政府主义元素的清洗者与改造对象。第四期，1978年后，即《随想录》时期，无政府主义积极文化元素与历史记忆的复苏期。

对巴金第一期的安那其信仰基本无人否认，第三期的受清洗与改造也是显然的，第二期文化无政府主义，评论界、学界以民主主义、自由主义也基本能概括其显在表现。唯独第四期巴金的信仰仍无人与安那其挂钩。这样，对巴金的信仰之路并未完整归纳，而安那其之路也未结穴。一生声称“我不怕……我有信仰”的巴金，是以信仰为支柱的激情与执著之人，安那其信仰支撑他走过了前半生，新中国成立后及“文化大革命”的改造令他无法再声称安那其信仰，但无其名而其实也已完全改变了吗？那么巴金又以什么为信仰支撑呢？用通行的民主主义、自由主义解释吗？这个大帽子并不能完全和准确地概括独特的巴金，尤其是他抗议的大胆与直指老底的尖锐彻底。这样存在的困境就是，一方面晚期巴金其人的信仰及《随想录》、《再思录》的创作精神支柱究竟是什么并不能得到真正探其根底的追究，另一方面，早年狂热与执著的安那其信仰决定性地铸造了早年及中年巴金，这样深刻的信仰之根已经在外界压力之下而彻底断绝了？还是其合理与积极的文化元素仍潜隐于内，在重压下或者触底反弹或者一旦重压解除又会缓慢复苏？一个人决定性的文化构成元素要彻底根除是困难的，甚至可以说是不可能的，安那其之根在巴金身上的最终归宿仍需交代。正是本于此，探讨晚期巴金信仰中安那其积极元素的复苏自有其重要意义。

一

经历新中国成立后的改造及“文化大革命”浩劫后，巴金已不再可能如其早

① 蒋俊、李兴芝《中国近代的无政府主义思潮》，山东人民出版社1991年版，第285页。

年那样声称安那其信仰，在创作上，他已完成了“换笔”，变成一个“歌功颂德”者，“豪言壮语”者，乃至“文化大革命”的失语者、“奴在心者”与“奴在身者”。然而翻译，却成为他精神生活的第二领域。在其一生中，翻译既是他从事安那其战斗的武器，又往往成为面对外界压力时的缓冲域，也往往成为新的精神突破的孕育地。翻译，于巴金确有其特殊的意义。40年代底其安那其信仰即以翻译终，而“文化大革命”后，其主体性的复苏又以翻译始。

1973至1977年，巴金在控制下又开始了工作，翻译这看似中性的工作一方面麻痹了迫害者的警惕，一方面却成为巴金重新用他的老方式来治疗心灵创伤、寻求精神资源的良药。自然，如同鲁迅所言的果蠃负子，祝曰“像我像我”，青虫被“极高明”地变成了细腰蜂[①]一样，历经长期改造，巴金也已变成了驯顺和惊惧的忠仆，安那其信仰更是被毫无保留地清洗，避之唯恐不及。但毕竟“兽”的行为打破了“神”的迷信，使他由“奴在心者”变成了“奴在身者”，从炼狱中醒来。他选择了重译屠格涅夫《处女地》、翻译赫尔岑《往事与随想》，这二位既是当局可以接受的“民主主义与自由主义者”[②]，也是与民粹派、安那其派有密切思想关联与行动交往的作家[③]，于是在当局眼皮底下巴金又开始了“盗火”的勾当。这些作家早年就深深感动着巴金，是信仰的资源，而现在，“我每天翻译几百字，我仿佛同赫尔岑一起在十九世纪俄罗斯的暗夜里行路，我像赫尔岑诅咒尼古拉一世的统治那样咒骂‘四人帮’的法西斯专政，我相信他们横行霸道的日子不会太久”[④]。“旧的要衰老，要死亡，新的要发展，要壮大；旧的要让位给新的，进步的要赶走落后的——这就是无可改变的真理。……重读屠格涅夫的这部小说，我感到精神振奋，我对这个真理的信仰加强了。”[⑤] 正是翻译让他重归与复苏了昔日熟悉的信仰惯性世界，寻找着重新战斗的武器，并直接催生了《随想录》[⑥]。

---

① 鲁迅《春末闲谈》，《鲁迅全集》第1卷，人民文学出版社1981年版，第203—209页。

② 巴金《〈往事与深思〉（选译）译者说明》，《巴金全集》第17卷，人民文学出版社1991年版，第280页。

③ 俄国民粹派与无政府主义派有许多亲缘关系，巴枯宁便被视为俄国民粹派内暴动派的代表人物，而许多人也把俄国民粹派与无政府主义派混作一谈。同作为民粹派的代表人物，屠格涅夫、赫尔岑均与巴枯宁有长期交往，赫尔岑更与之从俄国国内到巴黎、伦敦交往长达几十年，据说屠格涅夫小说《罗亭》的男主人公罗亭便脱胎于巴枯宁［（英）爱德华·哈利特·卡尔《巴枯宁传》，宋献春等译，中国人民大学出版社1985年版，第138页］。尽管他们的改良主义思想并不认同于巴枯宁的激进暴动主义，并最终关系疏远，屠格涅夫、赫尔岑也被视为“老式的自由主义者”，但毕竟他们对俄国统治者的批判与自由主义立场是相似的。

④ 巴金《〈往事与随想〉后记（一）》，《巴金全集》第17卷，第294页。

⑤ 巴金《〈父与子〉（新版）后记》，《巴金全集》第17卷，第288页。

⑥《随想录》的起名直接启迪于“往事与随想”，但“往事与随想”起初译作“往事与深思”，可见貌似的“随想”，其实正寄寓着历史的“深思”。

二

对《随想录》的评论可谓众矣，但至今无人注意，为什么在众多老人中，正是巴金率先发出了“我控诉”的声音？为什么即便在以后几十年的整个文坛，也正是这个垂垂老者触及最深层的反思与批判？为何正是他？他有什么独特之处？这也正是于我们最有价值的地方。一直以来他并非学识渊博、思想深刻的学者、思想家，他并非受迫害最深，亦非作恶最重的，但为什么正是他在众人都局限于个人伤痕的舔舐时，他却锋芒对内直抵自身的脓血，对外直逼秦桧之祸背后的“宋高宗”，直逼整个制度与文化？这样的超越性是怎样独特的思想资源赋予的？这便是我们要寻求的答案。而这个答案只有联系到整个一生的巴金，联系到他从“五四”即持有的反封建武器——安那其信仰才可以解释。诚然，作为政治思想他在30年代即已放弃，然而作为文化价值观却一直延续到整个40年代，而今，这种文化价值观尽管已不可能再明确地复归原来，但毕竟一些思想的老根野火烧不尽，春风吹又暗暗苏醒了。当然，与二三十年代的政治地表生态已完全不同，他再不可能明确宣称信仰，但当发现其地表下的封建土壤依然如故时，反封建的文化根芽怎不冒出。当如此批判的锋芒和超越性与早年安那其批判乃至《家》、《寒夜》等相连时，我们会感到这不过是顺理成章的延续，甚至有岁月消磨而锋芒衰退之憾。如果抠去“改造”的经历，那么这样的批判锋芒与超越性便毫不足怪，而他的价值也正在于整个思想界的死亡与复活意义。

“讲真话”是《随想录》的总题。“真话”，这看似最直白、最一目了然的表述选择却蕴含着巴金诸多苦衷。于己，“所谓说真话，就是讲自己心里的话，自己相信的话，自己思考过的话”[①]。易言之，于己，真话即自己信仰的话，于外界，真话则要求是真相。“真话”，看似最简单、最基本的要求，为什么却要郑重其事提出来呢？就因为历史、现实到处都充斥假话。于己，所说的不是自己心里的话，是自己不相信的话，是丧失自己独立思考的话；于外界，则是瞒和骗，是假象。早年安那其信仰追求的根本即人的权利，追求的是人的世界，然而数十年后，举目一看，却仍然满是神鬼兽的世界，主与奴的世界，而非人的世界！这就是巴金焦灼的原因，急迫要求“说真话”的原因。

首先是对现实与历史的界定。现在的真相究竟是怎样的，“五四”过时了吗？反封建过时了吗？非也。“‘文革’初期我还以为整个社会在迈大步向前进，到了‘文革’后期我才突然发觉我四周到处都有‘高老太爷’，尽管他们穿着各式各样的新旧服装，有的甚至戴上‘革命左派’的帽子。”[②]“我在后记中说《家》所提出反封建的历史任务已经完成，后来我就觉得话说错了。在我们国家，封建的余

---

① 巴金《答香港中文大学校刊编辑问》，《巴金全集》第19卷，人民文学出版社1993年版，第628页。

② 巴金《买卖婚姻》，《随想录》，三联书店1987年版，第658页。

毒还深得很……”[1] 回顾“五四”方能界定现实，“‘五四’使我睁开了眼睛，使我有条件接受新思想、新文化，使我有勇气一步一步离开我的老家，离开那个我称为‘专制的黑暗王国’的大家庭。到今天我仍然相信要是不离开那个老家，我早已憔悴地死去。我能够活下去，能够走出一条路，正因为我‘抛弃’了中国文化，‘抛弃’了历史传统”[2]。拯救与激励他的正是激进的安那其信仰。然而，现在却发现，又回到了这个“家”！面对对“五四”激进反传统的批评，“我的看法正相反，‘五四’的缺点恰恰是既未‘全面打倒’，又不‘彻底否定’……所以封建文化的残余现在到处皆是。这些残余正是今天阻碍我们前进的绊脚石”[3]。

谈古是为了论今，正因为现实处境是回了“家”，所以才要求思想也回家——“五四”之家。而“五四”的思想之家于巴金的记忆而言，安那其信仰正是极重要的思想武器之一。巴金以雷霆之力发问：“我们究竟怎样总结‘五四’的教训呢？为什么做不到‘完全’？为什么做不到‘彻底’？为什么丢不开过去的传统奋勇前进？为什么不大量种树摘取‘科学’和‘民主’的果实？”[4] 这酣畅淋漓的“天问”正活现出昔日安那其鼓舞下的激烈风范，而他无可奈何得出的“老化”其实正是对退化的悲哀，丢掉了昔日的批判武器，也重新变成了昔日自己所批判的神、鬼、兽脚下的奴。面对现实，所谓“毒草病”、“遵命文学”、“长官意志”、“小人、大人、长官”、“豪言壮语”、“紧箍咒”，都正是这个神鬼兽世界、主奴世界的表象。我们的敌人是什么？封建制度、封建文化。在超越个人恩怨层面，超越历史的局部纷纭，巴金直指整体的制度与文化根源。“我们所要反对的是制度，而非个人”，这个几十年前安那其信仰提供的思想制高点再次为今天提供了思想的超越性。“四个人”怎么会有那么大的“能量”？秦桧怎么有那样大的权力？风波狱的罪人在秦桧的前面加了宋高宗的名字，“笑区区一桧亦何能，逢其欲”[5]。“‘四人帮’绝不止是‘四个人’”[6]，于历史，“我们不能单怪林彪，单怪‘四人帮’，我们也得责备自己！我们自己‘吃’那一套封建货色，林彪和‘四人帮’贩卖它们才会生意兴隆”[7]。“青天一个人就能解决问题？”[8] 正因为直指整个制度与文化，巴金才会奇怪地为“四人帮”“开脱”：“不能把一切都推在‘四人帮’身上，我自己承认过‘四人帮’的权威，低头屈膝，甘心任他们宰割，难道我就没有责任！难道别的许多人就没有责任！”[9]

面对历史，我们不能归之于偶然，而是要看到其必然——封建的制度与文化，这才能正确面对伤痕：“有人认为家丑不可外扬，伤疤不必揭露；有人说是

① 巴金《答香港董玉问》，《巴金全集》第19卷，第507页。
② 巴金《老化》，《随想录》，第865页。
③ 同上，第863—864页。
④ 同上，第868页。
⑤ 巴金《思路》，《随想录》，第478页。
⑥ 巴金《〈探索集〉后记》，《随想录》，第322页。
⑦ 巴金《一颗桃核的喜剧》，《随想录》，第61页。
⑧ 巴金《小人、大人、长官》，《随想录》，第83页。
⑨ 巴金《〈探索集〉后记》，《随想录》，第323页。

过去已经过去，何必揪住不放。”[①]“揭露伤痕，应当是为了治好它。讳言伤痛，让伤疤在暗中溃烂，只是害了自己。但也有人看见伤疤出血就惊惶失措，或则夸大宣传，或则不准声张。这些人都忘记了一件更重要的事情：人们应当怎样对待那些伤痕。”[②] 正因此，巴金要在伤口上撒盐：如若不探索清楚十年浩劫究竟是怎样开始的？人又是怎样变成“兽”的？能不能挖深？敢不敢挖深？会不会有成绩？“文化大革命”仍在揪人，伤口今天仍在流血，倘使我们不下定决心，十年的悲剧又会重演[③]。“否则万一将来有人发出号召，进行鼓动，于是一夜之间又会出现满街‘虎狼’，一纸‘勒令’就使我们丧失一切。”[④]“人为什么变为兽？人怎样变为兽？我探索，我还不曾搞清楚。”[⑤] 为什么要设立“文化大革命”博物馆？这里就是如何面对伤痕的问题。难道它仅只是作为历史猎奇的景点？是捂盖子讳疾忌医还是作为探索与反思、警醒与鞭策的思想资源、财富？它不光具展览价值，更是历史与现实以及未来的沉思处。现实里，巴金两说衙内，三说端端，四谈骗子，是要探索他们的滋长土壤——封建特权与封建文化，触及假、大、空、填鸭式的封建教育与“小小红司令”的产生机制。正是安那其信仰所赋予的反权威、反专制、求自由的彻底性与超越性使巴金不局限于个别的人事，而于史于今都直指其后的整个文化、制度，着眼于未来的平等与自由世界的建构。

安那其信仰下的批判锋芒指向于外，也指向于内。对于己，巴金为什么要痛苦地挖自己的肉，残忍地解剖自己呢？因为它正是一个封建文化、兽道文化、奴才文化的产品，把自己放在解剖台上残忍地自虐，正是为了解剖这个文化范本，它提供的正是同鲁迅一样的煮自己的肉，也煮他人的肉，民族文化的肉。当巴金的“忏悔录”真正地成为民族的忏悔录时，那才能说真正有救了。“我没有想到就这样我的笔会变成了扫帚，会变成了弓箭，会变成了解剖刀。要清除垃圾，净化空气，单单对我个人要求严格是不够的，大家都有责任。我们必须弄明白毛病出在哪里，在我身上也在别人身上……那么就挖吧！”[⑥]“我知道不把脓血弄干净，它就会毒害全身。我也知道：不仅是我，许多人的伤口都淌着这样的脓血。……我们解剖自己，只是为了弄清‘浩劫’的来龙去脉，便于改正错误，不再上当受骗。分是非、辨真假，都必须先从自己做起，不能把责任完全推给别人，免得将来重犯错误。”[⑦] 同时，巴金解剖自己也正是在操练自己的武器——独立思考，突破框框，“每一个时代大概都是有框框的，任何时代都有框框”[⑧]，但人必须解放自己的思想，坚持自己的责任与良心，做自己思想的主人。忏悔正是忏悔

① 巴金《我的日记》，《随想录》，第620—621页。
② 巴金《〈小街〉》，《随想录》，第436页。
③ 巴金《〈探索集〉后记》，《随想录》，第323页。
④ 巴金《我的日记》，《随想录》，第621页。
⑤ 巴金《我的噩梦》，《随想录》，第634页。
⑥ 巴金《〈随想录〉合订本新记》，《再思录》，上海远东出版社1995年版，第125页。
⑦ 同上，第123页。
⑧ 巴金《和周策纵的对谈》，《巴金全集》第19卷，第576页。

自己丢掉了武器，抛弃了信仰，而变成了奴在心者奴在身者，甚至成了觉新，成了井口抛石头者——“但幸运的是我找回了失去多年的‘独立思考’”①。挖自己的疮正是挖自己身上的奴性与兽性，而独立思考也正是在呼唤和恢复着“人”性。“我们安那其主义者没有教主”②，安那其导师柏克曼也告诉他：“没有神，没有主人。”③ 而在数十年沧桑后，巴金又遗嘱给大家：“没有神，也就没有兽。大家都是人。”④ 思想的一脉承续在70年后回响。早年信仰“我的上帝只有一个，就是人类”⑤。而现在，“我有我的主，那就是人民，那就是人类”⑥。如果说早年信仰的“人类”尚有空疏之嫌，那么一生的沧桑则教他具体化为了“人民”。独立思考，批判整个的制度与文化，我们不难看出这与早年安那其之根的吻合。反封建、反权威、反奴役诸多主题的复活，解放人性、反对神性兽性奴性，高张“人”的旗帜，这是晚年巴金最重要的贡献。

这样于外于内的解剖、批判、忏悔为巴金带来了痛苦，带来了孤独，但也为他带来了幸福，他又可以重申那句话——“我不怕……我有信仰”，复归自己的精神家园。安那其信仰在“五四”时代为巴金提供了彻底反封建的强大武器，它的超越处即在于直指制度与文化之根。“我的敌人是什么呢？我说过，‘一切旧的传统观念，一切阻止社会进步和人性发展的不合理的制度，一切摧残爱的努力，它们都是我最大的敌人’。”⑦ 安那其信仰使他成为“精神贵族”、战士，然而历史让他缴了械，他沦落为“精神奴隶”，但现在，他又拿起了武器，“第一卷还不曾写到一半，我就看出我是在给自己铸造武器。……从此我有了自己使用的武器库”⑧。这个武器重新为他提供了火眼金睛，提供了战斗的勇气和决心，重新肩负起民族与历史的责任，重新成为精神的贵族。不仅于此，在思想领域的其他主题上，国际和平、友谊的再三歌咏，面向世界，向西方学习的世界主义、开放化思想同样是与早年安那其思想之根复合的。即便于身份认同上，他也敢于重新承认早年的无政府主义身份，并终于努力地为昔日的战友们寻找到了现今时代下一个妥帖的命名：理想主义者，他还重申“一直到最后我并没有失去我对生活的信仰，对人民的信仰”⑨。考虑到几十年沧桑中的断绝，这显然意味着一个认识与情感皈依上的极大突破。他恢复了与昔日安那其朋友们“划清界限”中断多年的通信联系，怀友之作中开始出现匡互生、叶非英等，乃至吴先忧、吴克刚、卫惠

① 巴金《解剖自己》，《随想录》，第469页。

② 巴金《〈从资本主义到安那其主义〉序》，《巴金全集》第17卷，第7页。

③ 柏克曼“给我写信时用的那柏林办事处的信纸上鲜明地印着‘没有神，没有主人’的字样。”（巴金《狱中记·后记》，《巴金译文全集》第9卷，人民文学出版社1997年版，第194页）

④ 巴金《没有神》，《再思录》，第44页。

⑤ 巴金《海行杂记·两封信》，《巴金全集》第12卷，人民文学出版社1989年版，第52页。

⑥ 巴金《致许粤华女士》，《再思录》，第29页。

⑦ 巴金《我和文学》，《随想录》，第315－316页。

⑧ 巴金《〈巴金全集〉第十六卷代跋》，《再思录》，第80页。

⑨ 巴金《〈巴金全集〉第六卷代跋》，《再思录》，第65页。

林这些“对于我的人格发展有大的帮助”[①]的无政府主义者，在生命的最终还清了多年积欠的最后一笔债。与早年的巴金一样，他重申其不是文学家的身份，正因为他又有了于文学之外的文化奋斗目标，他重新在作品中生活，在作品中奋斗[②]，“我思考，我探索，我追求”[③]。至此，一个完整的巴金，信仰的巴金最终轮廓定影——因信仰而痛苦、孤独的巴金，信仰沦落的巴金，因信仰重获而继续痛苦、孤独的巴金。因信仰而痛苦、孤独，亦因信仰而幸福，巴金与其安那其信仰也将成为我们继续思考和探索的资源。

（作者单位：四川师范大学文学院）

① 巴金《怀念卫惠林》，《再思录》，第55页。
② 巴金《我为什么写作》，《巴金全集》第19卷，第390页。
③ 巴金《让我再活一次——写在前面的话》，《再思录》，第147页。

中国新诗的“浪漫”之美①

□高 蔚

关于中国新诗的“浪漫主义”美学追求，有两点需要我们再注意。一是人们普遍认为，中国现代“浪漫主义”诗歌语言表达浅易、直白，诗性品格以单一地偏重“情感”与“想象”为特质，支撑想象的比喻又较多是近距离比喻，这使中国现代“浪漫主义”诗歌创造性“变形”事物的力度严重不足，浪漫主义诗歌在本质上要去“腐朽中赎回上帝赐予人类的神性”② 的艺术欲求，在中国“现代主义”诗歌那里才找到了相应的诗学回应。然而，这不是唯一的事实，中国现代“浪漫主义”诗歌也有经得起“新批评”细读的诗歌语言的多样性审美表现，有符合结构主义阅读阐释程式的表层结构和深层结构。它们用意象“咏叹”感情，用相互矛盾的逻辑制造富于“张力”的多重意义空间，语言并不乏由隐喻和象征带来的或明或暗的言意关系，比喻也兼具“远距”、“异质”性，因此，艺术形式并不一味地单一。二是中国现代“浪漫主义”诗歌的格律探索，一向被视为一种“古典情结”，殊不知，这恰恰是中国现代“浪漫主义”诗人遵从浪漫主义诗歌美学，在传统中求新求变的艺术追寻。如果一定要指认中国现代“浪漫主义”诗歌的“古典情结”，它应该是对“赋”体“铺陈”手法的依恋。

一

事实上，隐喻、象征、暗示、意象、比喻的“远距”、“异质”性，以及由此带来的“陌生化”效果，从来都不是象征主义诗歌的专利。抛开现代中国文学中“浪漫主义”与“现代主义”的共时性，就“五四”诗学界误认“现代主义”为“新浪漫主义”也足以证明，在西方艺术思想史上，“现代主义”与“浪漫主义”有着多方面美学思想的契合。因此，所谓“中国浪漫主义诗学体系”自20世纪“二十年代后半期开始”，“向新现实主义迈进”、“向古典主义回归”、“向现代主义衍化”③，并不能准确标定中国新诗“浪漫主义”美学追求的泾渭走向。虽然以西诗的美学形态为来源的中国新诗，其所处的历史坐标決定了它的“浪漫主

① 本文系广西教育厅2010年度科研项目“中国新诗审美范式研究”阶段性成果。项目编号：201012MS032。

② 雪莱《诗辩》，转引自韦勒克《批评的概念》，中国美术学院出版社1999年版，第174页。

③ 罗成淡《论现代中国文学中的浪漫思潮》，载《中国现代文学研究丛刊》1989年第4期。

义”诗性品格并不一定来自单一的浪漫主义诗歌美学，但浪漫主义诗歌的美学旨趣与“新批评”诗学思想之间的渊源关系，则意味着中国新诗的“浪漫主义”品格首先应该来自浪漫主义诗艺本身。浪漫主义诗歌美学自身的丰富性，才是我们考察中国现代“浪漫主义”诗歌诗性品质的重要切入点。

明确了这一考察视镜后，我们会发现，中国现代“浪漫主义”诗歌其实也十分讲究以象征性意象暗示事物的本质，譬如我们熟悉的《妹妹你是水》（应修人）。无论在“五四”还是之后的“新文化”语境里，这首诗的抒写内容都是个体生命“再次觉醒”[①] 的文学范本，诗人一层层剥开内心秘密所使用的暗示性拓展，却不为人所乐道，而这却是浪漫主义诗歌借助想象的“机能”，以求“陌生化”效果的经典形式：“妹妹你是水——/你是清溪里的水。/无愁地镇日流，率真地常是笑，/自然地引我忘了归路了。”诗人连续使用的几个比喻，都与“水”意象相关。在中国传统诗歌意象里，“水”象征性的渴望、情的缠绵、女人的柔媚，如《诗经·蒹葭》：“蒹葭苍苍，白露为霜。所谓伊人，在水一方！溯洄从之，道阻且长。溯游从之，宛在水中央。”欧阳修《踏莎行》：“离愁渐远渐无穷，迢迢不断如春水。”秦观《鹊桥仙》：“柔情似水，佳期如梦，忍顾鹊桥归路……”《妹妹你是水》正是化用了与这些内容相关的“水”意象。诗人把所要传达的青春少年对清纯少女的心理渴慕，定位在与身体欲望相关的情感欲望里，但诗人并不直接表白这份心理期待，而是通过一连串比喻限制情感的扩张，让相思之情始终盘旋在一种梦幻般的情感想象里：“你是清溪里的水”，你清纯灵动；“你是温泉里的水”，你清馨且温柔；“你是荷塘里的水”，你雅致而超凡脱俗。一连串熟悉又陌生的比喻，令抒情对象的“美”在幻境中一步步升级，诗的情感也得以流动不羁，与全诗所唱欣喜爱情的获得十分吻合。这种对“人之常情”的恪守，恰到好处地兑现了浪漫主义诗歌要“以一种想象的光华，使平凡的事物在心灵之中呈现出不平凡的一面”[②] 的艺术目标。

我们也可用雪莱的《秋：一曲挽歌》做参照：“暖和的风渐渐冷却，凄凉的风在恸哭，/光秃的树枝在叹息，苍白的花朵奄奄待毙；/这一年，/在大地——她临终的床上，覆盖着层层死叶，/仅存一息。/来吧，一个月一个月相接，/从十一月到五月，/你们排成最悲哀的行列；/来送走已死的冰冷的年头，/护送她的灵柩，/而且像一个个阴影在她墓旁厮守……”（杨熙龄译）诗人开篇的季节描写，在启步的瞬间就开始了它远离自然时令“秋”的打算，接下来给出的为“季节”“守灵”的时间：“从十一月到五月”，完全走出了“秋”的自然时节。这时，“挽歌”蠢蠢欲动，为意象“秋”暗示出“冰冷”、“枯涩”、“死亡”等象征意，“秋”这一象征性意象带给诗意空间的“复意”，便一步一步被引入多重矛盾的逻辑悖反中。由此，全诗开始走向浪漫主义诗歌的“陌生化”审美目标。但诗人并不满足，他要让凋零的、即将死去的“季节”向死而生。于是，他安排“悼亡”。

① 利里安·弗斯特《浪漫主义》，昆仑出版社1989年版，第4页。

② 华兹华斯《〈抒情歌谣集〉一八〇〇年版序言》，伍蠡甫主编《西方文论选》下卷，上海译文出版社1979年版，第7页。

先是拉出以“月”为单位的时间，“护送”“季节”的“灵柩”；然后通过冬眠的小动物和南迁的候鸟，宣告迎接“春天”所需要的时间等待，并让这个时间长度暗示“等待”所需要的心理意志。这时，“殡葬”的“彻底埋葬”之意伺机给诗意空间塞进了全诗核心动作“悼亡”的伴生意——迎接“新绿”。至此，诗中的“张力”相互牵扯着登场，并在筑起的诗学意义的“语境”里，刷新人们关于“季节”的想象，改观人们热衷的修辞性外部现象描绘，之后，诗人所赋予的“秋”的“本质”从幕后走上台前。对于形式主义批评而言，诗中的“张力”层次越多，“复意”就越拥挤，诗的情感空间就越开阔，生成“歧义”、“反讽”的机会就越多，而“歧义”、“反讽”、“张力”不仅不会造成诗歌意义的“断裂或混乱”，还能“与作品的整体秩序相协调”，最终迎来一个“既保证了多元又保证了统一性的”严整结构[①]；而对于结构主义批评来讲，这种所谓的“严整结构”是“将奇特或偏离成分纳入话语秩序”的结果，确保“多元”与“统一”的基础是“部分有助于整体”[②]。

在中国现代“浪漫主义”诗歌中，这种用意象“咏叹”情感、带给读者超越常规的审美震撼的作品。冯雪峰的《孤独》也很典型：

> 哦，孤独，你嫉妒的烈性的女人！/你用你常穿的藏风的绿尼大衣/盖着我/，像一座森林/盖着一个独栖的豹。//但你的嘴唇滚烫，/你的胸膛灼热，/一碰着你，/我就嫉妒着世界，心如火炙。

《孤独》的抒情形式与威廉·布莱克的《病玫瑰》十分相像：“哦，你病中的玫瑰！/看不见的蠕虫/飞在狂风咆哮的雨夜，/找到了它深红色的欢乐之床，/而它隐秘的黑色的爱，/却毁了你的生命。”（李今译）布莱克用整体暗喻传达他对病态之爱或受损之爱的生命感悟，由于意象的象征性，全诗蕴藏丰富却指向极不明确，由此建立起诗意世界开阔的想象空间。《孤独》是冯雪峰20世纪40年代写于上饶集中营的作品，诗人使用象征性意象，把自己失去自由后的孤独体验，写得比擅独居的豹子更刻骨，比好胜的烈性女子有更多不甘。

诗中意象的隐喻和象征，明显带来了燕卜荪所说的作为诗歌文本结构基本特征的“含混”。诗人给出的所有信息都彼此相连，但意义却不明晰。词语仿佛被一些神秘的“力”支配着，似乎支离又并不破碎，吸附于一个明确的指向，我们用肉眼看不到它的存在，我们看到的只是三三两两的意象和一堆制造意象所使用的比喻。然而，正是这些意象和比喻，暗示出全诗的逻辑关系。其实，诗人对“孤独”体验的细腻、深邃刻写，不仅来自妒火中烧的烈性女人和独栖的豹两个意象，更来自支撑了这两个意象所使用的比喻：孤独是一个怀揣嫉妒的、烈性的

---

① ［英］拉曼·塞尔登编，刘象愚、陈永国等译《文学批评理论——从柏拉图到现在》，北京大学出版社2003年版，第289页。

② ［美］乔纳森·卡勒《结构主义诗学》，载刘象愚、陈永国等译《文学批评理论——从柏拉图到现在》，北京大学出版社2003年版，第380页。

女人，孤独像这女人身上穿着的藏风的绿色尼大衣，绿色尼大衣像一座森林一样覆盖着我，它覆盖我像覆盖一头天性擅长独居的豹。这些比喻，喻体与本体之间原本已是“远距”、“异质”的性质，这个性质的本质就在于撑开诗性想象空间，加之几个限定喻体的修饰语为喻体“能指”附加的能量，如嫉妒的女人和烈性的女人，如果二者分散在两个事物中，其能量也就是她们各自的属性，但当二者重合在一件事物上，又被附加了“嘴唇滚烫”、“胸膛灼热”、“心如火炙”三个限定性描画，变成嫉妒又烈性的女人时，诗人所塑“妒火中烧的烈性女人”的生物属性，便把“孤独”内部蓄积的能量与那种对普通孤独感的心理体验拨开在了不同平面上。

这也制造了这首诗中或明或暗的言意关系，目的是挤压出“我周身的孤独感像被一座森林覆盖着一样沉重”这个全诗的中心意。这是诗人通过意象和比喻获得“张力”，通过“张力”产生“悖论”，并“有意运用悖论获得一种简单和准确”所达到的效果[①]。在“新批评”理论家看来，诗歌使用“悖论”极其正常，诗人必须学会选择“诉诸矛盾和限定”，因为隐喻并非一定“能处于同一层面”，也并非一定“能整齐地并置”，隐喻所居的层面会“相互交叠、互有差别，彼此矛盾”[②]。而这些也是制造诗歌内部“话语秩序”，令其达到“部分有助于整体”的前提，是“得意而忘言”式的对日常实用性语言逻辑的超越。浪漫主义诗人虽主张“采用人们真正使用的语言”来“叙述或描写”日常生活里的“事件和情节”[③]，但他们希望通过“想象这个综合神奇的力量”，把一切凡常事物“塑成为一个有风姿、有意义的整体”[④]。这意味着浪漫主义诗人深悉滋生于“想象”之力的诗歌语言，有别于我们日常说话的“言语”。由此可见，浪漫主义诗歌并非耽于情感恣肆，“塑形”也是它的艺术目标。中国现代“浪漫主义”诗歌中这种言意关系的繁复形态，当然是一种自觉的浪漫主义诗艺行为。

通过“张力”拓展诗歌情感的表意空间，还有戏剧的方式，如冯雪峰写于“湖畔”时期的《这深山中只她一个人》。小诗写一个年轻女子发现爱人不见了，跑出去寻找。处身荒野，她四顾茫然，不知何方才是寻找之路。这时，有个“打猎的少年在雾中问她：/‘女郎，女郎，/这里可有麋鹿跑过?’//她听得是他，她便回答他：/‘有呵，有呵，猎人！/这里有一个雌的，美的，/她满身带着麝香的。’//她听得是他，她便回答他：/‘有呵，有呵，猎人！/这里有一个雌的，美的，/她带着麝香引诱你。’”诗人重复的是“迷失”与“寻找”的“五四”文学主题，但形式却像一出短小的独幕诗剧，让人物自己出场“表演”，抒情主体的情感指向隐藏在有限的“戏剧动作”背后。这里，在社会转型中初获“解放”

---

① ［美］克林斯·布鲁克斯《精致的翁》，上海人民出版社2008年版，第12页。

② 同上，第11—12页。

③ 华兹华斯《〈抒情歌谣集〉一八〇〇年版序言》，伍蠡甫主编《西方文论选》下卷，上海译文出版社1979年版，第5页。

④ 柯勒律治《文学传记·第十四章》，伍蠡甫主编《西方文论选》下卷，上海译文出版社1979年版，第34页。

的“人”，其内心的慌乱、迷蒙与不甘，都客观地站出来相互拉扯，人物内心的矛盾与紧张构成了支撑诗歌情感空间的“力”。燕卜荪十分看重诗歌中存在的这种“力”，认为这种“力”是“一首诗的总体的本质”，是对“含混”的增补。在他看来，“矛盾必定暗示着张力；矛盾越突出，张力越大；这股张力必然以某种并非矛盾的方式得以传达和继续”①。在这首诗里，“传达和继续”这种“力”的方式就是“戏剧化”。事实上，用戏剧的方式“展示”而非抒情主体站出来直接面对情感对象，这本身就是一种象征性暗示。使用“象征”就会带来“歧义”，“象征”是“张力”、“含混”的“媒介物”。

其实，无须借助戏剧的方式，浪漫主义诗歌的“场景”原则就能让诗人获得情感力量。如济慈的《秋颂》：“雾霭的季节，果实圆熟的时令，/你跟催熟万类的太阳是密友；/同他合谋怎样使藤蔓有幸/挂住累累果实绕茅檐攀走；/让苹果压弯农家苔绿的果树，/教每只水果都打心子里熟透；/教葫芦变大；榛子的外壳胀鼓鼓；/包着甜果仁；使迟到的花儿这时候，/开放，不断地开放，把蜜蜂牵住，/让蜜蜂以为暖和的光景更长驻；/看夏季已从粘稠的蜂巢里溢出。”（屠岸译）一连串视觉意象仿佛把我们带入了一个果实盈盈的秋景里。然而，这也可以是诗人通过想象还原的陶醉于季节的情感形态。对于浪漫主义诗人来讲，即便这种场景不在眼前，这个情感的形态也能通过想象进入“场景”而获得，譬如中国现代“浪漫主义”诗歌的政治抒情。这类颂歌的“浪漫”情感出场，一般很难据“实”出发，即便一些很有“现实”基础的情境，诗人也往往抛开眼前之境直奔自己的情感异想，如郭小川《刻在北大荒的土地上》：“这片土地哟，头枕边山、面向国门，/风急路又远啊，连古代的旅行家都难以问津；/这片土地哟，背靠林海，脚踏湖心，/水深雪又厚啊，连驿站的千里马都不便扬尘。”诗中的抒情主体感动于“垦荒”精神的内心涌动，完全“以一种除了现实以外任何事物也无法超越的力量”被唤起②，而我们却几乎看不到真正触动情感的具体事物，仿佛一切只是为起“兴”而设，诗人按照自己为“现实”所动创造的“场景”，根本就“在别处”。如果内心炽热的颂赞之情能有一个可见的“媒介物”，这个“媒介物”的性质不要“赤裸”，而是“半透明”，诗中情感为意象的暗示性指向所约束，中国现代“浪漫主义”诗歌的政治抒情，同样可以做到像雪莱《西风颂》等作品一样，无法丢下抒写对象去宣泄自己。

二

对于中国新诗的“浪漫主义”美学追求来讲，最受人瞩目的莫过于“新月”诗人的“浪漫”吟唱。考察“新月”诗歌的“浪漫”之美，人们一般较多在意诗

① 威廉·燕卜荪《含混的七种形式》，载拉曼·塞尔登编，刘象愚、陈永国等译《文学批评理论——从柏拉图到现在》，北京大学出版社2003年版，第296页。

② 米尔关于丁尼生《抒情诗及其它》和《诗集》的评论，转引自M. H. 艾布拉姆斯《镜与灯》，北京大学出版社2004年版，第23页。

情的飞扬与灵性。但事实上，“新月”诗人的新诗形式探索是最为典型的“浪漫”风格。人们普遍把“新月”诗人的“新格律”实验看作一种“古典情结”，其实，这是他们对英国浪漫主义诗歌为寻找理想形式所做探索的方法移植。如卞之琳先生的观察：“新月”诗人是“用我们活的汉语白话”写“深得”英诗“神味、节奏感”的诗，尤其闻一多，“进一步引进他们所沿用的英诗格律”，“在不少诗创作实践里”，“发展出一种新诗格律的雏形”①。众所周知，华兹华斯和柯勒律治所用的五音步抑扬格无韵诗、十四行诗就是英诗中的格律诗。五音步抑扬格无韵诗虽称“无韵”，但它并不是自由诗。它不押韵，却有固定节奏，以抑扬格五步音为最常见，每行用五个长短格音步即十个音节组成，每首诗的行数不拘，不押韵，我们从闻一多“新格律”理论的“音尺”、“音顿”说中可见一斑。从“新月”诗人对语言结构形式的考究，我们也同样可以看到英国浪漫主义诗歌美学的“有机整体”说。譬如，他们注重字音拟声效果对诗歌情感表达的意义。以徐志摩的《沙扬娜拉》为例，诗中的叠句“道一声珍重，道一声珍重”，就叠句形式而言，它作为单纯的声音意义，已经参与了诗歌情感的表达。因为在诗歌中，字音也可以成为一种有意味的暗示，以唤起人们对情感或情绪的体验，并在所创设的诗情氛围里完成对诗意蕴藏的体悟。很显然，《沙扬娜拉》的诗意在很大程度上仰赖这句叠句。如果只说一遍“道一声珍重”，不仅诗在形式上将失去平衡，叠句带来的旋律感也会减弱，诗中道别者对道别对象脉脉温情的细腻感受，双方心理期待和情感期待的清纯状态，都将受损伤，诗情会变得生硬而干涩。“新月”诗歌“浪漫”之美的重要一点就体现在对节奏与韵律“选择富于暗示性或象征性”“调质”的“音律技巧”②探索，对语音与语义关系的诸多考虑，以及“以单音字数整齐为建行标准”③的实验，这是中国新诗真正踏上的以语言结构为本体的探索之路。

其实，中国现代“浪漫主义”诗歌的“古典情结”，最醒目的应该是“浪漫”诗人们对“赋”体“铺陈”手法的依恋。可以说，从郭沫若《女神》开始，“体物”之“赋”的基本方法“铺陈”，就从未离开过中国现代“浪漫主义”诗歌。如《女神·凤凰涅槃》：“我们年青时候的新鲜哪儿去了？我们年青时候的甘美哪儿去了？我们年青时候的光华哪儿去了？我们年青时候的欢爱哪儿去了？”《女神·梅花树下醉歌》：“梅花呀！梅花呀！/我赞美你！/我赞美我自已！/我赞美这自我表现的全宇宙的本体！”“还有什么你？/还有什么我？/还有什么古人？/还有什么异邦的民所？”明明一句话即可表达清楚，诗人却以一个句式不断变换角度反复叙说，“敷布其义”（刘熙《释名》），《女神》中大量的诗篇都以这种方式结构。如果深入中国现代“浪漫主义”诗歌这种铺叙模式，我们会发现，所谓的“直书其事，反复叙说”，经历了一个从时代情感的铺陈到现实内容的铺陈的不同走向。在郭沫若《女神》的诸多情感冲动里，我们很难指认出衍生于现实内

① 卞之琳《徐志摩诗集·序》，《徐志摩诗集》，四川人民出版社 1981 年版，第 6 页。
② 朱光潜《诗论》，上海古籍出版社 1998 年版，第 191 页。
③ 卞之琳《徐志摩诗集·序》，《徐志摩诗集》，四川人民出版社 1981 年版，第 6 页。

容的具体事物，虽然每一次翻起的情感巨浪，现实内容都无处不在，但鼓噪了情感热度的“现实”却始终隐身在“时代”情感背后。这种方式被“七月”诗人严整地接了过去。在绿原的《你是谁?》里，我们同样难以找到翻起情感巨浪的“现实”情境，所有的“场景”都由“想象”唤起：

> 你是谁，你从阴沟里伸出手来？/你是谁，你把压在你身上的棺材盖子揭开？/你是谁，你充满着希望，同时又/绝望到宁愿被暗杀掉？/你是谁，你让灵魂没有衣服/而长出钢针似的毛发/你是谁，你从饥饿的枪膛/射出懦怯的子弹/而爆发了疯狂的火光？/你是谁啊，你和我/从一个母亲的衣胞里出世？/在从卑污的生存到圣洁的死亡的攀登里，/兄弟啊，请容我献给你以霹雳的诗。

诗人选用同一句式，从不同角度整节散布的是同一个内容：民族的屈辱与抗争。

“七月”诗人强调以“主观战斗精神”去获取“美学上的力学的表现”①，诗歌创作的“浪漫主义”倾向毋庸置疑。抛开时代情感的“铺陈”，他们抒写战争环境下的激越情绪时，感情常常从“想象”的沉思中陡然升起。例如，他们要唱着“一支用痛苦的象形文字写成的悲歌”，“去找豺狼的遗族”，“要斩断/这块僵硬的国土，/划出/一道疆界，/组织/一个崭新的部落，/去保卫生命”，“要追逐敌人，/要火焚栈道，/刀切绳梯，/要陷落/用骷髅做符号的阵地/即使追到遥远的冥王星/也要把它们/一网打尽!”（绿原《复仇的哲学》）然后，让自己的血，在“中国的/体温/升腾着，/脉搏/弹跃着”的“沉默的厮杀里”，“在废墟上/溶化成/泥土的/颜色”（绿原《终点，又是一个起点》）。与郭诗一样，诗人用燃烧的炽烈感情去拥抱的“现实”，一般都不是眼前景，但由于有环环相扣的暗喻包裹，诗中战斗檄文一样的情感内容并没有完全“透明”。同时，他们抒写的民族灾难、“战斗欲求”，因为有象征性意象的参与，词语中并存的多种涵义同时出现，诗性表达在所构成的意义交会的语义场中，产生了丰富的复合之意、言外之意。这原本已经完成了浪漫主义诗歌追求的语言的模糊性、不确定性，诗意蕴藏饱满等目标。

然而，对于“七月”诗人来讲，这却是个严重的缺陷，因为对这样一群具有“主观现实主义”特质的“浪漫主义”诗人而言，“想象”的目的并不是“自足”，虽然他们不是从实际“存在”的事物出发走向现实，但他们相信，“通过想象”可以“改造世界”②。因此，要“突入”生活，要用生命的热情去参加“战斗”，诗人和诗都不能与现实相距太远。为了使激情能据“实”出场，他们选择了用“铺陈”弥补这个不足。“我们起来了，/在血的广场上，/在血的沙漠上，/在血

① 胡风《给战斗者·后记》，《胡风诗全编》，浙江文艺出版社1992年版，第661页。

② 利里安·弗斯特《浪漫主义》，昆仑出版社1989年版，第83页。

的水流上……”，“我们/必须/战斗了，/昨天是忿怒的，/是狂呼的/，是挣扎的/四万万五千万呵”（田间《给战斗者》）。诗人极力铺张民族灾难的范围、程度，仿佛在不断重复的对这个主题的叙说中，真实的“情境”也就回到了眼前。“七月”诗人比其他任何浪漫主义诗人都更需要这种“场景描绘的力量”，因为这种力量能够按照人的“情感状态来创造场景”①，使他们内心的激情“拔地而起”。

在胡风写给共和国的开国献诗里，这种方式的铺叙有了些许改变：“时间开始了——/毛泽东/他站到了主席台正中间/他站在地球面上/中国地形正前面/他/屹立着像一尊塑像……//掌声和呼声静下来了//这会场/静下来了/好像是风浪停息了的海/只有微波在动荡而过/只有微风在吹拂而过/一刹那通到永远——/时间/奔腾在肃穆的呼吸里面。”（胡风《时间开始了》）这是胡风对1949年9月中国人民政治协商会三万人会议现场的叙写：“一瞬间/这会场/化成了一片沸腾的海/一片声浪的海/一片光带的海/一片声浪和光带交错着的/欢跃的生命的海。”（胡风《时间开始了》）由于胡风亲临了这个会场，诗人自身沸腾情感的出场不再依靠想象，这里的现实内容也不再隐身于时代情感背后。但这并不意味整部诗的各个篇章都恪守第一章《欢乐颂》的铺叙方式。由于全诗的歌唱对象是领袖、英烈、劳动人民、中国革命的历程，诗的情感指向确定而单一，这带给诗歌的情感空间以某种程度的封闭性。然而，诗人“铺陈”现实内容所获得的情感力量却打破了这种“封闭”，使“现实”内容的情感“铺陈”将原本有可能受限的诗情拓展开，诗人心中的情愫也不再需要固定在《欢乐颂》的场景里。因为还有会议现场之外的诵唱内容，铺叙方式又回到了从“想象”进入“场景”的“七月”诗人模式，这使我们很难把诗中时代情感的现实“铺陈”与现实内容的情感“铺陈”条分缕析地分拨开，但时代情感因“铺陈”而获得了确定的“现实”基础，这避免了诗中“几乎达到可以燃烧”程度②的“灼热”感情滞留为时代情感的空洞宣泄。这种情感“铺陈”方式是艾青的常用方式，作为“七月”派理论家和诗人的胡风，以他纯真与挚诚的政治热情，把它带进了共和国诗歌的抒情体式。

在贺敬之、郭小川的“新辞赋体”政治抒情中，“铺陈”现实的目的似乎并不是为了蓄积情感力量，而是为“抒发”本身，这使现实内容的情感“铺陈”变成了现实情感的“铺陈”。没有了现实内容做支撑，这种“铺陈”无法给出叙写现实内容时为蓄积情感而生的“压迫感”，反而会残留一种类似浪漫主义诗歌中的“不明确的渴望”③，但这里的“不明确”却不是象征、暗示带来的“歧义”、“复意”，而是一种潜藏在“热望”里的情感茫然。然而，在为共和国诞辰60周年献诗的长篇政治抒情诗《东方星座》中，“铺陈”的方式又与此完全相反：“作为白天鹅化身的/哈萨克/像恋牧场一般/像恋穹庐一般/像恋冬不拉一般/像恋‘叼羊’和‘姑娘追’一般/恋着——/骏马所在的大草原/大草原所在的大西北/

① 米尔关于丁尼生《抒情诗及其它》的评论，转引自艾布拉姆斯《镜与灯》，北京大学出版社2004年版，第23页。

② 《时间开始了》，牛汉、绿原编《胡风诗全编》，浙江文艺出版社1992年版，第76页。

③ 利里安·弗斯特《浪漫主义》，昆仑出版社1989年版，第5页。

大西北所在的/大中国。”（汤松波《东方星座·哈萨克》）

《东方星座》因以“浩然”的热情诵唱五十六个民族的“祥和”之气，被誉为是一部体现“中国精神”的“鸿篇巨制”①，荣获第九届共青团中央“五个一工程奖”。由于抒情主体与审美对象的视觉距离过于遥远，诗人铺写各民族生活习性、精神禀赋时，选择了公共视角。然而，诗中的“铺陈”似乎既不为蓄积情感力量，也不为情感抒发，而是为了“陈列”现实内容：“且让我/先饮一碗酥油茶/润一润嗓/再醉一回青稞酒/提提腔/把这个藏羚羊的藏/藏獒的藏/藏红花的藏/藏医的藏/藏戏的藏/藏文的藏/藏学的藏/读得一如/飞快的安多马一样/剽悍的康巴汉子一样/高高的玛尼堆一样/神圣的布达拉宫一样/湍急的三江源一样/洁白的喜马拉雅雪峰一样/圣美 激荡。”（汤松波《东方星座·藏》）审美的“远距”并没有通过“想象”转化成“异质”性的比喻，却将时代情感的现实“铺陈”直接置换成了现实内容的“铺陈”。也就是说，尽管组诗使用的是全景视角，但过于遥远的审美距离并没有让抒情者通过“铺陈”现实内容后，将情感真正融入自己的“铺陈”对象，呈现出属于诗人个人独特生命感受的哈萨克或维吾尔、壮族或苗族。全诗所“叙”其事与诗中抒唱者的个人感情都像是“现象”陈列，因此，诗人想要给出的各民族文化禀赋、精神气质十分模糊。组诗“宏大叙事”的“浪漫主义的建构气质”② 是显在的，“赋”文体特征也异常鲜明，只是它更接近朱光潜先生所说，“诗受赋的影响”，过多“在铺陈词藻上做功夫”③。

应该说，“铺陈”除了带来诗情内容的丰厚、形式上的节奏感外，为蓄积情感而生的“压迫感”非常重要，因为“铺陈”手法既是对诗中语言承载的个人情感的放大，又是对所铺叙情感的一种强化，它同样能生成诗歌内部空间的情感“张力”，如上文中“你是谁”的追问，毛主席在时空中的凝滞，诗人情感以静制动的沸腾等。中国现代“浪漫主义”诗人如此割舍不下“铺陈”手法，很大程度在于，它能借助诗性想象和语言的丰富性，打破诗人陷入情感浪潮时，个人内心的情感孤立，使情感“抒发”得以实现。从这个意义上讲，“铺陈”手法与浪漫主义诗歌的“场景”原则有着异曲同工之效。

（作者单位：广西师范大学文学院）

---

① 莫鹤群《从大山里走出来的诗人》，汤松波《东方星座》，广西人民出版社 2009 年版，第 238 页。

② 左春和《认同性意志建构的东方想象》，汤松波《东方星座》，广西人民出版社 2009 年版，第 230 页。

③ 朱光潜《诗论》，上海古籍出版社 1998 年版，第 75 页。

投向存在黑洞中的石头

——读吴投文诗歌札记

□ 马明奎

在南宁西园宾馆那有点古朴的房间里纵谈诗文时，吴投文是清醒的，我则有点酒意，他的沉静和谦和给我留下深刻印象。其后在广西画山秀水间漫游，我注意到，他是少数几个落落寡欢的朋友之一。不拍照，也不叫喊，只在游船的敞顶上静静地看着：远方悠悠而来的绿水，迎面匆匆而过的壁画，两岸偶尔出现的苗家姊妹，还有耳边似曾响起、却已然喑哑的刘三姐的歌声……我隐隐感到他的忧郁，那是一种淡雅和谦和中微笑着的忧郁；耳边的风掠过时，这份忧郁也飘散而隐，消逝在春嫩春嫩的明宁山水之间……

千古才子最忧伤。回到湖州，我一口气读罢吴投文的两本诗集《土地的家谱》和《忧郁的石头》，这份忧伤萦回到今：这么深刻而坚执，又是那样淡远而浩大，岂是三杯两盏淡酒可以了得?！怀想此世间，“天空是空洞的，空洞是天空漠然的眼神”，人“不过是一块石头，不过是在河岸仰望天空/它的痛苦与呻吟，无法被流水带走”；面对漠然无神的存在，他也许不再忧郁吧，留下的只是一个姿势：天地间人的那份孤独。

一

对于家园和生存的缺憾，吴投文从始至终是清醒的。既不是人类学家对于野性思维和古老生命的奇趣，也不是回到原始、回归自然的梦呓。相反，他总是智慧而无奈地观赏着，当然也体验着。“因为那份错误的遗言/把真诚的情爱遗落在山地里”（《家园》），这大约是他早年乡村生活最大的遗憾，乃至多年后还深深地怀念着一个叫做阿香的姑娘。就像千百年来那些仗剑去国的书生一样，离乡是迫不得已的事，多少回梦里思乡：“我们回家去　流离的爱人/最后的泪水　点点滴滴/落在天涯路。”（《重归故园》）诗里不仅有刻骨铭心的流离感，诗人还自称是“披枷流放的楚囚/在铁栅栏的岁月深处/回望万里家园”（《家园》）。可他还是不能真正地回归，因为“一季的等待困于耕牛无味的反刍/它时而抬头望户外的天空/渴望爱人执鞭的身影出现——它想起土地上有多少蹄印/就有多少血汗的结晶/一生为人类披枷负重”（《田园》）。这是家园和故乡的写照。当他彻底绝望了这种赤子般的心的努力之后，为古老的生活举行了一次葬礼：“殉难的爱人 你倾尽一生的汗水/喂养疯长如林的庄稼/再挽一把镰走进田野/收割一穗一穗的炊烟/(如今 锈镰挂在墙壁上/握镰人的背影因风化蝶)——呜咽之声的笙箫/奏一管不忍重归的乡愁……”(《葬礼》)从潇湘洞庭的屈子到望帝春心的杜鹃，《土地的家谱》里隐约着一条回向历史深处的乡间小路：“每一个脚印都重复/每一个脚印都新鲜。”(《村庄》)他不能不现实地为自己定位：“我遗憾/我不是生长在山里/和你并肩站在一起。”(《深谷中的树》)他理智也是理性地体认：“走过祖辈走过的村庄/是走进历史/又从历史中走来/同现实握手。”(《村庄》)人，对于存在是无奈的。

忧伤是一种铭心刻骨而不是一种淡淡的哀愁。加缪讲：“一旦处身在一个突然失去了幻景和光明的宇宙中，人便感到自己是局外人，陌生客了。他有一种无可挽回的放逐感。因为他已失去了故乡的记忆，也不再有‘许诺地’(promised land)的希望。这种人与生命的离异，演员与舞台的隔离正是荒谬感。任何曾经有过自杀念头的健康人都会了解这种感觉和求死的意念有直接的关系。”① 故乡之所以是故乡，并不是因为它是生我养我的地方，亦即不是一种生存意义上的依赖或驻足，而是因为，它是宇宙中的幻景和光明，是人存在的依据和理由。不是西方的上帝，而是爱人、父亲、老祖母、庄稼、菜园、池塘乃至蛙声、春夏秋冬……宇宙自然的全部构成终极景观，这在诗人吴投文，和全体中华子民是一样的：既是一个期许，也是一个承诺。忧伤不是期许的失落，也不是承诺的失效，而是人从这景观中被剥落。与那种生存呼喊和死亡呼唤不同，吴投文的故乡风景是诗，是纯情，是乡野风光中的悠然生意，贫穷并不构成存在的危机。相反，从这种诗、这种纯情和这种悠然生意中剥落，才构成生命的真正缺憾。整个近代以来的中国传统文化不是从现实生存的危亡感，而是从天人合一的幻景流离，从光明的乡间小路迷失，从那种悠然的存在诗意中被放逐——失落的。对此，吴投文的感受只有一个字：疼！

我不过是一缕烟
从你灼伤的指端升起
你忍不住跳起来
你喊一声：疼！(《疼痛》)

然而，正像所有中国人一样，他“用一个转身的姿势遮住自己/我幻想在上升中接近你的灵魂/却被风拆成无数的碎片/每一片都在岁月深处游移/每一片都喊一声：疼……”，令人忧伤不已的还不是疼，而是“你蓦然发现指端的伤痕/在慢慢靠近心的位置”(《疼痛》)。从指端到心的位置之间的那段深刻而隐然的疼痛才叫忧伤！那时，存在变成一缕烟，只在灵魂与疼痛的记忆里飘升。

不是每一个孩子都能感受这份忧伤的。只有指端灼伤了、灵魂空缺了、站在

① 加缪《薛西弗斯的神话和抒情文选》，1960年纽约版，第60页。

高楼上“望不见父亲和母亲”的孩子（《乡村记忆》），才能体味它，转而含泪地鉴赏它：满地的庄稼是古老的语言，庄稼汉无意中写成一首诗，“被多情的炊烟/发表在秋天的田野上”，这是生命与自然融和的大美无言；母亲种下的“一株耐人寻味的白菜/自告奋勇地走进厨房/抗议我们满口生香”，这是艰辛与清苦的生活带给生命的欣欣生意；“鱼儿把嘴伸出水面/打落岸边的一个微笑/和微笑后面蹲着的心情”，这是宇宙万物之间的心领神会；“一株水稻拍拍父亲的肩膀/像拍着自己的孩子/要尽快成熟一样/父亲感动得要哭”（《田园短章》），这是人之于存在的相依相迎。在这样一种人与世界、人与万物的亲情诗意中，生命如桃花开谢，心证意证而美丽生动，轰轰烈烈又寂寞凄艳（《桃花开了》、《桃花落了》）。桃花开的时候生命是彼起此落、心证意证的：

院子里的桃花开了
其实只开了一朵
这一朵也只开了一点点
这一点点开在桃树的最高处
一只鸟在旁边叫着
它叫些什么
我们都不知道
桃花也许知道
我们看见
它又开了一点点
并且发出了生动的声音
这时，其他地方的鸟
都跟着叫起来了（《桃花开了》）

所谓鸟魂花魂总相印，桃花凋谢的时候生命是热闹成阵却又寂寞无声的：

开了的桃花
一晃儿又落了
先是落了一朵
另一朵迟疑了一会
也轻轻的落了
接下来就热闹起来了
落满了一院子
最后的几朵
踩着小桃儿的身子
飞到了院子外边（《桃花落了》）

所谓鸟自无言花自羞。鸟与花，人与存在，就这样生生不已，新美如梦。那么，是谁，又是一个什么样的时辰，这梦、这纯情的诗、这欣欣生意被搅散、被打破、“被拆成无数的碎片”呢？“苍鹰横空而过/生命的磁力场/被猎人的枪管/唤醒五千年文明史/若明若暗的记忆”（《鹰的悲剧性》）——当上帝的子民扛着枪管，苍鹰一般掠过这诗与梦的天空时，“浑圆的落日在黄昏的落幕声中/燃烧如大地猩红的血液/悠远的旋律在千年浪峰之上/拍打黄土地平沙莽莽的身躯”（《黄河号声》）。那时，世界成为一座“空城”：“黑乌鸦伴一声啼鸣/栖落我心/夜色一败涂地/我该向何处/踽踽独行？”（《空域》）光明和幻景消失了，一个文明迷惘了。“后来风声消逝/树也隐入夜色/我沿着星星和月亮/无法寻找回来的路径。”（《黄昏》）这就是这个古老文明的悲惨现状。不是幻景和光明剥离了存在者，而是存在剥离了存在本身。宇宙成为一个黑洞。“独坐”的我“滴酒惊醒午后的蝴蝶梦/触摸季节的雨意/心境流离”（《独坐》）。而“爷爷和一只狗/坐在太阳底下/他们的影子投在墙上/像一对兄弟”（《晒太阳》）。这就是五千年文明没落之后中国人的灵魂状态。心证意证，寂寞无声，存在成为忧伤的明证。那时，我们还能从那个文弱诗雅的吴投文的眼底，找到明山秀水间的绿意葱茏吗？他的忧伤的目光穿视“高塔的最高处”那段“风干的历史”和那块“先人的遗骨”，他悲怆地拷问：“谁在数千里之外应答？”（《塔之外》）

二

忧郁是一种无人应答或答非所问。是天地间的无可云证而又不能的悲默无言。存在的黑洞不是佛家的断灭，不是一无所有，而是“黑蝙蝠撕碎黄昏的宁静”，有着罪恶和欲望的滋漫。“千年寿龟从古井里探出头来/看见千年老树上/有冤魂哭叫。”这是“鸟何萃兮蘋中？罾何为兮木上？”（屈原《湘夫人》）式的怪异不常！所有的人都变态了：“男男女女都是你的幻影/太多的欲望在这里膨胀/血管里流着黄河。”（《独奏》）诗人在大街上走着，不仅有女人拦住他试图进行肉体交易，不仅有孩子把他抱住索要钱财，更有“两只狗立刻亲密起来/摇尾/碰头/各自撒下一泡尿/然后开始追逐/或者恋爱”，只有我“无法脱下自己的面具”，不是尴尬就是尽情的孤独（《我在路上碰见一只狗》）。多少个无眠的夜晚，“我”的心思也“仿佛毒蛇喷吐的信子/和罪恶的欲望纠缠在一起/真想歇斯底里地喊叫一声/一生只喊叫这一声/就像毒蛇一生只攻击一次/然后逃向最深的黑暗”（《多少个无眠的夜晚》）。然而，梦醒后还是免不了追问：“我在哪里？”“我该回到哪里？”可诗人听到两个声音：“一个声音像天使般回答：我是美，我是形骸/我是快乐的源泉/一个声音发出恶意的冷笑：我是罪恶，我是灵魂/我是痛苦的深渊。”这两个声音都在诱引着诗人：“回来吧，我在这里！”同时，诗人也在时刻审视自己：“我的生命中有两棵树/一棵大树和一棵小树/大树长在河流的中央/小树长在道路的中央。”（《两棵树》）灵魂的大树是无人观瞻的怪异之物，而肉体的小树却成为道路上的风景。与之相应，“时代把一些卑微的东西浮在上面/荣誉的指甲比真实的铠甲更辉煌”，拯救就是这样被提到存在的价值上来。不幸的是：“神圣的本质无法洞穿虚无与黑暗/贞洁与光明成为不可饶恕的罪恶。”（《欲望与拯救》）人处于无可拯救的罪恶之乡……生命既然充满罪恶，存在就变得无比坚厚而古怪。“所有的梦都化作露珠/在黎明的睫毛上滴落。”那曾经的幻景和光明，“都愁成一片弥天大雾”（《独奏》），在这里，关涉“你——存在”的终极性命题，“千百年凝固在这里/等待过往的游人/似乎欲要诉说”，可是，“历史的扉页上依然空白”，“苍茫烟雨是匆匆过客/许多梦在黎明凋零”（《石像》），拯救的希望究竟何在?!

忧郁从忧伤中醒觉，成为孤独，成为存在者唯一可以作出的姿态。每天早晨“打开一个盲目的梦/我从空洞走向空洞/只有天空是真实的/只有天空的痉挛是真实的”（《打开一个盲目的梦》）。午夜时分，“狂欢者已经散去/一只酒瓶盛满月光/照亮猫头鹰苍白的表情”；“我听见背后一声喊/我回头/我看见我的影子在喊”（《小诗一束》）。除了孤独还是孤独。“你把手掌翻过来/像智者翻开一个秘密/你说：这是零，或者圆圈，或者我自己……”（《零，或者圆圈》）这完全不像笛卡尔所承诺的：“我思故我在。”也不如康德所规定的：人为自然立法。不仅西方的上帝死去了，东方的神话也未醒觉，“浑圆的落日/向着亘古的林莽，仰首或俯视”（《鹰的悲剧性》）。在另一首里，显出诗人更深一步的思索：

衰草和斜阳轮番走过，一路悲歌
孤鸦栖息，借着半明半昧的月亮
把梦撕成丝丝缕缕，风声更无脚步
野火时起时落，读一页破碎的历史
声音沉落古井，晚钟不再悠扬
静待的玄机无法道破
星星唤不醒血红的黎明
一年一度，诞生与死亡交错
走得出世界
走不出佛的手掌（《墓地》）

这就是东方和西方，这就是现代和历史，这就是诗人所忧郁的人类的存在。不再与历史握手，不再与存在对话，人不是从诗意、纯情和生意中剥落，而是从欲望和罪恶、从尴尬和无望、从零或者圆圈中剥落，原地不动，唯有寂灭。这时，我们还能认为从三湘走出的那介书生仅仅是在忧伤、在淡淡地哀愁吗？

忧郁，那孤独无望的忧郁，转依为一边怀思一边抽象，这就是对于往古的悲悼和对于现代的玩弄。怀想成为悲悼，抽象成为玩弄，怀想与抽象之间又找到某种同一。“举一杯淡酒/邀空中明月对饮”，然后“骑白鹿遁迹而去”，这就是几千年的诗意；“半间茅屋载风载雨/载不起一个王朝的兴衰”，“在一部渐渐增高的诗史里/留下一个飘零的身影”，这就是几千年的纯情；“三年写得两句诗/鬼神在窗外哭泣”，这就是几千年的悠悠生意（《回望唐朝》）。现代则是这样：“我在桥上呕吐……河水清清/映着我的面容/和天空的面容”（《没有一次旅行这样疼痛》），这是欲望的胀满；“只有一条路没有断绝/通向黑暗/只有一扇门是打开的/通向地狱”（《只有一扇门是打开的》），这是悲观的逻辑；“战机掠过，像天空的一道伤口/然后/蘑菇云腾起/村庄腾起/人体腾起”（《电视节目》），这就是现代的人性；“躲藏在地窖里的独裁者/扭动着苍白的头/无数颗骷髅/在他的金币上跳舞”（《戏剧》），这就是现代人的存在。如果说把几千年的文明抽象为一杯淡酒、一个身影和两句诗是一种抽象，这里有着深深的悲悼和遗憾，那么把现代抽象为桥上的呕吐、地狱的黑暗、腾起的人体和髓髅的跳舞则是一种刻毒的观赏和刻骨的鄙弃——从意境走向意象、抽象成为吴投文诗歌的关切方式。值得注意的还有：《回望唐朝》中的李白、杜甫和贾岛是融在背景中的，是风景中枯墨的画像，而呕吐的“我”、黑暗中的门、电视节目里的儿子和戏剧里的“他”——则存在一种阿恩海姆意义上的底与面的分离——“人和生活的分离，演员和背景的分离；怀有希望的精神和使之失望的世界之间的分裂；肉体的需要对于使之趋于死亡的时间的反抗；世界本身所具有的、使人的理解成为不可能的那种厚度和陌生性；人对人本身所散发出的非人性感到的不适及其堕落，等等”[①]。这就是荒诞，就是人对于存在的荒诞感，也就是忧郁。人因为直面荒诞而忧郁，人又因忧郁而倍感存在的荒诞。这是一种深刻的孤独，一种无可言喻的人对于世界的玩弄和自我玩弄。孤独的人自言自语。对一只在米缸里拼命打转的老鼠，诗人对自己说：“爬上来的都叫人”，“我真该告诉它点什么”（《对一只老鼠我真该告诉它点什么》）。对一条被吃得只剩下一副骨架的鱼，诗人对自己说：“鱼在水里的时候/才叫鱼。”（《鱼》）对观赏母狗交配的人群，诗人对自己说：“人是错误的动物。”（《哈罗与它的精神生活》）孤独的人也时发异想：“那个叫白马的人……一边走一边想：我是白马/为什么不骑着自己回家呢?”（《白马》）“那个躺着的人/现在他只能躺着/等他躺得不耐烦的时候/人们就把他扔进火炉子里”，可是他听见有人大叫：“封好炉子，加火，别让他跑出来!”（《死亡事件》）在公共汽车上，他的思想钻进一个孕妇的肚子里，从自己到儿子再到孙子一股脑想下去，居然让座（《公汽上的孕妇》）。大街上遇着裸奔的女人，他又想“跟随那个女人奔跑，也把自己裸露/沿着大街一直跑下去，向沿途的人们挥手致意/雪白，明亮，我和她像两朵奔跑的火焰”（《裸奔的女人》）。这已经不是梦游，而是精神狂想，或者是精神分裂，是从抽象向精神病变的转移。这里已经不再回答或拷问，也没有焦虑或者投射[②]，而是人从自己或对象（不论死人还是孕妇，不论动物还是裸女）身上寻求

① 郭宏安《多余人？抑或理性的人？——谈谈加缪的〈局外人〉》，《读书》1986年第10期。

② 荣格对心理投射的定义是“把一种存在于自身的品质或态度潜意识地归咎于另一个人并以此形成一种抵御焦虑的自我防御机制”。冯·弗兰茨的表述是“一种在他人身上所看到的行为的独特性和行为方式的倾向性，我们自己同样表现出这些独特性和行为方式，但我们却没有意识到……（它）是把我们自身的某些潜意识的东西不自觉地转移到一个外部物体上去”。见 von franz，M. －L C. G. Jung. *His myth in our time*. New York：Putnam. 1975，p. 77。

释放。最终不是释放，而是悸动：

我想砌一堵墙
一堵至少十米高的墙
墙上围着电网
我不在墙里做皇帝
我在墙里种庄稼（《围城》）

精神的孤独经由梦游、分裂、释放，终至于自闭，一如萨特所言，“加入石头的行列”，冷心冷意，蠢动不止。

写完这篇札记的时候，我又想起与吴投文并坐于游船敞顶上默默无语的情形，那时明宁花山上的千年壁画像一抔火扑向眼前，那确实有一种震撼。美丽娇小的苗家女孩其实是在自说自话地介绍着什么。那壁上的字（而不是画）应该是春秋战国时代的文明，她和他们都惊异于当时的物力和科技如何能在如此险峻的崖壁刻下这些字迹而且千年不脱。吴投文的诗则是近十几年间完成了的。一个人的生命与一部历史、一部文明史相比，不知短暂了多少。可是，吴投文的诗洞穿了深邃的历史；他坐在历史的洞穴里忧伤地望着那火，渐渐冷却为火的塑形，冷却为冰冷的石。古人的抽象文字像画，是形象的；吴投文的诗是形象的，却抽象得可怕。再度回想吴投文谦和斯文的微笑时，我就有点感慨：人，可以把自己深藏到文字中去，藏得严严实实，甚至造成假相，这比起花山上那千古之谜来，一点也不逊色。人生总是在求索中，就像那条穿行在明山秀水间的船，存在之于宇宙——又会走向何方呢？

吴投文的诗，是一块问路之石吧……

（作者单位：湖州师范学院文学院）

意象和语言

——论简政珍诗的美学追求

□ 柴高洁

在台湾中生代诗人中，简政珍于缪斯的版图上绘下了特立独行的轨迹。简氏堪称台湾诗坛上继叶维廉之后又一位典型的兼擅理论和创作的学院派诗人，至今已出版诗集《季节过后》、《纸上风云》、《爆竹翻脸》、《历史的骚味》、《浮生纪事》、《放逐与口水的年代》等十余部，以及《空隙中的读者》、《放逐诗学》、《语言与文学空间》、《诗的瞬间狂喜》、《台湾现代诗美学》等诗学专著。在诗歌美学方面，简氏建立了一套比较完整的诗论体系，这个体系包括诗的本体论、诗的创作论以及读者鉴赏理论。他杂糅了存在主义、新批评、语言学、符号学、解构学等诸多现代文艺流派因子，用辩证的思维凝结成个人独特的思想，在某些方面匡正了台湾诗坛的杂乱无序。所以洛夫曾说简氏"在台湾现代诗学理论整体的建设上，乃处于承先启后的关键位置"①。而其诗歌，更是褪尽浮华，直面人生，用生命激情邀约冷隽的意象，平实地铺写生活周遭的此在。因为"现实如洪流，轻浮虚假的将随波而去。诗人的个体生命也将在水中淹没，但洪水过后，沉淀其中的是文字。诗人写诗大都有这样的冀期。倒不是要在历史留名，而是以创作铭记一度的存有"②。诗人并非一个抽象的存在，他的认知体会总要与外在现实世界交融汇聚，所以"写诗不是遁迹镜中的泪痕和梦幻，也不是申诉自己身世的委屈"，而是"随着时代的脉搏呼吸"，"针对人生的有感而发"③。简氏以意象思维为基点，关注语言本体，从现实瞬间的感悟出发，以心灵时间取代客体时间，把刹那间消失的时间凝练成意象的空间，完成诗人对人生的哲思，使写诗变成一种纾解，一种永恒的存在。

意象思维和现实指向

简政珍如是说："我是生活在学院里的诗人，但我个人观察外在世界，长期形成一个习惯，就是时时处处用意象性的思维来看这个世界。意象性本身有个很

---

① 洛夫《简政珍诗学小探》，台北创世纪，1996 年第 108 期。

② 简政珍《为何写诗》，《诗的瞬间狂喜》，台北时报文化出版企业有限公司 1991 年版，第 21 页。

③ 简政珍《纸上风云·序》，台北书林出版有限公司 1988 年版。

大的好处，即它是显现性的，而不是直接告诉。”① 所以通透意象是打开简氏诗歌大门的关键钥匙。在通常的认知里，诗与意象有着千丝万缕的联系，或者说写诗就是诗人瞬间情感的触动，引发思维的跳跃并落实于意象的一场思维活动。“意象既是思维的转型，它已是诗人观察、联想、哲思的浓缩。它的静谧渗透读者的心灵，以精简取代口语的冗长。”② 这句话言简意赅地描述了意象的由来、产生和作用。意象来源于形象，是诗人经过意识对于客体世界的投射，来源于生活，但又高于生活，因为意象的形成加入了诗人的想象、哲思和辩证。正如清末词人况周颐在《惠风词话》中所述：“吾听风雨，吾览江山，常觉风雨江山之外有万不得已者，即词心也。”“万不得已者”就是诗人写作的出发点，且来源于这“风雨”，这“江山”。在简氏的诗中，出发点和归结处被指向现实，对现实中那堆被挤皱成如苦瓜的脸孔的难以忘怀。

所以简氏诗作的意象思维和现实指向是一对并蒂莲花，互为因果且辩证地支撑起其诗的王国。而想象作为二者的纽带，使诗从肉眼所见之实转换成心眼观照之真，彰显诗人主体的睿智及其诗作的审美魔力。诗要来源于现实，并不是要反映现实，而是诗人对现实的反应。这一老生常谈的话题，对战后台湾诗坛来说颇具戏剧性。想象在台湾五六十年代超现实之风下，成为一个乖张怪异的灵魂绞肉车。那些从诗人潜意识、内在世界破土突生的意象符码，着实迷倒并迷惑了一个时代，并最终走入了怪癖、迷茫、不可解的魔障。一记重拳，造成一个时代的精神内伤。70 年代现实主义异军突起，在声势浩大的论战与实践中，又“矫枉过正”。诗人热切关怀现实，急于展露心中的感受，而忘了可藉意象呈现现实，文字直指主旨，使诗歌流于呐喊和目的论显著，且未烘培出能让读者读后产生冥想的韵味。简政珍诗作的出现，可以说糅合了两个时代的长处。超现实作为一种写作技巧，在当下已非昨日之过街老鼠。但简氏诗作中的超现实想象或者说超现实思维，着眼点在于意象和现实间的虚中带实，投入自我意识和外在世界的整合辩证，而非漫无节制的奇思异想。“你是一枚铜币/在手指间辗转发亮/因此，你渐渐/丧尽颜面。”③（《政客》）以一枚铜币喻指政客，一语双关。用铜币流通造成币面磨损的物理特性指代政客因为辗转迎合各种社交场合而面目虚假；同时铜币又牵涉出政客们的权钱交易，表面光鲜的笑脸下其实暗藏着肮脏的铜臭。“火车进站/台风眼里/我是月台上/翻飞的一张纸。”④（《旅次》）简简单单的几个意象勾勒出一个现代人的放逐本质。人生就像一场没有目的的旅途，你永远无法左右时间的前进轨迹。仿佛进站出战的火车才是这个世界的永恒，而乘客只是虚假的影像，每天都是不同的面貌川流在火车的站台。暂时知道自己本次旅行的目的

① 沈奇《诗心·诗学·诗话——与简政珍对话录》，《沈奇诗学论集Ⅰ》，中国社会科学出版社 2005 年版，第 283 页。

② 简政珍《意象思维》，《诗的瞬间狂喜》，台北时报文化出版企业有限公司 1991 年版，第 101 页。

③ 简政珍、林燿德主编《台湾新世代诗人大系》，台北书林出版有限公司 1990 年版，第 85 页。

④ 同上，第 84 页。

地，享受台风眼中瞬时的平静，但其实人生就像台风里翻飞的那张薄纸，放逐天涯，无所归依。

以灵巧贴切的想象凝视现实的风景时，简政珍的诗很少出现饱经沧桑、看破红尘的颓丧姿态，更没有声嘶力竭、呼天抢地的悲愤神情。“简政珍通常使用环环相扣的意象以营造稠密的诗质；而以缓和的语调纾解连续意象的压力，塑造某种氛围或趣味。”[①]“当年的口沫汹涌成民意的水流，于是/雨季是语言的隐喻，汇集成/电视远镜头里八掌溪里翻腾的生命/。”[②]（《放逐与口水的年代》）口沫汹涌汇聚成水流，由水流想到雨季和雨季里的八掌溪，一组意象的流动顺畅自然，层层相接，层层深化，把总统府总是对着麦克风喷出无关痛痒的口水，而不顾那些水中“翻腾的生命”的虚伪本质撕揭开来。“夜给街灯眼睛/和影子。影子/拉长，到角落摸索途径/而路，自从在沙漠迷失/就一直探寻断断续续的水声/它在一个黑暗的窗口/停住，为了/一张老旧的唱片//唱片杂音中/冒出一张张/酒精泡浸的脸/他们一一捡起/街灯掉落地上的眼睛/涉着窗口流泄出去的水声/从今夜走到/昨日的晨光。”[③]（《夜景》）诗从实景夜里的街灯出发，带领读者走入一个扑朔迷离的意象世界。一切似真似幻，犹如梦境，又好像就真切的发生在身边。随着诗人对夜的观察，思维的沉思和跳跃，意象层出不穷地跃起，勾勒了现代人迷失于都市的悲哀和只能无可奈何地沿着没有路的“沙漠”寻找那个莫须有的“水声”。“影子”含义深刻，它是人的另一个自我，而夜晚的影子在寂寥的街衢更显得孤单和落寞。或许是“影子”不能融入这个熙攘的都市，只能在“角落摸索途径”，继续找寻迷失于白天的希望、寄托或许只是一个自己的背影。一切寥寥，结果仍是一个“黑暗的窗口”，走向放纵、堕落，以酒消愁，在半醉半醒间游荡在深夜的都市，拣拾“街灯掉落地上的眼睛”，拣拾自己旧唱片中的激情和青春岁月，然而岁月无情，明天依旧在重复“昨日的晨光”。“夜”、“街灯”、“影子”、“旧唱片”、“水声”、“窗口”等意象看似只是诗人观察现实潜意识里的吉光片羽，但经过诗人整合和凝练，在诗中前后映照，使意象意旨丰富，虚中带实，留给读者多重的想象和解读空间，诗意盎然。

也就是说，诗中的文字和意象往往具有多义性的特点，构成意象符号的意符和意旨并不是单一的对称关系，“意符并不一定能直探意旨。由于意旨隐晦不明，由意符寻求意旨的过程中，读者有更开阔的想象空间”[④]。同时意象创造视觉，呈现空间的恒在而非时间的流动，所以发觉恰适的意象符号能使意象的画面停留于读者的意识想象之中，画面的交错辉映，彰显诗之韵味。简氏精于此道，但难能可贵的是其意象源于生活现实。他的诗里没有漫无目的的奇思异想，而是投入自我意识和外在世界的辩证，融入现实发现生命，又跳脱现实凝练诗质，在现实和超现实的辩证中锻造了简氏诗的美学特质。写诗很难完全剔除“自我”的因子，但只是对个人情感

---

① 郑慧如《现实与想象——以简政珍为主，兼论台湾中生代诗人之作》，台湾当代诗的诗艺展示，台北书林出版有限公司 2010 年版，第 299 页。

② 简政珍《放逐与口水的年代》，台北书林出版有限公司 2008 年版，第 181 页。

③ 简政珍、林燿德主编：《台湾新世代诗人大系》，台北书林出版有限公司 1990 年版，第 75 页。

④ 简政珍《语言与文学空间》，台北汉光文化事业股份有限公司 1989 年版，第 30 页。

经验的书写很难升华诗质引起共鸣，所以如何融合锻造“自我”和现实才是诗之康庄大道。正如简氏所说：“诗不是贵族化的文字游戏，诗应该闪耀苍生在现实中仰俯其间的光芒与泪影。诗因为现实的穿透而有了生命感。”①

语言·沉默·空隙

以意象结构诗篇，不管是诗人还是诗中人都以沉默者的身份远离叙事现场，这多少造成简政珍诗歌“冷”的氛围。这只是一个假象，用心感悟，简氏作品内在情感纤细，语言充满无为的张力。这与简政珍关切语言的本体密不可分。简氏认为“语言不是文学的工具，而是文学的主要内涵。文学的创作基本上也就是语言上的创作。语言是文学在时空中留下的痕迹，以心灵时间对抗客体时间”②。“诗以意象抵制文字的僵化，因此也是语言的凭恃。语言藉意象展延生命，横亘诗的历史。”③ 诗是诗人面对现实的有感而发，瞬间的触动致使诗人思绪飘飞，心灵无所归依，情感的茫然带来对生命的沉思，而后凝练意识思维成文字意象。写作是“无中生有”，把沉默化成文字，语言就是沉默后诗人潜意识对感触的回响。在写诗时，语言与潜意识对话，与诗中人对话；在写作后，语言与诗人对话，与读者对话。写作时，语言记录时间，动态地跳脱出诗人的思维，一旦完成，语言成为一个空间状态记录存有，成为一个沉默的符号和象征。

简政珍认为，诗的语言不是承载信息的工具，而是诗人对生活、生命灵视的载体。诗人不像物理学家用最本意的字词界定事物的概念，语言承载着认知；也不像哲学家那样让语言承载真理。诗人的语言“藉意象展延生命”，意象以“视觉的无声替代言语的有声，本质上是沉默的”④。简政珍的“沉默诗说”为解读诗歌文本提供了新颖思路。“语言的开始和结束总在特定的时间下进行，而任何言语的周遭却是沉默。”⑤ 简氏借助现象学的庞大资源，打破了书写和沉默的二元对立结构；整理桑塔格和道恩豪的观点，认为语言被沉默包围，一段言语的前后都是沉默，而沉默也是一种语言。语言与沉默成为一组辩证的因子，共同造就诗之成为诗的质量。而“诗本体上是存在于空隙和沉默”，并且“语言中，任何有形或无形的空隙都是沉默。文字书写的部分传达知识，未书写的部分刺激想象。文学是想象的活动，想象存在于空隙，空隙孕藏沉默”⑥。作品中的标点、跨行、留白、隐喻、置喻以及任何想象活动所受到的阻碍都留有空隙。所以当我们沉潜于简政珍诗之语言、沉默与空隙的时

① 简政珍《落实人间的意象美学——一个新世代诗学的建立》，见傅天虹编《汉语新诗百年版图上的“中生代”——首届当代诗学论坛论文集》，作家出版社 2008 年版，第 181 页。

② 简政珍《语言与文学空间》，台北汉光文化事业股份有限公司 1989 年版，第 36 页。

③ 简政珍、林燿德主编《台湾新世代诗人大系》，台北书林出版有限公司 1990 年版，第 11 页。

④ 简政珍《沉默和众声喧哗》，《诗的瞬间狂喜》，台北时报文化出版企业有限公司 1991 年版，第 120 页。

⑤ 简政珍《语言与文学空间》，台北汉光文化事业股份有限公司 1989 年版，第 36 页。

⑥ 同上，第 53 页。

候，就进入了一个让想象腾飞的空间，读者思维的介入，让其诗完成其历史和美学价值。

当我们翻开一本诗集，在纸张中间的语言给我们以思想、想象或者画面，但是其周围大量的留白，共同参与了这首诗意境的展开。这并不是说图像诗那样以字句的刻意排列造成一种画面意感而不具备文字意旨，而是空白留给了读者更多想象、回味和思维回旋的空间。就像散文注重传达既有的信息，要求文字语言清澈透明，而诗则强调繁复经验的转述，语言在传达中创造新的信息，如果诗人在繁复之语言和经验中感到无力承担，那么沉默就承担了诗质的重量。所以阅读诗也可以说开始于沉默，继而打破沉默，终将归于沉默的思维和审美过程。诗中的标点符号也是如此，标点表示暂时的停顿，停顿源于思维瞬时的沉默，亦可能是思维对物象的选择，它标明了思维的次序和时间流动，并能增加诗歌的内涵和意境。“你以眼睛反射夕阳，带来/伤痕，蓄脓的过程中想你/视野隐隐作痛/杂草剪径，落叶/阻断即将干涸的水流。”[①]（《伤痕》）“眼睛反射夕阳”，暮气沉沉，忧伤不禁涌上心头，此时一个逗号的出现，完成了前一句话诗意的展现，让读者沉思默想的同时引发了后续的内容。“带来”承接前面的内容，随之的跨行引发后续的想象，带来什么？“伤痕”给出了问题的答案，词语太过抽象，逗号后边可以看作是对伤痕的解释，而第三句“视野隐隐作痛”又和前边“眼睛反射夕阳”相对照，诗意浑然，完成了一个叙事。标点和跨行加深了这首诗的内蕴，增大了诗的空间感。标点的出现增加了语义的延宕，使其跌宕起伏，前一句似乎意思未了，后一句似乎标志了前一句诗意的完结，似了未了间诗意荡然开去。相似的还有“打开抽屉，一只/乌鸦飞出去，变成/晨报大大小小的铅字”[②]（《秘密》）。标点的出现，拓展了诗歌想象空间，并强调了标点后的内容，增加诗的质量。诗句“奔涌的是，曾是/诗人的墨水，为不远处/兀鹰遗弃的白骨辩护/铠甲锈化，埋进/独光下泛黄的纸张”[③]（《黄河源》）也是如此，而且第一句标点后的“曾是”还起到陌生化的效果。

同样需要语言的凝练和产生沉默的是隐喻和置喻（换喻）。隐喻“强调在相异或不相干的客体上发现相似。隐喻因此延伸语言，扩充真实世界。人的视野由写实扩张到想象，模仿到创造”[④]。语言基本上摆脱不了隐喻，尤其在诗歌的国度，主体与客体之间已不再是简单的复制关系，诗人凝练对生活的感悟，把思想的碎片锻造成意象的画面，从而闪现思想的真谛和生命的本质。比如“日子的点滴是消散的浪花/我在无止境的黑夜等待你的笑意/闹钟的呼唤已喑哑”[⑤]（《当闹钟与梦约会》）。“日子的点滴”与“消散的浪花”本不具备可比性，但它们都有“逝去”的特质，而且是在不知不觉间，且“日子的点滴”又与题目中闹钟的分秒针相对应，暗示时间就在滴答中溜走，冷酷无情又无可奈何。同样“闹钟的呼唤已喑哑”隐喻了“我”将在

① 简政珍、林燿德主编《台湾新世代诗人大系》，台北书林出版有限公司1990年版，第63页。

② 同上，第70页。

③ 同上，第74页。

④ 简政珍《语言与文学空间》，台北汉光文化事业股份有限公司1989年版，第25页。

⑤ 简政珍《放逐与口水的年代》，台北书林出版有限公司2008年版，第62页。

梦中永远等待那个不知什么时候才会出现的“笑意”，即使出现，在茫茫黑夜，“我”又怎能发现昏暗深处的那朵莲花，人生如梦、梦如人生的喻指昭然若揭。由于诗的特质，隐喻在简政珍的诗中比比皆是，而“隐喻是基于语意的相似或相异，置喻是基于语汇的毗邻或并置”。置喻的“语意不是由个别的意象而决定，而是由邻近的意象烘托的结果。两个相毗邻的意象彼此投射，而造成比喻关系”[①]。对于置喻或换喻我们不会感到陌生，在我国古典诗歌浩瀚的海洋中，置喻充斥其中，给我们带来了无穷尽的审美愉悦。欧阳修的名句“人生自是有情痴，此恨不关风与月”，历经千年，我们仍沉醉其中。词句中“情痴”和“风月”并置，相互指涉，带来了多重解读空间。可以解读为对朋友的依依不舍，还包容了情人间的牵肠挂肚。读者可以结合自己的阅读体会和生活经历给予不同的又非常切身的感受和触动。把置喻的概念引入20世纪现代诗而又从事具体写作，显示了简政珍诗学和诗心的睿智与包容。“双手在键盘上搜寻昨日的心意/人声潜伏，隐约衬托遥远的潮声/在电脑的萤光幕上显现。”[②]（《变色的黄瓜》）“昨日的心意”与“遥远的潮声”并置，“昨日”一个时间概念，“遥远”一个空间概念，由诗中人的“心意”搭桥牵线，把虚幻的精神转换为可感可听的潮水、潮声，寄寓了诗中人放逐海外，但心中始终牵挂远方家乡的景物，而窗外的“人声”更是加深“独在异乡为异客”的悲情，再由景寓情，一种思念跃然纸上。而“潮声”又与“电脑的萤光幕”并置，把思念潮水般的涌动拉回到诗中人面前电脑屏幕的闪动，从思绪中回到现实，原来一切那么遥远、梦幻，显影了诗中人形单影只的画面，寂寞的思念更加真切动人。

隐喻和置喻，可以阻碍读者的阅读过程，阻碍会造成思维的停顿，停顿造成瞬间的沉默，沉默预示了读者要发动大脑的想象来打破沉默，从而领略诗歌深层的内质。隐喻和置喻的出现，为诗歌提供了多义性的意符，使语意的延伸超越了任何单方面的解释。语言、沉默与空隙相互辩证地共存于简政珍的诗学和诗中，空隙和沉默的阻碍，开掘了语言的潜力，共同营造了诗的内质。

生命灵视与智性哲思

诗歌创作之奇，不在有意为之，而在不为奇而奇，顺乎自然而为奇，这才是真正的奇。平凡不等于平庸，能发现世俗生活中闪光的诗意，融入诗人的哲思，以满含灵性的意象雕刻出现实本真的身影，纾解自己的空无，启迪读者的思想，这应该是诗的本质。简政珍的诗就是如此，他的诗不在凌空蹈虚或天马行空，而是显影生命与生命的交流、心灵与心灵的碰撞，用意象的语言传达出生活背后那些深层的东西。诗人追寻生命存有的足迹，焦虑、恐惧、痛苦、放逐、迷茫等，这些人世的悲情又都在“不得不”的紧张感中存在并无限延续。所以诗中出现了台湾社会乱象的林林总总，老兵、雏鸡、单亲、选举等，还有对超验的时间、命运、轮回等的思索。

---

① 简政珍《语言与文学空间》，台北汉光文化事业股份有限公司1989年版，第27页。

② 简政珍《放逐与口水的年代》，台北书林出版有限公司2008年版，第53页。

为人所称道的《火》，以“火”的视角来观察社会的一隅，通过不相关的五个楼层的掠影，递交了一份台湾社会问题的白皮书，而五个画面的组合俨然又隐喻成了整个社会的缩影。以社会问题显影诗句，但追索的却是人与人、人与城市间关系的思考。《演出后》开篇一句“我们是否在重叠的掌声中/听到呼吸”，深刻又独到地刻画出我们的生命并存于虚幻和真实。台上的“唐代衣冠”是我们的戏，但演戏就是演员的生活，掌声是肯定戏中的虚幻还是肯定现实的演员，我们的呼吸是戏中的还是戏外的？当我们“把脂粉溶于水，在镜中”看到的还是否是本真的自我，我们又将在生活中扮演什么角色？

对生命的灵视加之智性的哲思，使简政珍的诗有一种司空图所品评的“味外味”，“文之难，而诗尤难。古今之喻多矣，愚以为辨于味而后可以言诗也”①。也就是说，文学作品运用生动的语言，描写了许多具体的景象，但是文学作品的真正醇美之处，并不是在这些具体的景象上，而在于由这些具体的景象所构成的、存在于这些具体景象之外的艺术意境上，需要读者借助想象去补充和丰富它。简政珍的意象思维和沉默理论暗合此说。就像《下午茶》“琴音在对面的灰墙上/涂写看不到的文字/初秋的旋律在微风中打转/一则报导股市的新闻/垫在茶几上/满溢的茶水溅湿了/部长慌张的脸孔”，由琴音推开诗的航路，意象层层展开，落实在“部长慌张的脸孔”，是因为茶水太满太热，还是因为股市的新闻太过刺激？下一节的写作，并没有给我们答案，但“空气和热水瓶同样的气压”以及“气势磅礴的蚂蚁窝”或许暗示我们将有一场“坏天气”，当然也可能暗指台湾的政治气压和经济风暴等。诗描写的都是随处可见的物象，但是经过诗人的凝练排列，产生了“象外之象”、“味外味”，引发读者深层次的思考和感悟。

而智性，“是诗人敏锐的感情、知解力、知识智慧的集合，是感性的智力领悟和理性的形象化统一。是感性尚未彻底抽象，理性尚未完全板结的‘半液化半固化’的产物，是既带有潜在逻辑印痕又非完全概念推理判断的高度能动性理智，它具备智慧的根底又潜藏着哲思的意向”。“既有智力，知识、理智等理性化沉淀秩序，又有直觉、智慧、领悟等感性的穿透机动。”② 诗歌有时表达出的东西要比哲学更深刻，这需要诗人有一定的理论知识修养，而作为学院派诗人，简政珍在此有得天独厚的优势，他也在其诗歌中把这个优势转化为淋漓尽致的意象写作。所以，品味简政珍的诗我们会看到一个学者诗人的平民视角，哲学的眼光，平民的情怀，以意象思维为基础，辩证的融合语言、沉默和空隙，最后生发出对生命的灵视和智性思考。这不仅对台湾诗坛，对当下的大陆亦有很多可资借鉴之处。

（作者单位：南开大学文学院）

---

① 张少康《中国文学理论批评史教程》，北京大学出版社2005年版，第142页。

② 陈仲义《智力的结构与智慧的“诗想”》，见《扇形的展开》，浙江文艺出版社2000年版，第66—67页。

穿越叙事：方文山歌词艺术论

□ 陆正兰

“在第三章第四节 我正在改写这世界 用观念进行侵略”

——摘自方文山歌词《蓝色风暴》

一、穿越叙事

“穿越”一词，来自于网络文学的“穿越小说”：某人物因为某原因，经过某过程，穿越时间和空间，从所在时空穿越到另一时空的事件，不仅是指现代人穿越到历史中，还包括古人穿越到今天。穿越契合人类跳出时空的限制这一永恒的梦想。

穿越小说，可以追溯到马克·吐温 1889 年的小说《亚瑟王朝廷上的康涅狄格州美国人》。华文第一部穿越小说应该是台湾作家席绢的《交错时光的爱恋》。20 世纪 80 年代起，国外的“穿越电影”，如《回到未来》、《时间旅行者的妻子》、《时光倒流七十年》、《触不到的恋人》、《蝴蝶效应》已经掀起了穿越之风。真正引起当代穿越叙事热潮的是黄易的穿越历史小说《寻秦记》和由此改编的同名电影、电视、网游作品等。在此小说中，主人公项少龙穿越到古代，利用现代搏击打败了许多古代英雄好汉，并用诗词歌赋征服了古代公主小姐，成为人们仰慕的一个真正“雄霸”。穿越小说在当代网络文坛上势头正劲。而“穿越叙事”进入当代歌词文本，方文山应该是第一人。

对于中国文艺界，方文山的歌词已不再是一个简单的文化现象。正如论者所说，“他的歌词作品促发了音乐创作另类革命。在他的笔下，歌词不再是单纯的流行文化，而成为一种可能酵生多种文化想象的文学现象”①。方文山歌词带来的不同审美感受，学界已经注意到，并有了一些研究成果。但大部分研究都集中

① 参见《方道·文山流》（湖南文艺出版社 2010 年版）书中作者介绍。

于他作品中的词语搭配[①]和“中国风”意象分析[②]。至今无人探讨其作品的叙事性。而本文认为，方文山歌词的叙事性，尤其是其穿越的叙事方式，是其歌词艺术的重要特色。

歌词不同于诗，从雅克布森的文本六功能来看，“诗性即符号的自指性”[③]。诗文本的“诗性”，被托多罗夫称为“符号不指向他物的品格”[④]。但歌词即使有很多“诗性”，也不局限于文本自指，歌词的主导功能，落实在表现发送者的情感，引发接受者的反应，歌词必须在“情绪性”与“意动性”之间构成动力性的交流。“我对你唱”是歌词最根本的传达方式，即使是没有人称指示的歌曲，也隐藏着这样一个体裁预定的传达模式[⑤]。

“我对你唱”，这个传达模式，实际也为歌词的叙事提供了一个不言而喻的“演出现在时”叙事框架。在这个叙事框架内，歌词叙事的意图时间，不一定限定在现在，它可以回溯到过去，甚至歌唱现在和未来。也就是说，歌词中叙事的人物、情节、故事都可以在这三种时间向度上自由转换：过去事件是回溯，现在事件是“歌曲的此刻”正在发生的事，未来事件是希望发生的，尤其希望“你”来采取的行动。

任何文本都有内在的时间意图性，班维尼斯特（Emile Benviniste）曾将话语的意图方向对应三种“语态”：过去向度着重记录，类似陈述句；现在向度着重演示，结果悬置，类似疑问句；未来向度着重说服，类似祈使句[⑥]。三者的区别，在于叙事意图与期待回应之间的联系方式。

歌词与小说、电影等一些记录叙事过去事件体裁的不同，正在于它能将过去、现在与未来这三种内在的时间意图性最容易交织在一起：“现在”，是歌曲表意的演出方式（我此刻对你唱）所占的时间；“将来”，是歌曲主导功能意动性（我希望你回应）所期盼的时间；“过去”，则是歌词叙事化后出现的故事的“被

① 比如，詹红霞的《流行歌曲歌词中有关超常搭配的语言变异》一文中用了不少方文山歌词作为分析例证。

② 比较详细论述方文山意象的，有吴童的《方文山歌词意象的修辞研究》，此论文从意象的选择、意象的语言营造、意象的呈现以及意象构筑意境四个层面，以及方文山歌词中高频出现的五个意象——花意象、雨意象、风意象、月意象及茶意象进行语义分析，探讨了方文山歌词对传统文化的继承和发展。

③ 雅克布森《语言学和诗学》，见赵毅衡编《符号学文学论文集》，百花文艺出版社 2004 年版，第 181 页。

④ 托多罗夫《诗学》，见赵毅衡编《符号学文学论文集》，百花文艺出版社 2004 年版，第 196 页。

⑤ 比如李叔同作词的《送别》：“长亭外，古道边，芳草碧连天，晚风拂柳笛声残，夕阳山外山。天之涯，地之角，知交半零落。一杯浊酒尽余欢，今宵别梦寒。”在歌词中，我们似乎找不到一个人称代词，也就是好像没有言说主体，但一旦我们把它作为歌词来理解（也就是唱出来的歌），它的体裁的规约性，就进入了“我”对“你”说的模式，也就是提醒我们，这是一个“我”在对“你”讲述一种关于送别的心情。

⑥ Emile Benvesnise, *Problems in General Linguistics*, Coral Gable: University of Miami Press, 1971, p. 10.

叙事时间”。这也是为什么歌在三个时间方向中进行穿越特别自然的原因。

二、穿越形态之一：人物穿越

歌词本质上是跨时间的，正如上文阐述。但穿越叙事的故事，抛出得更远。它的过去，不只是昨天，去年，也不仅仅是民国、清代，而更应该是远距离的过去。越是若干世纪若干千年之前，越是现出情感的永恒。

用人物点明古代某个时间，是方文山歌词中最接近穿越小说的一种形态。这首著名的《爱在西元前》：

古巴比伦王颁布了汉摩拉比法典
刻在黑色的玄武岩 距今已经三千七百多年
你在橱窗前 凝视碑文的字眼
我却在旁静静欣赏你那张我深爱的脸
祭司 神殿 征战 弓箭 是谁的从前
喜欢在人潮中你只属于我的那画面
经过苏美女神身边 我以女神之名许愿
思念像底格里斯河般的漫延

一个站在“在橱窗前　凝视碑文”的现在的“你”，突然间变成了“三千七百多年”前的“苏美女神”。“我”一下子被穿越到“西元前”的时空场景，于是：

我给你的爱写在西元前？深埋在美索不达米亚平原　用楔形文字刻下了永远？那已风化千年的誓言　一切又重演　我感到很疲倦离家乡还是很远？害怕再也不能回到你身边？

歌词有个很突出的指示符号，即人称代词。符号学创始人皮尔斯说，指示符号的最大特点是引起注意。他认为人称代词是最明显的指示符号。人称代词是当代歌词中的重要因素，这也是方文山特别注重的：“歌词中，人称一定要明确。”①

人称问题关联到歌词的叙事主体问题。托多洛夫对“主体”有个有趣的例解。他说，在“我跑”这个简短语句中有三个主体：叙事主体、被叙事主体和被叙事的叙事主体。“跑的我与说的我两者不同，一旦陈述出来，‘我’不是把两个‘我’压缩成一个我，而是把两个‘我’变成三个‘我’。”②

---

① 参见《方文山：作词如同写电影》，《渤海早报》2008年9月5日。

② 托多罗夫《诗学》，见赵毅衡编《符号学文学论文集》，百花文艺出版社2004年版，第181页。

歌词的基本表意模式是"我对你唱"，也就是说，歌词一旦唱出来，就出现三层主体"我"。首先是最外层的叙事主体，即上文所说到的歌词外在叙事框架中的主体，即歌曲必有的"我对你唱"构筑模式中的"我"，类似于美国芝加哥学派学者韦恩·布斯在《小说修辞学》中提出的"隐含作者"（implied author）的主体。"隐含作者"即隐含在文本中的拟人格形象，它不一定对应作者的真实身份，即不一定是词作者本人，也不一定依据某种真实情感事件。从歌曲接受角度来看，"隐含作者"是依托文本期盼被接受者构筑的拟人格作者形象。同一词作者写出的不同歌词作品，往往会有不同的隐含作者形象，就像歌词作者给不同的歌手写歌一样，其中隐含作者并不相同，甚至包含性别上的更换。在这首歌中，我们可以把这一层"我"看成隐含作者（姑且把这个拟主体看成写歌时的方文山）价值情感的"我"。第二层"我"是叙事行为的"我"，即叙事歌词故事的"我"。第三层，也就是参与并实施被歌词叙事出来的事件的"我"（"穿越到西元前"的行动主体"我"）。

正是通过穿越，才显示出以上"三我差"的矛盾，这矛盾也是歌词的情感张力所在。第一层"我"站在现在，向着未来，感动你，意图求得你的爱心；第二层"我"从现在穿越到过去，讲一个遥远时光的爱情；第三层"我"有着"西元前"的爱；而这种"爱"（第三层"我"携带的）能否被未来的"你"（与第一层"我"对称的）接受？这份"过去式"（第三层"我"拥有的）的爱能否在现实中与"你"（与第二层"我"对称的）重演？叙事未决的张力就在这三个时间向度中展开。

歌词本来就在三个时间向度上展开，将过去、现在和将来三种意图时间交织在一起，完成了一个对"爱的焦虑"的复杂叙事。歌词中一旦有叙事，就摆脱了大多歌词的简单抒情模式，即"现在"心情引向"未来"希冀，回到被叙事的过去。而穿越叙事放大了这种效果，不仅体现出一段情感的迂回曲折效果，更重要的是把个人的情感表意，通过另类时空对比，上升到了一个超越歌词本身的文化思考：为什么"我"和"你"更向往辽远的曾经发生的爱情？"我们"的爱情如何才能超越如此悠远的时空？

方文山的另一首名曲《娘子》，也属于人物穿越，但和上一首歌的穿越方式略有不同："我"没有明确地穿越到异代，却遇到了异代人物。

娘子却依旧每日折一枝杨柳
在小村外的溪边河口　默默的在等着我
家乡的爹娘早已苍老了轮廓　娘子我欠你太多
一壶好酒　再来一碗热粥　配上几斤的牛肉
我说店小二　三两银够不够　景色入秋　漫天黄沙掠过
塞北的客栈人多　牧草有没有　我马儿有些瘦
天涯尽头　满脸风霜落寞　近乡情怯的我
相思寄红豆　相思寄红豆　无能为力的在人海中漂泊心伤透

娘子她人在江南等我　泪不休　语沉默

一个现代的“我”和一个远古的“娘子”嫁接在一起，只有“穿越叙事”才能完成。正如上文所说在“我对你唱”歌词基本传达框架中，叙事者“我”作为表演主体，只能在此刻，不可能回到过去，也不可能到达未来。但人物“我”可以通过叙事，跳过这个时间障碍，进入不同的时空维度。这个穿越叙事制造的情景越特殊，叙事的张力就越强烈，就越能接近歌意动人心的本质。此时，“我”就有可能变成所有感觉到心中之“我”的人格：词家、歌星、听众及传唱者。

方文山的另一首歌词《月桂女神》也有同样品格，只不过“我”遇到的是希腊神话中的人物：

月桂树飘香　那夜风恋月光我的爱很不一样
素净的脸上　从不抹浓妆坚持　自己喜欢
月桂树飘香　云缠绕星光我要　有话就讲
无边的海洋　那辽阔的想像比谁　都不平凡
森林河畔　阿波罗在追赶　哭着戴上达芙妮的桂冠
被束缚的爱已经　没有了温暖
达芙妮的伤心疼　千年间流传
爱摇晃　爱靠岸　我航向前方　寻找桂冠

在歌词中，“我”穿越到阿波罗和达芙妮[①]传说中，当我们感受到“爱很不一样”的时候，已经进入了另一个时空，自然，爱情也有了新的感受。通过“穿越”，让人物到另一个时空，遇到另一时代的人物，用另一种时空中的情感方式和情感价值观来反观现实，叙事张力使当下人的情感表达出现了戏剧性。人物穿越，在方文山的很多作品中能感受到，如《千里之外》、《到底谁是伊》、《小小》、《止战之殇》、《将军》等等，方文山的确了解穿越叙事的奥秘。

三、穿越形态之二：意象穿越

《东风破》被认为是方文山“中国风”歌词最早有影响力的作品之一。关于《东风破》之走红，方文山的自我评价相当客观：“我和周杰伦不是中国风的发明者，却是制造它流行的人。”[②] 所谓流行，也就是歌众的认同。这个“制造”用

---

① 希腊神话中有太阳神阿波罗向河神女儿达芙妮求爱的故事。爱神丘比特为了向阿波罗复仇，将一支使人陷入爱情漩涡的金箭射向他，使阿波罗疯狂地爱上了达芙妮；同时，又将一支使人拒绝爱情的铅箭射向达芙妮，使姑娘对阿波罗冷若冰霜。当达芙妮回身看到阿波罗在追她时，急忙向父亲呼救。河神听到了女儿的声音，在阿波罗即将追上她时，将她变成了一棵月桂树。从此阿波罗将月桂树作为他最喜爱的树种，并决定将它作为一种奖励，授予流芳百世的诗人。

② 《方文山：我和周杰伦掀起“中国风”》，《南都周刊》2008年9月22日。

得很恰当，暗指了流行音乐的可操作技艺成分。

一盏离愁　孤单伫立在窗口？我在门后　假装你人还没走？旧地如重游　月圆更寂寞　夜半清醒的烛火　不忍苛责我一壶漂泊 浪迹天涯难入喉　你走之后　酒暖回忆思念瘦　水向东流　时间怎么偷？花开就一次成熟　我却错过　谁在用琵琶弹奏　一曲东风破　岁月在墙上剥落　看见小时候　犹记得那年我们都还年幼　而如今琴声幽幽　我的等候　你没听过

"中国风"感受，与其说是来自歌词中熟悉的意象，还不如说是这些"意象穿越"的叙事技巧。当代学者张海鸥在研究宋词时，曾提出"意象叙事"概念[①]。他认为，意象就是因象寓意。当一个意象隐喻某事时，它便具有叙事意味。尤其当意象的文化积累使之成为原型意象后，就更有某种类型化叙事的意味。例如，在中国文化中，杨柳依依隐喻离别情事，孤鸿缥缈通常隐喻怀才不遇，秦楼月落隐喻深闺寂寞等等。

所谓"意象叙事"，实际上是文本具有某些成分，能调动文本间性，促使读者进行二度"叙事化"，从中读出一段故事。这首《东风破》确实具备了很多"意象叙事"因素。首先在歌词题目上，就会令人与陆游《钗头凤》中的"东风恶"联系起来；歌词"酒暖回忆思念瘦"也让人想起李清照《醉花阴》中的"人比黄花瘦"；"水向东流"，当然来自李煜《虞美人》中的"恰似一江春水向东流"；"琴声幽幽"令人联想到白居易的《琵琶行》。如果说这些意象都具有的潜在叙事性，那么一首歌激发出歌众沉潜着的与之相关联的各种文化印记，包括我们熟悉的原词作者生平故事等，一起涌出就会造成对现有歌词理解的混乱，冲淡主题的集中性。歌词通过对意象在不同语境中的穿越，让我们在感受"是"与"不是"之间的同时，在时间维度上，实现了"回"与"不回"，或者"回"与"回不去"的叙事含混。

产生同样"意象叙事"穿越效果的，还有这首《菊花台》：

你的泪光柔弱中带伤
惨白的月儿弯弯勾住过往夜太漫长凝结成了霜
是谁在阁楼上冰冷地绝望雨轻轻弹朱红色的窗
我一生在纸上被风吹乱梦在远方化成一缕香
随风飘散你的模样

"意象穿越"在此首歌中色彩越发浓厚，实际上歌词隐指了（虽然没有明说）一段前朝的情事："月儿弯弯"，"阁楼"，"朱红色的窗"，"菊花""泛黄"，"花落人断肠"，"影子剪不断"。一个扑朔迷离的时空之境，发生过一些事，故事虽

① 参见张海鸥《论词的叙事性》，《中国社会科学》2004年第2期，第148－161页。

然不明确，却让人梦魂缭绕。

在意象运用上，方文山歌词的成功不在于他使用了怎样的意象，而在于将这些意象有意识地进行改造与组合，引发歌众的叙事化理解，从而完成了时空穿越。它解放了歌众的阅读经验：在现在时的叙事语境中，突然穿越进入一个似曾相识的古代故事。

四、穿越形态之三：异域穿越

意象叙事还有一个变体，就是地素叙事。所谓时素（有关特定时代的意象）、人素（有关特定人物的意象）、地素（有关特定时代的意象），往往指的是“实有其地”、“实有其事”、“实有其人”，是文本与世界的关联方式，也是叙述在接收者心目中引发文化联想的基础。在这三素中，地素并非特别突出，一般说只在一种歌曲中至关重要，这就是当今服务于旅游文化而发展出的“形象歌曲”，这种歌是作为一种地域文化标识性象征符号来使用的，因此，地素锚定是形象歌曲不可缺少的因素。但通常来说，由于形象歌曲的目的在于宣传，它借重歌曲传唱，通过反复使用，达到象征符号效果，得以大范围地流通。形象歌曲一般是抒情式的，常常是使用地素而不叙述故事。

而在方文山的歌词中，地素却经常构成“穿越叙事”的一个重要元素。上面说的《爱在西元前》就点出了“巴比伦”这样的异国异地作为穿越的目的地。我们可以看到，在方文山其他作品中，有不少这样的异域穿越，比如《威廉古堡》、《印第安老斑鸠》、《爱情海》、《热带雨林》、《我的地盘》等。试看这首《布拉格广场》：

我顺着琴声方向看见蔷薇依附在十八世纪的油画上
在旁　静静欣赏　在想　你的浪漫　在看　是否多久　都一样
我就站在布拉格黄昏的广场　在许愿池　投下了希望
那群白鸽背对着夕阳　那画面太美我不敢看
布拉格的广场拥挤的剧场　安静小巷一家咖啡馆
我在结账你在煮浓汤　这是故事最后的答案

不管读者是否读过米兰·昆德拉的小说《生命不能承受之轻》，还是由此小说改编的极具欧洲风格的美国电影。“布拉格”这个词已经成为“浪漫”的代名词，存在于当代人的想象中。这首情节并不清晰的歌词，用了一系列有关音乐的词，一系列欧洲古老城市的地方色彩，但是只能暗示一段故事。但是歌的结尾却突然跳入一段明确的情节“我在结账你在煮浓汤　这是故事最后的答案”，异域的浪漫突然变成男男女女日常生活的情景，惊异效果把叙事一把拉进了具体性。这首歌的“异域性”穿越叙事的目的，似乎告诉人们：人和人之间的和谐关系，并不只是一种时间关系的共存，也是空间关系的共鸣。

五、歌词穿越叙述化的基本法则

叙事是人类组织个人生存经验和社会文化经验的普遍方式:“发出主体把有人物参与的情况变化,即事件,组织进一个意义文本。”[①]这样就形成文本内的情节,这情节来自对“可以对被叙事件”的高度省略性选择(因为叙事在定义上就是无法说尽所有能说的细节),并且重新进行时间安排(因为叙事文本内的时间关系不可能与事件的时间一致),叙事的“情节化”过程远远不仅是讲故事技巧,而且贯穿了伦理化。也就是说,这样的选择和时间重整,凸现了道德性的主题。

但这还只是叙事化的一半,任何叙事还必须依靠另一个叙事化才能最终成形,“此文本可以被(另一)主体理解为具有时间和意义向度”[②]。接收者在心目中重建这个故事的各种要素,重新整理被省略、被变形的时间,重新看到故事的原貌。因此,叙事文本内在的情节固然重要,却不是决定性的。文本显示的情节可以是零碎片段、缺少连接的,接收者凭借他们的文学史经验、文本间知识,也可以将其与历史故事相连接。这也构成了歌词穿越叙事的基本法则。正如上文举出的《菊花台》、《布拉格广场》等意象叙事歌曲:文本的情节可以有“非情节”的表现,可以是静止的、片断的,但歌众的再叙事能力,能把它扩展成为比较完整的故事,因为意象本身具有“扩张性”(引发联想的能力),“意象”不是个别的,而是文化的。威尔斯在他的《诗歌意象》一书中,依据视觉感受,将意象分为七种类型:装饰性意象、强合(或浮夸)意象、精致意象、繁复意象、潜性意象、基本意象、扩张意象[③]。并认为后三种特别具有文学性、内在性、旺盛的繁殖性,而前面的四种大多是图像式的、视觉性的、明显而精致的。歌词的意象运用效果,实际上是需要激发歌众的“心像”,这种反应的过程的确是扩张性的。就像艾兹拉·庞德对意象的要求,“只有意象的瞬间出现才给人以突然解放的感觉;才给人以摆脱时间局限与空间局限的感觉;才给人以突然壮大的感觉”。对意象穿越艺术的解释,也为歌词的穿越叙事提供了一个叙事学根据:如上面列举的方文山穿越叙述第一种(故事中人到了古代),固然完成了穿越;如上面列举的第二种(歌词中出现古典意象)和第三种(情节发生在某个历史地点,或异国的某个地点),都能完成穿越,但这些穿越都离不开接受者的再度叙事化。方文山的穿越叙事,手法多样,蔚为奇观,充分调动了叙事学的各种可能。

---

① 赵毅衡《叙述转向之后:广义叙述学的可能性与必要性》,《江西社会科学》2008年第9期,第33页。

② 同上。

③ 转引自勒内·韦勒克、奥斯汀·沃伦《文学理论》,刘象愚等译,江苏教育出版社2005年版,第230页。

六、叙事与词作家主体身份

当今文化的版图中，词作家如何作为一个具有创造性的主体而存在？方文山深谙一个词作家在商业文化下主体经受的压力。他幽默地描述当今音乐界："每个唱片公司，他们有决策权的主管是50多岁，制作人40多岁，写歌的30多岁，唱歌的20多岁，听歌的10多岁。这里的游戏规则，就是50多岁的人决定10多岁的人听什么歌。"① 这也就是说，一个词家只是公众性文本创作的一环，他无法像小说作家得到创作主体的哪怕相对的充分性。

歌的创作主体身份和歌曲文本身份之间，到底谁创造了谁？主体身份建构是一个变动的过程，正如斯图亚特·霍尔所说，"我们先不要把身份看作已经完成的，然后由新的文化实践加以再现的事实，而应该把身份视作一种'生产'，它永不完结，永远处于过程之中，而且总是在内而非在外部构成的再现"②。词作者的自我不可能完成，因为词作者需要不断与世界、与他人建立意义联系，这种意义表现的歌词文本身份，会对词作者自我进行不断地重新塑造。这样，就不是词作者身份建造歌词文本身份，而是歌词文本身份构筑了词作者身份。

方文山自己写了很多有影响力的歌词作品，这些作品都有对应的歌手。比如，让男歌手周杰伦演唱《菊花台》、《斗牛》、《双节棍》等，让潘玮柏演唱《xspy》、《壁虎漫步》；让女歌手阿桑演唱《一直很安静》；让蔡依林演唱《倒带》、《心形圈》、《爆米花的味道》；让容祖儿演唱《小小》；让周杰伦和叶惠美对唱《三年二班》、《双刀》；让 S. H. E（组合）演唱《热带雨林》、《候鸟》；让南拳妈妈演唱《哈里路亚》、《嘻游记》等。现在的问题是，其他多产的词家还有不少，他们在歌曲中留下的主体特征为什么没有方文山那么显著？要回答这个问题，我们就要回到方文山的独创性。方文山用他独特的穿越叙事风格，把不同歌词文本中的身份集合起来，从文本身份进行自我的塑造，他是一个穿越叙述的词家。他写的歌，就是他主体的闪亮演出。

格林布拉特在研究英国文艺复兴时期的六位作家时，指出这些作家的自我塑形是通过他们在各种文本中采取的身份，不断回到特殊的个体生活场景中去，"回到男男女女每天都得面对的物质需求和社会压力上去"③。这种身份需求，就是讲故事。格林布拉特将此称作"即兴运作"（improvisation），即把自我变成各种故事的叙事者融入到周围文化限制中的一种方式，"能够让大多数人适应一种既定的文化，同时也让自己参与其中"。

不可否认，处在商业娱乐和文化的夹缝中，一个词作家很难摆脱它们对自我

① 《他是写歌词的方文山啊！》，参见《南方周末》，2006年7月27日。

② 斯图亚特·霍尔《文化身份与族裔散居》，载罗钢、刘象愚编《文化研究读本》，中国社会科学出版社2000年版，第211页。

③ Stephen Greenblatt, *Renaissance Self-Fashioning: From More to Shakespeare*, Chicago: University of Chicago Press, 1980, pp. 5-6.

主体摧残的压力。方文山正是走着格林布拉特的“即兴运作”路线，用不同的歌词的叙事身份，完成着“自我塑形”。用独特的叙事风格形成的词作家自我，现在作为独具个性的叙事者，处于文本群的中心。叙事给自我一个立足点，由此构筑一个从自身通向世界的经验形式。叙事在个人创作和文化表意上超越歌词本身，获得了他的自我。

（作者单位：四川大学文学与新闻学院）

论林夕歌词中的时间意识

□ 李延刚

当代歌坛，歌星光环耀眼，站在歌星的背后的人，则很少有人知道，林夕却是个例外。这位当代华语乐坛极有影响力的歌词作家之一，以其大量的经典歌词作品，不仅辅助了许多无名之辈走上星光大道，更征服了数以万计的听众，他的歌词伴随了很多人成长。

林夕的歌词题材广泛，立意新颖，遣词造句既有风格，又变化万千。其中最有特色的是他有关时间主题的作品。这些作品体现出作者独特的时间意识和生命价值观，也给听众以深刻的影响。

一、回忆：是内容也是形式

歌词之存在和人之存在一样，都深受着时间和空间的双重压迫。尤其是时间，没有形迹，却有无处不在。当你感受到它的时候，一切已成回忆。要想留住它，在文字中“追忆”是唯一的办法，正如宇文所安对中国古代文学的往事再现的描述——“追忆构成中国古代文学的题材和内容”。

“回忆”，是一种思想方式，也成全了中国古典诗歌的一种诗体和主题传统。林夕深暗其道。20世纪90年代，他的很多歌词作品多以回忆为主。比如这首《约定》[①]：

还记得当天旅馆的门牌
还留住笑着离开的神态
当天整个城市那样轻快
沿路一起走半里长街

快乐是童年的馈赠，成长的烦恼逐渐稀释了快乐的定义，以至于人进入成年，单纯的快乐就成了一种奢望。正是如此，每一次快乐的获得，就格外珍贵。这首歌中所唱的“约定”是林夕平生最快意的一次旅行。林夕正是用这种“回忆”的方法，抗拒时光的流逝，留住人生的快乐和美好。

① 王菲《玩具》，1997年，新艺宝。

于是，在林夕的作品中，"回忆"不仅是其作品反复出现的主题，更是其作品的表现"形式"，以至于作者一次又一次用"回忆"写"回忆"。

比如他的另一首歌词《再见二丁目》[①]，"回忆"的是一次未能实现的快乐之旅：

无论于什么角落
不假设你或会在旁
我也可畅游异国放心吃喝

与这首词呼应的，是另一种快乐的"迷途"——《迷失表参道》[②]：

为何认错路
商店都关得太早找挂念的西武
曾经于此拥抱
……
何处是旅途，随处是旅途

这两首后续词作面对有约不来的心境已经有很大变化。很明显，《再见二丁目》有约不至。《迷失表参道》的就干脆没有约到，甚至去的都不是一个地方。但《迷失表参道》的心境却更平和，有了"行到水穷处，坐看云起时"的旷达与从容。"回忆"着"回忆"，让作者释放了时间的压迫感，也消解了作者对时间的抗拒，反而获得了一种从容。这种从容正是古人的诗歌经验。我们可以作一对比。李白《金陵酒肆留别》：

风吹柳花满店香，吴姬压酒唤客尝
金陵子弟来相送，欲行不行各尽觞。
请君试问东流水，别意与之谁短长？

又如王维《少年行》（其一）：

新丰美酒斗十千，咸阳游侠多少年。
相逢意气为君饮，系马高楼垂柳边。

李白在送别时可以"欲行不行"，王维诗中的少年可以在行进匆匆时"系马高楼"，都反映出古人在面临日常事务时从容不迫的心态，他们珍惜友谊，不错过每一次的快乐时光。同样是约定，林夕与古代诗人在情感上有很多相通之处。

---

① 杨千嬅《my favourite hits》，2001年，华星唱片。
② 张敬轩《酷爱张敬轩 music now 音乐会2007》，2007年，环球唱片。

就像白居易《问刘十九》中所写：

绿蚁新醅酒，红泥小火炉。
晚来天欲雪，能饮一杯无！

这种期许并非是强制性的，而是要首先达到心灵的契合，至于什么时候到达处所，就没有明显固定要求了。更像赵师秀的《约客》：

黄梅时节家家雨，青草池塘处处蛙。
有约不来过夜半，闲敲棋子落灯花。

有约不来，作者可以心态闲适，悠然处之。而在现代社会中，随着生活节奏的加快，守时逐步成为一种美德，甚至强化为一个人的基本素养。这首诗恰恰与我们平时约人未至时，不断看表、打电话这样焦躁的心态形成对比。“有心境，无时间。”这种境界，使作者从被奴役的时间中解放出来，成了时间的主人。

这一时间意识的变化也体现在林夕后来的一些歌词作品中。例如《流年》[①]：

懂事之前情动以后长不过一天
留不住算不出流年
那一年让一生改变

此时，歌词的重心不是落在“怀念事件”和怀念形式上，而是能感受到的存在上。比如某个物件，就如《你的背包》[②] 所写：

一九九五年我们在机场的车站
你借我而我不想归还
那个背包载满记念品和患难
还有摩擦留下的图案

一件纪念品是一个连接符号，它可以把现在同过去连接起来。正如宇文所安的精辟论述：“引起回忆的是个别的对象，他们自身永远是不完整的；要想完整，就得借助恢复某种整体。”[③]“一只书包”会聚合起残存的记忆碎片，填补起时间的空白。时间在一个具体的物体上获得了另一种存在。

林夕直接以时间命名的最著名的歌是《十年》[④]。十年在历史长河之中算不上

① 王菲《王菲 2001》，2001 年，EMI。
② 陈奕迅《七》，2003 年，英皇唱片。
③ 宇文所安《追忆》，生活·读书·新知三联书店 2004 年版。
④ 陈奕迅《黑·白·灰》，2003 年，英皇娱乐集团。

很长的时间，但对于一个热恋的青年却可以影响终身。

十年之后
我们是朋友还可以问候
只是那种温柔再也找不到拥抱的理由
情人最后难免沦为朋友

这也是恋爱中常发生的事：相处了很久，最后还是分手。尽管这是一段耗时长久却没有结果的爱情，但作者并没有写出很多的忧伤，尤其是对时光流逝的愤怒。反而，写得从容并充满宽容和温情。因为作者意识到了“时间实际上是人的积极存在，它不仅是人的生命的尺度，而且是人的发展空间”[①]。没有结果，并不意味着时间是空白，经历构筑了人生的一部分。时间，就是一种存在。

这首《爱情转移》[②] 是作者此时对时间意识最完美的表达：

回忆是抓不到的月光握紧就变黑暗
等虚假的背影消失于晴朗
阳光在身上流转，等所有业障被原谅
爱情不停站想开往地老天荒
需要多勇敢

二、“慢”：是一种艺术，也是一种态度

2000年以后，林夕词作的主题由追忆过往逐步转移到珍惜现在。放下回忆的包袱，珍惜眼前人，成为了林夕的人生观。无论题材有多大的差异，但几乎所有的词作主旨都是走向同一个点的，只要能领悟林夕的人生观，就比较容易参透他每一首词。我们看林夕的《慢条斯理》[③]：

不要急风会吹过露台
不要焦躁车会驶进月台
……
来让我缓慢之中看清楚
(要做甚么爱做甚么)
如若你可留在身边听这歌
(以后甚么我们又几可)
缓慢去渡过来让钟摆最终普渡

① 《马克思恩格斯全集》第47卷，人民出版社1979年版，第532页。
② 陈奕迅《认了吧》，2007年，新艺宝。
③ 张学友《life is like a dream》，2005年，Universal Music Ltd。

飘荡如歌

这首歌词反应出了林夕对于快速流逝的时间的看法。“不要急，不用焦躁”，“该发生不去请也自来，不去比赛都会走到未来”。我们能够做的是，“来让我缓慢之中看清楚，要做甚么爱做甚么”，“缓慢去渡过，来让钟摆最终普渡”。

在张国荣复出之后，林夕写了《追》[①] 给他：

一追再追
只想追赶生命里一分一秒
原来多么可笑

无欲则刚是儒释两家都信奉的道理，通常认为释家更彻底一些。但人生活在这个世界上本身都是有追求的，就是说有欲望的，关键是追求自己真正需要的东西，否则就是离开了原初的本心。就如《然后怎样》[②] 所表达：

完成了所谓的理想
放纵了情绪的泛滥
汗都流干，天都微亮
然后怎样

追逐中，逐渐忘记内心的希望，最后发现结果距离本初的愿望已经距离太远，这样的追求已不再是追求。正如米兰·昆德拉的小说《慢》中所写：“当人把速度性能托付给一台机器时，一切都变了：从这时候起，身体已置之度外，交给了一种无形的、非物质化的速度，纯粹的速度，实实在在的速度，令人出神的速度。”[③] 正是对“速度”的怀疑和否定，昆德拉用“慢”的艺术写出了“慢”的乐趣。

这也是林夕的歌词想告诉我们的。

三、现代性：裹持的是时间还是人？

现代时间的决定性维度是未来[④]。林夕身在香港，写词首先是一种生计。而众多一线歌手都把林夕的词作为自己的主打歌曲，林夕的工作量可想而知。可以说，林夕的高产有一部分是被工作量逼出来的。听众缺乏耐心，喜新厌旧，歌手职业生涯越来越短，唱片的发行期限随之缩短，十年磨一剑是不可能的事情，林

---

① 张国荣《宠爱》，1995 年，滚石国际音乐股份有限公司。
② 陈奕迅《然后怎样》，2008 年，新艺宝。
③ 米兰·昆德拉《慢》，马振骋译，上海译文出版社 2002 年版，第 2 页。
④ 尤西林《人文科学导论》，高等教育出版社 2002 年版，第 58 页。

夕就被这种产业链牵引着写词。这是无可奈何的事情，正如流行歌曲的长度不能超过数分钟。这种现代人高压力、快节奏的生活，让林夕对“未来”这个时间维度的理解更为深刻：

明年今日未见你一年
谁舍得改变离开你六十年
但愿能认得出你的子女
临别亦听得到你讲再见。

——《明年今日》[①]

不想我难过除非肯答应我
明年今夜至少跟我
自助餐上同坐唱活一首情歌
求大家给你认错

——《明年今夜》[②]

两首歌，一字之差，林夕故意强调“明年”的不可靠性，和“今日”、“今夜”的具体性。“明天”是“未来”的代名词，却从不代表未来。他对未来的理解在《红豆》[③] 中略见一斑：

有时候有时候我会相信一切有尽头
相聚离开都有时候没有什么会永垂不朽

另一首歌词《夕阳无限好》[④] 更为明晰：

多经典的歌后一刹眼已走
缠绵着青葱的山丘转眼变蚁丘
这个刹那宇宙拒绝永久
……
夕阳无限好却是近黄昏
高峰的快感刹那失陷
风花雪月不肯等人要献便献吻

人生莫测，宇宙无常，友情、爱情的容易变迁，小岛会被海啸冲毁，爱慕会

① 陈奕迅《the line-up》，2002年，英皇娱乐集团（HK）。
② 容祖儿《喜欢祖儿4》，2008年，英皇娱乐。
③ 王菲《唱游》，1998年，emi百代。
④ 陈奕迅《U87》，2005年，新艺宝。

消减，岁月偷走青春，甚至不留下回忆。但面对这一切，林夕并未采取虚无的态度，这正是林夕的过人之处——走进时间，走出时间，一切归于平淡。

2001年，林夕患上焦虑症，“严重时试过一日食十几粒安眠药”。但正如他自己所说：“我会经常焦虑，但总的来说，对人生是很积极、很乐观的，也很有使命感。”① 焦虑作为现代人的通病（程度不同而已），正是进步能量的期待性积累造成的。在信仰衰微的年代，一个贬低过去、抛弃现在、轻视过程的未来抽空了现代人的生存依托。愈渐抬头的自我意识视未来对现在的吸引为异在他者对自我的催迫②。林夕作为一个词人，一方面被未来牵制，另一方面又要作为一个感知敏锐的作者反过来引导人们反牵制。

在时间面前，焦虑似乎与生俱来。自古以来，对时间的焦虑就纠缠着每一代圣贤。子在川上曰：“逝者如斯夫，不舍昼夜。”李白说：“君不见高堂明镜悲白发，朝如青丝暮成雪。”苏轼《百步洪》中写道：“我生乘化日夜逝，坐觉一念逾新罗……但应此心无所住，造物虽驶如余何。”

林夕在上海交通大学的演讲中说，自己真正向往的境界是与任何人没关系。然而，人可以不忙于事物，不烦神于他人，但却不能不打发时间。人如何打发时间，他就如何生活，如何存在③。在现代社会里，心灵与时间的关系几乎占据了核心地位④。

林夕的歌词打动我们的原因正是他对时间的认识和态度——现代性裹挟的是时间——消解现代社会中未来时间对我们的压迫，提示我们在时间的湍流中回归我们的本心，以心体的自足对抗现代性的裹挟。这便是林夕词作中时间意识和生命观留给我们的启迪和思考。

（作者单位：成都七中初中学校）

---

① 中国新闻网《著名填词人林夕焦虑症复发　眼神呆滞反应缓慢》。

② 尤西林《人文科学导论》，高等教育出版社2002年版，第59页。

③ 赵敦华《现代西方哲学新编》，北京大学出版社2001年版，第124页。

④ 尤西林《心体与时间》，人民出版社2009年版，第2页。

中国新诗：1958（上）

□ 刘福春

1958 年 1 月

1日　《星星》诗歌月刊 1958 年第 1 期刊出章兆庆《直上九重》、罗清亮《在田野上》等诗和山莓的文章《流沙河的“个性”》。

1日　北京大学红楼编辑部编辑的《红楼》双月刊 1958 年第 1 期刊出杨书案《吹吧，东风》、洪子诚《信》、张炯《飞鸾岭》、谢冕《机器厂》等诗及李扶摇等《纯洁诗的语言》、丁尔纲等《要什么样的爱情诗、景物诗?》等文。

1日　《处女地》1958 年 1 月号刊出方冰《祖国颂》、郭煌《主席，我发言》等诗。

4日　《人民日报》刊出穆旦的文章《我上了一课》，说：“我在去年 5 月 7 日《人民日报》八版上写了一篇讽刺诗‘九十九家争鸣记’，效果很不好，反右斗争开始后自己就感觉出来了，可是直等前些天在同一版上看到戴伯健同志的批评，才惊觉于它在读者中间造成了如何印象，才看到那篇诗的实际面目是多么坏。这给自己上了深刻的一课。”“我写那诗的主要动机是如此的：当时党号召解除顾虑、大鸣大放，可是还有个别不敢鸣放的现象，我想对这种落后现象加以讽刺。当时想到有几种‘怀有顾虑’的情况，就把这几种情况凑在一起，编造成一个故事，使故事充满了否定性细节。这些细节原是指个别现象，而且是通过一个被讽刺的落后人物的角度来掌握的。可是，想不到，因此就构成一幅图画，显得整个是阴暗的了。”“我的思想水平不高，在鸣放初期，对鸣放政策体会有错误，模糊了立场，这是促成那篇坏诗的主要原因。因此，诗中对很多反面细节只有轻松的诙谐而无批判，这构成那篇诗的致命伤。就这点说，我该好好检查自己的思想。”

5日　《文艺月报》1958 年 1 月号刊出周应瑞等的《对沙鸥同志的“璀璨如粒粒珍珠”的意见》和天明的文章《艾青的两支毒箭》。《艾青的两支毒箭》讲：“在一九五七年二月号的文艺月报上，发表了艾青的两则寓言：‘养花人的梦’和‘蝉之歌’。这两则寓言，初读时我觉得不大对头，似乎影射着文艺界有着一股怨气似的，但也没有深入思索一下。直到这次丁陈反党集团被揭发、暴露了艾青的反党面目以后，我才恍然大悟，艾青的这两则寓言，是他反党思想的表现，是他向党射出的两支毒箭。”

8日　《人民文学》1958 年 1 月号刊出郭沫若《新年，欢迎你!》、工人范以本《整风诗抄》、工人陆宇清《拷布工》、工人齐云溪《印染工人短歌》、工人高文真《工厂杂咏》、工人邹积禄《海河边的夜》、朱子奇《我高唱共产主义胜利进行曲》、李季《南行五首》等诗。

12日　《解放军文艺》1958年1月号刊出晏明《欢呼呵，东风压倒西风!》、顾工《伟大的宣言，全人类的诗篇》、周纲《北大荒春谣》、柯原《送别小唱》、李瑛《呵，杨敏莉，我们的杨敏莉》等诗。

15日　《青海湖》1958年第1期刊出黄河《党，母亲》、葛泽溥《撒在辩论会上》、朱奇《高原之城》等诗。

20日　《北京文艺》1958年1月号刊出吕远的诗《理发师》和丘山的文章《公刘在他的“小夜曲”里宣传了什么?》。

20日　《文学杂志》第3卷第5期刊出痖弦的诗《红玉米》和阮囊的诗《塑像》。

25日　《诗刊》1958年1月号刊出臧克家《没有什么声音比你更响亮》、李霁野《佛子岭水库》等诗和刘绶松《论闻一多的诗》、公木《公刘近作批判》等文。公木文章讲：“假如说开始写诗，反映些边疆生活，虽然浮光掠影，却还给人以清新之感；但近两年尤其是近一年来，他的诗作却像患了贫血症的婴儿一样，愈来愈苍白无力了。年纪轻，阅历浅，对生活理解的不深，这原是不便苛求的。问题是脱离现实、脱离人民，已经成为一种创作倾向。——不是意识到与社会现实、与人民生活之间存在着距离，想法缩短它、消灭它；而是旁逸斜出，横冲直撞，一天天扩大这个缺陷，拉长这个距离。问题的严重性就在这里。”“假如只是由于生活空虚，而显得苍白无力，而陷入形式主义，那似乎还没有超过个人修养问题，为害会不致太大。不是这样。既然从斜坡上往下滚，不落到谷底是停止不住的。作为现实的存在，公刘既已逐步转到反党、反社会主义的立场，他的不满和怨气，他的阴暗情绪，就不能不从他的诗篇中流露出来。人们不难从他的作品中嗅到浓烈的邪气并寻见带破坏性的菌毒。”

26日　《文艺报》1958年第2期刊出冯至的文章《驳艾青的〈了解作家，尊重作家〉》，讲：“去年夏天和秋天，中国作家协会党组召开了一系列的扩大会议，会上大量揭发了艾青的反党言行和生活腐化堕落的情形。不了解艾青的人感到惊讶，发出疑问，一个灵魂这样肮脏、生活这样腐朽的人怎么能够写出优秀的感人的诗篇呢？在民主主义革命阶段，艾青写过一些好诗，也感动过不少读者。但是艾青由于他的资产阶级思想根深蒂固，而又拒绝思想改造，满足于过去的一些成就，严重的资产阶级个人主义不但没有克服，反倒更为滋长，傲视一切，以具有‘国际地位’的诗人自居，以致堕落腐化，不能为社会主义歌唱。许多同志在会议上的发言都曾经提出这一点。艾青的资产阶级思想根深蒂固到怎样地步，他的这篇短文可以说明一些问题。”

1月　柯蓝的诗集《早霞短笛》由作家出版社出版。

1月　黎家的诗集《星火》由新文艺出版社出版。

1月　《刘大白诗选》由人民文学出版社出版。

1月　王波云的诗集《黎明的赞歌》由天津人民出版社出版。

1月　田汉等著的诗集《歌中苏拥抱》由上海文化出版社出版。

1月　兰州军区政治部宣传部编《战斗的红旗——战士诗选》由兰州军区政治部出版。

1月　覃子豪的诗论集《诗的解剖》由蓝星诗社出版。

1月　蔡其矫的诗集《回声续集》由作家出版社出版。收《船家女儿》、《南曲》、《武夷山歌》、《生活的歌》等诗44首，分为《海上》、《故乡》等5辑，有作者《后记》。

1月　丁力的诗集《发光的日子》由天津人民出版社出版。收《斯大林、毛主席丝织像》、《雨花台前的杜鹃花》、《送你上北京》、《山歌越唱越有劲》等诗44首，分为《南行诗草》、《农村短笛》等3辑，有作者《后记》。

1月　沙鸥的诗集《为社会主义而战》由北京出版社出版。收《尾巴夹起来了》、《“小家族”的头目》、《艾青》、《火焰的热情为了党》等诗39首，分为4辑。

1958年2月

1日　《星星》诗歌月刊1958年第2期刊出工人景宗富《春》、火炼《大字报》、陈犀《秦岭风景》、沙鸥《故乡三首》、雁翼《深山旅行记》等诗和赁常彬的文章《诗要下放》。赁常彬文章讲：“诗要好好地为工农兵服务，诗人就要跳出‘自我检验’的小圈子，到山上去，到乡下去，到街头去，到车间去，到沸腾的劳动战线上去，把自己刚刚写成的诗稿，朗诵给工农群众听听，看看他们是否打瞌睡。”“诗要下放，要在劳动群众中锻炼！诗的生命才能茁壮坚实。诗才能成为响亮的战斗的号角。”

1日　《长江文艺》1958年2月号以《工厂农村的诗》为总题刊出工人衡钟《车间新事》、工人傅占元《号角》等诗，还刊出蔡其矫的诗《汉水四首》，有《雾中的汉水》、《汉滨女儿》、《大风中的汉水》、《汉水谣》。

该刊3月号钟彦的文章《称赞·感想·希望》讲：“读了《长江文艺》二月号上的《工厂农村的诗》，很兴奋，很感兴趣。这些诗都是不知名的群众写的，比起我们有些诗人写的诗，却要充实，要动人。这些诗的内容，大部是表现工农生活的，也都是出自作者对现实的实际感受，朴素、健康，从诗里发散着浓厚的生活气息；诗的艺术性，虽然不是怎样高、怎样完美，但是通俗明白，一目了然，又是它们的最大优点。”

蔡其矫讲：“一九五三年和一九五六年，我两次到海军部队，写了一些关于海的诗。朋友曾劝我沿着这方向发展下去，我也这样想过。一九五七年反右运动，有人说我的诗最多只有爱国主义思想，而没有社会主义思想。我决定投入社会主义建设最活跃的战线。‘作家下放’一声号召，我自动走到长江水利建设的工地。反正江和海都是水，我要向水讨生活。”“一九五七年最后一星期，我是在汉水上一只小火轮上度过的（五八年元旦才到襄阳）。中国唯一的一条从北向南的大江汉水，两岸相当荒凉。小火轮逆水而上，每一小码头都有客货上下，蜗牛般爬行，使我有机会观察体验。在船上，我写了这样一首诗《雾中汉水》"，"这诗一发表，有人说：为什么诗人在一片欢欣鼓舞的全国大跃进中唱这种低调？就著文在《文艺报》上予以批评。更不幸的是，当时写这样的诗不只一首。我从襄阳经当阳、江陵到宜昌南津关，又写了这样一首《川江号子》"，"即使诗的末尾有条'光明的尾巴'也不能挽救我免受批判。有人开了头，还怕没有后来者吗？批评家说我的诗是'一面灰旗'，是'反现实主义'，是'唯美主义'等等。说实在话，为了现实主义，我肯牺牲艺术。当时我在管九个省的水利建设的'长江流域规划办公室'挂了个名义上的宣传部长，一心要歌颂那将改变我国落后面貌的伟大工程哩！"（《诗选〈生活的歌〉自序》，1981年9月10日《诗刊》1981年9月号）

1日　《处女地》1958年2月号刊出刘文玉《乡土的歌》、高东昶《第一个成活》等诗。

8日　《人民文学》1958年2月号刊出萧三《友谊之歌》、方殷《同志，咱们走！》、李霁野《访毕加索同志》、黄东平《在印度尼西亚》、李音湘《写在矿工们中间》、方冰《煤都走马》、工人石峰《喷砂工人的歌》、工人郑绍绪《虽给北方》、瞿钢《耕地》等诗。

《诗刊》1958年5月号《读者谈诗》刊出湖北省潜江县城关商业管理所杨森的文章《"耕地"的生活细节不真实》，讲："'人民文学'二月号有瞿钢同志的'耕地'一诗，我回到农村朗诵过，由于这首诗是用群众喜爱的语言和形式表现的，群众都说，又好听，又好懂，念起来顺嘴。但其中有两句：'左手扶犁右手扬鞭，犁儿走的一条线'，群众很有意见，七嘴八舌的议论起来：'怎么会用左手扶犁？''下放干部嘛，当然和我们不同。''我今年六十三岁了，耕了一辈子的田，也不敢用左手扶犁，右手扬鞭更不能，因为牛鼻拴上的绳子是在左边，右手扬鞭如何扬法？'说得大家哄堂大笑。""由此看来，这首诗表现形式虽好，但深入生活不够才弄出了这种笑话。"

11日　《人民日报》刊出萧三的文章《最好的诗》，讲："这些日子在首都怀仁堂里，我们和全国人民共度着另一个'不平常的春天'。""从全国各地来到这里出席第一届人民代表大会第五次会议的代表，在这个庄严的讲坛上，展开一幅又一幅祖国社会主义建设的壮丽图画。他们的发言就是一篇又一篇最美和最动人的诗歌！""人民代表们所念出来的诗歌，真是美不胜收。""今年是我国第二个五年计划的头一年，也是要在十五年内在钢铁及其他重要工业产品在产量方面赶上英国的头一年。一年之计在于春。这次会议在年初举行是最理想的。在这时候，全国各地正唱着多少美丽的歌，写着多少雄伟的诗！这些都是最好的诗！诗人们，多读些这样的诗吧，去和人民群众打成一片，也写出这样的好诗来吧！"

11日　《文艺报》1958年第3期刊出阮章竞的诗《钢铁的誓词》。

12日　《解放军文艺》1958年2月号刊出臧克家《红军弟兄呀，我向你们致敬!》、魏巍《红军赞》、张长《捣米》等诗。

15日 《文艺报》在中国文联大楼文艺茶馆举行文风座谈会，老舍、臧克家、赵树理、叶圣陶、谢冰心等参加。会议综述题为《反对八股腔，文风要解放！——本刊举行文风座谈会，大家起来声讨八股腔》，刊于1958年2月26日《文艺报》1958年第4期。其中臧克家讲：“诗人们写的有些散文诗和知识分子气味浓重的诗，到工厂、农村中就吃不开了，工人农民看了不对劲，听了不入耳。今天，写诗的人面临着这样一个问题：怎样让自己的作品使工人农民喜欢。任何一个作家都希望把自己的作品给广大群众看；不但给他们看，而且能够鼓动他们。要做到这样，就联系到写诗的风格问题。现在很多写诗的同志下放到工厂农村去了。‘下放’包含的内容很多：劳动锻炼，思想感情和工农结合，同时也应该包括文风。我们在写作上要打破陈规。过去写惯14行体、散文体的，今天应当在创作方面、文风方面适应个人思想感情的变化，适应周围的环境，适应群众的需要，来一个变化。”

15日 《青海湖》1958年第2期刊出王怡庭《明月照着群峰》、张道庆《欢送下放速写》、伊萍《帕米尔恋歌》等诗。

20日 《文学杂志》第3卷第6期刊出马逢华《长短句》、辛郁《暧昧草》、袁德星《日午》等诗。

25日 《诗刊》1958年2月号刊出郭沫若《牡丹·芍药·春兰》、冰心《春风得意马蹄疾》等诗和桑明野的文章《批判艾青“诗论”中的资产阶级文艺思想》。桑明野文章讲：“过去和现在，艾青一直是个资产阶级个人主义者，他早期固然没有共产主义思想；就是现在，共产主义思想对他也是格格不入的。他的‘诗论’的主要部分包含着深刻的资产阶级文艺思想和资产阶级社会观点。他的诗，是直接受到他的文艺思想和社会观点的影响的。中国革命诗歌从诗人郭沫若开始，发展到诗人殷夫，已经向社会主义现实主义迈步前进了。艾青却并不是继承这一传统而进行自己的诗歌创作的，他的诗没有社会主义精神。艾青的某些具有民主主义精神的诗，产生于资产阶级民主革命时代，因而在一定的范围内也发生过相当的影响，历史已给他的诗作出了评价。历史向前发展了，已经进入了社会主义革命阶段，艾青以什么来回答历史向他提出的任务呢？事实说明，他一贯坚持自己的资产阶级思想和文艺观点，甚至发展到卑鄙的不可容忍的地步，堕落成为右派分子。这就是他对历史的挑衅性的回答。”

26日 《文艺报》1958年第4期刊出《反对八股腔，文风要解放！——本刊举行文风座谈会，大家起来声讨八股腔》、印染工人郑成义的诗《赛跑——写在黑板报上》及徐迟的文章《人民的歌声多嘹亮》。徐迟文章讲：在这一届的人代大会上，一些人民代表报告了我们各地的生产建设的宏伟规模。然后，为了要说明我们的劳动群众的情绪高涨，他们用“有诗为证”的方法，引用了一些歌谣。萧三搜集、精选了其中一部分发表在2月11日的《人民日报》上，并称之为“最好的诗”。这些歌谣“确实是最好的诗；这些歌谣使我们许多诗创作相形见绌了。它们直接地传出了我们这个大跃进的时代的声音”。

28日　《人民日报》刊出周扬的文章《文艺战线上的一场大辩论》。

2月　陈建洲的诗集《木棉花之歌——记僮族女英雄黄美伦革命斗争的故事》由广西人民出版社出版。

2月　禾波的诗集《创造者》由重庆出版社出版。

2月　《刘半农诗选》由人民文学出版社出版。

2月　饮可的诗集《战鼓集》由湖南人民出版社出版。

2月　冯至的诗集《西郊集》由作家出版社出版。收《我们的西郊》、《鞍钢劳动模范》、《北京莫斯科中间的飞行》、《韩波砍柴》等诗50首，分为4辑，有作者《后记》。《后记》讲："新中国的诞生使每个中国人民亲自经历了一次新生。我于是又利用我业余的时间重新写诗，又重新把诗当作我生命里的一部分，不肯割舍。诗里基本的调子和过去的也迥然不同了，有信心，有前途，歌颂中国共产党，歌颂共产党领导下的伟大的事业。同时对于人民的敌人也给以讽刺和攻击。"至于诗集的书名，"因为这些诗绝大部分是在北京西郊写的或修订的，并且其中的第一首诗是'我们的西郊'，所以把这部集子命名为'西郊集'"。"我的诗无论在数量上或质量上都是不能令人满意的。我曾经一再迟疑，不想把它们搜集成一个集子出版。但是在今年的春夏之交，从最阴暗的角落里冒出来一些别有居心的右派分子，他们对共产党，对社会主义事业横加污蔑，就是解放后的诗歌，他们也不曾放松。其中有人给诗人们写了'公开信'，说当前的诗歌界是处在'冻结'状态，还有人指着我的脸骂我，说我解放后写的诗没有人爱看——其实，这位骂我的先生根本没有读过我解放前的诗，就是我解放后的诗也不过只是读过我在人民日报上发表过的几首，他这样说，无非是表示他对'解放'两个字有不共戴天的仇恨而已。由于这些恶毒的叫嚣，我才决定出版这部集子，作为对他们的回击。我的诗数量不多，但是我愿意再重复前边说过的一句话，随着中国的解放，中华人民共和国的成立，我才又重新写起诗来。这说明，新中国并不曾'冻结'我写诗，而恰恰相反，对于我正是春风解冻。这些诗在质量上也是粗糙的，但是比起我解放前的诗，我是走上了正确的道路，这道路不是旁的，就是一切为了人民，不是为了自己。在这美好的今天，诗人若不为广大的劳动人民的利益而歌唱，那么无论有多么新奇的感觉或巧妙的比喻，都不免是徒劳无益，枉费心机。当然，我在诗的语言上，将来还要尽更大的努力。"

2月　傅仇的诗集《种籽·歌曲·路》由新文艺出版社出版。收《给失去了声音的诗人》、《竹号》、《伐木者的住宅》、《鸽子在兵士的钢盔里筑巢》等诗43首，分为《战斗传单》、《寨上春天》等5辑。

2月　井岩盾的诗集《摘星集》由作家出版社出版。收《在收割后的田野上》、《列车奔驰过大草原》、《关于第一次航海的人们》、《初到广州》等诗76首，分为《摘星集》、《南行集》等4辑。

2月　沈仁康的诗集《秋天的白桦林》由新文艺出版社出版。收有《秋天的白桦林》、《松花江的黎明》、《列车员》等诗。该书《内容提要》说："这是作者的第一本诗集，共收诗三十七首。就小兴安岭林区的生活和劳动，勘探队的生活和战斗，北大荒的面貌的变化以及松花江的风貌等等方面，反映了祖国丰富多彩的生活面貌，并对大自然的风貌和社会主义建设者们从各个生活角度所付出的辛勤劳动，给予了热情的赞颂。”

1958年3月

1日　《星星》诗歌月刊1958年第3期刊出工人猛兵的长诗《向田野上进军》和田间辑的街头诗《哨岗》、《欢迎诗》及林采《诗歌应该和工农群众相结合——关于街头诗的一些意见》等文。

1日　《现代诗》第21期刊出纪弦《多余的困惑及其他——答黄用文》、《两个事实》和林亨泰《主知与抒情》等文。

1日　《处女地》1958年3月号刊出井岩盾的文章《艾青批判》，讲：“艾青，由于进行疯狂的反党活动堕落为右派分子，他的名字，由和诗人这个光荣的称号联系在一起变成了罪恶与耻辱的印记，把自己的作为一个革命者的政治生命结束了。”

1日　《长江文艺》1958年3月号刊出《麻城生产大跃进诗选》和《工厂农村的诗》。

该刊4月号刊出骆文的文章《疾驰猛进的生活颂歌》，讲：“三月号《长江文艺》发表了《麻城生产大跃进诗选》，使读者感到十分的高兴！‘诗选’中虽只十七首诗歌，却鲜明地、深刻地反映了大别山南麓近百万亩土地上豪迈建设的情景，跳动着激烈地时代脉搏。”

5日　《边疆文艺》1958年3月号刊出李广田《他在各处行走》等诗和泥子《评“生活的牧歌”》、纪纲《公刘的情诗对青年的毒害》等文。

8日　《人民文学》1958年3月号刊出公木辑录的《口唱山歌劲头足——采风新录》和徐迟《这是又一个伟大的开端》、王亚凡《迎春赞歌》、沙鸥《冬天的农村》、白薇《盘锦花开十月天》等诗及臧克家的诗评《郭小川同志的两篇长诗》。该期《编者的话》说：“编完了一看，内容也还远说不上充实。但也并非说，没有值得推荐之作。比如说，我们特约公木同志辑录的‘采风新录’——‘口唱山歌劲头足’，就是值得诗坛予以重视的作品。公木同志在序言中对于这些大跃进中群众口头创作的诗歌作了充分的估价，他说：这些‘都是当前诗歌中最生动、最活泼、最朴实、最刚健的作品’。我们同意这样的估价。而且认为这些在生产战斗中产生的山歌、快板、顺口溜在报刊上大量发表，将会对我国的诗歌创作发生很大的推动、刺激作用。所以我们特辟一个专栏发表它。”

《诗刊》1958年5月号刊出吴中的文章《评白薇的〈盘锦花开十月天〉》，讲：“‘人民文学’三月号上白薇的‘盘锦花开十月天’一诗，不仅语言干瘪枯涩，艺术质量很低，就其表现出来的思想内容来说，更是一首坏诗。”“诗的主题似乎在歌颂，盘锦农垦局所属农场群，在该局党政领导同志的带动下，农业工人在丰收季节的英勇劳动；附带也歌赞了整风。可是，在读完以后，给人的感觉却恰恰相反：它不是在歌颂，而是在阴损地讽刺工人的忘我劳动。”

12日　四川文艺界举行大跃进会议，作家、诗人、音乐家、画家、戏剧家和文艺工作者五百多人，订出了集体的和个人的跃进规划。戈壁舟提出了五年计划，在1958年至1959年，去四川灌县一个乡里，作好党支部书记工作。1960年至1962年，去灌县紫坪铺水电站或去石油勘探队工作。在五年内完成一万行的长诗一部，反映抗战初期知识分子经过重重困难和斗争，到了延安，得到革命锻炼和改造；并计划每年出四本诗集。（《金鼓齐鸣，百花争放》，1958年4月1日《星星》诗歌月刊1958年第4期）

12日　《解放军文艺》1958年3月号以《战士快板诗》为总题刊出李二《优胜旗》、柯原《种菜记》等诗，并刊出毕革飞的文章《读快板诗有感》。毕革飞文章讲：“《解放军文艺》在今年一、二月号上发表了许多首快板诗，这些及时反映部队现实斗争生活、既短小精悍又能说唱的东西，一定能受到广大战士的欢迎。我读了之后觉得有几首相当好，读来朗朗上口，明快浅显，通俗易懂，并且诗中的意味也不见得就不深长。”

12日　《文学研究》1958年第1期刊出冯至的文章《论艾青的诗》，讲：“艾青近几年来的诗的创作有形式主义的倾向，同时也丧失了‘社会主义革命的感情’，这现象很突出地显现在艾青去年十月出版的诗集‘海岬上’。”“艾青在抗日战争时期曾经写过一些比较优秀的诗篇，起过一定的进步作用，可是在工人阶级领导的新中国，在社会主义大革命中，他的诗歌创作却堕入反动的形式主义的泥沼，失却革命热情，走上了他的论文里所反对的道路。”“在集子后边用散文诗形式写的四篇寓言竟彻头彻尾是对于新社会恶毒的攻击和嘲笑，完全显露出——虽然他尽量想用寓言的体裁隐蔽起来——一个反党分子的本来面貌。”

15日　《青海湖》1958年第3期刊出舒勇《加莫古斯》、耿绍周《写给女招待员》等诗。

20日　《文学杂志》第4卷第1期刊出覃子豪《画廊》、洛夫《投影》等诗。

8—26日　中共中央在成都召开有中央有关部门负责人和各省、市、自治区党委第一书记参加的工作会议（简称成都会议），毛泽东在22日的讲话中提出“收集民歌问题”。毛泽东说：“我看中国诗的出路恐怕是两条：第一条是民歌，第二条是古典，这两面都提倡学习，结果要产生一个新诗。现在的新诗不成型，不引人注意，谁去读那个新诗。将来我看是古典同民歌这两个东西结婚，产生第三个东西。形式是民族的形式，内容应该是现实主义与浪漫主义的对立统一。”（《建国以来毛泽东文稿》第七册，中央文献出版社1992年8月出版）

25日　《诗刊》1958年3月号刊出唐鲁戈辑的《山区新歌谣》、陈道信等的《河北麻城农民歌谣》、李苏卿等的《社员短歌》以及卞之琳《十三陵水库工地杂诗》、郭小川《县委书记的浪漫主义》等诗和洪永固的文章《邵燕祥的创作歧途》。洪永固文章说：“近两年来，邵燕祥在各报刊上，发表了不少反党反社会主义的作品，堕落成为右派分子，在创作上走上了危险的歧途。”“邵燕祥是在1949年全国人民欢呼自已的共和国诞生的时候，走出学校到北京电台参加工作的。这时候他才十六岁。党和人民用甘露和阳光，培养他，教导他，使他在诗歌创作上冒出小小的嫩芽，他在任何方面的成长，都是党一手培养起来的。”“但是，近两年来，邵燕祥却恩将仇报，在政治上、创作上走上了这样一条反党的歧路。这是什么原因呢？原来在他的心灵里，现实社会已经不是一个可爱和温暖的革命大家庭，而是一个阴森可怕的国家。他把党分配给他的工作当成是包袱，认为党把他‘当作棋子到处搬’，认为在北京工作是一种‘折磨’，一种‘慢性的消灭’。”“‘贾桂香’一诗里，作者射出更为恶毒的子弹了，他打着攻击官僚主义的幌子，实际上把我们党团的基层组织描写成漆黑一团，对社会主义制度倾泄了深刻的仇恨。”“作者不仅把新社会的人与人之间的关系作了恶毒的歪曲，一切都是畸形的，病态的，黑暗的；并且还无中生有地大肆捏造。”“这里，作者站在反动的资产阶级立场上，他的感情思想，真是昭然若揭，不打自招了。”

《诗刊》1958年5月号以《对卞之琳“十三陵水库工地杂诗”的意见》为总题刊出刘浪《我们不喜欢这种诗风》、徐桑榆《奥秘越少越好》文章两篇。刘浪说：“‘十三陵水库工地杂诗’的最后一首‘十三陵远景’是不够健康的。十三陵本是封建帝王死后葬身之地，陵园中的任何一花一草，一土一石，都凝结了多少劳动人民的血泪，兴建陵园时又有多少劳动人民付出了生命！应该说十三陵是封建帝王留下来的罪证。‘十三陵远景’全诗共四节，诗人并没有对封建帝王的罪行予以尖锐有力的谴责和鞭打，反而用了十行来描绘封建帝王的情趣和威风……这种笔调，很难看出诗人是抒人民之情。相反，在诗中的其余六行中，除了‘人民翻身了’和‘人民的大花园’以外，也看不出诗人对于翻了身的劳动人民的劳动和英雄气概给予应得的歌颂和礼赞。这就很难令人理解诗人在面对‘十三件小古董’时，是一种什么样的思想感情！”徐桑榆讲：“这组诗在思想感情、语言逻辑、表现手法方面，都有一些使人摸不透的奥秘。我以为，这种奥秘越少越好；因为它妨碍正确、生动的表达思想感情，破坏艺术画面，损害甚至歪曲艺术形象。”“必须注意的是，诗人的语言和风格是长期形成的。这里我们不妨提一下旧事。”“诗人解放前的作品我们暂不讨论。五一年，诗人发表了‘天安门四重奏’，因晦涩难懂，受过批评；诗人接受了批评，保证以后的作品能让大家懂得。五四年诗人又发表了一组农村诗歌（五首），但又是奇句充篇，难读难讲，读者又向诗人提出过意见。现在是五八年了，而这组诗又具有以往那些诗歌的缺点。看来，要不是诗人喜爱这种特殊的语言和风格，就是诗人难于改变自己的习惯。”

17日　在北京的诗人和作曲家召开座谈会，讨论诗人和作曲家合作的问题。臧克家、袁水拍、吕骥等参加。会议综述题为《扬帆鼓浪，力争上游——文学界大跃进座谈会综合报道》，刊于1958年3月26日《文艺报》1958年第6期。

26日　《文艺报》1958年第6期刊出袁水拍的文章《五行诗里的思想》。

3月　白得易的诗集《解放战争诗钞》由东海文艺出版社出版。

3月　戈壁舟的长诗《沙原牧女》由通俗文艺出版社出版。

3月　阮章竞的长诗《漳河水》由通俗文艺出版社出版。

3月　薛汕编的《北京的歌谣》由北京出版社出版。

3月　巴牧的诗集《南行集》由新文艺出版社出版。收有《天安门组诗》、《我们在月光下行军》、《右派一“诗人”》、《斥右派四“作家”》等诗，分为《给北京》、《南行集》等4辑，有作者《后记》。《后记》说：“在这个集子里，值得提及的是，今年八月初，我从三门峡回到北京以后，便投入轰轰烈烈的反右运动。在这场激烈的政治上和思想上的严肃斗争中，自己受到了极深刻的教益，同时，由于资产阶级右派分子反党、反社会主义的罪恶和阴谋，言行累累，使我深深感到愤恨！在这为时几月的时间中，我写了三百多行反右的诗，曾发表在北京各报刊上。但由于自己的水平，这些诗，对右派分子的批判，还是不够有力。现在仅选出其中八首，作为一辑，取名‘短剑集’，并按照全书各篇写作时间的前后排列，把它附在这个集子的后面。”

3月　顾工的诗集《军歌·礼炮·长虹》由重庆出版社出版。收有《在战士的心灵中》、《喂！奇形怪状的人物》、《六亿人民的合唱队》等诗，分为3辑，有作者《后记》。《后记》说：“一个辉煌的胜利，接着一个更辉煌的胜利；一个欢腾的节日，接着一个更欢腾的节日……这就是我们生活的主题，这就是我们诗歌的主题。”“在这壮丽的年代，在这跃进的时刻，在这欢乐的空间，我的笔，在生活手册上，在稿纸上，在阳光下面，在列车上，写着，写着……我简直不能把我的笔放进笔套里，像农民不能把锄头靠在墙角上，像工人不能把风钻收进仓库里……”

3月　郭瑞年的诗集《村野散歌》由安徽人民出版社出版。收《早晨》、《高粱晒米了》、《老饲养员》、《栽秧谣》等诗33首。该书《内容简介》说：“这是作者第一本诗集。”“这些诗歌颂了祖国农村美丽如画的自然景色和在丰饶的土地上辛勤劳作的人们。这是一束劳动和爱情的赞歌。”

3月　孙静轩的诗集《海洋抒情诗》由新文艺出版社出版。收《海上日出》、《江南早春》、《致北京车站》、《船夫》等诗五十余首，分为《海洋抒情诗》、《北京诗钞》等4辑，有作者《后记》。《后记》说：“一九五七年，对我来说，是值得记忆的。这一年，我访游了北方的和南方的一些城市，并且游历了美丽神奇的海滨……这就使我更加深切地认识了我的祖国。我越来越觉得，我的生命和她是不可分离的了。”“我这个小小的诗集，当然没有全部记录下我访游南方和北方的印象，也没有表达出我对祖国的全部情感；但是我相信，我从祖国的土地上所吸取的东西，已经在我的心里萌芽，酝酿，成长，有一天，它会结出果实来的。”

3月　邹荻帆的诗集《金塔一样的麦穗》由新文艺出版社出版。收《写在透明的土地上》、《歌罗盛教》、《给一个白衣战士》等诗5首。

3月　诗集《十月颂歌》由北京出版社编辑出版。收有郭沫若《天堂已建在人间》、臧克家《短歌颂苏联》、冰心《莫斯科的上空》等诗，有臧克家《序》。

1958年4月

1日　《星星》诗歌月刊1958年第4期开设《诗歌下放笔谈》专栏，刊有默之《为诗歌“下放”进一言》、冬听《谁看？谁听？》、碎石《让诗歌活在群众的口头上》等文；是期还刊有岚曼的文章《李白凤在默想些什么？》。

1日　《处女地》1958年4月号《大跃进的鼓声》栏刊出井岩盾《鼓啊，鼓啊，震响不停》、刘文玉《人人夸这个新世道》等诗。

1日　《长江文艺》1958年4月号刊出《谈诗风》短评三则，有河路《打掉两“气”》、羊翚《从群众诗风想到的》、钟彦《腔调问题》。《打掉两“气”》讲：“今天的文风有洋八股气，今天的诗风则有知识分子气和洋气。知识分子气和洋气都不是正气，都不是工农劳动人民喜闻乐见的东西。”“有一种诗，主题思想好，题材也好，但它们是用知识分子的语言写的，而语言是表达思想情感的工具，于是这种诗也就发散着知识分子的气味。这种诗或者是转弯抹角，扭扭捏捏，浪费笔墨；或者是词藻华丽，粉饰雕凿，像那涂脂抹粉的病态的小姐；或者是采用流水账一样的排比，如：‘太阳照着山岗，照着河流，照着森林，照着城市，照着村庄……’叫你为它担心，到底要‘照’到哪里为止呢？或者是把散文化的语言分行排列，硬把散文当作诗拿给读者；或者是发挥那不合逻辑的想象，用些似是而非的比喻和形容词，把你带入雾海云天。”

3日　云南省委宣传部发出立即组织搜集民歌的通知：“云南省二十种少数民族人民抒发社会主义建设热情的新民歌，将由云南省各级党组织有计划地搜集起来。省委宣传部已于3日向各地县委发出了‘立即组织搜集民歌’的通知。”“通知中说：在社会主义大跃进中，云南各族人民中出现了很多歌颂跃进和当前生产斗争的民歌、山歌、民谣和小调。特别是在具有歌唱传统的傣族、白族、彝族、苗族、傈僳族、哈尼族、纳西族等民族中，已涌现出了很多歌唱斗争的新作品。它不但丰富着人民的文化生活，而且有利于各族人民社会主义意识的增长，因此，应该十分地注意把它们搜集起来。”“通知指出搜集民歌的办法，是由各地县委宣传部利用会议机会，向县、区、乡党的负责干部说明意义，然后动员水库工地、农业社、工矿的干部和群众，发给三—五张纸，写和记录民歌。不能写的可找人代写，少数民族群众口述的民歌，都应加以记录和翻译。”“通知要求：对内容好、艺术性高的民歌，不论是短小的、较长的，都应搜集起来。流传于各民族中尚未搜集起来的老民歌，这次也应记录下来，民间史诗和长篇故事诗凡未经整理过的，也应注意发掘。”“通知要求在一个月内，各县搜集的民歌就应送交省委。”（《云南省委宣传部发出通知：搜集各族民歌 丰富人民生活》，1958年4月9日《人民日报》）

5日　《草地》1958年4月号刊出刘开扬的文章《横溅着毒液的说教——评艾青的〈诗论〉》，讲：“艾青的理论虽然很肤浅，但他懂得诗是宣传，也懂得他的《诗论》是宣传，这一点他倒是没有忽略的。在《诗论》中，他宣传着他的资产阶级个人主义的思想，宣传着他的‘拥抱世界’的主观战斗精神，宣传着他的修正主义的阶级调和论，也宣传着他在艺术问题上的唯心主义和虚无主义观点。他的宣传是以传道士的姿态来进行的，我们要揭穿他的这本《诗论》不过是横溅着毒液的说教。”

8日　《人民文学》1958年4月号刊出郭沫若《迎春序曲》、田间《田间诗抄——街头诗十五首》、郭小川《爆竹两三声》、林庚《十三陵水库》、蔡其矫《水利建设山歌十首》、王亚平《锄麦》等诗，并以《工人的诗》为总题刊出陈道尊《姑娘，你在蓝色的海洋里》、温承训《氧气瓶》、孙友田《本矿消息》等诗，《读者论坛》栏刊出北京国棉二厂工人王日初的文章《作品和评论能不能给工人看?》。王日初文章讲："现在写工人的诗多起来了，不像过去老是'春天哪'、'秋天哪'。这是一个进步。但有的诗人只能写出工人在车间里飞奔，或说像蝴蝶，或说像潮水，全凭主观想象。有时外表写得很美，工人的内心怎么想，就写不出。这样的诗人，如果叫他写一次纺织工、灯泡女工，还写得出。如果叫他第二次再写纺织工、灯泡女工，恐怕就没有可写的了。"

《诗刊》1958年5月号刊出陈骢的文章《"改了洋腔唱土调"》，说："唱惯了'洋腔'的诗人蔡其矫，这一次到大跃进的农村中生活了不多一些日子以后，就改唱起山歌来了。近几个月来，我读到的有'襄阳歌'（1月14日《人民日报》)、'会议地'（3月20日'人民日报'）和'水利建设山歌十首'（四月号'人民文学'）。从这十多首山歌里，可以看出诗人在努力改变自己的诗的风格，想使他的作品从内容到语言、格式，都能够接近劳动群众。""蔡其矫是一位受到知识分子读者注视的诗人，写过一些较好的诗篇。可是，近些年来，诗人的创作上出现了一种令人耽心的倾向：内容越来越远离生活和斗争，洋腔洋调越来越重了。""我们说诗人风格的变化还只不过是开始，不仅是由于他所唱出的山歌，给人以'夹生饭'的感觉：造词遣句还有生硬的地方，不能准确地安排韵脚，'比'、'兴'手法的运用显得很外行，等等（这在初学乍练的人来说，是难免的)；更主要的是，在一些近作中，或隐或现地还有着诗人旧时思想情绪的遗留。最突出的例子是写于去年年底和今年年初的'汉水四首'（二月号'长江文艺'）。在这一组诗中（尤其是那首'雾中的汉水'），人们丝毫感觉不到生活在跃进、在沸腾，响彻全诗的是一种郁沉的冷漠的基调。"（陈骢《"改了洋腔唱土调"》，1958年5月25日《诗刊》1958年5月号）

蔡其矫讲："当时，浪漫主义的大跃进民歌正在兴起，我也深受感染，在《人民文学》上发表了《农村水利建设山歌十首》，其中写道：'改了洋腔唱土调/明天再写新诗歌。'批评家又调笑我不彻底，仿佛除了民歌，并没有什么新诗歌。他们不但是形式主义者，而且是反艺术的。假话大话空话受鼓吹，真话实话人话不允许。现实生活在文学中消失了!"（《诗选〈生活的歌〉自序》，1981年9月10日《诗刊》1981年9月号）

《诗刊》1958年5月号《读者谈诗》刊出陕西临江空军172刘敬安的文章《下雨不能锄麦》，讲："我们的部队给一个农业社锄麦。在工间休息的时候，我翻开'人民文学'1958年4月号第73页，看见王亚平同志的组诗内有首'锄麦'，我想：'正是时候。'便拿到社员们面前高声朗读了起来，念到：'四月天空出巧云，/年青妇女青春的心，/增产多立功，/刮风不停工，下雨不停工……'白胡王大爷说：'刮风不停工，这行，下雨不停工，那可了不得!'说着他把桶内的一点水倒在地上，顺手拿锄拉了两下，结果变成了泥糊糊。……”“社员们一时议论纷纷。他们都说：‘没见过！下雨还能锄地？’”

9日　徐玉诺在开封病逝。《奔流》1958年5月号消息：“省人民代表大会代表、省政协委员会委员、省文联常务委员、老诗人徐玉诺先生因患食道癌症久治不愈，于1958年4月9日4时30分在开封市逝世。享年六十五岁。灵柩已移回鲁山原籍安葬。”

10日　四川省委宣传部组织力量采集民歌民谣。“为着广泛深入地汇集大跃进中的群众文艺创作，使它发挥更大的作用，中共四川省委宣传部四月十日从本部和省文化局、省文联、省人民出版社、西南音专等单位抽调了二十二人，组成了四个采集工作组，分赴川东、川南、川西、川北以及雅安等地区的重点县市，深入工矿、农村，搜集发掘大跃进中群众创作的诗歌、民谣、金钱板、花鼓、漫画等各种文艺作品。五月上旬，采集工作暂告一段落，集中进行整理、编辑、出版工作。”“省委宣传部并认为，这次采集工作还只能算是一个开始，普遍深入的征集工作，还须依靠各地党委宣传部门和政府文化部门以及广大农村工作干部和文艺工作者，大家动手，深入广泛地进行收集。”（英佳《省委宣传部组织力量深入群众四路采“风”》，1958年5月5日《草地》1958年5月号）

11日　《文艺报》1958年第7期刊出丁力《诗，必须到群众中去!》、闻山《明亮的星星》、曹子西《春天的呼声——读田间的近作〈街头诗一束〉》、朱式蓉《农民的心情农民的话》等文。

12日　《解放军文艺》1958年4月号刊出郭沫若《欢迎志愿军凯旋》、晏明《祖国，大跃进》等诗。

14日　《人民日报》刊出社论《大规模地收集全国民歌》，讲：“云南省委宣传部向各地县委发出了‘立即组织搜集民歌’的通知，通知中说：云南各族人民中出现了很多歌颂生产大跃进的民歌。它不但丰富着人民的文化生活，而且有利于各族人民社会主义意识的增长。因此，应该十分注意把它们搜集起来（见4月9日本报第一版）。”“根据最近的消息，已经有不少地方在进行这项工作。他们收集民歌的方法是通过群众路线，深入群众，依靠群众，把民歌记录下来，分类整理，这比我们历史上任何时期收集民歌的方法都要完善得多了。已经有些县编出了一些民歌集子。看来，这项工作已经引起了各地领导机关相当的重视，已经完全有条件可以大规模地进行。这是一项极有价值的工作。它对于我国文学艺术的发展（首先是诗歌和歌曲的发展）有重大的意义。”“从已经搜集发表在报刊上的民歌来看，这些群众的智慧和热情的产物，生动地反映了我国人民生产建设的波澜壮阔的气势，表现了劳动群众的社会主义觉悟的高涨。‘诗言志’，这些社会主义的民歌的确表达了群众建设社会主义的高尚志向和豪迈气魄。”“这些是现实主义和浪漫主义相结合的好诗，在农业合作化以后的大规模的生产斗争中，农民认识到劳动的伟大，集体力量的伟大，亲身地体会到社会主义制度的优越性，他们就能够高瞻远瞩，大胆幻想，热情奔放，歌唱出这样富于想象力的、充满革命乐观主义精神的杰作。”“这是一个出诗的时代，我们需要用钻探机深入地挖掘诗歌的大地，使民谣、山歌、民间叙事诗等等像原油一样喷射出来。我们既要把它们忠实地记录下来，选择印行，也要加以整理和研究，并且供给诗歌工作者们作为充实自己、丰富自己的养料。诗人们只有到群众中去，和群众相结合，拜群众为老师，向群众自己创造的诗歌学习，才能够创造出为群众服务的作品来。”

15 日《青海湖》1958 年第 4 期刊出李来予《一柄宝剑》、葛泽溥《在大跃进中》等诗。

16 日《笔汇》第 21 号刊出覃子豪的诗论《关于新现代主义》。

纪弦讲：“一九五八年四月十六日《笔汇》第二十一号发表了覃子豪所写的一篇《关于新现代主义》，我则回敬之以《两个事实》（发表于《现代诗》第二十一期）和《六点答复》（发表于《笔汇》第二十四号），算是第二个回合。这一次，他的攻势远不及上回那么凌厉，所以我的笔墨也消耗得并不太多。”（《纪弦回忆录·第二部》，联合文学出版社 2001 年 12 月出版）

19 日　新华社南昌 19 日电：“中共江西省委宣传部最近发出通知，要求全省各地党委宣传部立即组织和动员力量深入基层搜集山歌、民歌，在 5 月 5 日和 15 日分别将第一和第二批稿本送给省委宣传部选编出版，通知还要求各县今年内编出民歌选集二本到五本。”“通知说，目前在社会主义建设和生产大跃进中，各地涌现出了许多歌颂幸福生活、鼓励生产大跃进、抒发建设热情的生动的山歌和民歌，我们必须立即把这些山歌、民歌进行有计划的搜集、整理和选编出版，以丰富人民文化生活，促进文艺事业的大发展。通知要求各地党委宣传部把这一工作看成经常性工作，做出经常工作计划，做到乡乡有专人负责。通知还要求省报和各地报纸、文艺刊物、出版社今后也要经常以一定篇幅定期选登山歌、民歌，并系统地整理出版。”（《大力搜集山歌民歌——中共江西省委宣传部发出通知》，1958 年 4 月 21 日《人民日报》）

20 日　中共四川省委发出关于搜集民歌民谣的通知。“通知说：中国诗的出路，第一是民歌，第二是古典诗词歌曲，在这个基础上发展起来的新诗，可能更为人民群众所欢迎。这种新诗应该具有民族的形式和风格，应该是现实主义和浪漫主义相结合的。”“通知中说：今天人民已经作了国家的主人翁，人吃人的剥削制度已经被废除；人民的思想、人民的生产力已经获得了解放。作了国家主人翁的人民，从他们内心表达出来的歌颂社会主义建设，歌颂共产党和毛主席领导的民谣，实际是社会主义的东风。这种社会主义的东风，是能够吹得人心怒放，百花齐放的。”“通知说：古代有过采集民歌民谣的制度，即所谓采‘风’的制度。今天我们为着丰富、提高和充实人民的文化艺术生活，并为中国新诗的发展摄取朴素美丽、富有情感的营养资料，因而不断的在广大工农中采集一批民歌民谣，那是非常必要的。”“为便于民歌民谣的搜集，通知中提出了以下措施：首先，要求各地、市、县委，厂矿党委，农村支部负责把知道的民歌民谣记录下来，或在各阶层青年和老年中搜集。凡自己能写的即发给他们三、五张纸，请他们自己写。劳动人民不能写的，可找人代写。”“其次，民歌民谣、诗词歌曲，不拘形式，不限字数，只要内容好，能充分表达人民的感情，有一定文艺水平的都可以搜集。”“第三，报纸刊物和出版部门，今后应有计划有组织的选择一些好的民歌民谣来发表，以示提倡和鼓励，必要时亦可出些民歌民谣选集。”“通知最后要求各地在接到此通知后，立即将搜集起来的第一批民歌民谣于5月半以前送交省委宣传部。”（1958年5月5日《草地》1958年5月号）

20日　《文学杂志》第4卷第2期刊出夏菁《舞之边缘》、痖弦《蛇衣》、沉思《乡村日记》等诗。

21日　《人民日报》刊出《关于大规模收集民歌问题——郭沫若答“民间文学”编辑部问》，讲：“中国收集民歌，是有传统的。古时代有所谓‘采风’的制度。‘诗经’三百篇，里面大部分都是民歌。历代都有较好的文人做过这件事。现在党把这件事抓起来了，这就太好了。从前大家对于民间的东西不注意，文艺杂志上根本不登旧体诗，不登民间的东西，对它是鄙视的。我在1930年左右，还是在日本的时候，曾经在陶晶孙编的‘大众文艺’上写过一篇文章，提倡文艺要重视民歌民谣，音乐要重视打锣打鼓，是挨了骂的！毛主席对民间的东西一向很重视。延安文艺座谈会以后，扭秧歌，不是就敲锣打鼓了吗？现在党把收集民歌抓了起来，各省各县都动了起来，这就会出现一个从来没有过的局面。孔子删诗，一共三百多篇，我们将来收集到的东西，不知道会有多少亿首！现在的搜集工作是由群众来做的，各地都会出许多大大小小的孔夫子。”

25日　《诗刊》1958年4月号刊出荃麟的文章《门外谈诗》和《工人诗歌一百首》、《工人谈诗》。荃麟文章讲：“我国新诗运动的历史虽然较短，但也可以看出几个时期中诗风的变化和发展。这种变化和发展和我国革命以及文艺界两条道路的斗争又是分不开的。‘五四’以来的每个时期中，都有两种不同的诗风在互相斗争着。一种是属于人民大众的进步的诗风，是主流；一种是属于资产阶级的反动的诗风，是逆流。”该期《编后记》说：“从这一期可以看出，我们正在不断地改进工作。”“这一期我们发表了一百首工人的诗。这些诗强烈地表现了工人同志们的革命干劲和主人公的豪情，反映了社会主义伟大建设的各个方面。其中有不少出色的作品。我们真为工人中涌现出这些诗歌作者而高兴！这是我们社会主义诗歌队伍中的强大后备军。”“我们还发表了近三十位工人对当前诗歌创作问题的意见。我们认为这些意见都是有价值的，值得重视的。”“荃麟同志的论文提出了关于诗风、诗歌与群众接合、现实主义与浪漫主义等重要问题，我们准备就荃麟同志提出的问题在刊物上展开讨论。希望读者和诗人把意见告诉我们。”

《人民日报》刊文介绍说：“‘诗刊’4月号发表了四十六位工人创作的一百首优秀诗歌。这些工人作者大部分都是新近才开始写诗的，他们用乐观、明朗、朴素、健康的笔调把工人阶级建设社会主义的豪迈情绪和革命干劲带上了诗刊。”“这一百首工人诗作出自机床、煤矿、铁矿、铁路、汽车、纺织、电话、建筑、农场、搬运等各行各业的工人的手笔，作者遍及北京、上海和东北、华东、中南各省市。这些诗歌生动地反映了祖国工业大跃进的面貌和工人们丰富多彩的生活和斗争。”（《工人的诗》，1958年4月27《人民日报》）

26日　中国文联、中国作家协会、中国民间文艺研究会邀请首都文艺界著名人士和有关部门的负责同志多人召开民歌座谈会，会议由中共中央宣传部副部长周扬主持。郭沫若、老舍、郑振铎、臧克家、赵树理、阳翰笙、顾颉刚、江橹、贾芝、林山等发言，中共湖北省红安县委宣传部长童杰也应邀出席。5月11日《文艺报》1958年第9期刊出《采风大军总动员——首都文艺界民歌座谈会纪要》。

26日　《文艺报》1958年第8期《献给“五一”节》栏刊出工人诗一组，有温承训《赶马调》、范以本《红色的奖旗》、陆宇清《银灰布》、郑成义《喷气式快报》；同期还刊有田间的街头诗二首《谈干劲》和《勤劳年》。

4月　《中国青年报》刊出李苏卿的诗《小篷船》。

李苏卿讲：“58年2月间，我从北京归来（转业）。火车到了苏州，一下车，看到北方少见的小篷船——我万分想念的小篷船。刹那间，我忆起七、八年前，故乡河港里小篷船忙碌的情形（好比北方的马车）。啊，多么亲切！

“在故乡住了半个月，天天看到小篷船在忙碌：从镇上运着日用品——布匹、油、盐、酱、醋——下乡；从乡村运着柴、粮、瓜、果到镇，而特别是载客和运肥。……我已到非歌颂不可的地步了。于是我写：

小篷船，不得闲，
冬春运肥忙不断，
夏秋运粮像穿梭，
一年四季沉甸甸。

“这样，因为思路很广，线头太多，想把小篷船的事包罗万象地写下来，反写不下去了。总之写了七八次吧，还是写不好。后来一想，还是写小篷船的一桩事（一个有代表性的镜头）吧！当时因为大搞积肥，小篷船运河泥、人粪很忙，于是我决定写一个运肥的场面试试：

小篷船，运肥在田间，
橹摇歌响闹翻天。
来自柳树云，
进入桃花山。

“写出来一看，没有时代特征，这样的诗能出在任何一年。大跃进最大的特征是冲天的干劲。人们日以继夜，愉快地劳动；特别是把黑夜当做白天，在星夜积肥，过去是比较少的。于是我选择了一个星夜运肥的镜头，并采取‘小篷船，装粪来’这种摇橹的节奏，使诗在音乐上的美与诗的内容、情绪相结合。”（《“小篷船”的构思经过》，1959年5月1日《东海》1959年第9期）

4月　《创世纪》第10期刊出张默的诗论《新民族诗型之特质》和余光中《西螺大桥》、洛夫《一九五八六题》、痖弦《无谱之歌》、李冰《午夜的海葬》

等诗。

4月　艾青被划为右派分子。

周红兴讲："话题又转到一九五七年的反右斗争。年轻人迷惑不解地问道：'艾老，您当时为什么被打成右派的？''理由很简单。丁玲遭到批判之后，我说了这么一句同情与不满的话："我们党内总是有一批人整我，有一批人挨整。"'"（《艾青谈话录·1981年7月5日》，《艾青研究与访问记》，文化艺术出版社1991年7月出版）

4月　林林的诗集《印度诗稿》由作家出版社出版。

4月　昆明军区部队文艺读物编辑室编的诗集《一束山茶花》由云南人民出版社出版。

4月　北京出版社编辑的《跃进的号角（北京郊区农民大跃进诗歌选）》由该出版社出版。

4月　高缨的诗集《大凉山之歌》由作家出版社出版。收《锁链》、《流水与石头》、《给彝族歌手》、《母亲的歌》等诗22首，有《祝福》代跋。

4月　田间的诗集《天安门赞歌》由北京出版社出版。收《戎冠秀》、《天安门》诗2首。

4月　王群生的叙事长诗《红缨》由解放军文艺社出版。共31章，有作者诗代《序》。该书《内容提要》说："这部长诗，描写了一个对革命无限忠诚的红军战士——王大中一生的斗争遭遇。"

4月　臧克家的诗集《一颗新星》由作家出版社出版。收《在毛主席那里作客》、《我的心严肃而又激动》、《一颗新星》、《苏联红军弟兄呵，我向你们致敬！》等诗64首，分为2辑，有作者《后记》。《后记》说："收在这个集子里的三十几首诗，是最近四五年来写的，大多是抒情的短章。""这些诗，多半是对于具有重大意义的政治事件的个人抒情。在第一辑里，歌颂祖国的主题是重点；第二辑里的作品，几乎全是为苏联而歌唱。"

4月　国营上海第二纺织机械厂工人创作的诗与小调、快板合集《大跃进之歌》由上海文化出版社出版。收有沈新炎《我们工人阶级是英雄》、吴训端《决心攻破文化碉堡》、李文彰《五十万纱锭保证能完成》等诗，有徐平羽《序》。《序》说："这本集子的出版，是上海群众文艺运动全面开花后所结出的一个可喜的果实。它也说明了文艺创作不是也不应该是'神秘'的，高不可攀的。任何文艺创作，首先决定于内容，其次才是技巧；在我们国家里，工农劳动群众是生活的主人，他们在火热的斗争中，有着写不尽说不完的创作题材，这就首先解决了创作上最根本的问题。至于技巧，它又是从实践中锻炼出来的。如果说今天还比较不够成熟，那么就更应该多写，多写是获得技巧的最重要的方法。因此，在更大的范围内开展群众文艺的创作活动，并且坚持下去，让更多的人拿起笔来，我们就一定会得到在量和质两方面都更丰硕瑰丽的果实。"

4月　河南人民出版社编辑的《登封人民跃进诗篇选辑》由该出版社出版，为中共河南省委登封会议文集之四。收《东风压倒西风》、《乘风破浪，力争上游，彻底改变登封面貌!》、《苦战！苦战！再苦战！提前实现文化县!》等诗7首，有编者《中共河南省委登封会议文集序言》。

4月　黑龙江人民出版社编辑的诗集《歌唱黑龙江》由该出版社出版。收有王书怀《星，人类的智慧的眼睛》、陶耶《右派三部曲》、张蒲家《嫩江吟》等诗，分为《东风压倒西风》、《反击右派》等8辑，有严辰序《读〈歌唱黑龙江〉》。

4月　广西壮族自治区文联编的诗集《红河之歌》由广西人民出版社出版。收有黄青《红河之歌》、包玉堂《歌唱我的民族》、苗延秀《英雄树》等诗，有编者《序》。

4月　湖南省文学工作者协会编的《欢呼共和国——湖南省1957年诗歌选》由湖南人民出版社出版。收有于沙《沿着领袖的脚印》、未央《1957年纪事》、唐齐义《整风镜头》等诗，有编者《前言》。

4月　中共襄阳地委办公室编的《绿水笑着上山坡——襄阳专区水利建设诗歌选》由湖北人民出版社出版。作品分为3部分，收素平《只因有了毛主席》、李知海《兴修水利靠合作》、均县习家店乡明星四社社员集体创作《河水也能翻上山》、严嵩《两口争着修水利》等诗40首，有编者《前言》。

4月　上海文化出版社编辑的诗集《强盗们的悲哀》由该出版社出版。收郭沫若《阿Q精神》、邹荻帆《西方的自由》、禾生《美国在"复兴"南朝鲜》、袁水拍《联合国里的大肚子》等诗42首。

4月　湖北人民出版社编辑的诗集《双反战歌》由该出版社出版。收《武钢工人反浪费》、《火烧崔科长的暮气》、《给国营百子菜市场的大字报》、《配合生产呱呱叫》等诗90余首，有编者《后记》。当时的评介说："一翻开书，令人很容易感觉到：它所用的语言，流利、通俗；它所描绘的形象，真切、鲜明；它所流露的情感，诚恳、纯朴。""这个集子的主要特点是：紧密地结合了实际，配合了当前的政治斗争，有批评、有检查、有表扬、有鼓励、有歌颂；没有空洞的叫喊，没有装腔作势，没有矫揉造作；从这里，我们可以体会到国家主人翁应有的责任感，可以看到群众无比的力量和智慧，也可以听到武汉在社会主义建设大跃进中的声音。"（彦君《跃进的声音——推荐"双反战歌"》，1958年6月1日《长江文艺》1958年6月号）

4月　田间的诗论集《海燕颂》由北京出版社出版。

4月　沙鸥的诗论集《谈诗第三集》由新文艺出版社出版。收《艾青近作批判》、《"草木篇"批判》、《读爱情诗札记》、《读风景诗札记》等文8篇。该书《内容提要》说："本书共收关于诗歌问题的论文八篇，以主要篇幅对右派分子流沙河、反党分子艾青等人的诗歌作了批判。这些批判紧密地配合了反右派斗争，具有很强的战斗性。另外，作者还对爱情诗、风景诗写作中的一些坏倾向提出了批评，作者通过具体分析，指出了一切诗歌写作中的脱离社会主义的倾向都是要不得的。作者的这些意见，对于学习诗歌创作的同志们是有益处的。"

4月　安旗的《论抒人民之情——抒情诗论集》由新文艺出版社出版。收

《“安魂曲”——反革命的毒箭》、《这是一股什么“风”——评张贤亮的“大风歌”》、《论诗的典型化方法的多样性》等文12篇，分为2辑，有作者《后记》。《后记》讲：“我只不过是一个普通的诗歌爱好者。”“但当我看见胡风分子们的反动的诗歌理论和诗作把我们的诗坛弄得乌烟瘴气的时候，我不能不拿起笔来；当我看见右派分子们在我们的诗坛上种植鸦片而冒充鲜花的时候，我不能不拿起笔来。还有，当我发现我国古典诗歌的惊人的宝藏还没有被我们今天的诗人充分注意，还没有充分汲取其中有用的东西来提高社会主义的诗歌艺术时，我也不能不拿起笔来。拿起笔来为社会主义文学事业贡献出我一点微薄的力量。”

1958年5月

1日　《星星》诗歌月刊1958年第5期《诗歌下放笔谈》栏刊出工人司徒奴《写车间！写工人!》、廖代谦《诗歌如何才能下放》、孙跃冬《诗要写得口语化》等文。是期随刊附《诗传单》一张。

1日　《长江文艺》1958年5月号刊出涂永炎等的《大字报诗选》和王任重的文章《大字报万岁!》。王任重文章讲：“《长江文艺》编辑部从工厂、机关的大字报中，选登出二十几篇快板诗，这是一个很好的做法，希望今后更多地发表工农群众所创作的诗歌。我们的诗人应当虚心地向工农群众学习，不仅要学习他们那种坚定的意志，英雄气概，革命的干劲，而且要学习他们在诗歌中所表现的健康的风格和纯洁生动的语言。也许有人读了这些来自工农群众的诗歌，会拍桌长叹或者摇头撇嘴，称之为低级形式。殊不知这恰恰是新诗发展的基础和主要源泉，新诗主要的只能在这个基础上去提高去发展（当然从古典诗词中也可以吸取必要的精华）。一定有人不赞成这种见解，我欢迎展开一番讨论。”

4日　北京大学“红楼社”编辑的《红楼》双月刊1958年第3期刊出冯至《在东风里》、曹彭龄《红楼的钟声》、杨匡满《植树》等诗。

5日　《人民日报》刊出中共湖北红安县委宣传部长童杰的文章《无处不见诗，无人不歌唱》，讲：“走进红安县，遍地是歌声。从祖父到孙子、从祖母到少妇少女，从县委第一书记到所有干部，大家都在唱。对唱、独唱、合唱样样有。山歌、快板、顺口溜，相声、大鼓、莲花落……说说唱唱，真是热闹。”“大家唱的是社会主义远景和人间幸福，唱的是生产跃进和技术革命，唱的是表扬先进批评落后……真是心情舒畅，斗志昂扬。”“数不尽的诗篇，写在墙上、田岸上、塘埂上、肥堆上、石头上、山坡上……在这春光明媚的日子里，红安县的大地真是五光十色，琳琅满目。”“光荣的红安县已经是：无处不见诗，无人不歌唱的歌唱县了。”

5日　《草地》1958年5月号刊出《中共四川省委通知各地大量搜集和发表民歌民谣》、英佳《省委宣传部组织力量深入群众四路采“风”》和小木《批驳流沙河在爱情诗问题上的谬论》等文。

8日　《人民文学》1958年5月号《工人的诗》栏刊出孙友田《九里山》、

李声明《车间诗抄》等诗；《诗风笔谈》栏刊出袁水拍《写中国作风、中国气派的诗》、公木《诗歌底下乡上山问题》等文。

11日《文艺报》1958年第9期以《诗人们笔谈革命的现实主义和革命的浪漫主义相结合——向毛主席的诗词学习，向大跃进的歌谣学习》为总题刊出贺敬之《漫谈诗的革命浪漫主义》、臧克家《理想，热情，诗意》、冯至的《漫谈新诗努力的方向》、郭小川《我们需要最强音》、袁水拍《诗歌中的现实主义和浪漫主义的结合》等文。袁水拍文章讲："中国新诗的道路应该是：形式是民族的，民歌和古典诗歌可以作为基础；内容是现实主义和浪漫主义的对立的统一。这是不易之理，这是我们的方向。"此文还批评《长江文艺》2月号上蔡其矫的诗《雾中汉水》，讲：看了这首诗，"使人不禁要问：解放后的今天和旧时代的区别在哪里呢？这是社会主义的真实吗？这是今天的作家所应有的思想感情吗？在生产大跃进的高潮中，令人振奋的群众建设的伟大场面到处出现，而在这里，作家'看得见的'竟是这样一幅图画！这不恰好是人民群众轰轰烈烈，而作家心情冷冷清清吗？在作者看来，'纤夫'和'千年'前的竟是一样，在'喘息'，'痛苦的跋涉'。而'红日'呢？作者认为，也正在为我们掩面哭泣！"

12日　《解放军文艺》1958年5月号刊出战士叶晓山《高空作业歌》、工人王维洲《大跃进之歌》等诗及《大字报上的诗》。

14—18日　河北省文联责成《蜜蜂》文学月刊社在河北怀来南水泉村召开河北省诗歌作者座谈会，会议由田间主持。到会的有河北省业余诗歌作者二十余人，在怀来县下乡的诗人徐迟、邹荻帆等也应邀参加了会议。（1958年7月《蜜蜂》文学月刊1958年7月号）

15日　《青海湖》1958年第5期刊出《大跃进"花儿"百首》和《用民歌鼓舞人民前进 用民歌记载时代历史——中共青海省委决定大量收集民歌》。

16日　《人民日报》刊出林陵的文章《诗歌的道路》。

20日　《文学杂志》第4卷第3期刊出李经《午后的访客》、许国衡《蛙鸣》等诗。

24日　《收获》文学创作双月刊1958年第3期刊出戈壁舟的长诗《青松翠竹》和李广田诗辑《乘风破浪》、蔡其矫诗辑《丹江口·南津关》、方敬诗辑《献花》、邹荻帆诗辑《西榆林诗草》；蔡其矫诗辑《丹江口·南津关》包括《丹江口》、《川江号子》等诗。

25日　《诗刊》1958年5月号刊出茅盾《工人诗歌百首读后感》、老舍《大喜事——"工人诗歌百首"读后》、袁水拍《向民歌学习浪漫主义精神》、冯至《漫谈如何向古典诗歌学习》、陈骢《"改了洋腔唱土调"》及《对卞之琳"十三陵水库工地杂诗"的意见》等文和《民歌选六十首》、贺敬之《三门峡歌》等诗。茅盾文章讲："我以为我们的专业诗人有不少地方应当向业余的工人作家们学习；同时，我也觉得，工人百首诗歌中有些毛病，说不定还是多读了不好的诗歌无意中传染来的。我们有些坏诗集却还名气很大呢，例如号称已有国际声誉的右派分子艾青，我看他诗集中，装腔作势的东西就很多。然而因为他有这么一点虚名，而且他又骄傲自负，他从没对自己的作品来一次自我批评，反而时时以导师面目出现，于是有些青年有意摹仿他，或者无形中受他影响。因此，我以为富于生活斗争经验的工人同志们要发挥创造性，尽量不落既成诗人们的那一套腔调。”《民歌选六十首》编者按：“随着大跃进的脚步，民歌响起来了，像一阵风。它的数量多到难以计算，像潮水一样，后浪推着前浪。它表现出中国人民，在共产党领导下，以冲天干劲征服大自然的壮举和豪情。”“我们从现有的材料中，挑选了六十首，把它集中地发表在‘诗刊’上。对于目前已经产生和将来还要继续产生的民歌说来，这个数目真是沧海里的一勺水。”“我们觉得这六十首民歌，比起同类的其他创作来，更朴素、精炼、明快，艺术表现力更强一些，因而也就更加令人喜爱。”“这些创作，都是优美的诗。它所表达的思想情感是高强豪迈，其中有许多是革命浪漫主义和革命现实主义结合的作品。它的形式虽然短小，但也变化多端，不拘一格。至于想象的大胆，用语的新颖，节奏的明快，真可说开一代诗风，值得诗人们认真地学习。把这些民歌和诗人们的创作比较一下，会促使诗人们改变诗风，创作出为广大人民所喜闻乐见的民族风格的新诗来。当然，学习不是形式主义的摹拟。关在屋子里是无论如何也创作不出火热斗争中产生出来的那样的作品的。”

26 日 《文艺报》1958 年第 10 期刊出任小哲《送给小朋友的好礼物——介绍〈为孩子们写的诗〉》、上海中国药物公司工人雷霆《祝贺钢铁与诗歌的熔炼者——读〈诗刊〉的〈工人诗歌一百首〉》、彤星《一首有特色的诗——〈理发师〉》等文。雷霆文章讲：“《工人诗歌一百首》的汇编，首先应当感谢党对革命诗歌运动的重视和关切，对我们这群刚学会拿笔来反映自己愉快的劳动生活的工人的培养。工人的名字和诗歌联在一起，这个奇迹本来就是共产党所创造的。在解放前的黑暗日子里，工人有资格拿笔吗？日日夜夜当牛当马的劳动还来不及，还有业余时间给我们学习写诗吗？饮水思源，这些诗篇中很多首都直接地歌颂了党的伟大，那是很自然的。”

27 日 《人民日报》刊出丁力《诗风杂谈》、安旗《把诗送到工厂、农村、街头去！——读“星星”诗传单》等文。丁力文章讲：“近年来的诗坛上，为广大人民所喜闻乐见的诗，容易记住，容易上口的诗，不如从前多了。另一方面，洋学生腔和欧化的长句子诗，却出现得很多，甚至出了几位写长句诗的专家。我认为这不是好的倾向，这类欧化的长句诗，不是人民大众所喜闻乐见的形式。虽说也算是一种花，但广大的工农兵是不欣赏的。”

5 月 罗门的诗集《曙光》由蓝星诗社出版。

5 月 沈耘的民间故事诗《一双彩虹》由重庆出版社出版。

5 月 王幻的诗集《情冢》由绿萼书屋出版。

5 月 蔚文的诗集《银树上的金果》由长江文艺出版社出版。

5 月 上海文化出版社编辑诗集《上海之歌》由该出版社出版。

5 月 河南人民出版社编辑诗集《水利大跃进赞歌》由该出版社出版。

5 月 天津人民出版社编辑诗集《为孩子们写的诗》由该出版社出版。

5月　黎汝清的诗集《战斗集》由上海文化出版社出版。收《我有一颗士兵的心》、《大字报，贴出来吧！》、《工地上的红旗》等诗，分为《哨兵篇》、《激流篇》等5辑，有作者《后记》。

5月　李季的诗集《西苑诗草》由作家出版社出版。收《给一个石油地质探勘队员》、《北京的诗》、《列宁的塑像》、《玄武湖的秋天》等诗29首，分为《西苑书简》、《北京速写》等4辑。

当时广告讲："这部短诗集是作者最近一年多来的新作，共分四部分：'西苑书简'，是用诗的形式写给劳动在柴达木青年们的信；'北京速写'，是作者根据亲身的见闻歌唱北京的诗；'彩虹颂'是赞颂苏联和中苏两国的亲密友谊的；'江南草'是江南旅行散诗。这些短诗写得优美而生动，读来很感亲切。"（1958年5月25日《诗刊》1958年5月号）

5月　王鸿的诗集《金色的里下河》由江苏文艺出版社出版。收有《走啊！走啊！去参加大辩论》、《县长下地》、《养蚕姑娘》等诗。

5月　雁翼的诗集《红百合花》由新文艺出版社出版。收《谒勘测队员墓》、《风雪挡不住我们》、《女电机手》、《红百合花》等诗44首，有作者《跋》。《跋》说："这个诗集，就是描写宝成铁路的修建的，就是描写筑路工人向大山、江河的斗争的。这些诗，也像红百合花一样，是在筑路工人创造的丰收季节，为开山架桥工人而开放的。所以，就取'红百合花'为名。"

5月　雁翼的诗集《黄河帆影》由长江文艺出版社出版。收有《故乡，我回来了》、《右派分子的春梦》、《黄河帆影》等诗，分为《故乡颂》、《反右诗抄》等4辑，有作者《跋》。该书《内容提要》说："这集子，包括四十余首诗，分为四个部分：第一部分，故乡颂，是作者访问故乡时的情怀抒发；第二部分，旅行散歌，是旅行期间的一些即兴作；第三部分，反右诗抄，是反右派斗争中，揭露与打击敌人的短诗；第四部分，黄河帆影，是一首以叙事为主而带有抒情色彩的长诗。""这些诗，情感真挚、语言朴实，较突出地反映了祖国农村的巨大变化和农民的思想、感情。"

5月　张永枚的诗集《椰树的歌》由作家出版社出版。收有《肩膀》、《椰子树的传说》、《螺号》等诗。

5月　新文艺出版社编辑的《大跃进诗选》由该出版社出版。收靳以《歌唱上海的春天》、莎白《上海滩，春雷动》、鲁氓《城市在沸腾》、周嘉俊《给铅笔做广告诗》等诗六十余首，有《出版者的话》。《出版者的话》说："上海，这个英雄的城市，正以一日千里的姿态跃进着，在这大跃进的日子里，诗人们遏止不住自己的感情，以无比的激情，写下了大量热烈的颂歌和豪迈的诗篇。为了迅速反映上海大跃进的面貌，我们编选了这本《大跃进诗选》。"

5月　"长春"文学月刊编辑部编的诗集《汽车工人的歌》由吉林人民出版社出版。收有张永善《盘古开天第一眼》、于德成《我们车间里有一个姑娘》、房德文《汽车城的早晨》等诗。

5月　萌芽编辑委员会编的《青春集——萌芽诗选》由上海文化出版社出

版。作品分为《铁锤和诗句》、《田间短笛》等6辑，收郑成义《潜水工，你看见什么》、冰夫《夜里，山泉流过村庄》、孟伟哉《三八线界碑作证》、严阵《草原上的歌声》等诗七十余首。

当时的评介说："这本书选集了'萌芽'半月刊自创刊至1957年底所发表的较好的诗歌。这些诗歌，有的歌颂工人阶级的劳动热情和祖国建设的壮丽图景，有的歌唱农村新气象和农业劳动的愉快，有的歌颂解放军的乐观主义精神和军民间的亲密关系，也有的歌颂了祖国的美丽山河。它们虽然大都不是出自著名诗人的手，但却比较清新活泼，反映了新的生活、新的斗争。"（1958年7月7日《人民日报》）

5月　中国民间文艺研究会编的《农村大跃进歌谣选》由作家出版社出版。收《共产党领导的办法高》、《四十条铺起康庄道》、《合作化力量大》、《乡乡社社传喜讯》等10辑300首，有编者《几点说明》。

广告讲："从社会主义大跃进开始以来，在全国广大农村中，不但生产上飞跃前进，歌谣方面也获得了丰收。本书所选的三百首优秀作品，就是歌谣丰产中的一部分。这些歌谣歌唱了党和毛主席的好领导，歌唱了农业发展纲要四十条，歌唱了千千万万农业劳动者的智慧、力量与干劲，歌唱了水利、积肥、绿化、除四害、学文化等方面的工作，也歌唱了干部下放和干部作风的转变。从这些歌谣中，我们不但可以看到农村生产大跃进的伟大气概，也可以听到农村思想大跃进的豪迈的心声。"（1958年5月11日《文艺报》1958年第9期）

潘旭澜说：读着《农村大跃进歌谣选》，"心情一直不能平静。我好像看到了一幅光芒逼人的长卷，好像听到了进军的鼓声和号角。这虽然是一个歌谣的集子，但是这些歌谣却被大跃进的主题贯串了起来，因此，我们完全可以把它看作是一部英雄史诗。"（《唱得长江水倒流——读"农村大跃进歌谣选"》，1958年8月8日《人民文学》1958年8月号）

（作者单位：中国社会科学院文学所）

《戴望舒全集·诗歌卷》补正及其他

□苟强诗

戴望舒是诗人，又是翻译家。他写诗、译诗，写散文、译散文，在写作之初，还作过几篇短小说，后来他翻译了法国、西班牙、意大利等国的作家的大量短篇小说。他也做过报刊的编辑，尤其是生活在香港的那段时期。此外，戴望舒还是一位研究小说戏曲、俗文学的学者，写了很多研究性的文章，鲁迅的《古小说钩沉》序文，便是戴望舒发现的。

而今收录戴望舒作品（包括著译作品）较为全面的，应算是王文彬先生主编的《戴望舒全集》①。但在笔者阅读《戴望舒全集·诗歌卷》（以下简称《诗歌卷》）的过程中，却发现《诗歌卷》所载的戴诗全文、发表时间及出处等，均有明显错讹之处，与笔者所收集的资料不同，所以在这里将其写出，望各位专家指正。

1.《诗歌卷》第 16 页《夕阳下》“载《小说月报》第十九卷第十一号，一九二八年十一月”。

按：《夕阳下》实际发表于《小说月报》第十九卷第八号，一九二八年八月月十日。

戴望舒在该期《小说月报》上发表的诗歌，在目录上题为《诗六首》，包括《雨巷》、《残花的泪》、《静夜》、《自家伤感》、《夕阳下》、《Fragments》。抒情诗《雨巷》的发表，产生了很大影响，叶圣陶称诗人“替新诗的音节开了一个新纪元”，戴望舒由此被誉为“雨巷诗人”。

2.《诗歌卷》第 32 页《十四行》“载《莽原》第二卷第二十期，一九二七年十二月”。

按：诗歌《十四行》实际发表于《莽原》第二卷第二十期，一九二七年十月二十五日。

在《莽原》第二卷二十期目录中，以“诗三篇”为总题，署名戴望舒，发表《十四行》、《不要这样盈盈地相看》、《回了心罢》三首诗歌。

3.《诗歌卷》第 35 页《不要这样盈盈地相看》“载《莽原》第二卷第二期，一九二七年十二月”。

---

① 《戴望舒全集》分三卷：诗歌卷、散文卷、小说卷，王文彬、金石主编，中国青年出版社 1999 年出版。这应算作一个“全而未全”的集子，因为某些单行本的小说译集以及某些文章并未收入《全集》。

按：《不要这样盈盈地相看》实际发表于《莽原》第二卷第二十期，一九二七年十月二十五日。

4.《诗歌卷》第36页《回了心吧》“载《莽原》第二卷第二十期，一九二七年十二月”。

按：《回了心罢》实际发表于《莽原》第二卷第二十期，一九二七年十月二十五日。

5.《诗歌卷》第45页《断指》“载《无轨列车》第一期，一九二八年十二月”。

按：此处错误有二：一是《断指》实际发表于一九二八年十二月十日《无轨列车》第七期；二是《无轨列车》创刊于一九二八年九月十日，在创刊号上刊有戴望舒《诗二章》即《路上的小语》、《夜……》，创刊号第26—30页。

6.《诗歌卷》第50页《我的记忆》“载《未名》第二卷第一期，一九二九年一月”。

按：更具体的时间为《未名》第二卷第一期，一九二九年一月十日。

(1)《未名》原诗之题目为《我的记忆》而《诗歌卷》第49页所为《我底记忆》。

(2)《未名》原诗第一句“我的记忆是忠实于我的”而《诗歌卷》第49页为“我底记忆是忠实于我的”。

(3)《未名》原诗第二节“牠存在在燃着的烟卷上”的下一句是“牠存在在破旧的粉盒上”，无《诗歌卷》第49页“它存在在绘着百合花的笔杆上”一句。

7.《诗歌卷》第52—53页《路上的小语》“载《无轨列车》第一期，一九二八年九月”。

按：《路上的小语》发表于一九二八年九月十日《无轨列车》第一期。

《诗歌卷》所收《路上的小语》中的“底”在《无轨列车》上均作“的”。

又，《诗歌卷》第52页《路上的小语》第五诗节中间一句“你的火一样的，十八岁的心”，在《无轨列车》中为“你的火一样的心，十八岁的心”。

8.《诗歌卷》第56页《夜是》“载《无轨列车》第一期，一九二八年九月”。

按：《夜是》发表于《无轨列车》第一期，一九二八年九月十日。

《诗歌卷》中《夜是》全诗的“底”在《无轨列车》发表时，均作“的”。

《诗歌卷》中《夜是》第三节最后一句“纵然你有柔情，我有眼泪”，在《无轨列车》所载之《夜是……》为“纵然你有柔情，你有眼泪”。

9.《诗歌卷》第58页《独自的时候》“载《未名》第一卷第八、九期”。

按：《独自的时候》发表于《未名》第一卷第七期，一九二八年十一月。

又：《独自的时候》发表于《未名》时，全诗诗节排列与《诗歌卷》及其他选本集子不同。全诗前二诗节一致，后二诗节对调。

10.《诗歌卷》第60页《秋天》“载《未名》第二卷第二期，一九二九年一月”。《诗歌卷》第60页《秋天》第二诗节后两句“从前认它为好友是错了，/因为它带来了忧愁给我”以及最后一节后两句“当浮云带着恐吓的口气来说：/秋天要来了，望舒先生！”

按：《秋天》发表之具体时间为《未名》第二卷第二期，一九二九年一月二十五日。

《未名》之《秋天》为“从前我认它作好友是错了，/因为它带来了忧愁来给我”以及“当浮云带着恐唬的口气来说：/秋天来了，望舒先生！”

11.《诗歌卷》第62页《对于天的怀乡病》“我也许是这类人之一”，第63页“像人们抛弃了敝舃[①]一样”。

按：《无轨列车》所载分别为“我也是这类人之一”，“像人们抛弃了敝寫[②]一样”。

《对于天的怀乡病》发表于《无轨列车》第八期，一九二八年十二月二十五日。

12.《诗歌卷》第73页《我们的小母亲》“载《新文艺》第二卷第一号一九三零年三月”。第一节第三句“不是驱向贫和死的恶魔的大车”，第二节后两句“在我们，它是有一颗充满着慈爱的血的心的，/一个人间的孩子的母亲”。

按：《我们的小母亲》发表于《新文艺》第二卷第一号，一九三零年三月十五日。载《新文艺》之《我们的小母亲》第一节第三句为“不是那驱向贫和死的恶魔的大车”。第二节后两句为“在我们，它是有一颗充满着慈爱的血的心的，/爱着我们，而且感到被我们爱着的，/一个人间的孩子的母亲”。

13.《诗歌卷》第81页《老之将至》第二诗节“而在我坚而冷的圈椅中，在日暮”，第三诗节第三句为“‘在最适当的地方放你的嘴唇’的”，第六句为“望着她已卸了的锦缎的鞋子？……”

按：《小说月报》载《老之将至》第二诗节为“而在我的坚而冷的圈椅中，在日暮里”，第三诗节第三句为“‘在最适当的地方放下你的嘴唇’的”，第六句为“要我为她卸了锦缎的鞋子？”

14.《诗歌卷》第83页《秋天的梦》第一诗节第一句“迢遥的牧女的羊铃”。

按：《小说月报》第二十二卷第一号所载《秋天的梦》第一诗节第一句为“辽远的牧女的羊铃”。

15.《诗歌卷》第101页《有赠》第一节二三句“谁曾为我穿起许多泪珠/又倾落到梦里去的泪珠?”，第三节第二句“哦，受过我暗自祝福的人”。

按：《现代》第一卷第一期载《有赠》第一节二三句“谁曾为我穿起了许多眼泪，/又倾落到梦里去的眼泪?”，第三节第二句“哦，受过我私自祝福的人”。

16.《诗歌卷》第134页《眼》“载《新诗》第一卷第二期，一九三六年十二月”。

按：《眼》实际发表于《新诗》第一卷第二期，一九三六年十一月十日，发表时题为《眼之魔法》。

---

① 舃：〈书〉“鞋”。

② 寫：即“写”。

17.《诗歌卷》第157页《等待（二）》“载《文艺春秋》第三卷第五期一九四六年十二月”。

按：《等待》实际上发表于《文艺春秋》第三卷第六期一九四六年十二月十五日。发表时题为《等待》无序号（二），在该期《文艺春秋》同时发表的还有《我用残存的手掌》一诗，此二诗发表时以《诗二章》为总题，署名戴望舒，占35—36页。

18.《诗歌卷》第169页《赠内》第二诗节第二句“也会消失它的光鲜”。

按：《诗歌卷》第169页说《赠内》“载《华侨日报·文艺周刊》第三十三期一九四四年九月十日”。此外，《赠内》还发表于1946年12月10《月刊》第二卷第四期，该期还刊有戴望舒另外三首诗歌，《白蝴蝶》、《过旧居（初稿）》、《偶成》①。《月刊》之《赠内》第二诗节第二句为“也会消失它的光辉”。

19.《诗歌卷》第203页《勃列达尼的伊凤》第一诗节第四诗句“枝叶发正繁”，第204页第五诗节最后三句“卿趺未可沾：/卿又安能记！侬思复阑珊”。

按：《勃列达尼的伊凤》发表于一九二九年十一月《新文艺》第一卷第三号。其载第一诗节第四诗句“枝叶发浓繁”，第五诗节最后三句“卿趺②未可沾：/卿又安能忆！侬思复阑珊”。

20.《诗歌卷》第241页《Soli Cantare Periti Arcades》第二诗节第四句“娱那马幼或裘恩”。第三诗节第三句“要到村路又快活”，最后一节“我愿住在奶酪房，/我去愿做那柯林：/要娶村里的姑娘，/娶那马幼或裘恩”。

按：《Soli Cantare Periti Arcades》发表于一九二九年十一月《新文艺》第一卷第三号。发表时第二诗节第四句为“娱那玛玉或裘恩”，第三诗节第三句“要到村路才快活”，最后一节顺序为“要娶村里的姑娘，/我愿住在奶酪房，/我去愿做那柯林：/娶那马幼或裘恩”。

21.《诗歌卷》第496页《冶游郎》是《洛尔迦诗抄》中一首，据笔者查，此诗发表于一九四一年七月十一日《星岛日报·星座》第九八三期，题为《无题》，署名御月。因与《诗歌卷》不同，特录于此：

冶游郎，
小冶游郎③。
你家里烧着百里香。

你不用来去彷徨④，
我已把门儿锁上。

① 《偶成》还发表于1946年1月8日《新生日报·生趣》。
② 趺同“跗”，脚背。
③ 《诗歌卷》：“小小的冶游郎。”
④ 《诗歌卷》：“不用调笑，不用彷徨，”

用纯银的钥匙锁上。
钥匙系在锦带上①。

锦带上有铭语一行：
我的心在远方②。

不要在我街上来回。
让它一任风吹③。

冶游郎，
小冶游郎④，
你家里烧着百里香。

22.《诗歌卷》第506—507页《三河小谣》，是《洛尔迦诗抄》中一首，据笔者查，此诗发表于一九四一年七月十一日《星岛日报·星座》第九八三期，题为《三河谣》，署名御月。因与《诗歌卷》不同，特录于此：

瓜达基维河
在橙树和青果树间流波⑤。
格拉拿达的两条河
从雪倾泻到麦禾⑥。

哎，恋爱
一去不会来⑦！

瓜达基维河
留着榴红石的须⑧。
格拉拿达的两条河
一条是血，一条是□□⑨

---

① 《诗歌卷》："把钥匙系在腰带上。"
② 《诗歌卷》此节为"腰带上有铭文一行：/我的心儿在远方"。
③ 《诗歌卷》此节为"你别再到我街上散步。/一切都叫风吹过"。
④ 《诗歌卷》："小小的冶游郎。"
⑤ 《诗歌卷》："在橙子和橄榄林里流。"
⑥ 《诗歌卷》："从雪里流到小麦的田畴。"
⑦ 《诗歌卷》此节为"哎，爱情呀，/一去不回头！"
⑧ 《诗歌卷》："一把胡须红油红。"
⑨ 此处二字不清。《诗歌卷》："一条在流血，一条在哀恸。"

哎，恋爱
一去随风[1]！

塞维拉有一条路
给帆船驶航；
在格拉拿达的水上
只有太息在划桨[2]。

哎，恋爱
一去不会来[3]！

瓜达基维河，高塔
和橙树林里的风。
陶罗和海尼尔河，
池上死去的小塔重重[4]。

哎，恋爱
一去随风[5]！

谁会说水带来
一片哀号的篝火[6]！

哎恋爱
一去不会来[7]！

带着橙花，带着青果[8]，
昂达鲁西亚，给你的海。

哎，恋爱

---

① 《诗歌卷》："哎，爱情呀，/一去永随风！"

② 《诗歌卷》："只有叹息在打桨。"

③ 《诗歌卷》："哎，爱情呀，/一去不回乡！"

④ 《诗歌卷》此节为"瓜达基维河的橙子林里，/高阁凌空，香风徐动。/陶洛和赫尼尔的野塘边，/荒废的小楼儿孤耸"。

⑤ 《诗歌卷》："哎，爱情呀，/一去永无踪！"

⑥ 《诗歌卷》："谁说水会送来/一个哭泣的磷火！"

⑦ 《诗歌卷》："哎，爱情呀，一去不回顾！"

⑧ 《诗歌卷》："带些橄榄，带些橙花。"

一去随风[1]。

23.《诗歌卷》第550页《蔷薇小曲》第二诗节三四句“不寻找科学和阴翳：/几乎是永恒地在枝上”，最后一节第三句“寂静地向天上”。

按：戴望舒翻译洛尔迦的《蔷薇小曲》发表于一九四一年七月十一日《星岛日报·星座》第九八三期。

《星座》之《蔷薇小曲》第二诗节三四句“不寻找学问和阴翳：/在枝上几乎是永恒”，最后一节第三句“寂静地在天上”。

24.《诗歌卷》第565页《无名的民军》第十二句“在他的目光所及”，第十四句“不会有人能记忆”，第三十、三十一句“全城都拥有这样的儿郎，/马德里全城都给他译支撑！”，第四十二、四十三句“回翔着像一支洁白的花，/永远活着，与天地共久长”。

按：译诗《无名的民军》除发表在《顶点》创刊号外，还发表于一九三九年四月二十二日《星岛日报·星座》第二五七期。

其第十二句为“在他的目光所届”，第十四句为“不会有人能忆记”，第三十、三十一、三十三句为“全城都拥有这样的儿郎，/马德里从旁鼓励他/马德里全城都给他译支撑！”（比《诗歌卷》多一句“马德里从旁鼓励他”），第四十二、四十三句为“回翔着像一支活的花，/永远地活着，与天地共久长”。

25. 译诗《霍赛·高隆》发表于《星岛日报·星座》第二三七期，一九三九年四月二日，虽然《诗歌卷》第576页也说发表于该期，但却有几处与当时所载不同之处，如下：

《诗歌卷》第574页全诗第14行：“向我们的阵地高望。”

按：《星座》原诗为“向我们的阵地遥望”。

《诗歌卷》第574页全诗第19行：“你所防守着不让。”

按：《星座》原诗为“你所防御着不让。”

《诗歌卷》第575页全诗第20行：“摩尔人和异族人入侵的地方。”

按：《星座》原诗为“摩尔人和异族人侵入的地方”。

《诗歌卷》第575页全诗第25行：“那予做囚虏的人的苦痛。”

按：《星座》原诗为“那些做囚虏的人的苦痛”。

《诗歌卷》第575页全诗第33行：“我的苦痛，是为了我那么孤独。”

按：《星座》原诗为“我苦痛，是为了我那么孤独”。

《诗歌卷》第576页全诗第52行：“你的记忆万寿无疆。”

按：《星座》原诗为“你的记忆万寿无疆！”

26. 戴望舒翻译泊拉陀思《流亡人谣》作为《西班牙抗战谣曲选》之一，发表于一九三九年六月二日《星岛日报·星座》第二九七期。《诗歌卷》第588页也注明《流亡人谣》发表于该期《星座》。但是，《诗歌卷》第586页—588页所

---

① 《诗歌卷》：“哎，爱情呀，/一去永难忘！”

录《流亡人谣》一诗却与《星座》所载原诗有极大不同，甚至混乱。究其原因，《诗歌卷》误将《保卫加达鲁涅》前半部分诗句插入《流亡人谣》中，造成《流亡人谣》诗句内容错乱。实际上，一九三九年六月二日《星岛日报·星座》第二九七期除了《流亡人谣》，还有同样作为《西班牙抗战谣曲选》之一的《保卫加达鲁涅》，混乱的原因或许正在于此，由于同期又在一个版面，一不留神，便造成诗歌抄录混乱的结果。为纠正此误，现将一九三九年六月二日《星座》所载《流亡人谣》抄录如下：

失去的新原野啊，
我不幸的命运的平芜
那里剩下你的橄榄枝。
和你的初生的橙树，
流水在你小溪中闪耀。
耕牛犁着你的泥土，
而我越过了你的道路，
永不回来把你重睹。
麦子的娇嫩的手臂，
在你的风中飞舞。
啊，我的血的手臂
是我的死亡的风磨！
我差不多没有朋友，
也没有温热的牛乳，
也没有面包来救我的饥，
也没有言辞来给我鼓舞。
无依无靠的躯体啊！
你怎样给你的枝干以支柱，
对于斩除了你的根的人，
难道你拿浓荫去遮护？
世界给了我坏的躯体；
坏的树，不开花的树，
而在枝头也不一定
能结出什么菓。
啊，我的手的炙热！
哦，我的前额的眼珠！
啊，黎明的光下面！
啊，浓密的阴影罩住！
他们永远清醒着，
清醒着，却连我也认不出，
他们单望着风——

那便是他们苦痛的来处。
啊，原野，迢迢的原野，
我的沉痛在那儿归宿；
他们永不会逢到我的遗忘，
即使我必需忘掉失去你的苦楚。

27. 一九三七年四月《奔涛》半月刊第一卷第三期，刊有译诗《木马》，西班牙加尔西亚·洛尔加作，戴望舒译。《诗歌卷》、《戴望舒译诗集》①、《戴望舒诗歌全编》等集子收入此诗时，其题目均为《木马栏》，且与《奔涛》上的《木马》诗句有所不同，特抄录于此：

过节的日子
在轮子上走着
木马领了他们去，
然后领了他们来②。

天青色的圣体节。
白色的圣诞节③。

日子拖了牠的皮
像那些蝮蛇一样，
惟有过节的日子
却是唯一的例升④。

牠们是和我们
年老的妈妈的节日同样。
她们的暮晚是
锦缎金缀的长裙⑤。

天青色的圣体节。
白色的圣诞节⑥。

---

① 施蛰存编，湖南人民出版社1983年版。
② 《诗歌卷》："节庆的日子/在轮子上盘桓。/木马栏把它们带去，/又送它们回来。"
③ 《诗歌卷》："青的圣体节。/白的圣诞节。"
④ 《诗歌卷》："日子天天过去，/像蝮蛇蜕皮，/但是节日，/唯一的破例。"
⑤ 《诗歌卷》："我们的老母亲/都这样过他们的节庆/她们的夜晚/是缀金叶的闪缎长裙。"
⑥ 《诗歌卷》："青的圣体节。/白的圣诞节。"

钉在一颗星上的
木马转着。
地球五洲的
郁金香花[1]。

发怒吧，发怒吧，马克索罗！
在一个奇幻的轮子上
那些孩子们看见了
世界的未知之远关[2]。

天青色的圣体节。
白色的圣诞节[3]。

《奔涛》第一卷第三期的《木马》没有《诗歌卷》之《木马栏》的第七诗节：“孩子们骑在/装成豹子的马上，/好像是一颗樱桃，/他们把月亮吞下。”

28.《诗歌卷》第515页洛尔迦的《不贞之妇》，据笔者查，还发表于1947年9月《诗创造》第三期《骸麟舞》。但与《诗歌卷》所收《不贞之妇》诗句不同，特将《诗创造》原诗抄录如下：

于是我带她到河滨，
还当她是一个闺女，
谁知她已经有了男人。

是圣谛亚戈节夜晚，
好像预先都安排定。
街灯全都已经熄灭，
蟋蟀点上牠们的灯。
最后的路角上，我就
把她沉睡的乳房拧，
它们忽然为我开绽，
好像是玉簪花两茎。
她的浆挺的短裙子
在我耳里猎猎发声，
就好像是一幅绸缎，

---

① 《诗歌卷》：“木马栏回旋着，/钩在一颗星上。/像地球五大洲的/一枝郁金香。”

② 《诗歌卷》：“生气吧，马可·波罗！/在一个幻想的转轮上，/孩子们看见了遥远的/不知名的地方。”

③ 《诗歌卷》：“青的圣体节。/白的圣诞节。”

给划过了十把白刃。
树木已经生长了几分，
而一片野犬的天边
在河的远处吠不停。

走过了那些木莓丛，
芦苇和荆棘都走尽，
在她美丽的发髻下，
我在泥上捣了一个坑。
我除掉了我的领带。
她也把她的衣衫褪。
我解下腰带和手枪。
她脱掉紧身衣四层。
什么甘松香和海螺
都没有她肌肤细匀，
那在月光下的琉璃
也没有这样的光莹。
她的大腿滑脱开我，
像鱼那样泼剌跳蹦，
一半儿充满着火焰，
一半儿充满着寒冷。
这天晚上我跑过了
世界上顶好的路径，
骑着螺钿的小雌马，
没有镫也没有缰绳。
我是男子汉，不愿意
把她的话说给人听。
理智的光芒已叫我
做人要十分的小心。
她满身污了吻和沙，
给我带回来，从河滨。
那时飘摇的风正在
和蝴蝶花的剑斗争。

我怎样的人就怎样。
像地道的吉泊赛人。
送了她个大针线盒，
用草色的缎子铺衬，
但是我不愿意恋爱她，

因为她虽然有男人，
却对我说她是闺女，
当我带着她到河滨。

《诗歌卷》所收《不贞之妇》与《诗创造》所载诗句用字变化很大，就不一一列举了，将《诗歌卷》所收《不贞之妇》附于此，可直观比较：

于是我把她带到河滨，
只道她是个闺女，
谁知她已经成婚。

在圣雅各节的晚上，
好像什么都预先安排定。
街灯完全熄灭，
惟有蟋蟀在闪耀起劲。
在幽僻的城隅，
我把她沉睡的乳房摸扪，
它们忽然为我开花，
好像是鲜艳的玉簪两茎。
她的浆过的短裙
在我耳朵里猎猎有声，
宛如十柄尖刀
在割裂一幅缭绫。
没有银光照到的树顶，
仿佛也高了几分。
离开河滨很远的地方，
野狗吠声狺狺。
我们走过了木莓丛，
也走尽了芦苇和荆榛，
她那美丽的发髻，
在地上压成一个泥坑。
我解下领带，
她也脱下衣裙。
我除掉腰带和手枪，
她也退下四重小衫和紧身。
任是甘松香和海螺，
都比不上她肌肤滑润，
月光下的水晶，
也没有这般光莹。

她的大腿忽然在我身下挣开，
像两条鱼儿似的泼剌跳蹦。
它们一半儿充满火焰，
一半儿充满了寒冷。
我骑着螺钿般光洁的小牝马，
没有镫也不用缰绳，
那晚上我跑过了
世界上最好的路程。
她对我说的话，我是男子，
不愿意说给人听。
理解的光芒已教我
做人要千万留神。
她身上沾了泥沙和亲吻，
让我陪着离开了河滨。
那时簌簌的夜风正在
和蝴蝶花的剑刃斗争。

我的行为是堂堂正正，
一个地道的吉卜赛人。
我送她一个大针线盒子，
用麦黄色的缎子做成。
但是我不愿意爱她，
因为她虽然已经成婚，
却对我说还是个闺女，
当我把她带到河滨。

29. 戴望舒翻译的《保卫马德里》与《保卫加达鲁涅》除了在一九三七年七月《顶点》创刊号发表过以外，还在一九四八年七月《新诗潮》第三期，以《西班牙抗战谣曲选》为总题，发表译诗《保卫玛德里·保卫加达鲁涅》，而《保卫玛德里》又在一九三九年四月二日第二三七期的《星岛日报·星座》上发表，该期《星座》上同样以《西班牙抗战谣曲选》为总题，除《保卫玛德里》外，还有阿尔陀拉季雷的《霍赛·高隆》一诗。《保卫加达鲁涅》又发表在一九三九年六月二日的《星岛日报·星座》第二九七期上，该期同时刊有戴望舒翻译的泊拉陀里作的《流亡人谣》。

《新诗潮》刊登的《保卫玛德里·保卫加达鲁涅》与《诗歌卷》、《戴望舒译诗集》以及《戴望舒诗歌全编》所载，在诗句上有所不同，所以摘抄于此。《新诗潮》版《保卫玛德里》与 1939 年 4 月 2 日《星座》版《保卫玛德里》的不同在注释中加以说明：

玛德里，西班牙的心，
狂热地奔腾跳跃[①]。
昨天牠[②]的血烧已烧得很热，
今天却热度烧得更高[③]。
牠已经不能睡觉，
因为玛德里所以要睡觉，
是为了可以有一天觉醒[④]，
可是黎明却不会来招邀[⑤]。
玛德里，不要忘记战争；
你永远不要忘掉[⑥]，
在你前面，敌人的眼睛
把死的视线向你抛。
在你的天空中
鹰鹫在那儿飞绕，
想扑向你红色的屋瓦[⑦]，
你英勇的百姓，你的街道。
玛德里，但愿永不要说，
永不要传言或想到，
在西班牙的心中，
热血会像冰雪消[⑧]。
那英勇和忠耿的泉源，
你该把牠们永保。
巨大的惊人的江河
该从这泉源流涌滔滔。
但愿每一个城区，
当那不幸的时辰来到，
（这时辰是决不会来的）
都比强大的要塞更坚牢[⑨]；
人人都像是个城寨；

---

① 此句在1939年4月2日《星座》上是“脉搏狂热地奔跳”。
② 《星座》中为“他”。
③ 《星座》中为“今天却更热地燃烧”。
④ 《星座》中为“是为了可以一天醒来”。
⑤ 《星座》中为“可是黎明却不会来相招”。
⑥ 《星座》中为“你永远可不要忘掉”。
⑦ 《星座》中为“想扑向你红色的瓦屋”。
⑧ 《星座》中为“英勇和忠耿的泉源”。
⑨ 《星座》中为“都比强大的要塞坚牢”。

他们的额角像碉堡，
他们的胳膊像长城，
像门户，谁也不能来打扰。
谁要和西班牙的心来较量，
就让他来瞧瞧。
快点！玛德里还远哪。
玛德里知道自力防保，
用肩，用脚，用肘子，
用牙齿，用指爪，
挺胸凸肚，理直气壮[①]，
临着达霍河的绿波渺渺，
在西关沙，在有枪弹呼啸
的地方——那些枪弹
想把牠的热血冷掉。
玛德里，西班牙的心，
土地的心，在牠的底奥，
要是挖了一下，就看见一个[②]
大坟墓，又深又大又雄豪[③]，
像是一个山洞，等待着……
只有把死亡望[④]里抛。

二

加达鲁涅人啊，加达鲁涅，
你们美丽的大地母亲，
她是密切地系着你们的心，
那么地和你们姊妹般相亲[⑤]，
腰傍着大海，
头和群山为邻，
想着她的自由[⑥]，
把她的儿女送去从军。
在色拉戈萨的大路，
在怀斯加的城根，

① 《星座》中为“挺胸凸肚，横蛮强直”。
② 《星座》中为“要是挖一下，就看见有一个”。
③ 《星座》中为“又深又大又堂皇的大洞窖”。
④ 与《星座》中同为“望”，应为“往”。
⑤ 《诗歌卷》：“她那么地系着你们的心，/那么，她和你们姊妹般相亲。”
⑥ 《诗歌卷》：“热爱着她的自由。”

在托莱陀的平原，
在西班牙的全境，
潺潺地流着加达鲁涅的血，
和应着她语言的音韵。
可是如要使你所想的东西的音韵①
继续地高响入云，
不要忘记啊，加达鲁涅，
对着玛德里，在东方，
敌人的目光窥伺着，
想给他以死亡。
加达鲁涅人，如果玛德里死了，
怎样的侵略，怎样黑暗的流氓，
怎样肮脏的娼妓，
怎样残酷古怪的人一大帮，
就会想来打开
你的美好的门墙！
现在玛德里是
战斗的轴心和心脏，
他坚强的脉搏一停止，
你便像头颅一样，
你的项颈②会被人欲得而甘心，
和最受人艳羡的珍宝相仿。
那时那些醉醺醺的军阀③们，
将怎样地欢宴一场；
席上不铺白色的桌布④，
却铺染血的衣裳！
勇敢的加达鲁涅人，
你们的独立决不会让
那一类无人性的怪物
拿来饕餮大嚼一场⑤！
须知加达鲁涅的自由
是在玛德里争短长：
工厂，城市，田野，

① 《诗歌卷》："可是为要使你所想的东西的音韵。"
② 《诗歌卷》："颈项。"
③ 《诗歌卷》："将军。"
④ 《诗歌卷》："台布。"
⑤ 《诗歌卷》："拿来饕餮一场。"

山峦，和你大地的宝藏
以及使土地辉耀
又送出船舶的海洋——
那些船舶，一触到海岸，
便化为崭新的银子发光。
加达鲁涅的人民，当心！
加达鲁涅的人民，谨防！
以西班牙的心，
唯一土地的心脏，
加达鲁涅人，我向你们致敬：
你们的独立万寿无疆！

30. 一九二九年九月十五日《新文艺》创刊号，刊有《耶麦诗抄》法国耶麦作，戴望舒译，包括《屋子会充满了蔷薇》、《我爱那如此温柔的驴子》、《膳厅》、《那少女》、《树脂流着》、《天要下雪了》。其中，《新文艺》上的《屋子会充满了蔷薇》与《诗歌卷》所载诗句差异较大，将《新文艺》上的《屋子会充满了蔷薇》抄录如下：

屋子会充满了蔷薇和蜂儿。
在午后，人们会在你那儿听到晚祷的钟声①；
而那些有透明的宝石色的葡萄
似乎会在太阳的迟缓的幽荫中睡去②。
我在那儿是多么地爱你啊！我把我整个的
二十四岁的心，我的善讽的心灵，
我的骄傲和我的白蔷薇的诗送给你③；
然而我却不认得你，你是不存在着的，
我只知道，假如你是存在过的④，
假如你是像我一样地在牧场深处过的，
我们会笑着接吻，在褐色的蜂群下⑤，
在凉爽的溪流旁⑥，在浓密的树叶下。
我们只会听得太阳的热⑦。

---

① 《诗歌卷》："屋子会充满可蔷薇和黄蜂，/在午后，人们会在那儿听到晚祷声。"
② 《诗歌卷》："而那些颜色像透明的宝石的葡萄/似乎会在太阳下舒徐的幽荫中睡觉。"
③ 《诗歌卷》："我在那儿会多么地爱你！我给你我整个的心，/（它是二十四岁）和我的善讽的心灵，/我的骄傲，我的白蔷薇的诗也不例外。"
④ 《诗歌卷》："然而我却不认得你，你是并不存在，/我只知道，如果你是活着的。"
⑤ 《诗歌卷》："如果你是像我一样地在牧场深处，/我们便会欢笑着接吻，在金色的蜂群下。"
⑥ 《诗歌卷》："在凉爽的溪流边。"
⑦ 《诗歌卷》："我们只会听到太阳的暑热。"

在你的耳上，你会有胡桃树的阴影，
随后我们停止了笑①，密合着我们的嘴，
来说那人们不能说的我们的爱情；
而我会在你的嘴唇的胭脂色上找到了
褐色的葡萄的味道，红蔷薇的味和蜂的味②。

31.《诗歌卷》第671页《树脂流着》之《其二》第二节第二句为“睡着吧……我已不知道这是你的哭声”。

按：1929年9月15日，《新文艺》创刊号所载《树脂流着》之《其二》第二节第二句为“睡着吧……我已不知道这是你的笑声”。

以上是笔者基于所搜集之资料，对《诗歌卷》所载戴望舒部分诗歌包括译诗的补正，个人掌握材料有限，若有所疏漏，恳请各位专家学者批评指正！

（作者单位：四川大学文学与新闻学院）

① 《诗歌卷》：“随后我们会停止了笑。”

② 《诗歌卷》：“于是我会找到了，在你的嘴唇的胭脂色上，/金色的葡萄的味，红蔷薇的味，蜂儿的味。”

易竹贤先生的学术道路及治学风格

□ 陈国恩

论及中国当代的胡适研究，不能不提武汉大学的易竹贤先生。易竹贤先生是鲁迅研究专家和胡适研究专家，尤其是他的胡适研究受到海内外学者的广泛赞誉，被认为是中国大陆改革开放后率先在此领域取得标志性成果的先行者之一。

一、半个世纪的学术道路

易竹贤先生1935年生，湖南湘乡人。在中学读书时，他听语文课老师李运昭女士讲解鲁迅的《为了忘却的纪念》，很受感动，由此产生了对鲁迅的敬仰之情，并喜爱上了文学。1952年，他从湘乡初级师范毕业，到一所小学教书，1955年调到邵阳专署教育科当干事。1956年，国家号召向科学进军，他以调干生考入武汉大学中文系。之所以选择中文系，便和喜爱鲁迅有相当的机缘。1961年大学毕业，他留校当教师，先是教写作，担任写作教研室副主任，后抽调去搞“四清”，不久又作为教学革命小分队负责人被派到武汉肉联厂工人大学教书。

1975年下半年，根据毛泽东的指示，北京鲁迅博物馆成立了鲁迅研究室，天津、上海、广州、武汉、绍兴等地相继成立了鲁迅研究小组，他是武汉鲁迅研究小组的负责人。武汉鲁迅研究小组实际由湖北省委宣传部领导，成员由工农兵和教师构成，他是其中的教师代表之一。武汉鲁迅研究小组的办公地点在湖北省委宣传部，所做的工作是编印《读点鲁迅》，出了两期，期间还编印了《鲁迅论文艺》（湖北人民出版社1979年7月出版）。在鲁迅研究小组工作期间，他把《鲁迅全集》通读一遍，这为后来的鲁迅研究打下了扎实的基础。

1978年初，迎来了恢复高考后的第一届大学生，他先教了一阵马列文论，选编了《马列文艺理论著作选》（铅印讲义），后去教中国现代文学，并应人民文学出版社之约，与陆耀东、唐达晖先生一起着手修改刘绶松教授的《中国新文学史初稿》。刘绶松的《中国新文学史初稿》1956年由作家出版社出版，是中国现代文学学科初创期的代表性教材之一。但受时代的局限，这部教材的内容存在一些较为明显的缺陷，主要问题是以“左”的政治观点看待中国现代文学的发展，抬高左翼文学，而对一些艺术上有成就、思想观念上与左翼不同的作家和作品持否定的态度。人民文学出版社为满足恢复高考后的教学需要，提议对这部教材进行修改，重新出版。由于刘绶松教授在“文化大革命”中被迫害致死，修改的任务便落到了陆耀东、易竹贤、唐达晖等刘绶松教授的这些弟子身上。

易竹贤先生承担的是修订这部教材的“五四”文学革命及鲁迅等部分。他以此为契机，开始了对鲁迅、胡适，对“五四”文学革命的新思考。这种思考是时代所激发的，也是时代所给予的机会。如果没有实践是检验真理标准的大讨论，没有实事求是思想路线的恢复，就不可能进行这样的思考；但如果没有追求真理的勇气和勤于探索的精神，没有以前打下的厚实基础，也不会有这样的思考。易竹贤先生和当时一大批学者一样，借着时代春风，以认真严肃的态度在中国现代文学学科这一片土壤里耕耘，他的付出获得了回报。

率先撰写和发表的有分量的一篇论文是《试论鲁迅早期思想和文艺观》（载《武汉大学学报》1978 年第 2、3 期），对鲁迅早期的思想和文艺观进行了新的考察。他认为，鲁迅思想发展的问题，是研究鲁迅的一个带根本性的重要课题。这不仅因为研究鲁迅的思想是我们“知人论世”、研究和评价鲁迅的一个重要条件，而且还因为鲁迅的思想具有极大的丰富性和典型性。他由革命民主主义到共产主义的思想发展道路，在中国知识分子中是一个杰出的代表，从一个侧面反映出了中国新文化以及中国革命发展的曲折性、复杂性和丰富性。基于这一基本观点，他提出鲁迅早期是一个“反帝爱国的战士”，其政治思想“经历了由赞成维新改良到革命民主主义的发展过程”；鲁迅早期的世界观“是以进化论为基础形成的基本上属于唯物主义的自然观和基本上属于唯心主义的发展进化的历史观”。他认为，鲁迅的“剖物质而张灵明、任个人而排众数”思想，具有启蒙主义的性质，必须放到救亡图存的历史环境中来看待。鲁迅的这一思想，明显的是受到尼采的影响，但又与尼采的思想有根本性区别，其积极的意义是把个性解放和“立人”当作挽救祖国危亡和改革社会的途径。文章的结尾，他强调鲁迅早期历史观中的唯心主义一面有其局限性，一是“鲁迅在论述文化发展或社会发展的历史时，还没有（而在当时的中国社会条件下也还不可能）做到从社会的物质产生的客观存在来说明，他往往是从文化本身的条件或外部条件来说明的”；二是“在考察社会发展的动力和改革社会的力量时，心目所注的是少数英哲天才，而人民群众这个历史发展的真正动力，在他的视野中却尚未获得一个应有的位置”。很显然，这个评判是符合历史唯物主义观点的，当然也可看出那个乍暖还寒时代的思想印记。

紧接着发表的是一篇引起更大反响的论文《评“五四”文学革命中的胡适》。这篇论文的基本观点就来自他修改刘绶松教授的《中国新文学史初稿》过程中碰到的问题，其主要的意思在 1978 年到一所高校以学术报告的形式讲过。文章提交给在北京召开的“纪念五四运动六十周年学术研讨会”，他在大会做报告后即被《新文学论丛》看中，分两期在该杂志刊出（1979 年第 2 期、1980 年第 1 期）。可以说，这是新时期开始正面评价胡适的第一篇重要文章。他强调胡适在“五四”文学革命中不是改良主义的代表，而是“反对宗法专制旧文化的战士”和“文学革命的首倡者”；胡适的文学思想和主张，如提倡白话文学正宗、文学形式大解放和实写社会之情状，具有民主主义的性质；胡适的白话诗文创作，有开风气之功。总之，胡适在文学革命中是立了功的，有重大贡献。这样的观点，在当时显然是传达了一种要在新的时代条件下重新评价胡适的强烈声音。

从此开始，易竹贤先生着手进行系统的鲁迅研究和胡适研究。他的这些研究，主要是结合教学来进行的，是教学和科研相互促进的一个成果。

由于给本科生开设了一门鲁迅思想研究的选修课，易竹贤先生对鲁迅思想进行系统研究时，是一边讲课，一边写讲稿。他联系鲁迅思想的发展提出了一些重要问题。这些问题，除了上文提到的鲁迅早期思想的性质和特点外，还有鲁迅与进化论、《天演论》的关系，鲁迅对国民性问题的探讨，“五四”时期鲁迅与胡适的关系，鲁迅世界观的转变，作为马克思主义思想家的鲁迅，鲁迅的文艺思想，鲁迅的人格等。他对这些问题进行专题探讨，写出了逻辑上相互关联的专论。这些成果大部分先行在一些刊物上发表了[①]，1984 年又以《鲁迅思想研究》交武汉大学出版社出版。鲁迅研究界的前辈李何林先生看到这个书稿后很高兴，欣然为该书作序。他在序中说这部书稿有“新颖和独创之处”：“关于六十年来研究的历史概略，关于‘五四时期’鲁迅与胡适的对比研究等，尤为少见。作者是武汉大学中文系的一位中年教师，比较注意学习马克思主义理论……既反对长期以来‘左’的流毒，也反对背离四项基本原则的资产阶级自由化思想，思想比较解放，实事求是，敢于说出自己的见解。”[②] 中国鲁迅学会顾问林辰、复旦大学陈鸣树、安徽省社会科学院夏明钊、澳门的谭任杰等，也先后写信或著文肯定和褒扬这部著作[③]。

要特别提出的是，《鲁迅思想研究》第五章是《“五四”时期鲁迅与胡适之比较研究》。这篇文章写于 1980 年 4 月，发表于《鲁迅研究》1981 年第 3 辑，后稍作修改补充，改题《评“五四”时期的鲁迅与胡适》，被中国社会科学院文学所鲁迅研究室编印的《鲁迅与中外文化的比较研究》收录。张梦阳教授在这本书的长篇论文《鲁迅与中外文化比较研究史概述》中这样写道：“鲁迅、胡适比较论开始得不早，论文也很少，然而却有一篇专论进入了思想文化的较深层次，这

---

① 《六十年来鲁迅研究工作简介》载《江汉论坛》1981 年第 3 期，《鲁迅研究六十年述评》载《中国民族学院学报》1981 年第 2 期，《关于“国民性”探讨》载《中国现代文学研究丛刊》1981 年第 2 期，《鲁迅的光辉人格》载《武汉大学学报》1981 年第 4 期，《评“五四”时期的鲁迅和胡适》载《鲁迅研究》1981 年第 3 辑，《也谈鲁迅与进化论〈天演论〉》载《鲁迅研究》1981 年第 4 辑，《鲁迅与进化论》载《中国文学研究》1981 年第 1 期，《论鲁迅世界观转变》载《中国现代文学研究丛刊》1982 年第 2 期。

② 李何林《鲁迅思想研究·序》，武汉大学出版社 1984 年版，第 1 页。

③ “这是一部用力正勤、研究有得的专书，您的努力令我敬佩”（林辰的信）；“大著结构严谨，多深思之论，诚为同一论题中独秀者也”（陈鸣树的信）；“读您的著作，也可想见兄之为人：真挚、朴实、严谨，尤其是实事求是的精神和简洁恢弘的结构给我的启发尤多”（夏明钊的信）；“这本书很有分量，书中引有近千处精确资料，可见您翻阅书籍之勤奋，而见解有不少是前人所未发者”（谭任杰的信）；“这是一部全面研究鲁迅思想的专书，观点新颖，有独创之见”（《鲁迅研究动态》1985 年第 4 期书讯）；李德尧的《简评〈鲁迅思想研究〉》（《江汉论坛》1986 年第 3 期），同样肯定了该书在鲁迅思想研究方面所做的新探索。

就是易竹贤的《评‘五四’时期的鲁迅与胡适》……易竹贤这篇文章的特点是资料周详，条分缕细，分析深入，观点全面，注意从文化观念上进行比较研究。”①他花费一千二百余字对这篇文章的内容、研究方法的特点做了重点介绍。

可以看出，正是循着鲁迅和胡适比较研究的思路，易竹贤先生转向了胡适研究，开始了他在学术上更为重要的探索阶段。所谓“循着”，这里主要不是指时间上的先后，而是指评价标准上的一个承先参照。在当时，思想解放的春风虽然已经吹起，但是人们对极“左”的思想批判运动仍记忆犹新，评价长时期来被视为国民党御用文人的胡适，难免心有余悸。但是时代毕竟不同了，易竹贤先生从鲁迅研究中确立起来了历史唯物主义的思想方法，从中国现代社会的新民主主义性质中获得了对启蒙主义的历史进步性的认识，从启蒙主义的立场上充分肯定了鲁迅在新文化运动和文学革命中的历史功绩。既然鲁迅在“五四”时期的功绩要从启蒙主义的立场上加以充分肯定，那么，在文学革命中事实上影响决不下于鲁迅的胡适为什么不能从启蒙主义的立场加以肯定呢？《评‘五四’时期的鲁迅与胡适》一文，正是从启蒙主义的现代性思想原则上对鲁迅和胡适进行了深入的比较研究，指出两人具有相同的思想基础，在文学革命中作出了重大贡献，但他们又选择了一条不同的思想发展道路。把握同中之异和异中之同，是这篇文章的精彩处，比如强调鲁迅和胡适“共具爱国主义思想，对帝国主义却有反抗与幻想、崇拜两种态度”，他们“在民主与科学的旗帜下共同反对封建主义，而态度有彻底与‘周旋’之分”，他们“共倡文学革命，提倡白话诗文，而存在注意内容变革与偏重形式改良的差别”，他们“学术研究上曾互相借鉴，互相尊重，共同讨论，态度和方法却有原则的区别”，他们“同受进化论的影响，鲁迅循革命道路前进到马克思主义，胡适循改良主义而堕入革命泥坑”。作者在文末“简要的几点结论”中特别指出：“处在帝国主义侵略蹂躏下的中国，广大知识分子的大多数是爱国的，是愿意为祖国的独立和富强效力的，其中不仅包括先进的共产主义知识分子，以鲁迅为代表的小资产阶级知识分子，而且也包括像‘五四’时期胡适这样的资产阶级知识分子的大多数。因此，在中国，应该而且可能建立包括广大知识分子的十分广泛的革命统一战线，民主革命时期如此，社会主义时期仍然如此。”显然，在1981年思想解放才刚开始的年代，在人们对一些教条仍心有余悸的情况下，作者采取了一些策略性的语言，带着一些过去时代的思想痕迹，但其主要的方面却是勇敢地冲破思想牢笼，为胡适“评功摆好”，表现出了严肃认真的治学态度和实事求是的思想作风。

由于众所周知的原因，要系统地研究胡适，先必须进行广泛的资料搜集和整理。为此，易竹贤先生进入武汉大学图书馆，找出了尘封已久的十数本胡适著作(他说由于长期被封，找出来的胡适著作落满了灰尘)，又到胡适的家乡进行实地调查，到北京、上海各大图书馆寻找胡适的资料。工夫不负有心人，他找到了数

① 张梦阳《鲁迅与中外文化比较研究史概述》，见《鲁迅与中外文化的比较研究》，中国文联出版公司1986年版，第19－20、58－59页。

量可观的胡适著作。在此基础上，他撰写了《胡适年谱》（载《武汉大学学报》1985年第2、3期）和《胡适著译书目系年》（载《湖北大学学报》1986年第2期）。做了这些充分的准备，他才动手写《胡适传》。《胡适传》1987年4月由湖北人民出版社出版，1994年再版，1998年修订三版，2005年四版，受到学界广泛的好评。由于传主是个政治上敏感的著名人物，《胡适传》初版的发行还经历了一个曲折过程。作者在该书1994年修订版序中对此有所交代："犹记得1987年4月，一万部精装本《胡适传》已整整齐齐，静静地躺在了书库里，却不得与广大读者见面。几经周折，终于这年10月21日获准发行了。至年底2个月零10天便销售一空。反响也颇为强烈，有北京、香港、澳门、台北、纽约等地共四十余家中外报刊发表评论或介绍文字。"出版一本胡适的传记，要遭遇这样的周折，这种感慨现在当然不会再有了，这说明时代有了巨大的进步。

因为有《胡适传》的撰写，易竹贤先生在1989年前后发表了多篇关于胡适的研究文章，主要有《新文化运动中的胡适》（三联书店1989年2月版《胡适研究论丛》）、《胡适与中国文学的现代化》（《武汉大学学报》1989年第3期）、《胡适与现代中国文化》（《学习月刊》1989年第5期）、《胡适与西化思潮》（《湖北社会科学》1989年第5期）、《论胡适的散文》（《江汉论坛》1990年第10期）、《谈胡适的小说考证》（台北《国文天地》1990年第12期）、《开拓中国现代新文化的同路人——鲁迅与胡适》（《鲁迅研究月刊》1990年第12期、1990年第1期）等。这些文章坚持了《胡适传》的基本观点，对胡适思想的具体评价上则更为明晰地确立起了科学民主的思想原则，越来越自觉地抛弃了此前的某种含混态度，旗帜鲜明地捍卫现代性的价值观。

进入20世纪90年代后，易竹贤先生出版了论文集《胡适与现代中国文化》（武汉大学出版社1993年）、《学海涉闻》（湖北人民出版社2004年）、《新文化天穹两巨星——鲁迅与胡适》（武汉大学出版社2005年），发表了《中国现代文学的现代性现代品格》、《民主与科学在中国的历史嬗变》、《民主科学与中国的现代化》等论文。他更多的精力则是花在培养博士生方面，为青年学者的书作序，奖掖提携后学。

二、鲁迅研究和胡适研究

易竹贤先生学术生涯中最为学界同行称赞的，当然是他的鲁迅研究和胡适研究。

他的鲁迅研究，除上文已经提及的，我还要特别指出，他坚持马克思主义的基本观点，联系当时思想建设的历史实践，敢于打破陈说，思考的是鲁迅研究史上乃至中国现代思想史上的一些大问题。比如谈到鲁迅作为"伟大的马克思主义思想家"，他提出"鲁迅从'五四'时期即开始迈出转向历史唯物主义的步子，经历了一个相当长时间唯心史观与唯物史观彼消此长的过程，于1927年大革命失败前后完成了世界观的转变。于是，鲁迅的唯物史观便日益成熟、完善，渗透在中国历史和现实的土壤之中”，“鲁迅后期对于国民性的认识和解剖，对于人性和人道主义的认识与态度，也充分反映出他的马克思主义阶级论达到了科学性和革命性的高度统一。”以人道主义一端而言，他坚持把鲁迅关于这一问题的认识放到具体的历史语境中去，认为鲁迅思想发展的早期和中期，提倡过人性的解放，接受并宣传过人道主义思想，经过1927年阶级斗争风雨的洗礼，鲁迅掌握了马克思主义世界观以后，也并没有否定人性的存在，对人道主义也并非一概抹煞、抛弃。“鲁迅是承认存在共同人性的，但这种共同的人性又因阶级而有差异；他后期仍然坚持解剖国民性，而又有了明确的阶级分析，便是正确地把握了共同人性、国民性（或民族性）与阶级性之间的辩证关系的具体证明。”他又进一步说：“‘人道主义式的抗争’固然是软弱的，不能依靠这种抗争作为反抗国民党反动派的主要力量；但是，对于暴露反动派的血腥罪行和狰狞面目，打破人们的幻想，争取社会各界对革命的同情等方面，‘人道主义式的抗争’却能发挥相当大的作用，而且往往是革命者所难以直接起到的作用。”像这样把问题提到规定的历史语境中去，有现实针对性，具体问题具体分析，所得出的结论是经得起历史和逻辑的检验的。这种态度既坚持了马克思主义的基本观点，又打破了教条主义的思想束缚，在当时起到了推动思想解放的重要作用。

易竹贤先生的鲁迅研究，体现了历史辩证法的精神和实事求是的思想作风。当他把鲁迅作为一个“伟大的马克思主义思想家”来研究时，他没有忘记鲁迅的与众不同之处。他把鲁迅的这种与众不同处以“中国式马克思主义思想家的显著特色”提了出来。他说的“中国式马克思主义思想家的显著特色”，首先是“执着现实的战斗的思想家”，其次是“富于求实精神而又关于把理论和实际相结合的思想家”，第三是“善于把深刻的思想植根于丰富的知识，并表现于生动形式之中的思想家”，第四是“严于自我解剖的伟大思想家”[①]。对于鲁迅的“中国式马克思主义思想家的显著特色”，当然可以做不同的归纳，但这种把鲁迅作为马克思主义思想家的普遍性一面与其独特的个性结合起来思考问题的方法，是符合历史辩证法的思维逻辑的，也是从中国的实际出发的，是经得起历史检验的。

《鲁迅思想研究》另一个重要贡献，是首开鲁迅与胡适的比较研究。作者把鲁迅与胡适看做是两位文化巨人，对他们进行了比较，重点是把握他们的同中之异和异中之同。他把他们两人所走的道路概括为“同途而殊归”，这一形象化的概括，后来曾为别的鲁迅研究专家借用。这样的比较研究，在方法论上的意义是把比较的方法运用于现代作家的研究。比较文学作为一门学科，有其特定的规范，而比较作为一种方法则早已被研究者所运用。但把比较的方法明确地运用于同一个时代两个文化巨匠身上，当时却十分少见。易竹贤先生运用比较的方法研究鲁迅和胡适，而且他所进行的比较又紧密联系研究对象的实际和特点，没有一点凌空蹈虚，显示了独到的眼光。正是因为这一点，《“五四”时期鲁迅与胡适之比较研究》受到了学术界的重视。

---

① 易竹贤《鲁迅思想研究》，武汉大学出版社1984年版，第211—222页。

易竹贤先生学术成果影响更大的，当是他的胡适研究。这主要是因为鲁迅研究长期来是一门显学，进入新时期后成果卓著者不在少数，而胡适研究当时还鲜有人涉足。原因不外是在长期的国共政治斗争中胡适的形象已经被高度政治化了，或者说是被充分妖魔化了。在相当长的时间里，一提起胡适，人们马上会想起资产阶级右派、国民党御用文人。在资产阶级右派形同历史反革命的年代，有谁会去研究胡适，为他说些公允的话呢？易竹贤先生的胡适研究，就是在这样的背景下，借着政治思想上的拨乱反正，凭着一份对历史负责的使命感和探索真理的勇气，开始了“筚路蓝缕”之旅，成为新时期最早对胡适开展实事求是的研究并取得重要成果的代表者之一。

易竹贤先生在为胡适作传之初就立下宗旨，他说“一切以事实为准的，力求据事直书，作一信史”，“对胡适一生的思想业绩，褒其所当褒，贬其所当贬，惟求按实而论，析理居正，做客观公允的评价”[①]。他在研究中所用的材料主要采自胡适本人的著作、日记、书信、自传以及当时报刊和当事人的记载。对于胡适亲朋、故旧、门生的传闻、回忆和纪念文字，则多方考核，酌情取舍，务必令人确信可靠的，方才选用；一切溢美、谀颂、应酬及诬谤、诋毁等不实之词，全予摒弃。他准备资料就花了数年时间，从今天我们看到的他的《胡适传》多种版本可以看出，“作一信史”和“按实而论”的初衷是实现了的。

《胡适传》以非常翔实的材料，全面展现了胡适的一生，对胡适的功过做了系统深入的评价。书中提出了许多新颖的观点，比如充分肯定胡适在治学中的疑古精神，认为这是“五四”时代思想解放的一种表现，对于反对封建主义的传统观念与偏见具有积极的作用；同时也肯定他用历史演进法考证小说，对《水浒传》、《红楼梦》的考证做出了开风气之先的贡献，创立了“新红学”。又如实事求是地指出了胡适对国民党当局既有幻想又有矛盾。他在与国共两党的关系方面偏向国民党，但他接受了西方自由民主的理念，因而也不满国民党当局的专制独裁。他公开提出不仅政府的权限要受法的制裁，党的权限也要受法的制裁。《胡适传》对胡适的这一主张给予了肯定，指出这体现了自由主义的知识分子的呼声，“表现出一点法治和民主自由的精神，当然有它的积极意义”。再如肯定胡适在抗战中出使美国所作的贡献，指出胡适是基于民族正义，“在国家民族最困难的时候，当最困难官”。虽然作为一个“书生大使”，在一些事情的处置上也受到过一些非议，但胡适认真对待自己的使命，积极争取美国政府对中国抗战的支持，坚持到美国各地演讲，做美国民众的工作，取得了不小的成效。在20世纪80年代中期，能这样评价胡适，的确是需要眼光和勇气的，难怪书出版后被境外看做是大陆重新评价胡适的一个信号。

现在看来，《胡适传》在学术上取得突破，主要得益于评价标准的调整。如果固守特定时期党派政治的立场，国共两党对胡适的评价是难以取得一致的，甚至根本没有商量的余地，因而很长时间大陆学者与台湾学者对胡适的评价针锋相

① 易竹贤《胡适传·跋》，见《胡适传》，湖北人民出版社1987年版，第471页。

对。但如果超越了党派政治的立场，能从更具包容性的原则出发，比如从民主主义或者现代性的原则出发，两岸对胡适的评价就能取得不少共识。胡适是中国现代文化史和现代文学史上一个绕不过去的重要人物，其坚持民主理念、发起文学革命、反对封建主义和专制主义的成绩不容抹杀。他在民族危亡时刻放弃不做官的宗旨，出任驻美大使，为民族解放事业而奔走，所表现出来的强烈的爱国精神也是不容抹杀的。他虽然不赞同共产主义，甚至表示过反对，但他与国民党当局也有矛盾，曾直截了当地向蒋介石的专权提出抗议，其捍卫民主的立场也是相当坚决的。胡适也有其历史局限性，在新文化运动和“五四”文学革命先驱者中，他是坚守民主自由理念而行动又较为温和敦厚的一位。他的温和敦厚，是一种气质，也是一种文化性格。这使他在激进的政治革命时代，常常受到“革命”态度不够坚决彻底的指责，然而我们不得不说，这种不坚决和不彻底性，恰恰是中国现代自由主义知识分子的重要思想特征。这些知识分子后来试图走一条温和的社会革新之路，而胡适以他的中道姿态，成了这批知识分子的精神领袖。易竹贤先生敏锐地抓住了时代所给予的一个机会，率先把评价胡适的标准调整到民主主义、爱国主义和现代性上，突破了历史上形成的政党政治的立场，对胡适作出了比较公允的评价。这种突破，构成了20世纪80年代思想解放运动的一个部分，反过来又推动了思想的解放和历史的进步。

《胡适传》一切以事实为准绳，在资料的考证上下了很大工夫，也取得了重要的成果。比如，长期以来大陆学界指责胡适崇洋媚外，说“外国的月亮比中国的圆”。作者查遍胡适的著作、言论，没有发现胡适说过这样的话，因而传记中不予采用。又比如，胡适30年代发表了一篇5万字的长文《说儒》，对孔子评价很高。对于以“打孔家店”而“暴得大名”者的这篇文章，台湾的一些研究者颇感困惑，有的以此来否定胡适“五四”时期的反孔思想，有的指责他前后矛盾。作者经过深入研究，指出这些学者是把历史人物的孔子与作为偶像的孔子混为一谈了。“五四”时期，胡适等新文化先锋，反对的是偶像化的孔子，于思想解放有大功绩；《说儒》则是对历史人物孔子作客观评价，具有学术研究的价值。把这两者区别开来，是很有见地的，既坚持了“五四”新文化的方向，又体现了实事求是的精神。

易竹贤先生的《胡适传》广受欢迎的再一个原因，是它在长篇传记的散文学术性写作方面提供了重要的经验。《胡适传》以年代分章，围绕重要史实或具有趣味的人生故事，分为72节，各节相互勾连照应，顺序推进，突出重点，编织起了胡适完整的人生图景。为了行文的简洁，作者把大量的资料，包括史料、异闻、掌故、必要的考证辨析及存疑备考的问题，全移在注文里，注文丰富，成了这本《胡适传》的一大特色。这些注文包含了许多重要的信息，是后来治胡适者可以利用的很有学术价值的资料。把大量的史料、重要的考证及存疑处放到注文中，使正文文字简洁，主脉清晰，这是一种新的传记体例，可以为后世所借鉴。

《胡适传》出版后，好评如潮。大陆这边，辛之勤在《武汉大学学报》1988年第4期发表《具史家胆识，含风骚神韵》，对其学术成就给予充分肯定。龙泉明在《书刊导报》（1988年3月3日）上发文，认为该著有“筚路蓝缕，以启山林”之功，而且“搜索甚勤，取材甚精，判断也甚谨严，具有较高的学术价值”。《人民日报》1988年3月19日发表秦志希的文章，指出该著描绘出了胡适“这一个”的独特个性，“一种强烈的真实感油然而生”。《光明日报》1987年7月4日发表《红旗》杂志社周溯源的文章，标题即是“磨就昭昭镜，功过是非明”。《湖南日报》1987年12月5日发表颜雄、舒其惠的书评，认为这是“一部胆识兼备的信史”。萧思在《博览群书》1988年第2期发表《我读〈胡适传〉》，认为该著的成功，“主要归因于作者严肃认真的治学态度与其对于明确的写作目标的执着追求”。刘道清在1988年1月22日的《长江日报》上发表《胡适其人和〈胡适传〉》，强调这是“大陆第一部完整详尽地传述和评价胡适一生的专著”，“有助于当代青年认识胡适其人，并进而认识历史、社会和人生”。程志坚在《湖北社会科学》1989年第5期发表文章，肯定这部《胡适传》是在“文化历史坐标中重塑胡适形象”。

在海外，台湾学者吕实强撰三万余字的专论，全面评析《胡适传》，认为“作者于撰写过程，确下相当工夫，不仅参阅资料广泛，架构安排亦颇费心力，文字流利通畅，叙述简明扼要……于中国大陆上长期清算诋毁胡适之后，能撰成这样一本具有学术理想与学术水准的专书，已相当难能可贵”。他的结论是《胡适传》“实具有开拓性的意义”[①]。1988年4月5日和6日的《澳门日报》发表了谭任杰的《按实而论，秉公直书》，作者声称“读了这部严谨的史传文学作品《胡适传》，可以看到今天内地的学术研究课程，已经不限于一些专题，议论自由之风气，也逐渐开展起来了”。欧维之在香港1988年3月1日的《作家月刊》上发表《两岸书声鸣不住》，指出易氏的《胡适传》“力避此前成书的某些传记的小家子气，以表现中华学人应有的恢宏气度自期；同时，作者特别注意汇集传主那些传为美谈的生活细节，穿插于字里行间，将中国现代文化史上这位大人物描绘得像一个有血有肉的人。他是想要将胡适作为‘国民党政府领导和影响下的那一批知识分子的一面旗帜’来写的，粗读本书，我以为他的这个愿望是达到了的”。纽约的《时报周刊》1990年2月24日至3月2日揭载李又宁的文章《胡适先生在大陆》，声称易氏的《胡适传》“在大陆很受重视”，鉴于大陆的情况，“易著是难能可贵的”。印度驻华使馆的白春晖1988年9月27日从北京的印度使馆致信（英文）易竹贤，自称不太懂中文，但他写道：“我是一个中国文化和中国珍贵文化传统的仰慕者。我有幸曾经作为北大中文系的一个学生，正是1947年至1950年胡适博士任校长的时候。”他在信中说：“我没有认识您的幸运。但是，我最近偶然读了您的最优秀的《胡适传》，特地写这封信告诉您，我是多么地赞赏您的书。我很高兴您不辞辛苦地搜集和筛选出一切关于胡适博士的有用材料，写出了他的生平、工作以及他对中国的有益贡献。我应该祝贺您写出了这样一本好书，

---

① 吕实强《吕实强评：易竹贤著〈胡适传〉》，台湾国史馆印《中国现代史书评选辑》第7辑抽印本，第3、46页。

以一种活泼的文体写出的一本很好的文献性的著作。更重要的是，您以一种同情的理解和客观评价的态度，写出了胡适的一切。”①

三、做学问的态度及治学风格

易竹贤先生多次在其著述的序、跋中声称，“平生景仰鲁迅先生的硬骨头精神，也钦慕胡适先生的学问文章，激赏五柳先生不折腰故事”。在《涉足学海，纪历二三》一文中，他又写道：“在学术道路上，我所凭借的仍是农家遗留的一点讲究实际和吃苦精神，以及湘人的一点蛮性；在武汉大学中文系‘五老八中’一批学富五车的教授们哺育下，也逐渐开阔眼界，得到治学态度与方法的训练。又颇钦仰已名所涉的魏晋竹林名士，大约也感染些‘师心’‘使气’的异端色彩，并与现代的科学和民主思潮相融合，便产生大胆补正与超越前贤的勇气，有一点点创新的成绩。”② 他的这一番自评，是客观持平的。

在《涉足学海，纪历二三》中，他称做学问第一要注重材料的翔实：“我们涉足学海，做学问，就是要解决问题。而占有材料便是解决问题的第一步工夫。只有占有充分翔实的材料，才有解决问题的可能。”他以自己的《评“五四”文学革命中的胡适》一文为例，指出这是他用具体材料研究问题、解决问题的一次重要实验：“在文章里，我首先用胡适自己的《〈吴虞文录〉序》、《易卜生主义》等近十篇文章作材料，证明他最先提出‘打孔家店’的口号，及反对封建伦理道德，宣传自由、平等、人道主义等新思想的革命作用，应该说相当有说服力。其次，用同时代许多倡导者的证词。陈独秀、钱玄同、刘半农、周作人、傅斯年等人都热烈参加讨论和实践，承认胡适在当时的倡导者地位和影响；鲁迅到1927年还说文学革命是‘胡适之先生所倡导的’（《无声的中国》）。这些都是直接的证人。三是以反对者的抵制和攻击作证明。如林纾在《新申报》上发表的小说《妖梦》和《荆生》，影射攻击新文化运动和文学革命，矛头都指向胡适。稍后，‘学衡派’的胡先骕写《评尝试集》，‘甲寅派’的章士钊写的《评析文化运动》和《评新文学运动》，也都指名攻击胡适。复古主义者们不约而同地认胡适为仇雠，不也从反面证明了胡适在文学革命中所处的倡导者地位和他所发挥的革命作用吗？”③

“做学问讲究根底，工夫扎实，主要是指掌握材料应充分、翔实、广博。治文学和社会科学的人，在占有材料方面，据我的实际体会，最要紧的是掌握第一手材料。这重要性大家都懂得，实行来却并不容易；往往会躲懒，走捷径，用别人的第二手材料，那就只能人云亦云，或跟着别人出差错。”秉持这样的理念，他研究胡适时，先花了大量工夫去搜集材料。有第一手材料做依据，比较靠得

---

① 笔者据英文信译出。

② 易竹贤《涉足学海 纪历二三》，见陈建功主编《第二代中国现代文学学者自述》，文化艺术出版社2011年版，第383页。

③ 同上，第384页。

住，他心里有底，所以也就不怕别人扣帽子，说他为胡适辩护翻案[①]。

易竹贤先生做学问所追求的第二个原则，是“努力超越求创新”，但创新是在现有成果基础上的创新。他说：“人类文化事业像一条奔流不息向前发展的长河……皆因后一代在继承前代的基础上，不断有所超越，不断积聚这些超越创新所得的成果。……我也因秉承某种‘师心’、‘使气’的异端色彩，故每有所论，必定在尽量掌握已有成果的基础上，充分发挥个人的独立思考，说一点自己的见解，努力补正超越，有所创新。”[②] 他关于鲁迅与进化论关系的研究，关于胡适的研究，包括鲁迅与胡适的比较研究，都是循此创新原则而取得的成果。

易竹贤先生做学问所秉持的第三个原则，是“排除干扰求真理”。他介绍自己时常说“为人诚厚耿直，只认真理，不屑逢迎”。这八个字，他自称“是我人生的态度，也是我治学的态度与品格，而这些又与‘诚厚耿直’的个性相关”[③]。这种直率的表白，本身即可以见出他“诚厚耿直”的个性。他说“排除干扰求真理”，首要之点是要有一点怀疑的精神，第二是不赶“风潮”，第三是主观上要避免武断和自以为是，要敢于超越自我。他这样说，也是尽力这样去做的。这使他的论著保持了讲真话的特色，不虚饰，不矫情，实事求是，析理居正。

上述三条，是易竹贤先生自己总结的。我在此还想补充三点：

一是他的治学以实证研究为主，但论题的选择却表明他非常关注现实，而且具有前瞻的眼光，看问题很尖锐。他关于鲁迅和胡适的研究，其实都是联系着当时思想解放运动的现实背景的，提出的问题本身即体现了时代的需要。换句话说，这些问题既是学术问题，又是当时思想界亟待解决的实际问题，它们是关系着中国的思想界未来往哪个方向发展的问题。他对这些问题的思考，承担着某种政治风险，虽然已经进入了新时代，但还是需要一些勇气和魄力的。正因为这样，他的一些成果在海内外引起了重大反响，被看做是中国大陆学术界和思想界开始发生变化的某种迹象。

二是他的精益求精、与时俱进，不断地自我超越。易竹贤先生对他著作中带着时代印记的一些问题还在继续思考。他在《胡适传》出版后，把新的思想所得及新发现的重要史料随时录于书中，再版时以此为基础做了多处重要的修改。《胡适传》已经有四个版本，这四个版本对胡适的基本评价始终如一，没有改变，说明他对胡适的把握与断识是“据事直书”，经得起检验的。但一些修饰性的用语、个别的具体提法，已经做了修改，现在所见的修改后版本显然减少了初版本那个时代的色彩，更贴近学术，更贴近胡适的实际，更能显示胡适作为一个独立的自由主义知识分子的特点。这种追求学术纯真的品格、不断超越自我的精神，是一个学者所必须具备的。

三是文风朴实，文字畅达。文如其人，易竹先生的治学不仅力行实事求是的

---

① 易竹贤《涉足学海 纪历二三》，见陈建功主编《第二代中国现代文学学者自述》，文化艺术出版社 2011 年版，第 384、386 页。

② 同上，第 389 页。

③ 同上，第 396 页。

原则，而且力避哗众取宠、追随时尚的流风，一切皆以事实为据，以理服人，文风朴实。他自己曾私下表示，他比较满意的还是自己文字的朴实和畅达。我理解这主要是因为他的文字中有一种朴素的美。

北大中文系温儒敏教授在易竹贤先生七十华诞时，写了一首诗表示祝贺：“卓尔易公，七秩仁风。竹籁风鸣，贤蕴和忠。文史洞识，力作甚丰。诠评胡鲁，五四传承。桃李珞珈，学界欣荣。古稀俊迈，又开新春。”温儒敏教授是鉴于易竹贤先生在鲁迅研究和胡适研究方面取得的重要成就而对他加以褒奖的，我引用他的这首诗为本文作结，也意在表达我对易竹贤先生的崇敬之情。

（作者单位：武汉大学文学院）

陈美兰教授的文学批评

□ 孙德喜

陈美兰教授1962年武汉大学毕业并留校任教，在著名的现代文学史家刘绶松教授的指导下工作，1978年随着新时期的到来而以文学批评登上了文坛，进而不仅建立了自己的文学批评思想理论，而且形成了自己的批评风格，在她那一代长期工作在大学讲坛的文学批评家中具有代表性，为新时期文学批评史书写了富有特色的一页，很值得我们研究。

早在1979年，陈美兰教授就参加主持编写了全国统编教材《中国当代文学史初稿》，后来出版了《中国当代长篇小说创作论》（上海文艺出版社1991年版）、《文学思潮与当代小说》（武汉大学出版社1994年版）、《我的思考——在当代文学研究路上》（武汉出版社2011年版）等专著，并且发表了《行走的斜线——论90年代长篇小说精神探索与艺术探索的不平衡现象》（《当代作家评论》2002年第2期）、《"文学新时期"的意味——对行进中的中国文学几个问题的思考》（《文学评论》1994年第6期）、《创作主体的精神转换》（《文学评论》1998年第5期）、《新古典主义的成熟与现代性的遗忘》（《学术研究》2002年第5期）等影响巨大的论文。通过对这些论著论文的考察和研究，我们可以看出，陈美兰文学批评的理论建构深深地植根于当代文学的现实之中。

回归文学的批评

20世纪中国的文学批评走过了坎坷的道路，由于政治的强势介入，在很长一段时间内，所谓的文学批评在很大程度上偏离了文学自身，被卷入政治斗争的风暴之中。从20世纪50年代初对电影《武训传》的讨论，到60年代姚文元的《评新编历史剧〈海瑞罢官〉》，再到70年代的"评《水浒传》"。这些所谓的文学批评不过是借文学批评的名义搞残酷的政治斗争。进入新时期，文学批评的首要任务就是回到文学自身，尊重文学的主体地位、自身规律和独立性，让批评回归文学本体，在具体批评中就是回归文学现场，回到文学语境，回到文学文本。陈美兰正是以自己的批评实践回应了这一时代要求。

回归文学语境和文学现场既是对作家的理解，也是对作品的深入认识和理解的前提。任何一部文学作品都不是天上掉下来的，看起来似乎是作家灵感闪现中创作出来的，具有某种偶然性，实际上当我们回到其现场就会发现文学作品发生的某些必然性。过去我们在讨论20世纪50年代末至60年代初长篇小说创作热潮产生的原因时，常常将这一现象与某个政治运动联系起来，从而得出简单的结论，认为这是“某个政治运动的直接结果”，是所谓“大跃进”的产物等等[①]，之所以会得出这样想当然的观点，主要原因是我们脱离文学现场，不了解这个时段长篇小说创作的实际情况，总是以某种既定的主观想象取代对实际的文学现场的考察。陈美兰在研究这个问题时，将我们带到数十年前的那个文学现场，让我们充分了解到《红旗谱》、《青春之歌》、《一代风流》、《红日》、《林海雪原》等一批被我们今天当成“红色经典”作品的实际创作背景。这些作品虽然都出版于20世纪50年代后期，但是其孕育和创作却远远早于这个时期。特别应该引起我们注意的是，陈美兰对这些作品主要创作时段的1953年前后的文学现场作了详尽而细致的考察，论述了这个时段的社会政治和经济状况以及当时正处于“解冻”期的苏联文学思潮对我国文坛的巨大冲击。当我们回到当年的文学现场，我们才能真正认识到新中国第一波长篇小说创作热潮产生的各种历史因素。对于文学语境和文学现场的考察并不单单是为了理解和认识作家、作品，更重要的是将具体的文学现象纳入到文学史的框架中予以历史定位。

文学研究对象是多方面的，但最根本的是文学文本，离开了文学文本，一切文学都无从谈起，因为文学文本是支撑文学大厦的栋梁。因此，文学研究应从文本出发，或者说回归文本，这样的研究才能避免空洞和高蹈，才能显得实在。陈美兰在文学批评中，虽然是以文学史的宏观视阈考察当代长篇小说的创作与发展态势，讨论当代长篇小说的重大理论问题，但绝不是在概念与概念之间推演，也不是单靠旁征博引他人的理论，而是回归到长篇小说文本，通过对文本的精细剖析从而得出令人信服的思想理论。比如在讨论20世纪80年代长篇小说作家价值观念调整的问题时，陈美兰以莫言的小说文本《红高粱家族》作为解剖对象，通过具体的文本分析，进而得出了与当时流行的盲目赞赏“原始生命力”不同的结论，认为把“一切接受文明规范、道德规范、社会规范的行为，都被视为‘家兔子气’，是‘种的退化’”，这种对“原始生命力”的盲目赞赏，实际上反映了作家“在价值选择上观念的偏斜”[②]。在研究90年代长篇小说精神探索与艺术探索的不平衡现象时，陈美兰从《白鹿原》、《许三观卖血记》、《尘埃落定》、《心灵史》、《长恨歌》、《九月寓言》等小说文本研究中发现了这个时段长篇小说创作所取得的成就与存在的局限。就新近出版的《我的思考——在当代文学研究路上》这本论著来看，其中相当一部分论文就是对新时期以来重要的长篇小说文本的解读与分析，这些文本包括刘醒龙的《圣天门口》、邓一光的《我是太阳》、向本贵的《凤凰台》、林湄的《天望》、熊召政的《张居正》、李国文的《冬天里的春天》、王建琳的《风骚的唐白河》、路遥的《平凡的世界》、张炜的《古船》、余华的《活着》、阿来的《尘埃落定》、史铁生的《务虚笔记》、陈忠实的《白鹿原》、姜戎的《狼图腾》等众多作品，透过这些文本分析，不仅显示了她对作品

① 陈美兰《中国当代长篇小说创作论》，上海文艺出版社1991年版，第15页。
② 同上，第49页。

的独到见解，而且还阐述了对长篇小说创作的许多有价值的理论思考。

为当代文学把脉

任何一个时段的文学史在取得辉煌成就的同时也可能存在各种各样的问题，还可能呈现一定的病相，因此对历史负责的文学批评家不但善于总结文学史上成功的经验教训，而且还要善于为文学史把脉，诊断出文学史上的某些病症，以引起疗救者的注意。陈美兰就是善于从当代长篇小说的创作运行中发现问题，并且探讨其中的病因。

中国当代文学，尤其是“十七年”文学，呈现出特别明显的病态，即使到了20世纪80至90年代，当代文学仍然未能完全摆脱一些痼疾。以往我们对于某些病相，往往简单地将其病源归结为极左政治。固然，当代文学的某些病症与极左政治存在着一定的牵连，但是其病灶是非常复杂的，由多方面的多种因素造成，而且仍有一些深层次的病相没有得到准确的诊断，甚至出现了某些“误诊”。而在陈美兰这里，她往往带着强烈的问题意识深入各种纷繁复杂的文学现象中去发现问题，提出问题，并且作深入剖解，从而寻找隐藏在文学现象背后的深层次的令人深思的东西。比如，“十七年”长篇小说创作隐藏着“从‘有意味的形式’到规一化的模式”的病症，这种病症造成了长篇小说创作的某种凝固性。陈美兰通过对《创业史》、《三家巷》、《保卫延安》和《红日》等病理性切片进行观察和研究，发现其病根就在于“柳青完全排斥了冲突的间接形式而只承认直接的形式，排斥了冲突表现的多种形态而只承认单一的形态”的单一的线性思维方式，就在于对“历史潮流支配着人物命运，人物的命运浮沉则是历史潮流变动的映照”理论的机械而片面的理解和接受，这不能简单地以“倾向”或“思潮”的影响来解释，而应该“从作家潜在的思维习惯来寻找原因”[①]。从文学病理学来看，作家的创作倾向和思潮的影响只是某种病理的表象，而作家的思维方式才是真正的病根，因为思维的根本就是哲学问题。通过病理考察和分析，陈美兰诊断出当代长篇小说创作中两大重要病症的根源，那就是直观性、经验性的思维和阴阳对立的“一体两面”的机械式思维，而这样的思维方式是因中国传统文化的先天不足而形成的，因而长期以来一直为人们所忽略。就在指出当代小说家存在着思维上的偏差的同时，陈美兰意识到学术研究和理论思考中也同样存在着思维方式问题。她在为当代文学把脉的过程中，竭力寻找并厘清影响事物发展变化的多重关系和因素及其综合作用，力避线性思维；以实证材料和严格的逻辑推演取代印象式、情绪式的直观思维和主观臆断，以辩证的、发展的、变化的眼光、相对的思维看待问题，避免对事物作出片面的、机械的和绝对化的认识和判断。因而，通过调整、改变和完善思维方式，可以更加敏锐和准确地为当代文学把脉，诊断病症。由于思维方式的调整和完善，陈美兰为中国当代文学诊断出了许多为人们所

---

① 陈美兰《中国当代长篇小说创作论》，上海文艺出版社1991年版，第84—89页。

忽视或者被遮蔽的病相。这些病相既有“十七年”的长篇小说创作问题的，又有那个时代小说理论方面的，即出现在新时期作家身上，可能是一个时段里普遍存在的问题。比如，“十七年”中，“有一种‘写本质’的理论曾经控制文坛，文学反映生活，固然触及到若干本质性的东西，但当时那种理论阐释的片面性，很容易导致作家在艺术实践中进行的理念的图解”①，于是在长篇小说创作中出现了不少“图解”“理念”的病相。对于“典型环境”的片面理解导致一些作家在长篇小说创作中产生了“一体三极”的矛盾模式，这就使小说出现了直观化、图像化和人为化的毛病。有些作家不能处理好生活的实在性要求与艺术的变幻性要求之间的关系，从而在创作中常常顾此失彼，难以兼顾，结果造成像《保卫延安》所出现的“只张不弛、只直不曲、只扬不抑、只起不伏”②问题。作家的情感阻隔了对于社会生活的透视力，从而出现了对于内视角的排斥。在新时期长篇小说创作中存在着“理论倾斜的后遗症与艺术把握的不平衡”导致某些长篇小说出现了“人鬼掺半”的病症和明显的人工组装的痕迹。“十七年”长篇小说的悲剧内涵十分单纯甚至单一，“显得具有理性的节制”，是一种“乐观的悲剧”，因而比较苍白而肤浅，缺乏深刻的思想文化内涵。包括莫言在内的某些作家“为了超越‘五老’式的创作惯性，企图在创作视角上做出新调整时，往往在价值标准上暴露出明显的弱点”③。20世纪90年代，长篇小说由于作家的“精神探索是在颠覆与固守中表现出极端性偏执”和作家的“精神矢向在两极间摇摆”而出现了“精神探索与艺术探索的不平衡现象”④。在为人们所看好的20世纪90年代的个体化写作中，陈美兰发现，它“并不像有人所阐释的‘不必关注公共利益，每个人只关注自己’，仅具有‘私人性、自闭性、非功利性、自我娱乐性’就行了”⑤。由于理论出现了偏差，不少个体化写作的作品“全局性的视野却狭窄了，甚至是缺失了”⑥。

真正的文学批评的价值不仅在于发现优秀作家、作品，为文学史的续写和改写提供可靠的材料，而且在于通过科学的批评、阐释文学文本，从而构建新的文学理论。对于当代文学的批评家来说，还有一项重要的职责就在于为文学及时把脉，发现文学运行中存在的各种重要的病症，通过对文学标本的细致深入的解剖和透视，进行透彻的病理研究，进而找到文学病症的症结与疗治的根本途径和方法。陈美兰教授为当代文学把脉并提出疗治的良方，从而担当起当代文学批评家的神圣职责。

---

① 陈美兰《我的思考——在当代文学研究路上》，武汉出版社2011年版，第54页。

② 同上，第98页。

③ 同上，第38页。

④ 陈美兰《行走的斜线——论90年代长篇小说精神探索与艺术探索的不平衡现象》，《当代作家评论》2002年第2期。

⑤ 陈美兰《寻找症结——谈谈长篇小说创作的突破问题》，《光明日报》1996年8月15日。

⑥ 同上。

学理性文本解析

陈美兰教授文学批评的最突出的特点就是学理性文本分析。所谓学理性文本分析，就是在批评中坚持学理性，从文学事实出发，对文本进行条分缕析，按照一定的逻辑进行推理和判断，从而得出科学和客观的结论，这样的研究经得住推敲和历史的考验。资深文学评论家仲呈祥对陈美兰的文学批评给予了很高的评价。他认为“她的分析，高屋建瓴，实事求是；她的判断，真知灼见，学理性强”，“是从大量文学事实中抽引出来的理论认识”，“比那类‘酷评’要来得深刻，并更有理性”①。陈美兰的文学批评以长篇小说创作为主，因而她着力于小说的文本分析，切入到文本的微观世界，就像是将细胞置于显微镜下进行观察和研究，寻找其各种特性和内在规律。在讨论当代作家普遍使用的以家庭为纽带的折射生活的方式时，陈美兰以欧阳山的小说《三家巷》作为解剖对象，不仅指出小说中周铁、陈万利和何应元三家所指代的阶级成分，而且还对这三家错综复杂的人际关系作了精细的梳理，通过对小说中这些人物关系的微观分析，陈美兰所呈现出的是人物、家庭与社会的“经脉”。在讨论以人物命运来折射社会与时代时，陈美兰以王莹的《宝姑》作为解剖的麻雀，既细读小说的心理活动描写，又分析了小说中的具体情节，非常细致而深入，进而为升华为理论奠定了扎实的基础。倪吾诚是王蒙在新时期创作的长篇小说《活动变人形》中的人物，其形象综合了异常众多的性格要素，在人们的印象中，倪吾诚是一个“飘忽不定”、“云山雾罩，恍兮惚兮”的精灵，因而，对于他的认识存在很大的困难。陈美兰对倪吾诚的形象进行拆解，并且按照作用的方向进行力学分析，再将其各种要素按照日本玩具“活动变人形”的原理进行组装，从而让我们对这个人物有了准确而全面的把握。在这样拆解和重新组装的基础上，陈美兰得出了这样的结论：倪吾诚的悲剧“是陷于巨大的社会历史力的交错作用中而又无力自拔、无法超越的悲剧，是在历史前进中具有永恒意义的悲剧”②。而且更重要的是，由这里的精细分析归结到人物形象塑造应该置于“力的交叉点”的理论阐述上来。

陈美兰的学理性文本解析显示出独到的“史见”和“史识”。任何文学史家对于文学史的叙述都可能存在一定的偏差，或者由于阅读的遗漏，或者由于受主流批评的牵制，结果导致文学史叙述中对某些优秀作品的盲视，也可能对某些作品定位过高。在对新中国“十七年”文学的历史叙述中，情况更加复杂，文学史家更多受到极左政治的干扰，在文学史叙述中难免出现问题。陈美兰在对“十七年”长篇小说的仔细阅读中发现了现行文学史著作中存在着的某些偏差，拂去蒙在某些文本上的历史尘埃，挖掘出其独具价值和意义，进而为改写文学史提供了可靠的依据。对于反映农村合作化运动的小说，大多数文学史家往往关注的是那

① 仲呈祥《治学精神与学术操守——读陈美兰教授的一篇文章评论有感》，《文艺报》2002年6月22日。

② 陈美兰《我的思考——在当代文学研究路上》，武汉出版社2011年版，第125页。

些歌颂合作化运动，突出农民积极参加合作社的巨大热情的作品，同时有意无意地忽略了某些“另类”的作品。陈美兰通过解读刘澍德的《甸海春秋》和《归家》等不太引人注目的作品，发现其具有独到的历史真实性，从而为改写当代小说史挖掘到非常宝贵的材料。

在长期的文学批评实践中，每位批评家都会形成自己的批评模式。有些善于作传记式批评，将作家的人生历程与其创作结合起来进行研究，有的乐于将作家创作置于宏阔的社会时代大背景上进行探讨，还有的深入到作家的心理世界对作家的创作动机及其在作品中的投射作出分析。相比之下，陈美兰的文学批评则侧重于实证研究，当然这不是说对创作进行各种统计和定量分析，而是以文本作实物证据，以最基本的文学事实说话，既摆脱了作家回忆和自述的“意图迷误”，又避免陷入以理论套文本的“理论迷误”，从而保证了批评的学术理性和科学公正。

现代的价值观念

价值观念，对于作家来说，是文学作品的灵魂所在；对于批评家来说，也是如此。一个批评家总是以一定的价值观念投入文学批评的。而价值观念是由作家和批评家自己选择，自然反映出作家和批评家的思想境界和胸襟，很大程度上决定着作品和批评的价值和意义。陈美兰教授则是在现代的价值观念制导下进行文学批评的。她在谈到现代精神特征在文学上的体现时表明了自己的现代价值观念：“理智化的精神立场，重主观感悟、重生命体验的认知态度，非绝对化、线性化的艺术运思还间接性、不确定性的表达方式。”[①] 具体来说，表现在以下几个方面：

首先，现代科学理性的价值观，这就是陈美兰所强调的“理智化的精神立场”。虽然陈美兰在这里谈的是作家在创作时应该采取的精神姿态，其实也是她评论文学的精神立场。她在评论文学作品和文学现象时，从文学文本出发，以事实为依据，深入挖掘影响事物发展的各种或显或隐的元素，理清影响和制约文学创作和文学现象形成的各种因素之间的内在联系，揭示文学现象产生的各种力的作用，表现在批评思维上的多维性和多向性，努力避免非理性的、绝对化、简单化、机械化、教条化、主观武断的研究。陈美兰的科学理性价值观还表现为科学的历史观——“真正地从人类历史发展，从今天国家和民族所处的时代高度对人类的存在和发展的终极意义作深刻的思考，为人类的精神未来走向作出合乎规律的构思和设定”[②]。所以在具体的文学批评中，她往往能发现并尖锐指出一些作品的精神局限，如对《长恨歌》所谓“体现上海精神”的批评，对《白鹿原》中

① 陈美兰《新古典主义的成熟与现代性的遗忘——透视“十七年文学”到一种角度》，《学术研究》2002年第5期。

② 陈美兰《“文学新时期”的意味——对行进中的中国文学几个问题的思考》，《文学评论》1994年第6期。

将发生在20世纪的中国政治斗争单纯地视为“翻”煎饼的“鏊子”的批评，等等。这些批评，实际上是期望作家能够“登上时代的制高点，获取新的价值标尺”①。

其次，对于封建宗法思想和封建道德的高度警惕。我们国家虽然在20世纪初推翻了封建制度，并且自20世纪50年代进入了社会主义时代，但是封建的思想意识和伦理道德仍然在某些作家的内心浮现，特别是有些封建的东西改头换面，竟然被人当成了社会主义和共产主义的思想品质来歌颂，这就应该引起我们的警觉。陈美兰在讨论李国文小说《冬天里的春天》中芦花的形象时指出了这一点。对于作家在作品中明确表达反封建思想表示赞赏是非常容易的，而对作家在创作中不由自主地陷入封建思想意识的泥坑不能自拔，甚至还自以为是反封建，能够及时发现并给予指出，那就不那么容易了，如果没有对于封建思想意识有着清醒的认识并保持高度警觉，没有对于改头换面的封建思想意识的识别能力，那是很难做到的。

再次，突出以人为本的价值观。陈美兰在谈到当下的文学价值重建时欣喜地指出：“一股以人为本的价值正以强大的气势颠覆着、取代着那种普遍流行的价值准则：只顾抽象的阶级、集体利益，忽视人的个人价值准则。”② 长篇小说创作不仅要反映一个时代的复杂的社会生活，而且要表现出这个时代人的思想、情感和精神变化，因而更应突出个人的命运及其生命意义和价值。作家如果在作品中能够建立起以人为本的价值观，就应该得到批评家的认同和赞许；否则，批评家应该通过批评及时指出来。在讨论黎汝清的《皖南事变》时，陈美兰十分理解作家将项英作为人来刻画的良苦用心，并且突出分析了项英作为人所具有的种种弱点，而这些弱点成为“皖南事变”这一重大悲剧发生的极其重要的因素，这也正是人性的弱点对历史过程的影响。在讨论长篇小说的创作得失时，陈美兰还专门研究了“当代长篇小说中的人性意识”问题，说到底这里所讨论的就是将小说中的人物塑造成某种观念的图解还是按照人的特性来刻画人物的问题。陈美兰以戴厚英的《人啊，人》、张抗抗的《隐形伴侣》和铁凝的《玫瑰门》的人物形象为范例，以对人性的揭示的深度与广度为标准，认真地探讨这些作品在人物塑造上的得失。

第四，强调独立精神。独立精神是现代知识分子区别于传统学者的重要标志。在接受傅书华教授访谈时，陈美兰教授谈到了独立精神问题，她指出：“所谓的独立精神，我们不应片面理解为与主流意识形态的对立或分道扬镳。我所理解的作家独立精神，更主要是体现在对社会历史、对人的把握能力和理解能力。”③ 这是针对作家创作谈的，其实在批评家这里也存在着独立精神，总的来

① 陈美兰《“文学新时期”的意味——对行进中的中国文学几个问题的思考》，《文学评论》1994年第6期。

② 陈美兰《价值重建：面对当下中国文学思考》，《文学评论》2001年第4期。

③ 陈美兰、傅书华《长篇小说·历史个性·女性写作——陈美兰教授访谈录》，《黄河》2003年第2期。

说，就是对问题的独立把握和思考，既不为情绪所牵引，又不人云亦云，既不与主流意识形态相对立，也不趋赶时尚，既不跟着形势跑，也不为人际关系所羁绊。这种价值观念显然是批评家批评的科学理性的保证，又是批评家精神自由的体现。陈美兰教授文学批评所具有的科学性和学理性就在于她突出的自由意志和独立精神。

最后，包容和宽容的精神。批评家对待作家应该持理解和支持的态度，既不应盲目吹捧，也不应苛求或随意贬斥，这才有益于营造有利于文学的良好环境，有利于文学的发展和作家的进步。陈美兰所研究的是当代作家作品，而当代文学与其他学科不同，是正在进行时，一些作家作品正在涌现和成长，一些文学现象正在萌芽和发生，这就需要批评家及时发现并予以研究，既挖掘其中可喜可贵的东西，又要指出其中可能出现的偏差，从而推动其健康的发展。陈美兰深知作为当代文学批评家的责任，以包容、宽容和大度批评在文坛上崭露头角的作家，比如向本贵、王建琳、林猬以及由诗歌转向小说创作的熊召政等人，既评出他们作品的价值和意义，又善意地指出其局限和不太完美的地方。

“对旧的不合理体制、规范与生活章程的革除，必然要对某些曾一度流行、受到普遍认同但又同新的生活要求不能适应的价值观念发生碰撞。作为整体把握和反映生活的长篇小说家，自然也需要迅速地调整自己的价值观念，校正透视生活的立足点。”① 对于作家来说，存在这样的问题；对于批评家来说，也是如此。陈美兰教授是在20世纪50年代末、60年代初读的大学，后来经历了十年“文化大革命”，不可避免地要受到极左政治的影响，但是到了20世纪80年代，随着改革开放时代的到来，她与时俱进，对过去的思想观念及时进行了深刻的反思和革除，并且根据时代要求“迅速地调整自己的价值观念，校正透视生活的立足点”，从而确立了自己的现代价值观念。

进入新时期以来，我们的文学批评虽然较“十七年”和“文化大革命”时代有了很大的进步，但是又产生了新的批评迷误。特别是到了20世纪90年代和21世纪，不少文学批评陷入了人情批评和商业炒作的怪圈，从而既失去了科学性和学理性，也迷失了批评家的主体性，产生了许多批评泡沫。在这样的情况下，陈美兰教授坚守文学批评的学术性和主体性就具有深远的意义。她不仅以其扎实深刻的批评为我们树立了科学批评的典范，而且给我们进行文学批评提供了丰富的可供借鉴的理论和经验。

2012年3月10日于扬州存思屋

（作者单位：扬州大学文学院）

① 陈美兰《我的思考——在当代文学研究路上》，武汉出版社2011年版，第36页。

抒情不辍

——从张堂锜《个人的声音》谈起

□季 进

20世纪是个人的时代，自由、解放和浪漫被放到最大，却也是集体意志最强大的时代，启蒙、革命的号召甚至变成一种道德律令使人无从摆脱。用长时段的观察视野来看，个人与集体的此消彼长，正与普实克（Jaruslav Průšek）所指点的抒情与史诗的更迭观念若合符节。正义压倒欲望，知识钳制想象，抱负越来越大，抒情则由此趋疲走弱。可是，缩小这样的史观，我们也不难发现，这种将公私律动推到此消彼长结构中的看法，总有其不妥之处。比如新文学破旧立新的家国愿望不可不谓大，可是其开出的方案，却未必真要与个人的体验南辕北辙，甚至在史诗之音日趋强化之时，文学家们还有意试验着"革命+恋爱"的可能，由此成全一种抒情与史诗的互动。退一步讲，当史诗意志达至高潮之时，是否也恰好暗示了抒情的形态有了其他向度的可能？毛泽东时代的红色崇拜，可以是意识形态最扁平的表现，却也可以是最狂热真挚的抒情。由此，王德威推论，抒情不是泛泛之辞，在耽溺、审美的视景之外，还可以付诸生活的模式、隐喻政治的维度——"一种参与、干预或脱离政治历史情境的企图"①。

当然，王德威的定义颇有将抒情史诗化的意思，但我认为，其症结并不在于他对"抒情"做了过大过高的估量，恰恰相反，其庞大的抒情架构仍有盲视之处，即他关怀文学与政治的对话，却也回避文学与商业的关联。这不仅是指20世纪文学的现代性总是与经济的现代化别有牵连，从报纸、杂志到舞厅、剧院，它带出了一层都会的意蕴与城市的想象，同时也是指置身如今的经济大潮之中，文学因为商业利润而多有矫揉造作，甚至粗糙的表现，抒情在这个层面上，可以视为对文学纯粹性和自主性的维护和反省。当然，必须看到，王德威的讨论因为有其特殊的时间起讫，所以其对商业左右抒情的偏忽，不见得就是研究上的不见或漠然，而是时代自身使然。不过，离开了世纪中期这个时间段落，当我们尝试将抒情的视线往前或往后延伸之时，就必须承认，政治也好、经济也罢，都同时与抒情发生对话。在这个层面上，王德威所谓的抒情实际只是其中的一脉，或者说他讨论的是由抒情展开的对话，是"众声喧哗以后"的问题，而更基础的抒情则可以"降到"纯粹的审美维度上，或者说"众声喧哗"的层次上，它假设文学

① 王德威《抒情传统与中国现代性：在北大的八堂课》，三联书店2010年版，第71—72页。

的世界真有所谓的内外之别，存在研究者念兹在兹的“纯文学”。

尽管“纯粹”的观念在后学思潮之下，特别是强调文学社会性与物质性的理解中，变得极为可疑。但是，回首现代文学的历程，这样的乌托邦想象从来不绝如缕。原因无他，只有把纯粹作为一种信仰或执念，写作者们才获得了一个安身立命的所在，建立起他们事业的独特性，使文学具有它的文学性，而非政治性、社会性等等。张堂锜先生刚刚出版的《个人的声音：抒情审美意识与中国现代作家》正有意挖掘20世纪以来，从王国维、蔡元培以降，到鲁迅、周作人、朱自清，以及沈从文、徐志摩、卞之琳、无名氏诸位绵延半个世纪之久的“抒情审美意识”及其变奏与喧哗，呈现出中国现代作家中抒情审美意识的丰富景观。他直言：“在血与泪的时代，我们应当忍受爱与美的存在；在‘风沙扑面、狼虎成群’（鲁迅语）的时代，应当容许作家有不做民族文化代表、人民大众代言人、阶级战士及青年导师的自由。让文学回归本体，回归自我，回归审美，让作家走出文以载道的框架、走出政治时尚的宣传斗争、走出各种旗帜、主义、党派的不当束缚，这是我所理解并主张的抒情审美意识。”①

布鲁姆（Harold Bloom）评说西方文学正典，毫不客气地将那些玩弄解构或者强调文学社会性的批评见解一概斥为“憎恨学派”（school of resentment），认为他们或无视或回避审美的自主性，因而是对文学经典的侵犯②。抛开那种强硬的精英本位，从某种意义上说，张堂锜的“抒情审美意识”颇与布鲁姆的“正典”观念相近似，只是前者所要强调的，除了孤独与死亡，还有废名式的冲淡、冰心式的爱之哲学、湖畔诗人的童稚天真，以及东吴女作家群的宗教情怀，不一而足。这些多样的个人抒怀，一方面可以看做是现代文学史上的抒情变奏与延伸，也可以视为不同时段下，相异个体心智变化的迥异反应。张堂锜的讨论正是从这两条线路铺陈架设而来。就前者而言，张堂锜在第三章中条列周作人、俞平伯、废名、钟敬文四位的抒情表现，所关心的正是抒情的开枝散叶、衣钵相传；而后者的典型表现则是他以“作家群”或“主题”的方式来综合讨论，例如徐志摩、林徽因、闻一多诸位因为“爱、自由与美的单纯信仰”而被合而观之。当然，这纵横两条线也不必泾渭分明，正好像布鲁姆说，一部作品的优异性总是在竞争中诞生。这种竞争既是指与先贤抗衡，同时也是指与同侪竞技，由此，影响的焦虑，不必只化约到时间延续的轴线上，也可以有一个共时性的存在。当然，结合20世纪中外交流和影响的语境，我们更可以说，这种共时性和历时性，都可以从全球视野和比较意识出发来定义，从而把“影响”、“传统”及“竞争”看成一个世界性的现象。从这个理解出发，我们可以尝试探问“抒情的现代化”问题，即不单明了抒情的所指所论，以及由此展开的对话辩难，更可以清理“抒情”的发展不必真的只是个人的行为，而是一个公共性的意识。这种意识，既要处理文学与政治、经济之关联，也要分析“抒情”的其来有自，特别是其中的中

① 张堂锜《个人的声音：抒情审美意识与中国现代作家》，台北《文史哲》2011年版，第25—26页。

② ［美］布鲁姆《西方正典：伟大作家和不朽作品》，江宁康译，译林出版社2005年版。

西对话。比如，王国维的抒情审美同叔本华、康德哲学之间的接合，徐志摩与西方浪漫派诗人的契合，东吴女作家群同基督教的渊源等等。

从表面上看，这些所谓的中西对话，是以个体抒情的方式来呈现，其特征表现为私人性和个别性，但是，当我们以艾略特（T. S. Eliot）所谓的“传统与个人才能”之观念来重理这种抒情，应当承认，所谓的叔本华、康德、浪漫主义或基督教，实际上都是一种“公共财产”，而非纯粹私人的精神粮饷。换句话说，这种个人性的抒情归根到底还是具有它的公共性。个人无法独立完成他的意义，这句话需要从与他构成对话关系的他者来理解，也要同构成自我的各种思想资源来观看。比如，周作人抒情的公共性就可以从晚明的文学思考中加以清理。这一点足以说明，审美抒情并不是一个纯粹的个人行为，而是一种基于公共性或者包含公共性的思考。

强调抒情中的跨文化维度，除了说明公私对话的无所不在，在另一个层面上，它也帮助我们分辨王德威所谓的“抒情”和张堂锜所说的“抒情”来路大不相同。张堂锜的“个人的声音”与王德威的“抒情传统”正好形成了呼应。就王德威而言，其定义的抒情，从儒家诗教一脉而下，是以“兴观群怨”为核心的一种公共性思考；而张堂锜所言的抒情，则更多地接续西方世界以个体为中心的价值观，因此他关注审美的自主，而非审美的意识形态。前者尝试将一己之思（私）融入家国记忆，以自外主流的见解传情达意，而非附和时流或代民立言；而后者则干脆“斩断”公私的表面联系，通过投入或沉浸于个人体验的方式来建立个体与文学的“本真”形态，尽管其与西方的关联甚为明确，但是这并不意味着如此的抒情就是一种绝对的“现代发明”或舶来经验。晚明一代留恋诗酒、耽于美色或经营个人精致生活的“逸乐”样态，实际上就可以作为其先驱或示范。这些行止的发掘使得传统文化中冰冷、严肃、千人一面的士大夫形象变得有血有肉，丰满立体[①]。尽管说，这种指认有力地还原了历史的多样性，有着补白之功，但是，我们必须承认，过去的研究未必对这种历史的抒情面，一无所知，只是其中风险过大，每令研究者望而却步。其中关键的原因正是这种抒情形象与知识分子、传统士人一以贯之的“扮相”，或者说一般人心目中根深蒂固的精英形象产生了巨大落差。在一个号召榜样的世纪，这样的解构和落差当然危险重重。

这里，之所以要把“扮相”的问题提出来，有以下几点考虑。第一，这个概念本身是从女性主义理论发展而来[②]，我们不妨结合张堂锜关于东吴女作家的观察，特别引申一种所谓的“性别抒情”。但是，这种抒情无需玩弄女性主义繁复的技术手段或尖刻的解构意念，而是提醒我们去探问，当我们理所当然地将细节等等表现阴性气质的概念视为女性自我的显现之时，这种自我显现是不是就等同于抒情？或者说，雕刻细节就是抒情审美？细节有没有可能变成一种史诗的寄

① 李孝悌《明清文化史研究的一些新课题》，见李孝悌编《中国的城市生活》，新星出版社 2006 年版，第 5—9 页。

② 参阅朱迪斯·巴特勒《性别麻烦：女性主义与身份的颠覆》，宋素风译，上海三联书店 2009 年版。

托？第二，回到知识分子“应该怎样”和“本来怎样”的问题上，无论王德威，还是张堂锜，其基本的论述假设是，这两个范畴是相互区别的，当作家们偏向于“本然”，那么其就是抒情，而偏于“应然”，则是史诗的体现。我们可以质诘本然和应然有没有重合的可能，即一个作家或个人对所谓家国的强烈意念并不外在的、强加的，而是从其内心发展出来的？这种与主流、与革命、与启蒙合辙的声音能不能也是抒情的？第三，我们过去谈论“扮相”，总是强调以个体为内核，把自我打扮成社会或时代给定的那种集体形象，例如鲁迅肩负“黑暗的闸门”但仍然要服膺其时代导师的形象，演绎着希望与绝望的辩证，但是除此之外有没有一种可能，就是以集体为内核，把那些大写的我或超我转化到小写之我上来展现？换句话说，抒情有没有可能是史诗的一种扮相？根据王斑对革命影片中欲求与快感的探讨，我相信这种推测应该有其一定的合理性①。革命并不总是以抽象的口号为召集，它与私人欲望的接合，从来都是最重要的一面，而且正是中国革命得以胜利的关键要素。由此，我们可以大胆反问，张堂锜所谓的个人的声音，是不是真的只是文学园地里纯粹的艺术试炼，是对自我最大限度的认可？诚如苏文瑜、王德威所见，周作人、胡兰成等人的叛国行止或诗学，恰恰不是由政治上的抉择而来，而是从其美学思考或曰抒情中发展而至。这种吊诡的发展，正印证了我上面所谓的“危险重重”。

因此，我们可以推导出这样一种文学和文学史研究的认知，即尽管像张堂锜这样以力图还原历史原貌的良好初衷和客观态度来研究抒情，批判文学史的疏漏和盲视，但是，历史变成今天的样子并不完全是无的放矢，或者如新历史学者所谓的只是一系列“叙事的结果”。世易时移之下，当我们再度“重返”历史的当场，除了强调边缘的价值，为其补缺，也要去直面这种边缘如何成为边缘，全面看待这种边缘的“能”与“不能”，尤其是其“危险性”。如果一味地以历史圆满、多元为目的，那么，难免会有点隔靴搔痒的学院气。这或许正是张堂锜《个人的声音》给予我们最重要的启示。

（作者单位：苏州大学文学院）

---

① 参阅王斑《历史的崇高形象：二十世纪中国的美学与政治》第四章，孟祥春译，上海三联书店2008年版。

评杨正润《现代传记学》

□廖卓成

杨正润（1944—）的《现代传记学》（南京大学出版社2009年5月版）出版已经三年，我在台湾只零星读到两篇评论短文，其中李亚男咬文嚼字，质疑书名到底是指现代传记的学，还是现代的传记学，其实封面的英文题目 A Modern Poetics of Biography 已经很清楚地表明了，这是“现代的传记学”。梁庆标的文章，题名《“传记诗学”的当代建构》，就比李亚男体会作者的用心①。其实这英文书名的意思就是“现代传记理论”，下文就近年传记理论发展的脉络，透过和相关著作的比较，尝试评论杨著贡献；同时，也不忽略其中可商榷之处。

一、体大虑周

这本书655页，有充分篇幅探讨传记的各方面。篇幅在我读过的中文传记通论之中，无出其右。上篇本体论四章，依次论传记本质、构成、主体、功能。中篇形态论五章，依次论他传的范畴、自传、私人文献、亚自传、形态的实验与扩展。下篇书写论三章，依次论书写的准备、传记中的虚构、文本的完成。

杨正润不仅参考了大量中西传记和英文传记理论著作，也曾探讨相关的文学理论。全书的架构，比所有我读过的中文传记通论都要完备。他的论述语调，也平实中肯，甚至对王名元简陋的剪贴之作，批评还是很温厚（见页10）。不过，他并非识力不足，譬如论述第七章“私人文献：边缘自传”第一节“书信”论对话与身份，指出“钱锺书始终非常注意自己的身份”，撰文评老师吴宓的诗也讥笑老师的恋爱，“这符合甚至强化了他青年才俊和英国留学生的身份，‘少年轻狂’并非什么不可饶恕的罪恶，甚至是才子身份的必要标志”。几十年后，钱锺书受邀为《吴宓日记》写序，读到老师的日记，才知道当年吴宓几乎暴跳如雷，于是在给编者（吴宓女儿）的信兼书序中“既认了错，又颂扬了老师，双方都有了面子。更重要的是通过这封信，钱锺书得到读者的同情，保护了自己的公众形象，维护了自己的身份”（页369－370）。虽然没有明显的褒贬，眼光还是锐利的。

此外，他也不是毫无臧否，譬如约翰逊（Paul Johnson）写的《知识分子》

---

① 见《中华读书报》，2009年10月14日，网址：http://www.literature.org.cn/article.aspx?id=46381。据《现代传记学·后记》，梁庆标曾是作者指导的博士生。

一书，杨正润认为约翰逊对几位传主不公平，虽然都有根据，但只看到他们私生活的缺点弱点，少肯定他们在文学史思想史的成就，舍本逐末，“有什么样的头脑就有什么样的眼光，有什么样的眼光就有什么样的材料。……约翰逊不喜欢这些历史名人，他就可以在大堆材料中找到对他们不利的东西，对他们进行否定性的解释和评价”（《现代传记学》页152）。杨正润曾翻译过这本书，但他却没有盲目推崇[①]，比较能够持平而论。

我认为下篇“传记书写论”这三章150页最能见出功力，对研究者（不只是初学者）也最有贡献[②]。他在中篇“传记形态论”，不单只是介绍各种形式传记的特色，也会扼要评论其优点缺点。其中一节以传主身份分类，英雄、圣徒、名人、明星、平民、作家、女性等，并非同一层次不重叠的严谨分类，或者可以再斟酌。此外，本书再版时，不妨考虑同时出200页左右的简要版，可能更便初学。尤其是并非传记主干的七、八两章，特别是书信、日记与游记，这三种不必有六十多页的论述。

不过，中篇虽然有五章250页之多，却没有多就阅读对象来考虑，忽略了写给少年、儿童看的传记，尤其是图画书形式的传记。这类传记在英文世界不乏佳作，我读过 Russell Freedman 写的林肯、华盛顿、拉法叶、罗斯福、罗斯福夫人等传记，叙事和镕裁史料都出色，搭配的图画或照片非常丰富，尤其是莱特兄弟传的照片。图画书形式的少儿传记，图片、版面设计都很用心，譬如 Philip Steele 为美国国家地理学会写的居里夫人传，不止叙事有度，所选的照片和油画插图悦目，丰富了叙述内容，版面的安排也非常贴心。这些传记作品，阅读对象虽然主要针对少年和儿童，撰写和编排都比成人传记出色。要深入浅出叙述传主一生，又能让小读者理解，并非易事。而且，畅销的童书，几年之间一再重印，在学校图书馆，一本会有多人借阅，阅读人口远超过印数，影响力不容忽视。

二、眼界开阔

作者杨正润1994年的《传记文学史纲》（江苏教育出版社）兼论中西传记发展，是当时对西方传记史较详细论述的专著[③]。他在《传记文学史纲·后记》中，介绍自己“的工作外语主要是英文，勉强读一点法文”。1987年在美国堪萨斯大学进修时，一年之中翻译了20万字的摘要，《现代传记学·后记》提到后来1999年又有机会再赴美查阅资料。既能读外文，又有机会两度出国研究，能看

① 我读过约翰逊写的华盛顿传《其实我没有砍倒樱桃树》（陈琦郁译，台北左岸文化2007年版），叙事很有条理，言简意赅地引导读者认识当时的政治社会环境，对传主深入剖析，而要言不烦，是出色之作。

② 我自己是先从头大略浏览，然后由第十章开始逐句阅读，读完第十二章才回到第一章顺序读下去。

③ 全书642页，我曾撰写书评，发表于《台北师院语文集刊》第一期（1996），后来收入《叙事论集：传记、故事与儿童文学》（台北大安出版社2000年版）。

到的资料，远比在国内又只能读中文的学者丰富。而且，作者不仅参阅西方论述，他本人也翻译过英文传记，甚至为中文读者撰写了《雪莱传》，对传记写作过程中遭遇的问题，有个人的体会。

不过，有些中文的材料，和本书相关，却可能忽略了。譬如书中论自传，四次引用京都大学川合康三（1948—）的《中国的自传文学》（蔡毅中译，中央编译出版社 1999 年版），日文版 1995 年写成，川合康三书中没有提到 1936 年郭登峰编的《历代自叙传文钞》，其实他的分类有郭登峰的痕迹。再者，他讨论的作品，之前廖卓成的博士论文《自传文研究》（台大中文所 1992 年）都已经注意到，而且有或长或短的讨论，甚至明确指出，如《五柳先生传》一类的作品，后人续作时都有前人作品的中介，对自传叙事的分析，比川合康三丰富[①]。

川合的书主要论西汉到唐末的自传性作品（加上宋代欧阳修），范围远不如哥伦比亚大学吴百益（1927—）的 *The Confucian's Progress: Autobiographical Writing in Traditional China*[②]。这本书也值得参考[③]。台湾的学者，如杜维运（1928—）有几篇论传记的论文，其中《传记的特质和撰写方法》最值得参考，他撰写的《赵翼传》也备受肯定[④]。此外，张汉良（1945—）以西方文论分析沈复《浮生六记》[⑤]，李有成的博士论文（台大外文所 1986 年）分析几种中外自传作品，都有参考价值。20 年前，台湾《当代》月刊 55 期（1990 年 11 月）有自传与传记专题[⑥]。此外，台湾近十几年也有好些篇研究自传、传记的博硕士论文（不只是中文系，也有外文系的），不见得毫无可取之处。这是就《现代传记学》全书内文而言，不仅依据书后附录的《主要文献书目》而论，中文书目只列成册的，仅 36 笔，内文引用的很多资料都不在书目中，大概并非"主要"之故。英文书目则比中文书目丰富得多。

三、瑕不掩瑜

作者对中国古代传记的理解，有时候不够准确。譬如叙述秦始皇的身世，混淆了始皇的祖母和母亲，把祖母夏太后说成母亲（页 627）。夏太后是庄襄王子楚的生母，不是吕不韦送给子楚的美人，《史记·秦始皇本纪》记载得很清楚。其次，误解了刘禹锡《子刘子自传》记载家世的文字，将死后给的谥号"靖"当作生前的名，把原文中山靖王刘胜，误解为中山王刘靖（页 313）。再者，他提

---

① 译者（作者的学生）在《中国的自传文学·译后记》称颂此书为"拓荒之作"，纯是溢美之词。

② 美国 New Jersey 州 Princeton University Press 1990 年版，作者英文名 Pei-yi Wu。

③ 赵白生较早的《传记文学理论》已把此书列在书目上，杨正润的书目有赵书。

④ 《传记的特质和撰写方法》初刊于香港《明报月刊》1984 年 10 月号，台湾《传记文学》月刊曾转载，后收入《听涛集》（台北弘文馆出版社 1985 年版）。《赵翼传》，时报出版社 1983 年版。

⑤ 文章收入张汉良《比较文学的理论与实践》（台北东大图书公司 1986 年版）。

⑥ 撰者包括张汉良、李有成、李永炽、李奭学等。《当代》在当时介绍人文新知，颇有贡献。

到《史记·老子伯夷列传》（页508），而《史记》根本没有这一篇，伯夷在列传首篇，篇名是《伯夷列传》，不与老子合传；老子和韩非等人合为《老子韩非列传》。他也误解了《史记·留侯世家》首段“以大父、父五世相韩故”，说成“张良有五代先人在韩国为相”（页91），其实，是张家两代曾相韩五个国君。司马迁在同一段写得很清楚：“大父开地，相韩昭侯、宣惠王、襄哀王。父平，相厘王、悼惠王。”而张良劝刘邦不可复立六国之后的八点，也被说成了七点；意图策反韩信的武涉说成了“吴涉”（页153－154）。此外，把随何揣测之辞，认定是司马迁“通过他人之口展示了黥布的心理”（页557），又把《左传》华父督赞叹美少妇的话，认定是“内心独白”（页557），恐怕都是可以商榷的。他提到朱东润时，也把生卒年都推迟一年（页10）。

他说“他传不同于自传，他传的叙述者不同于作者，他是由作者所创造的”，“在他传中作者一般不是叙述者，但作者有时也可以‘我’的身份出场，这时他就成为公开的叙述者”（页588），实际的情况是：他传的叙述者几乎都是作者。这和叙述者有没有目击传主举动来报导，不可混为一谈[①]。叙述者不必担任人物，也可以公开评论，评论自己没有在场目击的事。公开评论时，可以有“我”，也可以隐蔽人称，但有没有用人称“我”来称叙述者，都还是有叙述主体——叙述者。叙述者可以只是叙述，不等于任何人物（写古人传记皆如此），如果等于人物，一定是写同时代的传主。除非他传作者另外选定一个人物来当叙述者（很罕见），否则，叙述者和作者是一致的。所有叙事文都必然有作者（执笔的人）和叙述者（文本的叙述主体），在中文里，叙述者可以完全不用人称代词“我”来称自己，照样可以公开评论所叙的人、事、物。

此外，偶有语病，譬如十二章第二节“传记叙事”提到“第三人称的叙述者”（页588）就是语病。“第一人称叙述者”或“第三人称叙事”的讲法都说得通，却不可以说“第三人称的叙述者”；因为，如果叙述者表现为人称代词，在“我”、“你”、“他”三者之中，只能用第一人称“我”来指称自己。不过，出色的叙事学家一时不察，也会有此语病[②]。

四、踵耀前贤

早年的传记理论，以梁启超（1873－1929）较有系统，他的《中国历史研究法补编》之中“人的专史”部分占五万余言，讨论传记的各种问题，举凡传记的体裁、分类的特质、各体间的差异、传主的选择、体裁的配合以及具体的写作方法等等问题，都有详细的讨论。不过，他对传记体裁的分类方式、藉传记保存传主文章的主张、提倡中外伟人合传、以传织史的构想等等，欲藉传记达到更高

① 热奈特 Genette 就强调：“真正的问题在于叙述者是否有机会使用第一人称来指他的一个人物。”见王文融法文中译《叙事话语·新叙事话语》（中国社会科学出版社1990年版）第172页。

② 譬如申丹、王丽亚《西方叙事学：经典与后经典》（北京大学出版社2010年版）就曾出现“第三人称叙述者”的说法（第95页），该章由申丹撰写。

的目的，不免有损传记的独立性，始终缺乏独立的传记观念。他用很多篇幅讨论年谱，而年谱各年事迹不必连贯叙述，近历史而远文学。

胡适（1891—1962）鼓励很多名人写自传，但除了见于演讲稿、序文的零星意见外，未更进一步阐述。他强调纪实存真，推崇西方传记，但否定中国传统传记，未免一笔抹煞。而且以西方近代长传来绳墨中国史传，有欠公允。

朱东润（1896—1988）关于传记的意见，就我所及见，比较集中在《八代传叙文学述论》和《张居正大传·序》。朱东润早年曾留学英国[①]，据说写第一部传记《张居正大传》，就是为了把西方传记的写法介绍到中国来。但他对西方传记理论并非全盘接受，例如法国传记作家莫洛亚主张用小说写法，朱氏虽读其书，却不接受他的主张；西方特有的评传写法，他也激烈反对。他主张有来历、有证据、不忌烦琐，能特别注意到传主心理、性格和遗传，文笔也生动。《张居正大传》虽然引文稍多，但整体上很能做到文学和历史的平衡，较之梁氏作品更进一步。不过，他并未提出有系统的传记理论[②]。

1948年，中山大学王名元（1904—1994）[③] 写成《传记学》，可能是这方面第一本专著，但内容却多袭用梁启超、郭登峰等人见解，缺乏创见。王名元对传记和古籍认识不深，很多论述很有问题，分类混乱，语气煽情[④]。这本书只有在研究中国传记理论发展史时，才有史料的价值；对于了解传记，没有多少参考价值。

朱东润能吸收西方理论和作品，但当时相关理论的书还不多。从朱东润的自传记载，激起他从事传记研究和写作，是1940年重庆教育部颁订新章，大学中文系可开传记研究一课，武汉大学开此课的同事竟然以韩柳古文来充数。他自己承认西方传记读得不多，“莫洛亚的一本传记文学理论，是我所见的唯一的理论书”（《朱东润传记作品全集4》，页255—256）。1976年，他81岁写的自传里似乎没有记载他之后受哪些西方传记影响。他虽然高寿九十三岁，晚年可以及见西方传记理论的蓬勃发展，但似乎没有在传记理论方面继续钻研和发表。杨正润所能凭借的西方传记理论和作品，远比朱东润丰富，而且二十多年来努力不懈，表现在《现代传记学》的体系完备和引证剖析，整体而言，比前辈都来得出色。

---

① 朱东润的自传，对英国留学一段（1913—1916）记载得很简略，他是勤工俭学到英国的，英国工人排斥外国人，他连生活都成问题，“进了伦敦西南学院这所学店以后，一边听课，一边译书”（第76页），“我的英文程度本来很有限，到得英国可能有一些长进”（第76页），返国时，“英文也懂得很有限”（第84页）。返国后为生活担任中学英文教师、大一英文教师，大概是边用边学而提高阅读能力的。（见《朱东润传记作品全集4》，东方出版中心1999年版。）

② 我曾撰《梁启超的传记学》（台大中文所1987硕士论文），其中第96—104页讨论胡适和朱东润的传记学。当时在台湾未见《八代传叙文学述论》（我最近读的版本是上海复旦大学出版社2006年版），当時也没有机会读到朱东润的自传。

③ 生卒年据杨正润《现代传记学》第10页。

④ 我于1996年曾为文评论此书，亦收入《叙事论集》（台北大安出版社2000年初版）之中。

五、鹤立侪辈

1993年8月，复旦大学的朱文华出版了《传记通论》（复旦大学出版社），同年12月，他的同事李祥年出版《传记文学概论》（安徽文艺出版社）。

《传记通论》共269页，分为理论篇（释义、分类、基本要素和功用、与其他学科的关系）、历史篇（西方传记写作及理论发展的轮廓，中国传记的传统、特点及其发展）、实践篇（准备工作、一般原则方法、谋篇布局、语言文字技巧、几种传记类型的一般体例、大中型传记的技术细节处理和附录性工作）。这本书有些论述不够严谨，譬如全书开宗明义第一句："传记，通常又被称之为传记文学。在不少论者的笔下，这两个词儿表述的是同一概念，因而在行文中是相通的，也可以相互置换。"其实，提倡传记不遗余力的胡适，就认为中国传记虽多，传记文学却贫乏；传记之中，有文学性的，才能称为传记文学。另一方面，史学家如杜维运，则抨击"传记文学"一词，认为不通①。这两个词，可以相互置换的情况并非很普遍。

这本书举例相当丰富，而且能注意台湾的资料，没有划地自限。朱文华自承"囿于外语水平，无法根据第一手资料来了解和把握西方传记写作及其理论发展情况"（页73），这限制了他的视野。不过，筚路蓝缕，功不可没，尤其是他有撰写传记的经验，"实践篇"的六章，虽然未必精深，却是当时难得的论述。

李祥年（1955—）是朱东润去世前指导的复旦大学博士（1988），他的博士论文《汉魏六朝传记文学史稿》修订后由复旦大学出版（1995年初版）。其《传记文学概论》共254页，分八章：传记文学的艺术范畴、人物传记的基本形式、传记文学的美学原则、传记文学与其他社会学科的关系、传记文学的社会价值、传记文学与其他文学样式、中国传记文学的历史发展、西方传记文学的历史发展。

这本书征引资料，没有注明页码，使人难以查考，有时甚至没有出处（如页189引文）。作者能读英文（见页25和页96的注），但很少直接参考英文著作②，从有注明出处的资料看来，作者似乎排斥台湾出版的研究和传记作品，未免狭隘。行文时，有些句子一气四五十个字，读来吃力；校对③和印刷都不佳，墨色浓淡、版面疏密不一。有时语焉不详，譬如批评说有"某些局限"（页216），却没有具体说明是什么局限。尽管如此，这本书的架构比较完整，条理相当清楚，

---

① 他在回答学生的访问时说："……我觉得传记是历史不是文学，传记文学四个字是不太通的。我不便在文章上明讲……"见杜维运《听涛集》（台北弘文馆出版社1985年版）第327页。

② 对英语世界，有时也缺乏了解，不知道美国首任总统是华盛顿，而误以为是杰弗逊（第84页）。

③ 有些错误很明显，但有时就不易察觉，譬如第188—189页引欧文·斯通的话："除了这些写作技巧上的自由以外，本书是完全自由的。"令人费解。参考他在第205页重复征引这些话，可知"完全自由"应该是"完全真实"。

除了吸收了朱东润的看法（见页31的注）之外，也有很多不错的见解，在当时是较好的入门书[①]。

2003年，北京大学外语学院赵白生（1964—）出版了《传记文学理论》，全书272页，分五章，依次论述事实理论、虚构现象、结构原理、阐释策略、经典诉求。作者参考了丰富的英语文献，夹叙夹论，似乎心摹手追西方批评家出色的文体，但功力不侔，以致从标题到内容，常有语焉不详之感。譬如开宗明义，强调“传记文学的三字经”是“吾丧我”，“这三个字几乎隐含了传记文学的全部禅机”（页4）。接近书末又说：“写癖异之人，或写人之癖异，也许是张中行的禅外禅吧?”（页228）仿佛了解传记文学还要先参禅，实在令人纳闷。

有的重要断语，和前人相比，没有什么进展，譬如第二章论传记文学的虚构现象，是传记学的重要课题，书中如此论断：

> 传记既不是纯粹的历史，也不完全是文学性虚构，它应该是一种综合，一种基于史而臻于文的叙述。在史与文之间，它不是一种或此即彼、彼此壁垒的关系，而是一种由此即彼、彼此互构的关系。（页44）

貌似融通，其实游移不定、模棱两可。对照杨正润《现代传记学》十一章“传记的虚构”论述传记家的想象、虚构的原则与误区，杨书明确主张“有时传记家就不得不用想象的火炬去照亮那些黯淡不清的领域，进行合理的猜测，根据现有的材料，对不足的部分加以补充使之完整”（页533）。杨正润很清楚地强调：

> 传记家的虚构有点类似画家对残缺不全的古代画像所进行的修补，画家可以根据存留的线条和色彩将它修补复原，但是他不能违背留下的痕迹重新构图，而且如果残缺太多他就无法修补，修补必须限制在一个有限的、合理的范围之（类）〔内〕。传记家所做的工作当然不仅是这种修补，而是要复杂得多，但是传记家也同画家一样，只能在现有材料的基础上对不足的部分进行修复和增补，以接近历史的本真。传记家的想象是一种复原性的想象、一种推想，目的是通过虚构的内容更真实地再现历史，而不是要去破坏和歪曲它。

而且，传记虚构有基本的原则：

> 不能出于个人或集团的利害关系和现实的功利目的。即使是为了道德教诲进行虚构，在现代传记中也是不允许的，因为真实才最有力量。……一切

① 1995年时，在台湾还不容易直接购买大陆图书，我曾通过香港书商邮购十多本，给选修读书指导传记专题的学生阅读。

虚构都不能同已有的材料相抵触，被现存的材料所否定。

对传记家来说，空白需要尽可能地填补，不确定的因素需要作出尽可能让人信服的解释，或者是作出某种暗示；对它们不能回避，留下大片的空白和大量的不确定因素，传记家自己和读者一样不会满意。但是如果不具备填补空白的条件时，也不应当勉强去填补，否则结果可能适得其反，引起读者的不满并指责其虚假；相反，适当的空白的存在反而给读者一种历史的沧桑感，也会引起更多的思考和兴趣。

他的意见，比赵白生的清楚明确得多。比较两书类似的议题，可以发现，杨正润的文体（style）比较朴实和明白晓畅。

赵白生忽视台湾、香港的资料，丰富的书目之中，只有一笔台湾资料苏雪林的《犹大之吻》。第五章“传记文学的经典诉求”“罗列当代传记文学十家，以期学者和读者去悉心研读，看看哪些作品可以作为传记文学加以经典化”（页221）。他列的十家固然是他“一家之言”，这章的结语尤其让人费解：“当每个人争相拿出自己的议案时，传记文学的经典化历程就大有希望。我的议案不过是砖石，仅供垫底。以上十位传记家如果有一个共同点的话，那就是他们都‘偏爱写人’。”（页228）我认为，学术论著，总应该尽量写得清楚明白，与其弄巧而不明所以，不如朴实无华，诚恳平和地论述。平心而论，赵白生广征博采英美传记理论，力学深思，不难有其洞见；如果能多体恤读者，重整纲目，不忽视大陆以外的中文作品，平实地表达己见，应该更有参考价值。

综上所论，杨正润在引述中国古代传记资料时，不如朱东润、韩兆琦确实，援引叙事学观念也有欠精审，对自传研究的发展未明察秋毫，并且忽略了少年儿童传记。不过，纵使未臻无懈可击、尽善尽美之境，整体而言，《现代传记学》将中文传记通论推展到新的高峰，无论是初学或对传记积学有年的读者，都可以从中增广见闻、得到启发，是目前最好的传记通论。

（作者单位：台北教育大学语文与创作学系）

在学科的交叉处

——读姜飞《经验与真理——中国文学真实观念的历史和结构》有感

□ 周维东

《经验与真理——中国文学真实观念的历史和结构》（巴蜀书社 2010 年版）是姜飞先生最近出版的一部文学理论研究专著，全书三十余万言，系统梳理了先秦至 1949 年之间中国关于“文学真实”理论的历史和结构。说实话，对于著作论述的主体部分——关于中国古代文论的论述，我唯有钦佩，不敢妄谈。我想谈论的是著作中涉及中国现当代文学领域的问题，这不仅是指著作的后半部分关于近、现代“文学真实论”的讨论，还包括“文学真实论”问题对于中国现当代文学的意义——这可能是《经验与真理》极容易被忽略的地方。

理论的与现实的“文学真实”

不得不承认，“文学真实”问题的理论意义和现实意义存在着差距。在纯理论的立场上，“文学真实”是个知识问题，它是文学理论研究中的一个母题，是关于文学一般规律的问题；如果更具体地谈论这个问题，它是“现实主义”范畴中的一个问题，曾经在现实主义理论初临中土的时候被热议，在当下并不是一个热门话题。这或许是我们今天看到“文学真实”问题的一般印象。

然而，“文学真实”仅仅是一个理论问题吗？显然不是！在现实中，“文学真实”问题不仅关涉文艺的合法性，更关涉到作家、艺术家的生存合法性。柏拉图在“理想国”中驱逐诗人，依据便是“真实”话语；在“社会主义现实主义”一元独行的年代，“文学真实”决定一个作家有没有写作和发表的权利。这样的情景在今天依然存在，作为一个文学艺术研究者，常常会遭遇这样的疑问——文学研究的意义是什么？这种疑问在文学日渐边缘化的今天格外尖锐。正如很多外界的质疑者所说：文艺研究对国计民生产生不了多大的推动力，对弘扬社会正义也没有起到突出作用，对人的情感影响不及创作本身——文艺研究不过是从事这种工作人员的自说自话！我们可以对这些庸俗的言论不屑一顾，但学术圈内的很多声音不也一样虚妄吗？譬如“传承中华文化”、“扩大文化软实力”等等，如果将之作为文艺研究的根本任务，文学研究与文化传播机构和文化经纪公司有什么差别呢？实际上，当今文艺研究中的种种乱象表明，文艺研究者自己也并不了解这种工作的意义何在。在很多人的心目中，研究就是一种职业。

文艺研究者不能回答自身工作的意义，在根本上是我们从来都不了解“文学真实”。我们都是简单地将之作为知识，而忽略这种理论的现实意义。当“文学真实”不能在一个民族中取得共识，文学就变成虚幻的漂浮物，文学研究也就随之变得虚幻缥缈。这种状况在中国现当代文学研究中能够明显的感知到。相对于文学研究的其他学科，中国现当代文学的特点在于它还没有被“知识”包裹，研究者将鲜活的文学变成知识的过程，必须与现实保持直接的对话，这使“文学的意义”、“文学研究的意义”成为研究者首先必须解决的问题，唯有如此我们才能实现文学的经典化，也才能建构起文学史的叙事。然而，正是“文学意义”的环节，中国现当代文学出现了反复和困境。中国现当代文学史研究出现的“革命史观”、“启蒙史观”，背后反映的是不同“文学意义”的理解方式：“革命史观”反映了文学的政治意义；而“启蒙史观”体现了文学的思想意义。“文学意义”的背后是文学的真实问题，“革命史观”指导下的文学史叙事，文学的政治书写便是真实，譬如20世纪30年代文学，左翼文学显然比“京派文学”、“新感觉派”文学更真实地反映了现实，因此成就也就更高。“启蒙史观”下的文学史叙事，“纯文学”便代表了真实，从这个角度而言，“新感觉派”和“京派文学”更加纯粹，也就更加具有意义。然而事实证明，无论是“革命史观”还是“启蒙史观”，他们构建的历史都只是一种“叙事”，都不过是用某种观念强加给文学，而在此时，“文学的意义是什么”又成为悬而未决的问题。

中国现当代文学研究中出的困惑并不是一个孤立的问题，它反映出中国学界对“文学”理解的缺乏。中国学界不乏对于“文学本质”和“文学真实”讨论的作品，但都是抽象地谈问题，不能打破学科樊篱的阻隔，因此形成很多貌似“公理”的知识一旦到文学史研究实践中便出现了问题，如同隔靴搔痒。这种境况在文化生活中，就会出现文化市场疯狂炒作、鱼目混杂的乱象——这在表面上看是商业化的问题，本质上却是我们对于“文学”理解的无知。我们不知道“文学”是什么，当然也就不知道文学的好与坏。从这个角度重新出发探索“文学真实”问题，绝不是炒冷饭，而是一种宣战，一次重建。

经验与真理

“经验”和“真理”是姜飞著作中的两个关键词，是其结构从先秦到现代中国文学关于“诚论”和“真实论”的总体框架。这是十分富有洞见的一种结构，用来概括中国文学真实观念可谓意味深长。王富仁先生对此高度评价，认为“这个概括是十分到位的，并且也真实地反映了迄今为止中国文学观念的根本特征"[①]。在中国现代文学史上，由“经验”和“真理”可以引发出丰富的联想。譬如“新文学”的发生，究竟是缘于“经验”还是“真理”呢？似乎两者都起到了重要的作用，而且相互是重叠的。例如鲁迅在《狂人日记》里道出的封建礼教“吃人”的本质，在字面上可以理解为追求“真理之真”，因为“吃人”的背后是人伦观念的转化，是鲁迅用现代人伦思想去审视传统人伦。但仅仅将之认为是追求“真理之真”，似乎没有考虑到鲁迅本人的生存体验。在鲁迅喊出“吃人”之前，有很长的人生蛰伏期，经历了种种失败和失望，如果我们联系到鲁迅的这种经历，他的“吃人”看法又不是来自“真理”，而是来自“经验”。在鲁迅这里，“经验”和“真理”长期是重合的。同样的例子也出现在周作人的身上，在他经典的《人的文学》中，他用西方个人主义和人道主义观念为新文学树立了一面旗帜，表面上看来是追求“真理之真”。但周作人又是一个持历史循环论的学者，他认为新文学不过是延续了古典“性灵”文学的余脉而已，性灵文学显然是追求“经验之真”的流派。这也就是说，周作人的“人的文学”，是用“真理之真”概括了它的“经验之真”。所以，对于“新文学”来说，“经验”与“真理”的重合是其追求“真实”的基本特征，只要两者的这种关系保持一致，就会产生出优秀的文学；当两者发生分立，也就产生失败的文学。之后的文学发展历程，可以证明这一点。

中国新文学的这种特征在古典文学中并不是如此。古典文学中追求真理的“载道”与强调经验的“性灵”呈互补的格局，一段时间强调“载道”，一段时间强调“性灵”。这种格局出现的主要原因，在于古典文学没有“人”的概念，这使得古典文学必须在“载道”与“性灵”的摇摆中寻求中和。因此，在经验与真理的框架中，中国古典文学与中国现代文学的结构存在根本不同，而其分界点便是“人”的观念的出现。

当今学界对中国现代文学的种种质疑，很多时候便是因为没有认识到中国古典文学与现代文学根本差别。例如，认为“五四”新文化运动中断了中国传统文化，便是在单纯“真理”的观念中看问题，意味中国传统文化和现代文学仅仅是凝固的知识，殊不知指出礼教“吃人”的鲁迅，还著有《中国小说史略》；喊出文学改良的胡适，还进行了“整理国故”；狂飙突进的郭沫若，对古文字学和古代史有深入研究……中国现代文学史上的弄潮儿，很多都是传统文化研究的大师，他们的成就岂是当今指责“五四”的人能够望其项背的？同样的道理也出现在认为中国现代文学“全盘西化”的论点上，它不知道在中国现代文学向西方学习的过程的背后，是苦苦求索的痛苦经验，这些经验的意义真是他们产生创造力的根源。

说到底，“文学真实”在今天还有探讨的必要，缘于学界对“经验与真理”根深蒂固的二分，说白了，还是缘于我们忘却了“人的文学”的旗帜。

---

① 王富仁《经验与真理——中国文学真实观念的历史和结构·序二》，巴蜀书社 2010 年版，第5页。

姜飞先生的著作才华横溢，亮点很多，很多独到见解超出我能够评说的范围，唯此两点，深有感触，目的在于抛砖引玉，让更多慧眼之士关注这部著作，以便更深刻地向读者介绍著作的价值和意义，成就知音佳话；再者，就是借几点感想向爱书之人推荐佳作，共享才情之美。

（作者单位：四川大学文学与新闻学院）

不一样的“写法”

——读姚丹《“革命中国”的通俗表征与主体建构》

□高　明

早在20世纪90年代，李杨在《抗争宿命之路》的前言中谈道：“尽管通行的文学史都以1949年为界限，将20世纪中国文学视为‘现代文学’与‘当代文学’两个独立的部分，近年的文学批评实践却没有在这两个领域中均衡地展开。在‘五四新文学’与‘新时期文学’成为热点，并取得了累累硕果之后，处于两者之间的‘延安文学’、‘十七年文学’、‘文革文学’则相对处于被冷落的状态之中，尤其是‘文革文学’的研究基本上是一片空白。很难说这是一种合理的现象。”① 时隔近20年，李杨的说法仍有其意义。事实上，关于中国革命的重新讨论从开启至今，一直充满了争执、矛盾、冲突，甚至不乏某种意义上的对立，这其中存在着庞大而复杂的历史障碍，同时也表征着当下中国的某些现实问题；也正是在这个过程中，对中国革命重要组成部分的文化、文艺、文学的研究，也进行着重新的清理、讨论和反思。中国革命文学的历史构成及运作状况极其复杂，包括了文化体制、文艺政策、文学制度、出版状况、刊物运作等可以明显感知的文学环境，这些问题已逐渐引起研究者的注意；也包括了诸如革命理念、政治实践、作家状况、文学形式等更为实质也更难进入讨论的主题，这些方面的研究虽然不乏问津者，但似乎一直缺乏足以扛鼎、打开局面的力作。在这一意义上，我以为中国革命文学的研究要面临更大的挑战，其挑战在于研究主题的确立、对象的选择、史料的发掘积累、必须的美学形式上的探询以及不得不直面的理论论证/论争都将横亘在研究者的面前。当然，这一不能令人满意的状况既与相关学科的积累和成果有关，也与本学科的研究现状有关。在我个人对相关著作的阅读和学习中，一方面深怀期待，一方面又抱有疑虑，这是因为无视中国革命基本史实、对大量史料恍若不见而只是发挥某种理论名词或话语逻辑的文章屡见不鲜，而真正以史料为依据，展开历史论证并对重要问题进行研究的著作却寥寥可数。因此，中国革命文学的研究取得怎样的成果，取决于研究的方法论能否取得新的突破，更为要紧的命题是中国革命文化、文艺、文学等任何一个方面的研究者究竟怀着怎样的自我期许和抱负。20世纪90年代中后期，法学学者苏力和他的同仁们不无迫切地向法学界提出“什么是你的贡献”这一命题，同样的问题今天也不无迫切地摆在了当代文学研究者的面前。在此，我以为姚丹的新书《“革

① 李杨《抗争宿命之路》，时代文艺出版社1993年版，第1页。

命中国"的通俗表征与主体建构：〈林海雪原〉及其衍生文本考察》值得重视。

在《"革命中国"的通俗表征与主体建构》的导言中，姚丹说得明白，本书意在对长篇小说《林海雪原》及其衍生文本作以个案分析，"更多着眼于一种作者研究，关注不同艺术门类的作者面对同一历史对象的不同的理解与想象以及与之相应的处理方式"[①]。这在方法论上无疑颇有新意。中国革命文化、文艺、文学的研究中不乏对整个历史进行梳理和描述的著作，对某些文本和个案的具体分析也时有精彩的文章，我们通用惯见的作家专论、流派研究等在研究方法上也提供了某些启示，但鉴于中国革命文学的复杂状况，既能从史的角度予以整体把握，又能对具体细部进行细致分析的著作却比较罕见。这里并不是说，姚丹此书的方法特别值得表彰提倡，而是意在指出《"革命中国"的通俗表征与主体建构》一书的史料搜集、积累和运用不单构成了本书的基本材料，也拓展了革命文学研究的方法，也大可看作对历史持何种态度以及将取得何种成果的标尺。在当代文学研究领域，中国革命及其文化、文艺、文学的研究原本是最需要历史化的，但目前研究界的基本状况却是，这一部分的史料积累却最为欠缺。姚丹在本书的后记中说："当其时，有海外传进国门的'再解读'，正吸引着国内众多学子，我也不例外；但我和老师最初设想的研究方式，与那种深入文本内部'解构'其意义的方法似有不同，这大抵因了我本人缺乏'解构'工作所要求的细读功夫与思想穿透力。"[②] 事实上，我以为正是这"似有不同"构成了姚丹著作方法论上的重要特色。关于"再解读"这一研究方法的得失，贺桂梅做了精辟的总结，她提出"再解读"研究思路的贡献在于"借助于理论自身'对语言或哲学再现性本质的越来越深、越来越系统化的怀疑'，侧重探讨文学的结构方式、修辞特性和意识形态运作的轨迹，对于突破社会—历史—美学批评和'新批评'这种 80 年代'主流'批评样式，把文学研究推向更具体深入的层面，产生了较大影响"。不过，"再解读"的问题也很明显，"'再解读'诸篇论文无一不是从'大'理论问题入手，并通过文本重读后再次回到大问题。这些问题牵涉诸如'民族国家文学'、'民间文学与主流文人（通俗）文学'、'新文学、通俗文化以及新的政治权威'、'时间观'、'革命的核心逻辑'以及'现代性'问题等。这或许可以视为德里达式的'把一个具体的事例作为说明一个普遍结构或逻辑的例证'，或福柯式提供'一个具有普遍意义的思考文本和话语的框架'。'再解读'思路的诸多论文的主要问题并不在于单篇论文本身，而在于这些论文为什么形成了如此相近的研究思路，以及这种思路遗漏或者有意忽略的另外一些与理论不相容的文学史事实"[③]。"再解读"对学术界的影响及意义有目共睹，无需赘言，其主要缺陷即在于未能深入并把握庞杂的历史状况，也很难以基本史料为依据，扎实地梳理历史的内在脉络并揭示出其中的问题。在这一意义上，我以为姚丹此书的方法论与"再解读"构成了某种根本

---

① 姚丹《"革命中国"的通俗表征与主体建构：〈林海雪原〉及其衍生文本考察》，北京大学出版社 2011 年版，第 5 页。

② 同上，第 275 页。

③ 贺桂梅《"再解读"——文本分析与历史解构》，唐小兵编《再解读：大众文艺与意识形态》，北京大学出版社 2007 年版，第 270、276 页。

区别。我在此就《“革命中国”的通俗表征与主体建构》以史料为方法论的著述特点略作三点引述。

首先，从著作中可以看出作者在史料搜集方面下了很大的工夫。仅从史料来源上来讲，在各个章节的叙述和论证中，都有着坚实的历史依据。作者对史料运用可谓周于安排，各个章节根据史料的情况，将各历史时期《林海雪原》文本衍生过程中比较突出的问题和关键的特点明确地揭示了出来。作者在第四章“话剧的总体设计”一节中就指出“话剧《智取威虎山》对长篇小说《林海雪原》的改编，在很多方面有提炼和再造之功。首先，‘智取威虎山’这一凝练、生动的剧情命名，是从话剧才开始使用的，虽然这一说法最早由白茹道出，但在小说回目中并没有使用。其次，是将小说中某些较为模糊的叙事背景明晰化，固定为几个场景：雪地、深山庙堂、威虎厅、李勇奇家。这些场景大多被上海京剧院《智取威虎山》剧组所移用，而后来的革命样板戏也以改造的方式加以保留。最后，也可能是最重要的一点，是中心任务出现了位移”[①]。很难想象，如果没有坚实的史料依据和比对，这一文本转换情况很难呈现出来。其次，历史感的产生要以史料为基本依据，但史料不应只限于与主题紧密相关这一范围，唯有打开开阔的历史语境，史料才能更彰显其意义。如在第三章“被引导和构造的‘读者’”中，对五十年代后期读者阅读状况的介绍（第91—96页），对《林海雪原》阅读状况的考察（第103—104页）部分，在主要分析文本之外充满了丰盈的历史细节，大大有助于读者对当时的历史环境的感知。如果裁剪得宜，这样的文字只嫌其少，不嫌其多。最后，要特别提出一点，史料的生命力往往取决于运用者的学力修养。在第一章“‘农军’作者的文化准备与‘新人’想象”一节中，对《林海雪原》小说的作者与现代教育做了一番历史考证，很细致，也很见功力。从引文中可以看出，姚丹对20世纪二三十年代中小学新文学教育亦有专门的研究（第33—36页），这一准备对本章的写法提供了新的视角，也引入了新的讨论途径。

本书另一值得肯定之处是作者将历史整体把握与细部分析有机融贯。

从历史的角度来看，长篇小说《林海雪原》及其文本衍生有着清晰的历史线索可循。作者说本书要“通过对一部长篇小说的写作、编辑、批评以及各种艺术门类（话剧、戏曲、电影、电视剧）改编等诸多环节的分析，将1949年至今‘革命中国’的文学（文化）实践放在同一的创造无产阶级文艺的历史维度中考察”[②]。从书中可以看到：1957年9月，长篇小说《林海雪原》由作家出版社出版，小说从投稿到其后的编辑、再版的修改等环节由作者、编辑、批评对小说“齐力型塑”；50年代末的焦菊隐和北京人艺将《林海雪原》改编为话剧《智取威虎山》，确立了此后文本的基本剧情结构；20世纪50—60年代初改编为京剧和电影；从1963年上海京剧院《智取威虎山》被江青“发现”直至1970年该剧拍成样板戏电影。以上事实构成了本书

① 姚丹《“革命中国”的通俗表征与主体建构：〈林海雪原〉及其衍生文本考察》，北京大学出版社2011年版，第107—108页。

② 同上，第5页。

展开论述的基本框架。一本小说及其衍生文本的历史过程基本贯穿了中国革命文学的主要时期，并在不同的历史语境中衍生出话剧、戏曲、电影、样板戏等通俗表征的文艺形式，本书正是着眼于此对《林海雪原》各类衍生文本的细致考察，由此引发并讨论了其中牵连到的一些重要话题。

在此，作者文本分析的细致尤见功力。譬如，在本书第二章的“着力压抑欧化倾向”一节中，姚丹提出“秦兆阳有意地删除了现代城市生活相关的一些词汇，这显然有利于‘传统’与‘粗鄙’的世界的建构。我们看到，曲波在原稿中使用了‘细胞’、‘交流电’、‘五层大楼’、‘玻璃’等指示现代世界的语汇，或者‘规律’、‘现象’、‘灵魂’等抽象词汇，而这些词汇均被秦兆阳删除。词汇对应的是其所指向的那个生活世界或想象世界，这几个词汇与城市生活可能有着更为紧密的想象性的联系，在当时中国，大楼玻璃、交流电，大约是城市生活中所可能常见到的，而删除之，就将小说的世界限定在一个比较农业社会的，城市以外的空间中了”[①]。这一分析细腻而到位，颇能发明编辑者秦兆阳的用心和《林海雪原》小说文本“民族化”风格形成的重要因素。对小说“民族化”风格形成过程中编辑的强力作用，是作者关心已久的命题，这一细腻的文本分析是建立在对新中国建构“民族共同语”历史情势的具体把握之上。在之前发表的一篇论文中，姚丹指出，曲波写作的时间是1955年2月到1956年8月，而这期间国家开始推广普通话，“力求在口头语言与书面语言两方面都建立起‘民族共同语’”，而这“民族共同语”是以“五四”以来欧化的现代汉语书写语言为范本的，因而曲波在语汇、语法上对“洋腔调”的追求，是基于认为“此类‘技术’乃是进入文学殿堂的‘入场券’”[②]；而编辑的压抑，则表明在编辑那里农民不具有使用这类语汇与语法的能力，意味着农民作者在新中国文化结构中实际的低位。

在对话剧《智取威虎山》剧情模式的分析中，提出“‘天霸拜山’模式所确定的是人物等级关系，尽管是乔装，但杨子荣在舞台呈现中，毕竟是处于下风的。因此，在将舞台秩序等同于社会政治秩序的时期，如‘文革’中，此类剧情模式自然是要被批判的。而观众，如果熟悉黄天霸戏系列，对这位‘虚伪狡诈，翻脸不认人’的家伙没有足够的好感，又怎能全情欣赏杨子荣的勇敢和智慧？这样使用就有剧情结构无法克服的悖论性处境。‘天霸拜山’的模式是一有意味的形式，这意味既是一种舞台表现的形式，也是舞台呈现的政治，影响着对杨子荣这一解放军形象的本质认识”（第118—119页）。从艺术有意味的形式入手探讨政治表征的可能性以及困境，这一思路不算新颖，但这里的分析却可谓入情入理、细致而微。

事实上，本书在《林海雪原》文本衍生的明显的历史时间线索之外，还有另外一条线索，我将之理解为作者在本书论述中所怀着的理论抱负。按照姚丹的说法，“革命不止是以暴力方式转移国家政权，而是‘改变（革）统治者执政的正当性法理（命），改变国家的道德基础’（刘小枫语）”，而本书正是要考察“革命中国”即“中

① 姚丹《“革命中国”的通俗表征与主体建构：〈林海雪原〉及其衍生文本考察》，北京大学出版社2011年版，第54页。

② 姚丹《“新人”想象与“民族风格”建构》，《文学评论》2010年第4期，第170页。

国共产党人的领导之下，所展开的整个20世纪的共产主义的理论思考、社会革命和文化实践”（蔡翔语）改变“国家社会的道德基础”这样的过程是如何展开的[①]。更具体地说是在《林海雪原》的文本衍生这一过程如何落实在“不同艺术门类的作者面对同一历史对象的不同的理解与想象以及与之相对应的处理方式”的过程中，并将之“放在统一的创造无产阶级文艺的历史维度中考察”（第5页）。在此，作者设定的理论命题是“革命带来的国家社会道德基础的改变”与“创造无产阶级文艺”，这是本书展开论证的核心理论，应当贯穿于《林海雪原》文本的衍生的历史过程及其形式的讨论当中，并借此探讨更为深入的话题。譬如，本书第四章以李勇奇为例专节谈到“无产阶级舞台形象”（第122—125页），第五章谈到在话剧改编中中心人物由少剑波转到杨子荣（第108页）。无产阶级文艺的形象，尤其杨子荣的形象，无疑是无产阶级文艺的重要议题，在此极具理论探讨空间和可能，大可作为此后电影、样板戏等文本分析焦点予以考察。由于本书过多着力于各类文本与作者关系的考察，未能与史料有效拉开距离并对其进行整合，以至于具体文本的展开过多顺应了史料的逻辑，未能形成提挈全书的论述焦点，这导致理论论述与史料之间缺乏必要的勾连，也限制了理论的进一步论证和发挥。

此外，借此说几句题外话，是由本书关于样板戏的讨论引起的。中国革命文化、文艺、文学的研究对研究者的修养无疑有着极高的要求，其中之一就是研究者的艺术鉴赏力。在我读过的关于革命样板戏的文章，多有史料上的发掘和理论上的论证，有的从叙事模式、遣词造句上做具体分析，读来不无启发。但是，从样板戏形式本身如音乐、唱腔、道具、服装上的革新（第147—154页）入手则极少，若有，也大多借助于当时的历史史料而缺乏今天研究者的眼力。中国革命文化、文艺、文学的研究在历史和理论方面自然需要重新组织并进行讨论，不过，由于研究对象和主题是艺术作品，其形式上的意味自然需要从形式本身来着手研究，以使得历史、理论、形式等方面的问题都能涉及并融会贯通。这或许对当代的文学研究者提出了过高的要求，不过，无论如何，我们期待这样作品的出现，使得中国革命文学乃至当代文学的研究更为丰富，更为深化。

（作者单位：上海大学中文系）

① 姚丹《“革命中国”的通俗表征与主体建构：〈林海雪原〉及其衍生文本考察》，北京大学出版社2011年版，第3页。

新作荐评

娓娓道来　细细品味

——读童晓薇《日本影响下的创造社文学之路》

□ 孟庆枢

童晓薇老师是我熟悉的一位女学者，得到她的《日本影响下的创造社文学之路》（社会科学文献出版社 2011 年版）后，马上读了起来。研究创造社的著述可谓不少，对创造社与日本文化文学关系比较研究的书也不断面世，可见是备受关注的题目，为此也就难写。我读这本新书，越发感到有种娓娓道来，邀你对话的情趣，在细细品味中我体悟了许多。这不正是阅读的乐趣和比较文学的魅力所在吗？

讲述过去，评价前人，是以今人的视点进行一场时空连线。如何尽可能立体地、全方位地把事件置于那个动态的网络之中，让读者也动起来，做一场穿越时空的探寻，是精神上的愉悦。作为邀请者的童晓薇在本书的第一章和第二章一下子把人们带到风雨如磐的半封建半殖民地的中国，接着犹如特写镜头，推出了一群年轻人，一批时代的精英——郭沫若、张资平、郑伯奇、郁达夫、成仿吾、陶晶孙、田汉……他们为了民族的复兴，为个人的出路远渡扶桑，在异国他乡打拼。在日本大正年代，郭沫若、郁达夫等人如何创办起创造社？童著不仅把历史人物置于大的时代背景，同时又抓住那一时代的症结。“他们的创造社自创建伊始，就带着一股强烈的傲气和霸气——他们批判既有的秩序并试图重建秩序。用现在的话来说，作为精英，他们只是想自己的话语权。”（本书第 31 页，以下引文只注页数——笔者）作者没有用概念化的语言讲述他们的历程，而是首先把他们作为活生生的人在具体斑杂的时空里进行灵与肉的碰撞，从大到民族的、国家的意识，小到衣食起居的不同文化的感受，在每一位未来的创造社成员心里，日日产生涟漪，在复杂的机制下磨砺着他们的品格。当年的弱国子民，在日本普遍受到民族歧视，正如郁达夫所说：“原来日本人轻视中国人，同我们轻视猪狗一样。”（45）他们心底里流着泪，“看清了我们中国在世界竞争场里所处的地位”，“觉悟到了今后中国的命运，与夫四万五仟万同胞不得不受的炼狱的历程”（47）。往往身在域外更能提升爱国精神，这是近代以来的中国人，特别是知识分子的突出情结。童著的可贵之处在于既揭示了这群精英的内心煎熬，又窥探出他们放平心态，如饥似渴地学习对方（哪怕是仇者）的一切有用的东西。从对人的历练来说，大正年代是难得的。大正时期（1911－1925）时间虽然短暂，但是社会思想活跃，东西文化交融激烈深刻。一位新锐学者中村三春（1958－）

在《修辞学的现代主义——文本样式论探讨》（2006）、《语言的意志——有岛武郎和艺术史的转向》（2011）、《万花筒》（2012）以及稍早推出的《虚构的结构》（1996）几本著作中，重新审视新感觉派的旗手横光利一、白桦派代表作家有岛武郎，把大正年代犹如万花筒般多彩纷繁诡谲的状态作了新的阐释。那时，无产阶级思潮、无政府主义、亚细亚主义、殖民主义思想等等错综交织，西方的各种主要思潮几乎都一起登场亮相，把大正时期的日本说成一个思想实验场也不为过。作者抓住了这一时代思想的核心问题，指出："大正时期的日本社会是日本历史上颇为有趣的一个存在。它相对安定、繁荣，其摩登发达的都市文化可以说是现代日本都市发展的先端。社会环境相对自由、民主，各种思想混杂，纷纭交糅。其中公认的主流思想则是大正时期盛行一时的民主主义思潮。"（50－51）在追逐西方的过程中更从精神和体制方面追求"个我"，成为西方式的"国民"的梦想激荡在知识分子心间。然而，这里毕竟是东方的日本。从白桦派的兴衰，自然主义、私小说的盛极一时到退潮，都可以窥见这段历史波澜的态势。创造社的同仁（也包括其他同时期留日的中国作家）对白桦派的青睐，对歌德、泰戈尔、惠特曼、易卜生的狂热，创造"人的文学"是在这一时期应格外加以重视的问题。童著拿出相当的篇幅条分缕析，是有识之举。需要指出的是，创造社的精英们大都在1910－1925年期间在日（参见童著第6－7页），他们感受为个性张扬的一面多，而对另一面1923年东京大震灾后的转折体会得少。郁达夫说过，新文化运动最大的成功"第一要算'个人'的发现，以前的人，是为君而存在，为道而存在，为父母而存在，现在的人才晓得为自我而存在"（55）。童著没有用线性思维单一地作出结论，而是全方位地从婚姻恋爱、人际交往、都市风情、媒体的变化等诸方面多角度地构建动态的画面。比如说不了解与谢野晶子（1878—1942）的惊世骇俗的诗，就很难体会到当时中国留学生对待男女之情的激进。不了解大正时代日本作家的多才多艺，就很难理解那时文学的特点。比如电影刚刚传入日本，在横光利一、川端康成的作品中就得到很好的借鉴。有岛武郎对绘画的造诣使他的作品别开生面。芥川龙之介更是学贯东西、诗书琴画集于一身的才子。我们在创造社的精英身上看到了他们的形象。我想如果把文学理解得太狭隘不利于这一研究。童著很好地处理了这一点，让历史人物回到当时的时势、语境、情境中，让他们"活"起来，他们搞的不是干巴巴的"文学"。

本书论述对象为我国现代文学史上的一个重要文学团体，对其作总体把握自不待言，但是，对其中每位主要成员的评述又必须合乎其人的个性。在书中，研究者立于史实，在解释他们共同品格的同时，着力突出几个代表性人物的个性特点，在著作里展现出的是一个个活脱脱的人。在童著的第三章"创造社接受外来文化的过程及特点"，开篇就很准确地指出："他们留学期间的读书完全是自发式的，缺乏系统性和条理性，从西方启蒙主义文学到浪漫主义、自然主义、唯美主义、象征主义、颓废主义、感伤主义等均有涉猎足。再加上他们本身感情化、好冲动的性格，对作家作品的取舍带有很大程度的主观性、情绪性和随意性，从而形成了他们在接受西方文学时的一个主要特点。"（79）换言之，他们在接受外来文化时是在时代的场阈中，以每个人的独特屏幕来接受、过滤，重新加工酿造的。当然这里不可忽视的是日本社会（特别是文坛）的中介作用。我们从海涅、歌德、泰戈尔、惠特曼对郭沫若的影响的阐释过程看到了“五四”时代文学巨匠郭沫若的风采。郭沫若把歌德称作为“球形发展的天才”，“球形的发展是将它所具有的一切天才，同时向四面八方，立体地发展去”(97)。他将歌德称作“人之至人”。接着，童著从三个方面进一步分析了郭沫若与歌德的文学缘源。接受他人影响不是简单地拾取或相加，而是神奇地化合，根基在于心灵地碰撞。在革命风云激荡的年代，惠特曼受到郭沫若的青睐是很好理解的。惠特曼的那种“充满男性狂暴的力量，以及发狂般的叫喊”驱使，鼓动诗人成为时代的“狂人”。“那种发作时时来袭击我。一来袭击，我便和扶着乩笔的人一样写起诗来。”(94）这是我们心中的“立在地球边放号”，“把月来吞了，我把日来吞了”的“天狗”形象，以自己的满腔热血迎接“凤凰涅槃”的斗士就会鲜明地凸现眼前。在这里没有必要用其他的文字概括郭沫若的个性特点了。同样我们看过郁达夫在接受他者文化中的律动就会有另一形象跃然纸上。同是江南才子，郁达夫内心带忧郁的柔情使他更钦佩卢梭和一批北欧作家，他认为卢梭不是“完人，但是一个“真人”。童著结合郁达夫和《忏悔录》的关系揭示了他的个性。作为我国现代文学重要作家，郁达夫推崇卢梭的“追求情感自由，勇于自我告白，表现自我的文学浪漫精神”（101)，欣赏卢梭的人格魅力（103）和“卢梭对于大自然之美的开发”(102)。郁达夫还喜欢屠格涅夫作品的清丽缠绵。这些都体现在他的文本之中，我们看到的是和郭沫若不同的风采。

童著恰当地指出了借鉴中的“误读”与过滤。郭沫若无论是对海涅、惠特曼都“有些不满”，“海涅的诗丽而不雄，惠特曼的诗雄而不丽。两者我都喜欢，两者都还不足令我满足”（94－95)。同样，郁达夫借鉴日本的私小说时也作了符合自我的改造。日本自然主义和私小说的影响在创造社来说是有共同性的。但是，郁达夫更具特色，他受私小说家葛西善藏的影响毋庸赘言，在《病闲集》中对其倍加推崇。郁达夫的《茑罗行》和葛西的《可怜的父亲》的借鉴关系已有多人论述，在此不必重复。我们想突出强调的是，对于中日两国知识青年来说，他们的指向都是“个我”，可是《可怜的父亲》的主人公虽然追求“自己的路”，但是“他那孤独的生活，不论走到哪都没有变化，仍是寂寞和苦恼”。也就是说，他们只能在一个封闭的世界内求生。然而在郁达夫笔下却突出地提出“谁之罪”，喊出的是“我们的社会就不得不根本的改革了”。葛西等人喊的是“逃走，再逃走”，而郁达夫高呼的是“反抗再反抗”。郁达夫的《沉沦》与佐藤春夫的《田园的忧郁》的异同更能说明借鉴中的复杂机制。概括起来说，这两篇小说既具私小说特点，又与现代主义作品联姻。具体而言，则（一）两篇作品都以写人的内心活动、变化为中心，以此贯穿全书；（二）都带有自述传性质，或者说是以作者亲身感受而创作的作品；（三）都具有浪漫主义特点，抒情的笔调，作者都具有诗人气质，佐藤春夫是个诗人，郁达夫在日本大学念书时已是中国古诗创作的佼佼者；（四）两篇作品都受到一定的西方现代派作品影响（当然各有不同，后面再叙）。我们可以窥见两国文学作为不同生存状态的复杂体现，在各自心目中不等值的“现代性”。为此作者选择了不同的叙述。在《沉沦》中虽然同样反映一位青年的“忧郁”，但是这种忧郁主要是亲身体验的现实社会、民族压迫的结果，它产生的直接原因“是对外部的压迫的反抗，对祖国希望‘你快富起来’的呼喊，对日本人复仇的叫喊——这是真正的被压迫者的自我的呼喊，在这一点上在厨川白村、佐藤春夫那里是找不到的”。同时在《沉沦》中可以看到中国文学的传统精神，一种“忧患”意识，作家因为从被压迫者、失败者的立场来考虑问题，表现出一种“愤世嫉俗，渴慕正义”的感情，最后主人公甚至以自杀来唤起国人的觉醒，使这种忧患意识达到高峰，它不禁使我们想到屈子精神。相对的《田园的忧郁》则“含有文人的忧郁，是自古以来日本文学传统用西洋手法的表现”（孟庆枢主编《日本近代文艺思潮与中国现代文学》，时代文艺出版社，1992 年，第 263 页）。

童著中比较详实地论述了张资平这位别样的作家。作者称之为“非主流作家”(184)。郭沫若、陶晶孙等人对张资平的评论，比较客观地再现了这位作家的形象（参见第 184—188 页）。这里没有贴标签式地作什么“结论”，而是托出一个要从多角度审视的作家。在著作里，对成仿吾（我们敬爱的前校长）、田汉、陶晶孙诸位的论述都很有亮点，此不赘言。

经过近 30 年的努力，我国的比较文学研究取得了令世人瞩目的成绩。包括中日比较文学研究的成果不断问世，新人辈出，让人为之振奋。读过童晓薇的新著，我更加感觉到在这一形势下，有必要重视日本的文化文学研究，特别是在世界文化背景下全面了解日本当代文学、文化，进行深入研究，迫在眉睫。以日本为参照系，对于中国比较文学再上新的台阶，具有独特价值，对这一点的认识应该加强。

日本作为地处东北亚的一个重要国家，是汉文字圈国度之一。在古代深受中国文化的浸润，近代以来又始终处于和西方文化交流、碰撞的漩涡（但在深层次上仍与中国文化有割不断的关系），为此在日本发生的东西文化交融中的经验、教训足资借鉴。在过去的许多研究著述中关注、记述了近代中国借助日本这个“窗口”、“桥”而了解西方和借鉴西方的作用，这是确实的，也有必要。但是，如果将日本文化的作用止于此，则是片面的。其实，在近代史上，日本了解西方有相当大部分是来自于中国，当时中国译介西方的一些著作倒是早于从日本传入中国的译著。费正清先生在《剑桥中国晚清史》中指出：“从中国传来的危机新闻以及在中国的直接观察和经历都是重要的。日本人对西方的感受本身又引起他们与中国人的竞争意识。从西方著作的中译本中得到的教益虽然是重要的，但不是主要的。”同理，我们应该不仅重视从日本转手得到的对西方的了解，而且更应深思日本消化、吸纳西方文化的过程。

从 20 世纪七八十年代以来，日本文坛处于多元态势，一个重要原因是西方多种文化思潮，尤其是后现代主义思潮的影响，使得日本文化和西方文化的碰撞、交融更为激烈，它被评论界称作日本文坛的“转型期”。这一阶段日本文坛重新反思东西文化交融，总结经验教训，有很多问题意识颇有启发。揭示日本如何吸收、改造西方理论，其结果（当然有的还在进行中）如何，这对于建设有中国特色的社会主义文化非常有利。当今，我国正处在新一轮东西文化交融的高潮之中，自觉地、清醒地认识其中的深刻道理很具现实意义。研究创造社自然会碰到前期、后期的问题，童著也致力于这一问题。如果我们把它置于中日西文化大的背景中，重新叩问何为“文学”，从更深层面去剖析阐释，是不是会有新的收获呢？晓薇已在探讨。一本书不可能毕其功于一役，晓薇正当年，我期待她的新著，再次做认真的读者。

（作者单位：长春理工大学中日比较文化文学研究所）

新作荐评

检讨：20世纪中国作家心灵史揭秘

——读商昌宝《作家检讨与文学转型》

□ 孙淑芹

21世纪以来，从思想文化角度进行文学研究成为一种重要的学术现象。研究者关注文化与文学转型，对作家的思想转轨及知识分子的精神现象给予审视和反思，这不仅拓宽了文学批评的视野，丰富了文学研究的内容，也有利于探寻文学现象背后更深层次的精神文化内涵。商昌宝的《作家检讨与文学转型》（以下简称《检讨》）就是这方面的优秀研究成果之一。

《检讨》以1949—1957年间作家的检讨书为切入点，通过对散落的检讨文本及档案、日记、书信等的挖掘梳理，并结合当时的思想文学活动，以回到历史现场的方式，通过对一些代表作家的检讨进行全面研究，真实地呈现了那一时代作家思想改造的转变轨迹及文学创作上的变化，揭示了作家主体在历史转型期曲折复杂的精神历程。

作为特定时代的文化现象，检讨书有如“当代的活化石，记录着特定历史时期人的生存状态和心理状态”①，“不论这些文字是否是在违心的或被迫的条件下完成的，作为署有著名知识分子名字的作品，已经是一种实实在在的符号存在，并且已经在公众心目中产生了特殊的社会影响”，而且这些检讨“不论有多少幕后的安排，一旦作品文章见诸报端，就不再是安排者的个人财产，它们的作用与后果也不再是策划者执笔者所能预期和驾驭的了”②。因此，解读和分析这一时期的检讨书，并把它上升为一种文化现象加以研究，具有重要的现实意义。

当代著名学者林贤治曾经说过：“要充分了解中国知识分子，必须重视个案研究，重视个体心态——人格的研究。”③ 在以往为数不多的“检讨”类研究中，研究者大都以个别作家为个案进行研究，这些研究确实很客观平和，但总觉得因没有对作家与历史的整体钩沉、缺少骨架的支撑而缺乏对历史的整体把握。而商昌宝的《检讨》既重视个案研究，又有整体审视。他结合“五四”以后中国文学的发展脉络及20世纪40年代后期的社会历史文化现实，把检讨作家分为“反动

① 邵燕祥《人生败笔——一个灭顶者的挣扎实录·序》，河南人民出版社1997年版，第2—3页。

② 黄平《有目的之行动与未预期之后果——中国知识分子在五十年代的经历探源》，《中国社会科学季刊》1994年秋季卷。

③ 林贤治《五四之魂：中国知识分子精神史》，广西师范大学出版社2006年版，第184页。

作家”、“进步作家”、国统区左翼作家和解放区作家四类进行研究，并对各类中的代表作家进行了剖析。从整体上看，“反动作家”“在检讨中退场”；“进步作家”“在检讨中转化”；“国统区左翼作家”，“在适应与不适应中检讨”；“解放区作家”，也要反复检讨。但具体到作家个案，则呈现出不同的心路历程。在具体的研究过程中，商昌宝能够把时代“大环境”与作家“小环境”相结合，分析作家检讨的外在环境因素和内在精神原因，把纵的历史发展和横的对比研究相结合，阐释作家思想发展的总体趋势和不同表现，由于重视作家个体和细节的挖掘和各种假相的辨别，从而清晰地再现了时代与社会环境对现代作家的扭曲和摧残，以及人们对作家的曲解和不理解。

中国古代就有“见不贤则内自省”，“吾日三省吾身”的做法，它表现了中国知识分子的文化人格和自觉精神，而新中国成立初期的检讨，则是知识分子在强大的政治压力和诱惑下为求自保而对自己人格和灵魂的自戕。在这一过程中，具有独立意志与自由精神的思想者蜕变成了人云亦云、缺乏自主意识的“歌德派”，这不能不令后世反思和警醒。“前事不忘，后事之师。”商昌宝对十七年作家检讨这一被尘封的历史的研究和审视，并不是要揭伤疤和揭丑，而是要在反思历史中，提醒人们在历史中总结经验教训。20世纪90年代以来，作家受政治意识形态的束缚减少，文学创作环境相对自由宽松，但并没有产生出大师级作家，作家们或为迎合大众而放弃个性追求，或盲目跟风而缺少审美个性，或唯西方化而缺乏中国传统文化的丰富内涵，究其原因，是长期以来的不良文化基因造成的，因而，如何重新找回作家的文化人格，重塑知识分子的灵魂已成为当代学人必须正视的问题。

商昌宝的《检讨》的切入角度很独到——作家检讨。这是一个少人问津的文化现象，也是一个非常敏感的领域。在那个史无前例的时代，即使如国家主席、政府总理都写过检讨书，但要真正研究，却面临着诸多困难。商昌宝重视史料发掘，竭力还原历史真相。他不仅通过各种渠道、各种方法进行了大量的资料搜集工作，如丁玲的检讨材料就是辗转在美国大学图书馆找到的，而且还要辨别和审视这些文字的真伪，以及文学背后所蕴藏的思想情感。因为中国现代知识分子肩上有着太多的不堪和重负，他们在“文学”与“政治”、“立人”与“立国”之间充满了犹疑和徘徊，在文化态度上常常被政治所扭曲。在《检讨》中，商昌宝挖掘了许多为历史所遮蔽的内容。他尊重历史，还原历史的本来面目，而不是根据自己的情绪和研究立场任意地图解和重构历史。比如他从“摄魂者”曹禺戏里戏外的表现，看到他“总是做戏”的“舞台人生”；从沈从文被研究者公认的“抗拒”改造的话语的复杂话语环境的考证中，发现了沈从文的岗位意识和坚定思想。商昌宝正是通过大量史实的挖掘和梳理，发现了一些鲜为人知的材料，还原了一个不堪回首又必须正视的历史现实，它有如一面镜子，具有鲜明的历史感。

学者王尧曾说过：“回到历史现场曾经是蛊惑人的提法，我无法说清楚我们有无可能重返历史场所，但在对历史文献的阅读中我们会呼吸到历史的真实气息，即使它已经发霉，历史的质感因为有了这些文献而存在。”① 如何书写历史才能更接近历史真实？邵燕祥能够把自己过去的检讨书原封不动地编入文集出版，显示了一个自由主义知识分子的文化立场和历史自觉，但这样的人毕竟是少数。况且史料和历史是复杂的，历史并不可能绝对地还原。在众多的检讨书中，有真诚，也有“假诚”，有阴谋，也有“阳谋”，有真检讨，也有假检讨和愚检讨，如何以史料为支撑进行历史判断，呈现历史真貌，需要研究者清醒的价值选择和鲜明的价值立场。商昌宝在研究过程中注重历史材料的发掘和考证。他大胆而细腻，能够发掘出隐藏在“历史”背后的真相；他敏锐而有才气，能够发现一些被主流意识形态所遮蔽的历史细节。他从朱光潜的检讨中，看到了“退却中的‘防守’”；从沈从文的转行中，窥见了“被动中的主动选择”；从老舍的顺应时势中，发现了其“在积极紧跟中的迷失自我”，客观真实地展现了检讨书的丰富性与复杂性。通过对众多检讨书的分析，商昌宝还归纳了检讨书的基本模式或说主要特征，即错误事实－上纲上线－追根溯源－思想参照－整改举措－总结展望，发现了很多“意在检讨而‘名不符实’的‘隐晦文本’”以及检讨书秘而不宣的潜规则和症结所在。

《说文·史部》云：“史，记事者也，从右持中，正也。”在《检讨》中，商昌宝站在一定的历史高度，以现代人的眼光，客观公允地透视和解读历史。无论是史实勾勒，还是文本细读，商昌宝都力求将问题放到具体历史情境中考察，客观地再现了历史的丰富性与复杂性，体现出作者鲜明的理性精神和现代价值立场。

20 世纪 80 年代，中国文学界曾出现“忏悔”和“反思”现象，一些作家对“文化大革命”时的思想行为做出了反思，力图“证明我所写的和我所说的到底是真是假，说明我自己究竟是怎样一个人”，但他们往往只看到自己作为强权政治牺牲品的一面，而历史“合谋者”一面，则往往被模糊和遮蔽，令人辨不清历史的真实面貌。历史和环境固然有责任，但作为有独立意识的社会主体的人，更难脱其咎。商昌宝在具体批评过程中，条分缕析，能够从社会、历史、文化、思想、心理等诸多方面，对作家的思想行为进行深入的解剖，无情地揭开了掩盖他们人格缺陷的面纱，令人信服，也令人感佩。比如在解读曹禺时，他提出这样的质疑：“他真的没有怀疑过？”“他所写的那些批判文章都是别人命题的吗？”“他这样忏悔是发自内心吗？”他这样做是不是“故意做出一种姿态”②？

著者商昌宝并非不考虑具体历史及政治因素，也不是“站着说话不腰疼”，他思考的是，“人世间毕竟有起码的良知、道德和价值底线和限度，如果脱离这个底线、超过限度，就不能轻言宽容”③。正如朱学勤所说：“他们中的绝大多数人曾经亲履西土，受过系统的民主教育，起码是文明教育。他们应该知道使用这

① 王尧《改写的历史与历史的改写——以〈赵树理罪恶史〉为例》，《文艺争鸣》2007 年第 2 期。

② 参见商昌宝《作家检讨与文学转型》，新星出版社 2011 年版，第 184 页。

③ 商昌宝《作家检讨与文学转型》，新星出版社 2011 年版，第 310 页。

种语言，远远超出了他们所接受的教育规范。这不是文明人使用的语言，谁使用这种语言，谁首先就剥夺了他自己的内在尊严。……他们当时就应该知道使用这种语言，不是出自野蛮，就是出自虚伪，因而，也就更应该承担良心上的责任。”[①] 因此，邓晓芒在“新批判主义宣言”中说：“对以权势压人、扣帽子搞政治迫害的人是绝对不能宽容的，对他们的宽容就是对宽容的取消。”[②] 福柯曾说：“他们认为每一个人都应该为某一件事负责，世界上没有一件不公正的行为我们不是同谋。”[③] 德国社会学家费希特也说：“你们都是最优秀的分子，如果最优秀的分子丧失了力量，那又用什么来感召呢？如果出类拔萃的人都腐化了，那还到哪里去寻找道德善良呢？”[④] 纵观整部著作，商昌宝的基本态度是，“将一切问题都推之‘极左’政治的大门内，并不能解决一切问题。在反思和追问悲剧的原因时，除应继续关注政治和社会等客观原因外，也不应忽略和忽视作为社会人的主观因素”[⑤]。而在作家主体问题的反思上，商昌宝以为，问题的根本症结在于，“现代中国虽历经三十余年的发展，但是独立之人格、自由之思想的‘五四’启蒙现代性并没有演化为作家群体的本体性和终极性的精神追求和价值准则，或者说在他们思想和精神深处，传统中国的文化基因并没有随着‘五四’新文化运动的冲击灰飞烟灭，而是乔装打扮、改头换面地、顽强地潜伏起来，一旦遇到合适环境，便会恣意地、不加收敛地疯长起来。这是现代中国始终面临的问题，也是始终未能解决好的问题”[⑥]。

阅读完《作家检讨与文学转型》，心情是复杂而沉重的，因为商昌宝给我们呈现出的是20世纪中国作家及整个知识界不光彩的一面，但也正因为这样，每一个知识人才更应该认真阅读这部具有中国知识人的心灵和思想史色彩的反思之作。

（作者单位：延边大学人文学院）

① 朱学勤《我们需要一场灵魂拷问》，《书林》1988年第10期。

② 邓晓芒《新批判主义·序》，湖北教育出版社2001年版，第3页。

③ 《权力的眼睛——福柯访谈录》，严峰译，上海人民出版社1997年版，第178页。

④ 费希特《论学者的使命》，梁志学、沈真译，商务印书馆1980年版，第41页。

⑤ 商昌宝《作家检讨与文学转型》，新星出版社2011年版，第311页。

⑥ 同上，第312页。

新作荐评

诗歌遗产与历史记忆[①]

——关于《彭燕郊纪念文丛》

□陈璐　易彬

2006年年底，三卷四册《彭燕郊诗文集》出版。这套书凝聚了诗人彭燕郊（1920—2008）本人的大量心血，彭燕郊原本就是一个勤于修改的诗人，那次可谓改之又改，历时数年，方告完成，其中如散文诗卷压轴长诗《生生：多位一体》，从诗题到具体诗行，改动幅度相当之大，因此，完全可以说，它们是彭燕郊生前对于自我写作的最终审订。但是，对于一般读者而言，这套书实在是太过遥远，印刷虽可称得上是精美，印数却少，定价又高，一度被笑称是出版社的"礼品书"[②]，因此，为喜爱诗歌的朋友出版一套"普及本"，也就成了《彭燕郊诗文集》出版之后彭燕郊的一个心愿，这也就有了现在读者所看到的三卷本《彭燕郊纪念文丛》[③]——"纪念"标明了彭燕郊本人已无缘亲睹的事实。

这套书的篇目基本上是由彭燕郊本人选定的，但体例与《诗文集》有所不同。自由诗和散文诗卷如旧，只是自由诗压缩为一册；评论卷取消，新增了回忆录卷；而且，并非以文体来笼统命名，各卷均有一个独立的名称，为自由诗卷《一朵火焰》、散文诗卷《漂瓶》、回忆录卷《那代人》。体例不同，所呈现的彭燕郊形象自然也有变化和延伸。概言之，回忆文章的结集使得彭燕郊作为历史亲历者的形象终于有了一个相对完整的呈现。

一

自由诗卷《一朵火焰》选用了李振声的《诗心不会老去》作为序言，李振声曾以《季节轮换："第三代"诗叙论》[④]夺人耳目，他可算是到目前为止彭燕郊写作最好的阐释者，这篇文章是2007年5月他在湘潭大学召开的"《彭燕郊诗文集》出版座谈会暨创作研讨会"上的发言，两人神交已久，但直到这次会议方才见面。李振声称燕郊先生是自己"真正从内心敬重的，为数不多的诗人中的一

---

① 本文为湖南省社科基金项目《新时期以来湖南新诗研究》（09YBA007）、湖南省教育厅优秀青年项目《彭燕郊研究》（09B009）的阶段性成果。

② 彭燕郊著，湖南文艺出版社2006年版。按：该套书初印1000册，定价为280元。

③ 彭燕郊著，花城出版社2010年版。

④ 李振声著，学林出版社1996年版。

个”，“燕郊先生的诗，尤其是他晚近的诗作，始终维系在一个很高的精神高度上，我虽不便说，它们的存在，是如何在不时地提示和警醒着人们远离那些足以致使人类精神矮化的种种场景和事物，但我心里很清楚，它们的存在，是怎样在延缓着我个人精神生活的退化和萎缩的”。《一朵火焰》按写作时间分为两辑，第一辑为1938—1949年，第二辑为1948—2008年，各辑内部的时间段还有细分。应该说，彭燕郊的主要诗歌均已收入。《一朵火焰》取自同名诗歌，其最末一节为：

一朵火焰，平凡的圣迹
在它的每一个斜面和尖端上
在所有的金红的雾霭和阴翳里
殉教者般地发光，但不耀眼，也不刺目

这样的诗句，应该会令人想到《陈爱莲》、《钢琴演奏》、《小泽征尔》、《东山魁夷》等一批写于20世纪80年代初期的、在读者中引起普遍赞誉的唯美诗篇。在此之前，彭燕郊作品集的名字多半是“彭燕郊诗选”、“彭燕郊卷”、“彭燕郊诗文集”之类，专门命名的少数几种则给人印象深刻，如《野史无文》、《夜行》、《纸墨飘香》等[①]。而据孟泽所称，2007年末，彭燕郊和他谈到了这套文丛的选目，“有人建议他把早年的长诗《春天，大地的诱惑》选入，他不想选，他现在所拟定的篇目也没有给几个人看，甚至不想给人看，他怕那种自以为懂得实际上却并不懂得的人的过分‘亲昵’，他越来越感到作品的某种不可或缺的私密性，这种私密性联系着作品的神圣性和作品自身的尊严”。此一说法令孟泽“无法不震惊”，“显然沉淀着他长久以来对于创作——自然不是那种没心没肺因此也没有羞耻感的创作——的虔敬体会”[②]。以此来看，“一朵火焰”这一带有“私密性”的命名也就包含了彭燕郊对于自身作为诗人形象的自我设定，对于诗之美的守护。

二

散文诗卷《漂瓶》选用了林贤治的《彭燕郊的散文诗》作为序言，此文为林贤治先生在燕郊先生逝世之后所写的纪念文章，粗线条地勾描了彭燕郊如何有着“对于精神自由以及诗美的无尽的追求”，如何“看重道德甚于文章”，如何“醉心于出版”，如何“呼唤多位一体，呼唤生生精气”。全书同样是按照写作时间的先后顺序分辑，为1938—1948年、1950—1979年、1980—2008年。第一辑多

① 分别为武汉出版社2006年版；山东友谊出版社1998年版；岳麓书社2005年版。

② 孟泽《编后记》，见孟泽、季水河编《默默者存：彭燕郊创作研讨会实录暨论文选》，湘潭大学出版社2009年版，第218页。

半是从《高原行脚》中辑出的、风格清新的篇章。第二辑仅有4篇，其中两篇选自《野史无文》，该书列入了陈思和教授主编的“潜在写作文丛”，但其中所录作品31篇绝大部分此次都弃之不录。《诗文集》中的散文诗卷所录稍多，但也仅有5篇。何以两次均是如此？是因为单独结集，还是因为这批作品风格过于沉重？暂不得而知。

作为书名的《漂瓶》出现在第三辑当中，这也显得别有意味。彭燕郊的散文诗中那最为著名的两首，即长诗《混沌初开》和《生生：多位一体》均未收入。熟悉彭燕郊写作的读者对于这一选定多少会感到意外，新的读者、特别是年轻的读者呢，应该也能从《德彪西〈月光〉语译》、《无色透明的下午》、《溶洞岩，音乐不朽了》这些重要的篇章找到阅读的快感，体味到字里行间所流现的“生生精气”。

该卷有一个附录，即彭燕郊先生晚年最亲密的朋友龚旭东所作《彭燕郊先生未完成的2008》。未完成的事包括拜伦逝世120周年纪念，回忆录的写作，自费印行诗歌文化刊物《少数》（仿效当年的《现代世界诗坛》），编选普及本《彭燕郊诗选》，自印长诗《生生：多位一体》（仿早年《混沌初开》，包括部分评论①），出版回忆录文集、散文集、书话选，整理胡风夫人梅志给他的书信，长诗写作计划（如《鬼是没有影子的》、《眼睛》、《虎乳》等），以及打算和龚旭东共同的完成的3件事，即关于七月派的长篇对谈录，做一部实录式的经历、见闻回忆录，整理土改笔记等。

对于彭燕郊先生诸多未完成的事情，我们深有同感。从2005年开始，我们做了三年的彭燕郊访谈录，整理出来的文字在12万字以上，但也属于“未完成的”，不少想谈、该谈的话题没有进行。当时总感觉燕郊先生有忙不完的事，总有一种时间的紧迫感②。假以天年——假设燕郊先生活过2008年，再往下一直到今天，我们相信他手头上、脑海里仍有许多“未完成的事情”。因此，我们更愿意把这种“未完成”看做是燕郊先生形象的一部分，这是一个将诗与生活的界限完全融合了的、永不停歇的诗人形象。

三

彭燕郊给21世纪的读者留下了一大批诗歌遗产。作为历史的亲历者，他对于20世纪30年代以来社会历史、政治生活以及历史人物自然也是有其独特之处。《那代人》是彭燕郊先生的回忆文章的首次结集，与前两卷不尽相同的是，这一卷有部分是燕郊先生生前编订的目录，部分则是家属补入的，凡28篇，时间跨度近30年。书前有彭燕郊本人的一则非常短小的《自序》，主要是为回忆录

① 1996年6月，彭燕郊自印诗集《彭燕郊近作Ⅰ混沌初开》出版，除了收入长诗《混沌初开》和《后记》外，另有公刘的《序》以及朱健、罗寄一、郭洋生、骆晓戈、张少雄、杨远宏、荒林、龚旭东等人的评论八种。

② 参见易彬《“单纯就好！”——纪念诗人彭燕郊先生》，《诗选刊》2009年第4期（下）。

的写作定下了 8 个要求，如“把人和事放到历史的大背景里去认识”，“知人论世的负责态度，既须表现在不溢美上，也须注意不为贤者讳”，“文风力求朴实”等。

一般均将彭燕郊先生视为“七月派”诗人。“七月派”是 20 世纪中国文学史占据显赫地位的文学流派（或者说作家群体）。也确有当事人乐于强化自身的流派属性，燕郊先生则是努力打破这一身份属性。回忆范围所及，既有柳亚子、梁漱溟、田汉、章士钊、叶挺、黎烈文这些年长的文化界、军事界的人士，也有胡风、梅志、艾青、聂绀弩、丘东平、辛劳、邵荃麟这些左翼文化人士（他们和“七月派”有着非常深的关联），还有梁宗岱、陈敬容、老舍、卞之琳这类非左翼人士，此外，还有对于桂林文化城、重庆文协以及当时的新闻审查制度的回忆。其中，对于胡风、邵荃麟、陈敬容、梁宗岱等人的长篇回忆给人的印象更为深刻。它们既有坚实的史料基础，又融合了社会历史背景，以及历史亲历者本身的复杂况味与历史评判的道德眼光，极好地透现了彭燕郊本人的历史境况以及他所经历的历史时代的复杂面目。在相当程度上，这种回忆可视为彭燕郊的一种有意识地检讨自身所经历的历史时代的工作。对于研究中国现代文学史、思想史、政治文化史的读者而言，这些文字无疑是非常珍贵的资料。

（作者单位：长沙理工大学中文系）

历史考辨的“诗学”意义

——评段从学《“文协”与抗战时期文艺运动》

□李　哲

中国学术一直有“文史不分家”的传统，而当下的中国文学研究也都是以“文学史”为基本框架，可以说，“历史”不仅构成了文学学科合法的研究对象，甚至还在一定程度上成为“文学研究”与“文学批评”、“文学鉴赏”相互区别的重要标志。当然，与历史学科相比，文学学科对“历史”的观照有自身的独特性：它不仅要求研究者在探赜索隐中发现“历史的真实”，还要求他们为这“真实的历史”赋予“诗学”的意义，最终将其转化成阐释文学作品和文学现象的有效资源。从这个意义上来说，文学学科中的“历史研究”更为复杂，它的独特性实际上构成了一种挑战性——如果研究者不具备扎实的史学考辨功底，那么以历史为支撑的文学研究就会成为虚浮的沙上城堡；而如果他们仅仅拘囿于史学考辨，又会有偏离文学研究本旨的危险。在我看来，段从学先生《“文协”与抗战时期文艺运动》（北京大学出版社 2012 年 7 月版，以下简称《“文协”》）一书，就完成了这样一个极富挑战性的工作，并取得了可观的学术成果。

在中国现当代文学研究领域，有关“文协”的研究一直处于较为初级的阶段，这其中一个非常重要的原因就在于，学者们一直未能将“文协”视为一个独立、专门的研究对象予以观照。而《“文协”》一书的价值，首先就体现在作者对“文协”这一研究对象的确立之上，诚如作者本人所说，《“文协”》是“第一部对文协做系统考察的专论”。这里需要强调的是，“文协”作为研究对象的确立，本身就已经具有重要的学术意义，正是在这一前提之下，作者才能将此前处于散乱状态的史料工作予以系统化，并通过自身全面而细致的历史考辨工作，勾勒出“文协”这一组织清晰、完整的历史形态，进而填补了“文协”研究在基本史实上的空白。只是这里要强调的是，《“文协”》一书在“基本史实”上的工作虽值得称道，但仅凭这一点，尚不能全面体现它真正的价值所在。其实对研究者而言，如果没有研究思路和学术方法上的更新，那么作为研究对象的“文协”是很难被发现和确立的，即使确立起来，也会被纳入陈旧的阐释机制中。同样，缺少了新的思路与方法作为前提，史料工作也只能停留在量的积累上，它只能为既有的学术观点背书，而无法生成新的学术增长点。从这个意义上讲，《“文协”》一书的作者显然不是一个单纯的“史料工作者”，他除了试图发掘“文协”的历史内涵，还在试图建构“文协”的“文学史”意义，而他研究的结果也并不仅是对既有文学史框架知识性的补充和扩展，而是为我们审视这个“框架”本身提供了全新的视角和维度。我想，这才是《“文协”》一书真正的价值所在。

作者在导论中写到：“本书在《‘文协’与抗战时期文艺运动》这个题目下，包含着两个相互关联的内容。其一，梳理‘文协’自身历史形态的发展变化；其二，在具体的文学活动中来把握‘文协’对抗战时期新文学发展的历史意义。”由此可知，本书前后部分对“史”与“论”各有侧重，所谓“梳理‘文协’自身历史形态的发展变化”主要集中在本书的上半部分，即第一章到第四章（包括附录中有关文协分会的考证工作），而“把握‘文协’对抗战时期新文学发展的历史意义”则是通过后半部分的论述实现的。但值得称道的是，对“史”与“论”的各自侧重，并没有导致作者在研究方法上的前后割裂：前半部分对“文协”基本史实的考辨工作，一直伴随着作者对“文协”历史本体意义的深刻思考；而在后半部分对“文艺运动”的阐释中，历史考辨工作也在一以贯之地延续。由此可见，作者并没有将“历史考辨”与“文学阐释”视为两套各自独立的方法，他将两者很好地融汇成一套和谐统一的研究范式，真正做到了“论从史出”和“史论结合”。

如前文所述，《“文协”》一书的前半部分主要侧重对“文协”基本史实的考察上，即“梳理‘文协’自身历史形态的发展变化”。这样一种“考察”、“梳理”自然需要围绕严格的历史考辨工作来展开，在这一过程中，作者显然也展示了自己考辨功夫的扎实与细致。但是，对“文协”基本史实的“考察”、“梳理”本身并不是本书的旨归所在，作者的真正目的乃在从历史本体的意义上探究它的存在方式。这里以本书第三章“‘文协’历届常务理事考论”为例。事实上，作者将本章的工作名之曰“考论”，即表明了自己既要对“文协”历届常务理事的身份和活动做详细的考证工作，又要以此为基础论述“文协”这一组织的性质及其内部“文化权力”消长、流变的具体过程。例如，作者从“文协”早期常务理事身份上，揭示了它的“官方色彩”；从左翼文人在理事会中数量的增加，看出“具有左翼文化背景的文人事实上开始在‘文协’的日常事务中取得了更多的话语权支配权”，等等。由此看来，《“文协”》一书“考辨”充满了研究者自身的主体性，而并未拘囿于对史料的钩沉和整理。这里要说明的是，主体性与主观性是有根本区别的，因为后者是历史研究的大忌，而前者却是其基础和前提，它不仅不会破坏历史的客观性，反而会赋予研究者更独特的历史眼光和更深刻的历史洞察力。如在第二章里，作者探讨的是“文协”这一组织建立的历史过程，但是作者并没有急于进入史料中探赜索隐，而是事先对这一过程做了多层次的意义区分：“所谓‘文协’的建立，既是作为组织实体的‘文协’的建立，也是作为文化权力机构的‘文协’被建构的历史过程。”正是在这种主体性认知之下，作者重点关注的史实也就不再是“文协”成立大会，因为“1938 年 3 月 27 日的成立大会及随之而来的理事选举等等，不过是延续正式筹备会的修辞策略，通过必要的仪式和组织程序，把筹备会内部已经完成的组织工作转化为公共事件，借以建构‘文协’的社会历史形象及其合法性”。而真正值得关注的，是“文协”成立过程中的“非正式筹备阶段”，而这一点，恰恰是之前“文协”研究最容易忽视的地方。在这里，是其对历史主体性的认知导致了研究者视角的“位移”，如此，王平陵和中国文艺社对“文协”成立发挥的重要作用才能被凸显出来。通过这样一种充满主体性的“考辨”工作，作者为我们呈现出的“文协”是一个内涵丰富、充满流动性的历史存在，作者在填补基本史实“空白”的同时，实际上也把“文协”研究的立足点提升到一个极高的层次上。

当然，站在这样一种更高的立足点上，作者的进一步研究实际面临着更大的挑战。如果按照传统的“社团”研究模式，研究者考辨工作的结果会将“文协”组织成一个知识集合，他会以此为基点，建构起一个稳定的历史坐标系，进而把握动态的“文艺运动”。在这样一种研究模式中，“文艺运动”会作为一条有规律的历史轨迹被研究者予以把握和描述，它的风格、路向、进行方式都会以“社团”为恒定的参照物。但是在本书中，“文协”内部丰富性的呈现，使得原来能够容纳它的知识体系已经失去了效用，而“文协”颇具“流动性”的历史形态，又使得它无法作为“文艺运动”稳定的参照物而存在。在这里，作者已经将“文协”和“文艺运动”错综复杂地关联在一起，建构了更为立体的历史景观。从这个意义上说，“文协”对本书而言只是作者研究的切入点，而不是其研究的立足点，作者对“文艺运动”的把握已经超越了陈旧的“社团”研究模式。

如前文提及的那样，作者在对“文协”基本史实的考辨中，更关注其作为一个文化组织的存在状态、运行机制和历史流变，从这一点来看，作者真正的研究基点是立足在“历史观念”和“文化权力”这类更为深刻的历史概念上。作者在导论中界定“文协”这一概念时就指出，“文协”存在的状态除了它的实体组织和具体活动之外，还包括“全国文艺作家以及参与‘文协’发起和组织的文艺运动的方式体现出来的对‘文协’的认同”。而这种“认同”的基础，则是“文协”所标榜的“抗敌”这一历史目标。事实上，作者抓住了“抗敌”这一历史观念，也就把握住了“文协”这一组织及其参与者之间的精神纽结，进而能够更为精准地描述抗战时期“文艺运动”的根本属性。同样，有关“文化权力”的问题，也一直都是作者关注的焦点。如在《老舍在“文协”中领导地位之建立》一章中，作者描述了老舍如何通过“苦干精神”赢得“文协”同人尊重并确立自身领导地位的历史过程，但在这一描述过程中，作者实际上将老舍的“苦干精神”拉入了文化权力的视域予以考察，并充分阐释出文化权力与政治权力的区别：“所谓的领导权实际上只能是一种在‘文协’成员的认同中建立起来的文化权力，而不是行政权力。……除了直接的暴力之外，权力只有经过社会成员的合法性认同之后才能转化为物质力量，而不是有了物质力量就能获得权力。”

乍看起来，以“社团”作为立足点的模式能为研究者提供稳如磐石的历史参照物，而“历史观念”、“文化权力”这些因素则显得抽象，通过它们所呈现出的历史图景也会显得芜杂、纷乱。但事实显然并非如此，就像天体物理学把握星体运动时，并不是以星体本身为坐标，因为不管是行星还是恒星，其稳定都是相对的。对天体物理学家而言，真正的坐标是那个看不见、摸不着但客观存在的“万有引力场”。同理，只有当研究者把“文协”置入“历史观念”和“文化权力”的场域之中，“文协”本身的属性及其与“文艺运动”的关系才能得到更准确的描述。最后要补充的是，研究者通过“历史观念”和“文化权力”把握历史，也打通了历史与文学之间泾渭分明的学科畛域。从这个意义上说，本书作者不仅在建构一个历史空间，也在激活一个文化场域，也只有在这个场域之中，历史才能具有“诗学”的意义，进而转化成阐释文学的有效资源。

这种“诗学”历史资源的有效性，首先体现在作者对抗战时期两场著名的文艺论争的深入阐释上（第五章《“有关”与“无关”之外》和第六章《通俗文艺运动与“民族形式”之争》）。在既往的研究中，研究者囿于“思想史”视野的范围，往往将注意力集中在对“论争”内容的思想辨析上，而未能对“论争”本身予以自觉的历史考察。《“文协”》一书的独特意义就在于，作者跳出了论争双方在思想内容上的分歧和矛盾，从而依托具体的历史情境建立起一个有效的“论争”阐释机制。如在对“与抗战无关论”的考察中，作者先以丰富的史料为依据，证明了梁实秋与孔罗荪等“文协”同人在所谓“抗战文学题材”问题上并无根本分歧，进而通过对“论争史”来龙去脉的梳理，发现双方争论的实际原因——“文协”向外界展示自身之于文坛领导地位的需要。对“民族形式”论争的论述也是如此，作者将这场论争定性为“新文学同人和通俗读物编刊社之间的论争”。“论争”的起因在于，以胡风等人为代表的新文学作家担心“迅速崛起的通俗文艺，正在借助于抗战特殊的历史机缘，试图把自己塑造成一种体现了抗战文学发展方向的意识形态权力话语，对新文学的存在和发展构成了挑战”。在这里，作者为我们呈现出“文学论争”在具体的历史境遇中的复杂形态：“论争”双方争执的焦点未必就是他们思想观念上的分歧点，它有可能隐藏在思想内容之外的历史场域里。对这两场“文艺论争”的精到阐释表明，文学研究者只有调用那种具有“诗学”意义的历史资源，才能够更全面的把握文学现象本身。

如果说关于“与抗战无关论”和“民族形式”论争还只是对微观文学现象的考察，那么该书最后四章则体现了对抗战时期“文艺运动”的宏观把握。这实际上已经彰显出，作者借助历史所建构的阐释机制已经具有了极大的包容性。在本部分，作者为我们凸显了“文艺运动”在抗战时期极为独特的属性和品格。而值得称道的是，作者对这种独特性的凸显是从两个方面共同完成的：一方面，是通过“文协”自身的存在状态和运行机制来予以描述，因为抗战时期的“文艺运动”在很多时候都由“文协”参与和组织，因此“文协”实际上是抗战时期“文艺运动”独特性生成的重要基础；而另一方面，这一独特性又被作者放在“新文学传统”这个更为宏阔的参照系中予以呈现。如作者在第七章考察“战地文艺”的时候，就既注意到“文协”在战地文艺推进中作用及贡献的考察，又将“战地文艺”视为“新文学传统”的一个特殊形态来观照：“从中国新文学的历史来看，战地文艺是适应抗战时期的历史情境而出现的新事物、一个特殊的亚文学传统，完全不同于此前依托现代都市文化而生的‘五四’新文艺。”这一方面更准确地描述了“战地文艺”的时代意义，又点明了它的历史意义：“‘文协’的理论倡导和战地访问实践，虽然在一定程度上推进了战地文艺工作的发展，但更重要的历史贡献，乃是突破了战争带来的地域分割困扰，维系了‘中国新文学’这样一个想象共同体的持续与发展。”在我看来，引入“新文学传统”这一参照系彰显了本书作者在学术视野上的宏阔，在这样一种观照之下，抗战时期的“文艺运动”就不再禁锢在一个封闭的“断代史”当中，而是构成了历史链条上的一个环节——它在传统中有自身的渊源，也将最终汇入传统，对传统本身予以丰富和充实。由此可见，本书所建立的阐释机制是极具开放性的。当然，由于作者的研究对象已经设定于抗战时期，而这种“新文学传统”也仅仅是作为一种参照而存在，但两者之间的关联已经昭示出，作者通过“文协”建构的阐释机制已经超越了其研究对象本身，在更大的范围内有了自身的效用和价值。

总之，作者一方面遵从了非常严格的史学研究规范，展示出自己极为扎实的考辨功夫；另一方面，作者也始终对文学的本旨有自觉、清醒的认识，从而使历史能够转化成阐释文学现象的有效资源。当然，作者将其考察的对象限定在“文艺运动”这一较为宏观的层面，自然也就无法太多地论及基于个体创作的作品文本，这使得作者对某些文学现象的考察受到了限制。例如，由于缺乏对作家个体创作和作品文本的具体关注，作者对“文协”在建立及其活动中所体现的现代性冲突及其历史复杂性并未充分展开。但瑕不掩瑜，《“文协”》作为一部扎实而极具开拓性的学术著作，必将为学界所重视。

（作者单位：四川大学文学与新闻学院）

稿约与稿例

一、本出版物暂定为半年一辑，每年春秋两季出版。

二、常设栏目有“现代文学与现代文化”、“文学史新论”、“巴蜀文学重读”、“对视与争鸣”、“现代中国文学档案”等，强化“问题意识”、倡导“学术锐气”、保藏“文献档案”是我们追求的目标。欢迎围绕以上栏目撰写论述，也欢迎提供百年来各种形式的中国文学与文化发展史料。

三、来稿请采用脚注带圈字符每页重新编号方式，注意学术规范。

四、本出版物实行匿名审稿制度。

五、来稿请同时提供纸质与电子文本。纸质文本请寄：四川大学文学与新闻学院《现代中国文化与文学》编辑部周维东（邮编 610064）；电子文本请寄：Smtdd@126.com

编后絮语

2012年是一个惊喜年，最令人感到惊喜又令人振奋的是作家莫言获得了诺贝尔文学奖。这是第二位华人荣获此项殊荣。本刊虽因刊期的原因无法及时予以呼应，但我们依然由衷地庆贺中国文坛为世界瞩目的时刻再次到来。

同样令人惊喜的是本期有数篇力作奉献给读者，这使我们稍稍为之感到欣慰。“中国现代文学中的韩国（朝鲜）人和韩国（朝鲜）”或曰“中国现代有关韩国（朝鲜）人和韩国（朝鲜）的文学作品”，虽然称不上是现代文学研究中的重大问题，却是中国现代文学史、中韩（朝）文学关系史、中国现代文学翻译史研究中一个不可或缺的部分。然而，这一与“中国现代文学史”学科的建立几乎同时起步的研究视阈，由于众所周知的原因，被迫中断。近年来，这一问题重新受到重视，也已取得了重要的学术进展。但是，其中暴露出的问题也值得深思。李存光先生的《文献的发掘整理与研究的开拓深化——关于“中国现代文学中的韩国人和韩国”研究》一文，从文献史料与研究关系的角度，对此进行了深入的思考，推进了中韩（朝）文学关系的研究。反抗父权的“弑父”书写，是“五四”时代一个传统主题。20世纪20年代女性写作从“弑父”到极其短暂的“恋父”、“寻父”过程，是现代女性精神建构中确立性别自我不可缺少的重要环节。文学史研究似乎定论于“五四”反传统、反父权的不妥协性，中国新文学一路追击，对“父亲”进行着从未间歇的历史清算，却没有发现“五四”落潮后，同盟者阵营发生了悄然变化，在这“弑父”的情景后面，女儿与“父亲”悄悄握手，一个被遮蔽的温情父亲在男女作家、尤其是女作家笔下，获得了一个前所未有的张扬，形成了与“弑父”书写相背离的另一路径——寻找父亲，讴歌父爱。常彬先生的《寻找父亲：“五四”文学弑父主题遮蔽的另一文学现象》一文，重新梳理了这一重要的文学问题，打开并擦亮了这一被遮蔽湮没的文学史现象。李跃力的文章《对“现实”的规避与放逐——再论“新写实主义”》，从《蚀》三部曲引发的论战说起，牢牢抓住“现实”的“客观性”这一论战的主题，不仅深刻地揭示了这一文坛论争背后潜藏的核心矛盾，而且从文学与现实的审美关系出发，剖析了“新写实主义”这一深度影响了此后文学发展进程的理论范畴的内在逻辑，并与经典现实主义相比较，点明了它“反现实”的本质。文章对由《蚀》三部曲引发的文坛公案进行了重新阐释，对“新写实主义”提出了崭新而尖锐的观点，推动了革命文学及其相关理论的研究。

20世纪80年代初期，在孙犁与玛金这两位老延安、晋察冀战友之间，发生了一桩诗坛公案。这桩历时已整整30年的诗坛公案，至今尚无论者置评。此事是如何引发的？它对孙犁和玛金造成了怎样的影响？我们今天又如何看待这一现象？阎庆生先生的《一桩搁置了三十年的诗坛公案——围绕孙犁〈玛金诗选序〉

的评述》一文，对此进行了详尽的考索，不仅廓清了这一公案的来龙去脉，也使读者对晚年孙犁有了进一步的认识。张克的长文《怨恨及其表达——鲁迅的“国民性”批判》可谓近来讨论鲁迅“国民性”批判问题的沉实之作。作者指认“鲁迅选择了既与现代中国的‘怨恨境遇’同步振荡又对其反抗的道路”，这是一个深具张力的论断。其援引的尼采、舍勒的“怨恨”现象学与现代中国的怨恨境遇、鲁迅的“国民性”批判命题之间呈现出超乎想象的复杂性，这对激活鲁迅“国民性”批判研究的新格局显然不无裨益。

日本青年学者近藤博士的论文《试论巴金如何关注萨凡事件》是作者用中文写就的一篇学术论文。此文原是近藤为第10届巴金国际学术研讨会青年论坛而作的征文，收入本刊时，作了适当的修改。萨凡事件发生后，中国一些无政府主义组织通过言论、示威游行、援救活动表现了他们的人道、正义。萨凡二人死后，他们以抗议萨凡事件的名目，试图强化无政府主义运动。然而，巴金却与此相反，巴金在关注萨凡事件的过程中，尤其是在萨凡二人死后，以违背、摆脱当时他所坚持的无政府主义思想纯粹性这一方式，开始主持人道、正义。巴金进而使这一转变过程在《灭亡》故事进展中得以展现；同时，巴金对人道、正义的认同又直接决定了新中国成立后他对《萨柯和樊塞蒂的受难》的作者法斯特的拥护。通过违背、摆脱某种主义、思想来突现人道、正义等个人情感，构成了巴金关注萨凡事件的独特性。这一创见也是以往学界对巴金无政府主义思想研究的一个缺欠。高蔚先生的论文《中国新诗的“浪漫”之美》，以浪漫主义诗歌美学自身的丰富性作为考察中国现代“浪漫主义”诗歌诗性品质的切入点，对中国现代“浪漫主义”诗歌遭遇的诸多非议提出了不同看法，对这一课题的深入研究无疑有助于我们全面地审视浪漫主义诗歌美学对中国现代诗歌的影响。

论及中国当代的胡适研究，不能不提武汉大学的易竹贤先生。易竹贤先生是鲁迅研究专家和胡适研究专家，尤其是他的胡适研究受到海内外学者的广泛赞誉，被认为是中国大陆改革开放后率先在此领域取得标志性成果的先行者之一。陈国恩先生的《易竹贤先生的学术道路及治学风格》一文，对易先生长达半个世纪的学术道路及治学风格作了精到的总结。陈美兰教授也是30年代出生的当代学人的代表，她的学术研究和批评既承接了刘绶松老一辈学人的学术传统，又接受了80年代的改革开放时代思想解放精神洗礼，既立足于中国当代文学，又广泛吸纳现代思想文化，形成了以当代长篇小说研究为中心、以重点作家重点作品为支点的独具特色的文学批评范式，也因之在当代文学批评中有着广泛的声誉。孙德喜的《陈美兰教授的文学批评》一文，细致阐发了陈美兰先生这一批评理念与批评实践，春风化雨，薪火相传。

本期各栏的其他文章亦各有心得，相信不会浪费读者宝贵的时间。希望学界同仁一如既往地支持我们，使我们有机会不断地将惊喜呈现给大家。

图书在版编目(CIP)数据

现代中国文化与文学. 11/李怡,毛迅主编. —成都:巴蜀书社,2012

ISBN 978-7-5531-0162-0

Ⅰ.现… Ⅱ.①李…②毛… Ⅲ.①中华文化-文化研究-现代-丛刊②中国文学-现代文学-文学研究-丛刊
Ⅳ.①G122-55 ②I206.6-55

中国版本图书馆 CIP 数据核字(2012)第 251293 号

现代中国文化与文学(十一) 李怡 毛迅 主编

责任编辑 李 蓓
出 版 四川出版集团巴蜀书社
成都市槐树街 2 号 邮编 610031
总编室电话:(028)86259397
网 址 www.bsbook.com
发 行 巴蜀书社
发行科电话:(028)86259422 86259423
经 销 新华书店
印 刷 成都蜀通印务有限责任公司
照 排 成都完美科技有限责任公司
版 次 2012 年 11 月第 1 版
印 次 2012 年 11 月第 1 次印刷
成品尺寸 230mm×170mm
印 张 23.25
字 数 550 千
书 号 ISBN 978-7-5531-0162-0
定 价 40.00 元